바둑 新 사전 시리즈

정석, 파생, 함정수의 기본을 체계적으로 마스터할 수 있도록 구성한 함정수사전!

함정수 新 사전

서능욱 九단 해설

BM 성안당

머리말

바둑을 배울 때 정석 만큼 큰 비중을 차지하는 분야도 없는 것 같습니다. 정석을 익히다 보면 실전에서 응용력이 높은 행마를 배울 수 있을 뿐 아니라 각종 맥점이나 전투요령 등을 자연스럽게 터득할 수 있는 만큼 정석의 중요성은 재차 강조해도 지나치지 않을 것입니다.

그런데 정작 현실에 임해서는 그렇게 갖가지 정석을 익혀서 실전에 적용하기가 쉽지 않다는 것입니다. 자신이 알고 있는 정석 수순대로 상대방이 따라서 두어 주면 문제는 간단한데, 특히나 상수들은 좀처럼 자신이 원하는 방향대로 두어주지 않는 경향이 강합니다. 그러나 상대방의 주문에 그대로 응하다가는 그의 작전에 말려들게 마련입니다. 손따라 두면 진다고 했듯이.

그렇다고 서점에 나와 있는 보통의 정석책으로는 다시 한번 살펴 봐도 자신이 궁금해 하는 변화에 대한 설명은 없는 경우가 많기 때문에 하급자들의 입장에서는 답답할 노릇입니다. 그렇다면 어떻게 해야 이러한 문제점을 극복할 수 있을까요?

그런데 잊지 말아야 할 것은 함정수도 정석의 한 과정이라는 사실입니다. 결국 자신이 알고 있는 정석의 완성도를 높이기 위해서는 함정수의 기본 유형을 체계적으로 익히는 것이 무척 중요하다고 할 수 있습니다. 그래야 자기 방어를 위한 수단으로서 위급한 순간에 효력을 발휘하여 하수들의 설움을 단번에 해결할 수 있겠지요.

이 책은 실전에서 가장 많이 등장하는 정석 유형 중 하급자들이 가장 곤혹스럽게 여기는 함정수들을 이해하기 쉽도록 체계적으로 정리한 것입니다. 더욱이 옛 자료라도 현대 감각에 맞도록 수정 보완하였고, 최신 연구 성과를 덧붙여 실었습니다. 따라서 기력이 강한 상급자라고 할지라도 자신의 실력을 더욱 더 탄탄히 다지는 데, 더없이 좋은 교재가 될 수 있으리라 확신합니다. 부디 이 책이 많은 바둑 애호가들의 좋은 벗이 될 수 있기를 바랍니다.

2000년 1월 서 능 욱

목   차

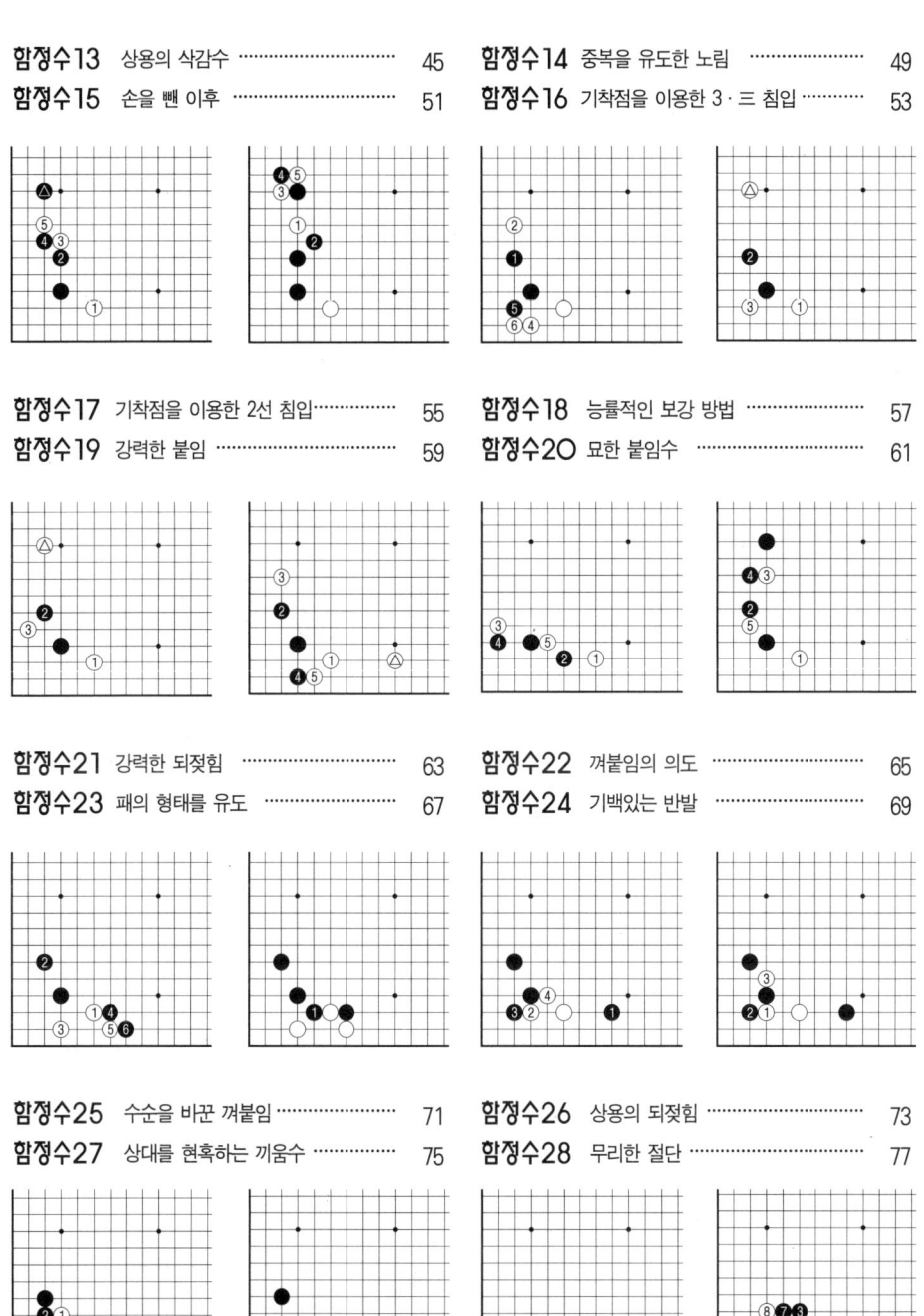

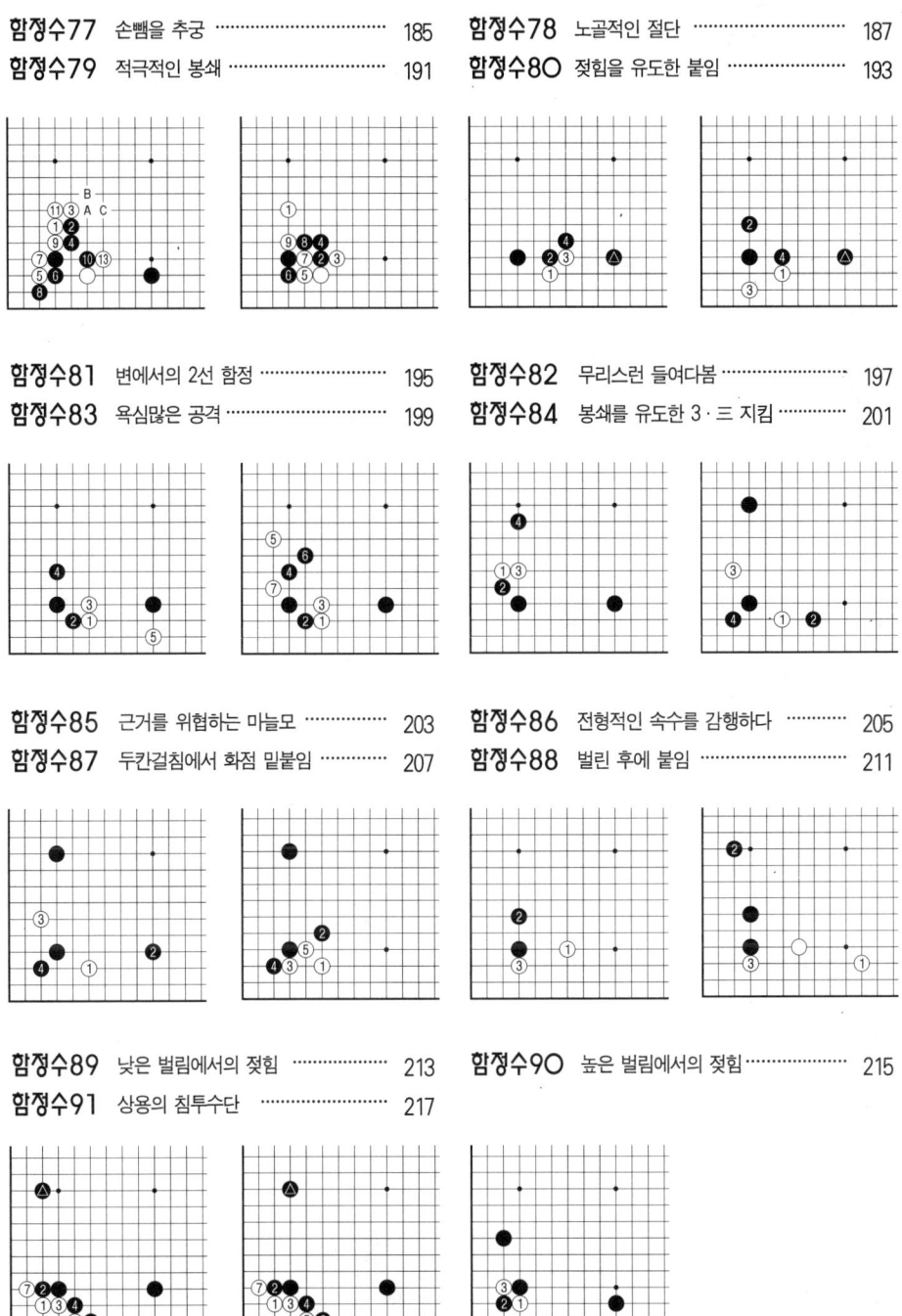

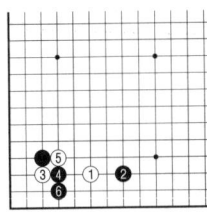

제 3 장 외목 外編 ································· 367

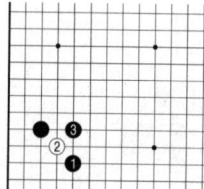

제1장

화쩜편

차단을 유도한 2선 눈목자

● 흑차례

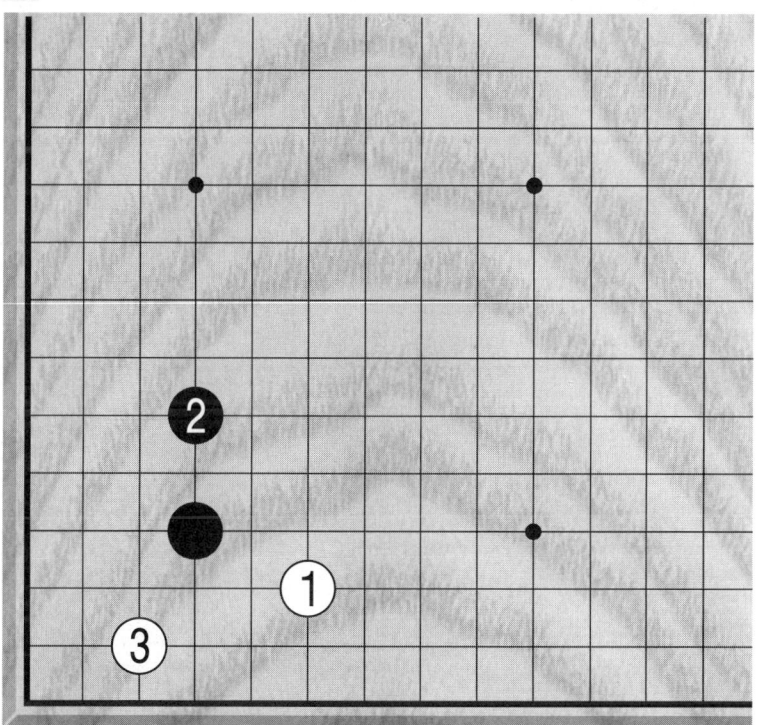

백1로 걸쳤을 때 흑2의 한칸은 가장 평범한 응수법. 계속해서 백3으로 눈목자로 달린 수가 주문을 내포한 함정수이다. 그럼 이후의 변화를 살펴보기로 한다.

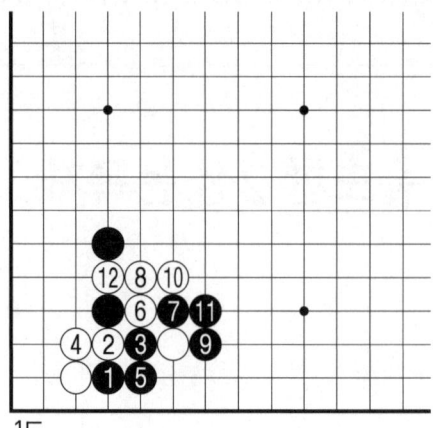

흑1로 붙이는 수는 일감으로 떠오르는 수단. 그러나 백2로 끼우는 수가 준비되어 있어서 흑이 걸려든 모습이다. 백12까지 백의 함정수가 성공을 거둔 모습.

1도

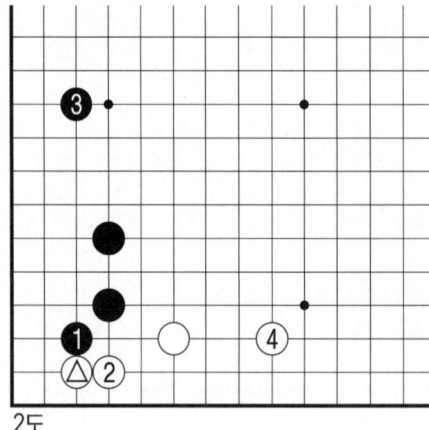

흑1의 입구자로 붙이는 수가 함정수에 대한 올바른 응수법이다. 이하 백4까지 진행된다고 보았을 때 백△는 끝내기를 서두른 수에 불과한 형태가 되고 말았다.

2도

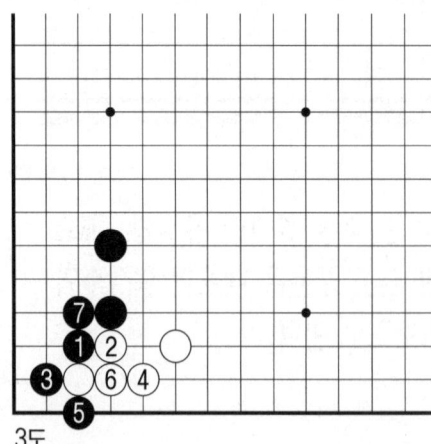

흑1 때 백2로 두는 변화이다. 이때는 흑3으로 막는 것이 호착으로 백4를 기다려 이하 흑7까지 처리하면 흑이 우세한 결말이다.

3도

20

전투를 유도한 씌움

● 흑차례

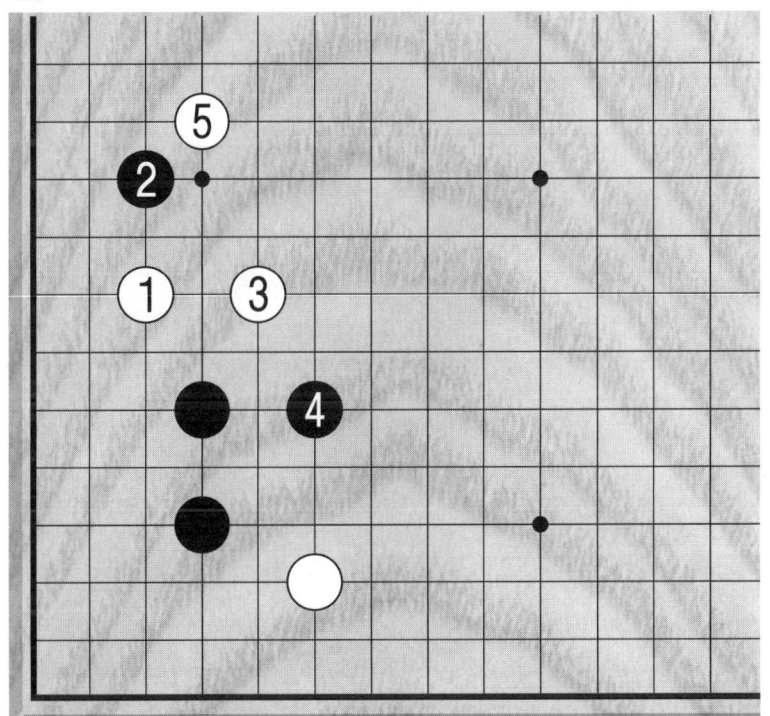

백1로 다가서는 수는 적극적인 수단. 계속해서 흑2로 협공하고 백3, 흑4까지는 일반적인 진행인데 백5로 씌운 수가 주문을 내포한 함정수의 일종이다. 흑의 적절한 응수법은?

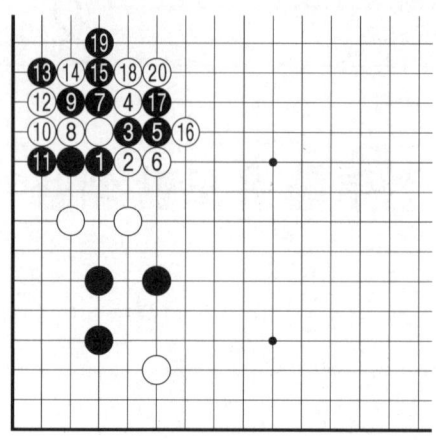

1도

흑은 기세상 1·3으로 절단해서 싸우고 싶다. 그러나 백2로 막은 후 이하 20까지 흑 석점이 축으로 잡혀서는 손해 막심이다.

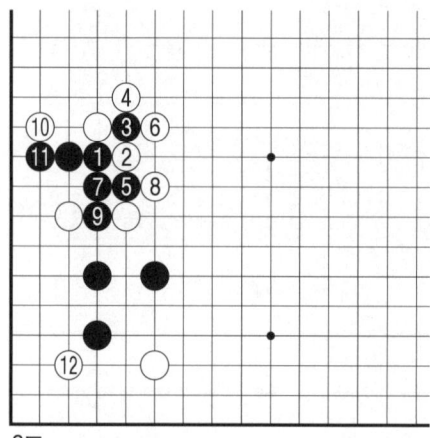

2도

전도의 수순 중 백4로 단수쳤을 때 흑5 이하 9까지 변화하는 것은 소탐대실의 전형적인 모습이다. 백10을 선수한 후 백12로 3·三 침입하면 백이 절대적으로 우세한 결말이다.

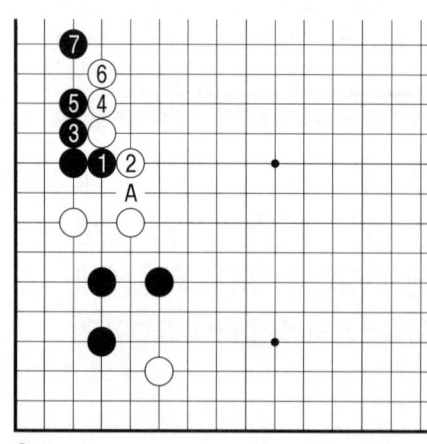

3도

흑1, 백2 때 흑은 3으로 두어 안정을 도모하는 것이 현명하다. 이하 흑7까지 착실하게 실리를 취한 후 A의 약점을 노려서 흑으로선 충분하다.

22

밭전자의 급소를 찔러옴

● 흑차례

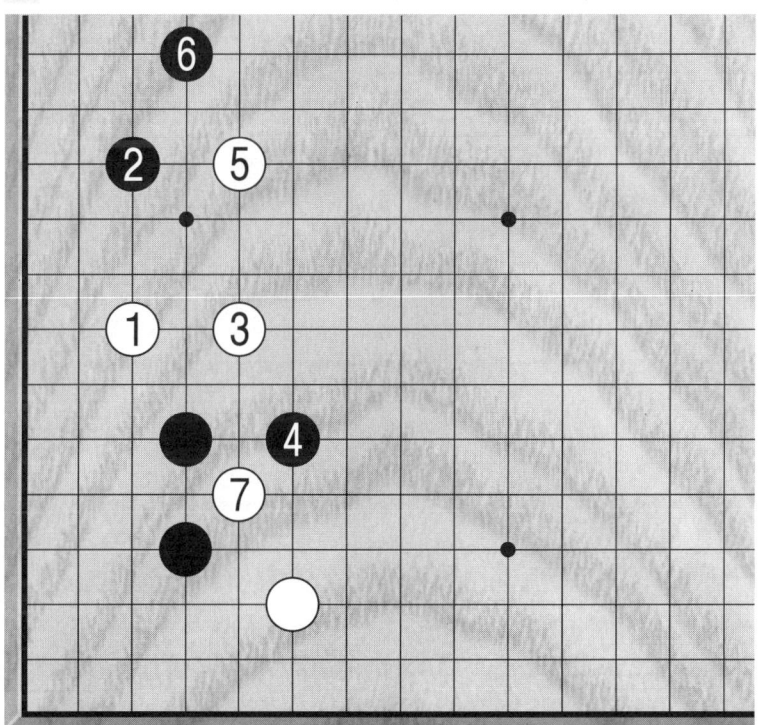

백1로 다가서고 이하 흑6까지는 정석적인 진행이다. 계속 해서 백7로 들여다본 수가 밭전자 중앙의 급소를 찌른 수 단. 그러나 백7은 다소 성급한 수로 함정수의 일종이다. 흑의 적절한 응수법은?

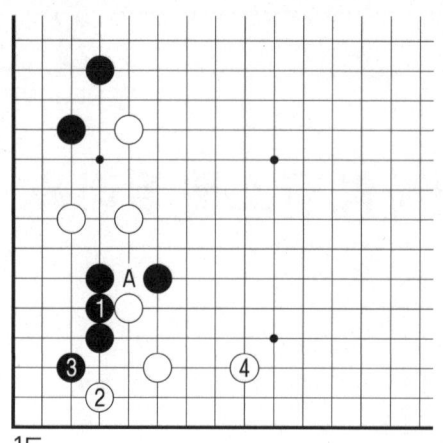

1도

흑1로 잇는 것은 쉽게 떠오르는 수단이지만 이 경우 좋지 않다. 백은 2로 날일자한 후 4로 두칸 벌려 충분한 모습이다. 흑으로선 A의 약점이 부담으로 남았다.

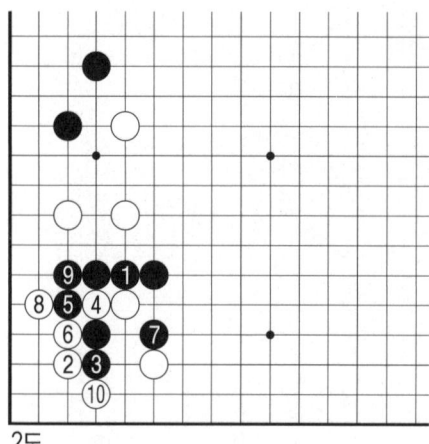

2도

이번엔 흑1로 잇는 변화이다. 이때는 백2의 3·三 침입이 좋은 수. 계속해서 흑3으로 차단한다면 이하 백10까지 실리를 차지해서 백이 유리한 모습이다.

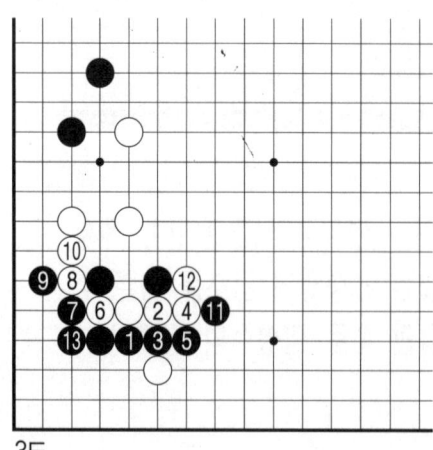

3도

흑은 이 경우 1·3으로 뚫는 것이 좋은 수이다. 백은 어쩔 수 없이 12까지 세력을 차지하는 정도이다. 흑으로선 13까지 실리를 크게 차지해서 대만족이다.

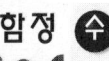

밭전자의 약점을 노린 입구자

● 흑차례

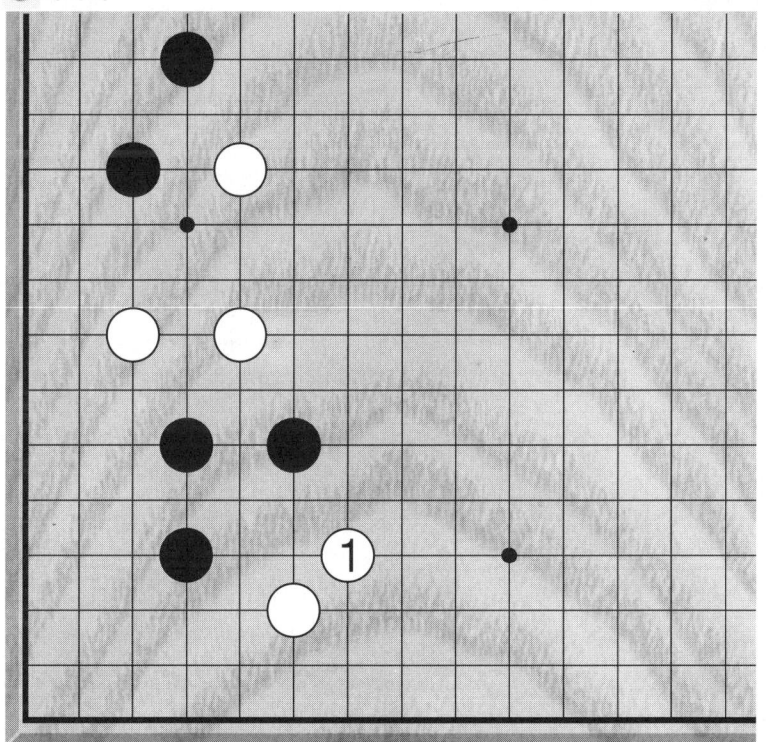

백1의 입구자는 자신의 형태를 정비한 후 흑의 밭전자 중앙
의 급소를 노리겠다는 뜻이다. 백1에 대한 흑의 응수가 중
요한데 이 경우 어떻게 받는 것이 최선일까?

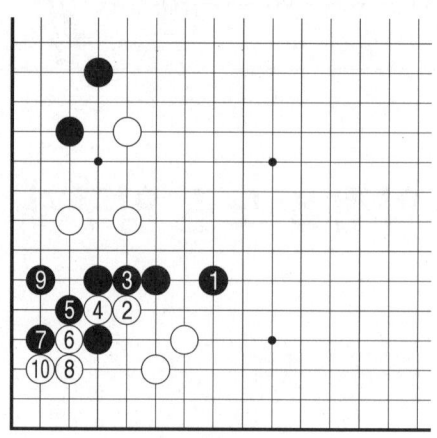

1도

평범하게 흑1로 한칸 뛰는 것은 무책임한 수이다. 백이 2로 밭전자 중앙의 급소를 찌른 후 이하 10까지 실리를 크게 차지하면 흑의 손해가 크다.

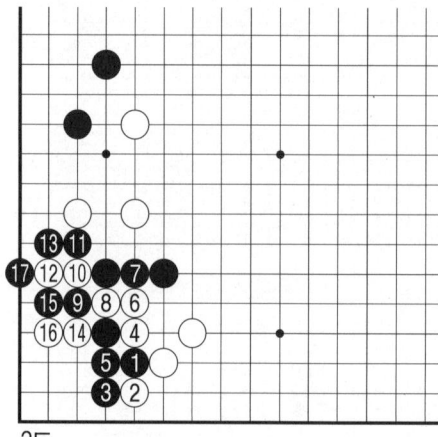

2도

흑1로 두어 자신의 약점을 보강하면서 근거를 장만하는 것이 중요하다. 백이 2로 젖힌 후 이하 10까지 절단을 감행한다면 흑으로선 이하 흑17까지 처리해서 대환영이다. 계속해서…

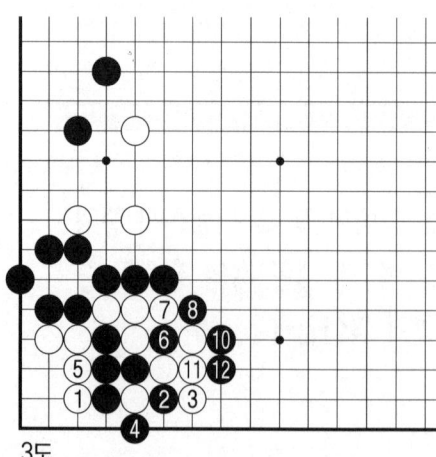

3도

전도에 계속해서 백은 1로 붙여 수상전의 형태를 시도할 수밖에 없는데 이하 흑12까지의 진행에서 보듯 백이 망한 모습이다.
(⑨… ❻)

26

5

능률적인 약점 보강

● 흑차례

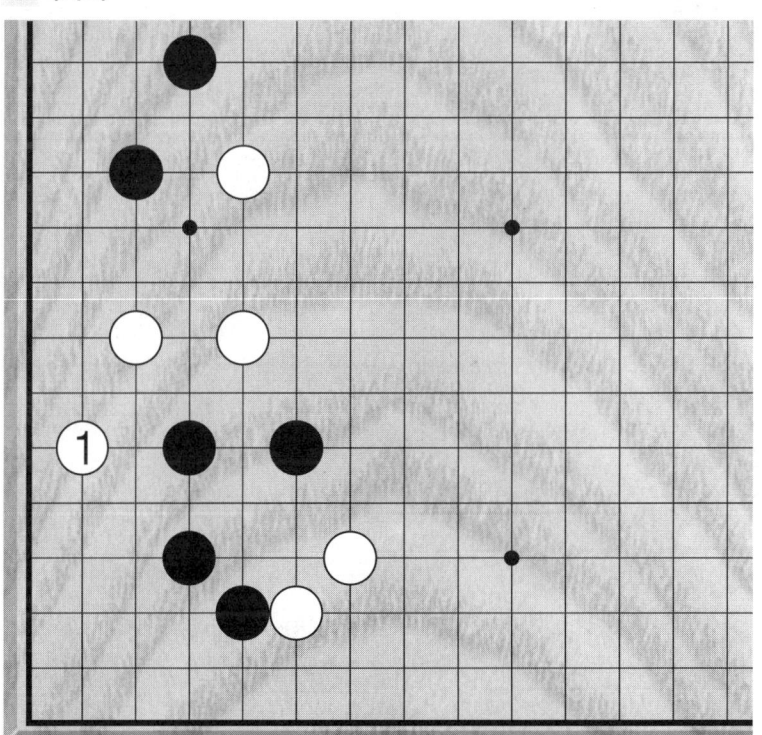

🔵 흑이 마늘모해서 약점을 보강하자 백1로 날일자해서 근거
를 위협한 장면이다. 흑은 자신의 약점을 잘 살핀 후 응수
해야 하는데 이 경우 어떻게 두는 것이 좋을까?

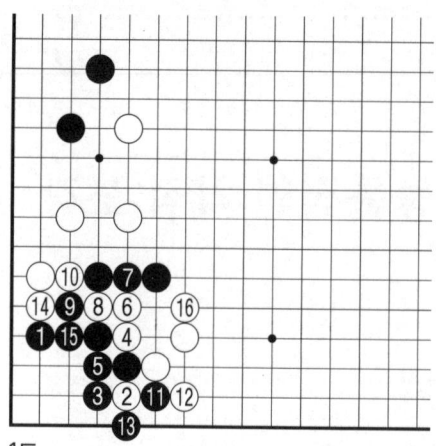
1도

흑1의 한칸으로 귀를 지키는 수는 일감으로 떠오르는 수단이지만 이 경우 좋지 않다. 백은 2로 젖힌 후 이하 10까지 절묘한 수순으로 흑을 미생마로 만든다. 수순 중 백16은 형태상의 급소.

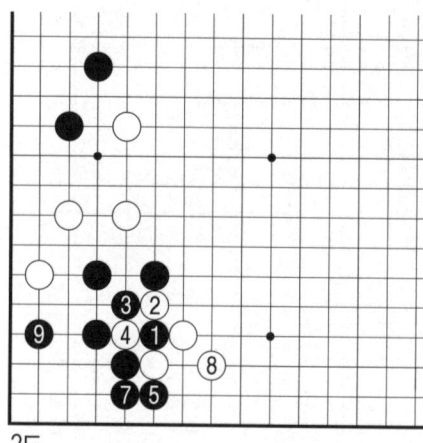
2도

흑은 이 경우 1로 호구쳐서 형태를 정비하는 것이 좋은 수이다. 백2의 단수에는 흑3·5가 좋은 수순. 이하 흑9까지 형태를 정비하면 흑의 모양이 깔끔하다.
(⑥…❶)

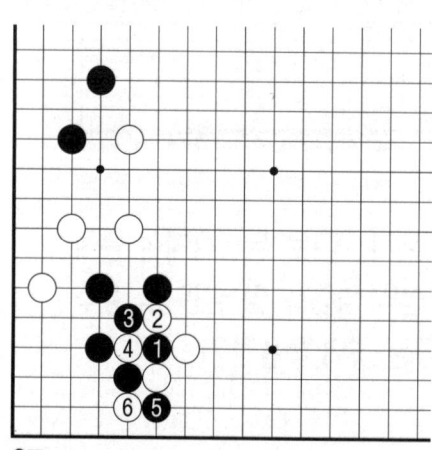
3도

흑1로 호구친 후 이하 흑5까지 진행되었을 때 백6으로 단수치는 것은 무리수. 흑은 7로 따낸 후 만패불청할 것이다.
(❼…❶)

밭전자 행마의 허실

● 흑차례

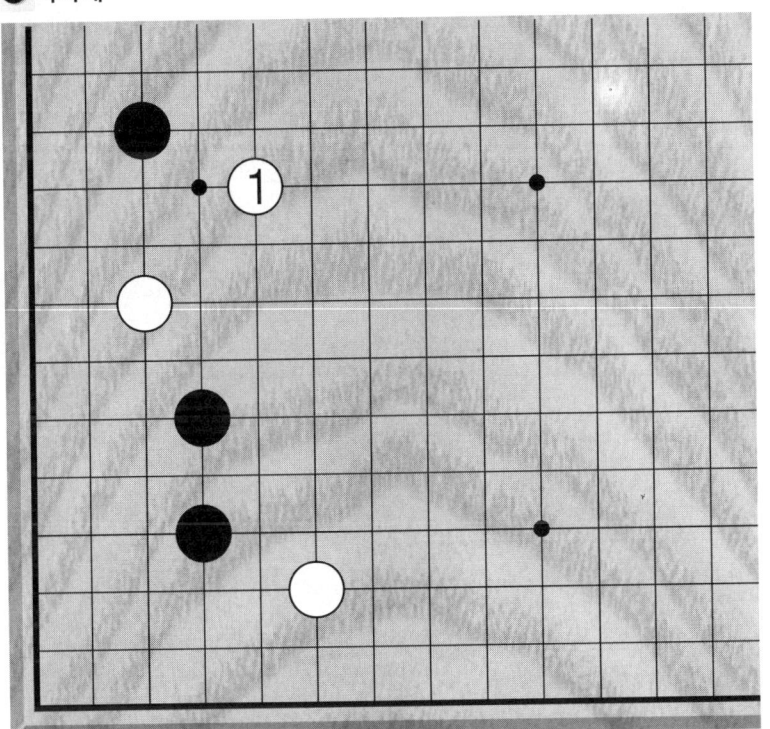

흑이 협공했을 때 백이 중앙으로 한칸 뛰면 가장 평범하다. 그런데 백이 중앙으로 한칸 뛰지 않고 1로 밭전자한 장면이 다. 백1은 흑에게 주문을 내포한 함정수의 일종. 그렇다면 흑은 어떻게 응수하는 것이 최선일까?

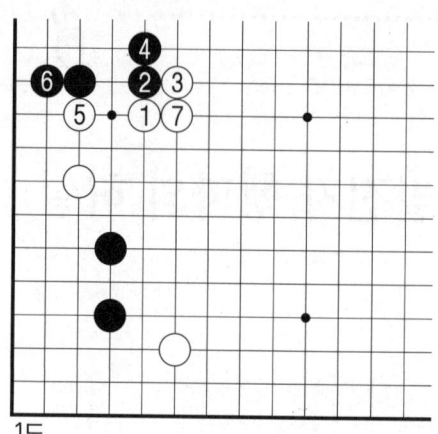

1도

1도(흑, 불만)

백1 때 흑2·4로 붙여 뻗어서 형태를 정비하는 것이 의문이다. 백은 3으로 젖힌 후 이하 7까지 두텁게 형태를 갖추게 된다. 이 백이 강해지면 아래쪽 흑 두점이 자연스럽게 약해진다.

2도

2도(백, 충분)

이번엔 흑1로 붙이는 변화이다. 이때는 백2로 붙이는 것이 호착. 계속해서 흑3, 백4는 쌍방 기세의 진행. 그러나 이 결과는 아무래도 백이 우세하다.

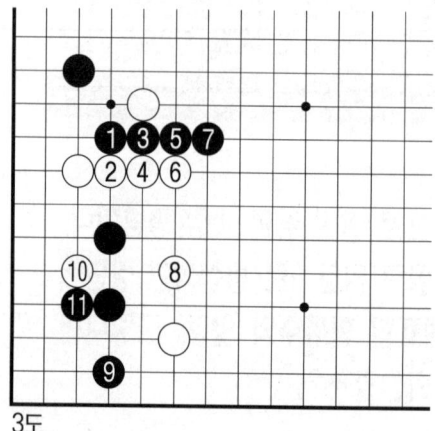

3도

3도(흑의 정수)

흑은 과감하게 1로 밭전자 중앙을 가르는 것이 좋은 수이다. 백은 2로 뚫고 이하 8까지 흑 두점을 공격하지만 흑9로 안정하면 백이 실속없는 결말이다.

엷음을 추궁하는 방법

● 흑차례

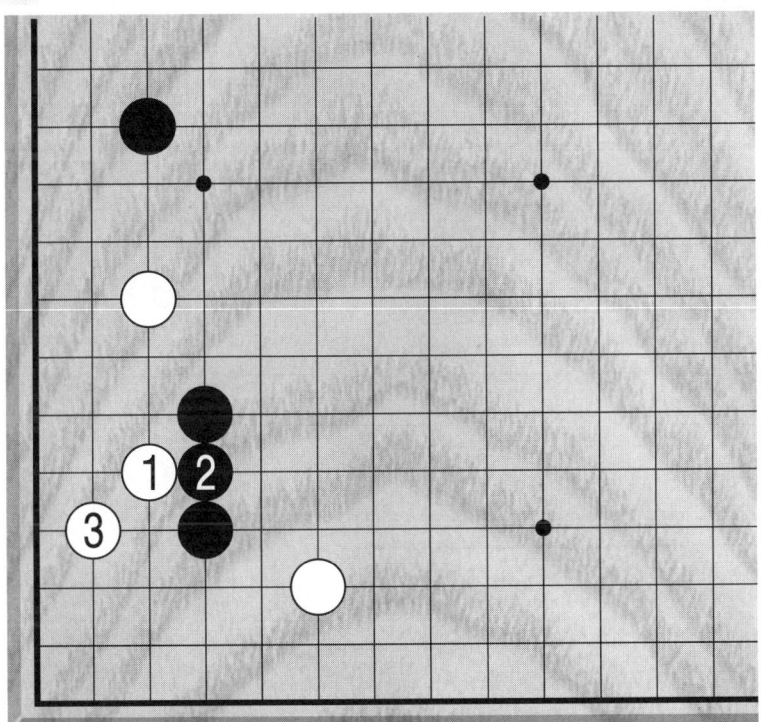

백1로 들여다본 후 3으로 입구자한 것은 흑 전체의 근거를 박탈해서 공격하겠다는 뜻이다. 그러나 백1·3은 사실 엷은 수로 흑의 정확한 응수에 좋은 결과를 기대할 수 없다. 그렇다면 흑은 어떻게 응수하는 것이 최선일까?

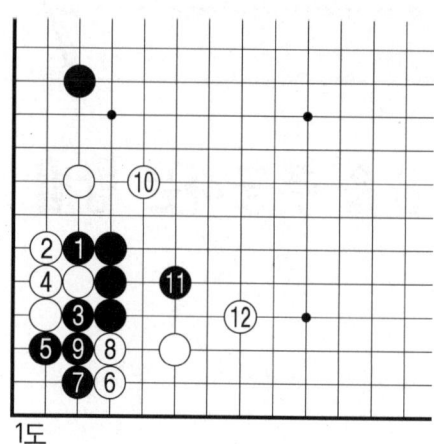

1도

흑1·3을 선수한 후 5에 막는 것은 전형적인 속수의 표본이다. 백은 6·8을 선수한 후 이하 12까지 흑을 크게 공략해서 대만족이다.

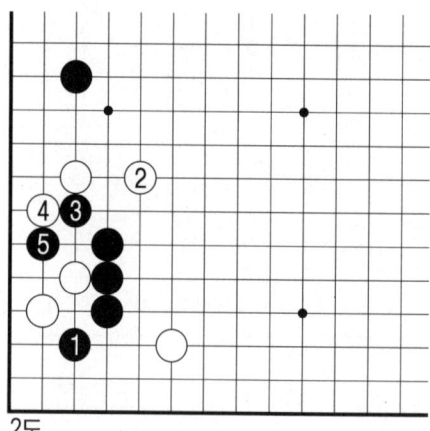

2도

흑은 이 경우 1로 입구자하는 것이 좋은 수이다. 계속해서 백2로 한칸 뛴다면 흑3으로 모붙인 후 5로 되젖히는 것이 호수순. 이후는 백이 어떻게 변화해도 흑이 우세하다.

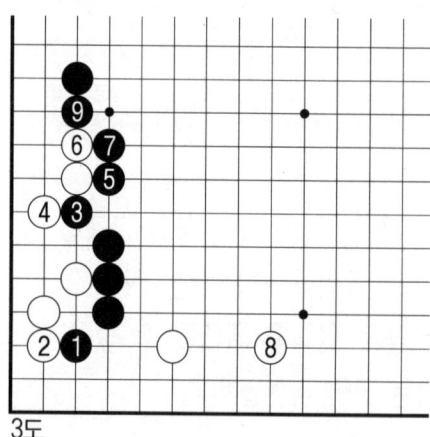

3도

흑1 때 백2로 둔다면 흑3으로 모붙인 후 5로 호구치는 것이 좋다. 이하 흑9까지 두텁게 형태를 정비하면 흑으로선 충분한 모습이다.

노골적인 봉쇄

● 흑차례

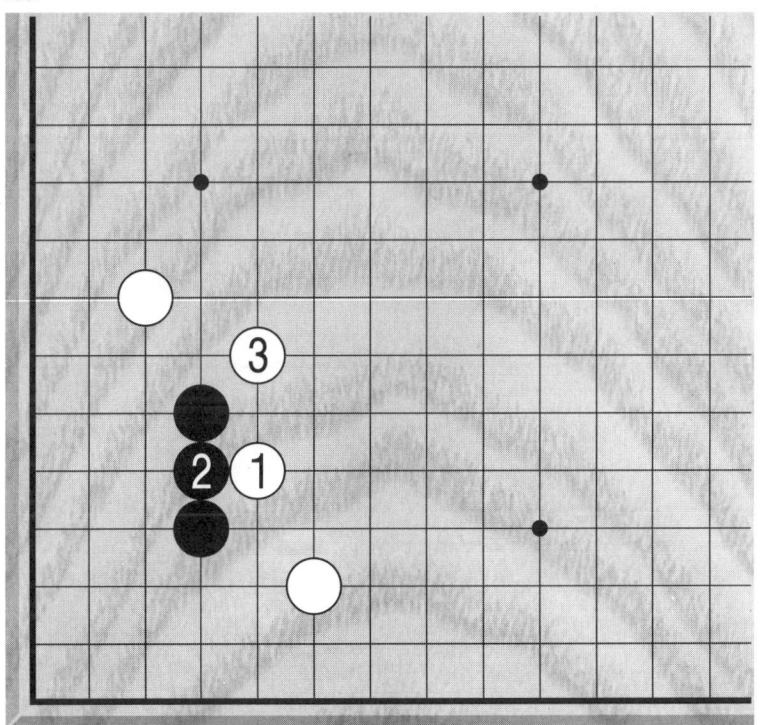

백1로 들여다본 후 3으로 씌운 것은 흑을 위협해서 중앙을
두텁게 보강하겠다는 뜻으로 전형적인 함정수의 일종이다.
그렇다면 흑은 어떻게 백의 포위망을 탈출해야 할까?

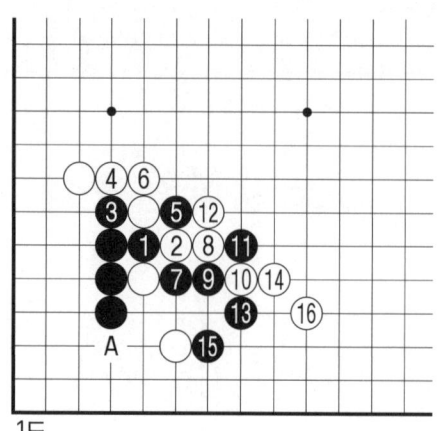

1도

흑은 1로 찌르는 한수인데 백2 때 흑3·5로 단수친 수가 대악수. 이하 흑15까지 실리를 차지하고 안정했지만 백에게 막강한 세력을 허용해서는 흑이 걸려든 모습이다. A의 약점도 흑의 부담이다.

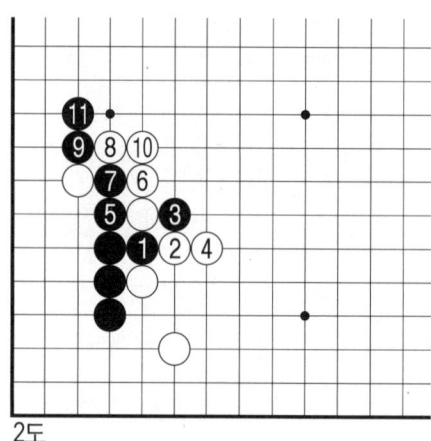

2도

흑1, 백2 때 흑3으로 끊는 것이 이 경우 좋은 수이다. 계속해서 백4로 뻗는다면 흑5로 단수친후 이하 11까지 돌파해서 흑의 실리가 크다.

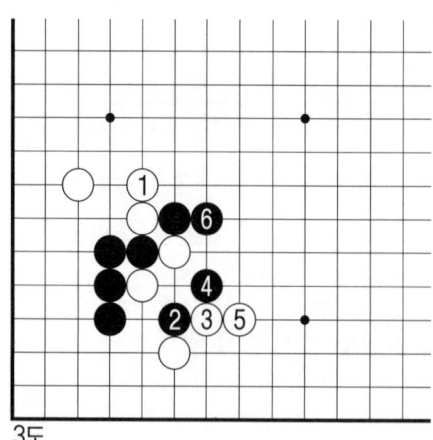

3도

백1로 뻗는 것이 백으로선 최강의 응수법이다. 이때는 흑2로 붙인 후 백3 때 흑4로 되젖힌 수가 긴요한 맥점. 백5를 기다려 흑6으로 뻗으면 흑이 우세하다.

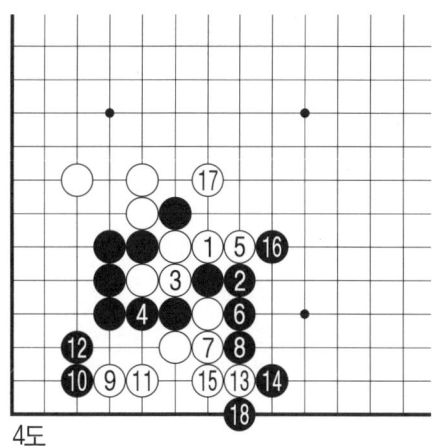

4도

4도(백, 죽음)

백이 전도처럼 단점을 보강하지 않고 1로 두는 것은 무리수. 흑은 2로 뻗은 후 이하 18까지 강력하게 공격해서 대만족이다.

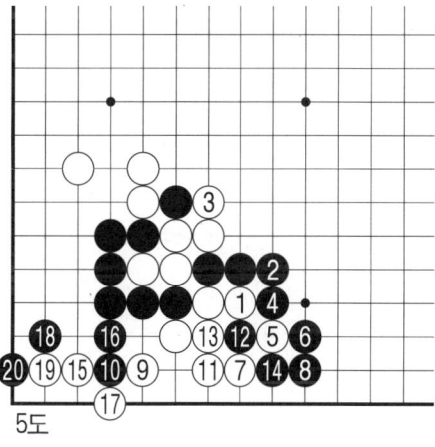

5도

5도(백, 죽음)

전도의 백5로 본도 백1로 둔 후 3으로 잡는 변화이다. 이때는 흑4·6으로 막는 것이 강수. 계속해서 백7에는 흑8로 내려서고 이하 흑20까지 공격해서 백이 잡힌 모습이다.

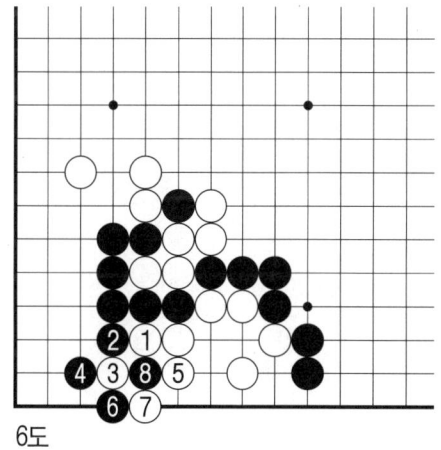

6도

6도(패)

전도 백9로 본도 백1·3으로 두는 변화이다. 계속해서 흑은 4로 막고 이하 8까지 패가 되는데 백이 불리한 것은 당연하다.

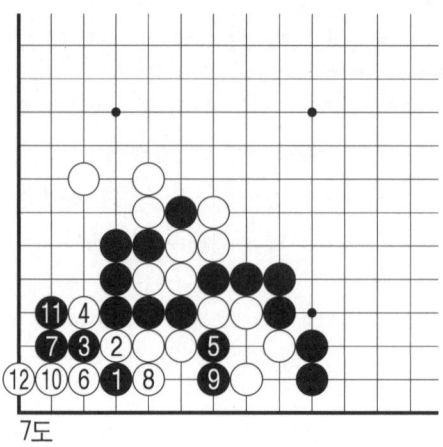

7도

전도의 수순 중 흑은 1로 한칸 뛰어 잡으러 갈 수도 있다. 이하 백12까지가 필연적인 수순인데 흑으로선 선수로 요석을 잡아 충분한 모습이다.

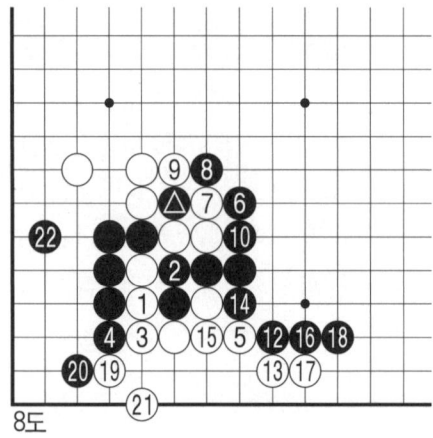

8도

4도의 백3으로 본도 백1로 두는 변화이다. 이때는 흑2로 이은 후 이하 22까지 처리하는 것이 좋은 수순. 이 결과는 흑의 외세가 막강하다.

⑪ … ◿

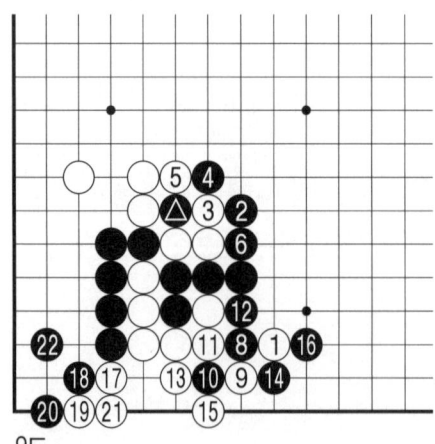

9도

전도 백5로 본도 백1로 날일자하는 변화이다. 이때는 흑2 이하 백7까지 선수한 후 흑8·10으로 공략하는 것이 좋은 수순. 이하 흑22까지의 결과는 전도보다도 흑이 더욱 유리하다.

⑦ … ◿

한칸뜀에 대한 대책

● 흑차례

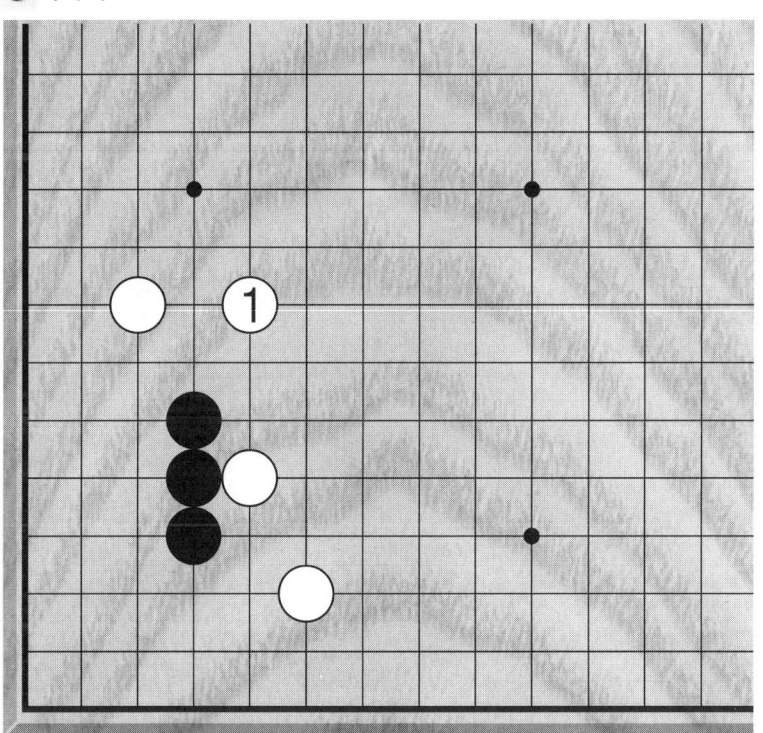

백1로 한칸 뛴 수 역시 흑 석점을 봉쇄하겠다는 뜻이다. 흑
으로선 진출 방법이 관건인데 이 경우 어떻게 응수하는 것
이 최선일까?

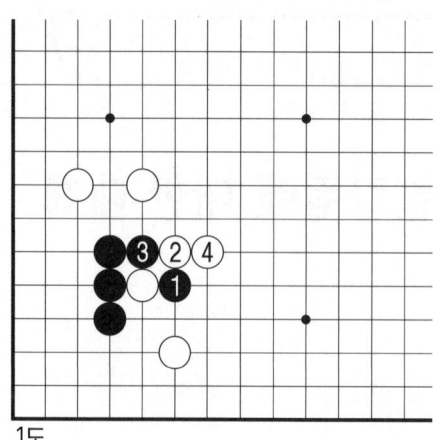

1도

얼핏 흑1로 붙이는 것이 진출의 맥점 같지만 속맥이다. 백은 2로 젖힌 후 흑3 때 백4로 뻗는 것이 호착으로 흑이 봉쇄된 모습이다.

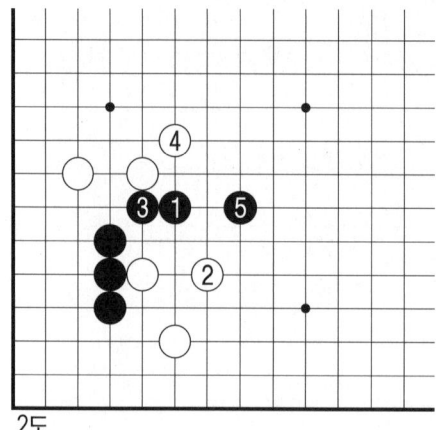

2도

흑은 이 경우 1로 날일자하는 것이 진출의 맥점이다. 계속해서 백2로 보강한다면 흑3·5로 탈출해서 충분하다.

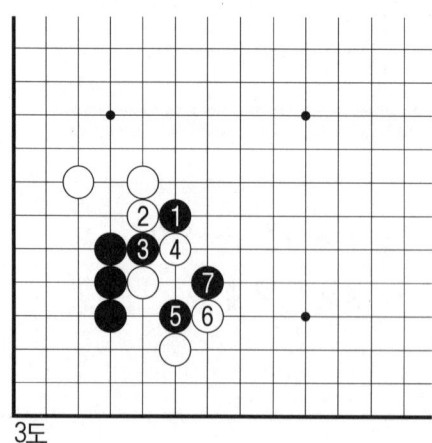

3도

흑1 때 백2·4로 절단한다면 흑5로 붙이는 것이 예정된 수순. 계속해서 백6에는 흑7로 되젖혀서 탈출이 가능하다. 함정수8의 3도로 환원된 모습이다.

2선 저공비행의 노림

● 흑차례

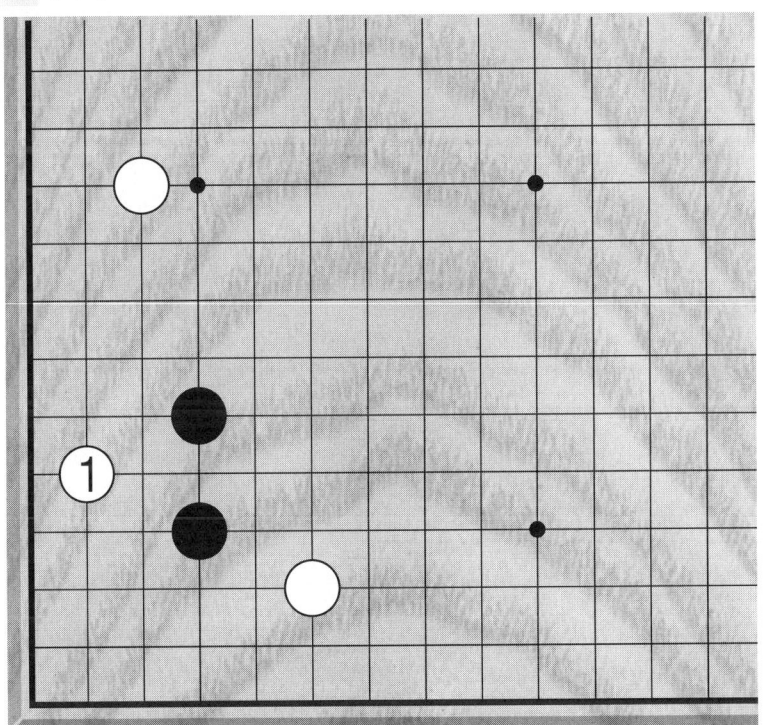

백1로 2선에서 침공한 수는 흑의 근거를 박탈해서 공격하겠다는 뜻이다. 그러나 백1은 사실상 무리성이 짙은 함정수. 그렇다면 흑은 어떻게 응수하는 것이 최선일까?

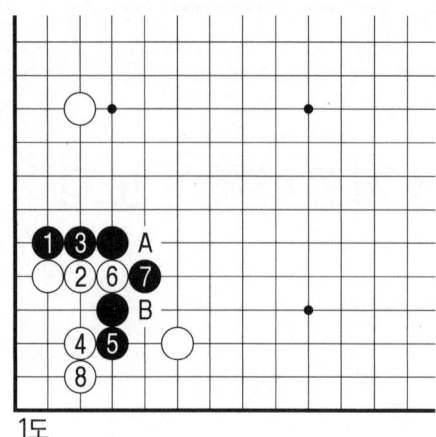

1도

흑1로 붙여 차단하는 것은 기분에 치우친 수이다. 백이 2로 찌른 후 이하 8까지 안정하고 나면 흑으로선 A와 B의 약점이 부담으로 남는다.

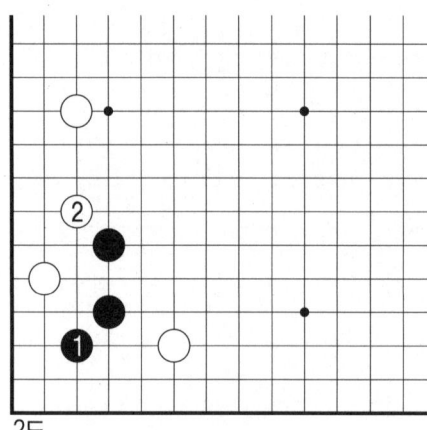

2도

흑1은 가장 쉽게 떠올릴 수 있는 수단이지만 다소 느슨한 것이 흠이다. 백2로 진출해서는 흑이 불만족스럽다.

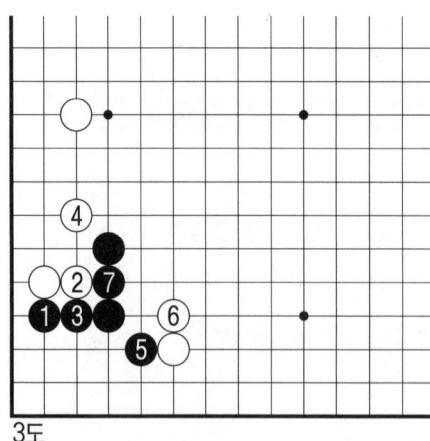

3도

흑은 이 경우 1로 막는 것이 정수이다. 백2에는 흑3으로 이은 후 백4 때 흑5·7로 처리해서 충분한 모습이다.

또 다른 2선 침공

● 흑차례

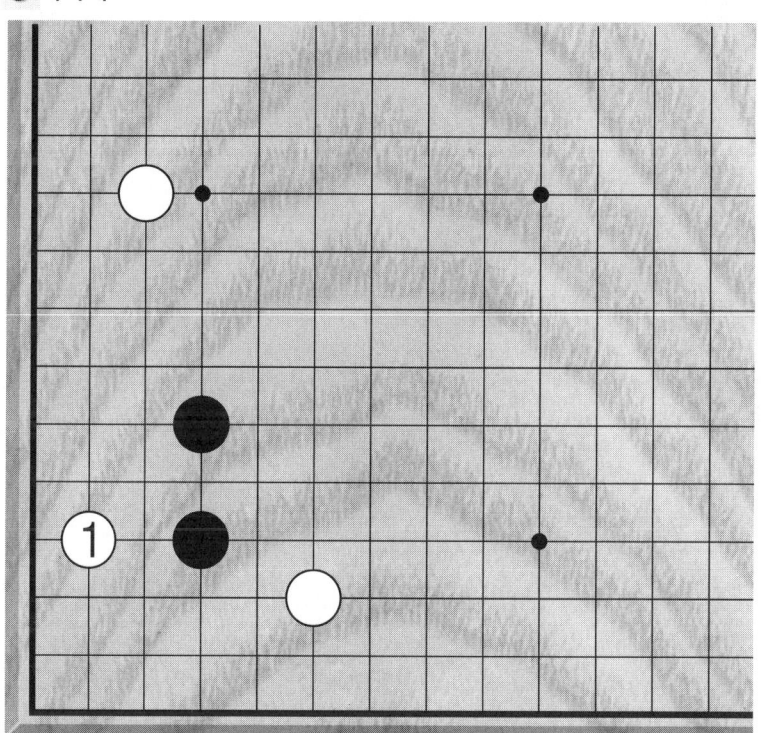

🔵 이번엔 백1로 한칸 더 깊숙하게 침입해온 장면이다. 백1 역
시 흑을 현혹하는 함정수의 일종이다. 흑은 어떻게 대응하
는 것이 최선일까?

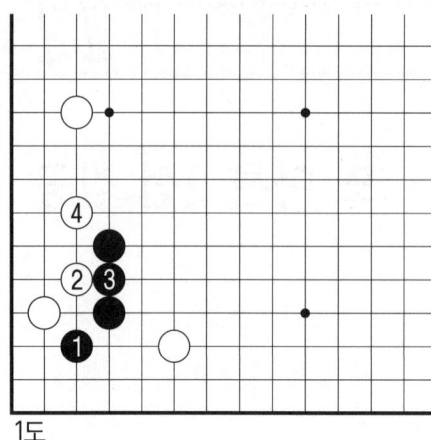

1도

흑1로 3·三을 지키는 수는 쉽게 떠올릴 수 있는 수단이지만 이 경우 미흡하다. 백2·4로 넘고 나면 흑 전체가 공격받을 가능성이 있다.

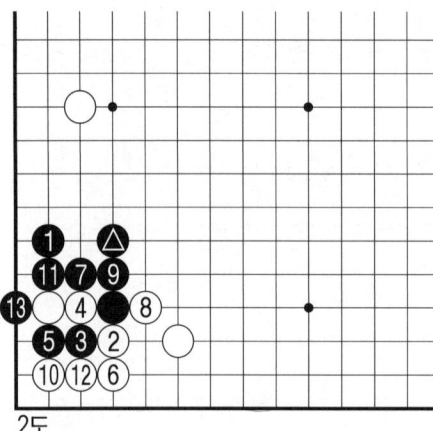

2도

흑1은 강력하게 차단해서 공격하겠다는 뜻이다. 그러나 흑1에는 백2로 붙이는 수가 준비되어 있다. 이하 흑13까지의 결과는 흑△ 한점이 전혀 쓸모없는 돌이 되었다.

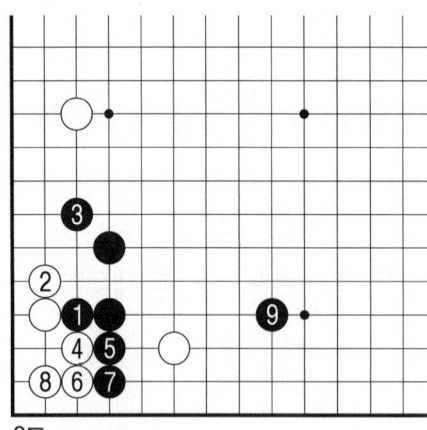

3도

흑은 이 경우 1로 치받는 것이 정수이다. 백2로 뻗는다면 흑3이 연이은 호착. 이하 백8까지 사는 것을 기다려 흑9로 협공하면 흑 호조의 국면이다.

유연한 응수법

● 흑차례

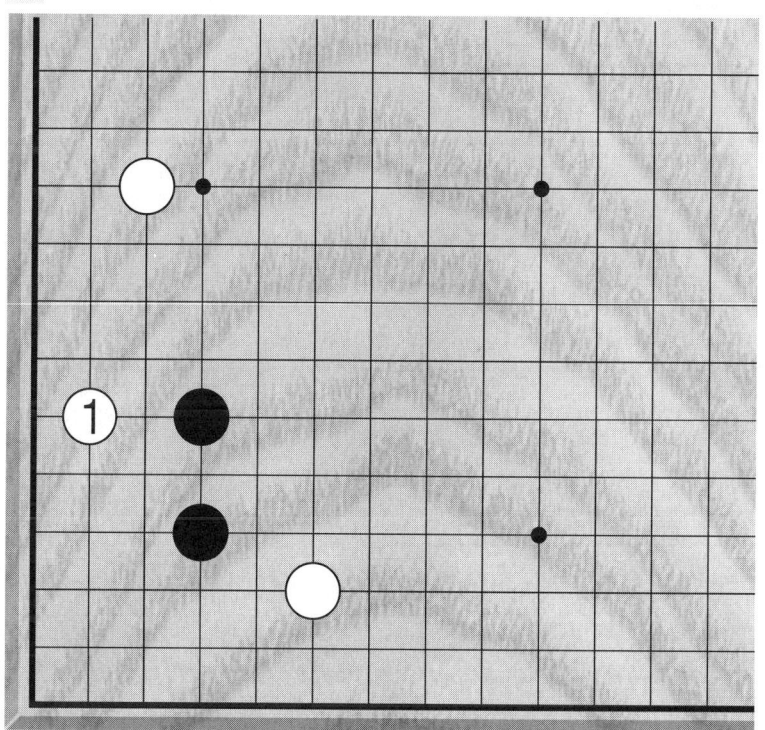

백1은 다소 유연한 침입수로 흑의 응수여하에 따라 이득을 취하겠다는 뜻이다. 흑은 급박하게 공격하기 보다는 유연하게 대처하는 것이 좋은데 이 경우 어떻게 처리해야 할까?

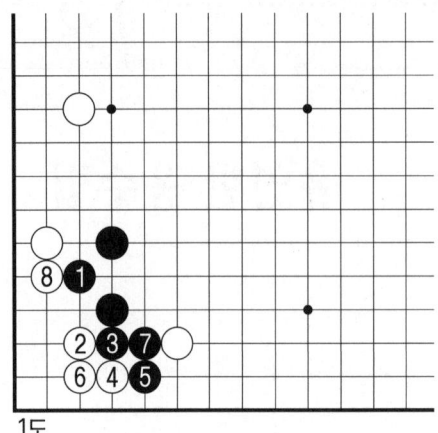

1도

1도(흑, 불만)

흑1로 받는 것은 백2의 3·三 침입을 유도해서 좋지 않다. 흑3 으로 차단해도 이하 8까지 안정 하고 나면 흑이 불만족스런 모습 이다.

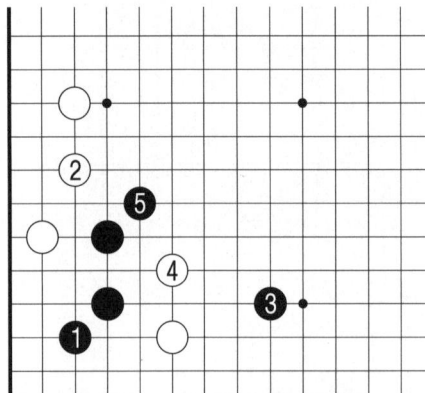

2도

2도(흑의 정수)

흑은 이 경우 1로 귀를 지키는 것이 좋다. 흑1은 확실하게 근거 를 갖춘 후 양쪽 백돌에 대한 공 격을 노리겠다는 뜻이다. 백2로 지킨다면 이하 5까지 공격해서 흑 호조의 진행이다.

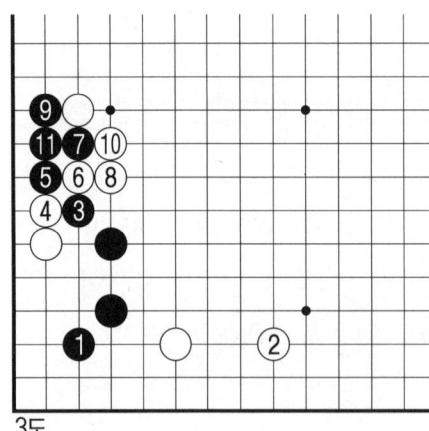

3도

3도(흑의 강수)

흑1 때 백2로 지킨다면 흑3·5 라는 강수가 기다리고 있다. 이 하 흑11까지 백 두점이 잡혀서는 백의 손해가 크다.

상용의 삭감수

● 흑차례

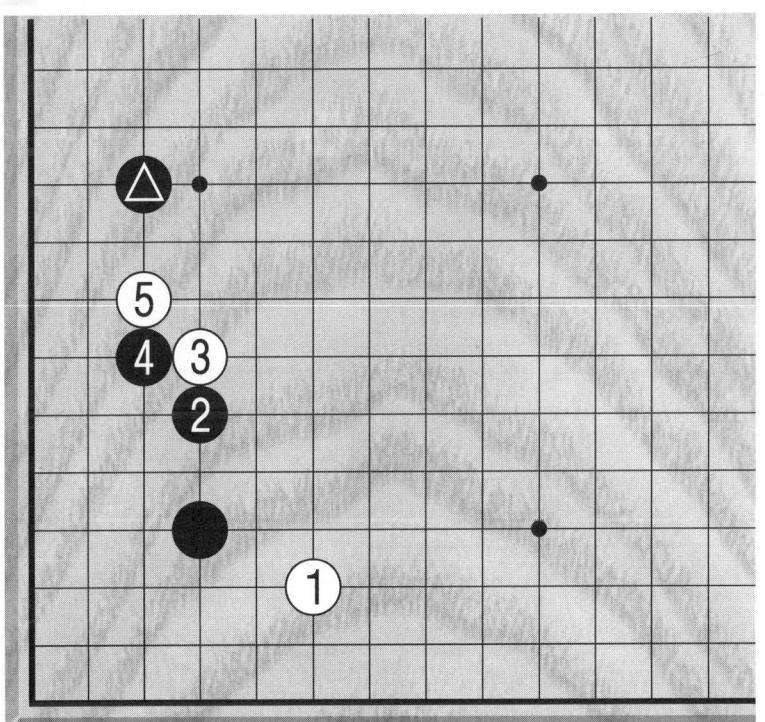

백1로 걸쳤을 때 흑2의 한칸은 흑▲ 한점과의 간격을 고려한 수이다. 이때 백3으로 붙인 수는 상용의 삭감수. 백3은 함정수라기 보다는 하수들이 가장 곤혹스럽게 여기는 수단이다. 흑4는 실리취향의 선택인데 백5 이후의 응수가 관건이다.

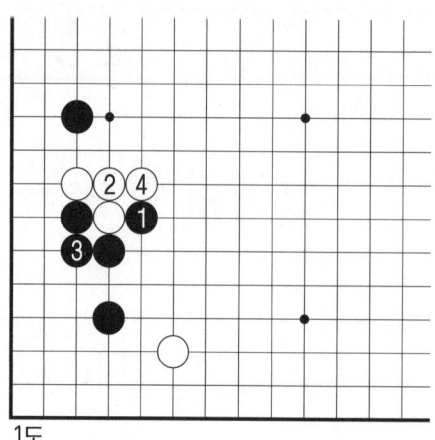

1도

흑1로 단수친 후 3으로 잇는 수순은 하급자들이 가장 범하기 쉬운 진행이다. 백4까지 흑은 상하로 나뉘어 고전의 양상이다.

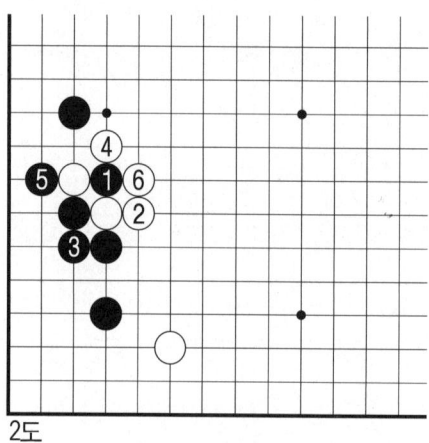

2도

흑1로 단수친 후 3으로 잇는 수 역시 의문이다. 백4 때 흑5로 단수치면 넘을 수 있다는 계산이지만 백6으로 따내 백이 월등하게 두터운 모습이다. 아직도 흑은 연결이 불확실한 모습.

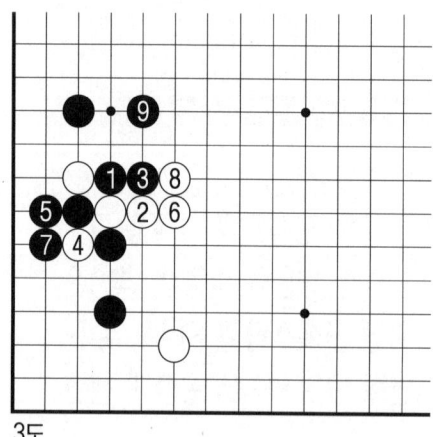

3도

흑1로 단수친 후 3으로 미는 것이 정석화된 수순이다. 계속해서 백4로 단수치고 이하 흑9까지 쌍방 호각의 갈림이다.

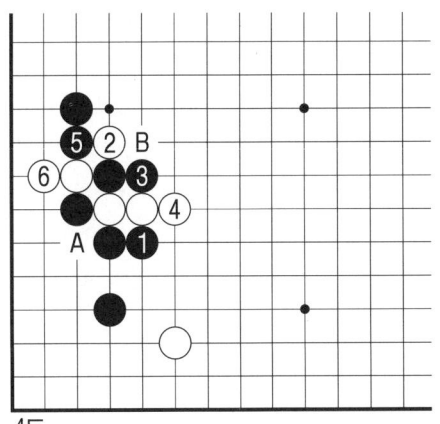

4도

전도 흑3으로 본도 흑1로 미는
것은 방향착오이다. 백은 2로 단
수치고 이하 백6까지 진행시킨
후 A와 B를 맞보기로 노려서 대
만족이다.

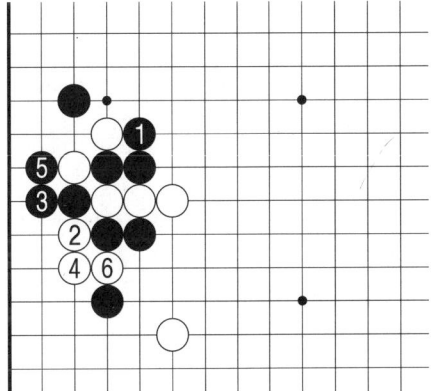

5도

전도 흑5로 본도 흑1로 두는
변화이다. 백은 2로 단수친 후 4
에 뻗는 것이 좋은 수순. 흑5를
기다려 백6으로 뚫으면 흑이 불
리한 모습이다.

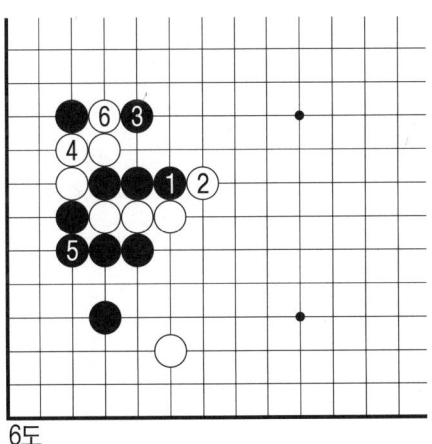

6도

전도 흑1로 두지 않고 본도 흑
1로 미는 변화이다. 이때는 백2
로 젖히는 것이 호착으로 흑3을
기다려 백4·6으로 돌파하면 흑
이 곤란한 모습이다.

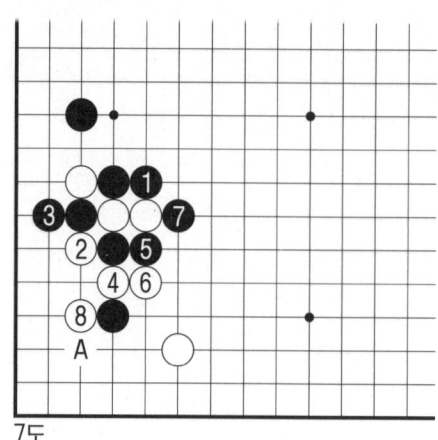

7도

흑1로 밀고 백2, 흑3까지 진행
되었을 때 백이 3도처럼 7로 뻗
지 않고 본도 백4로 단수치는 것
은 좋지 않다. 이하 백8까지의
진행은 흑이 두텁다. 백은 A의
약점도 부담이다.

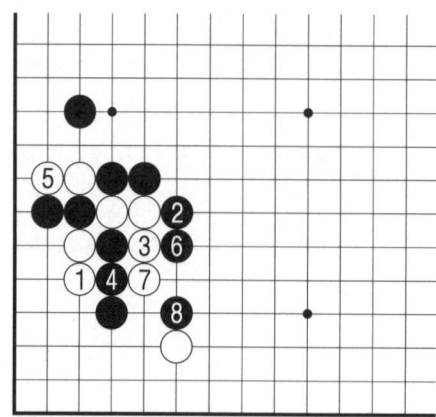

8도

8도(백, 불만)

백이 2로 뻗지 않고 1로 뻗는
수 역시 찬성할 수 없다. 흑은 2
로 단수치고 이하 백7까지 진행
되었을 때 흑8로 장문 씌우는 수
가 맥점이다. 계속해서…

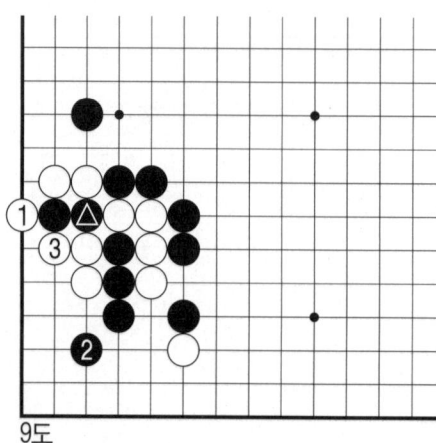

9도

9도(백, 망함)

전도에 계속해서 백1로 단수친
다면 흑2가 연이은 호착. 백3을
기다려 흑4로 먹여치면 이 결과
는 백이 망한 모습이다.

(④ … △)

중복을 유도한 노림

● 흑차례

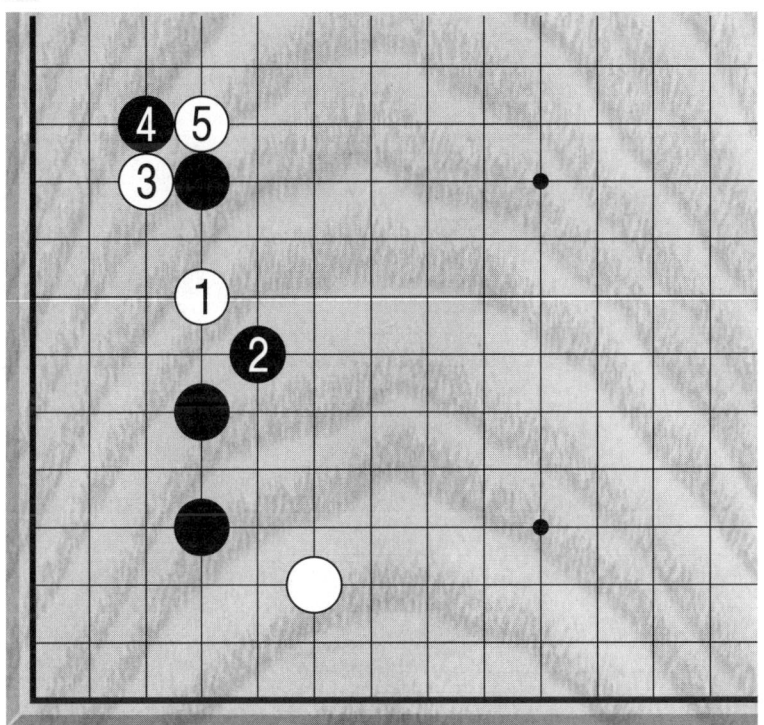

접바둑에서 흔히 나타나는 형태이다. 백1은 상용의 침투수
단. 계속해서 흑2로 입구자하는 것은 공격적인 취향인데
백3으로 붙인 후 흑4 때 백5로 끊은 수가 함정수의 일종
이다. 백5 이후의 대처방법은 무엇일까?

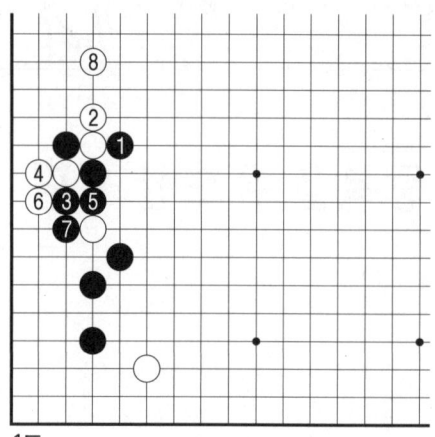

1도

흑1로 단수친 후 이하 5까지 백 한점을 분단시키는 것은 일감으로 떠오르는 수단. 그러나 이하 백8까지의 진행에서 보듯 흑은 중복형이 되고 만다.

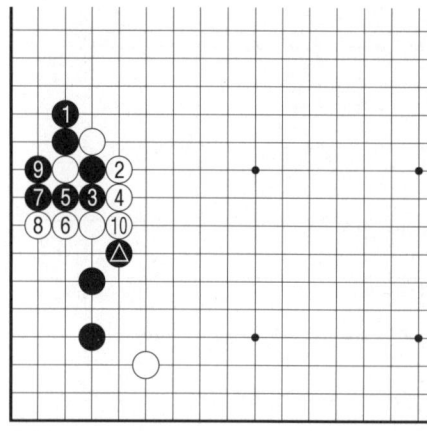

2도

이번엔 흑1로 뻗는 변화이다. 흑1에는 백2·4로 단수친 후 이하 10까지 사석처리하는 것이 좋은 수순이다. 흑△ 한점이 악수가 되어서는 백이 우세한 결말.

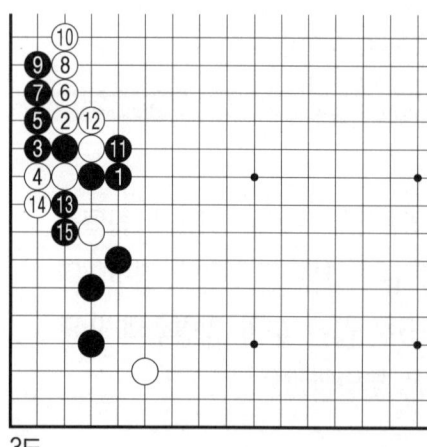

3도

흑은 이 경우 1로 뻗는 것이 정수이다. 계속해서 백2로 단수친다면 이하 흑15까지 실리를 차지해서 충분하다.

손을 뺀 이후

● 흑차례

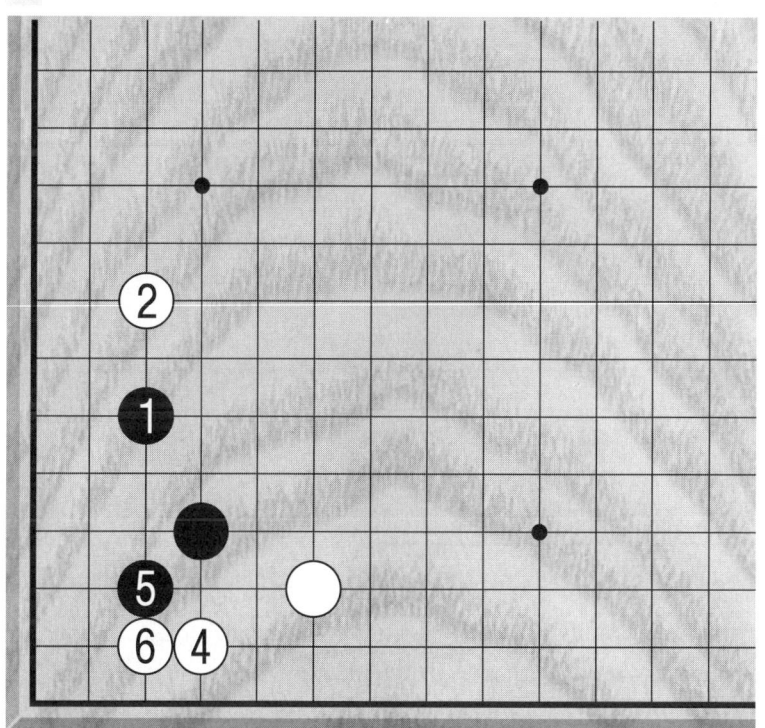

❸ ⋯ 손뺌

흑1로 날일자했을 때 백2로 바짝 다가서는 수는 접바둑에 잘 등장하는 수단. 백2에 대해 흑이 4로 한칸 뛰어 귀를 지켜 두면 가장 무난하다. 이 형태는 흑이 손을 빼서 파생된 모습인데, 백6 이후 흑의 응수방법이 관건이다.

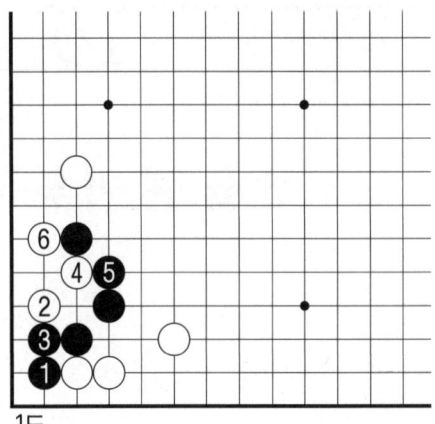

1도

흑1로 막는 수는 백2의 치중이 기다리고 있다. 흑3으로 잇는 것을 기다려 백4·6으로 넘고 나면 흑 전체가 미생마가 되고 만다.

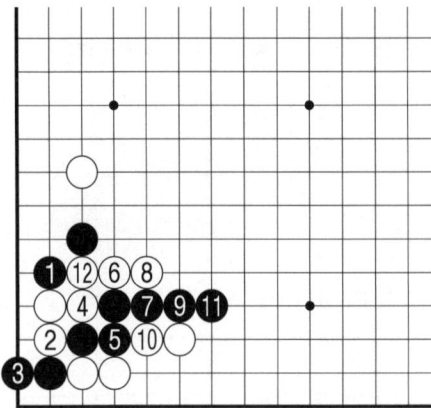

2도

흑1은 축과 깊은 연관이 있는 수. 계속해서 백2로 끊고 이하 백10까지가 필연적인 진행인데 축이 흑에게 불리하다면 흑11이 불가피한 만큼 백12로 끊겨 흑이 망한 모습이다.

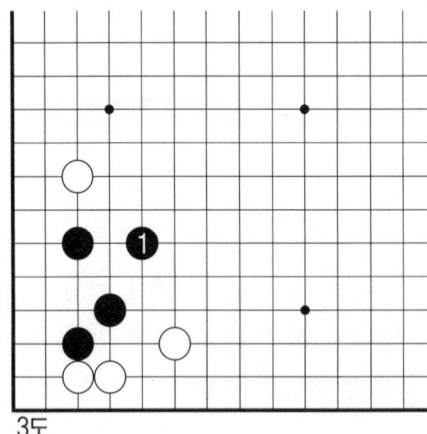

3도

축이 흑에게 불리하다면 흑1로 한칸 뛰는 것이 정수이다. 흑은 이렇게 지켜 놓은 후 귀에 막는 수를 노려야 한다.

기착점을 이용한 3 · 三 침입

● 흑차례

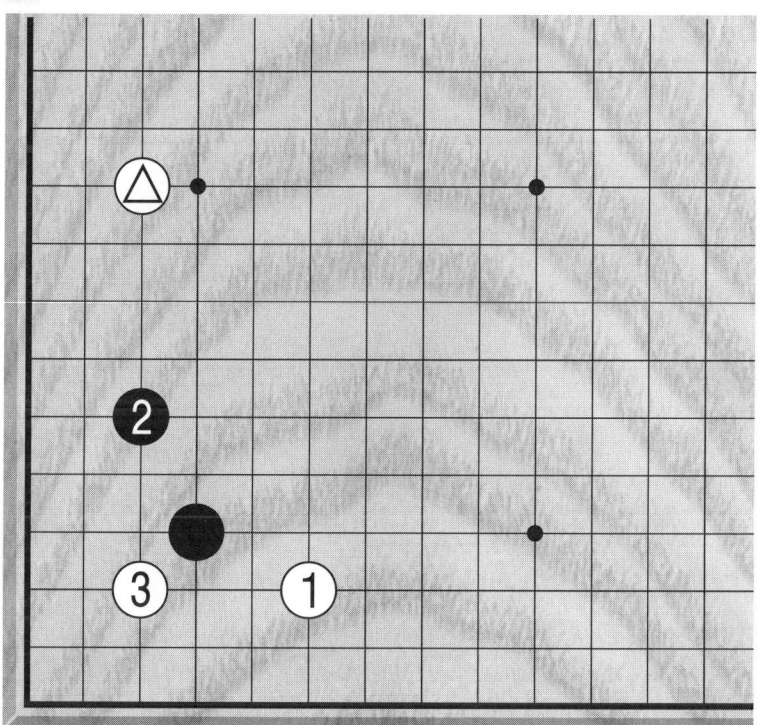

백1, 흑2 때 곧장 백3으로 3·三 침입하는 수는 가장 강력한 수단. 백3은 백△와 같이 기착점이 있을 때 두는 것이 보통인데 하급자 입장에선 가장 곤혹스럽게 여기는 수단이기도 하다. 그럼 백3 이후의 대처방법에 대해 살펴본다.

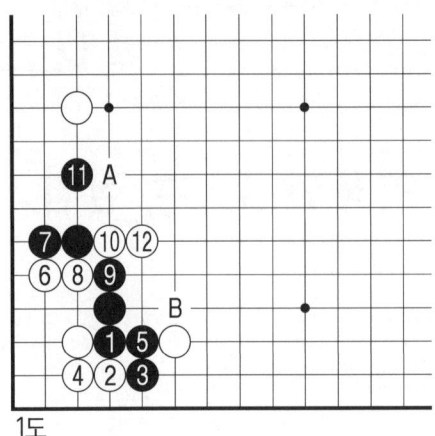

1도

흑은 일단 1로 막는 한수이다. 계속해서 백2로 젖히고 이하 6까지는 상용의 수순인데 흑7로 막은 수가 무리수. 백8 · 10으로 절단하면 A와 B가 맞보기로 남아 흑이 곤란하다.

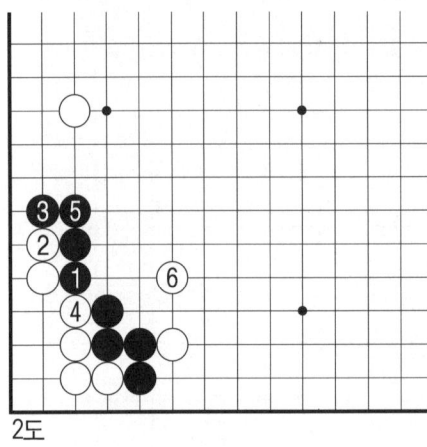

2도

흑은 1로 막아서 넘겨주는 것이 현명하다. 그러나 백2 때 흑3이 욕심을 부린 수. 백4 때 흑5가 불가피한 만큼 백6으로 한칸 뛰면 전체가 공격받을 가능성이 높다.

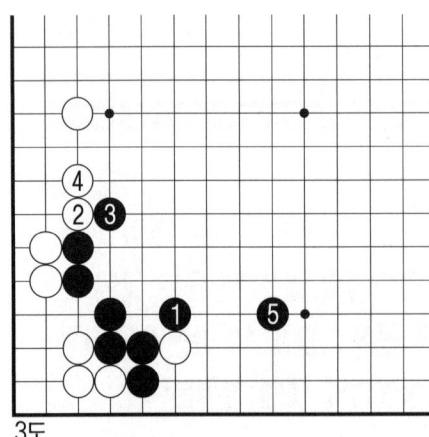

3도

흑은 역시 1로 젖혀서 넘겨주는 것이 좋다. 백2에는 흑3을 선수한 후 5 근처로 전개해서 충분한 모습이다.

기착점을 이용한 2선 침입

● 흑차례

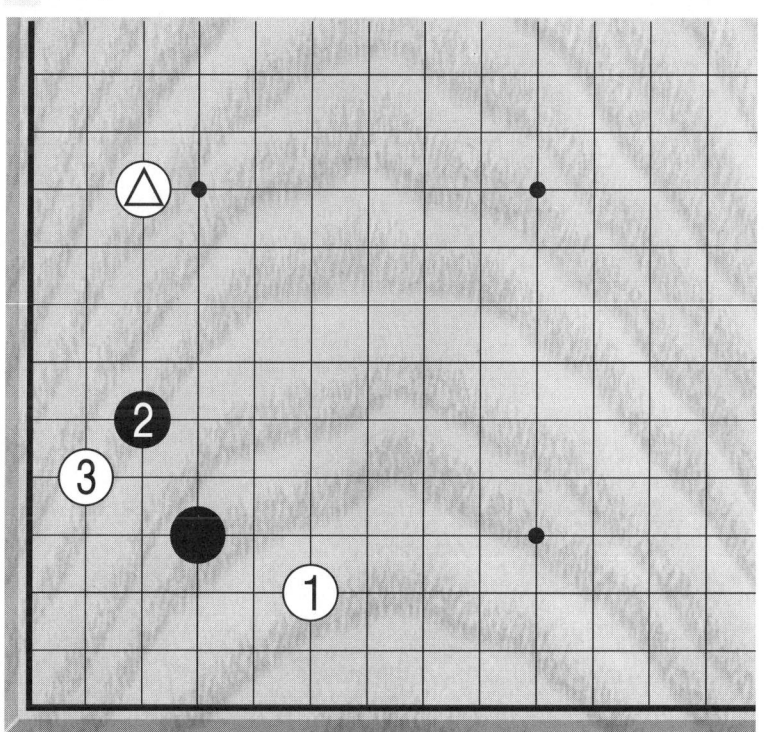

백1, 흑2 때 백3으로 2선에 깊숙히 침입한 장면이다. 백3
은 백△의 기착점을 활용해서 흑을 혼란에 빠뜨리겠다는 속
셈이다. 그렇다면 흑은 어떻게 응수하는 것이 최선일까?

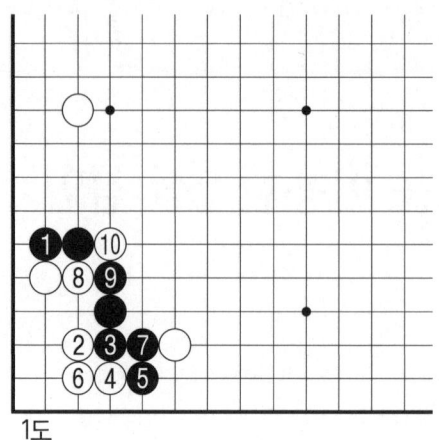

1도

흑1로 막는 것은 백의 함정수에 말려드는 수이다. 백은 2로 둔 후 이하 백8·10까지 흑을 양곤마로 만들 수 있다.

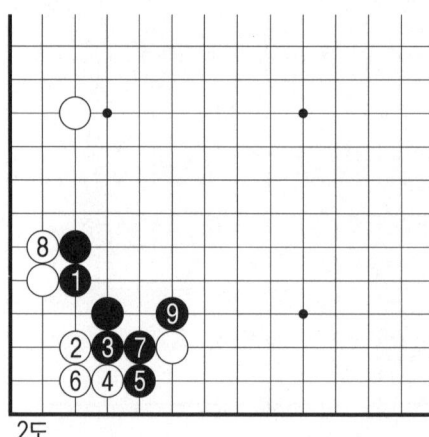

2도

흑은 1로 막는 것이 정수이다. 백2 이하 흑9까지의 결과는 흑이 두터운 모습이다.

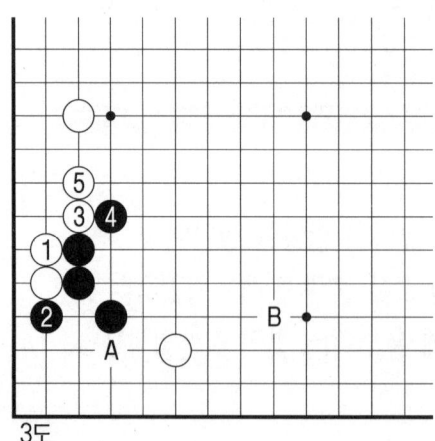

3도

백이 곧장 1로 밀어서 연결을 취한다면 흑2로 막아서 충분하다. 이하 백5까지 선수한 후 국면의 상황에 따라 A와 B 중 한 곳을 선택하면 흑이 유리한 결말이다.

능률적인 보강 방법

● 흑차례

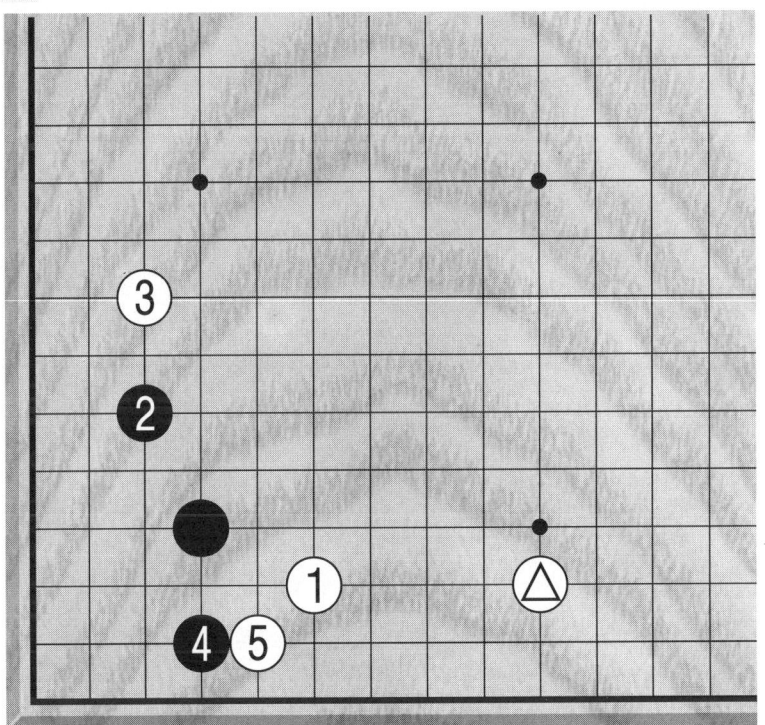

백1로 걸치고 흑2 때 백3·5로 두어온 장면이다. 백5는 백△ 한점과의 간격을 능률적으로 처리하겠다는 뜻인데 흑의 다음 응수가 관건이다.

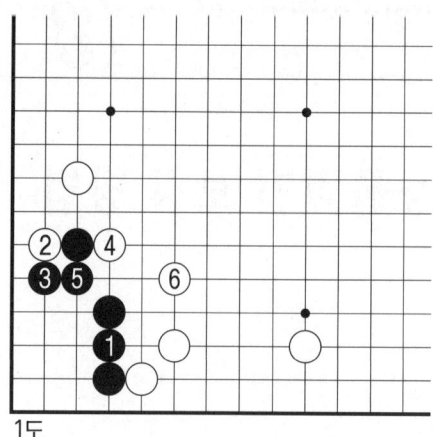

1도

단순히 흑1로 이으면 가장 견실하다. 그러나 백2·4를 선수한 후 6으로 한칸 뛰면 백이 활발한 모습이다.

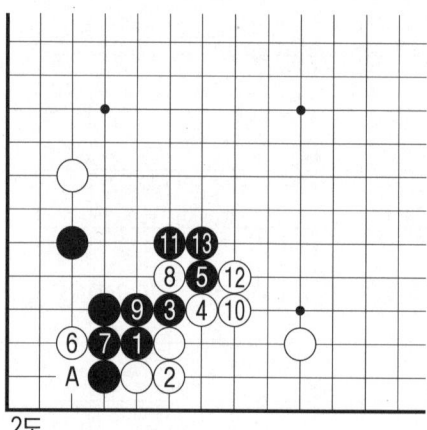

2도

흑1은 기민한 선수활용. 그러나 백2 때 흑3 이하 13까지 처리하는 것은 장차 백이 A로 움직이는 수단이 남아 흑으로선 불만족스러운 결말이다.

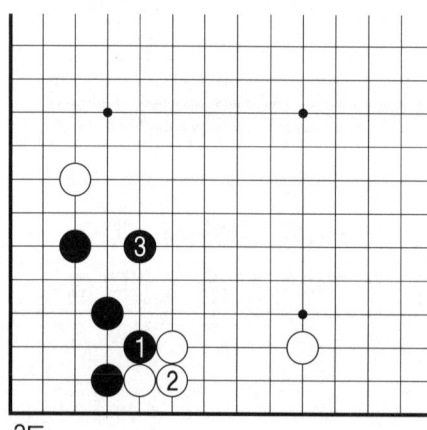

3도

흑1, 백2 때 단순히 흑3으로 한칸 뛰는 것이 좋은 수이다. 흑1·3에 의해 귀의 뒷맛은 거의 사라진 모습. 뿐만 아니라 흑은 양쪽 백에 대한 허술함을 추궁할 수 있다는 것이 자랑이다.

강력한 붙임

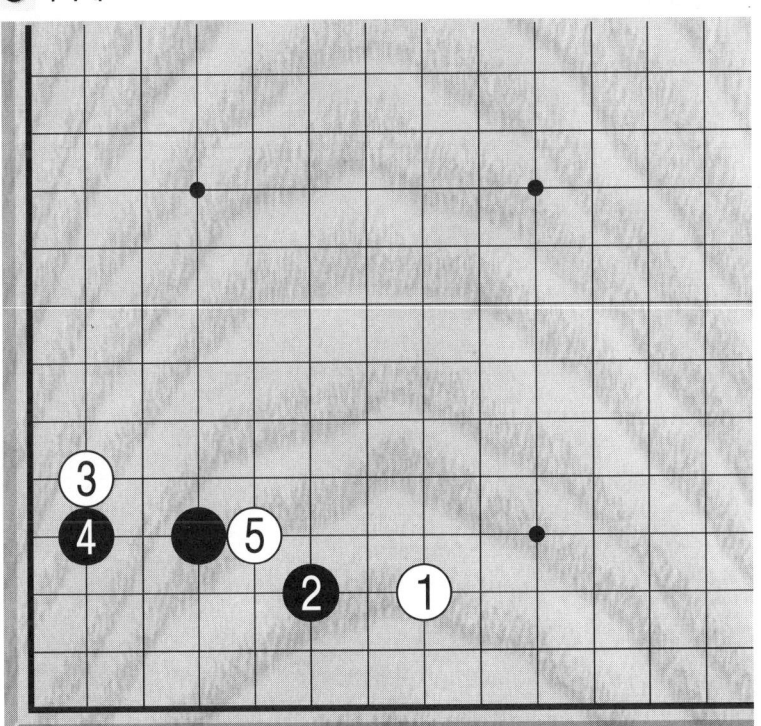

● 흑차례

> 백1, 흑2 때 백3의 2선 저공비행은 상용의 침투수단이다. 계속해서 흑4로 막았을 때 백5로 붙인 수가 주문을 내포한 함정수의 일종이다. 흑은 이 경우 어떻게 응수하는 것이 최선일까?

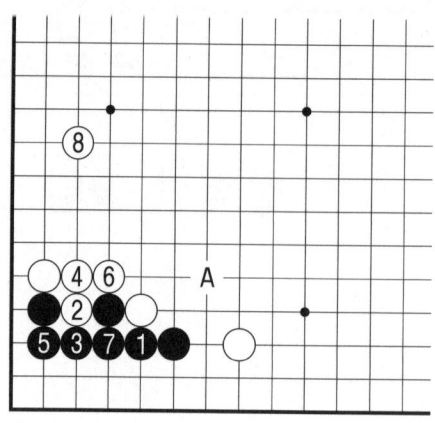

1도

단순히 흑1로 받은 것은 간명을 기한 것. 그러나 백2 때 흑3은 너무 소극적인 수이다. 백은 이하 8까지 철저히 활용해서 대만족이다. 백8 이후 A의 봉쇄도 기분 좋은 수로 남아 있다.

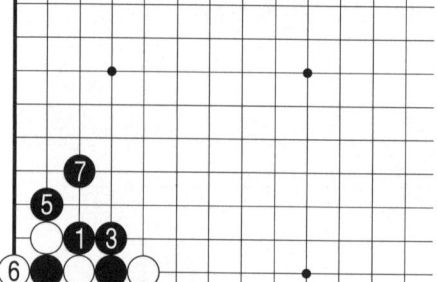

흑은 1로 단수칠 곳이다. 백2로 뻗을 때 흑3이 침착한 호착. 백4·6이라면 이하 7까지 두터움을 확립해서 충분하다.

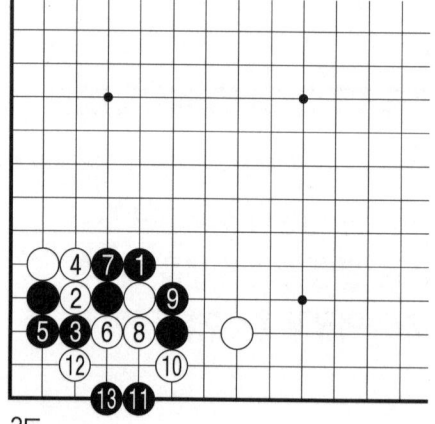

3도

흑은 강력하게 1로 젖혀서 두는 것이 공격적인 발상이다. 계속해서 백2로 끼운다면 흑3으로 단수친 후 5에 잇는 것이 최강의 응수. 이하 흑13까지의 진행이라면 백이 망한 모습이다.

20

묘한 붙임수

● 흑차례

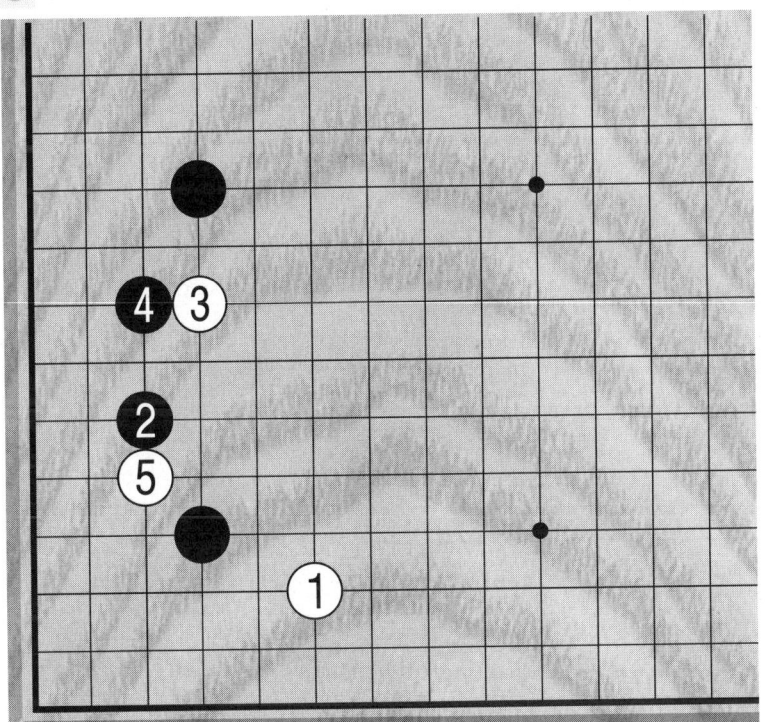

🌀 백1 때 흑2는 견실한 응수법. 계속해서 백3을 선수한 후 5에 붙인 수가 묘하다. 흑은 3·5로 둔 백의 의도를 간파해서 응수해야 하는데 어떻게 두는 것이 최선일까?

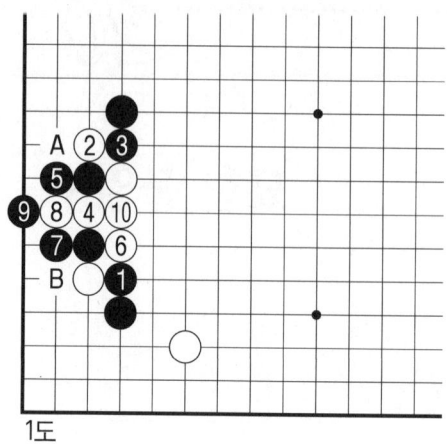

1도

흑1로 막으면 백2로 젖히고 흑3을 기다려 백4로 단수친다. 흑5로 뻗으면 다음은 백의 의도대로이다. 이하 백10까지 필연인데 A와 B가 맞보기가 되어 흑이 곤란한 모습이다.

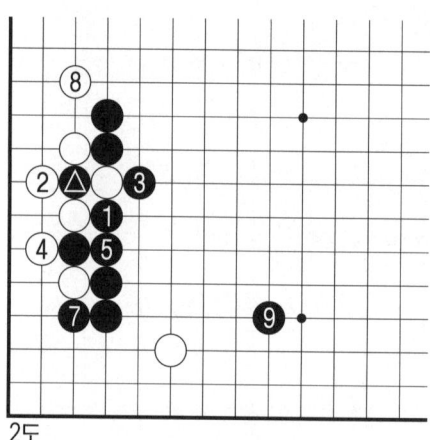

2도

전도 흑5로 본도 흑1로 단수치면 전도의 위기는 면할 수 있다. 백2를 기다려 흑3 이하 백8까지 선수한 후 흑9로 협공하면 흑도 둘 만한 갈림이지만 흑에겐 더 좋은 대응이 있다.

(⑥ … ▲)

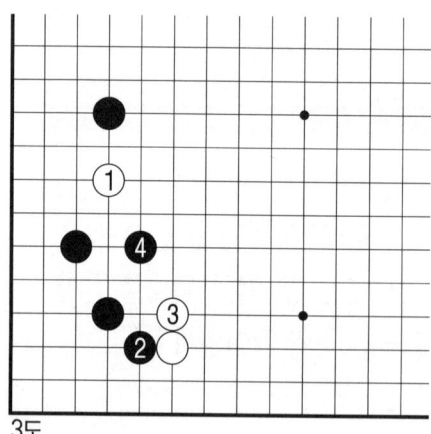

3도

장면도로 돌아가서 백1 때 흑2로 마늘모붙이는 것이 최선의 대응이다. 계속해서 백3이라면 흑4로 한칸 뛰어 백을 양곤마로 만들 수 있다.

강력한 되젖힘

○ 백차례

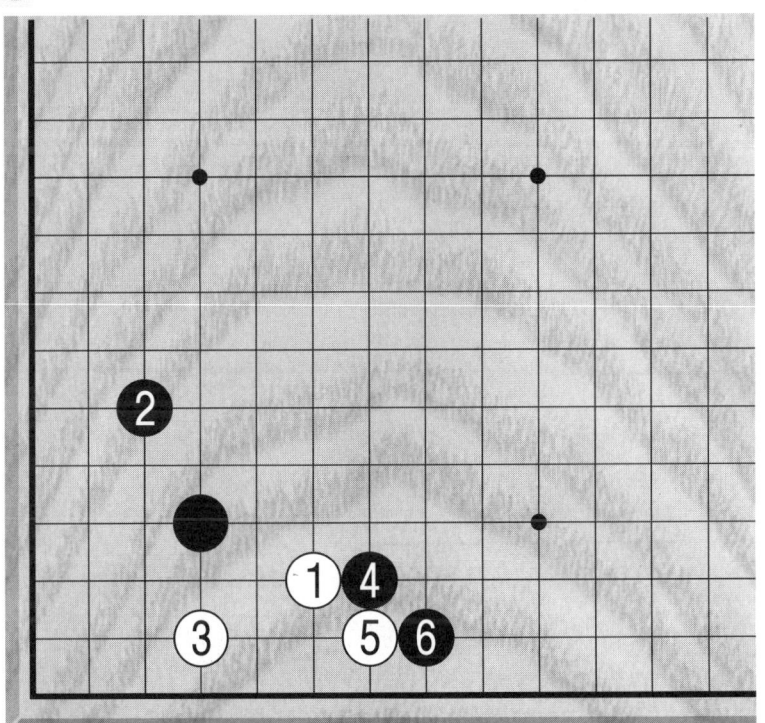

🔖 백1로 걸치고 흑2, 백3까지는 상용의 정석진행이다. 계속
해서 흑4로 옆구리에 붙인 수가 최근에 와서 개발된 수법.
백5는 한가지 대응방법인데 흑6으로 되젖힌 수가 함정수의
일종이다. 흑6에 대한 적절한 응수법은?

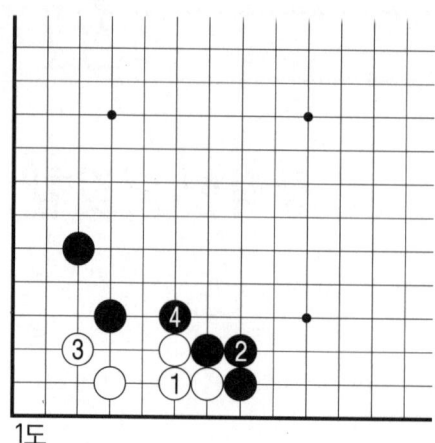

1도

백1로 잇는 것은 너무 소극적인 수이다. 흑2로 이은 후 백3 때 흑4로 봉쇄해 흑이 두터운 모습이다.

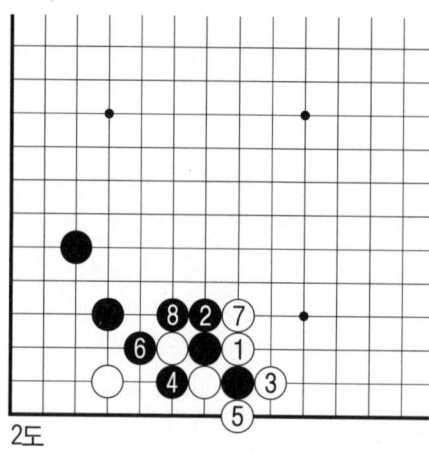

2도

백1·3으로 흑 한점을 잡으면 흑4 이하 8까지 바꿔치기가 이루어진다. 귀의 백 한점에 뒷맛은 남아 있지만, 백이 다소 미흡한 결과이다.

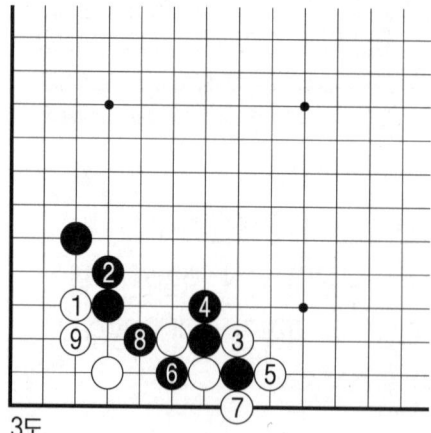

3도

백은 1로 붙여서 흑의 응수를 묻는 것이 보다 능률적인 처리법이다. 계속해서 흑2로 뻗는다면 백3·5로 단수쳐서 흑 한점을 잡는다. 흑8에는 백9로 뻗어서 백이 양쪽을 처리한 모습이다.

껴붙임의 의도

○ 백차례

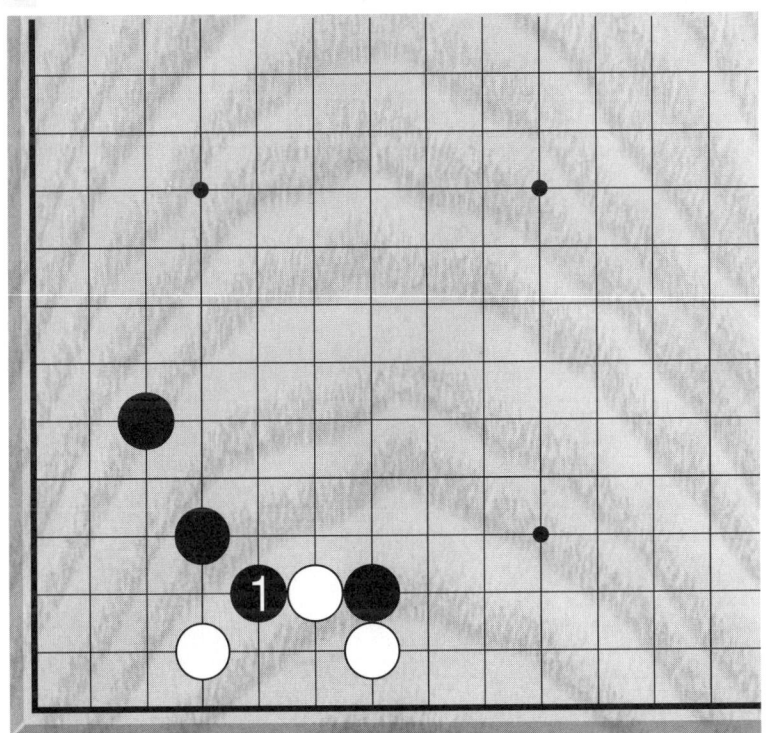

▶ 흑1의 껴붙임은 백에게 주문을 내포한 수로 정석에 있는 수
 단이다. 백은 흑1로 둔 의도를 간파해서 다음 착점을 결정
 해야 한다. 이 경우 어떻게 받는 것이 최선일까?

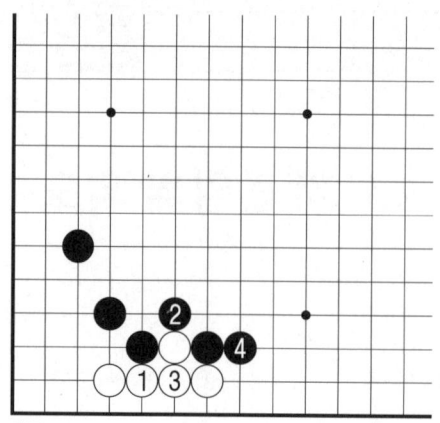

1도

백1로 받는 것은 흑2의 단수가 너무 쓰라리다. 백3 때 흑4로 뻗으면 흑이 두터운 모습이다.

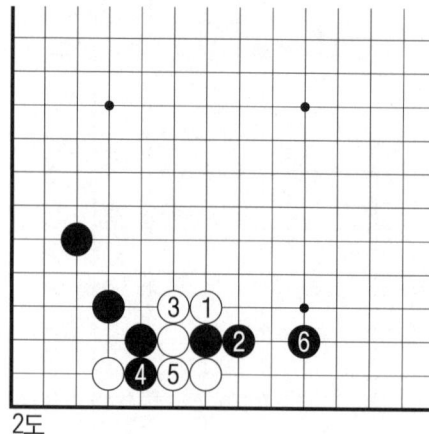

2도

백1로 단수치는 수 역시 좋지 않다. 흑은 2로 뻗은 후 이하 6까지 처리해서 백을 미생마의 형태로 유도할 수 있다.

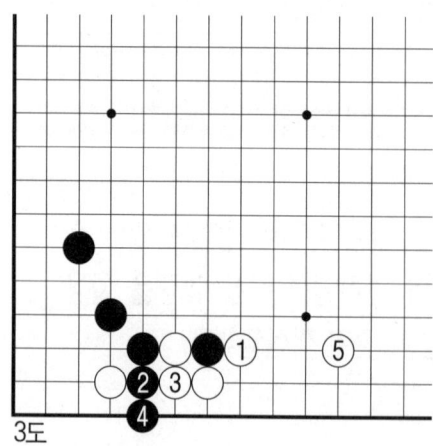

3도

백은 1로 단수치는 것이 정수이다. 흑2는 당연한 기세이며 이하 백5까지가 쌍방 호각의 갈림으로 되어 있다.

패의 형태를 유도

● 흑차례

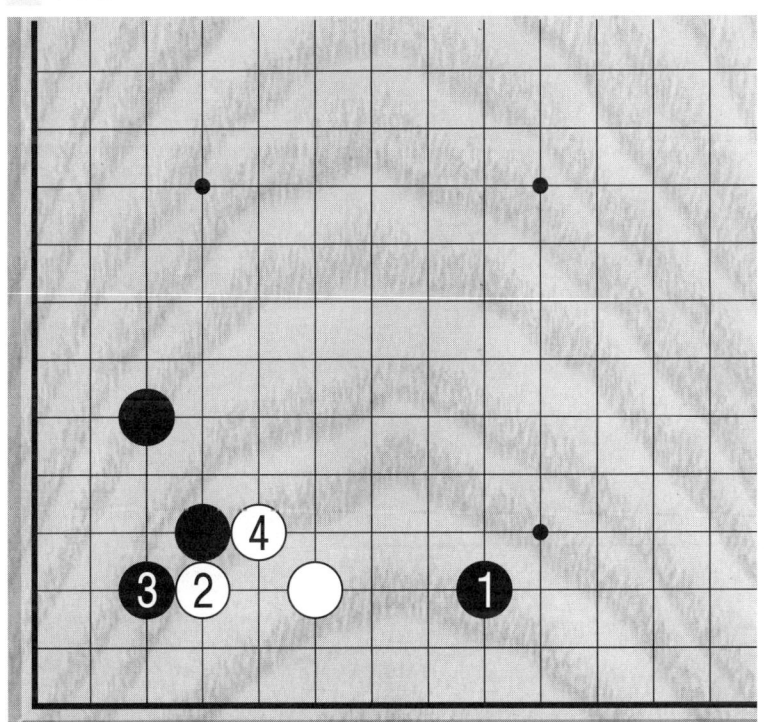

🔴 흑1로 협공했을 때 백2로 붙이는 수는 상용의 수습법이다.
계속해서 흑3으로 젖힌 것은 당연한데 백4로 호구친 수가
함정수의 일종. 얼핏 패를 유도하는 듯한데, 흑은 이 경우
어떻게 응수하는 것이 최선일까?

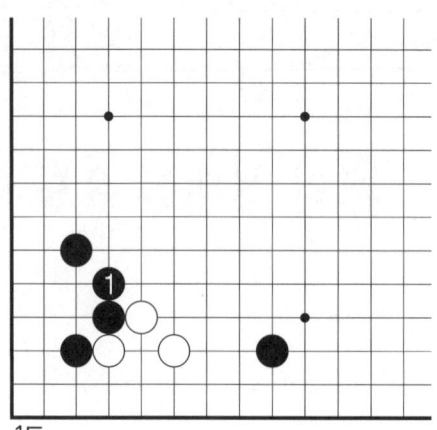

1도

단순히 흑1로 뻗는 것은 너무 소극적인 수이다. 백으로선 선수로 활용한 형태인 만큼 다음의 행마에 상당한 여유를 갖게 된다.

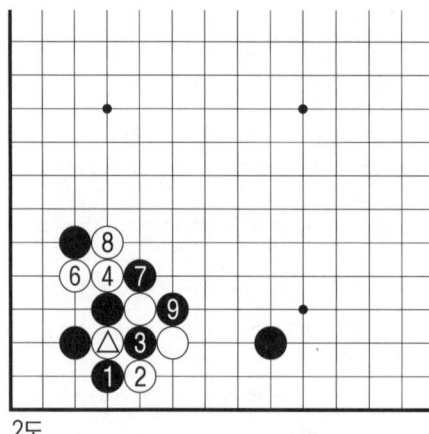

2도

흑은 당연히 1로 단수칠 곳이다. 백2에는 흑3으로 따낸 후 이하 9까지 강력한 두터움을 확립해서 대만족이다.

⑤ … △

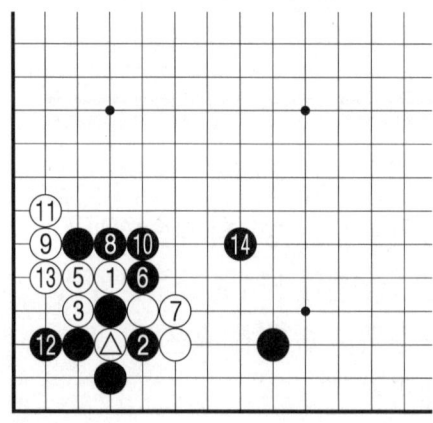

3도

백이 패로 버티지 않고 1로 단수치는 변화이다. 이때는 흑2로 따낸 후 이하 14까지 백을 크게 공격하는 것이 좋은 수순이다. 백은 양곤마의 형태로 수습이 어려운 모습.

④ … △

기백있는 반발

● 흑차례

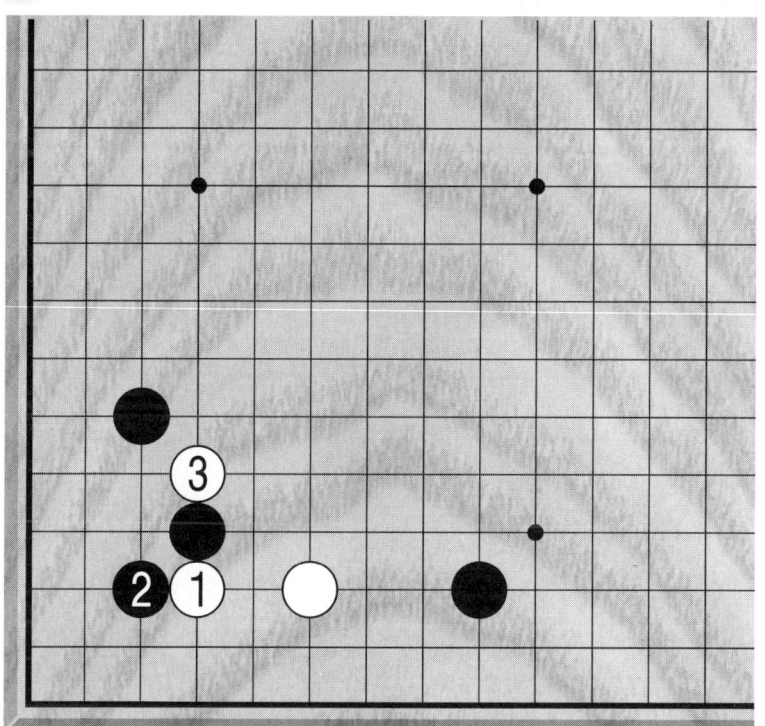

백1로 붙인 것은 상용의 수습법. 그런데 흑2로 젖혔을 때 백3으로 껴붙인 수가 함정수이다. 흑은 백의 의도를 간파해서 반발하고 싶은데 어떻게 두는 것이 최선일까?

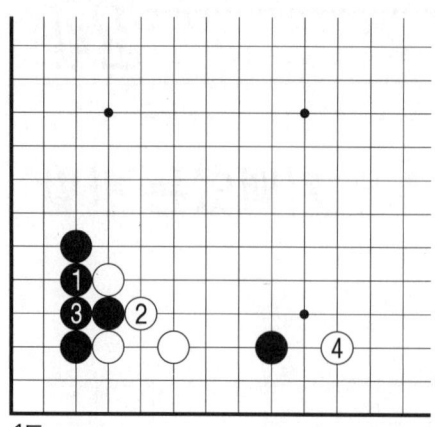

1도

1도(흑, 당함)

흑1로 막는 것은 너무 소극적인 수. 백2의 단수가 너무 쓰라리다. 백4로 협공당해서는 흑이 당한 모습이다.

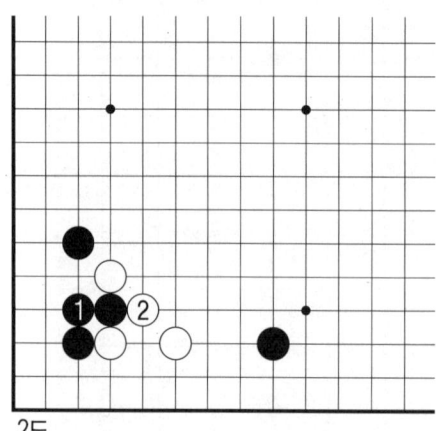

2도

2도(흑, 불만)

단순히 흑1로 이으면 전도보다는 나은 결과이다. 그러나 백2로 막히고 나면 이 역시 흑이 약간 불만이다.

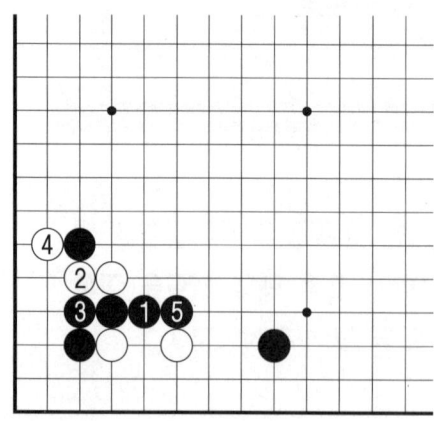

3도

3도(흑의 정수)

흑은 이 경우 1로 뻗어서 반발할 곳이다. 계속해서 백2로 뚫고 이하 흑5까지는 쌍방 기세의 진행인데 흑이 유리한 결말이다.

수순을 바꾼 껴붙임

● 흑차례

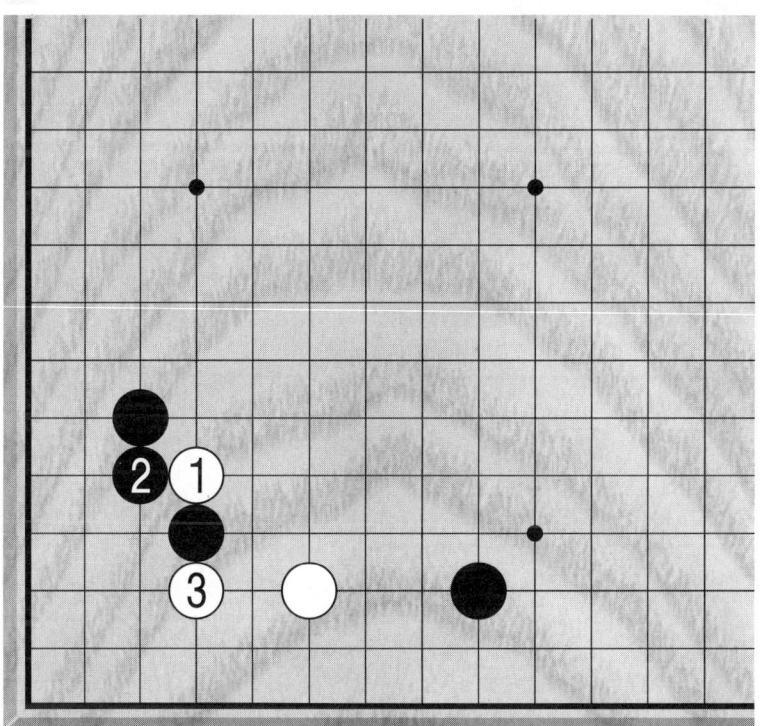

백1로 붙인 후 흑2 때 백3으로 둔 것은 수순을 변경해서 흑을 현혹하겠다는 뜻이다. 백의 의도에 말려들지 않는 흑의 응수법은 무엇일까?

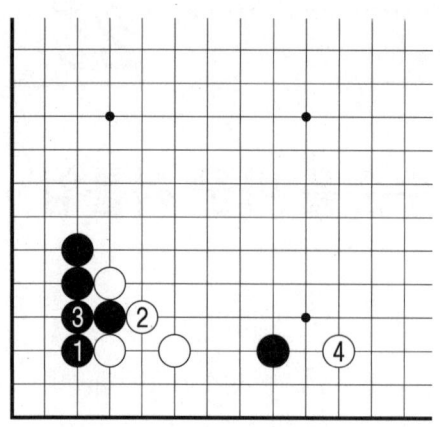

1도

흑1로 받는 것은 백2의 단수가 너무 뻔하다. 흑3 때 백4로 협공하면 흑이 당한 모습.

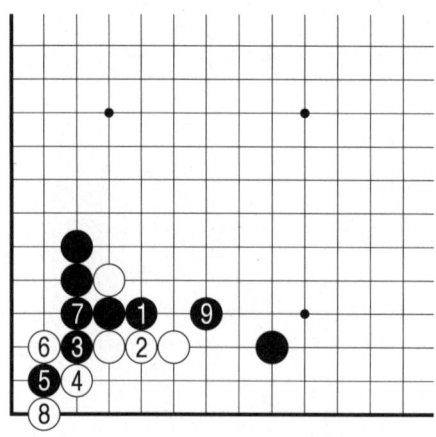

2도

역시 흑은 기세상 1로 뚫을 곳이다. 계속해서 백2로 잇고 이하 흑9까지 예상되는 진행인데, 흑이 두터움으로 전환한 모습이다.

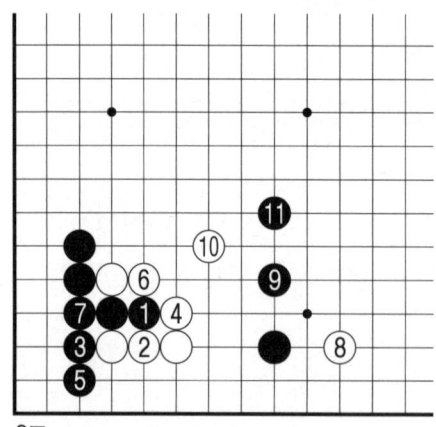

3도

흑1·3 때 백4로 막는 변화이다. 이때는 흑5로 뻗는 것이 급소로 이하 흑11까지 흑이 유리한 싸움이다.

상용의 되젖힘

● 흑차례

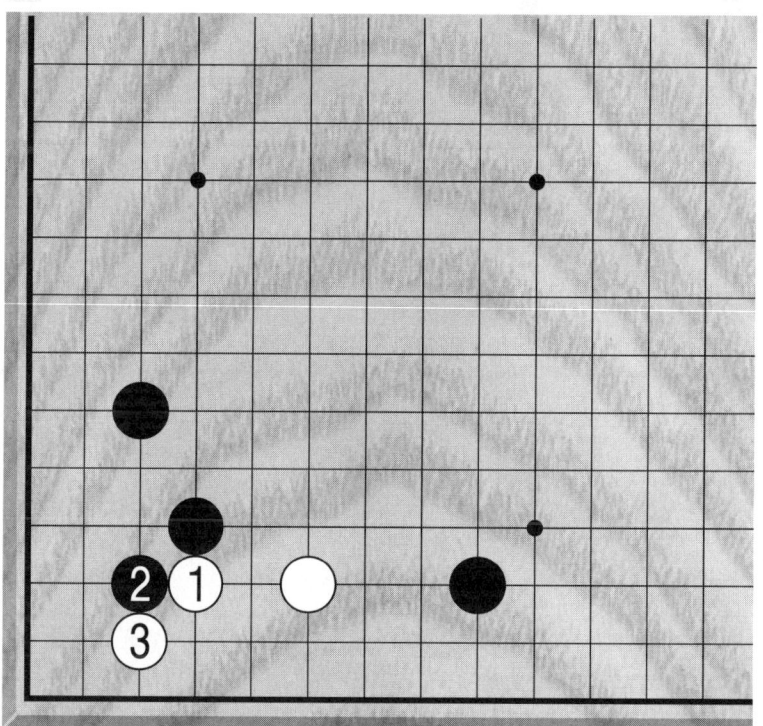

이와 같은 형태에선 백1·3으로 되젖혀 응수를 묻는 것이
상용의 행마법이다. 백1·3은 정석에 있는 수인데 이에 대
한 흑의 응수법을 살펴 보기로 한다.

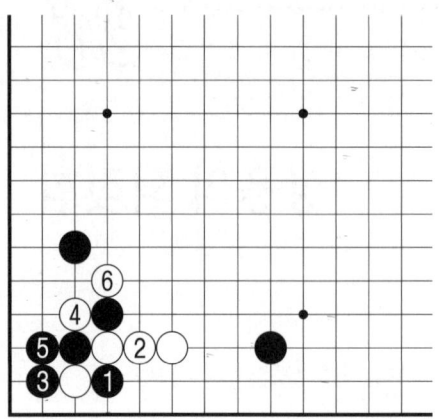

1도

흑1·3으로 단수쳐서 백 한점을 잡는 것은 하급자들이 범하기 쉬운 전형적인 속수이다. 백6까지의 결과는 백이 두텁다.

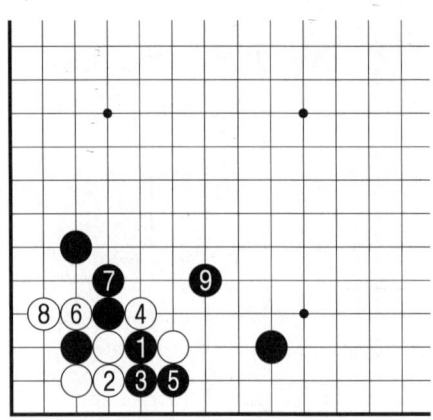

2도

2도(세력을 중시할 때)

흑1로 단수친 후 3으로 뚫는 수는 세력을 중시할 때 가능한 수단이다. 이하 흑9까지 익혀두어야 할 상용의 수순으로 쌍방 호각의 갈림이다.

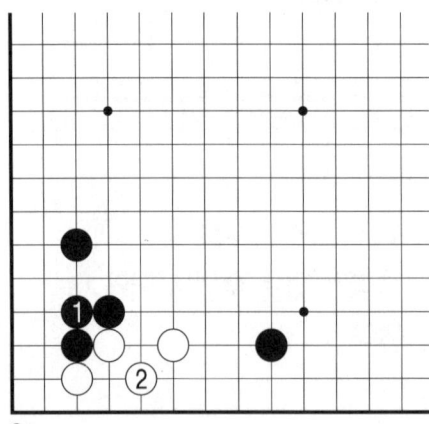

3도

3도(간명한 선택)

흑은 간명하게 처리하고자 한다면 1로 잇는 것이 좋다. 백도 2로 호구쳐서 응수하게 되는데 기본 정석에 해당한다.

상대를 현혹하는 끼움수

● 흑차례

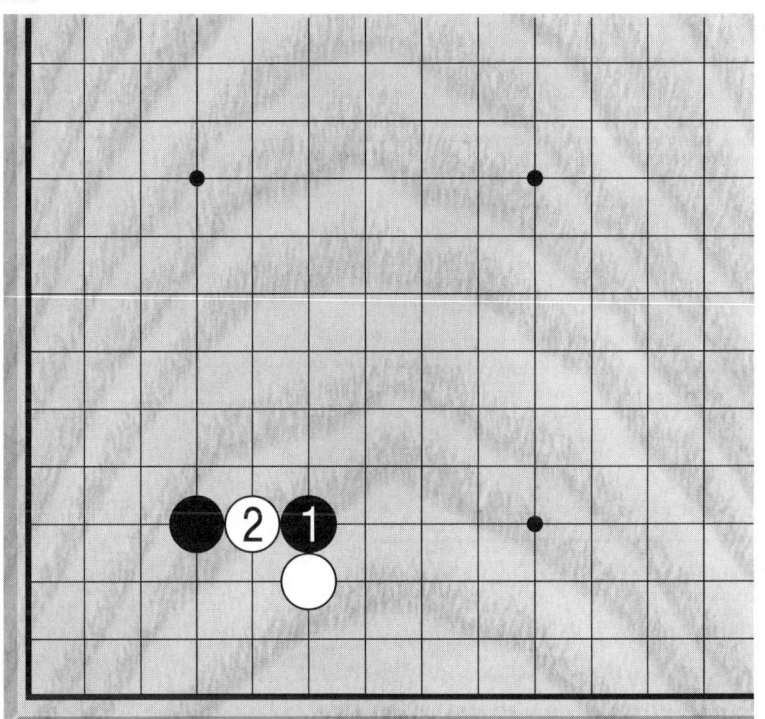

🔴 흑1로 붙였을 때 하급자들이 가장 난처하게 생각하는 수가 바로 백2로 끼우는 수이다. 백2는 축이 유리할 때 사용하는 것이 보통인데 이에 대한 간명한 응수법을 살펴 보기로 한다.

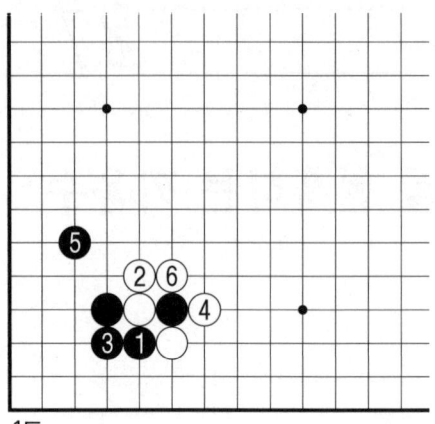

1도

1도(백, 두텁다)

흑1로 단수친 후 3으로 잇는 것은 축이 유리할 때나 가능한 수법. 축이 불리하다면 이하 백6까지 백이 두터운 모습이다.

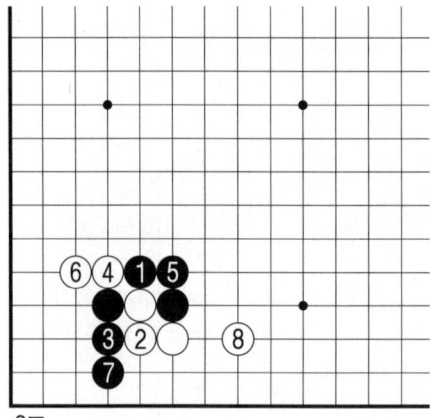

2도

2도(주변이 강할 때)

축이 불리하면 흑은 1로 단수치는 정도이다. 계속해서 백2로 이었을 때 흑3으로 막는 수는 주변이 강할 때에나 가능하다. 보통이라면 이하 백8까지 흑이 불리한 싸움이다.

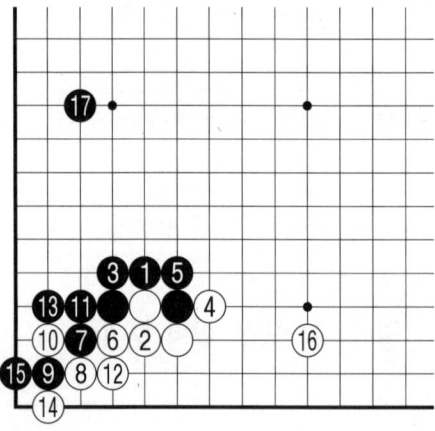

3도

3도(흑의 정수)

흑1로 단수친 후 3으로 잇는 것이 가장 무난한 응수법이다. 계속해서 백4로 단수치고 이하 흑17까지가 쌍방 무난한 갈림이다.

76

무리한 절단

● 흑차례

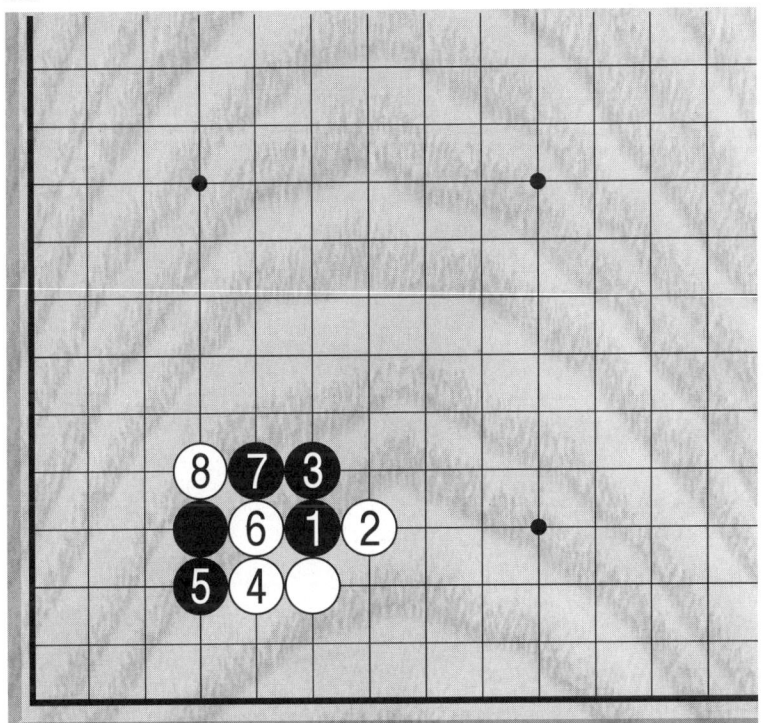

흑1로 붙이고 이하 흑5까지는 가장 기본적인 정석 수순에 해당한다. 그런데 백6·8로 나가서 끊은 수는 특별한 경우가 아니면 대부분 무리수이다. 흑은 어떤 방법으로 무리수를 추궁해야 할까?

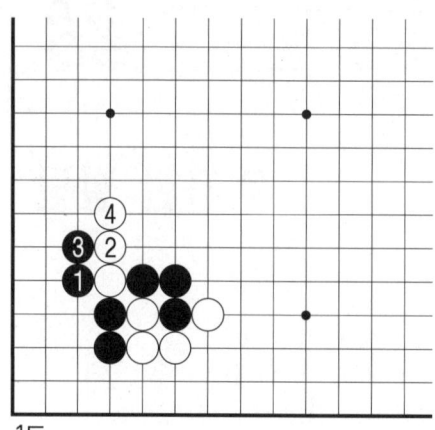

1도

흑1로 단수친 후 3으로 미는 수는 하급자들이 범하기 쉬운 가장 대표적인 실수이다. 백4로 뻗고 나면 오른쪽 흑 석점만 부담으로 남게 됐다.

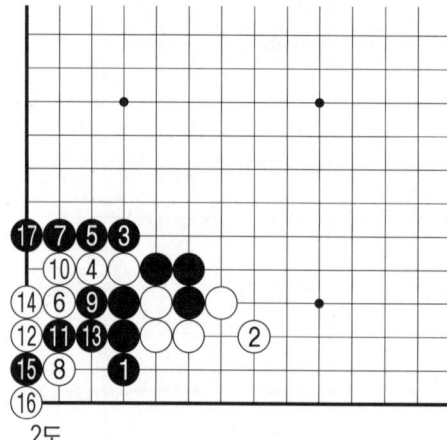

2도

흑은 1로 뻗는 것이 좋은 수이다. 계속해서 백은 2로 약점을 보강할 수밖에 없는데 흑3으로 단수친 후 이하 흑17까지 귀의 백을 잡을 수 있다.

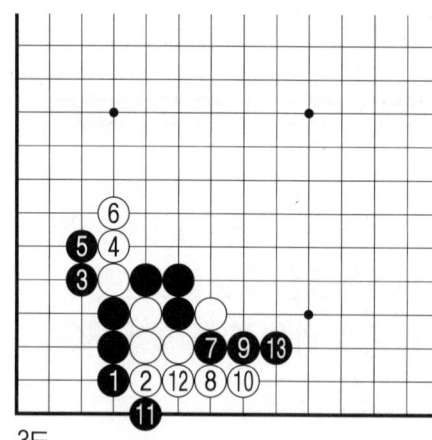

3도

흑1 때 백2는 최강의 대응. 그러나 이때는 흑3·5를 선수한 후 7로 끊는 수순이 좋아 백이 나쁘다. 이하 흑13까지의 진행이면 백이 망한 것이나 다름없다.

기교를 부린 끊음

● 흑차례

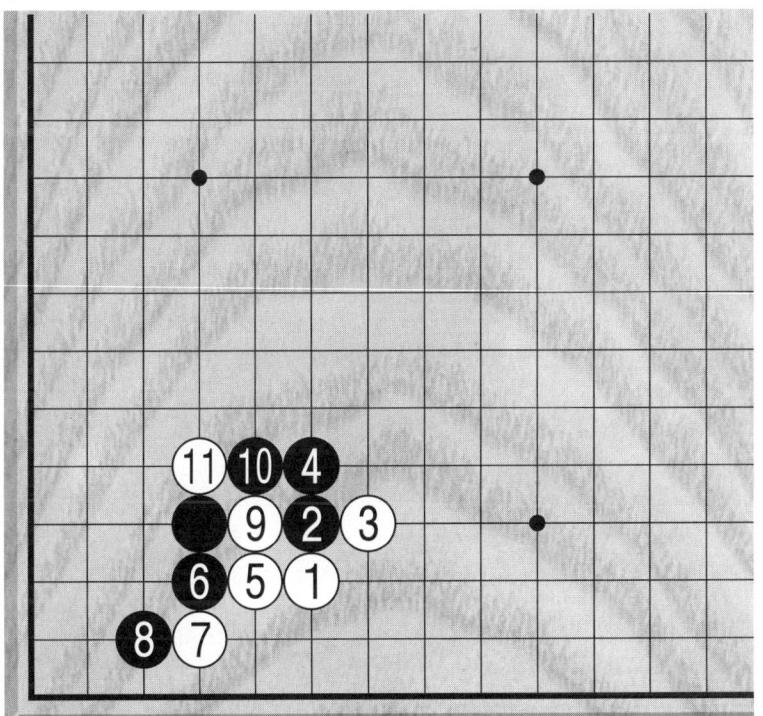

백1로 걸쳤을 때 흑2로 붙이고 이하 흑6까지는 앞의 유형
과 동일한 진행이다. 그런데 백7로 하나 젖혀 두고 흑8 때
백9·11로 끊은 것이 백이 기교를 부린 수순이다. 이에 대
해 흑은 어떻게 응수하는 것이 최선일까?

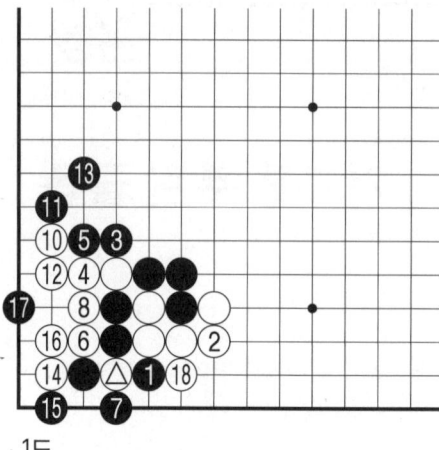
1도

흑1은 간명을 기한 것이지만 이 경우 좋지 않다. 백은 2로 잇는 것이 좋은 수로 흑3에는 백4로 뻗어서 충분히 싸울 수 있다. 계속해서 흑5로 막는다면 이하 백18까지 흑이 잡힌 모습이다. (9 … △)

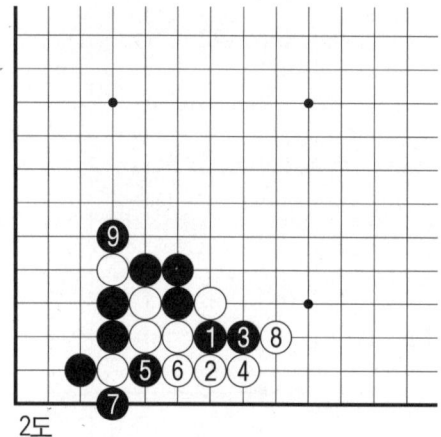
2도

2도(올바른 수순)

흑은 1로 끊은 후 백2·4로 긴다면 흑5로 단수쳐서 잡는 것이 올바른 수순이다. 백6·8에는 흑9로 백 한점을 잡아 흑이 유리한 결말이다.

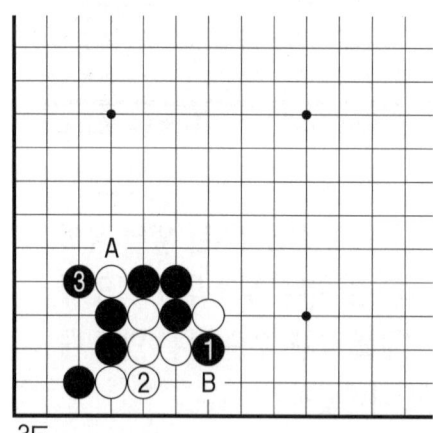
3도

3도(맞보기)

흑1로 끊었을 때 백2로 잇고 버틴다면 흑3으로 단수치는 것이 좋은 수순이다. 이후 A와 B를 맞보기로 노리면 흑이 절대 유리한 결말이다.

귀를 노리며 변화를 모색

● 흑차례

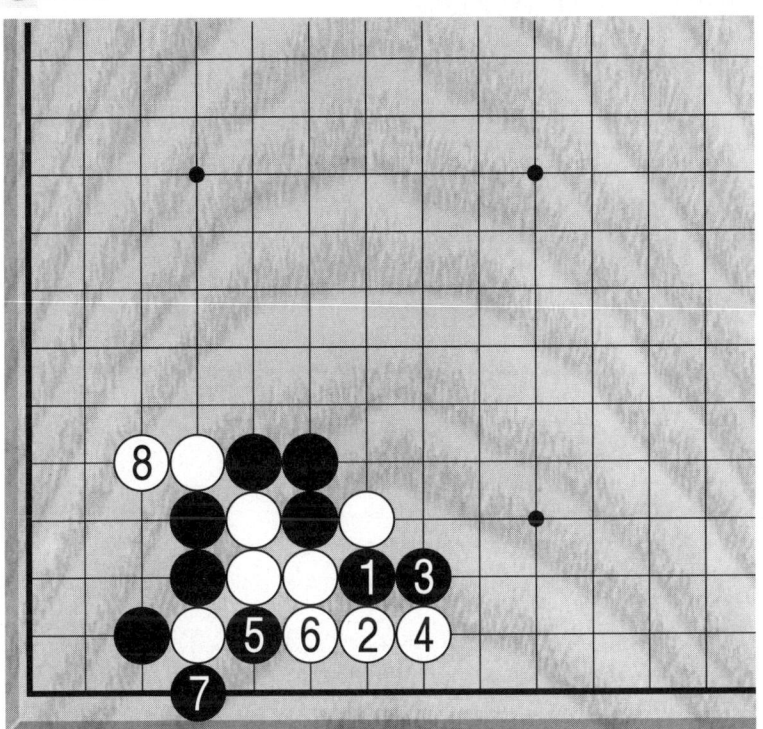

🔵 흑1로 끊고 백2 이하 흑7까지는 함정수29에서 살펴본 진
행과 동일하다. 그런데 백이 8로 뻗어서 변화를 모색해온
장면이다. 이에 대해 흑은 어떻게 응수하는 것이 최선일
까?

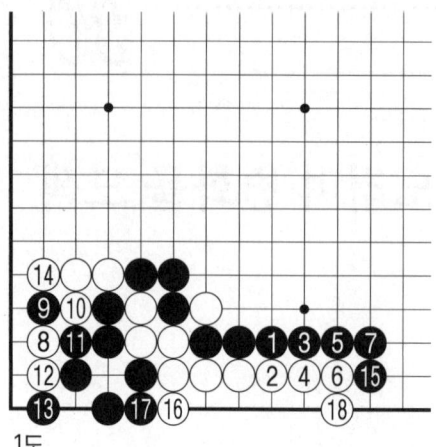

1도

흑은 일단 1로 뻗는 한수이다. 계속해서 백2로 밀고 이하 백6까지는 필연적인 수순인데 흑7이 생각이 부족한 수. 이하 백18까지의 결과 귀의 흑이 잡힌 모습이다.

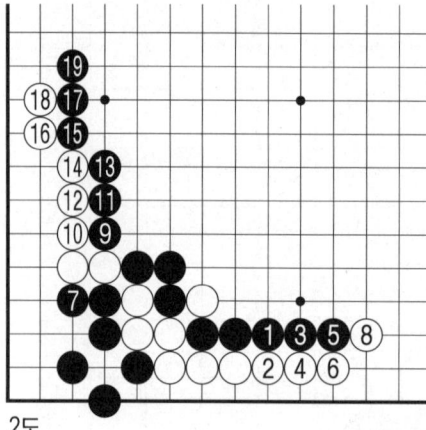

2도

흑1로 뻗고 이하 백6까지 진행되었을 때 흑은 7로 막는 것이 정수이다. 백8에는 흑9 이하 19까지 강력한 세력을 구축해서 충분하다.

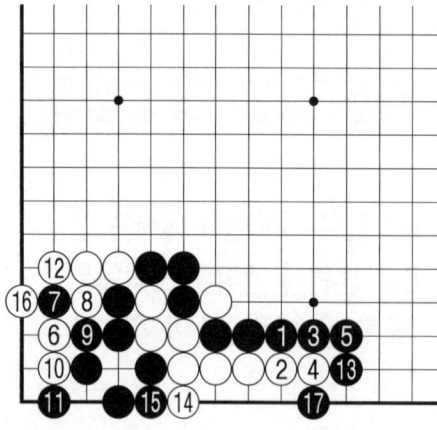

3도

흑1로 뻗고 이하 흑5까지 진행되었을 때 백6으로 손을 돌리는 것은 무리한 욕심이다. 이하 흑17까지의 수상전은 백이 한수 불리하다.

함정 수 *31*

정석 이후의 절단

● 흑차례

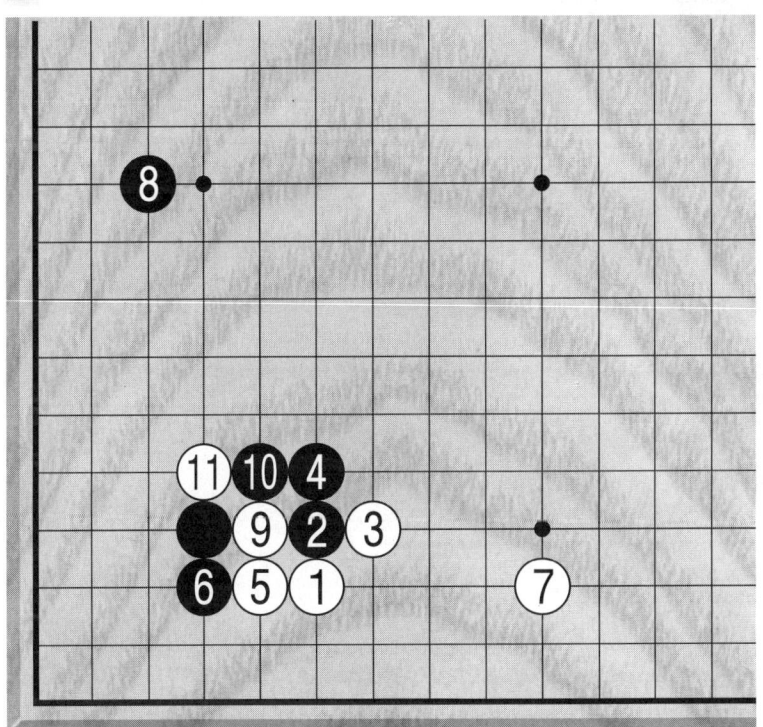

백1로 걸치고 이하 흑8까지는 화점의 기본 정석에 해당한다. 계속해서 백9·11로 끊는 수법은 접바둑에서 하수들을 곤혹스럽게 하는 수단. 그러나 흑이 정확히 응수한다면 이 수는 무리수가 될 가능성이 높다. 흑의 적절한 응수법은 무엇일까?

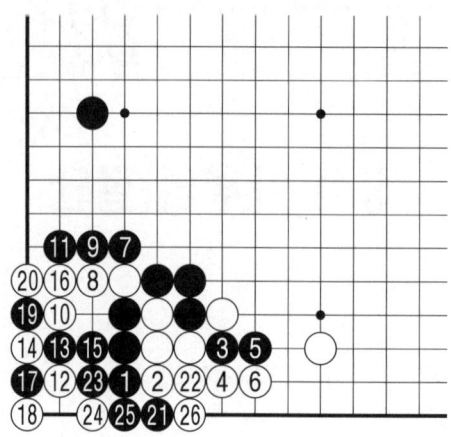

1도

흑은 일단 1로 내려서는 한수
이다. 계속해서 백2는 최강의 저
항이며 이하 백14까지 진행되었
을 때 흑15로 이은 수가 의문수
이다. 이하 백26까지 패가 되는
것은 필연인데 흑으로선 약간 미
흡한 결말이다.

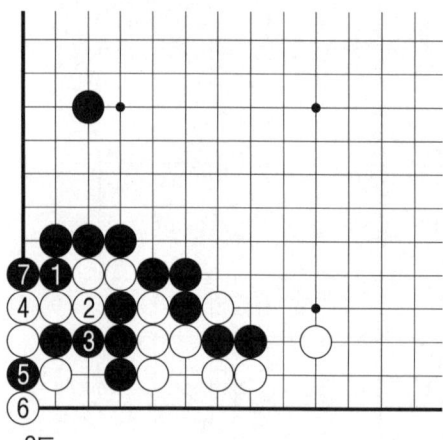

2도

전도 흑15로는 본도 흑1로 단
수치는 것이 정수이다. 계속해서
백2로 잇는다면 흑3·5로 수를
조여서 백이 잡힌 모습이다.

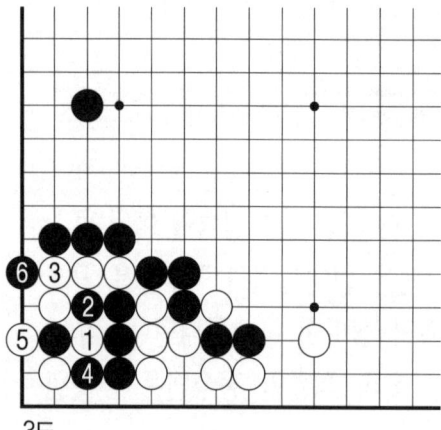

3도

백1로 단수친다면 흑2의 양단
수가 기다리고 있다. 백5 때 흑6
으로 단수치면 이 결과는 같은
패라도 흑이 유리한 싸움이다.

입구자에 대한 흑의 별책

● 흑차례

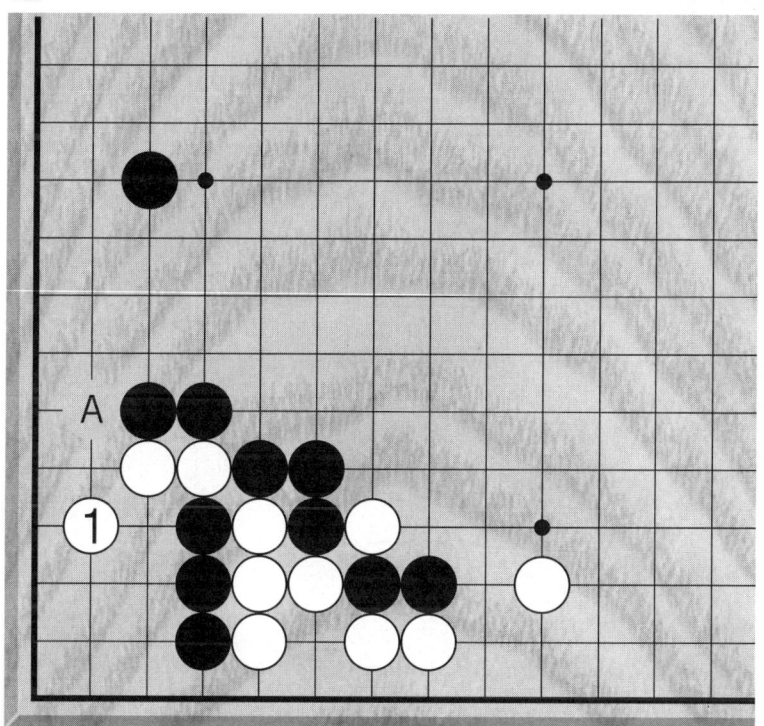

백1로 입구자했을 때 흑A로 내려서서 공격하는 방법은 함정수 31의 변화에서 살펴 보았다. 백1 때 흑은 또 다른 방법으로도 공격이 가능한데 어떤 수가 있는지 살펴 보기로 한다.

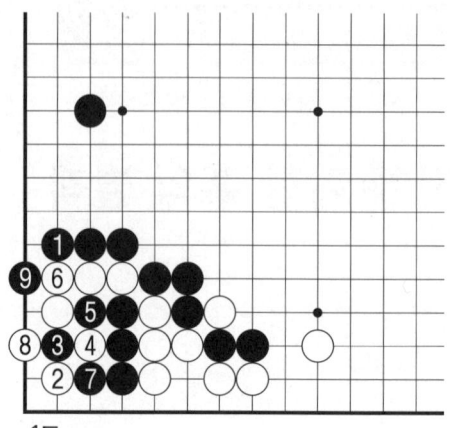

1도

단순히 흑1로 내려서는 것은 앞에서 살펴 보았듯이 이하 흑9 까지 패를 피할 수 없다. 물론 이 패싸움으로도 흑은 충분하다.

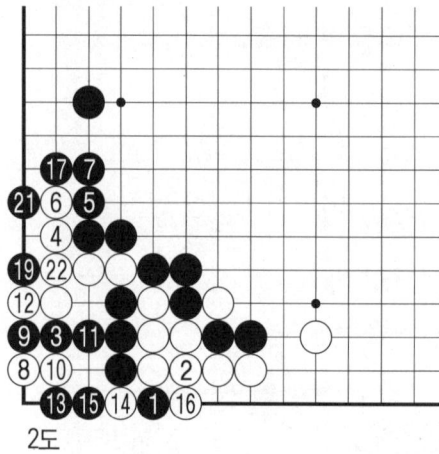

2도

2도(흑, 충분하지만…)

흑은 1로 단수친 후 3으로 막는 것이 더욱 강력한 공격법이다. 그러나 이하 백8까지 진행되었을 때 흑9로 차단한 수가 의문수. 흑은 이하 백22까지 선수빅을 만들어서 충분하지만 좀더 강력한 수단을 연구해야 한다.

⑱…⑭ ⑳…❶

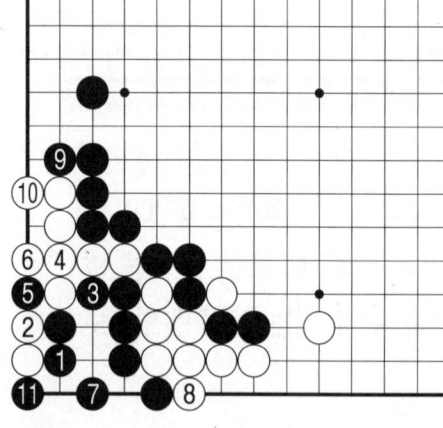

3도

3도(흑의 정수)

전도 흑9로는 본도 흑1이 더욱 좋은 수이다. 이하 백6까지 진행되었을 때 흑7이 호착으로 이하 흑11까지 백은 양패로 잡힌 모습이다.

반대편에 붙인 수의 의도

● 흑차례

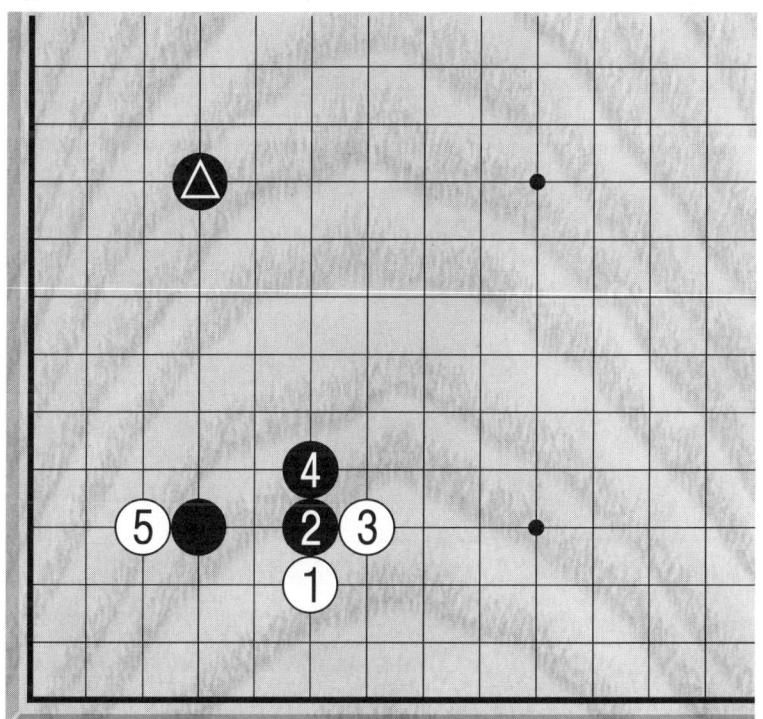

백1 때 흑2·4로 붙여 뻗은 것은 좌변 흑▲ 한점의 기착점을 최대한 활용하겠다는 정석 선택이다. 계속해서 백5로 붙인 수는 함정수의 일종인데 흑의 응수 방법이 관건이다.

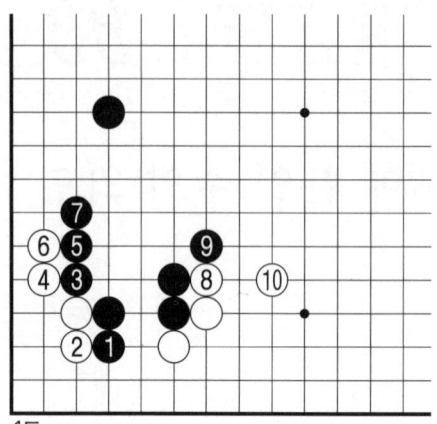

1도

흑으로선 차단하는 것이 기세 상 당연한데 1로 막는 것은 의문 이다. 이하 백10까지의 결과는 백이 양쪽을 모두 처리한 모습이 다.

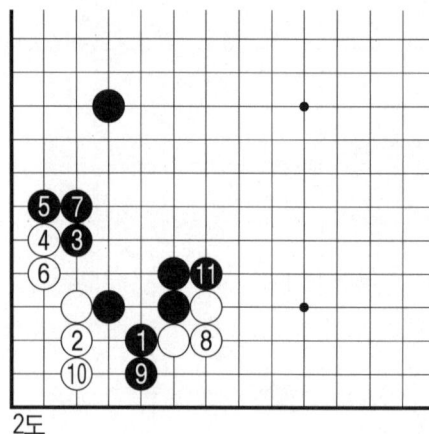

2도

흑은 1로 호구쳐서 차단하는 것이 좋은 수이다. 백2에는 흑3 이 호착으로 이하 백10까지 진 행되었을 때 흑11로 밀어가면 흑 이 두터운 모습이다.

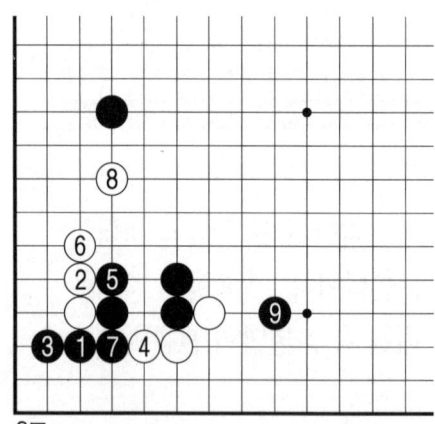

3도

흑은 1로 젖혀서 두는 수도 가 능하다. 계속해서 백2로 뻗고 이 하 흑9까지는 예상되는 한가지 진행인데 이 역시 흑이 유리한 결말이다.

34

최선의 처리법

● 흑차례

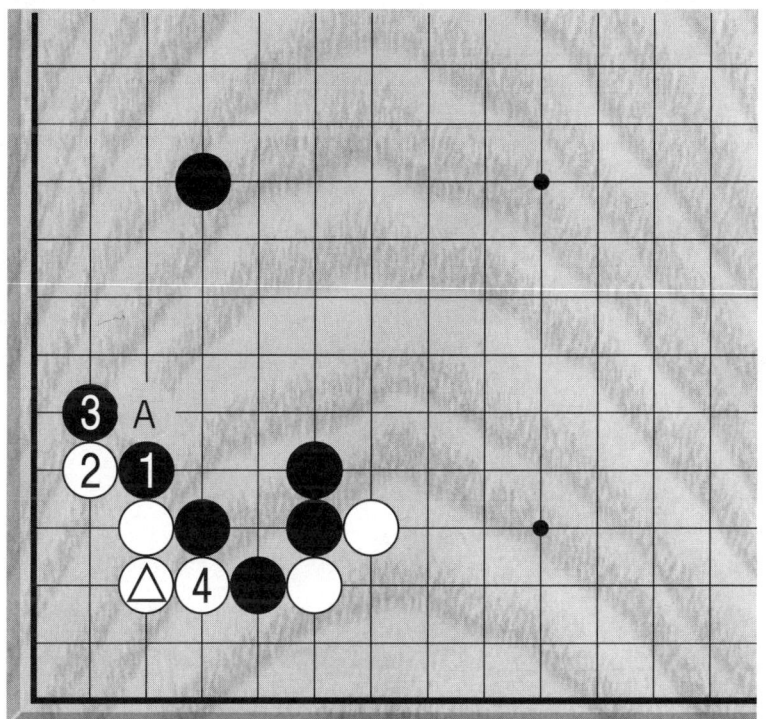

백△ 때 흑은 A로 날일자해서 공격하는 것이 최선임을 앞에서 살펴 보았다. 흑1은 다소 미흡한 행마법. 백2로 젖히면 강력하게 흑3으로 이단젖히겠다는 뜻이지만, 이에 대해 백은 4로 치받는 것이 좋은 수순이다. 이후 흑의 최선책을 알아 보기로 한다.

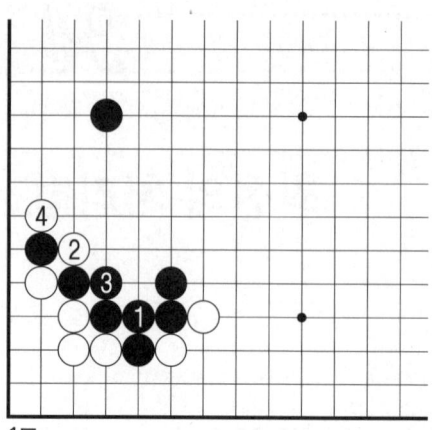

1도

흑1로 이은 것은 차단에 역점을 둔 수단. 그러나 백이 2·4로 단수쳐서 흑 한점을 제압하면 이 결과는 흑이 불리하다.

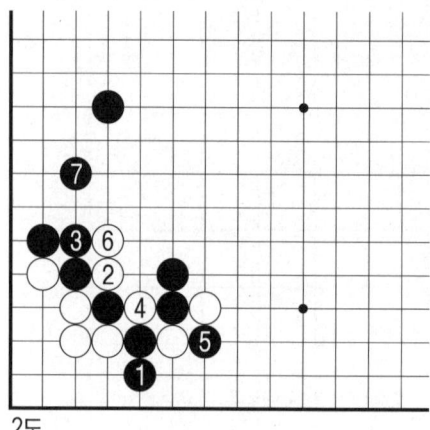

2도

흑은 이 경우 1로 내려서서 두는 것이 최선이다. 백2의 양단수에는 흑3으로 잇는 것이 요령으로 이하 흑7까지 백을 미생마의 형태로 유도할 수 있다.

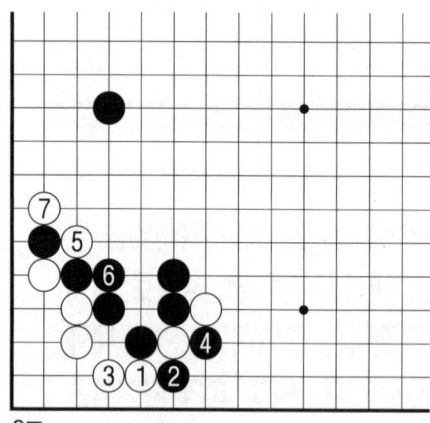

3도

장면도의 수순 중 백이 1로 젖혀 변화한 모습이다. 이때는 흑 2·4로 단수쳐 백 한점을 빵따내면 충분하다. 백5·7이면 흑 한점이 잡히지만 전체적으로 흑도 두터운 모습을 취하고 있다.

눈목자 안쪽의 붙임

● 흑차례

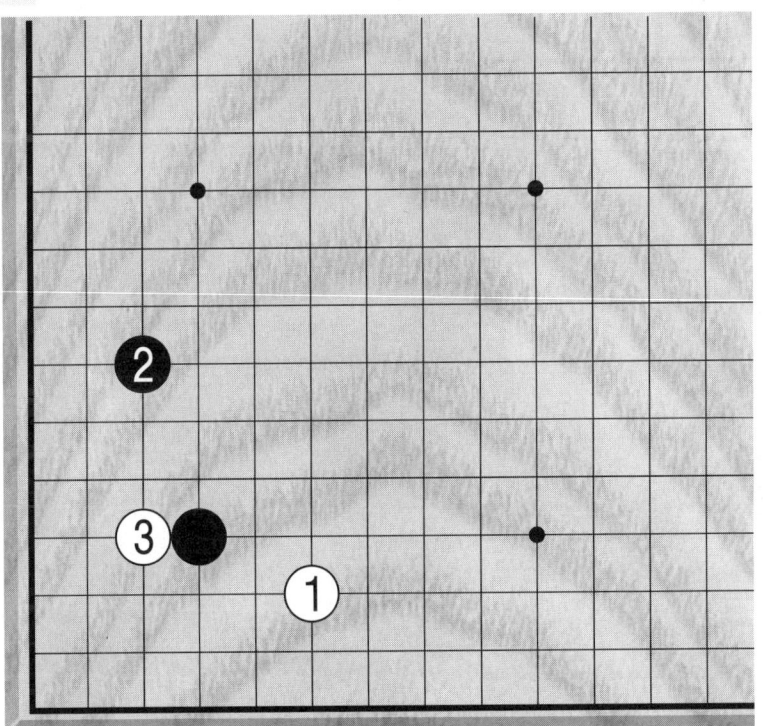

백1로 걸쳤을 때 흑2의 눈목자 진출은 한때는 상당히 유행했던 정석 선택이다. 이에 대해 백이 3·三 침입하면 가장 보통인데 3으로 붙여 온 장면이다. 이후 흑은 축을 염두에 두고 응수해야 하는데 어떻게 처리하는 것이 최선인지 살펴보기로 한다.

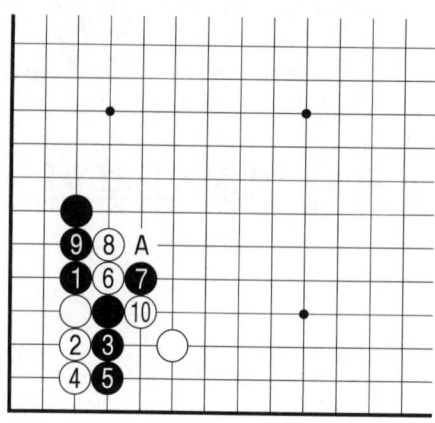

1도

흑1로 젖힌 후 3으로 차단하는 수법은 축이 유리할 때에 가능하다. 이하 백10까지 진행되었을 때 A의 축이 흑에게 불리하다면 흑이 망한 모습이다.

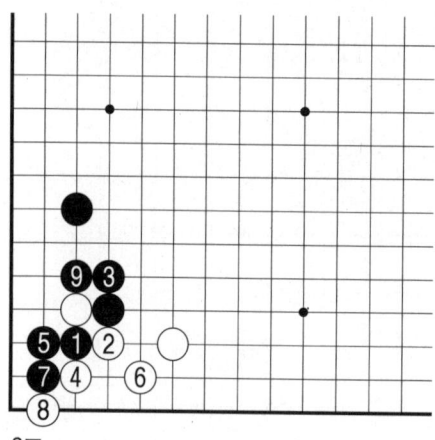

2도

흑은 축이 불리하다면 1로 젖혀 응수할 곳이다. 백2의 맞끊음에는 흑3이 침착한 호착으로 이하 흑9까지 기본 정석으로 환원된다.

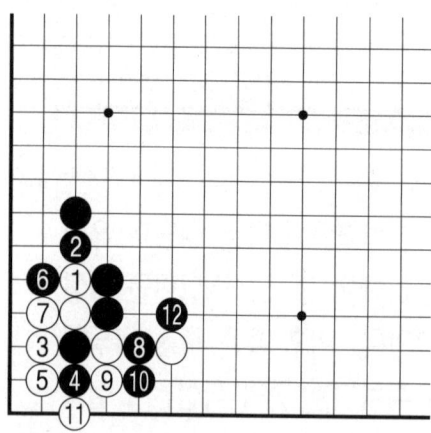

3도

백이 전도의 진행을 피해 1로 두는 것은 좋지 않다. 계속해서 흑2로 치받고 이하 흑12까지의 결말은 흑의 세력이 우세하다.

흑의 함정수

○ 백차례

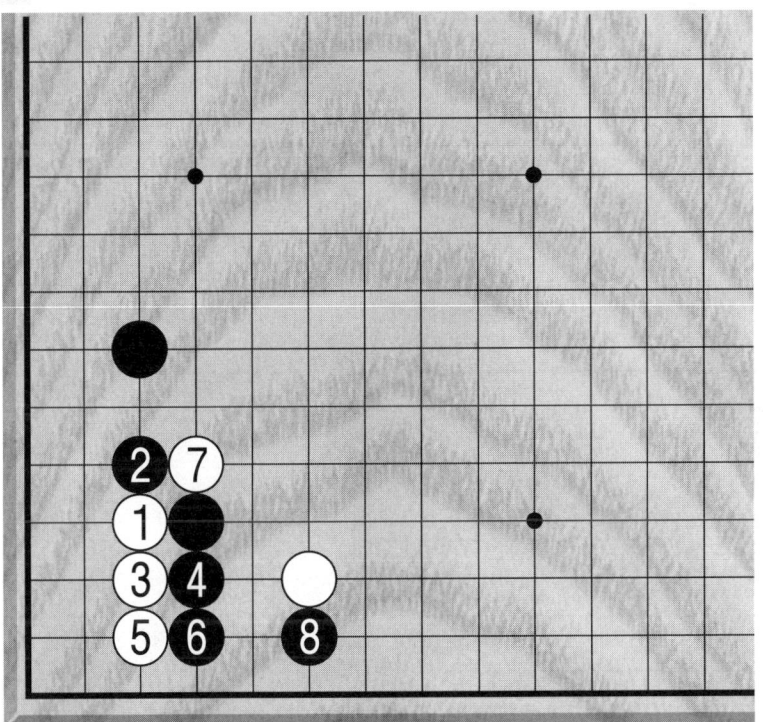

백1로 붙였을 때 흑2로 젖힌 후 4에 차단하는 것은 축이 불리할 때는 성립하지 않는다고 앞에서 설명했다. 그런데 백7로 끊었을 때 흑8로 붙인 수가 흑이 준비해둔 함정수. 이에 대해 백은 어떻게 응수하는 것이 최선일까?

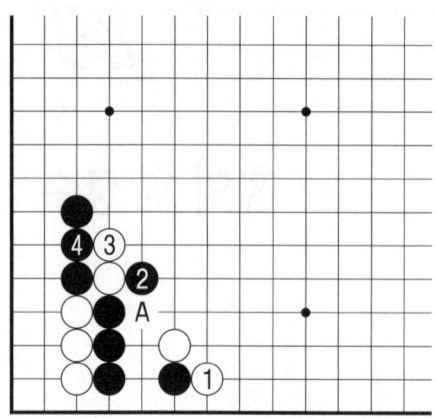

1도

백이 곧장 1로 차단하는 것은 좋지 않다. 흑2로 단수친 후 4에 잇고 나면 이번에는 백이 A에 끊을 수 없는 만큼 이 형태는 백이 곤란하다.

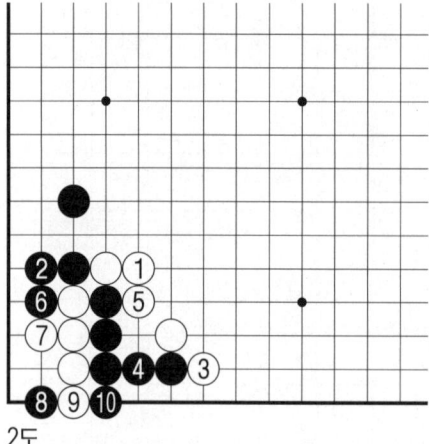

2도

백1로 뻗는 수 역시 찬성할 수 없다. 흑은 2로 내려서는 것이 침착한 호착으로 이하 흑10까지 수상전을 승리로 이끌 수 있다.

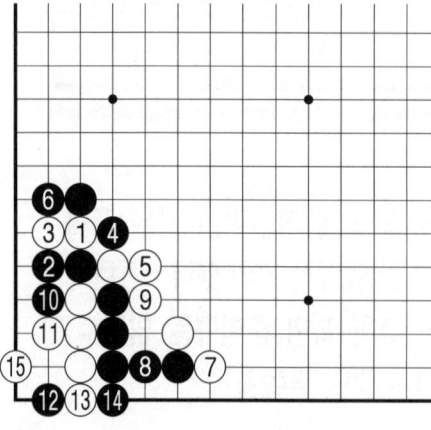

3도

백은 1로 단수친 후 3으로 막아 두점을 사석으로 처리하는 것이 좋은 수순이다. 이하 흑14까지 진행되었을 때 백15가 호착으로 이 수상전은 백이 유리하다.

끈끈한 흑의 버팀

● 백차례

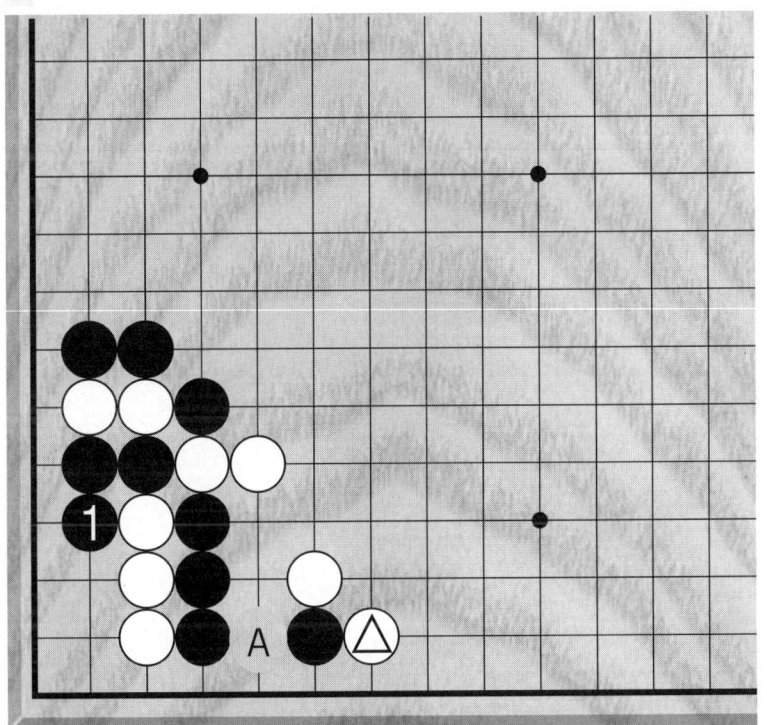

🔴 백△ 때 흑이 A로 잇지 않고 1로 꼬부린 모습이다. 흑1은 귀를 쉽게 포기하지 않겠다는 끈끈한 수단인데 백의 대응법을 살펴 보기로 한다.

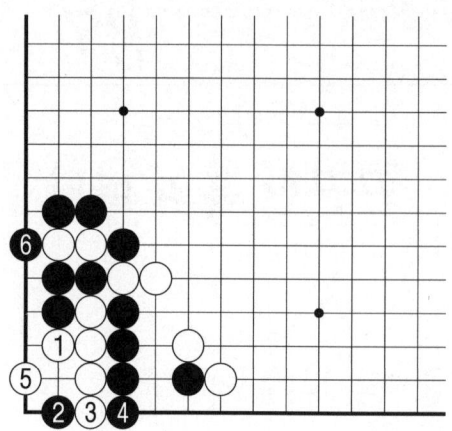

1도

1도(백, 죽음)

백1은 손따라 둔 대악수이다. 흑은 2로 치중한 후 4로 막는 것이 좋은 수순으로 이하 흑6까지 백이 잡힌 모습이다.

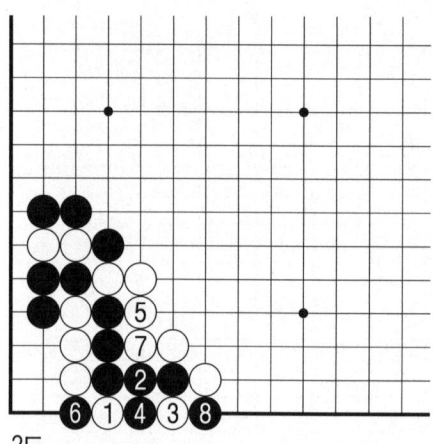

2도

2도(백의 정수)

백은 이 경우 1로 젖혀서 응수하는 것이 좋은 수이다. 흑은 2로 이은 후 이하 8까지 응수하는 것이 최강인데…

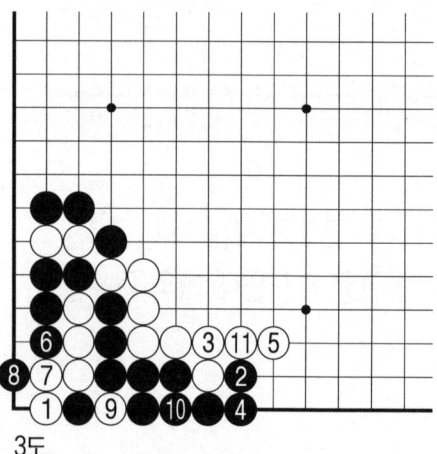

3도

3도(백, 우세)

전도에 계속해서 백에겐 1로 단수치는 수가 성립한다. 흑도 2로 단수치고 이하 백11까지는 쌍방 필연적인 수순인데 백의 세력이 훌륭하다. 귀는 아직도 패로 버틸 수 있다.

중복을 유도한 귀의 맞끊음

● 흑차례

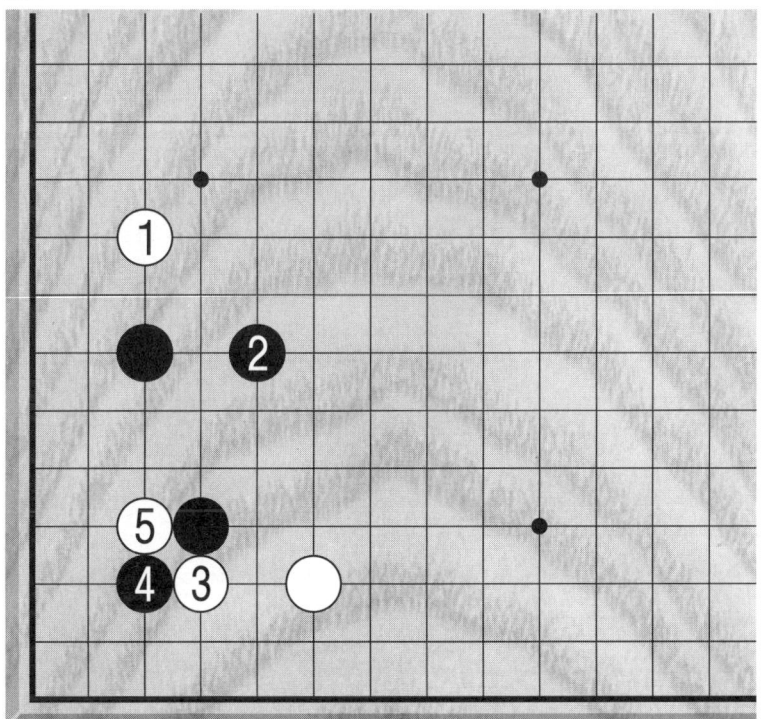

흑이 눈목자로 응수했을 때 백1로 다가서고 3·5로 절단한 것은 흑을 중복으로 유도하겠다는 뜻이다. 흑은 중복을 피해 응수하고 싶은데 이 경우 어떻게 두는 것이 최선일까?

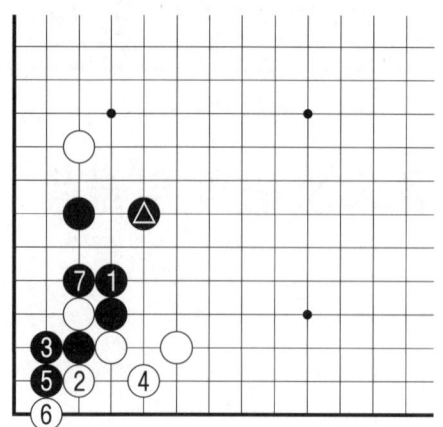

1도

흑1로 뻗는 것은 틀에 얽매인 속수. 이하 흑7까지 부분적으로는 정석이지만 흑▲ 한점이 거의 쓸모없는 중복 형태가 되어 이 결과는 흑이 불리하다.

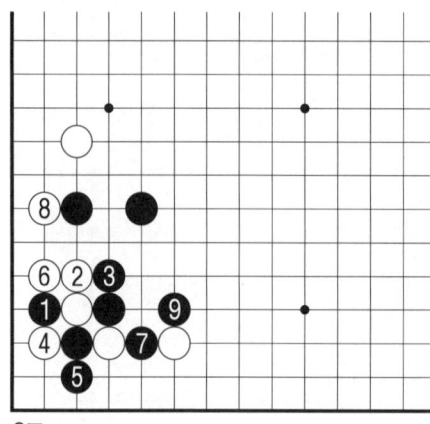

2도

흑은 이 경우 1로 단수친 후 3으로 누르는 것이 좋은 응수법이다. 백은 4·6으로 단수친 후 이하 8까지 넘는 정도인데 흑9까지 두터움을 확립해서 흑이 우세하다.

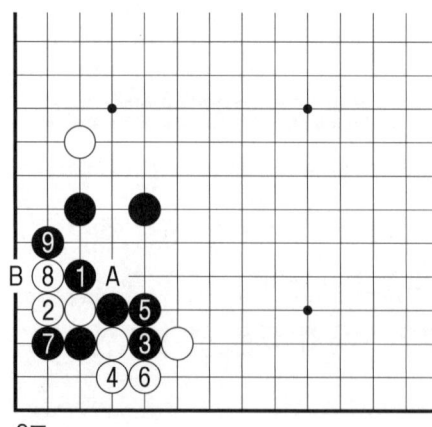

3도

흑은 1·3으로 단수친 후 5에 잇는 수도 가능하다. 이하 흑9까지 처리하는 것이 한가지 방법인데 흑이 두터운 모습이다. 이후 백A의 단수에는 흑B로 회돌이축이다.

때이른 침입

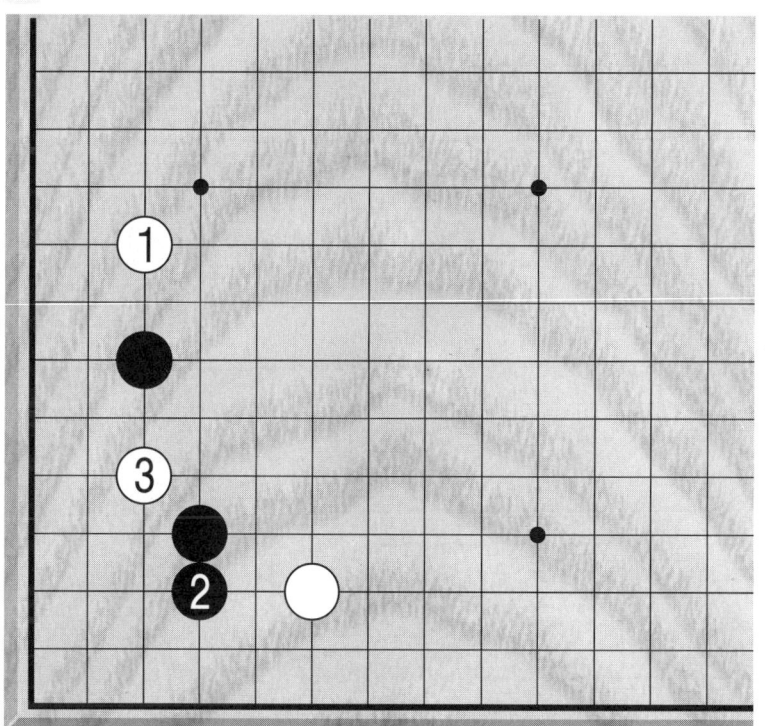

● 흑차례

🔴 백1로 다가서면 흑2로 지키는 것이 좋은 수이다. 이때 백3
은 흑의 약점을 찌른 것이지만 다소 때이른 감이 없지 않
다. 백3에 대해 흑은 어떻게 응수하는 것이 최선일까?

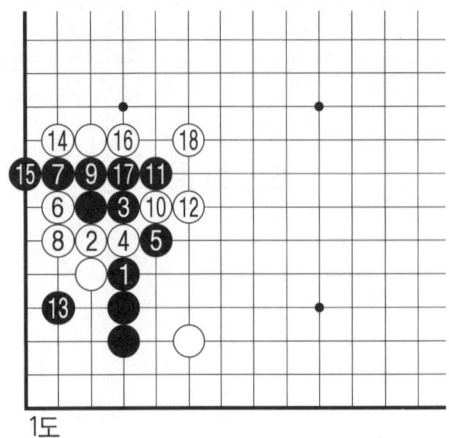

1도

흑1로 막고 이하 백10까지는 필연의 진행인데 흑11이 좋지 못하다. 이하 백18로 봉쇄되면 흑이 걸린 모양이다.

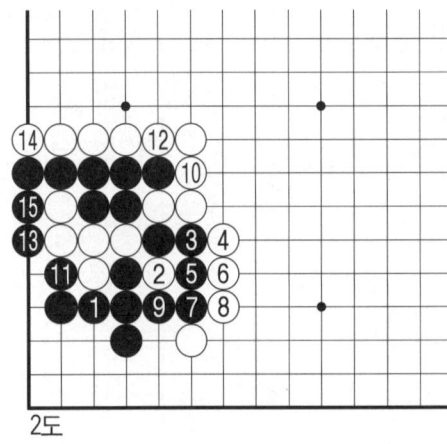

2도

계속해서 흑1로 잡을 수밖에 없을 때 백2·4의 활용이 호수순으로 이하 백14까지 철벽이 완성된다. 전도의 수순중 13으로 본도 1의 곳에 두는 것이 돌의 능률상 조금 낫지만 백에게 싸발리는 것은 마찬가지다.

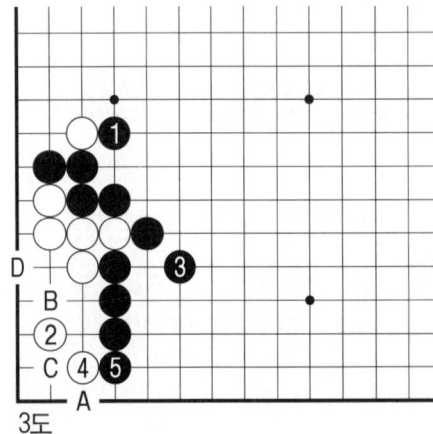

3도

1도 11로는 본도 흑1로 호구치는 것이 올바르다. 이하 흑5까지 백을 살려주어도 충분하다. 이후 귀는 흑A, 백B, 흑C, 백D 정도로 될 곳이다.

복잡을 유도한 치중

● 흑차례

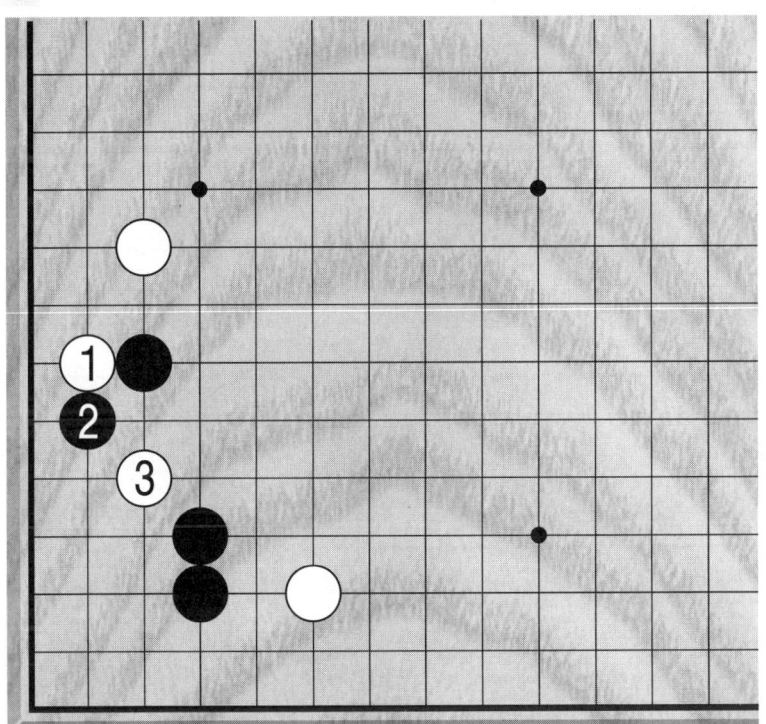

🌓 백1로 붙였을 때 흑2로 젖힌 것은 일견 당연해 보이지만 백3의 치중을 불러 약간 복잡한 의미가 있다. 백3을 허용한 이상 최선의 응수로 맞서야 하는데 어떻게 두는 것이 최선일까?

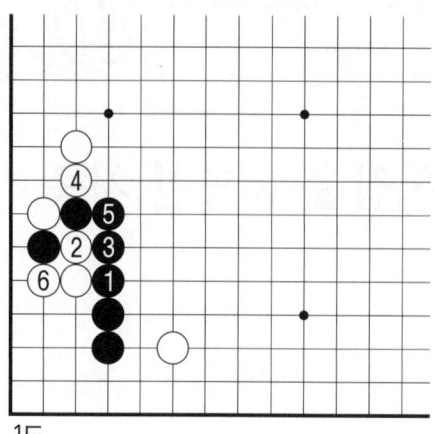

1도

1도(흑, 불만)

흑1로 막는 것은 백의 계략에 말려드는 수이다. 계속해서 백2로 끊고 이하 백6까지의 진행이라면 실리의 손실이 크다.

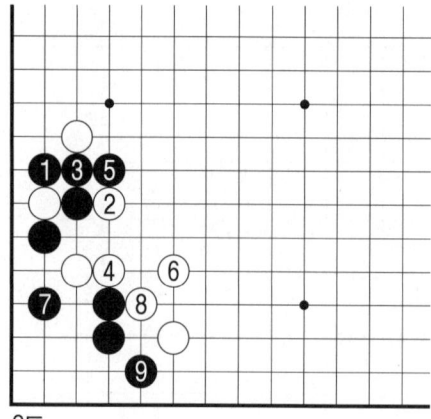

2도

2도(흑의 정수)

흑은 1로 단수쳐서 백 한점을 잡는 것이 가장 알기 쉽다. 백 2·4가 맥점이지만 이하 9까지 안정하고 나면 흑도 충분히 둘 수 있는 모습이다.

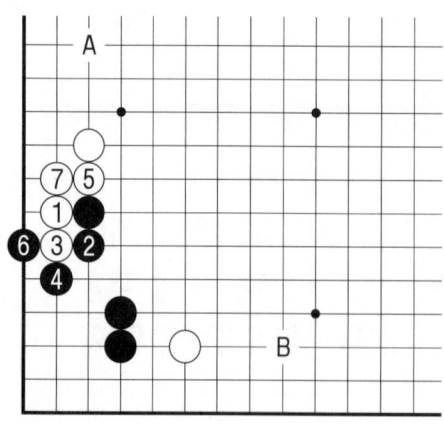

3도

3도(흑의 간명책)

장면도로 돌아가서 백1로 붙였을 때 흑은 2로 느는 것이 간명하면서도 좋은 응수법이다. 계속해서 백3·5로 응수한다면 흑6을 선수한 후 A와 B를 맞보기로 노려서 흑이 충분하다.

지키게 한 후 침입

● 흑차례

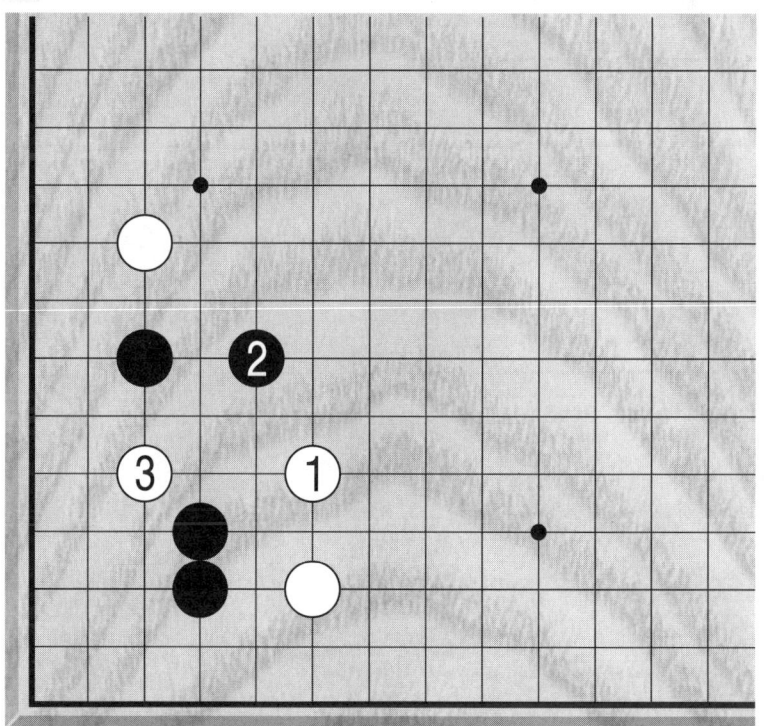

백1로 한칸 뛰면 흑도 2로 한칸 뛰어 지키는 것이 모양의 틀이다. 계속해서 백3으로 침입한 것은 함정수의 일종으로 흑의 응수여하에 따라 이득을 취하겠다는 뜻이다. 흑의 적절한 응수법은?

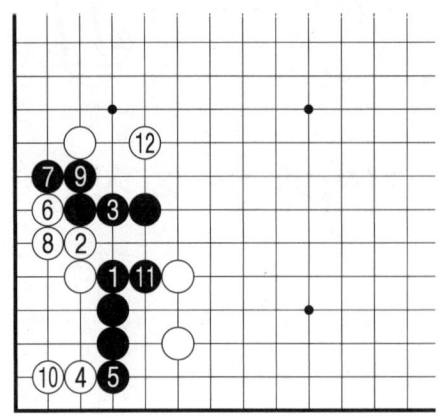

1도

1도(흑, 불만)

흑은 1로 막는 한수이다. 백2
로 치받았을 때 흑3으로 이은 수
는 형태에 얽매인 수로 백4의 호
착이 기다리고 있다. 흑5를 기다
려 백6 이하 12까지 처리하면 이
형태는 흑이 불리하다.

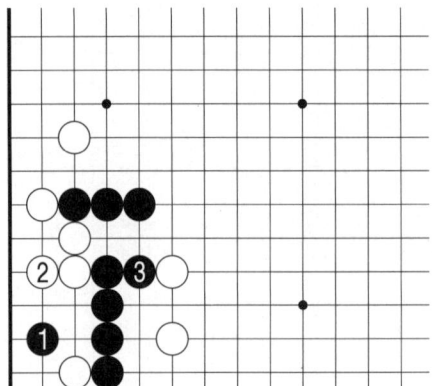

2도

2도(백, 만족)

전도 흑7로 본도 흑1로 두는
것은 백2가 행마의 틀이다. 흑3
의 보강이 불가피한 만큼 백이
선수로 이득을 취한 모습이다.

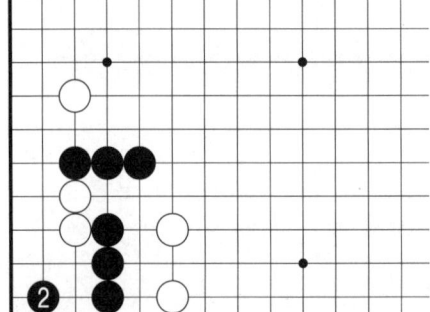

3도

3도(흑, 위축)

백1로 치중했을 때 흑2로 물러
서면 앞과 같은 진행은 피할 수
있다. 그러나 백3으로 넘고 나면
이 역시 흑이 위축된 모습. 흑진
안에 갇힌 백 두점은 여전히 뒷
맛이 남아 있다.

104

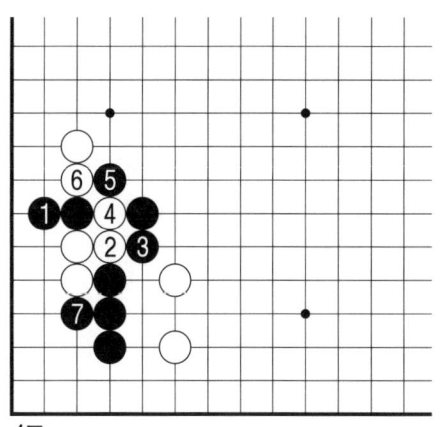

4도

1도 흑3으로는 본도 흑1로 내려서는 것이 좋은 수이다. 계속해서 백2·4·6으로 절단을 감행해도 흑7까지의 진행이면 도리어 백이 잡힌 모습이다.

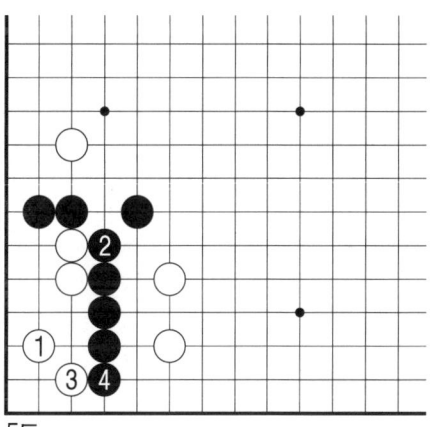

5도

백1로 날일자한다면 흑2로 잇는 것이 침착하다. 백3으로 삶을 모색해도 흑4로 막으면 백은 살 수 없는 모습이다.

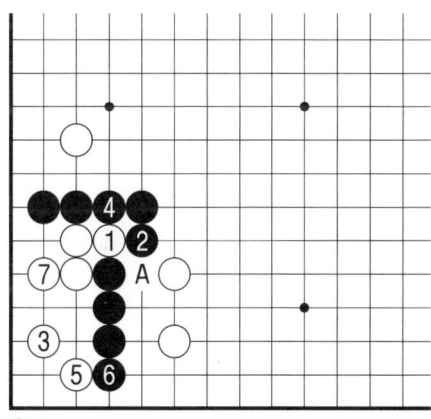

6도

백1, 흑2를 선수한 후 3으로 날일자하는 변화이다. 흑은 4로 보강하는 한수인데 백5 때 흑6이 손따라 둔 완착. 백7이면 흑은 A의 단점을 보강해야 하는 만큼 좋지 않다.

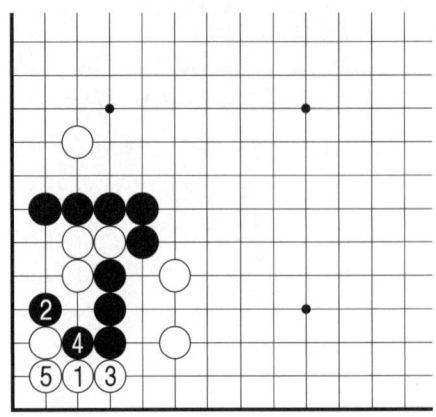

7도

7도(건너붙임이 맥점)

　백1 때 흑은 2로 건너붙이는
것이 맥점이다. 백은 3으로 넘는
정도인데 흑4 , 백5까지 백 석점
을 선수로 잡을 수 있다.

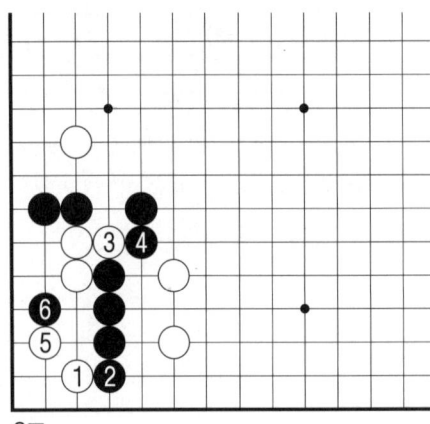

8도

8도(백의 수순변경)

　백이 1로 흑의 응수를 물어 본
다면 흑은 2로 막는 것이 좋은
수이다. 백3·5에는 흑4·6이 맥
점. 계속해서…

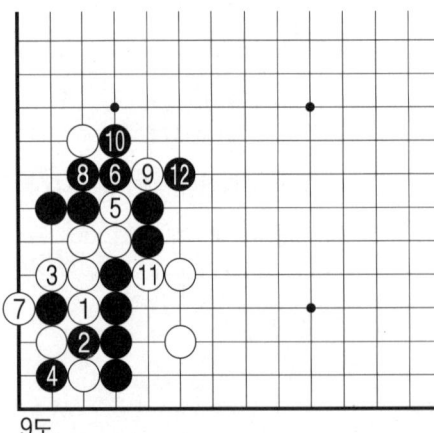

9도

9도(흑, 만족)

　전도에 계속해서 백1에는 흑2
로 끊고 백3 때 흑4로 백 한점을
잡아서 충분하다. 계속해서 백5
로 뚫고 이하 흑12까지가 예상되
는 진행인데 흑이 우세한 모습.
귀는 흑의 선수빅이다.

선택의 기로

● 흑차례

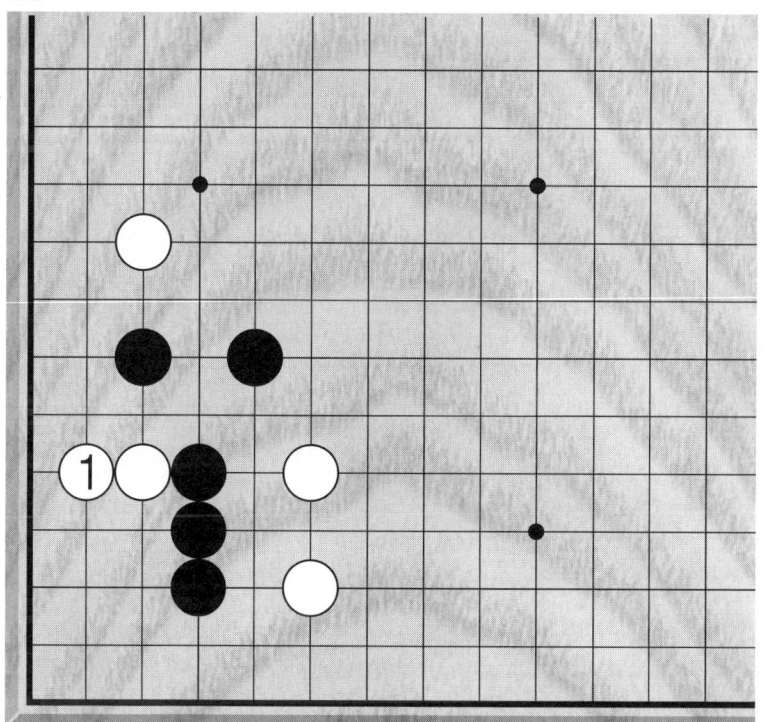

백1로 내려선 것은 근거를 보다 원활하게 확보하겠다는 뜻
이 강하다. 이에 대해 흑은 백을 차단해서 공격할 것인지
아니면 넘겨줄 것인지 선택의 기로인데 최선의 응수법을 살
펴본다.

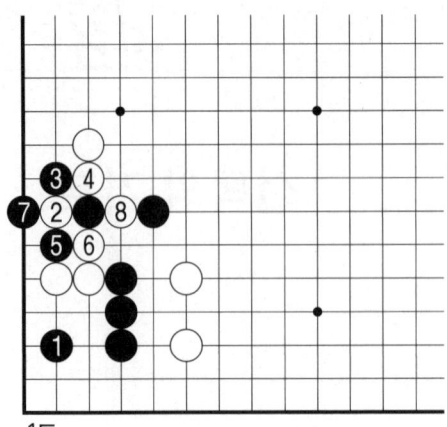

1도

1도(흑, 곤란)

흑1은 귀를 중시한 것이지만 이 경우 좋지 않다. 백은 2로 붙여서 넘는 것이 좋은 수. 계속해서 흑3·5로 차단을 고집하는 것은 이하 8까지 차단당해서 흑이 좋지 않다.

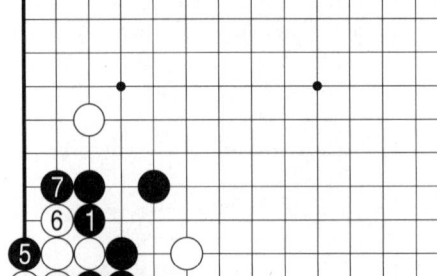

2도

2도(흑의 정수)

흑은 이 경우 1로 치받아서 차단하는 것이 좋은 수이다. 계속해서 백은 2를 선수한 후 4에 두어 삶을 모색하는 정도인데 이하 흑11까지 안에서 살려주는 것이 좋다. 계속해서…

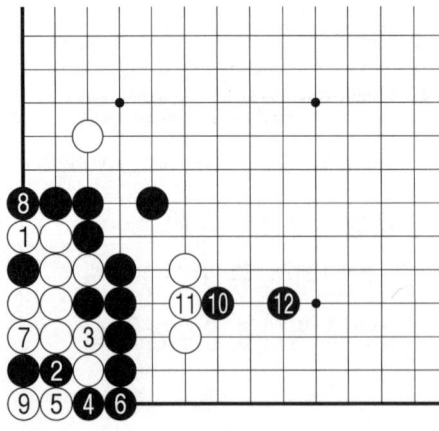

3도

3도(흑, 대만족)

전도에 계속해서 백은 1로 두어 한점을 따내는 정도인데 흑으로선 2 이하 백9까지 사석처리하는 것이 좋다. 백9로 사는 것을 기다려 흑10·12로 선공하면 흑이 절대 우세하다.

귀의 보강방법

● 흑차례

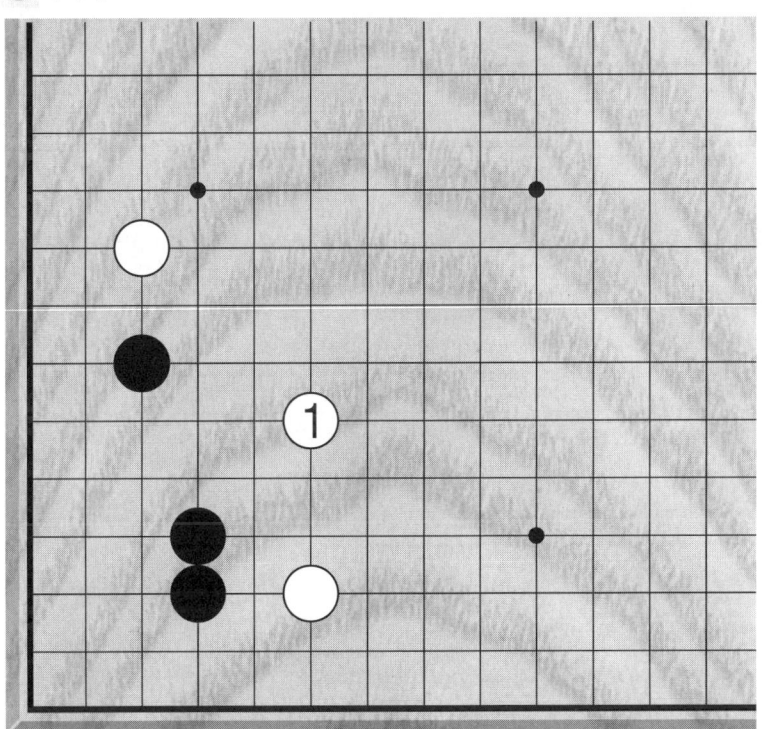

백1의 두칸뜀은 약간 허술한 감이 없지 않지만 귀에 대한 영향력에 있어서는 한칸뜀 보다 더욱 크다. 그럼 백1에 대해 흑은 어떻게 응수하는 것이 최선인지 살펴 보기로 한다.

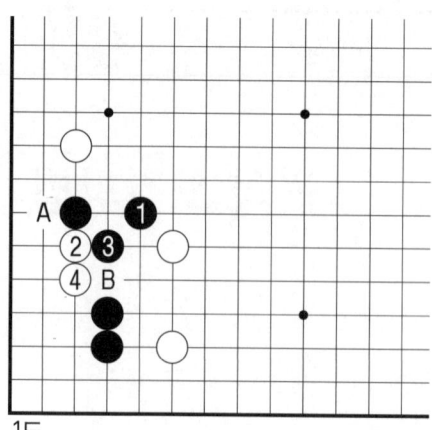

1도

흑1로 한칸 뛰어 지키는 것은 이 경우 의문이다. 백은 2로 붙이는 것이 통렬한 맥점. 흑3이라면 백4로 뻗은 후 A와 B를 맞보기로해서 흑이 불리한 모습.

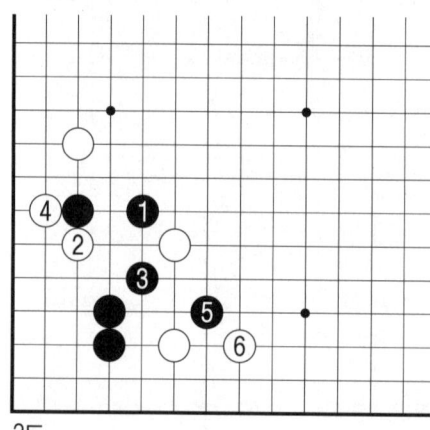

2도

흑1, 백2 때 흑3으로 변화한다면 백4로 넘는 것이 침착한 호착. 계속해서 흑5의 씌움에는 백6으로 처리해서 충분하다.

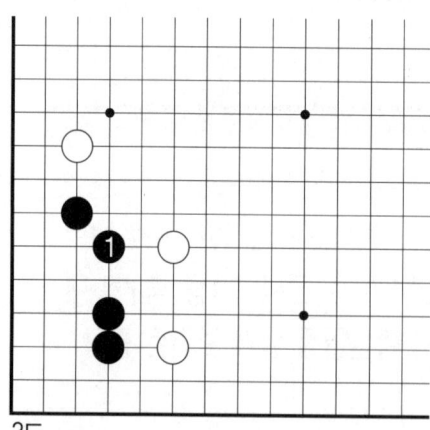

3도

흑은 이 경우 1로 입구자해서 지키는 것이 좋은 수이다. 흑은 이처럼 견실하게 지킨 후 양쪽 백의 엷음을 추궁해서 충분하다.

110

중복을 유도한 붙여 끊음

● 흑차례

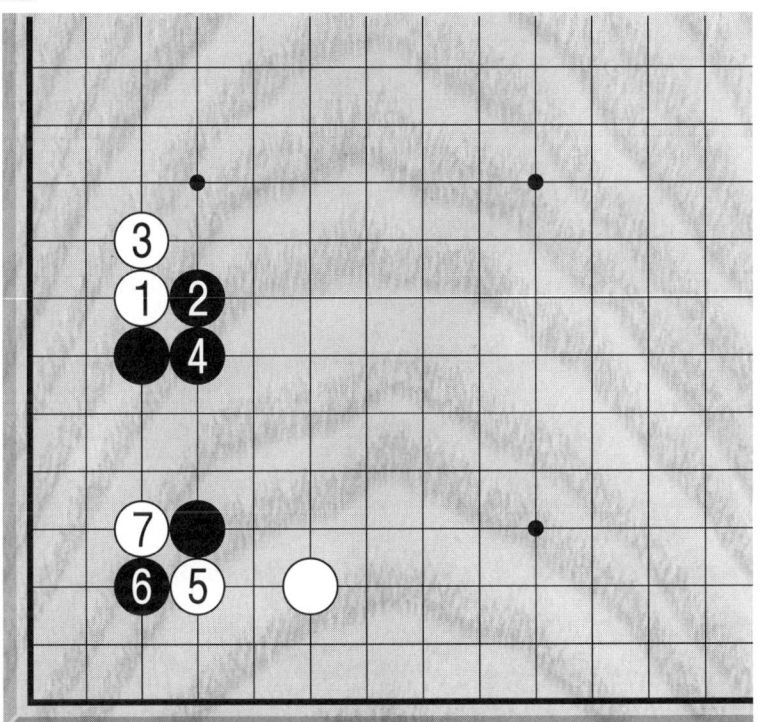

백1·3을 선수한 후 백5·7로 붙여 끊은 것은 귀의 흑을 중복으로 유도하겠다는 뜻이다. 그럼 백7 이후의 변화를 검토해 보기로 한다.

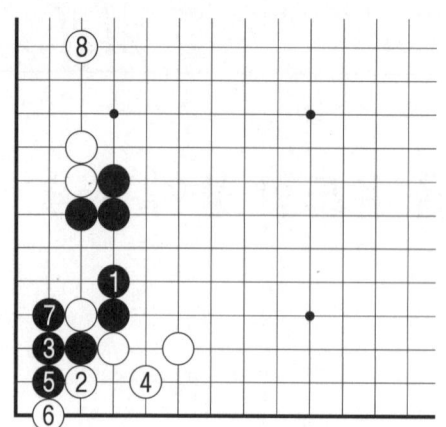

1도

흑1로 뻗는 것은 형태에 얽매인 속수. 백2 이하 흑7까지 선수한 후 백8로 전개하면 백은 양쪽을 처리한 반면에 흑은 중복형이 되고 만다.

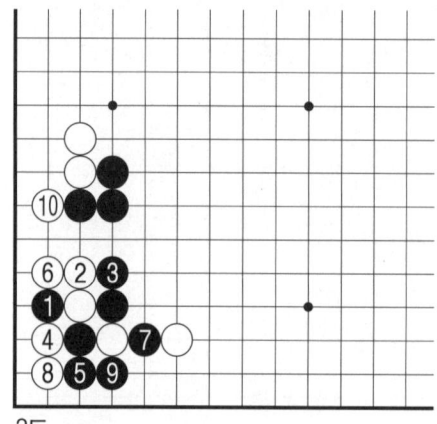

2도

흑은 이 경우 1로 단수친 후 3으로 막는 것이 좋은 수순이다. 백4·6에는 이하 흑9까지 선수로 두터움을 확립해서 충분하다.

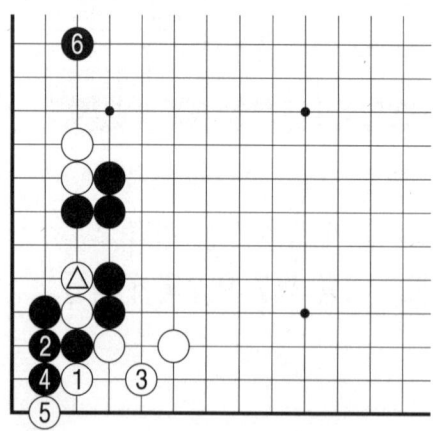

3도

백이 전도처럼 처리하지 않고 1로 단수친 후 3으로 호구치는 변화이다. 이때는 흑4를 선수한 후 백5 때 흑6으로 공격하는 것이 좋은 수순이다. 이 형태는 백△한점이 의미없는 돌이 되었다.

되젖힌 상수의 의도는

● 흑차례

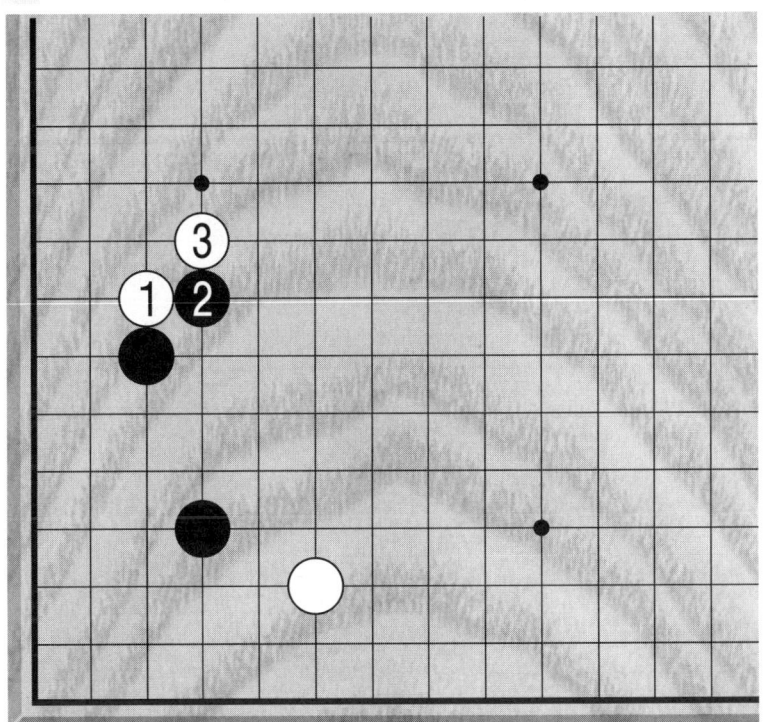

🔵 접바둑에서 백1, 흑2 때 백3으로 상수가 되젖힌 장면이다.
흑은 되젖힌 백의 의도를 간파하고 난 후 다음의 응수를
결정해야 하는데 이 경우 어떻게 두는 것이 최선일까?

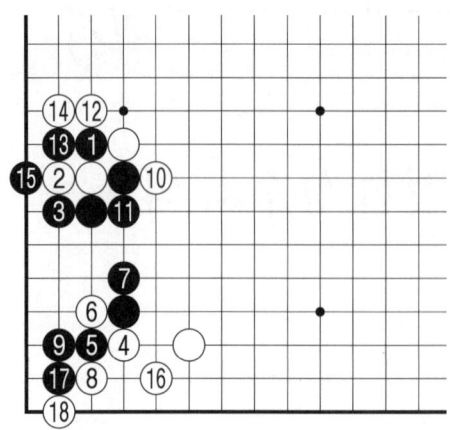

1도

흑은 일단 1로 끊는 것이 기세의 한수이다. 그러나 백2 때 흑3으로 막는 것은 의문이다. 백은 4·6으로 끊은 후 이하 백18까지 처리해서 흑을 중복으로 유도할 수 있다.

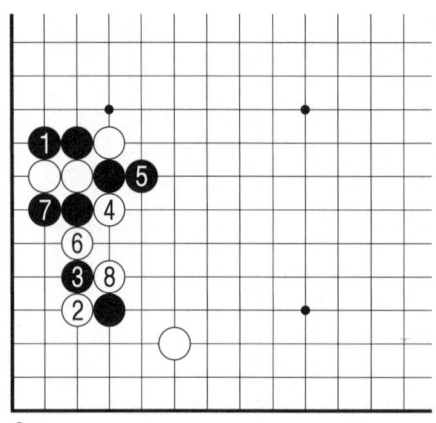

2도

흑은 1로 막는 것이 올바른 방향이다. 그러나 백2로 맥점을 구사해 왔을 때 흑3으로 젖힌 수가 속수. 백이 4로 단수친 후 이하 8까지 처리하면 흑이 걸려든 모습이다.

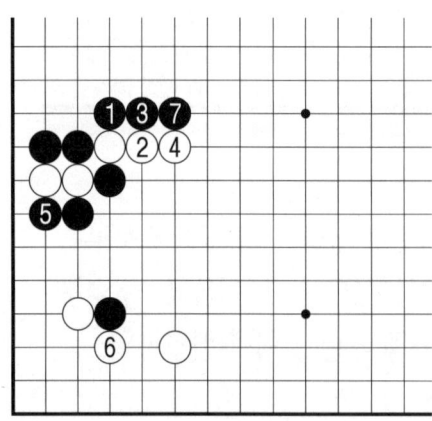

3도

흑은 응수를 보류하고 1로 단수치는 것이 좋은 수이다. 계속해서 백2로 뻗고 이하 흑7까지는 쌍방 기세의 진행인데 흑의 세력이 막강하다.

책략을 내포한 붙임

● 흑차례

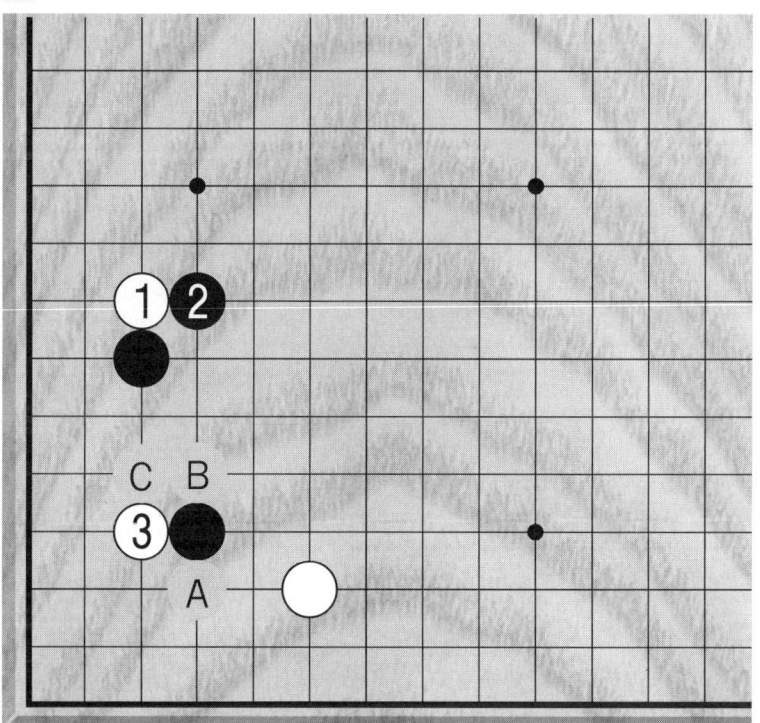

백1, 흑2를 선수한 후 곧장 백3으로 붙인 수는 책략을 내
포한 수단이다. 백3에 대해 흑은 A, B, C 등 세가지 응
수법을 생각할 수 있는데 각각에 대해 최선의 변화를 검토
해 보기로 한다.

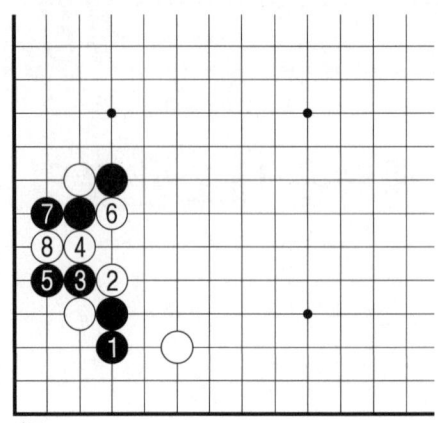

1도

먼저 흑1로 뻗는 변화이다. 계속해서 백2로 젖혔을 때 흑3으로 끊는 것은 의문수. 백4로 단수친 후 이하 8까지 처리하면 이 형태는 흑이 걸려든 모습이다.

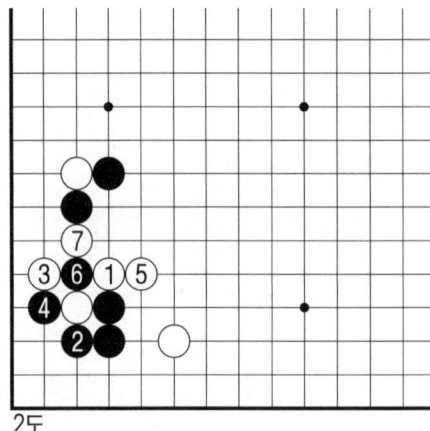

2도

백1에는 흑2가 정수. 그러나 백3 때 흑4로 단수치는 것은 악수이다. 백은 5·7이 좋은 응수법으로 흑이 불리한 결말이다.

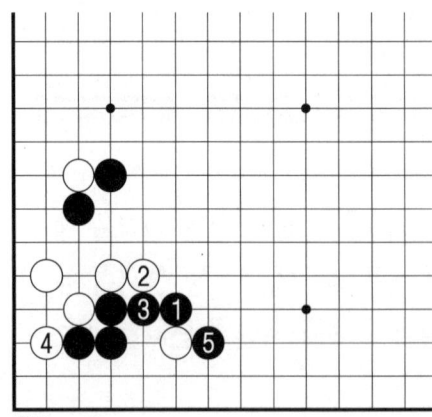

3도

전도 흑4로는 본도 흑1로 붙이는 것이 정수이다. 계속해서 백2로 뻗고 이하 흑5까지가 예상되는 진행인데, 이 결과는 쌍방 둘 만한 결말이다.

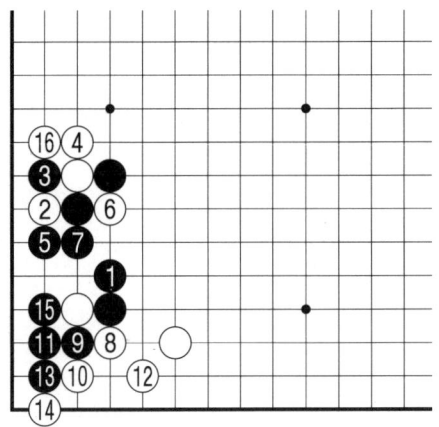

4도

4도(흑, 불만)

이번엔 흑1로 뻗는 변화이다. 계속해서 백은 2로 젖히는 것이 행마법이며 흑3·5로 잡은 것은 간명한 처리법이다. 그러나 백6 때 흑7은 생각이 부족한 수로 이하 백16까지의 결말은 백이 능률적이다.

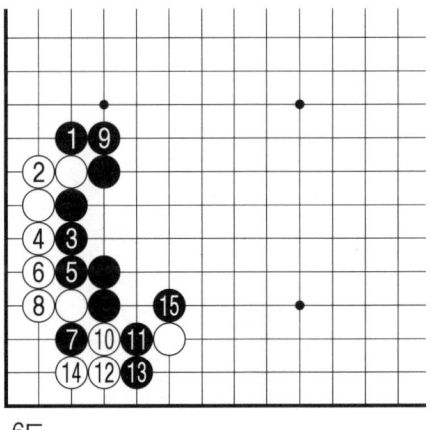

5도

5도(흑, 둘 만함)

전도 흑7로는 본도 흑1로 따내는 것이 옳다. 계속해서 백2로 단수치고 이하 흑7까지가 예상되는 진행인데 흑은 충분히 둘 수 있는 모습.

❸ … △

6도

6도(흑의 강수)

4도 흑3으로는 본도 흑1로 단수치는 강수도 성립한다. 계속해서 백2로 잇고 이하 흑15까지가 예상되는 진행인데 흑의 세력이 훌륭하다.

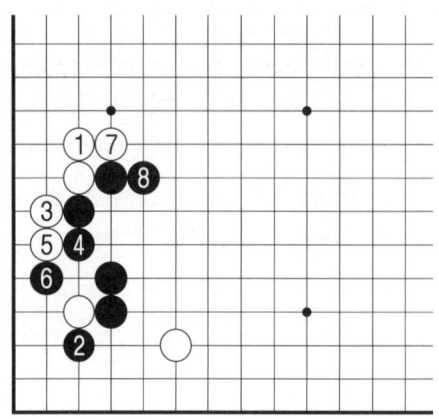

7도

7도(흑, 충분)

4도 백2로 본도 1로 뻗으면 흑 2로 젖히는 것이 좋다. 계속해서 백3으로 젖히고 이하 흑8까지 일 단락인데 흑이 유리한 모습이다.

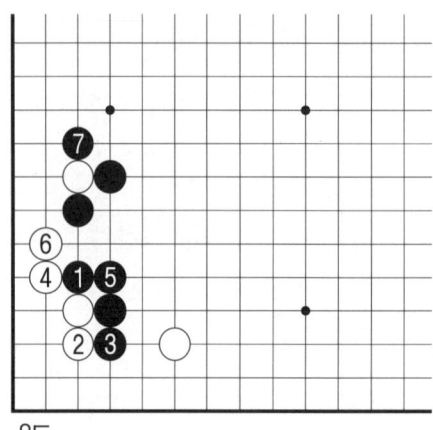

8도

8도(흑의 최강수)

흑1로 젖히는 것은 최강의 응 수법이다. 계속해서 백2로 뻗는 다면 흑3이 호착으로 백4·6에는 이하 흑7까지 처리해서 흑이 두 텁다.

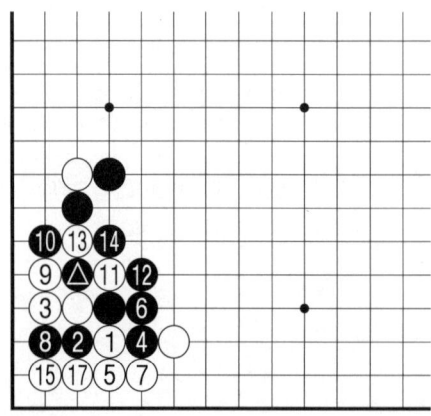

9도

9도(흑, 만족)

흑⬤ 때 백1로 젖히는 변화이 다. 이때는 흑2·4로 단수친 후 6으로 잇는 것이 수순. 백7에는 흑8로 막은 후 이하 흑16까지 선 수로 막강한 세력을 구축해서 흑 이 우세하다.

⑯ … ⬤

상대의 튼튼함을 흔들다

● 흑차례

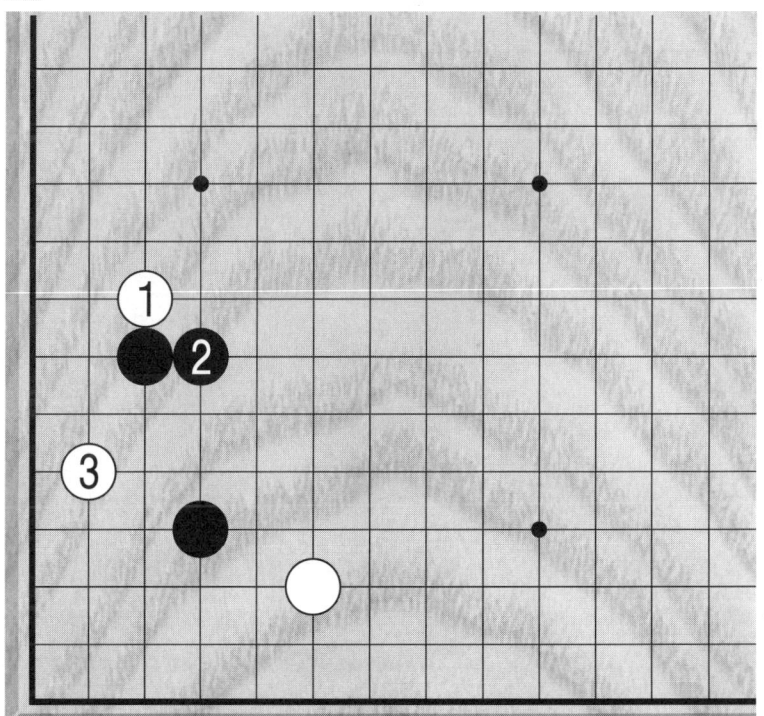

백1로 붙였을 때 흑2로 뻗은 것은 백에게 변화의 여지를 주지 않겠다는 뜻이다. 그럼에도 불구하고 백이 3으로 치중해서 혼란을 획책해온 장면이다. 이에 대해 흑은 어떻게 두는 것이 최선일까?

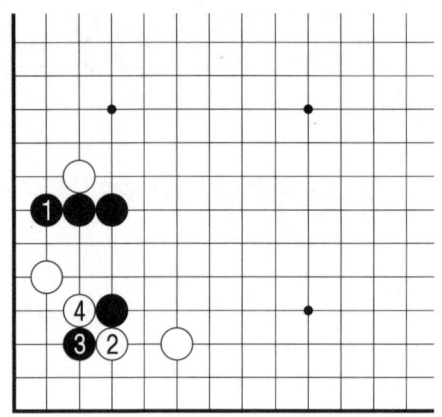

1도

흑1은 차단에 역점을 둔 수. 그러나 백이 2로 붙인 후 흑3 때 백4로 끊으면 이 싸움은 흑이 불리하다.

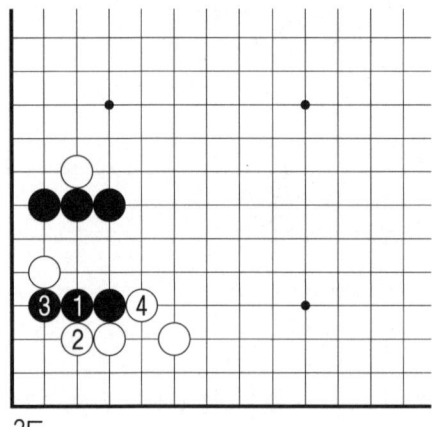

2도

흑이 분규를 피해 1로 뻗는다면 백2를 선수한 후 4로 호구쳐서 이 역시 백이 유리하다.

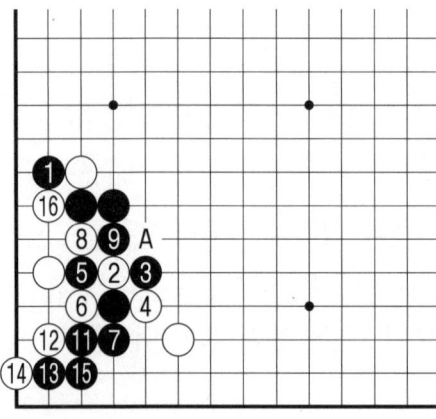

3도

흑은 1로 젖혀 차단하는 것이 좀더 능률적인 수이다. 흑1이면 백은 1도처럼 처리하지 못하고 변화를 모색해야 한다. 백2는 한 가지 방법. 계속해서 흑3은 형태에 얽매인 수로 이하 백16까지 진행되어 흑이 불리하다. 흑은 A의 약점이 부담.

⑩ … ❺

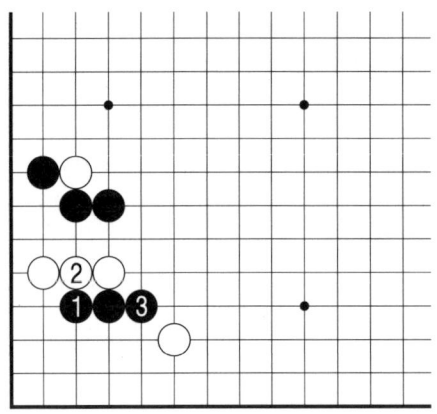

4도

흑은 전도처럼 젖히지 않고 1로 들여다보는 것이 좋다. 백2로 잇는다면 흑3으로 뻗어서 흑이 우세한 결말이다.

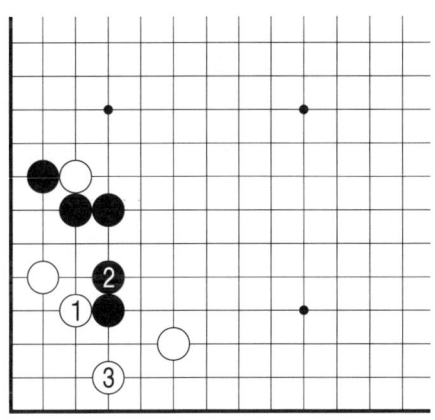

5도

이번엔 백1로 마늘모 붙이는 변화이다. 계속해서 흑2는 형태에 얽매인 속수. 백3으로 날일자해서 넘고 나면 흑은 한 것이 없는 모습이다.

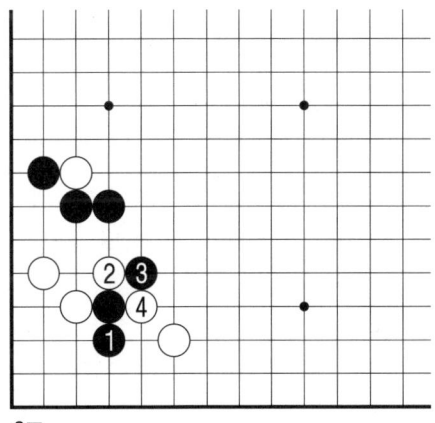

6도

흑1로 내려선 것은 강력하게 차단해서 공격하겠다는 뜻이지만 백2의 반격을 허용한다. 계속해서 흑3이라면 백4로 끊겨 흑이 곤란한 모습이다.

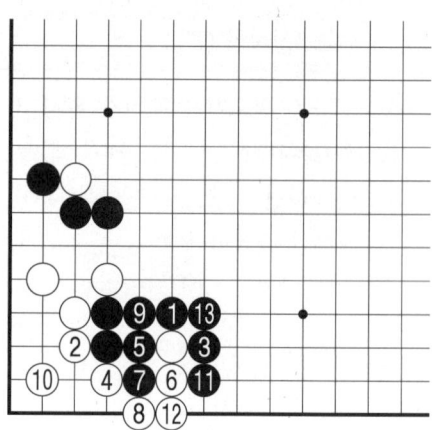

7도

흑1로 붙여서 응수하는 것이 그나마 흑으로선 차선책이다. 계속해서 백2로 막고 이하 흑13까지가 쌍방 최선을 다한 수순인데 쌍방 둘 만한 갈림이다.

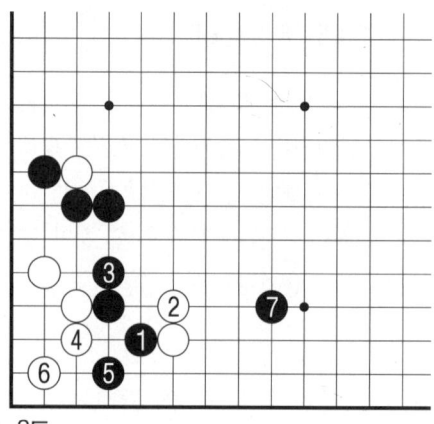

8도

흑은 1로 마늘모 붙여서 응수하는 것이 좋은 수이다. 백2에는 흑3으로 올라서는 것이 올바른 수순. 백4·6으로 삶을 모색할 때 흑7로 협공하면 흑이 우세한 결말이다.

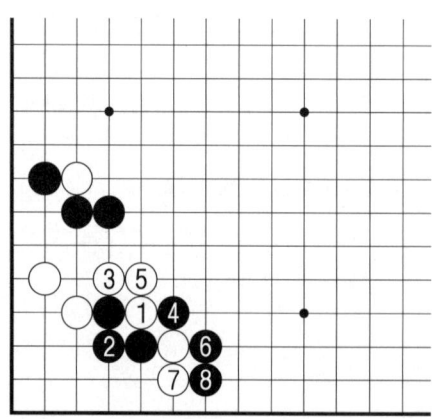

9도

흑이 마늘모 붙였을 때 백1로 꺼붙이는 변화이다. 이때는 흑2로 잇는 것이 침착한 호착. 백3을 기다려 이하 8까지 백 두점을 제압하면 흑이 우세한 결말이다.

122

우군을 활용한 강수

● 흑차례

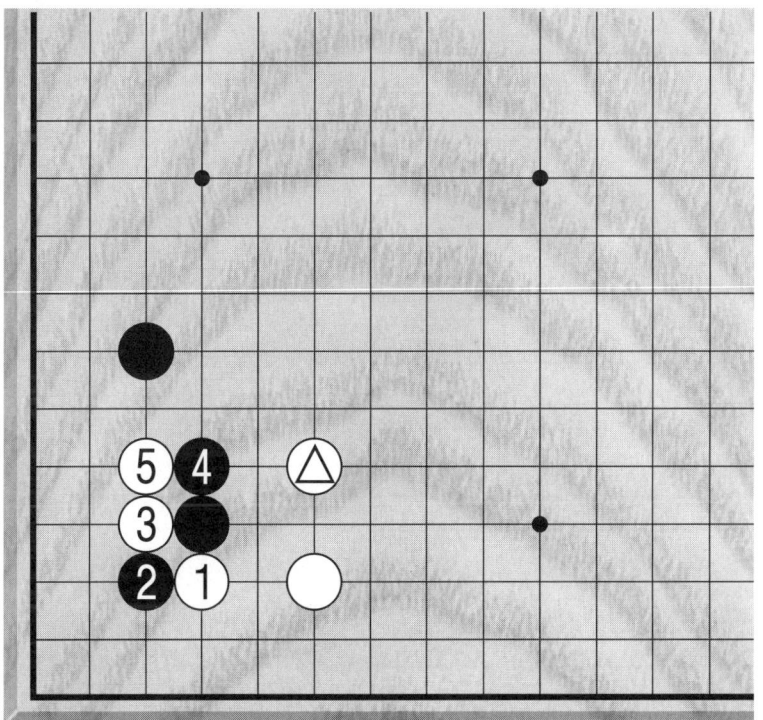

백1·3으로 붙여 끊은 후 흑4 때 백5로 민 것은 백△로 한칸 뛴 우군을 최대한 활용하겠다는 뜻이다. 흑은 백△ 한점의 존재를 염두에 두고 응수해야 하는데 이 경우 어떻게 두는 것이 최선일까?

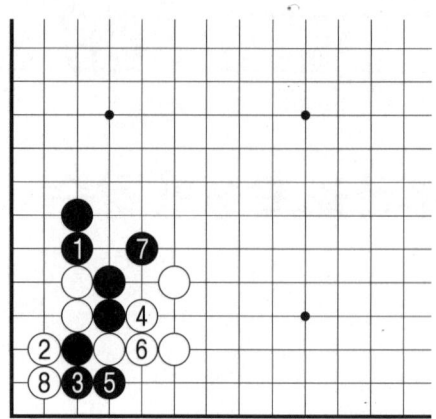

1도

흑1로 치받는 것은 상식적인 응수법이지만 이 경우 의문이다. 백은 2로 단수친 후 4로 호구치는 것이 좋은 수순으로 이하 백8까지 흑 석점을 잡아서 백이 대만족이다.

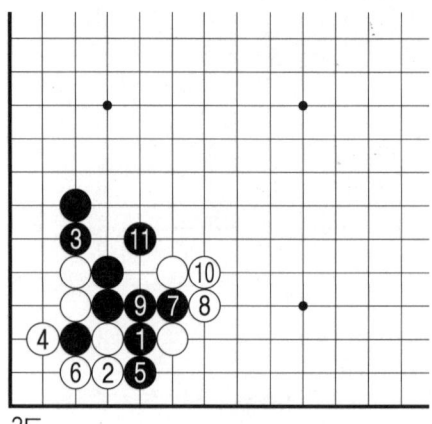

2도

흑1로 단수친 후 3으로 치받는 것이 올바른 수순이다. 백4에는 흑5로 뚫은 후 이하 11까지 처리해서 흑도 충분히 둘 수 있는 모습이다.

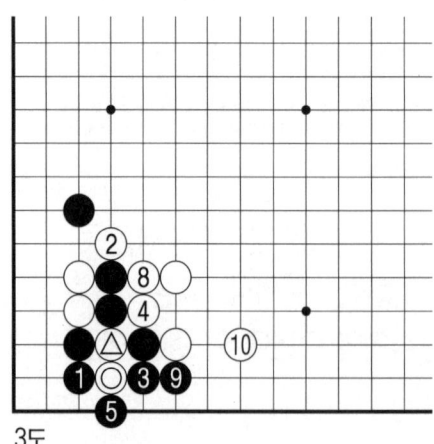

3도

흑이 2도의 흑3으로 두지 않고 본도 흑1로 막는 것은 욕심이 지나친 무리수이다. 백은 2로 젖히는 것이 좋은 수로 이하 백10까지 세력을 쌓아서 대만족이다.

(⑥ … △   ❼ … ◎)

124

단수의 방향이 중요

● 흑차례

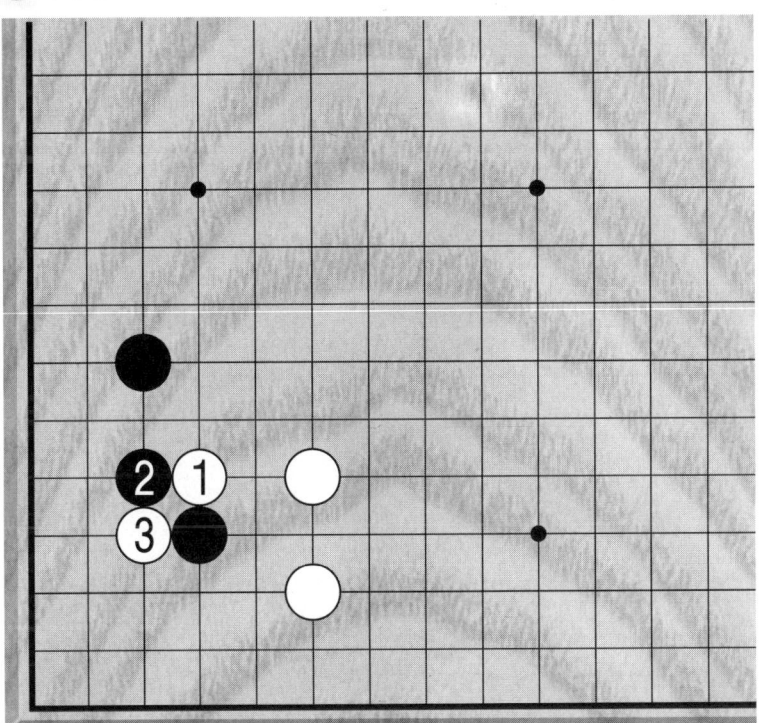

🔵 백1로 위쪽에서 붙이고 흑2 때 백3으로 끊으면 흑으로선 단수의 방향이 무척 중요하다. 어느 쪽으로 단수치느냐에 따라 결과가 판이하게 나타나는데 이 경우 어떻게 두는 것이 최선인지 살펴 보기로 한다.

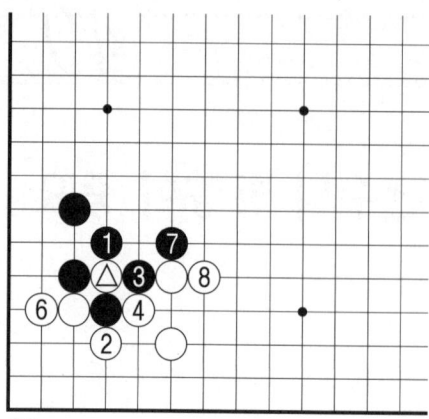

1도

흑1로 단수치는 것은 좋지 않다. 백은 2로 단수쳐서 한점을 죽이고 두는 것이 좋은 수로 이하 백8까지 백의 실리가 우세하다. 반면에 흑은 중복의 형태. (❺ ⋯ △)

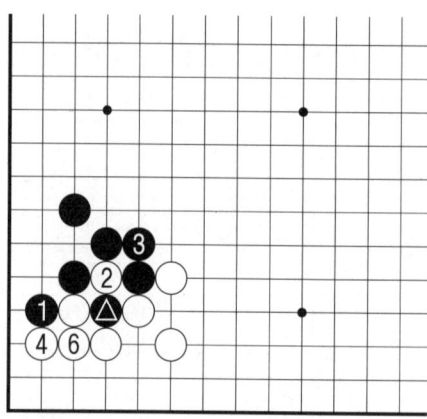

2도

전도 흑5로 본도 흑1로 단수치는 변화이다. 그러나 이 역시 백이 2로 따낸 후 이하 6까지 처리하면 흑이 불리한 결말이다. (❺ ⋯ △)

3도

1도 흑3으로 본도 흑1로 뻗는 변화이다. 이때는 백2로 잇는 것이 좋은 수. 흑3으로 단수치고 이하 백10까지가 예상되는 진행인데 이 역시 백이 우세하다.

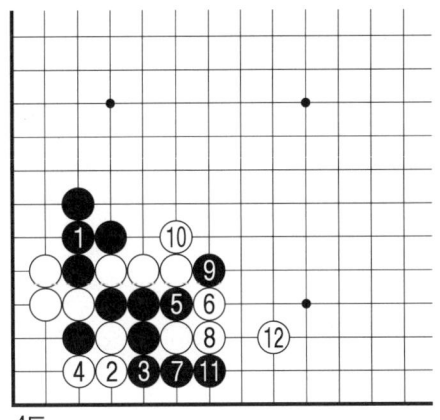

4도

전도 흑7로 본도 흑1로 잇는 것은 대악수. 백2로 뻗은 후 이하 백12까지 진행되면 흑이 망한 모습이다.

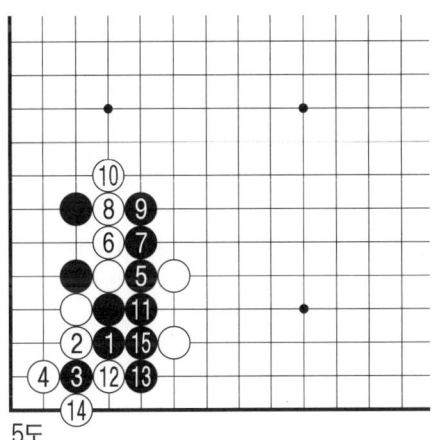

5도

이번엔 흑이 단수치지 않고 단순히 1로 뻗는 변화이다. 백은 2로 막는 것이 좋은 수. 계속해서 흑3으로 젖히고 5로 뚫으면 이하 흑15까지가 예상되는 진행인데 아무래도 백의 실리가 크다.

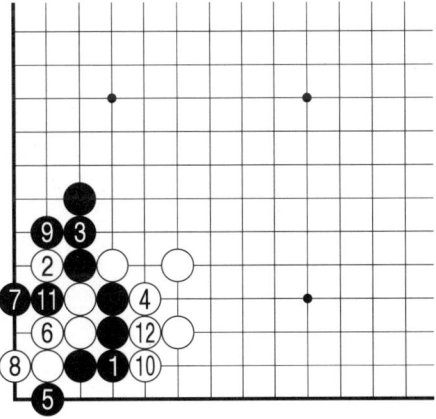

6도

전도 흑5로 본도 흑1로 두는 것은 더욱 나쁘다. 백은 2로 단수친 후 4로 호구치는 것이 호수순이다. 계속해서 흑5에는 백6으로 잇고 이하 백12까지 처리해서 흑 죽음이다.

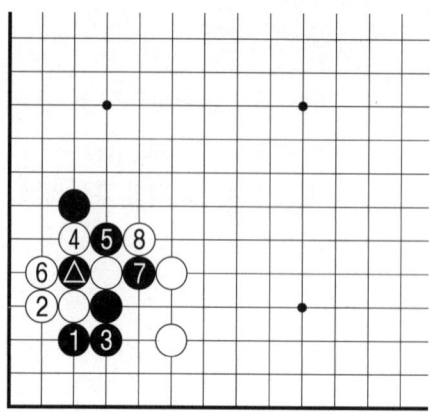

7도

7도(흑의 정수)

흑은 1로 단수치는 것이 올바른 방향이다. 계속해서 백2·4에는 흑5·7이 맥점. 이후 백이 8로 끊어 패를 결행해 온다면 흑9로 패를 따낸 후 만패불청하는 것이 좋다.

(9 … △)

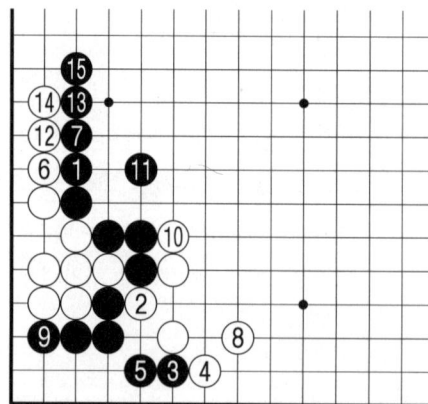

8도

8도(흑, 만족)

전도 백8로는 본도 1로 잇는 정도이다. 흑2로 잇고 백3 이하 흑12까지가 예상되는 진행인데 이 결과는 흑이 유리하다.

9도

9도(흑, 두텁다)

전도 흑4로는 본도 흑1로 뻗어서 둘 수도 있다. 흑1은 중앙을 중시한 수로 이하 흑15까지 세력을 구축해서 흑이 두텁다.

욕심많은 두점머리

⚪ 백차례

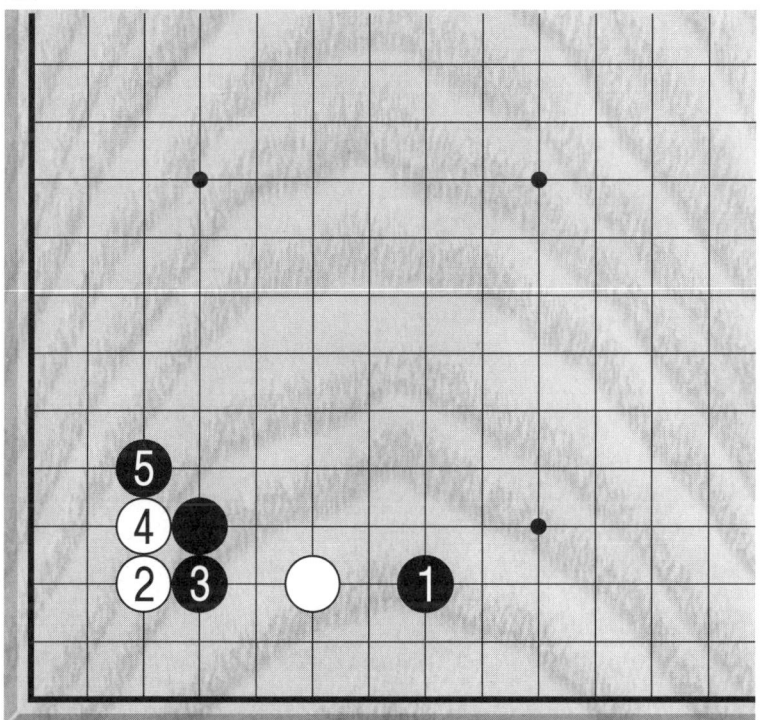

흑1로 협공했을 때 백2의 3·三 침입은 알기 쉽게 실리를 차지하겠다는 뜻이다. 계속해서 흑3으로 막고 백4로 민 것까지는 필연적인 진행인데, 흑5의 두점머리가 욕심이 과한 수. 백은 어떻게 응수하는 것이 최선일까?

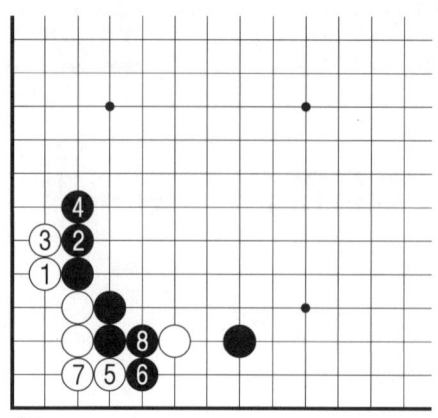

1도

1도(흑, 만족)

백1로 젖히는 것은 기백이 부족한 수이다. 흑2 이하 흑8까지의 결과는 기본 정석에 비해 흑이 두텁다.

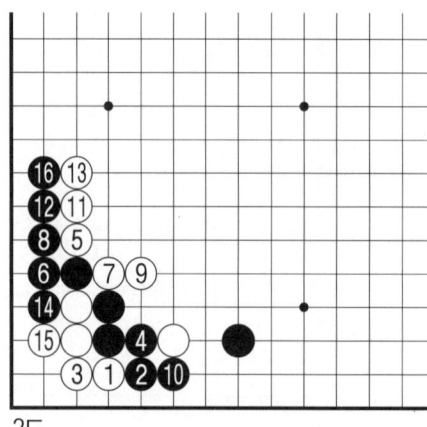

2도

2도(흑, 우세)

백1·3으로 젖혀 이은 후 5에 붙이는 것이 일견 맥점처럼 보인다. 그러나 흑6·8로 둔 후 이하 16까지 처리하면 귀의 백이 잡히는 만큼 이 역시 백이 불리하다.

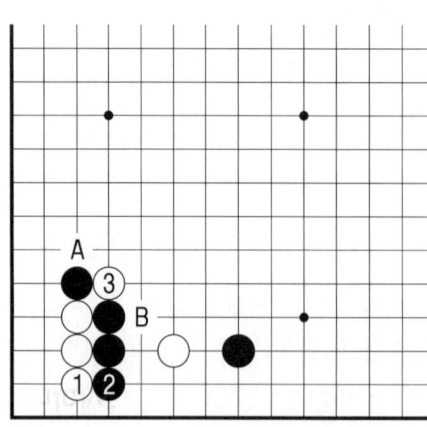

3도

3도(백의 정수)

백은 이 경우 1로 내려서는 것이 좋은 응수법이다. 계속해서 흑2로 막는다면 백3으로 끊은 후 A와 B를 맞보기로 노려서 흑이 불리하다.

세력작전을 거부

● 흑차례

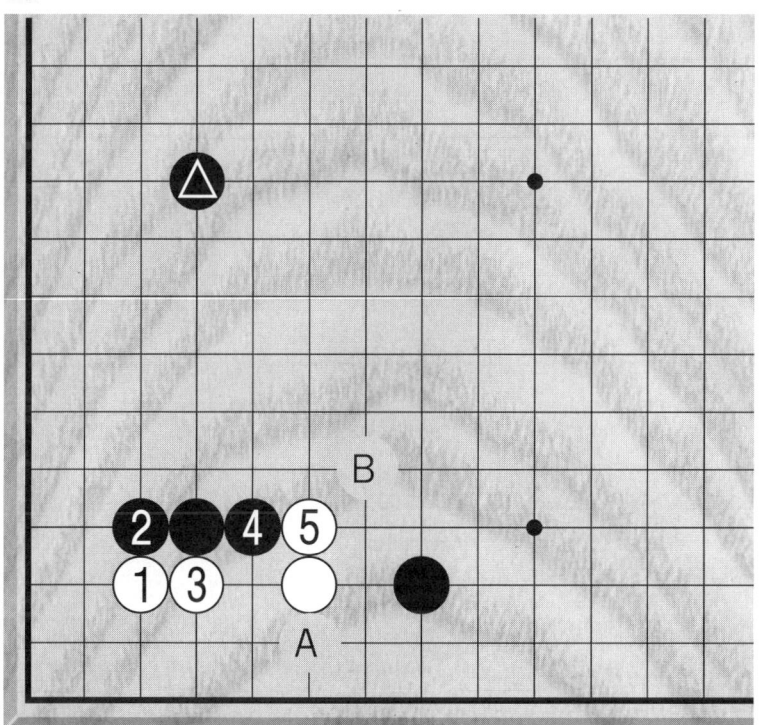

백1로 3·三에 침입했을 때 흑2로 막은 것은 흑▲ 한점과의
배석관계를 고려한 수단이다. 계속해서 백3으로 연결하고 흑4
까지는 필연적인 수순인데 백5로 밀어 올린 수가 흑의 세력작
전을 거부한 수단이다. 백5로 A에 내려서고 흑B로 날일자하면
보통의 정석이다. 백5에 대한 흑의 적절한 응수법은?

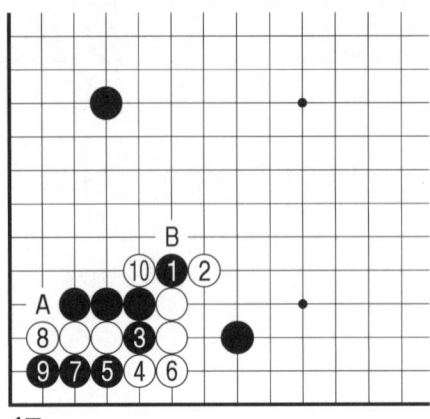

1도

흑1로 젖히는 것은 손따라 둔 의미가 크다. 백2 때 흑3·5는 일종의 행마법이지만 이하 백10까지 진행되었을 때 흑으로선 응수가 없다. 이후 백은 A와 B를 맞보기로 하고 있다.

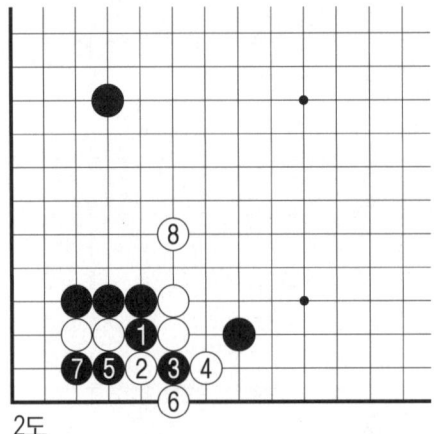

2도

이번엔 곧장 흑1·3으로 끊은 후 이하 7까지 실리를 취하는 변화이다. 그러나 이 역시 백8로 두면 흑의 세력작전이 무너지는 만큼 흑이 불리하다.

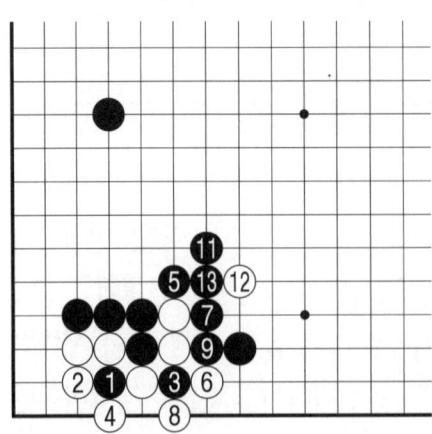

3도

흑은 이 경우 1·3으로 끊는 것이 올바른 수순이다. 백2·4로 잡을 수밖에 없을 때 이하 흑13까지 백을 봉쇄하면 일관된 세력작전을 펼칠 수 있다.

⑩ … ❸

세력을 피한 붙임수

● 흑차례

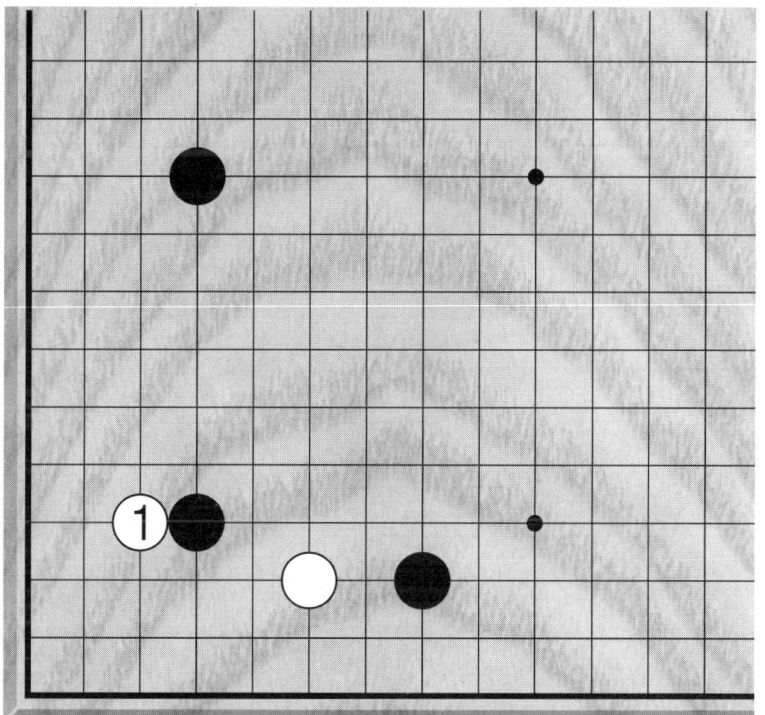

　흑이 한칸으로 협공하자 백이 3·드에 침입하지 않고 1로
붙여온 장면이다. 백1은 평범하게 응수하는 것은 흑에게 세
력작전을 허용하므로 이를 피한 것이다. 백1은 함정수의 일
종인데 흑의 적절한 응수법은 무엇일까?

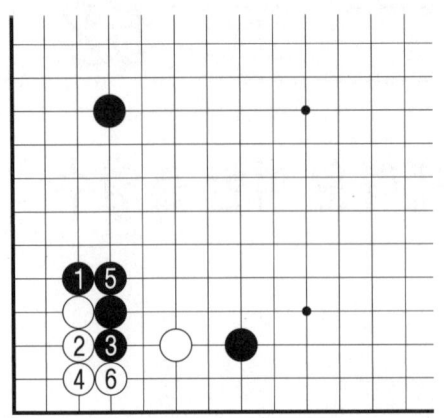

1도

흑1로 젖히는 것은 백2로 뻗는 수가 호착이라 흑이 좋지 않다. 흑3 때 백은 4로 뻗는 것이 좋은 수이며 흑5는 눈물을 머금은 후퇴이다. 백6으로 넘어서는 백 만족.

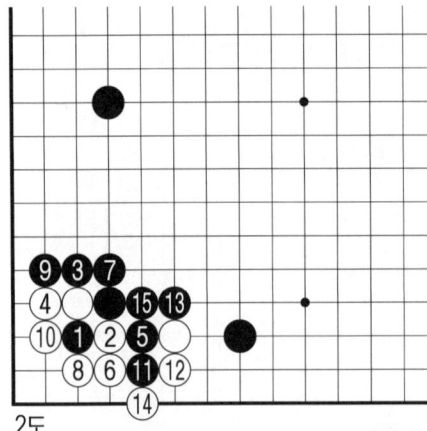

2도

흑은 이 경우 강력하게 1로 젖히는 것이 좋은 수이다. 백2의 절단에는 흑3·5로 단수친 후 이하 15까지 두터움을 확립해서 충분하다.

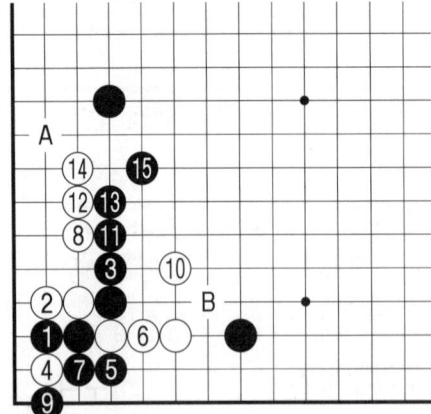

3도

흑은 경우에 따라서 1로 내려서는 강수도 성립한다. 백2로 막으면 흑3 이하 흑15까지가 예상되는 진행인데 흑으로선 충분히 둘 수 있다. 이후 흑은 A와 B가 맞보기이다.

싸움을 유도한 붙임수

● 흑차례

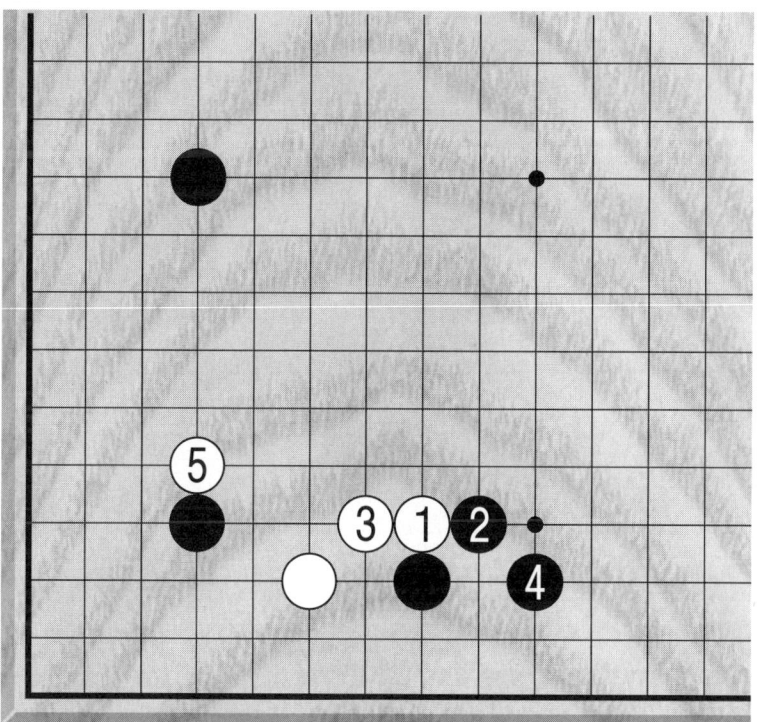

백1·3으로 붙여 뻗은 것은 이곳을 강화시켜 귀의 흑을 공격하겠다는 뜻이다. 이에 대해 흑4로 호구친 것은 하변을 중시한 수. 흑4로는 손을 빼서 귀를 보강하는 수도 실전에 종종 두어진다. 그런데 흑4 때 백5로 붙인 수가 함정수의 일종. 백5에 대한 적절한 응수법은?

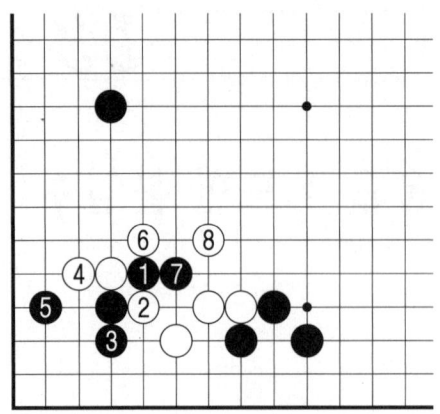

1도

1도(흑, 불만)

흑1로 젖혀 좌우 백을 차단하 겠다는 발상은 의문이다. 백2로 끊은 후 이하 8까지 처리하면 이 형태는 흑이 불리하다.

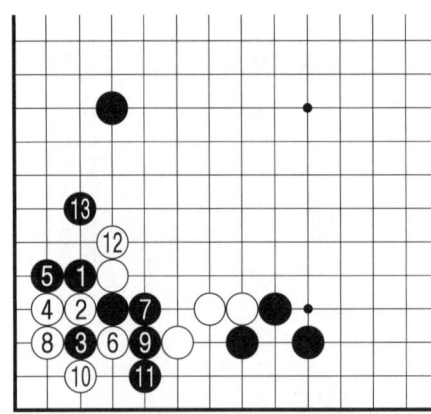

2도

2도(흑의 정수)

흑은 이 경우 1로 젖히는 것이 좋은 응수법이다. 계속해서 백2 로 끊는다면 흑3으로 단수친 후 이하 13까지 처리해서 백이 곤란 한 모습이다.

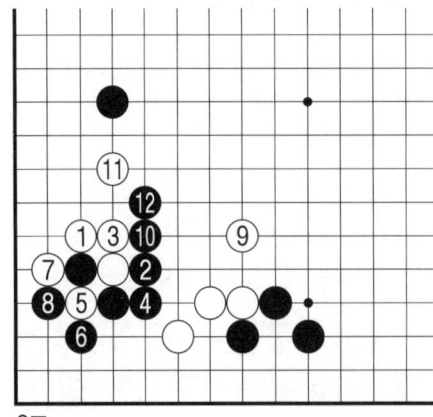

3도

3도(흑, 우세)

이번엔 백1로 되젖히는 변화이 다. 이때는 흑2로 단수친 후 4에 잇는 것이 좋은 수순. 백5·7에 는 흑6·8로 버틴 후 이하 12까 지 처리해서 흑이 물론 우세한 싸움이다.

정석을 가장한 함정

● 흑차례

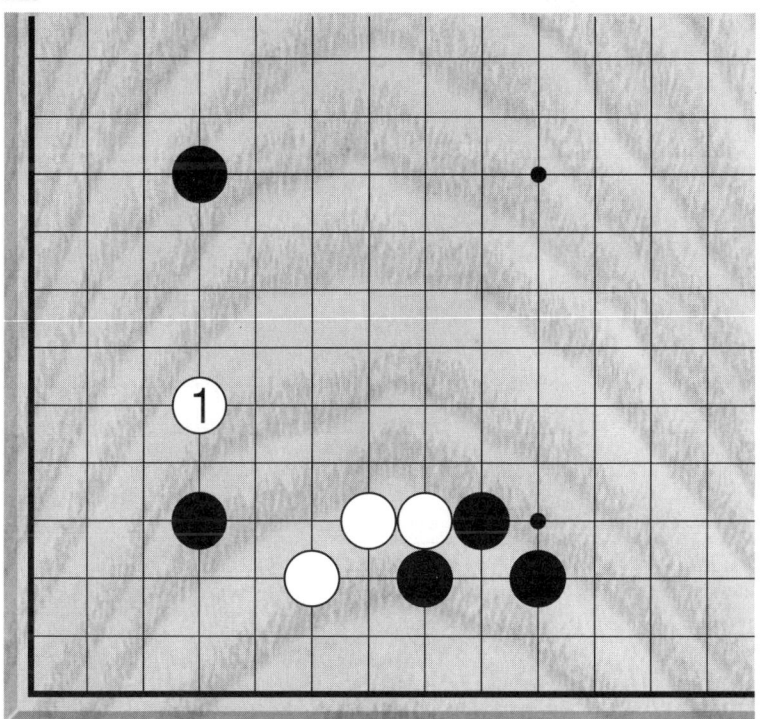

백은 앞의 유형처럼 흑에게 붙여서 압박하기 보다는 이처럼 백1로 한칸 높게 양걸침해서 압박하는 것이 보통이다. 이 형태는 정석에 있지만 초·중급자들이 어렵게 여기는 유형 중 하나이므로 복습하는 의미에서 문제로 선택했다. 흑의 적절한 응수법은?

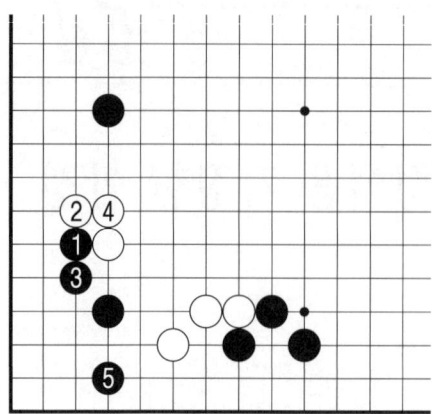

1도

1도(백, 두터움)

흑1로 붙여서 자체 안정을 도
모하는 것은 좋지 않다. 백2로
젖힌 후 4에 잇고 나면 백이 두
터운 모습이다.

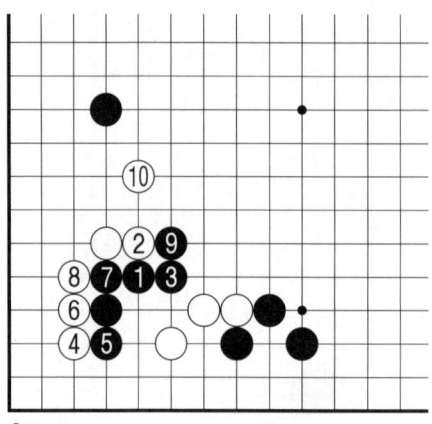

2도

2도(백, 우세)

흑1로 입구자해서 중앙진출을
시도하는 수 역시 좋지 않다. 백
은 2를 선수한 후 4로 3·三 침
입하는 것이 좋은 수순. 이하 백
10까지의 결과는 백이 우세하다.

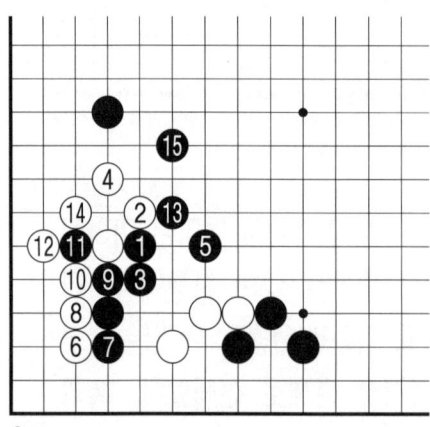

3도

3도(흑의 정수)

흑은 이 경우 1로 붙이는 것이
좋은 응수법이다. 계속해서 백2
로 젖히고 이하 흑15까지가 정석
적인 수순인데 피차 둘 만한 갈
림이다.

막는 방향이 중요

● 흑차례

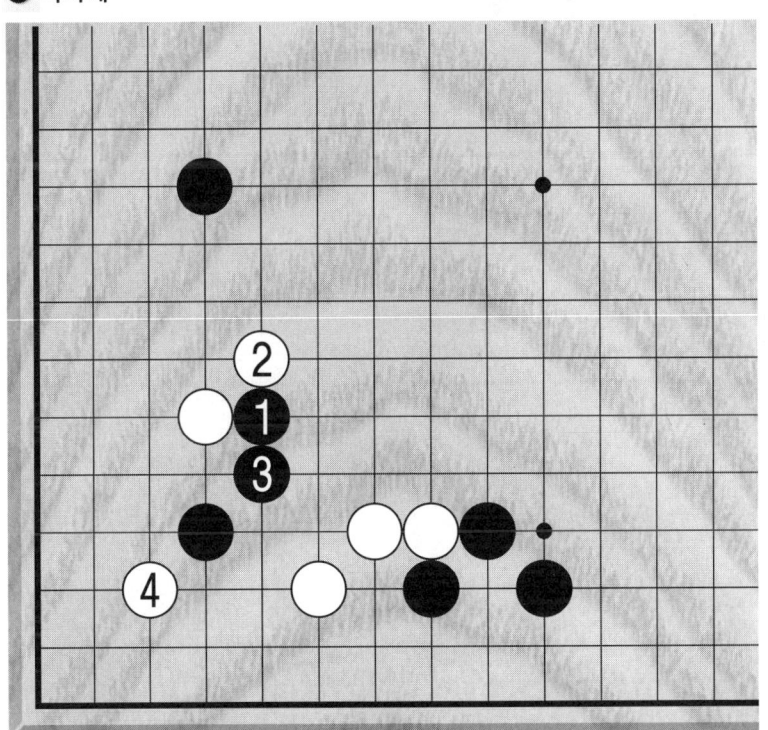

흑1·3으로 붙여 뻗었을 때 백이 호구치지 않고 곧장 4로
3·三 침입한 장면이다. 이후 흑은 어느쪽으로 막을 것인
지가 관건인데 최선의 응수법을 살펴 보기로 한다.

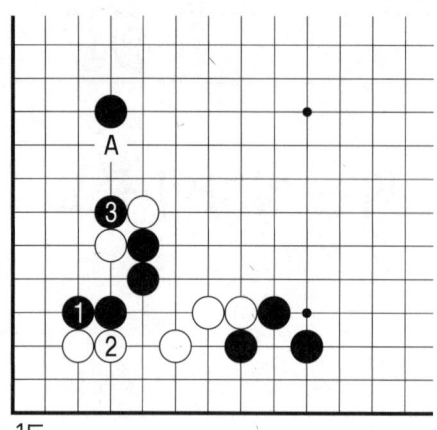

1도

1도(흑, 불만)

흑1로 막는 것은 의문이다. 백2로 넘고 나면 흑3으로 끊는 정도인데 장차 백A로 붙이는 맥점이 남는다.

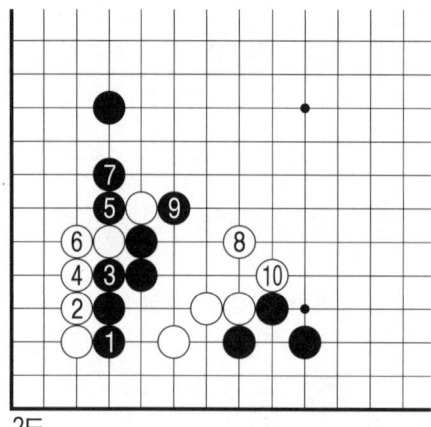

2도

2도(올바른 방향)

흑은 1로 막는 것이 올바른 방향이다. 계속해서 백2로 연결하고 흑3 이하 10까지의 진행이라면 백이 다소 피곤한 형태이다.

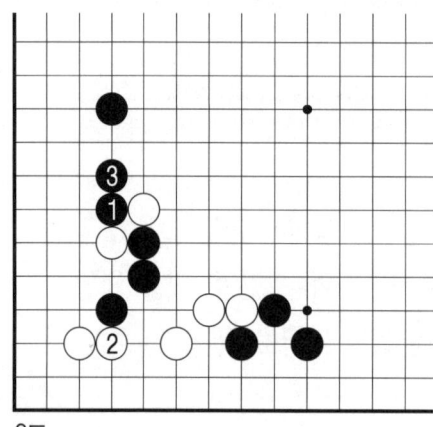

3도

3도(흑의 변화)

흑은 어느쪽으로도 막지 않고 곧장 1로 끊어서 응수하는 변화도 가능하다. 이 수는 중앙을 두텁게 할 때 유력한 수단. 대신에 뒷문이 열려있어서 실리로는 다소 손해이다.

무리한 차단

⚪ 백차례

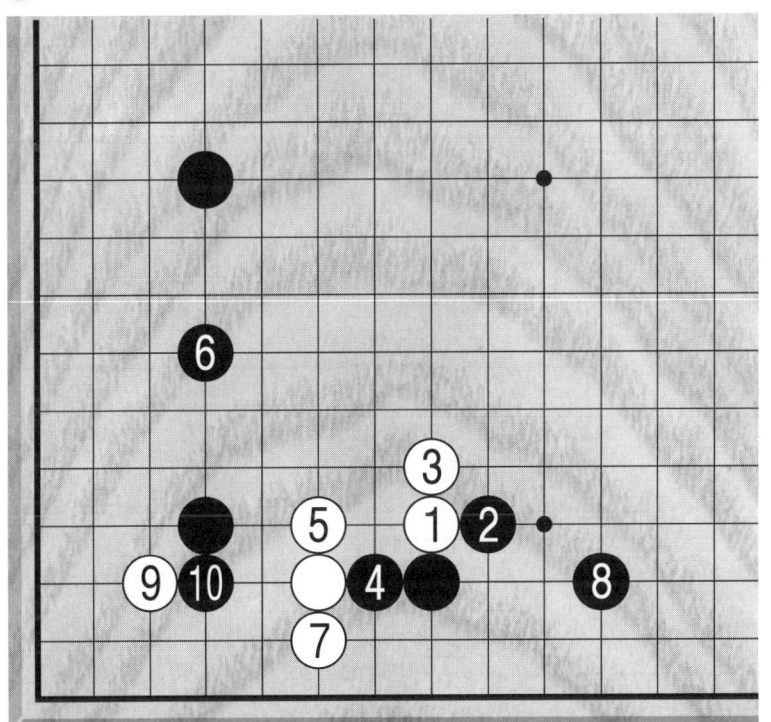

🔴 백1로 붙이고 흑2 이하 백9까지는 화점의 기본 정석에 해
당하는 수순들이다. 그런데 흑10으로 차단한 수가 무리성
이 짙은 수법. 이 수로는 반대쪽에서 막는 것이 보통이다.
그렇다면 백의 응수법은?

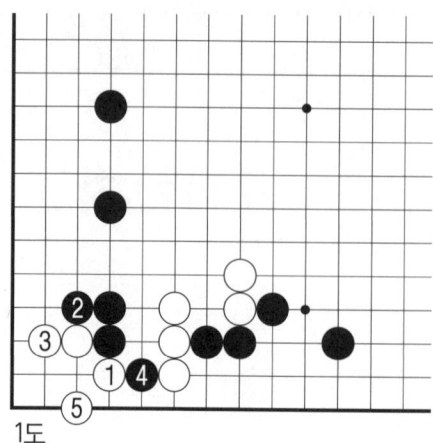

1도

　단순히 백1로 젖혀 넘는 것은 너무 소극적인 수이다. 흑은 2·4를 선수한 후 큰 곳에 손을 돌려 만족이다.

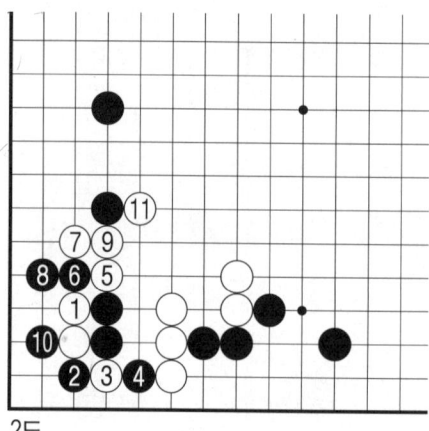

2도

　백은 1로 밀어 올리는 수가 정수이다. 흑2에는 백3이 호착으로 흑4 때 백5 이하 11까지 세력을 구축해서 백이 우세한 결말이다.

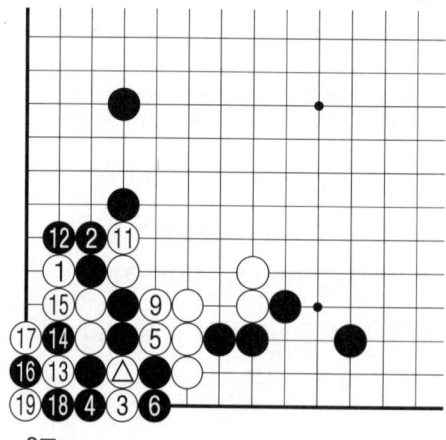

3도

　전도 백7로는 본도 백1로 단수쳐서 강력하게 두는 수도 가능하다. 흑2에는 백3이 맥점으로 흑4라면 백5 이하 19까지 처리해서 유리한 패를 만들 수 있다.

⑦❿ … △　　❽ … ③

142

수순을 바꾼 붙임

● 흑차례

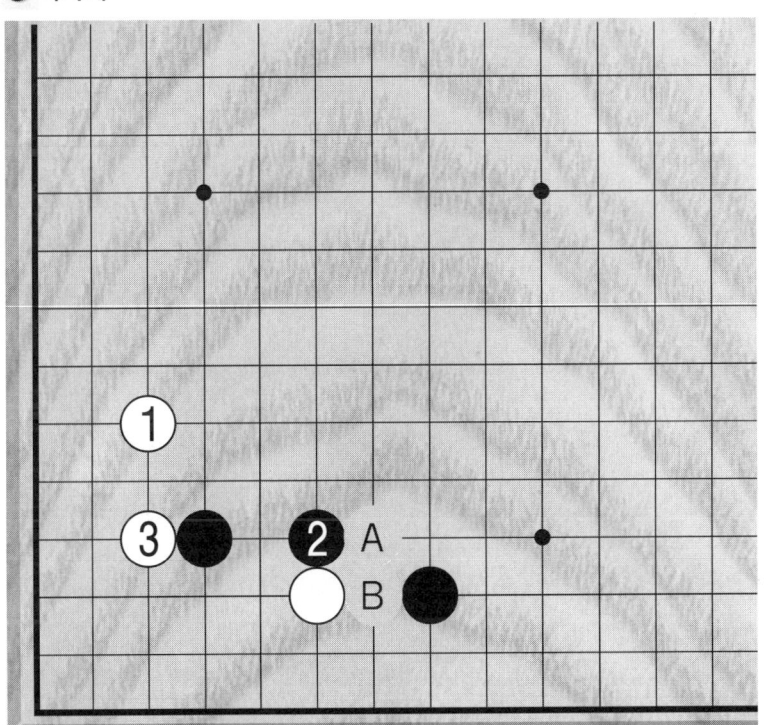

백1로 양걸침하고 흑2로 붙이는 것까지는 실전에서 흔히 볼 수 있는 정석적인 수순이다. 그런데 백3으로 붙인 수가 정석에 없는 수단. 이 수로는 백A로 젖힌 후 흑B로 둘 때 3에 붙이는 것이 보통이다. 그렇다면 백3에 대한 적절한 응수법은?

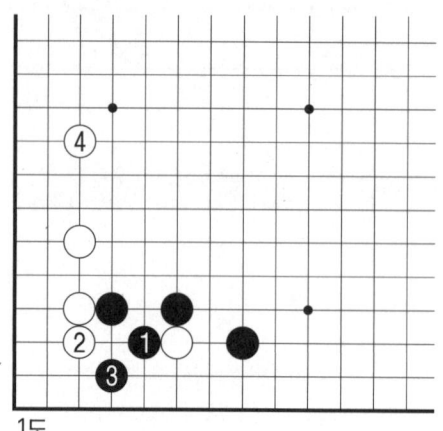

1도

흑1로 호구치는 것은 너무 느슨한 응수법이다. 백2로 뻗으면 흑3으로 보강하는 정도인데 백4로 전개해서 백이 활발하다.

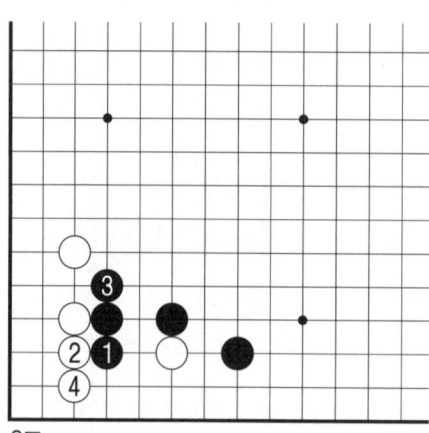

2도

2도(정석 환원)

차단한다면 흑1로 두는 것이 전도 보다는 낫다. 그러나 백4까지 정석으로 환원되는 만큼 백의 실수를 올바르게 추궁했다고 보기는 힘들다.

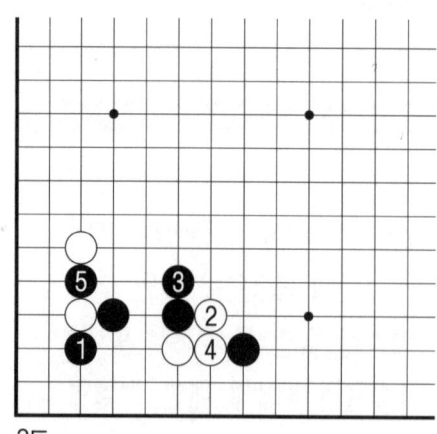

3도

3도(흑의 정수)

흑은 이 경우 1로 젖히는 것이 좋은 응수법이다. 백2로 젖힌다면 흑3이 호착으로 백4 때 흑5로 단수쳐서 흑이 우세하다.

144

무리스런 젖힘

● 흑차례

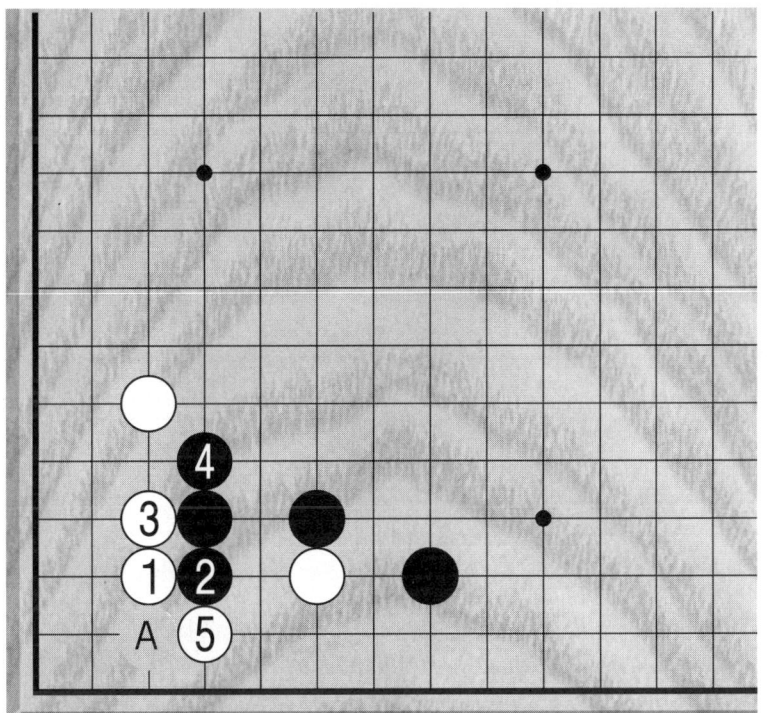

백1로 3·三에 침입하고 흑2 이하 4까지는 정석적인 수순
이다. 그런데 백5로 젖힌 수가 무리수. 이 수로는 A에 내
려서는 것이 정수이다. 백의 무리를 추궁하는 적절한 수순
은?

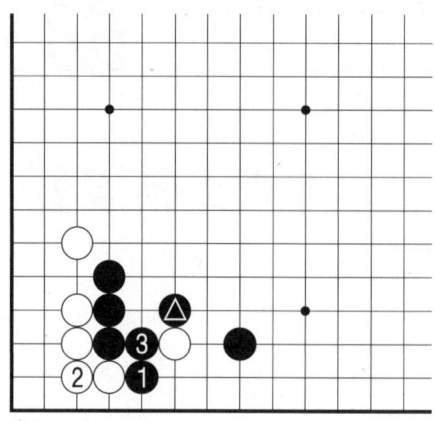

1도

1도(백, 만족)

흑1로 젖히는 것은 손따라 둔 의미가 짙다. 백2 때 흑3으로 이을 수밖에 없는데 흑▲ 한점이 중복의 성격이 강하다.

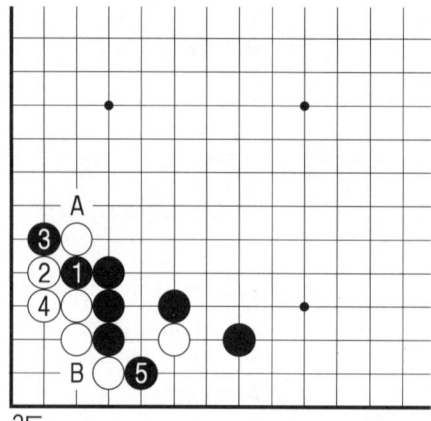

2도

2도(흑의 정수)

흑은 이 경우 1·3으로 나가 끊는 것이 올바른 응수법이다. 백4로 잇는다면 흑5로 젖힌 후 A와 B를 맞보기로 노려서 충분하다. 흑5로는 경우에 따라서 A에 단수치는 수도 가능하다.

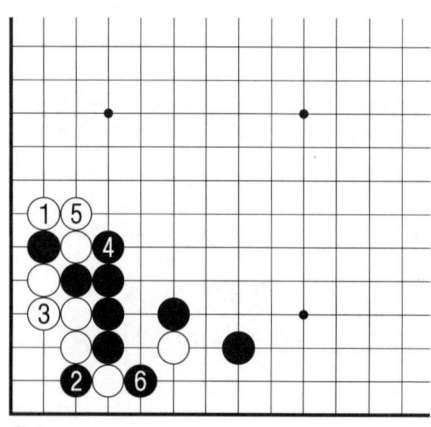

3도

3도(흑, 만족)

전도 백4로 본도 백1로 단수치는 변화이다. 이때는 흑2가 침착한 호착으로 백3으로 이을 수밖에 없을 때 흑4·6으로 처리하면 흑이 우세하다.

정석에 없는 붙임

● 흑차례

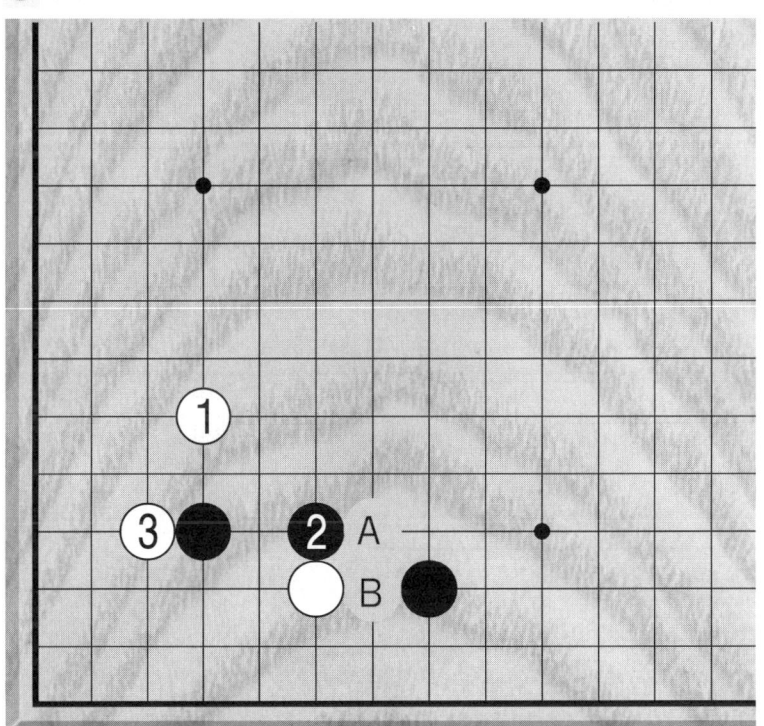

█ 백1의 한칸 높은 양걸침은 근래에 와서 유행하는 수법. 계속
해서 흑2로 붙이는 수까지는 평범한 수순인데 백3으로 붙
인 수가 정석에 없는 수. 이 수로는 백A로 젖힌 후 흑B로
둘 때 3으로 붙이는 것이 보통이다. 그렇다면 백3에 대한
적절한 응수법은?

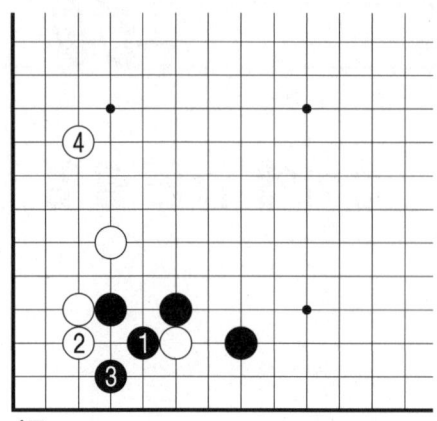

1도

흑1로 호구치는 것은 너무 소극적인 수. 백2로 내려선 후 흑3 때 백4로 전개하면 이 형태는 백이 활발하다.

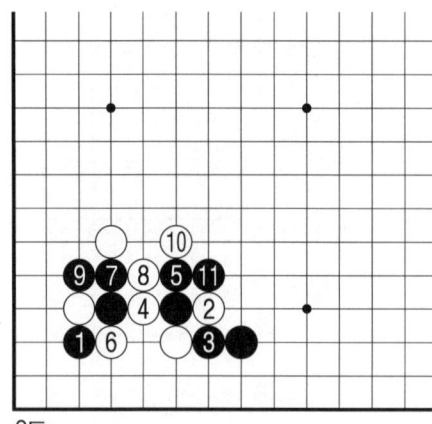

2도

흑은 기세상 1로 젖히는 한수이다. 계속해서 백2로 젖혔을 때가 문제인데 흑3으로 끊는 수는 대악수. 백4로 단수친 후 이하 11까지 필연의 진행인데 이 결과는 흑이 망했다.

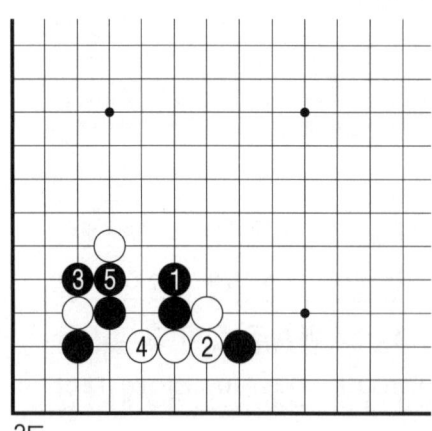

3도

전도 흑3으로는 본도 흑1로 뻗는 것이 좋은 수이다. 백2가 불가피할 때 흑3으로 한 점을 제압한다. 백4에는 흑5로 치받아, 이 결과는 흑이 우세하다.

혼자만의 수읽기

○ 백차례

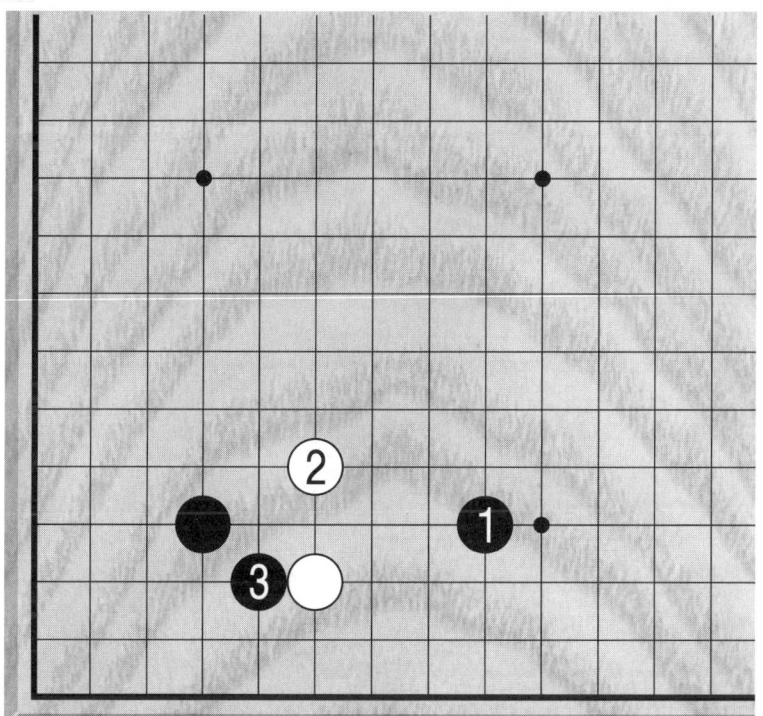

흑1로 협공했을 때 백2의 한칸뜀은 정석에 있는 수이지만
흑3으로 마늘모 붙인 수가 정석에 없는 수단이다. 이 수는
백을 더욱 무겁게 만들어서 공격하겠다는 뜻이지만 실상은
혼자만의 수읽기. 그렇다면 백은 어떻게 응수하는 것이 최
선일까?

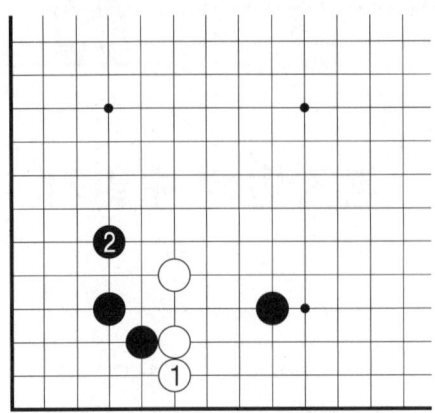

1도

1도(흑, 만족)

백1로 내려서는 것은 형태에 얽매인 속수이다. 흑2로 한칸 뛰면 백은 무겁게 공격받는 만큼 좋지 않다.

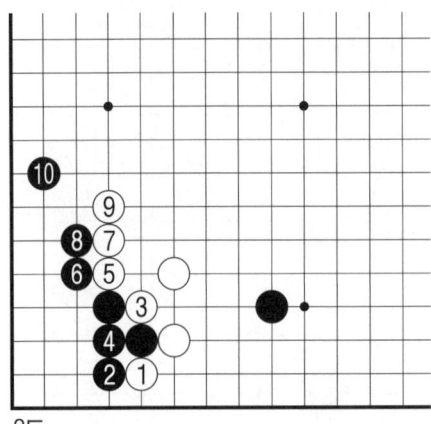

2도

2도(실리가 크다)

백1로 젖힌 후 3으로 단수쳐서 두는 것은 너무 헤픈 의미가 짙다. 이하 흑10까지의 진행이면 실리의 손실이 커서 백이 좋지 않다.

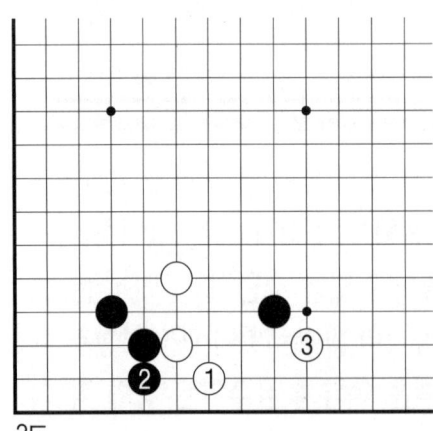

3도

3도(백의 정수)

백은 이 경우 1로 입구자해서 두는 것이 좋은 수이다. 흑2로 귀의 실리를 중시하면 백3으로 진출해 충분한 모습이다.

세력작전을 견지

● 흑차례

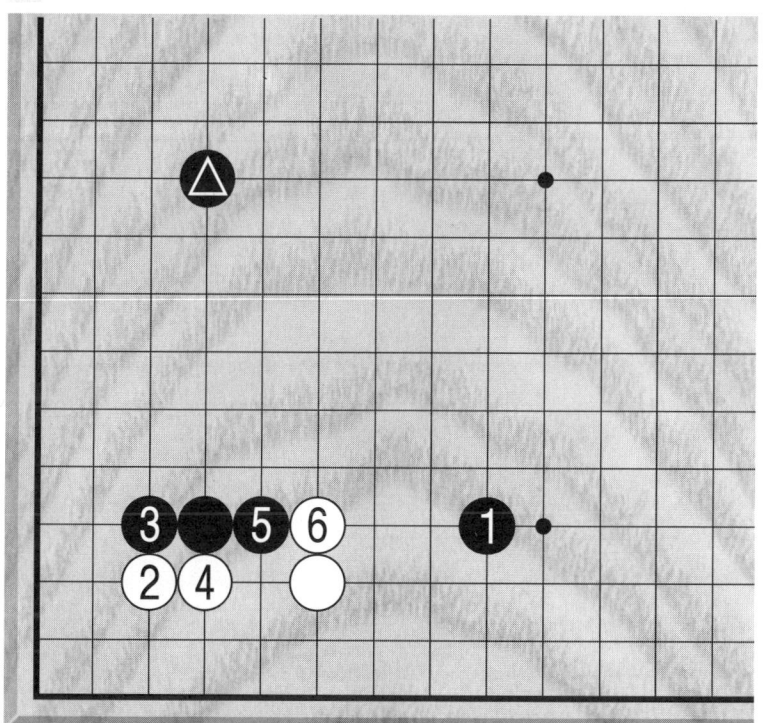

흑1은 흑▲의 기착점을 활용하는 정석 선택. 이 수는 한칸
협공과 더불어 세력형 포석을 견지하고 싶을 때 주로 사용
한다. 백2 때 흑3은 올바른 방향이며 이하 백6까지는 가장
일반적인 수순. 계속해서 흑이 세력작전을 펼치고자 할 때
어떤 요령으로 처리하는 것이 최선인지 살펴 보기로 한다.

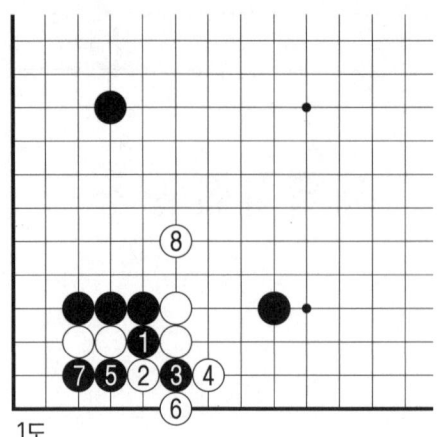

1도

흑1·3으로 나가 끊는 것은 백의 약점을 이용해서 이득을 취하고자 한 것이지만 방법이 틀렸다. 이하 흑7까지 귀를 차지했지만 백8까지 세력작전이 무너져서는 흑이 불리한 결말.

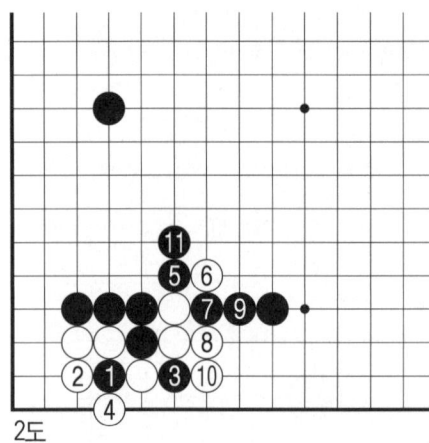

2도

전도 흑3으로는 본도 흑1로 끊는 것이 올바른 방향이다. 계속해서 백2로 잡을 때 흑3·5가 좋은 수순. 그러나 백8 때 흑9가 다소 미흡한 수로 이하 흑11까지는 약간 불만이다.

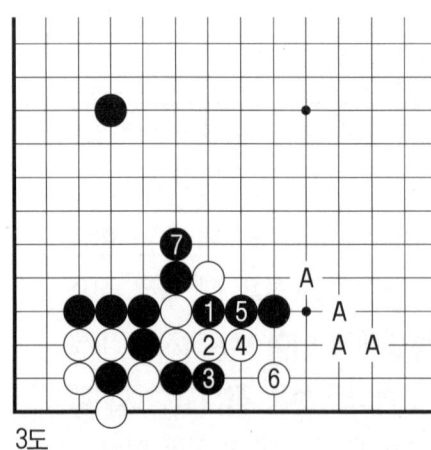

3도

흑1, 백2 때 흑은 3으로 단수치는 것이 올바른 응수법이다. 백은 회돌이축을 피해 4로 뻗을 수밖에 없는데 흑5·7까지 세력을 구축해서 쌍방 불만없는 모습이다. 이후 A방면이 모두 흑의 선수권리가 된다.

함정 수

62

무리스런 움직임

● 흑차례

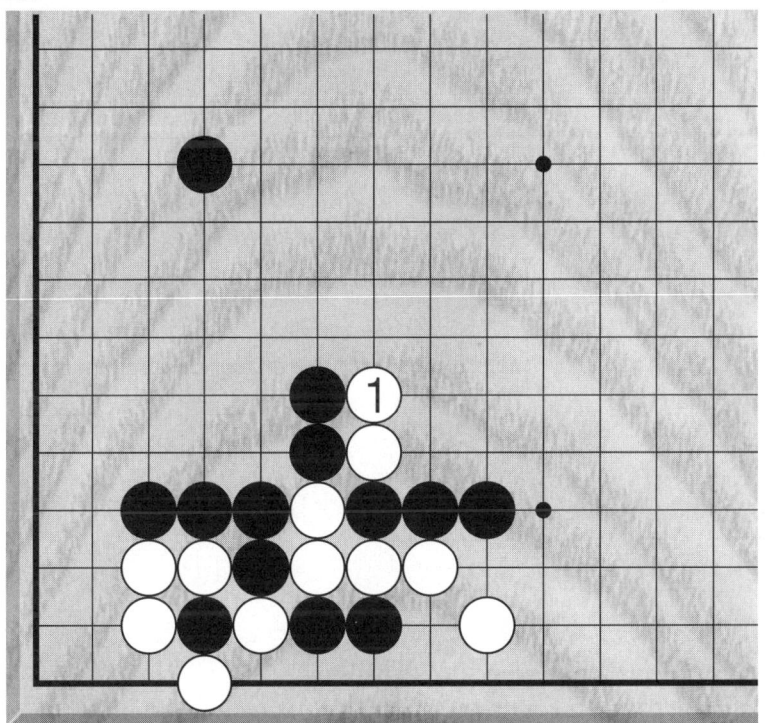

🔘 앞의 유형 이후 백이 1로 움직인 모습이다. 그러나 백1은
사실상 무리스런 움직임. 흑은 백의 무리를 적절히 추궁하
고 싶은데 어떤 수순을 밟는 것이 최선일까?

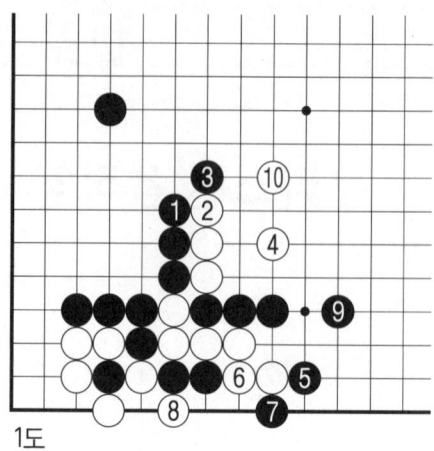

1도

흑1로 뻗는 것은 너무 느슨한 응수법. 백은 2로 민 후 4로 형태를 정비하는 것이 좋은 수순. 이하 백10까지 진행되어서는 백이 활발한 모습이다.

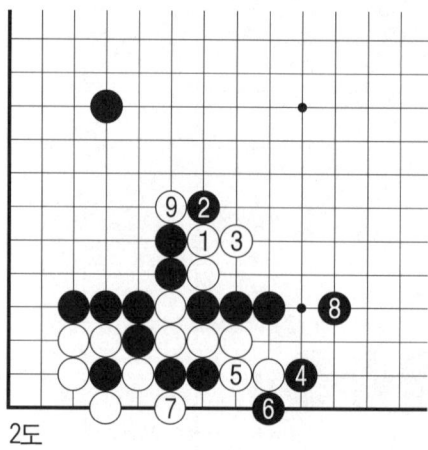

2도

백1에는 흑2로 젖히는 한수이다. 그러나 백3 때 흑4로 붙인 수가 성급한 수단. 흑은 이하 8까지 형태를 정비하는 정도인데 백9로 끊겨서는 흑이 곤란한 모습이다.

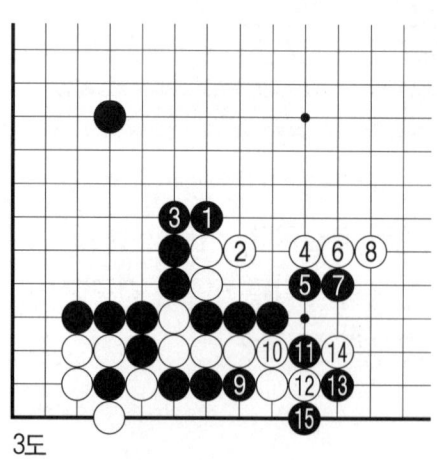

3도

흑은 1로 젖힌 후 3으로 잇는 것이 좋은 수순이다. 백4에는 흑 5·7이 임기응변의 호착. 백8이라면 흑9 이하 15까지 회돌이축에 걸린다.

허술한 봉쇄의 함정

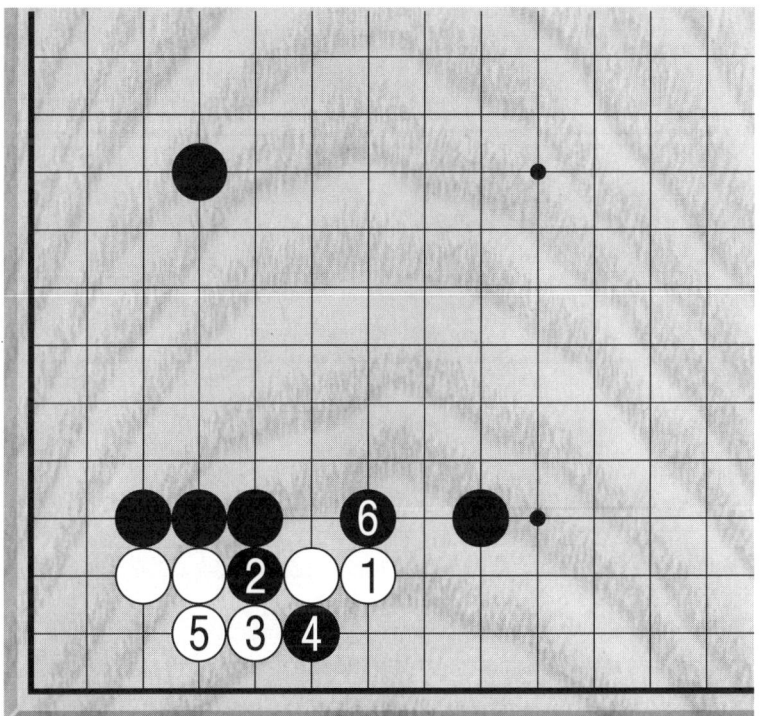

백1 때 흑2·4로 끊은 것은 백의 약점을 이용해서 중앙을 봉쇄하기 위한 사전공작. 백5로 이었을 때 흑6으로 붙인 수는 경우에 따른 수로 백의 반발도 고려해야 한다. 그렇다 면 백의 반발이란?

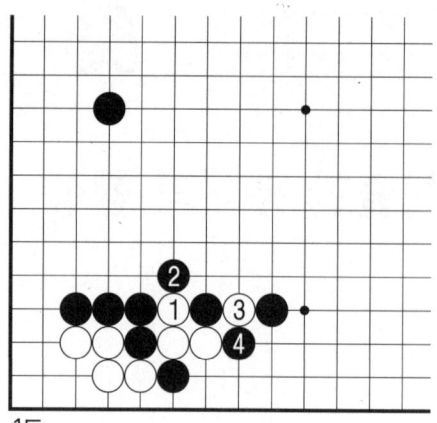

1도

백은 1로 찌르는 한수이다. 그
러나 흑2 때 백3이 대악수. 흑4
로 끊으면 백은 회돌이축 때문에
한점을 따낼 수 없는 모습이다.

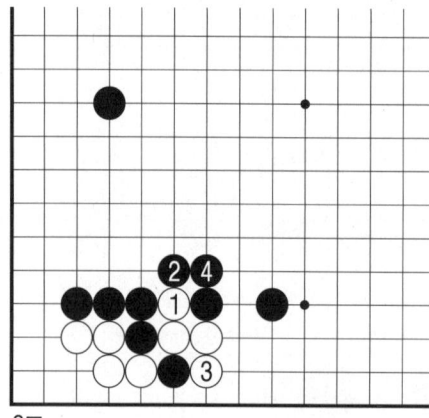

2도

백1로 찌른 후 3으로 단수치는
수가 보통의 대응이다. 흑4로 잇
고 나면 백에게 불만은 없어 보
인다.

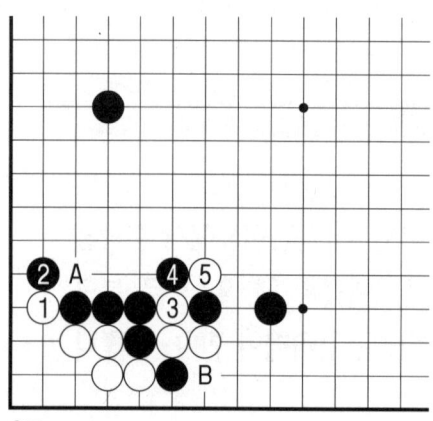

3도

백은 1로 젖혀 흑의 응수를 묻
는 경우의 수가 있다. 흑2로 젖
힌다면 이번에는 흑이 걸린다.
계속해서 백3·5로 끊는 것이 올
바른 수순으로 흑은 A의 약점 때
문에 응수가 없다. 백1에 대해
흑으로선 3의 곳에 막은 다음 백
2로 빠지면 흑B로 백 두점을 잡
는 것이 다소 두텁다.

156

유행정석 수순의 허실

● 백차례

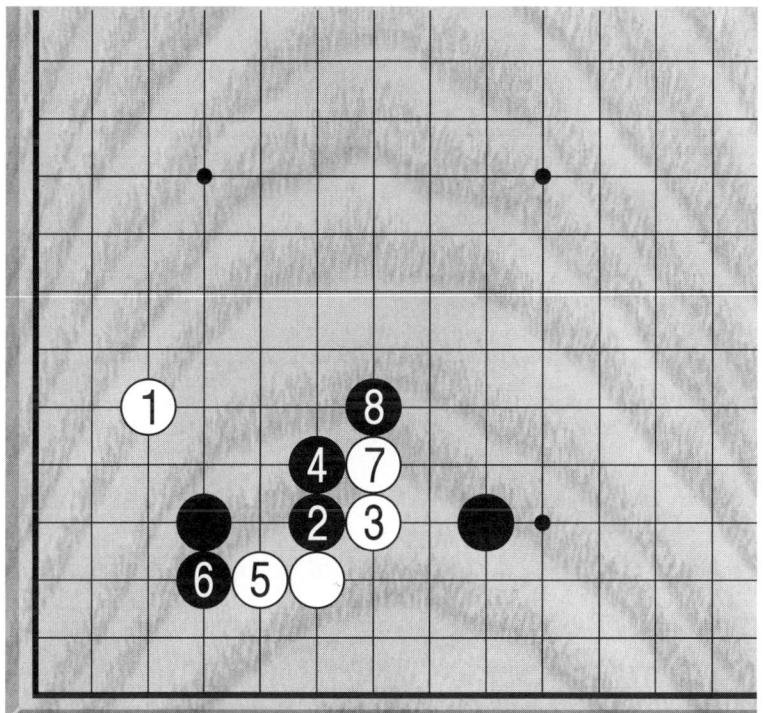

▶ 백1로 양걸침하고 이하 백7까지는 근래 가장 유행하는 정석 수순 중 하나이다. 그런데 흑8로 젖힌 수가 무리수로 함정수의 일종. 백은 흑의 실수를 추궁하고 싶은데 적절한 수순은?

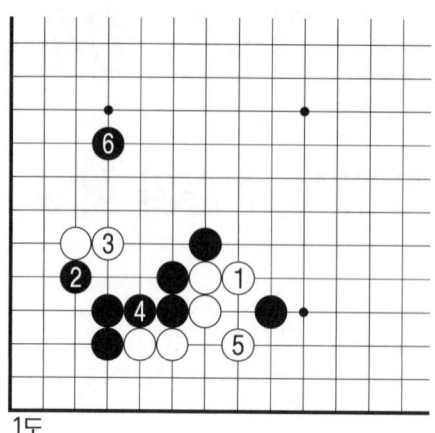

1도

백1로 물러서는 것은 기백이 부족하다. 흑은 2·4를 선수한 후 6으로 협공해서 국면의 주도권을 장악한 모습이다.

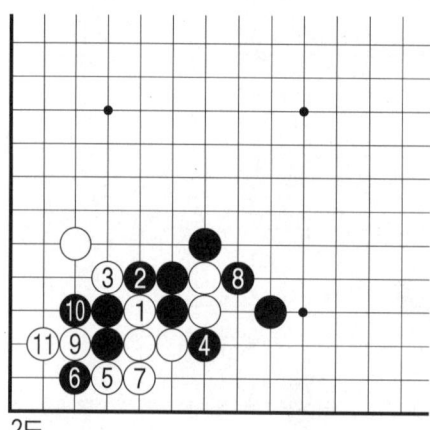

2도

백은 1·3으로 나가 끊는 것이 좋은 수순이다. 흑4에는 백5·7로 젖혀 이은 후 이하 11까지 처리해서 백의 실리가 크다.

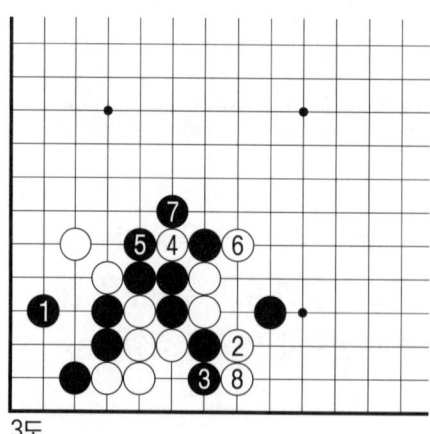

3도

전도 흑8로 본도 흑1로 두는 변화이다. 이때는 백2로 단수친 후 흑3 때 백4로 끊어 두는 것이 절묘한 수순이다. 흑5·7이 불가피할 때 백8로 막으면 흑 두점을 잡을 수 있는 만큼 백이 우세한 결과이다.

욕심이 지나친 안쪽 뻗음

● 흑차례

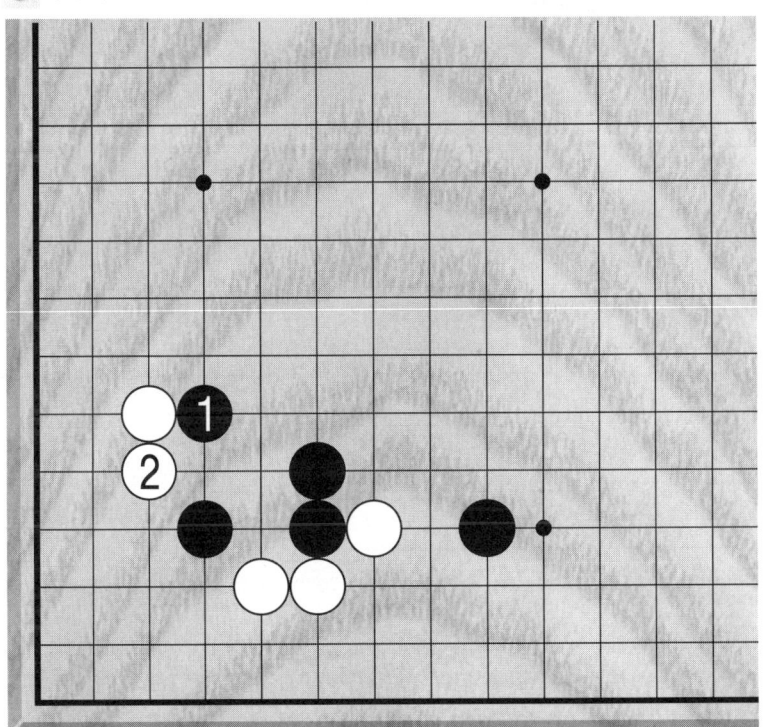

흑1의 붙임은 정석에 있는 수. 그러나 백2는 욕심이 지나친 수로 함정수의 일종이다. 흑은 백의 지나친 욕심을 추궁하고 싶은데 어떻게 두는 것이 최선일까?

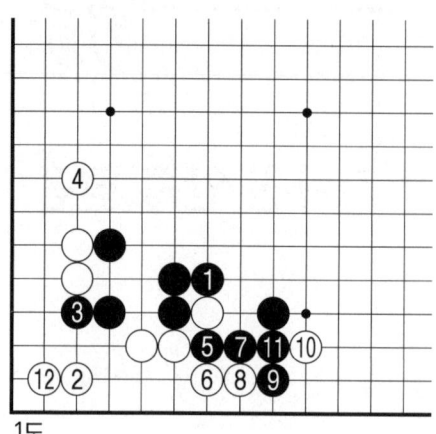

1도

흑1은 중앙 봉쇄에 역점을 둔 수이지만 백2를 허용해서 의문이다. 흑3을 기다려 백4로 안정하면 백이 양쪽을 처리한 모습. 이하 백12까지 백이 우세하다.

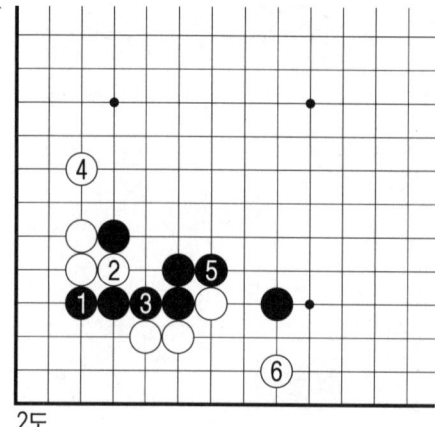

2도

흑1은 손따라 둔 수. 백은 2를 선수한 후 4로 보강하는 것이 좋은 수이다. 흑5를 기다려 백6으로 가볍게 형태를 정비하면 백이 우세하다.

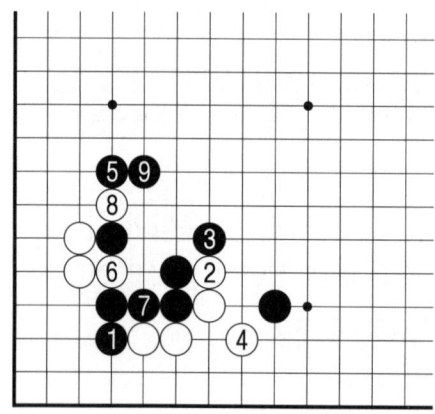

3도

흑은 이 경우 1로 막는 것이 좋은 수이다. 백2·4로 보강한다면 흑3을 선수한 후 5로 협공해서 흑이 우세하다. 백6·8에는 이하 흑9까지 공격하는 것이 수순.

160

끊음을 유도한 벌림의 간격

● 흑차례

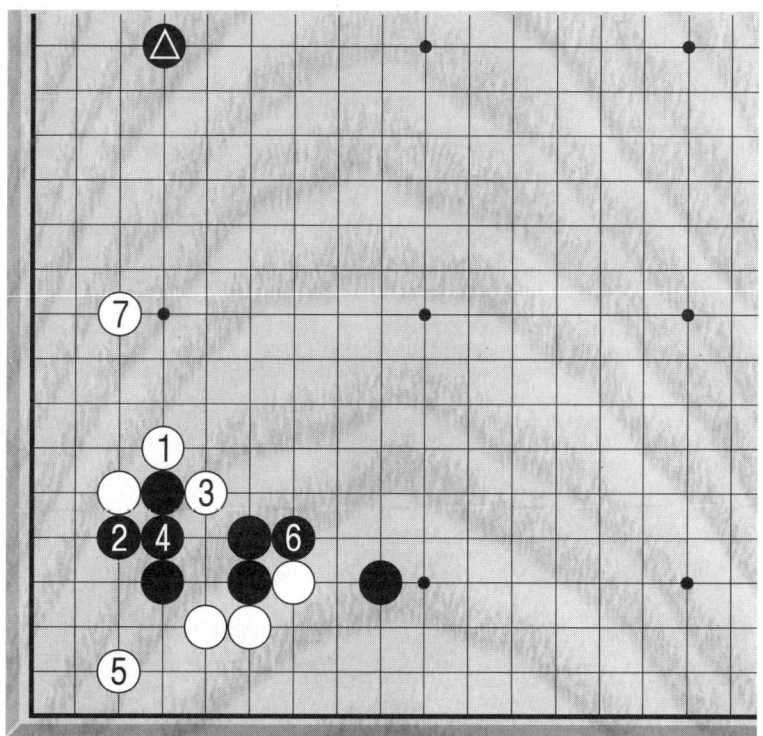

백1로 젖히고 이하 흑6까지는 정석에 있는 수. 그런데 백7 로 전개한 수가 좌상귀의 흑△를 고려하지 않은 실착. 백7 은 끊음을 유도한 것으로 볼 수도 있는데 흑은 어떻게 처리 하는 것이 최선일까?

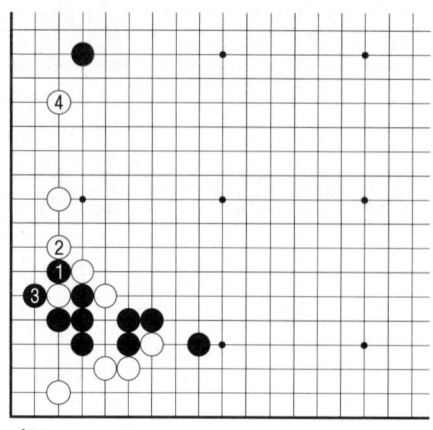

1도

1도(백의 의도)

백의 의도는 흑1로 끊어 달라는 것이다. 흑1이라면 백2를 선수한 후 4로 걸쳐서 백이 활발한 결말이다.

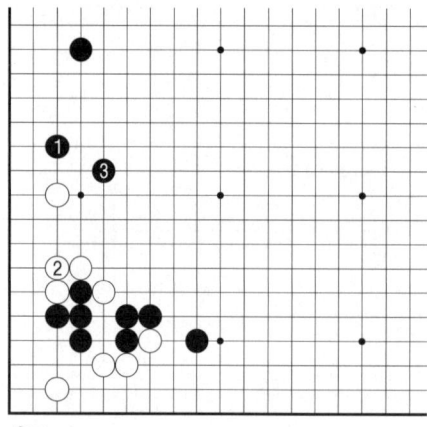

2도

2도(흑의 정수)

흑은 1로 다가서는 것이 정수이다. 백2로 잇는다면 흑3으로 날일자해서 흑이 주도권을 장악한 모습이다.

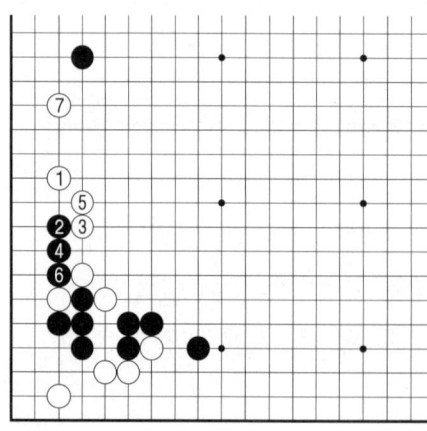

3도

3도(백의 정수)

장면도에서 백7로 전개한 수로는 본도 백1로 벌리는 것이 정수이다. 계속해서 흑2로 침입하고 이하 백7까지 쌍방 호각의 갈림이다.

끊음을 유도한 봉쇄

⚪ 백차례

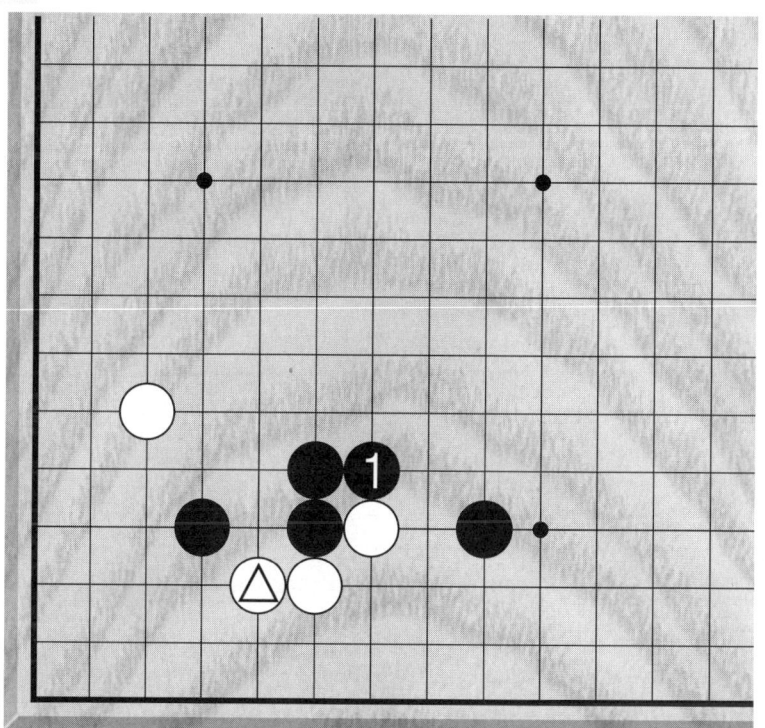

🔴 백△ 때 흑이 귀를 응수하지 않고 흑1로 막아 중앙을 봉쇄한 장면이다. 흑1이면 백은 기세상 나가서 끊고 싶은데 이후의 결과가 어떻게 될까? 그리고 백의 최선책은?

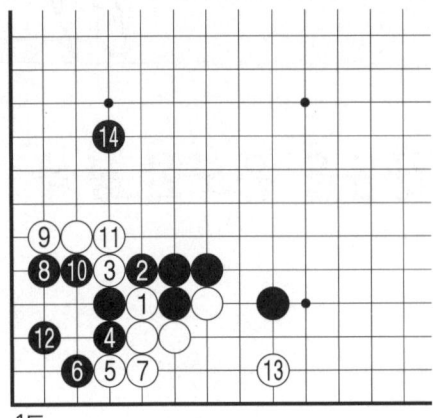

1도

얼핏 기세상 백1·3으로 나가 끊고 싶다. 그러나 흑은 4로 막은 후 이하 12까지 자체삶을 도모하는 수를 준비해 두고 있다. 백13이 불가피할 때 흑14로 공격하면 흑의 작전이 성공을 거둔 모습이다.

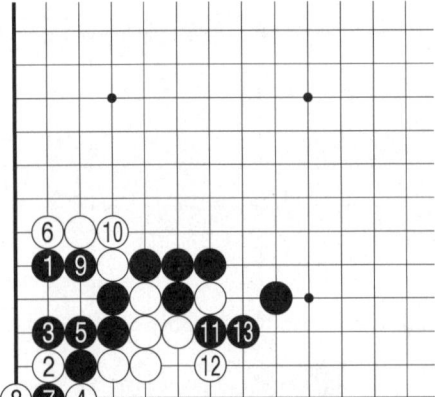

2도

흑1 때 전도 백9로 두지 않고 본도 백2로 붙이는 변화이다. 이때는 흑3이 침착한 호착. 백이 4를 선수한 후 6으로 막아도 이하 흑13까지 공격하면 백이 불리한 결말이다.

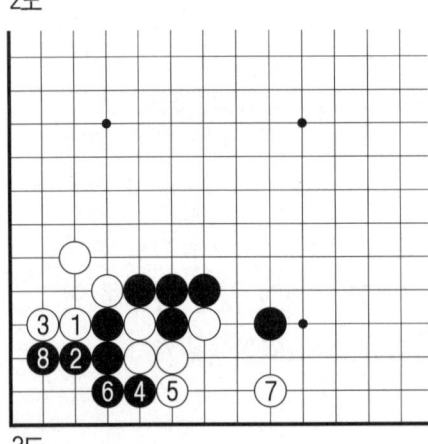

3도

1도의 백5로 본도 백1로 호구치는 변화이다. 이때는 흑2로 응수한 후 이하 8까지 귀에서 안형을 갖추는 것이 좋다. 이후 양쪽 백에 대한 공격을 노리면 이 역시 흑이 좋다.

164

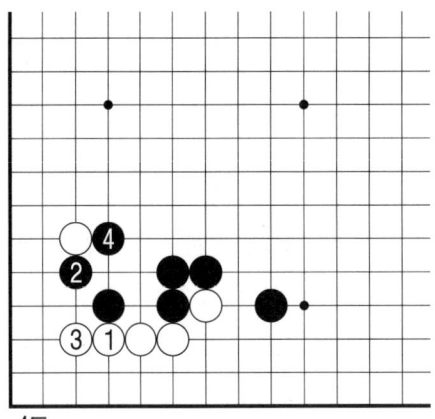

4도

결국 백이 곧장 나가 끊는 것
은 흑의 계략에 말려든다. 이번
엔 백1로 미는 변화이다. 이때는
흑2가 호착. 백3 때 흑4로 호구
치면 이 결과는 흑이 두텁다.

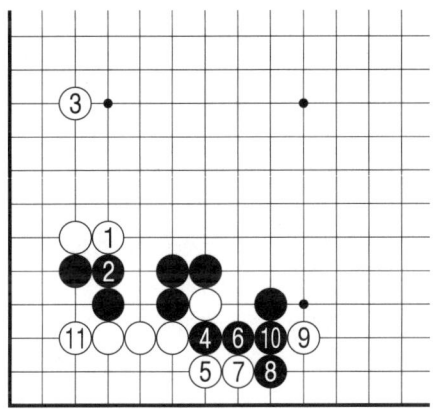

5도

5도(호각)

전도가 싫다면 백1로 두는 편
이 낫다. 이때는 흑2로 둔 후 백
3 때 흑4로 끊는 것이 수순. 백5
이하 11까지 피차 둘 수 있다.

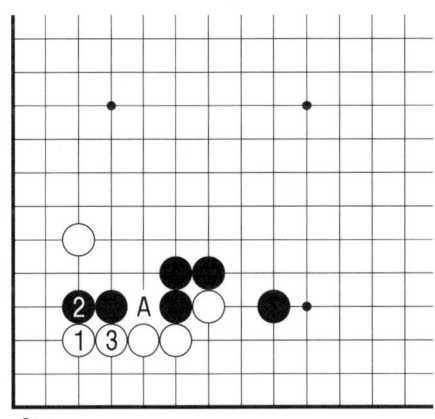

6도

6도(백의 정수)

백은 1로 3·三에 침입하는 것
이 적절한 방법이다. 계속해서
흑2로 막는다면 백3으로 연결한
후 A의 약점을 노려서 백이 우세
하다.

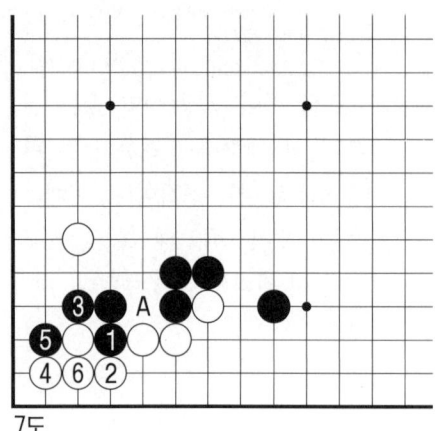

7도

전도 흑2로 본도 흑1로 찌른 후 3으로 막는 변화이다. 이때는 백4·6으로 연결하는 것이 좋은 수. 이 형태 역시 A의 약점을 노려서 백이 좋다.

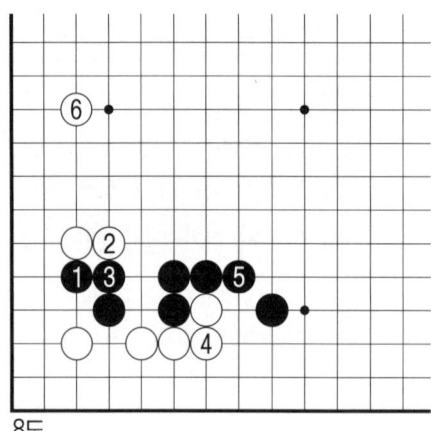

8도

이번엔 흑1로 마늘모 붙여서 응수하는 변화이다. 이때는 백2로 올라선 후 흑3 때 백4로 잇는 것이 기민한 선수활용. 흑5로 보강하는 정도일 때 백6으로 전개하면 백이 우세하다.

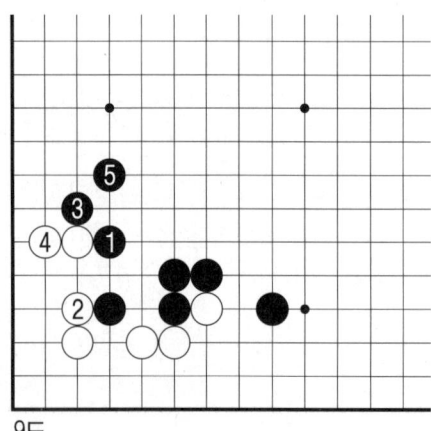

9도

흑은 1로 붙여서 응수하는 정도이다. 계속해서 백2로 연결하고 이하 흑5까지가 쌍방 최선을 다한 진행. 그러나 이 결과는 아무래도 백의 실리가 좋다.

수순을 바꾼 젖힘

● 흑차례

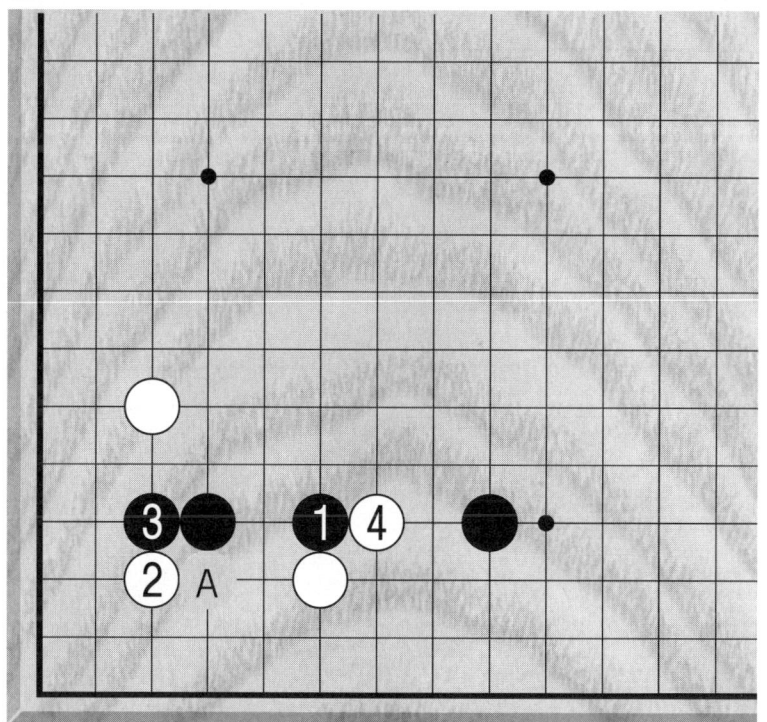

화점 정석에서 흔히 등장하는 형태이다. 흑1로 붙이고 백
2, 흑3까지는 기본 정석에 해당하는 수순. 계속해서 백이
A에 연결하면 가장 평범한데 백4로 젖혀 흑을 현혹한 장
면이다. 흑은 이 경우 어떻게 응수하는 것이 최선일까?

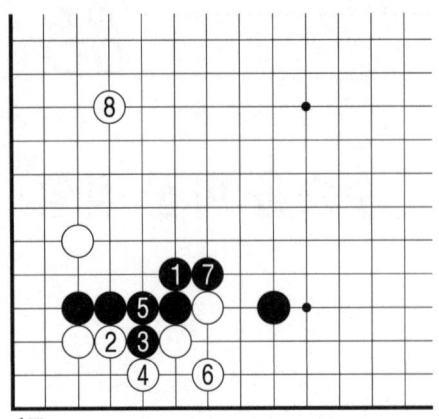

1도

흑1로 뻗는 것은 백이 의도하는 바이다. 백2로 연결한 후 이하 8까지 처리하면 백이 양쪽을 모두 둔 형태.

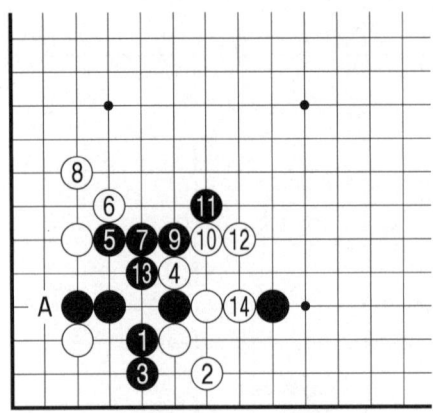

2도

흑은 백을 차단하는 한수이다. 그러나 흑1은 형태에 얽매인 수로 방법이 틀렸다. 백은 2로 호구치는 것이 호착으로 이하 백14까지 처리해서 우세하다. 귀는 A로 젖히는 뒷맛이 남았다.

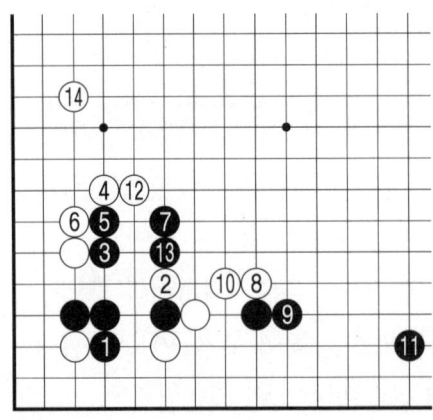

3도

흑은 1로 막는 것이 좋은 응수법이다. 계속해서 백2로 단수치고 흑3 이하 백14까지가 쌍방 최선을 다한 수순이다. 수순 중 흑3 때 백4는 눈여겨볼 만한 행마법.

3 · 三 침입의 의도

● 흑차례

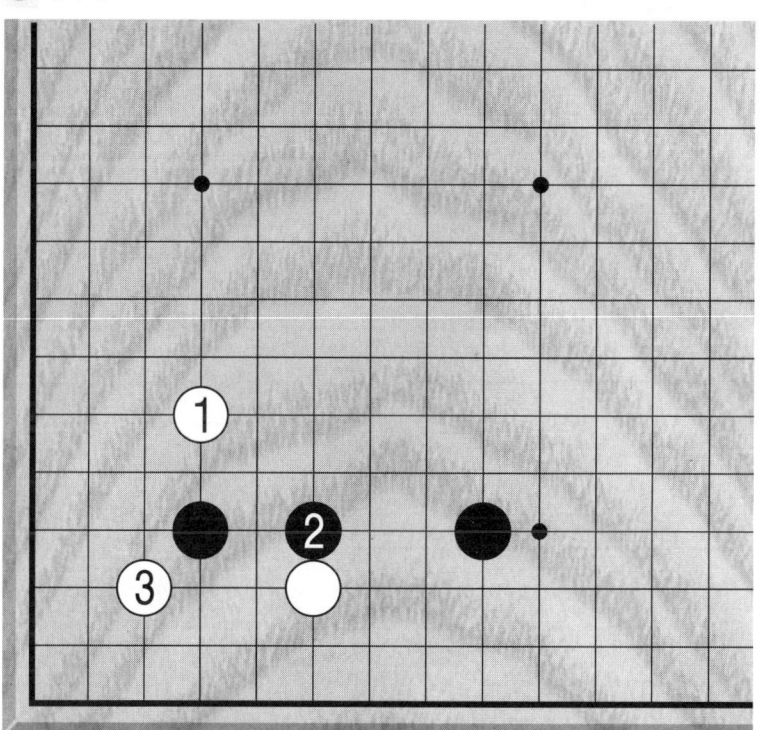

백1의 한칸 높은 양걸침에 대해 흑2로 붙인 것은 올바른 방향. 계속해서 백3으로 3 · 三에 침입한 수가 함정수의 일종이다. 흑은 이 경우 어떻게 응수하는 것이 최선일까?

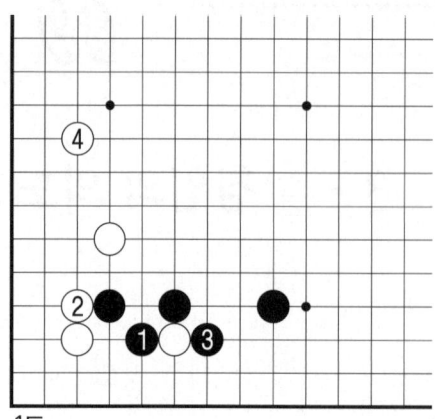

1도

흑1로 호구치는 것은 기백이 부족한 수이다. 백2로 연결한 후 흑3 때 백4로 전개하면 이 형태는 백이 활발하다.

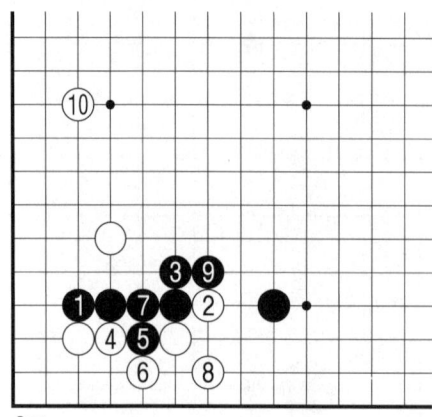

2도

흑은 1로 막는 한수이다. 그러나 백2 때 흑3이 무책임한 수. 백4로 연결한 후 이하 10까지 처리하면 백이 우세하다.

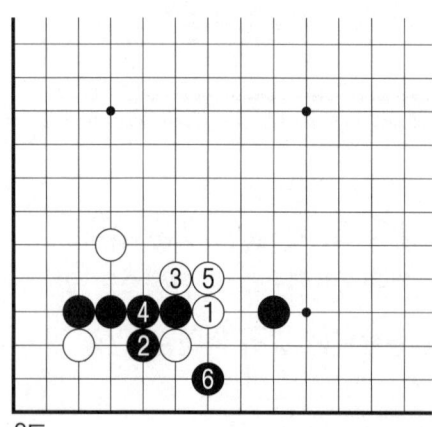

3도

백1로 호구치면 흑은 2로 막는 것이 정수이다. 계속해서 백3·5에는 흑4·6으로 응수해서 흑이 우세하다.

정석을 무시한 치받음

● 흑차례

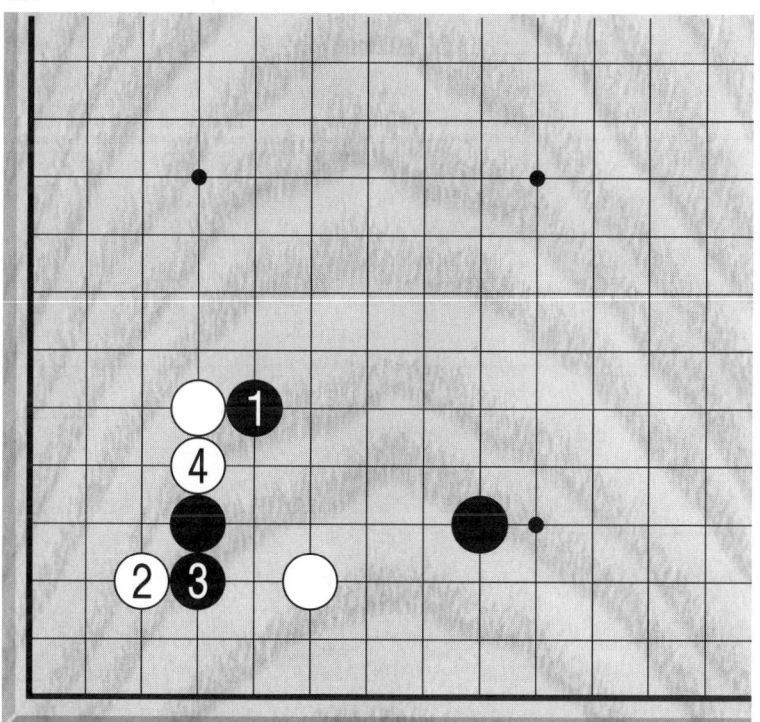

백의 양걸침에 대해 흑1로 붙인 것은 오른쪽 백 한점을 크게 공격하겠다는 뜻이다. 계속해서 백2의 3·三 침입에 대해 흑3으로 막은 것은 당연한데 백이 4로 치받아 함정수를 시도해 왔다. 흑은 이 경우 어떻게 응수하는 것이 최선일까?

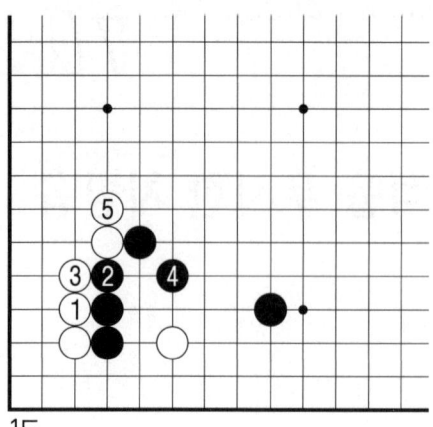

1도

　장면도 백4로 본도 백1이면 가장 평범하다. 계속해서 흑2로 치받고 이하 백5까지가 기본 정석이다.

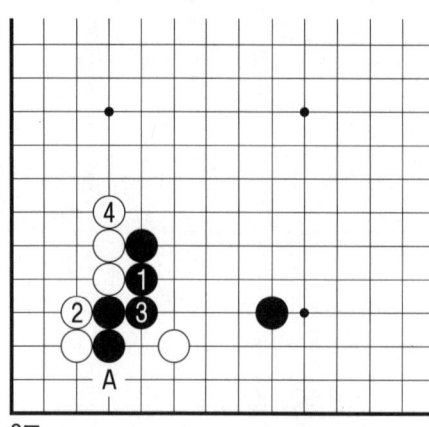

2도

　장면도로 돌아가서 흑이 평범하게 1로 막는 것은 의문이다. 백2로 연결하면 흑은 3으로 이을 수밖에 없는데 백4로 뻗어 흑이 불리하다. 백은 A의 젖혀 이음이 선수이다.

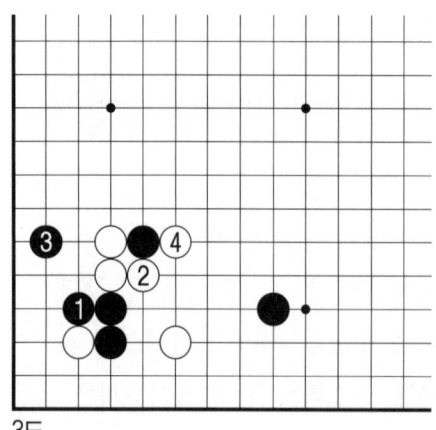

3도

　흑은 기세상 1로 차단하는 한 수이다. 계속해서 백2로 뚫고 흑3, 백4까지 일단락인데 흑이 유리한 갈림이다.

172

양걸침에서 과격한 절단

● 흑차례

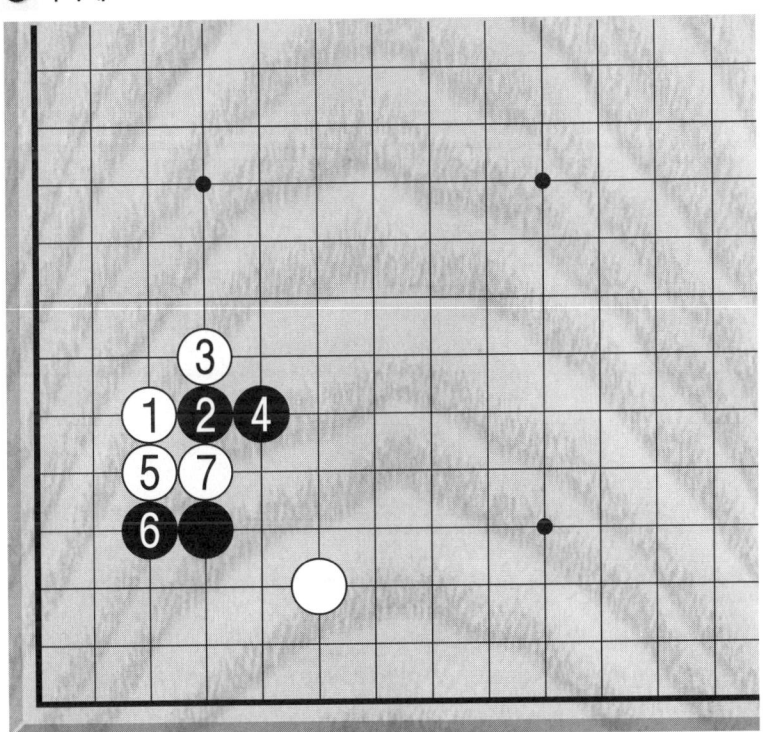

🔴 백1로 양걸침하고 흑2 이하 6까지는 정석적인 진행이다. 계속해서 백7로 절단한 수는 다소 과격한 수로 성급한 의미가 짙다. 백의 무리수를 응징하는 방법은 무엇일까?

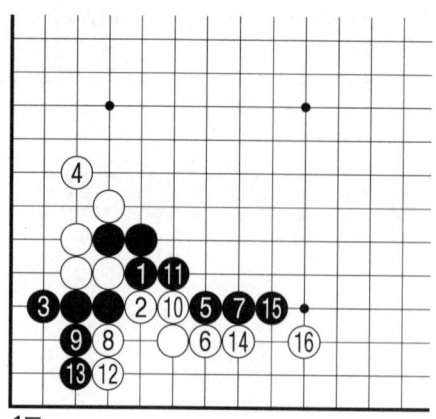

1도

흑1로 차단하는 것은 백이 바라는 바이다. 백은 2로 절단하는 것이 준비된 강수로 이하 백16까지 중앙 흑을 미생마로 만들 수 있다. 흑은 귀를 보강해야 할 처지이다.

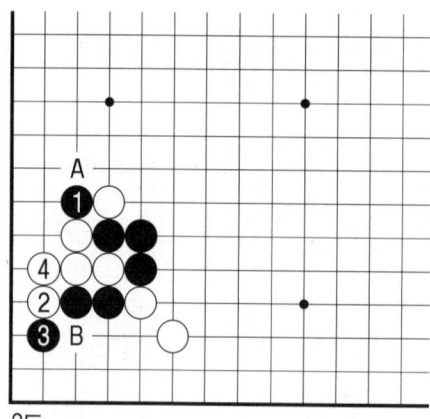

2도

전도 흑3으로 본도 흑1로 끊는 변화이다. 이때는 백2・4로 젖혀 잇는 것이 수순. 이후 백이 A와 B를 맞보기로 노리면 흑이 곤란한 모습이다.

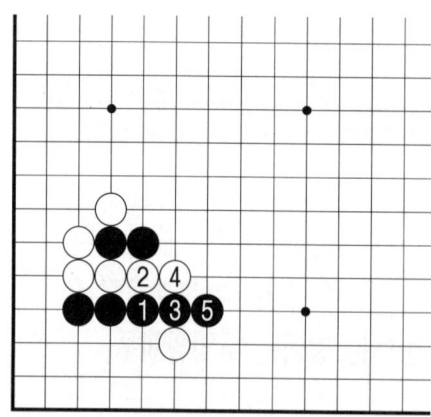

3도

흑은 이 경우 1로 늦추는 것이 좋은 수이다. 백2・4에는 이하 흑5까지 실리를 크게 차지해서 충분한 결말이다.

174

2선 입구자의 노림

● 흑차례

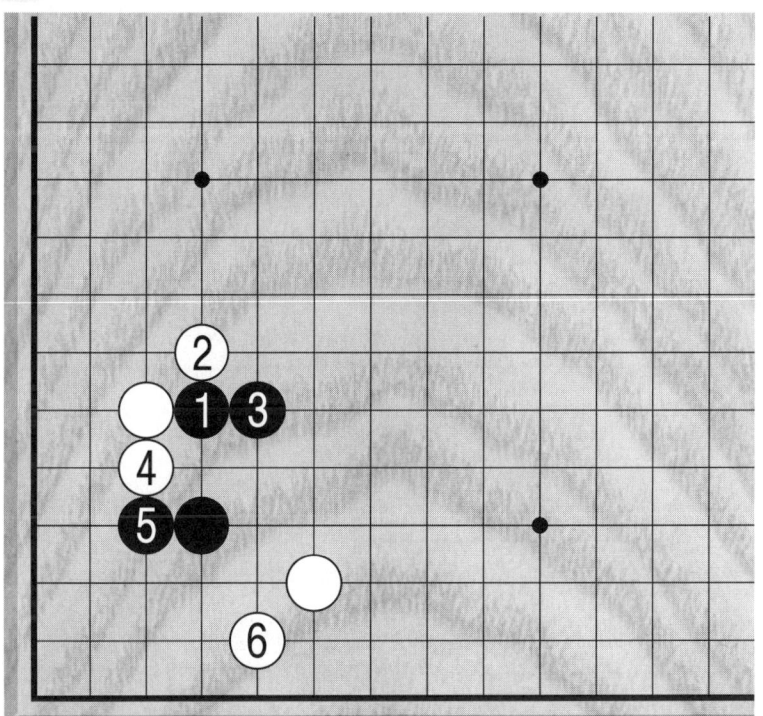

🔵 흑1로 붙이고 이하 흑5까지 정석적인 진행. 그런데 백6으로 입구자한 수가 함정수의 일종이다. 흑은 백의 의도를 간파해서 다음의 응수를 결정하고 싶은데 이 경우 어떻게 두는 것이 최선일까?

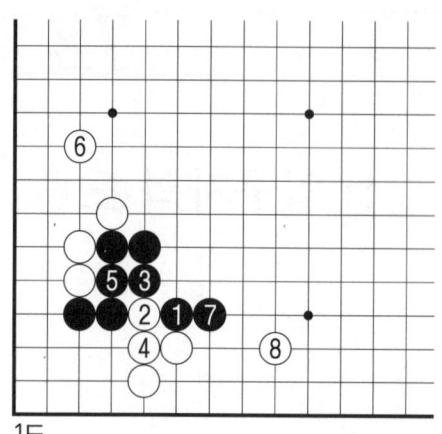

1도

흑1로 붙이는 것은 형태에 얽매인 속수. 백은 2·4로 끼워 잇는 것이 좋은 수순으로 이하 백8까지 양쪽의 백을 정비하며 흑을 우형으로 유도할 수 있다.

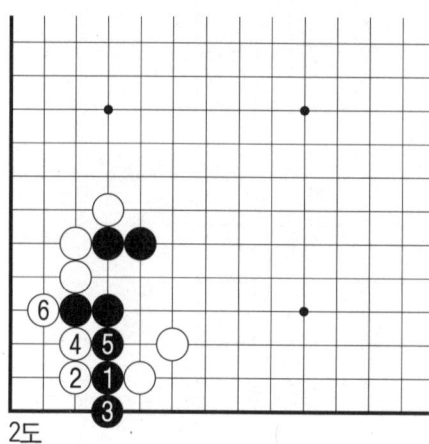

2도

흑1로 막은 것은 재빨리 안형을 갖추겠다는 뜻이지만 백2로 붙이는 호착이 기다리고 있다. 흑3으로 내려선다면 이하 백6까지 처리해서 흑 전체가 미생마로 몰린다.

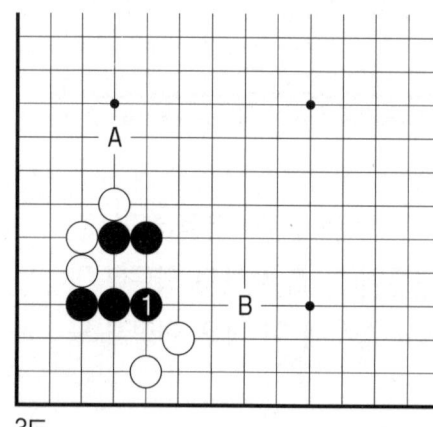

3도

흑은 이 경우 1로 쌍립을 서는 것이 좋은 수이다. 흑은 이처럼 튼튼하게 형태를 정비한 후 A와 B의 공격을 맞보기로 노려서 충분하다.

176

73

두점머리 급소의 음모

● 흑차례

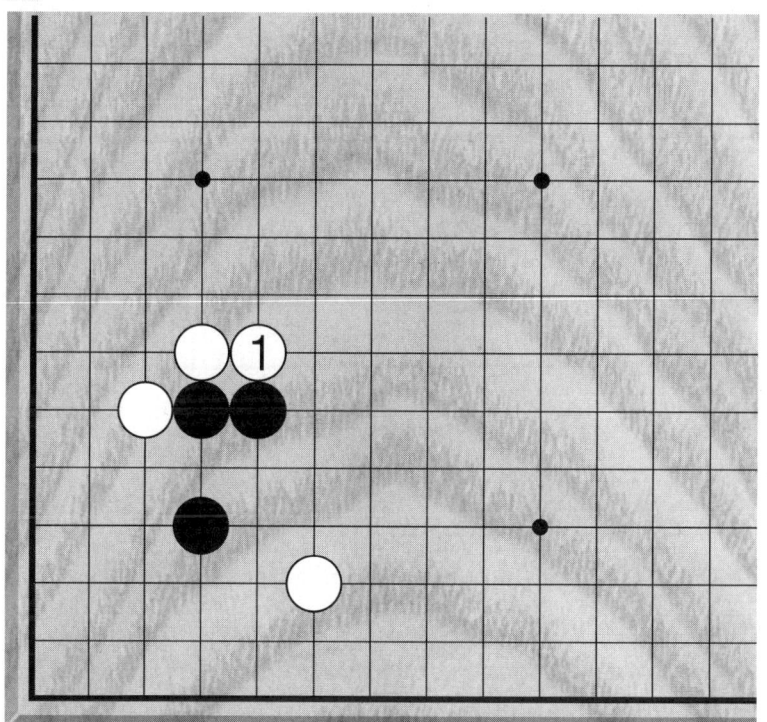

백1로 미는 수는 두점머리의 급소를 활용하여 모종의 음모
를 획책하려는 함정이 숨어 있다. 그렇다면 백의 음모를 추
궁하는 방법은 무엇일까?

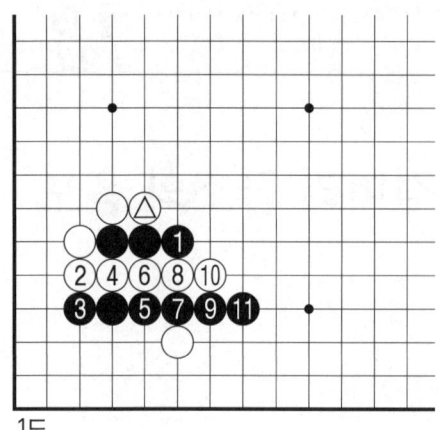

1도

1도(흑, 불만)

흑1로 뻗으면 백2·4로 절단을 시도한다. 흑5·7로 늦추는 것이 함정수71의 3도와 같은 요령인데, 결과적으로 백△와 흑1의 교환이 백에게 득인 만큼 흑이 불만이다.

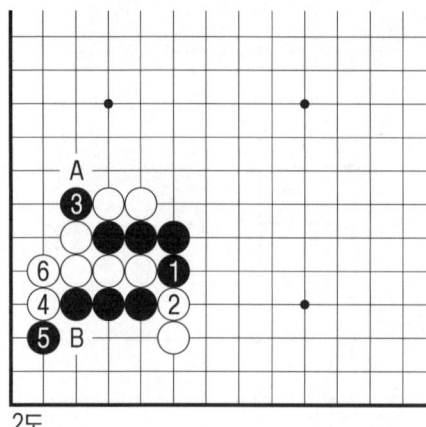

2도

2도(흑, 곤란)

전도 흑7로 본도 흑1로 막는 변화이다. 이때는 백2로 끊은 후 흑3 때 백4·6으로 젖혀 잇는 것이 침착한 호착. 이후 백이 A와 B를 맞보기로 노리면 흑이 곤란한 모습이다.

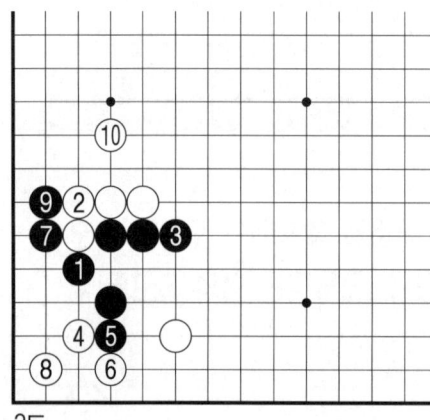

3도

3도(흑의 정수)

흑은 이 경우 1로 호구치는 것이 정수이다. 백2로 잇는다면 흑3으로 뻗은 후 백4로 귀를 파고들면, 흑5로 막은 다음 이하 백10까지가 이 형태에서 정석화된 수순이다.

때이른 붙임

● 흑차례

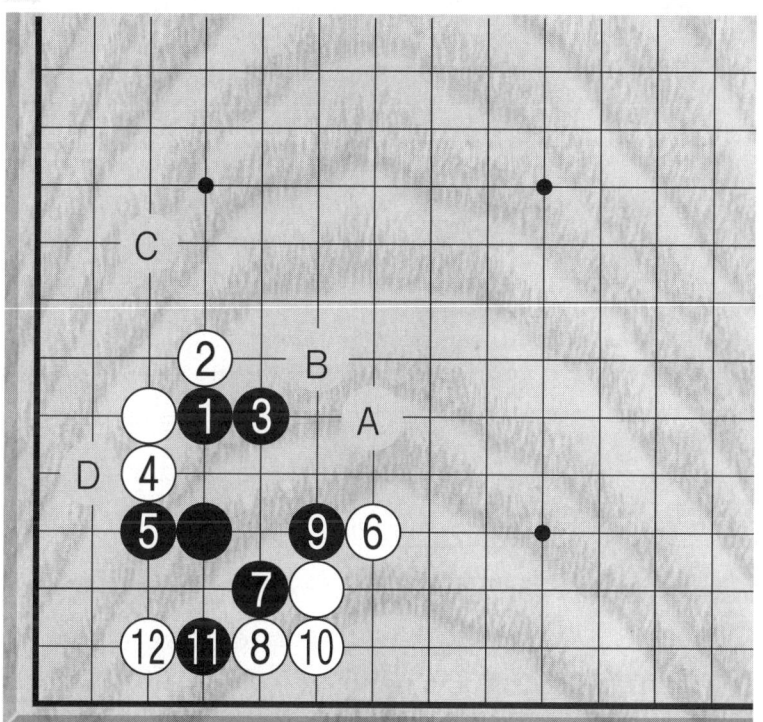

🔴 흑1로 붙이고 이하 흑11까지는 실전에 흔히 등장하는 정석 수순이다. 그런데 백12로 붙인 수는 다소 성급한 수단으로 함정수의 일종. 이 수로는 백A, 흑B를 교환한 후, 백C로 전개하고 흑이 D로 젖히면 가장 무난한 진행이다. 백12에 대한 흑의 적절한 응수법은?

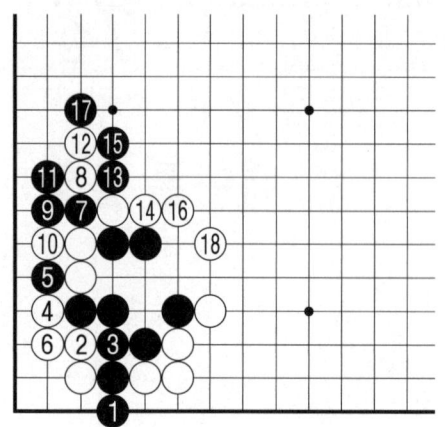

1도

1도(흑, 죽음)

흑1로 차단하는 것은 백이 바라는 바이다. 백은 2를 선수한 후 4로 넘는 것이 좋은 수. 계속해서 흑5로 끊고 이하 17까지 백의 엷음을 추궁해 보지만 백18까지의 진행이면 도리어 흑이 잡힌 모습이다.

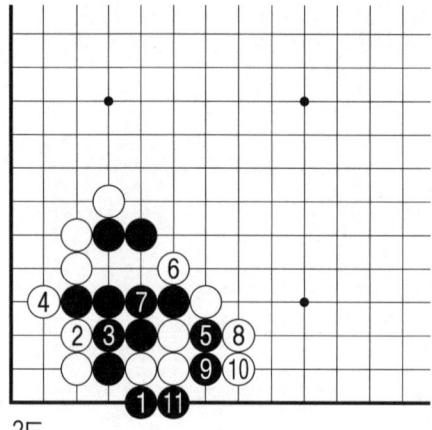

2도

2도(백, 만족)

이번엔 흑1로 젖혀서 차단하는 변화이다. 백2·4 때 흑은 5로 끊겠다는 것이 예정된 작전. 그러나 이하 흑11까지의 진행이면 역시 흑이 불리하다. 흑은 아직도 완생이 아닌 모습.

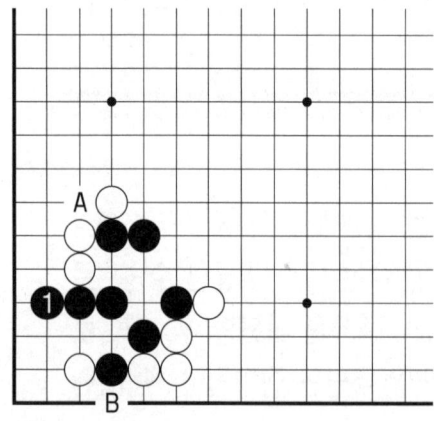

3도

3도(흑의 정수)

흑은 이 경우 1로 내려서서 차단하는 것이 좋은 수이다. 흑은 이후 A에 끊는 수와 B로 차단하는 수를 맞보기로 하고 있다.

정석을 외면한 호구

● 흑차례

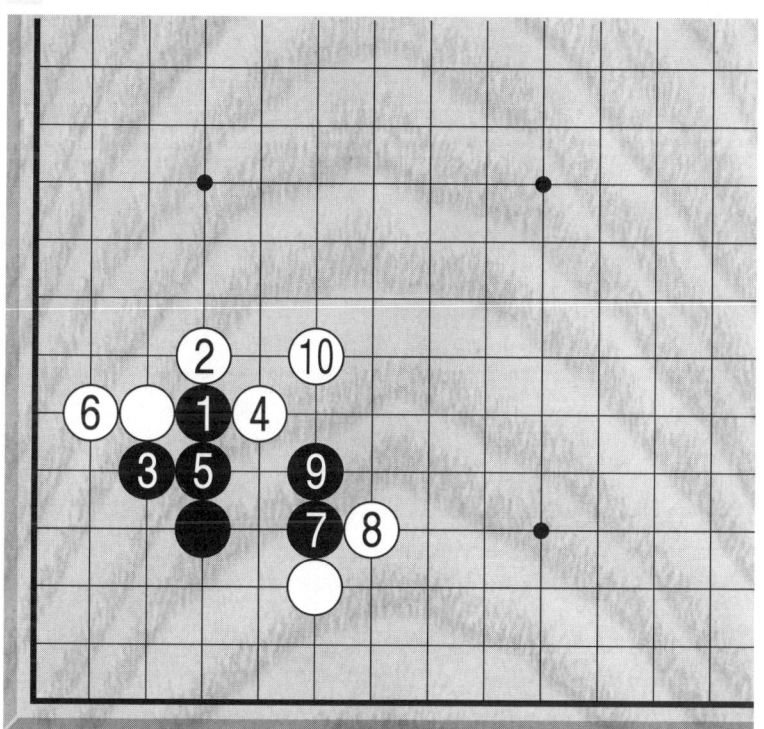

🔴 흑1로 붙인 후 3으로 막은 것은 재빨리 실리를 차지하고
안정하겠다는 뜻이다. 계속해서 백4로 단수치고 이하 흑9
까지는 상용의 진행인데, 백10으로 호구친 수가 정석에
없는 함정수의 일종. 흑은 이 경우 어떻게 두는 것이 최선
일까?

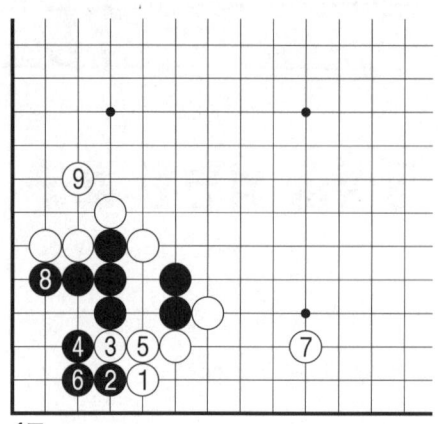

1도

백이 장면도처럼 두지 않고 1
로 마늘모하면 가장 평범하다.
계속해서 흑2로 막고 이하 백9까
지가 기본 정석이다.

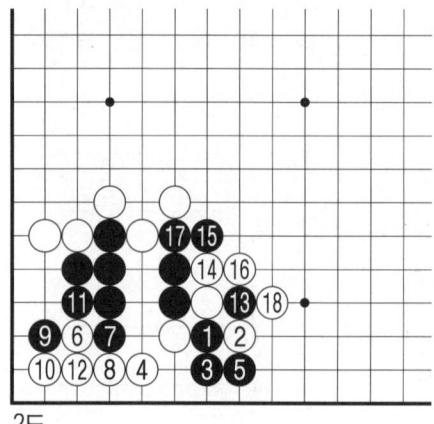

2도

기세상 흑1로 끊는 것은 당연
하고 이하 백12까지는 필연의 진
행인데, 흑13의 단수가 속수로
이하 백18까지 흑이 걸려든 모습
이다.

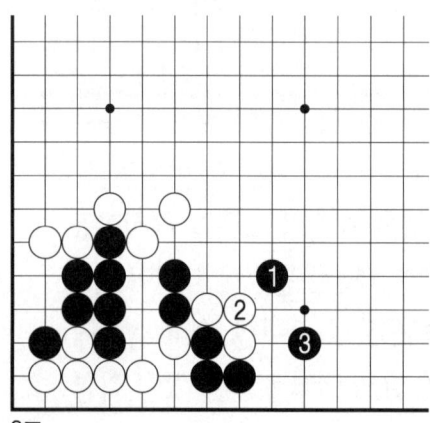

3도

전도 13으로는 본도 흑1로 씌
우는 맥이 성립한다. 백2의 이음
에는 흑3의 날일자가 이어지는
맥점으로 흑은 백의 요석을 잡아
충분하다.

182

결행시기를 무시한 되젖힘

● 흑차례

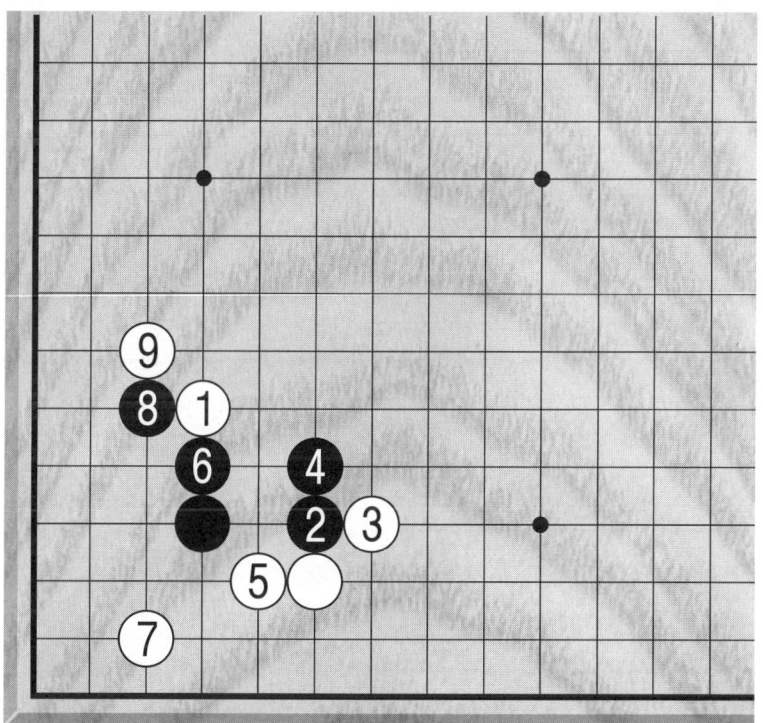

백1로 한칸 높게 양걸침을 하자 흑2로 붙인 모습이다. 계속해서 백3으로 젖히고 이하 흑8까지는 정석적인 진행. 그런데 백9로 강하게 되젖힌 수는 결행시기가 관건인데, 다소 성급한 느낌이다. 흑의 최선의 응수법은?

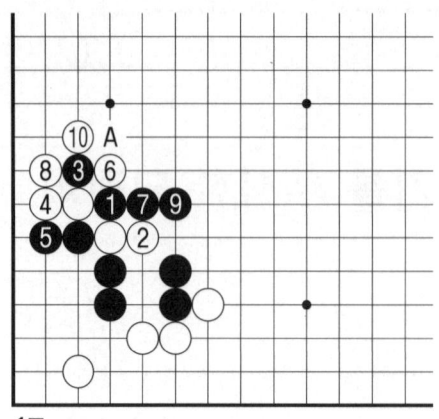

1도

흑은 당연히 1로 단수칠 곳이다. 그러나 백2 때 흑3은 생각이 짧은 수. 백4 이하 백10까지의 결과는 백이 우세하다. 수순 중 흑9로 10에 두면 백A로 미는 수가 성립한다.

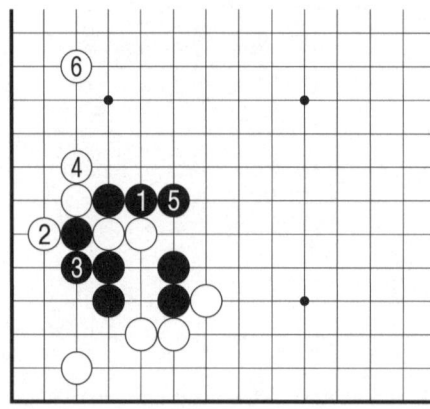

2도

흑1로 밀어 올리는 수는 백2의 단수가 쓰라리다. 흑은 3으로 잇는 자세가 빈삼각의 우형이다. 백4·6이면 백은 활발한 반면에 흑은 뭉친 형태이다.

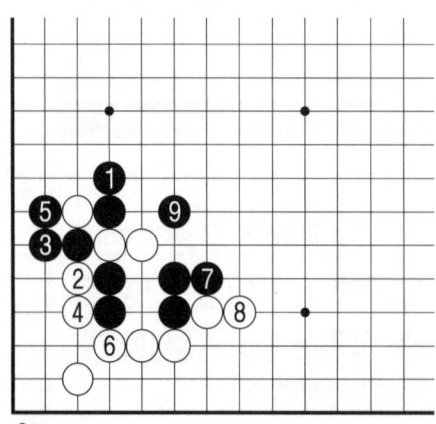

3도

흑은 이 경우 1로 뻗는 것이 침착한 호착이다. 백은 2로 단수친 후 4로 연결하는 정도인데 흑 5 이하 9까지 중앙을 두텁게 봉쇄해서 충분하다.

손뺌을 추궁

● 흑차례

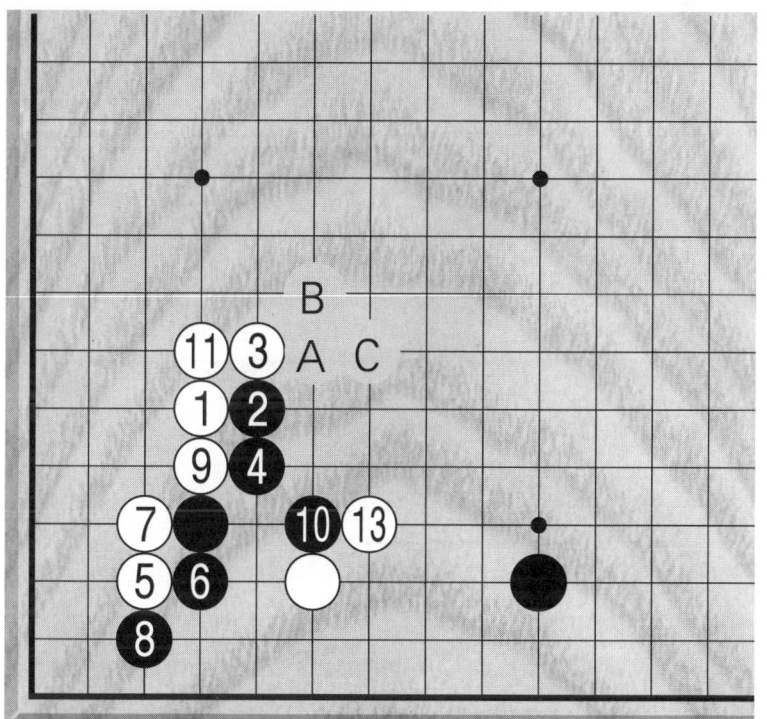

⑫ ⋯ 손뺌

백1로 양걸침하고 이하 백11까지는 정석적인 진행. 계속해서 흑이 형태를 마무리짓지 않고 다른 곳에 손을 돌려 문제가 발생했다. 흑12로는 A에 젖히고 백B 때 흑C로 뻗으면 가장 보통. 백13으로 젖힌 것은 당연한데 이후 흑은 함정수로 위기를 돌파하겠다는 작전이다. 그럼 이후의 변화는?

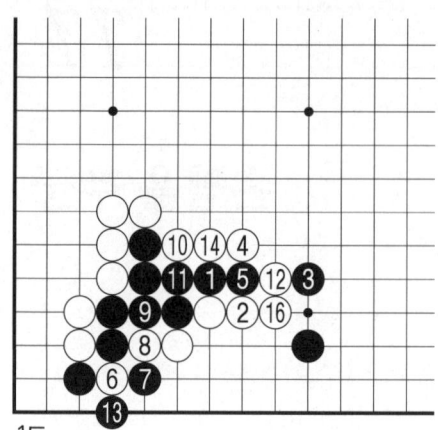

1도

흑1로 젖힌 후 백2 때 흑3으로 한칸 뛰어 추격하겠다는 것이 흑의 작전이다. 그러나 백에겐 4·6이라는 절묘한 수단이 준비되어 있다. 이하 백16까지 흑이 봉쇄되어서는 망한 모습.

⑮ … ⑥

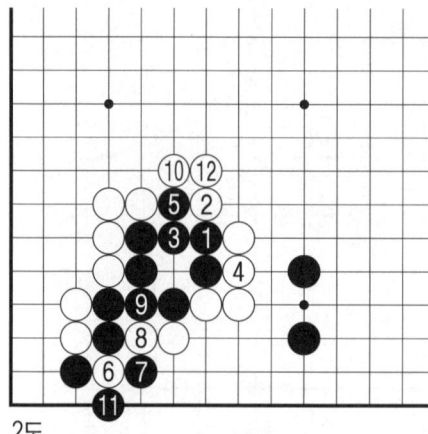

2도

전도 흑5로 본도 흑1로 두는 변화이다. 그러나 이 역시 백2로 젖힌 후 이하 12까지 봉쇄하면 흑이 좋지 않다.

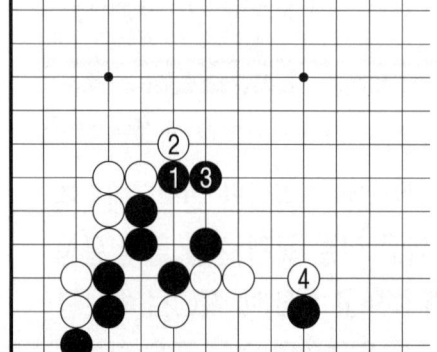

3도

1도의 흑3으로는 본도 흑1·3으로 젖혀 뻗는 것이 정수이다. 그러나 이하 백4로 붙이는 리듬이 좋아서는 역시 백이 유리하다. 결국 장면도에서 흑이 손뺀 것은 좋지 않다는 결론이다.

186

노골적인 절단

● 흑차례

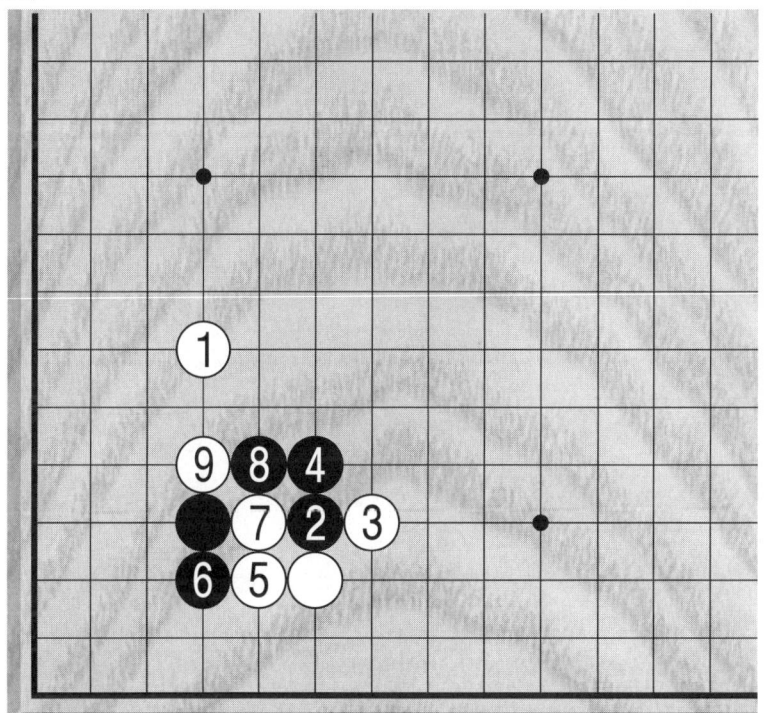

백1의 두칸 높은 양걸침은 다소 특이한 수단이다. 계속해서 흑2 · 4로 붙여 뻗고 이하 흑6까지는 상식적인 진행인데 백7 · 9가 노골적인 절단. 백7 · 9는 함정수의 일종인데 흑의 대응법을 알아본다.

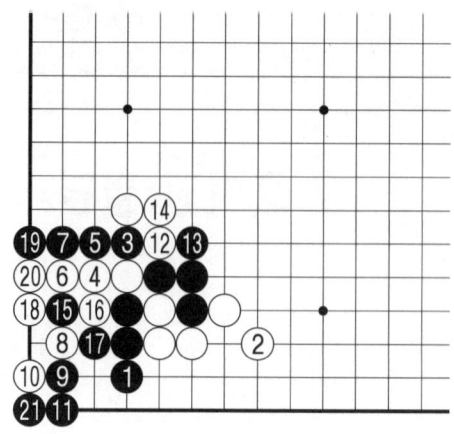

1도

흑1로 내려선 후 백2 때 흑3으로 단수치는 것은 쉽게 떠올릴 수 있는 수순. 그러나 백10 때 흑11이 이상한 수로 흑21까지 패가 되어서는 흑 불만이다.

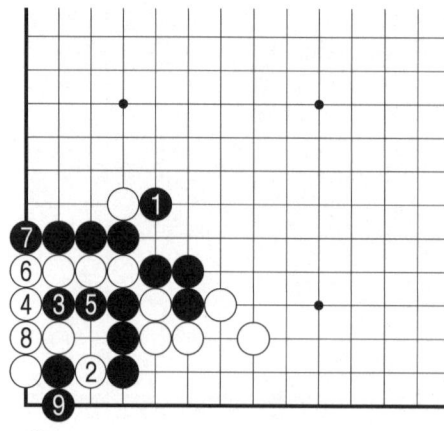

2도

전도 흑11로는 본도 흑1이 호착이다. 일단 이렇게 두터움을 확립한다. 백2에는 흑3이 준비해 둔 묘착으로 이하 흑9까지 수상전은 흑승이다.

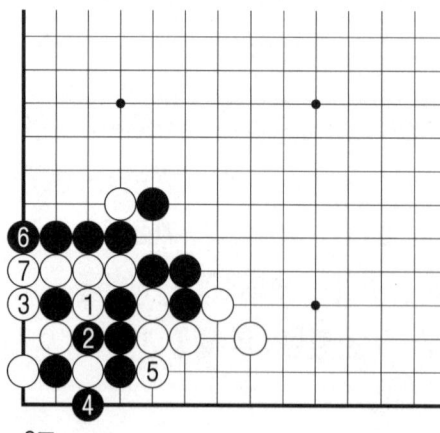

3도

전도 백4로 본도 백1로 단수치는 변화이다. 백1이면 흑2로 단수치고 이하 백7까지 일단락인데 흑의 선수빅 모양이다. 이후 귀에서 패를 거는 것은 서로가 부담스러운 모습.

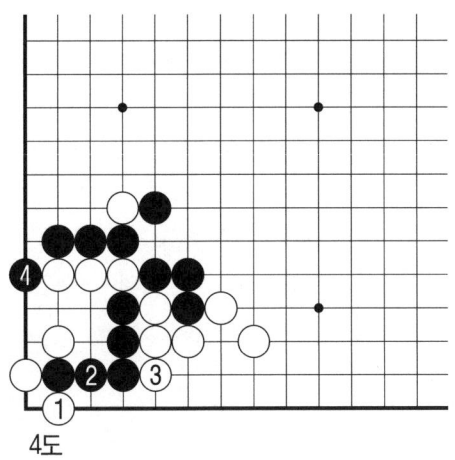

4도

2도 백2로 본도 백1로 단수치는 변화이다. 이때는 흑2로 잇는 것이 좋은 수. 계속해서 백3으로 막아도 흑4로 젖히면 이 역시 빅이 되는 모습이다.

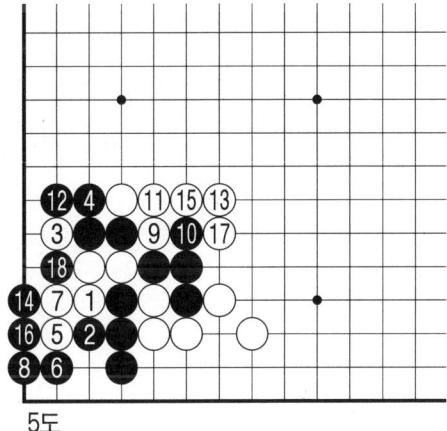

5도

백은 1도 백6으로는 본도 백1로 두는 것이 강수이다. 흑2로 막고 이하 흑18까지 세력대 실리의 갈림이 되는데 백의 사석전법이 성공을 거둔 모습이다.

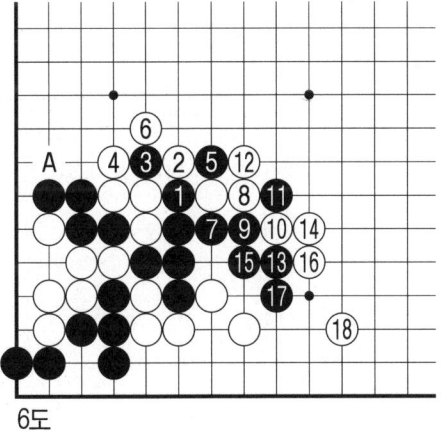

6도

전도 흑14로 본도 흑1·3 이하로 움직이는 것은 더욱 좋지 않다. 이하 백18까지의 진행이면 흑이 곤란한 모습. 뿐만 아니라 백은 A에 붙여 흑 넉점을 잡는 수까지 남겨두고 있다.

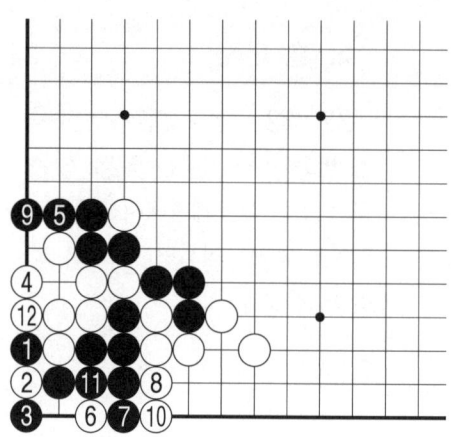

7도

7도(백, 우세)

5도의 흑8로 본도 흑1로 젖히는 변화이다. 이때는 백2로 먹여친 후 4로 두는 것이 요령이다. 계속해서 흑5로 막고 이하 백12까지 패가 되는데 백의 선패인만큼 흑이 불리하다.

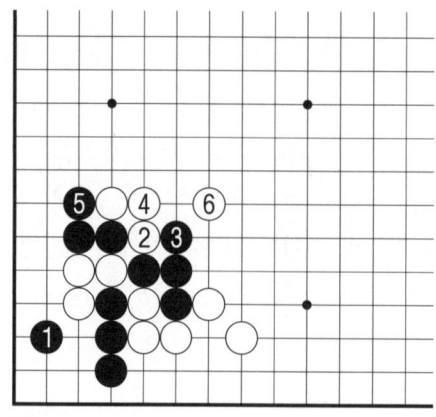

8도

8도(백, 만족)

5도 흑2로 본도 흑1로 한칸 뛰는 변화이다. 계속해서 백2로 끊고 이하 백6까지의 갈림이 되는데 이 역시 백이 우세하다.

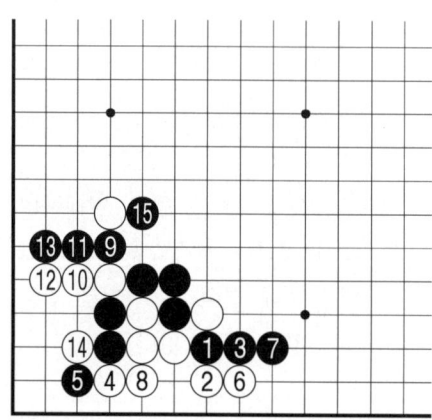

9도

9도(흑의 정수)

장면도로 돌아가서 흑은 1로 끊는 것이 정수이다. 계속해서 백은 2로 단수친 후 4에 젖혀 귀를 제압하는 정도. 흑은 5로 젖힌 후 이하 15까지 사석전법을 펼치게 되는데 흑의 세력이 막강하다.

적극적인 봉쇄

⬤ 백차례

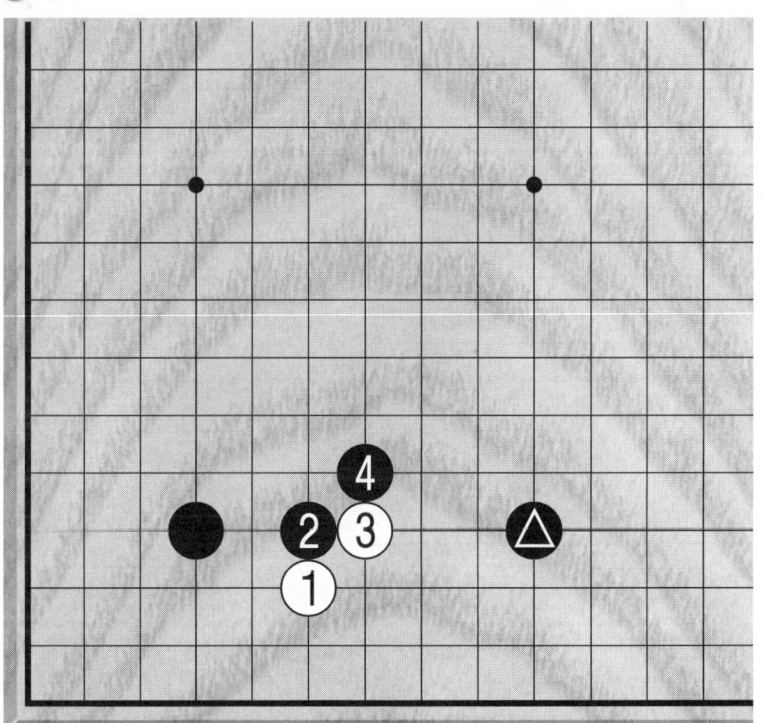

🔴 백1로 걸쳤을 때 흑2로 붙인 후 4에 젖힌 것은 흑▲ 한점
과 깊은 연관이 있는 수단이다. 흑은 백을 봉쇄해서 세력작
전을 펼치겠다는 뜻인데 백은 이 경우 어떻게 두는 것이 최
선일까?

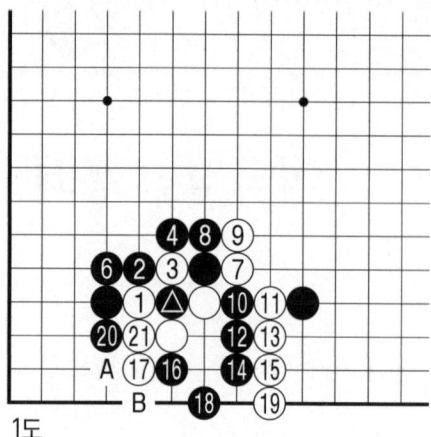

1도

백은 1로 단수치는 한수이다. 흑2·4는 상용의 봉쇄 수단인데 백5로 이은 수가 너무 무겁다. 흑6 때 백7·9로 진출하면 흑10이 강력한 대응으로 이하 백21까지의 진행이면 백이 불리하다. 이후 흑은 B에 젖히는 패와 A에 막아 빅을 만드는 수 중 하나를 선택하게 된다. (⑤…●)

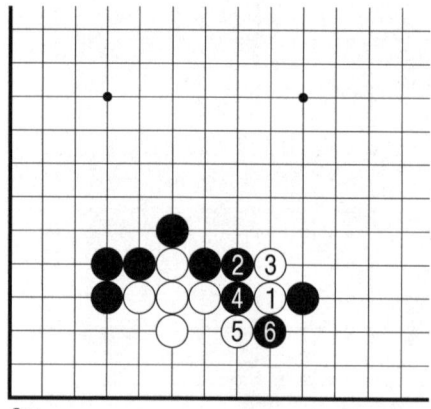

2도

2도(흑, 충분한 싸움)

전도 백7로 본도 백1은 일종의 맥점. 계속해서 흑2 때 백3은 기세이지만 흑4·6으로 끊겨 백이 불리한 싸움이다.

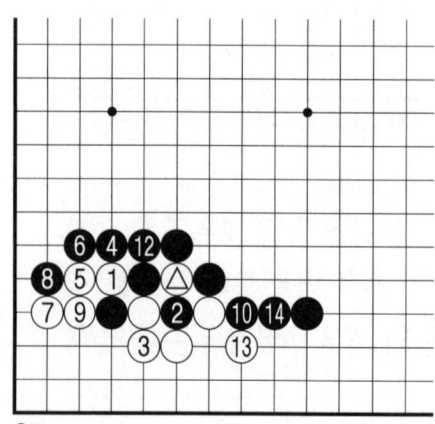

3도

3도(백의 정수)

1도 백5로는 본도 백1의 끊음이 정수이다. 계속해서 흑2로 따내고 이하 14까지 세력 대 실리의 갈림인데 쌍방 불만없다. (⑪…△)

젖힘을 유도한 붙임

○ 백차례

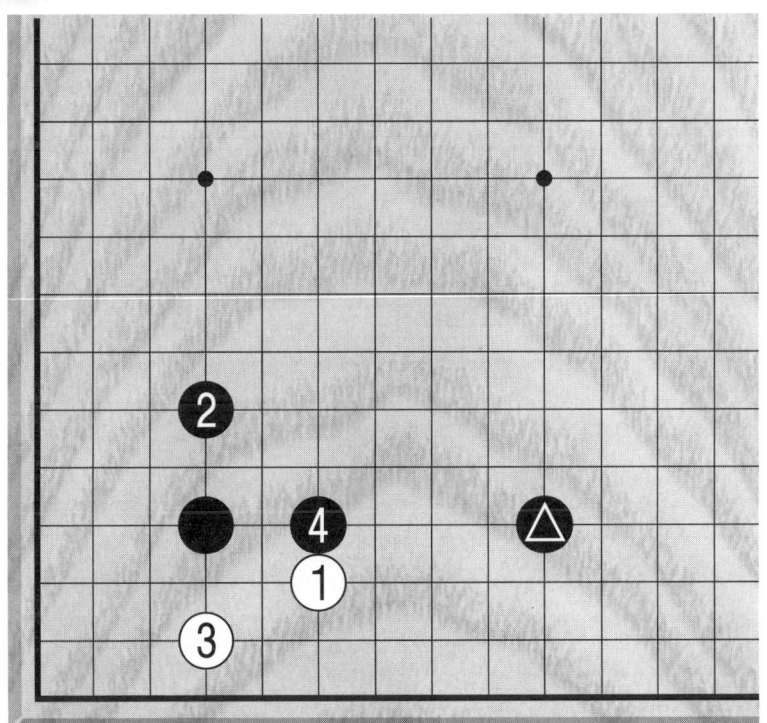

백1 때 흑2는 온건한 응수법인데 백3으로 날일자했을 때
흑4로 붙인 수가 함정수이다. 흑4는 흑⦿ 한점과 깊은 연
관이 있는데 백의 적절한 응수방법을 살펴 본다.

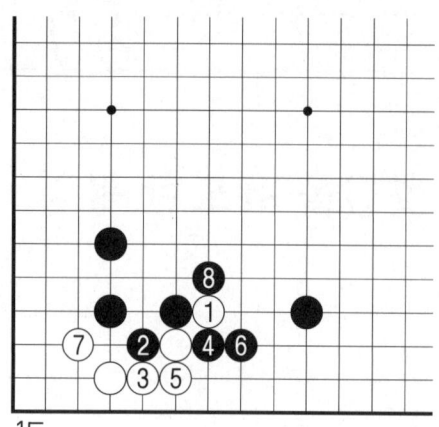

1도

백1로 젖히는 것은 흑이 의도하는 바이다. 백1이면 흑2 이하 8까지 상용의 수순으로 중앙을 두텁게 봉쇄할 수 있다.

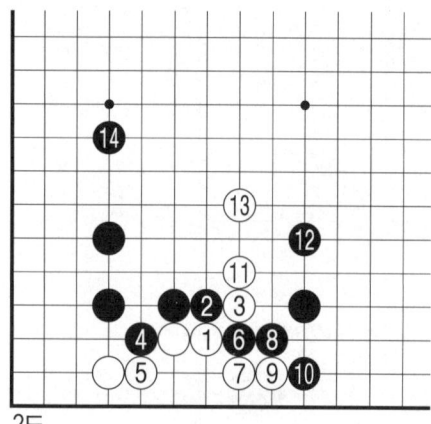

2도

백은 1로 뻗는 것이 정수이다. 그러나 흑2 때 백3은 생각이 짧은 수로 흑4·6으로 끊는 강수가 기다리고 있다. 이하 흑14까지는 백이 불리한 싸움이다.

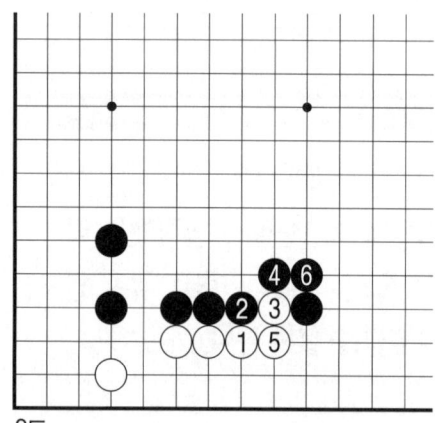

3도

전도 백3으로는 본도 백1로 뻗는 것이 정수이다. 흑2로 봉쇄하고 이하 흑6까지 일단락인데 쌍방 불만없는 호각의 갈림이다.

변에서의 2선 함정

● 흑차례

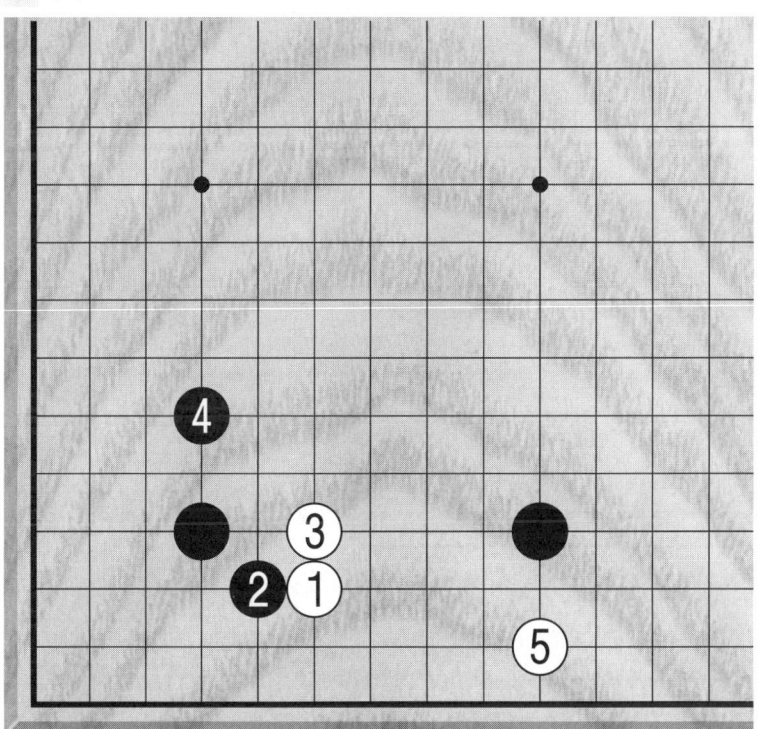

백1로 걸쳐왔을 때 흑2의 마늘모붙임은 상용의 공격법. 계속해서 백3으로 올라서고 흑4로 받은 것까지는 필연적인 수순인데, 백5로 변에서의 2선 달림이 함정수의 일종이다. 이에 대한 적절한 공격방법은?

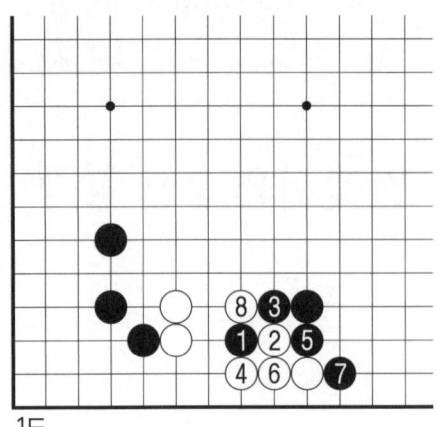

1도

1도(백, 만족)

흑1은 백2·4로 붙여 넘는 수단이 준비되어 있다. 이하 백8까지 흑으로선 불만족스런 결말.

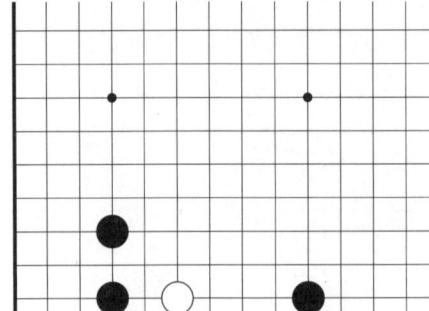

2도

2도(흑, 충분)

흑1로 치받는 것이 가장 보편적이면서도 간명한 응수법이다. 계속해서 백2로 뻗고 이하 흑5까지 흑은 공격의 효과를 충분히 보고 있는 모습이다.

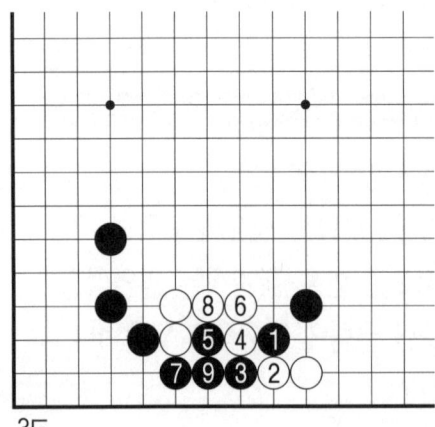

3도

3도(흑의 강수)

흑은 1로 둔 후 백2 때 흑3으로 젖히는 강수도 가능하다. 이하 흑9까지 백을 미생마로 만들 수 있다.

196

무리스런 들여다봄

● 흑차례

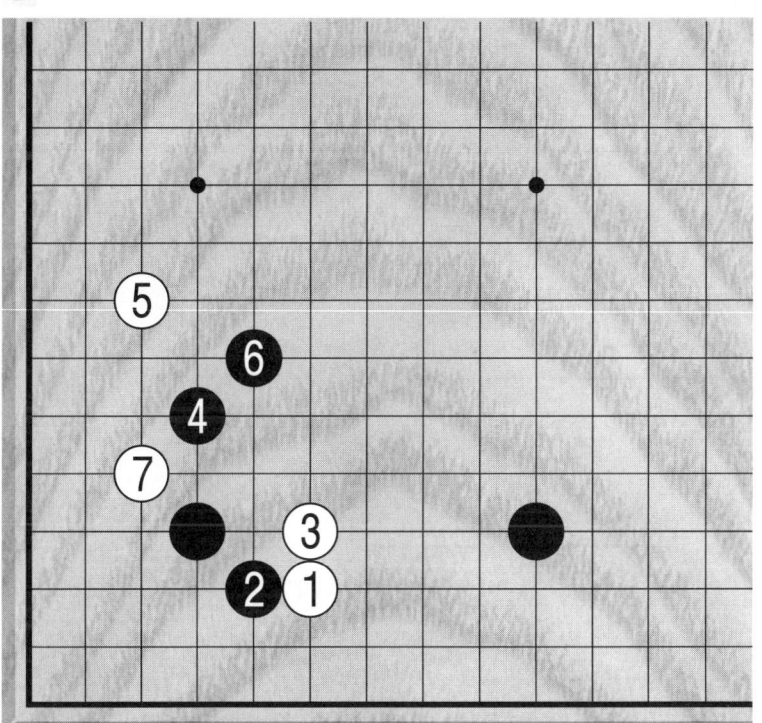

백1에 흑2로 마늘모 붙이고 이하 흑4까지 진행되었을 때 백5의 다가섬은 흑을 현혹하는 수단. 이에 대해 흑6은 견실위주의 수법인데 백7로 들여다본 수가 함정수. 백7은 흑이 잇는다면 넘겠다는 뜻인데 흑은 이 경우 어떻게 응수하는 것이 최선일까?

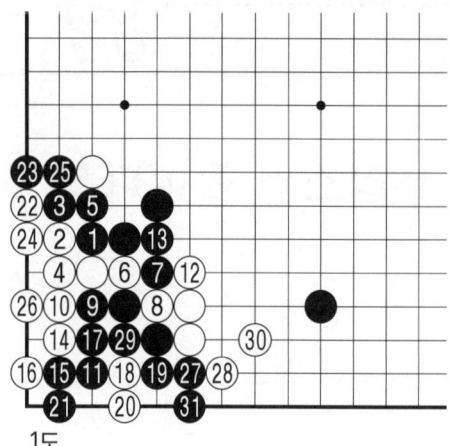

1도

흑은 1로 막는 한수이다. 계속해서 백2·4로 젖혀 잇고 이하 흑5까지 진행되었을 때 백6·8로 절단한 것은 무리수. 이하 흑31까지 소궁대궁으로 백이 잡힌 결과이다.

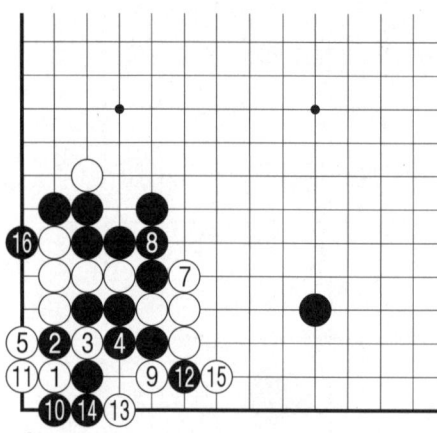

2도

전도 백12로 본도 백1로 붙여 변화한 장면이다. 이때는 흑2로 끼우는 것이 맥점으로 이하 흑16까지의 진행에서 보듯 백이 안된다.

(6 … 3)

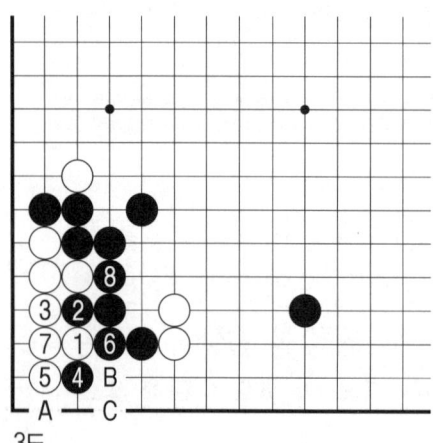

3도

1도 백6·8로 절단한 수로는 본도처럼 백1로 두어 삶을 모색하는 것이 백으로선 최선이다. 그러나 흑은 이하 8까지 외세를 확립해서 충분하다. 이후 귀는 흑A, 백B, 흑C까지 패를 만드는 뒷맛이 남아 있다.

욕심많은 공격

○ 백차례

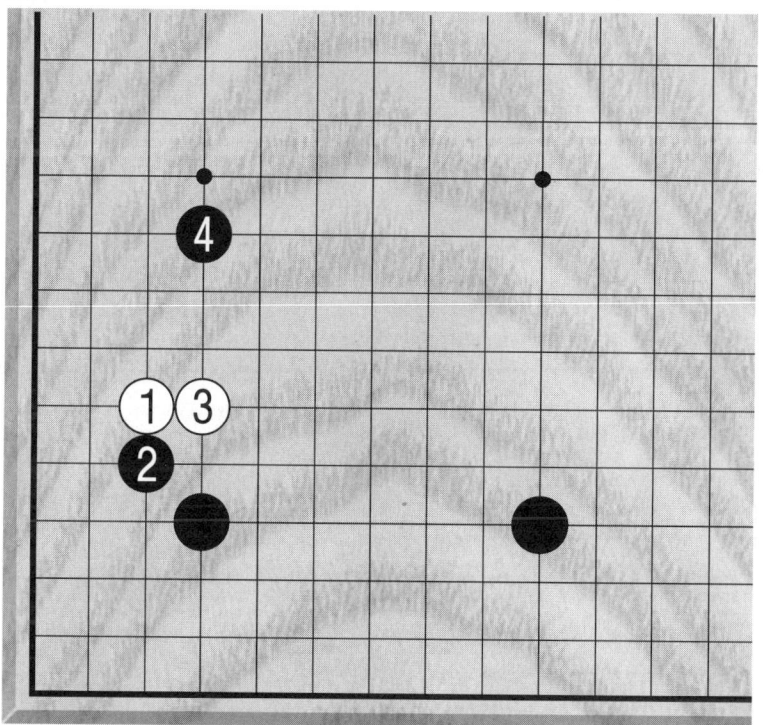

백1로 걸쳤을 때 흑2의 마늘모붙임은 이 경우 좋지 않다.
백3은 당연한데 흑4로 협공한 수가 욕심많은 함정수의 일
종. 백은 이 경우 어떻게 응수하는 것이 최선일까?

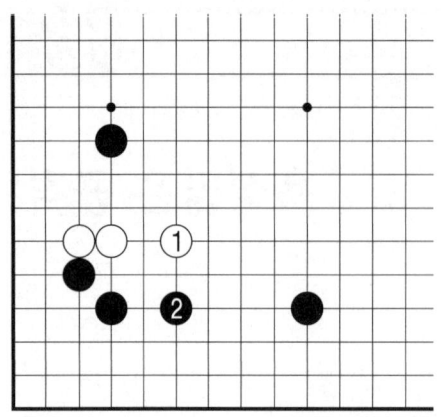

1도

단순히 백1로 한칸 뛰는 것은 좋지 않다. 흑2로 받고 나면 백 석점이 크게 공격받는 모습이다.

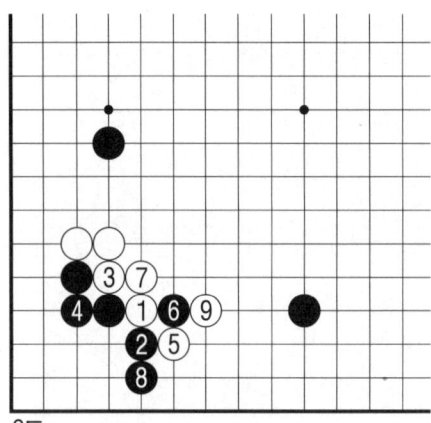

2도

백은 이 경우 1로 붙여서 흑의 응수를 묻는 것이 좋은 수이다. 계속해서 흑2에는 백3을 선수한 후 5로 되젖히는 것이 행마법. 이하 백9까지 백의 성공적인 결말이다.

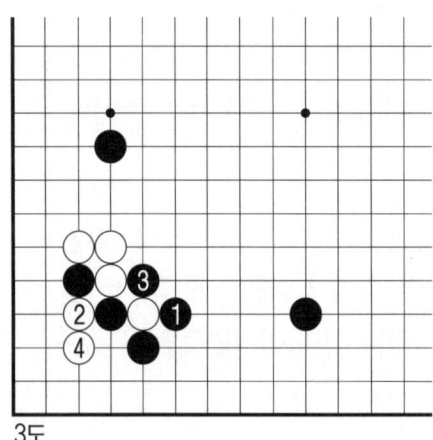

3도

전도 흑4로 본도 흑1로 단수치 면 백으로선 2로 끊는 것이 좋 다. 흑3, 백4까지 일단락인데 귀 의 실리가 크다.

봉쇄를 유도한 3·三 지킴

○ 백차례

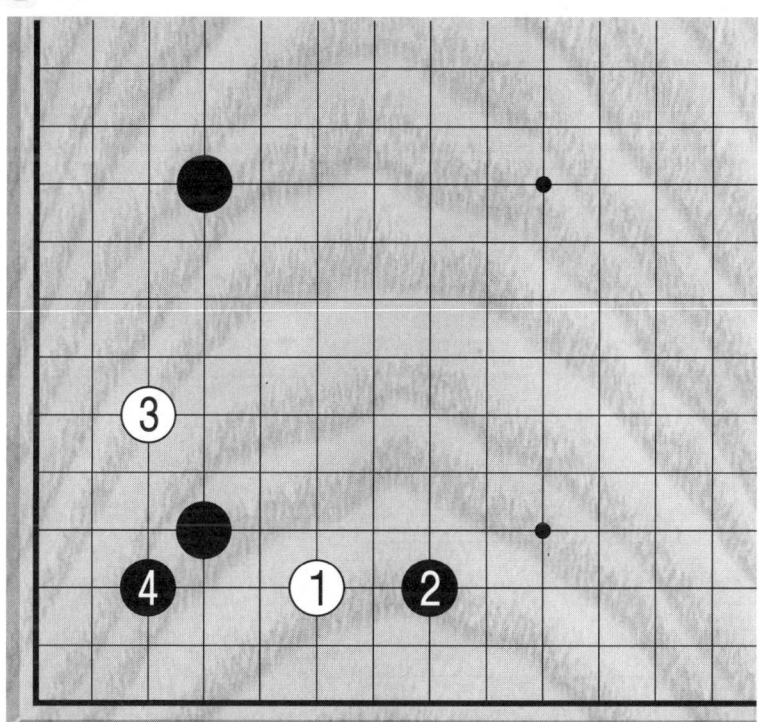

백1 때 흑2의 한칸협공은 상용의 정석 선택이다. 계속해서 백3으로 양걸침했을 때 흑4의 3·三 지킴은 백에게 주문을 내포한 수로 함정수의 일종이다. 백의 적절한 대응책은?

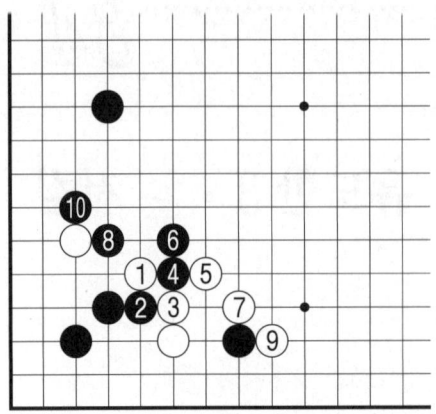

1도

얼핏 백1로 봉쇄하는 것이 기세처럼 보이지만 흑2·4의 반격이 통렬하다. 이하 흑10까지의 결말은 흑이 우세하다.

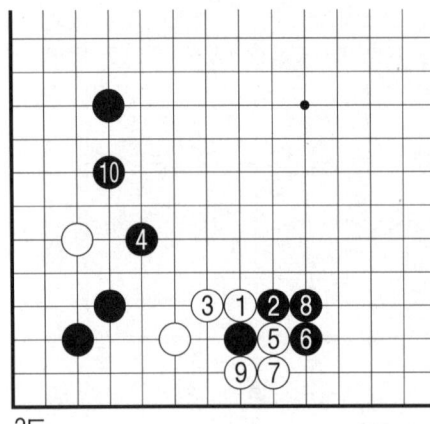

2도

백은 이 경우 1로 붙이는 것이 좋은 응수법이다. 계속해서 흑2로 젖히고 이하 흑10까지가 예상되는 진행인데 백으로선 충분한 갈림이다.

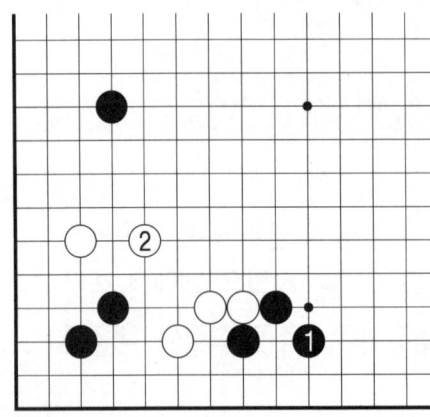

3도

전도 흑4로 본도 흑1로 호구치는 변화이다. 이때는 백2로 봉쇄하는 것이 호착으로 백이 유리한 갈림이다.

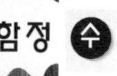

근거를 위협하는 마늘모

● 백차례

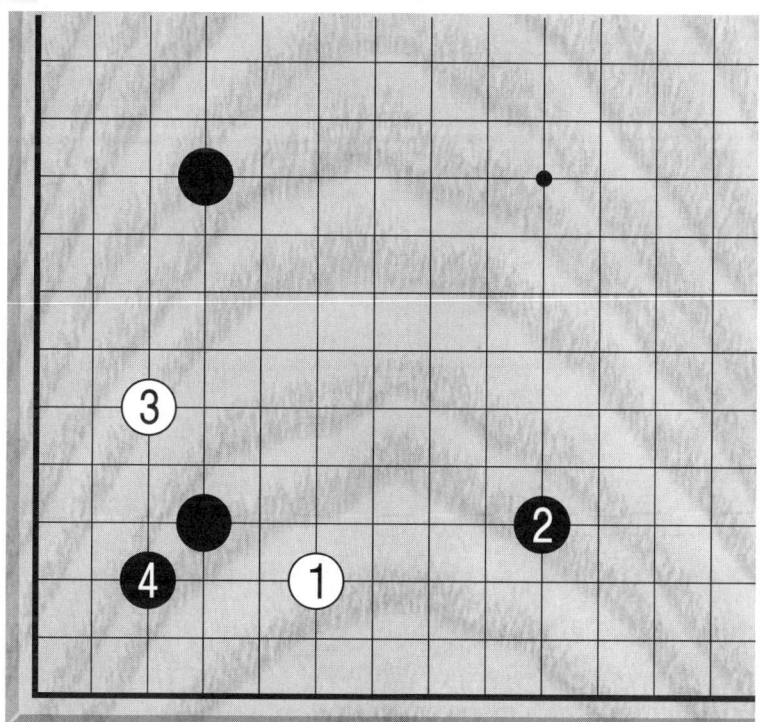

🌓 백1로 걸치고 흑2의 협공, 백3의 양걸침까지는 실전에 종
종 등장하는 진행. 계속해서 흑4의 마늘모는 백의 근거를
위협해서 공격하겠다는 뜻인데 백의 다음 대응책이 어렵다.
이후의 변화는?

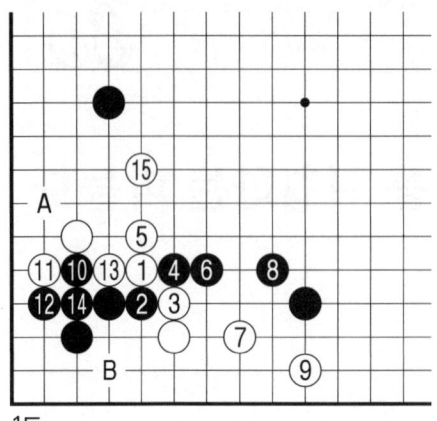

1도

1도(백의 정수)

백은 이 경우 1로 봉쇄하는 것이 좋은 수이다. 계속해서 흑2·4로 절단하고 이하 백9까지는 거의 필연적인 진행인데 흑10이 악수. 이하 15까지 백이 충분한 결말이다. 이후 흑귀의 사활관계상 백A 또는 B가 선수로 작용한다.

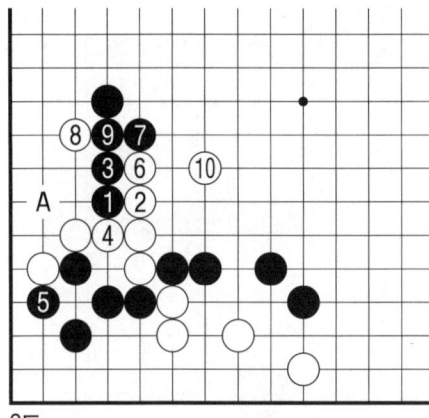

2도

2도(백, 만족)

전도 흑12로 본도 흑1로 들여다보는 변화이다. 이때는 백2로 민 후 4에 잇는 것이 좋은 수순. 이하 백10까지의 진행이면 백A로 호구치는 수가 반선수로 듣는 만큼 백이 우세하다.

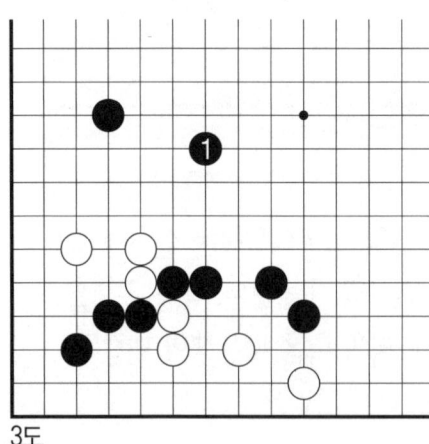

3도

3도(흑의 최선)

흑은 귀를 직접 응수할 것이 아니라 1로 크게 씌워 공격하는 것이 정수이다. 이후는 서로가 어려운 진행이 예상된다.

전형적인 속수를 감행하다

● 흑차례

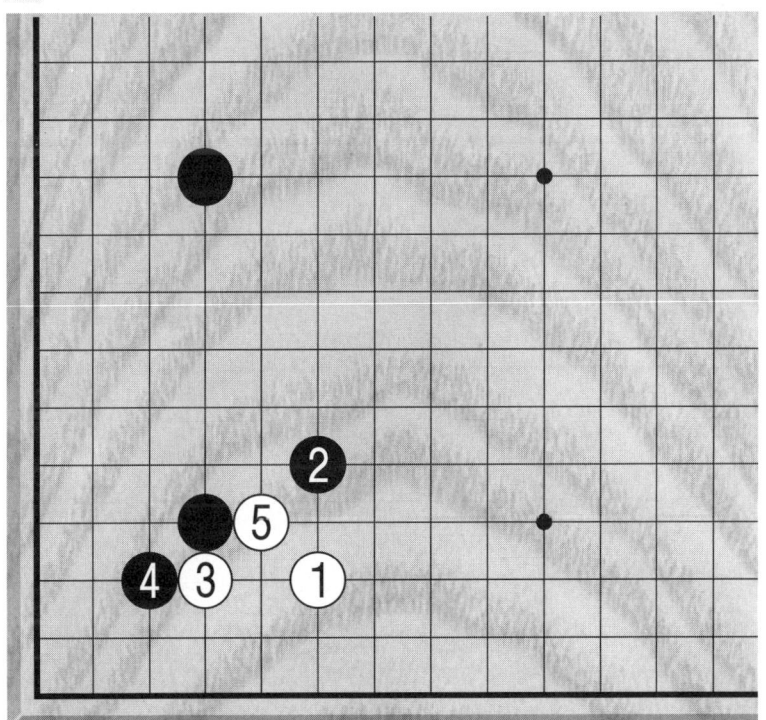

🔴 백1 때 흑2는 세력작전을 펼치고자 할 때 종종 사용하는 수. 계속해서 백3·5는 하수들이 범하기 쉬운 전형적인 속 수이다. 그렇지만 흑이 응수를 잘못하면 도리어 속수가 호 착으로 변하게 된다. 흑의 적절한 응수법은?

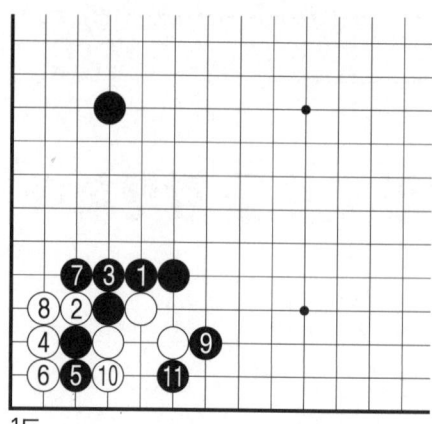

1도

1도(흑, 미흡)

흑은 1로 막는 한수이다. 백
2·4로 단수친 것은 예정된 수순
인데 이하 백6까지 진행되었을
때 흑7이 악수. 이하 흑11까지의
결과는 흑이 약간 미흡하다.

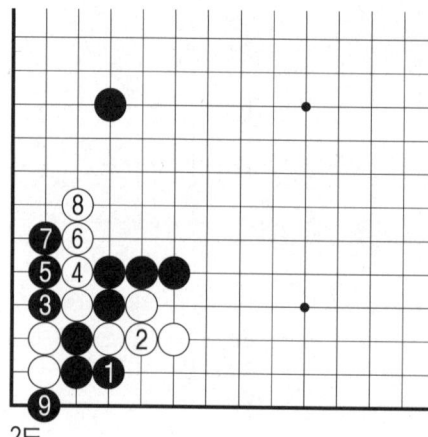

2도

2도(흑의 정수)

전도 흑7로는 본도 흑1·3으로
단수쳐서 변화할 곳이다. 이하
흑9까지의 결말은 백이 양분된
모습이다.

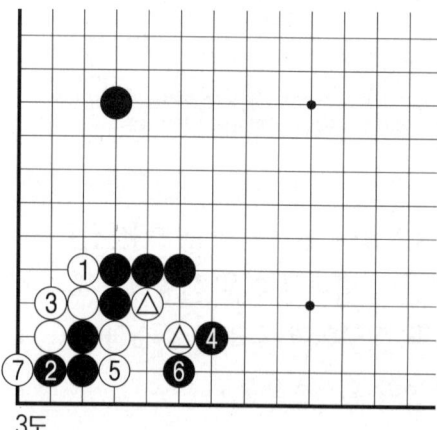

3도

3도(백의 변화)

1도 백6으로 본도 백1로 변화
한다면 흑2가 급소가 된다. 백3
으로 보강할 수밖에 없을 때 흑
4·6이면 백△ 두점을 선수로 취
할 수 있는 만큼 흑이 두텁다.

두칸걸침에서 화점 밑붙임

● 흑차례

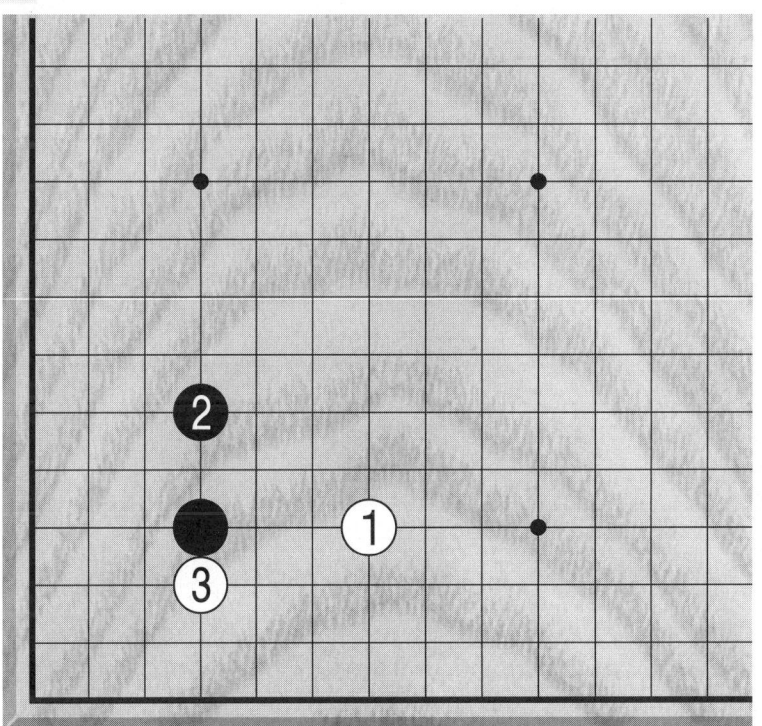

백1의 두칸높은걸침은 특별한 경우에 사용하는 수. 계속해서 흑2로 받은 것은 가장 견실한 응수법인데 백3으로 붙였을 때가 흑으로선 선택의 기로이다. 이후의 변화를 검토해 보기로 한다.

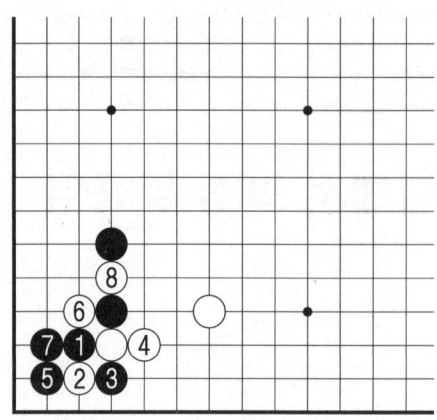

1도

흑1로 젖힌 것은 가장 간명한 응수법. 계속해서 백2로 되젖힌 것은 주문을 내포한 함정수인데 흑3·5가 악수. 이하 백8까지 흑이 함정수에 걸린 모습이다.

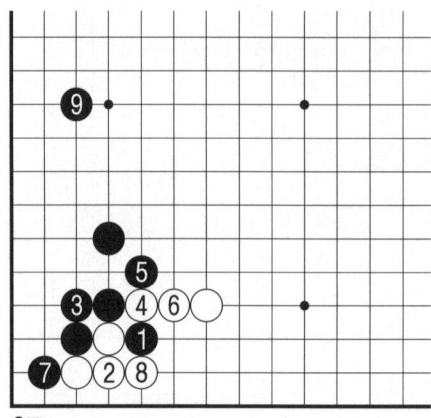

2도

흑은 1로 단수친 후 3으로 잇는 것이 정수이다. 그러나 백4 때 흑5의 단수는 다소 미흡한 수. 이하 흑9까지의 결과는 백 모양이 산뜻하다.

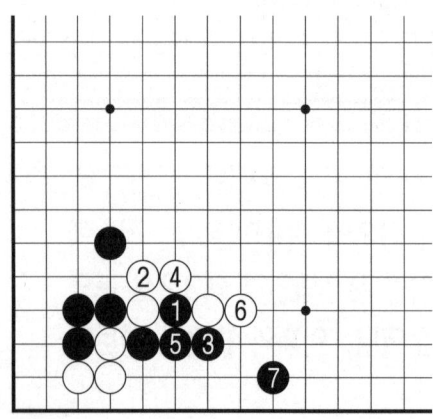

3도

흑1로 단수친 후 3으로 호구치는 것이 흑으로선 최강의 응수법이다. 계속해서 백4로 막고 이하 흑7까지 필연적인 수순인데…

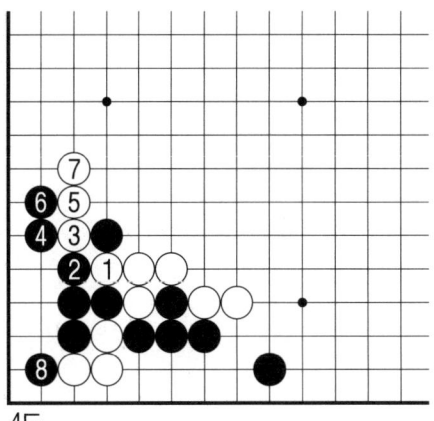

4도

전도에 계속해서 백이 1·3으로 절단한다면 흑2·4로 단수친 후 이하 흑8까지 귀를 크게 차지해서 흑이 우세하다.

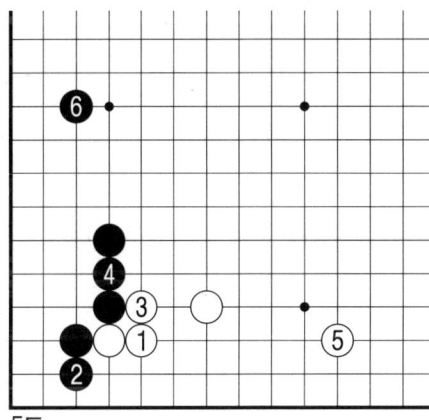

5도

5도(백의 정수)

백은 1로 뻗는 것이 정수이다. 계속해서 흑2로 내려서고 이하 흑6까지 쌍방 호각의 갈림이다.

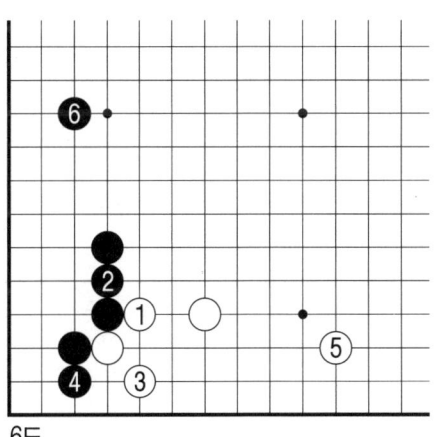

6도

6도(백의 변화)

백은 1로 젖혀서 두는 수도 가능하다. 계속해서 흑2로 잇고 이하 흑6까지 전도와 대동소이한 결말이다.

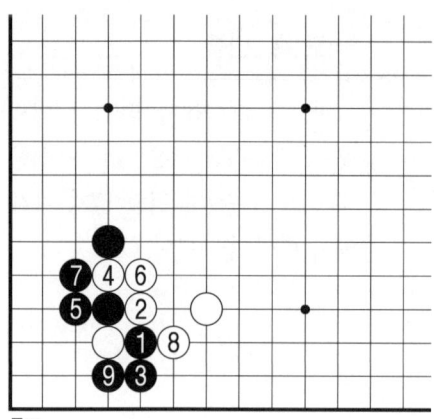

7도

7도(흑, 우세)

흑은 1로 젖혀서 적극적으로 두는 수도 가능하다. 계속해서 백2로 끊는다면 흑3이 침착한 호착. 이하 흑9까지의 결말은 흑이 우세하다.

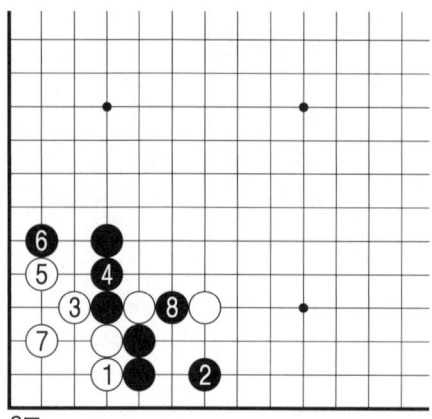

8도

8도(흑, 두텁다)

백으로선 전도 백4로는 본도 백1로 두는 정도이다. 계속해서 흑2로 한칸 뛰고 이하 흑8까지가 예상되는 진행인데 흑이 두터운 모습이다.

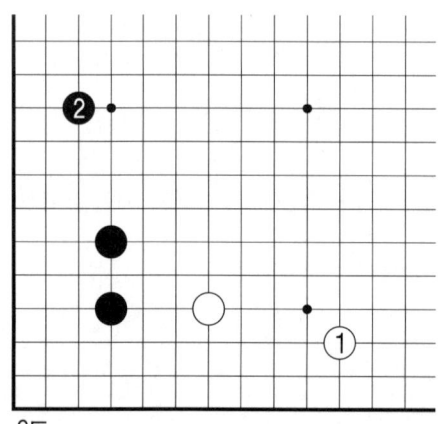

9도

9도(유연한 벌림)

장면도에서 백이 귀에 붙인 수로는 백1로 전개하는 것이 유연하다. 흑도 2로 전개해서 일단락인데 쌍방 불만없다.

벌린 후에 붙임

● 흑차례

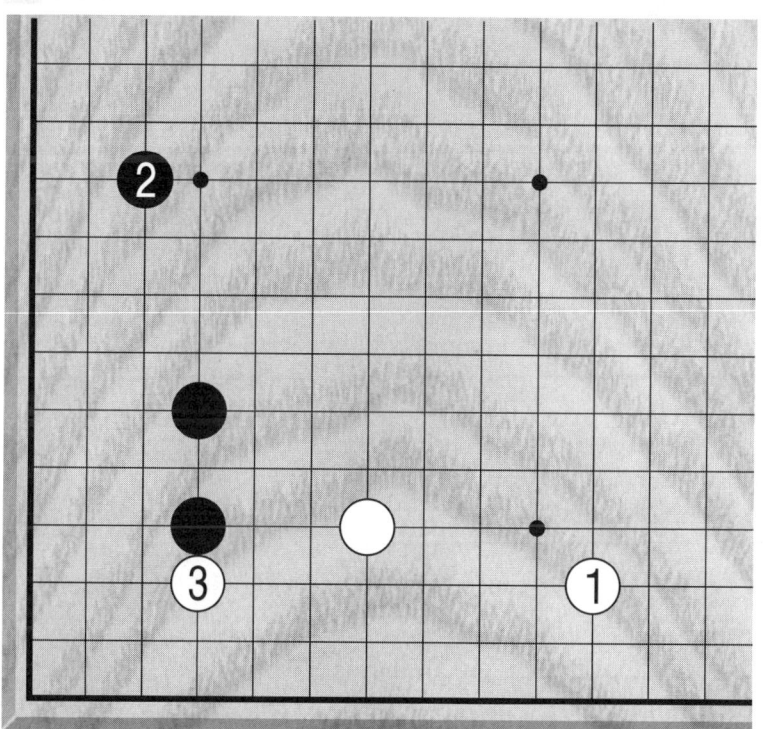

 백이 1로 전개한 후에 3으로 붙이면 흑으로선 백의 의도를
 역행해 다음의 응수가 달라져야 한다. 흑은 가장 강력하게
 맞서고 싶은데 이 경우 어떤 수가 있을까?

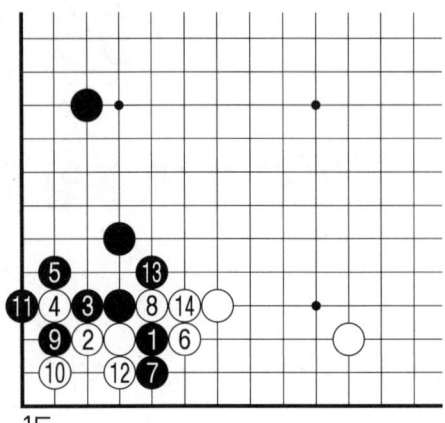

1도

1도(흑, 미흡)

흑1로 젖히는 것이 가장 강수
이다. 계속해서 백2로 뻗었을 때
가 관건인데 흑3으로 막는 것은
의문. 백은 4로 젖힌 후 6으로
껴붙이는 것이 좋은 수순으로 이
하 백14까지 백이 유리하다.

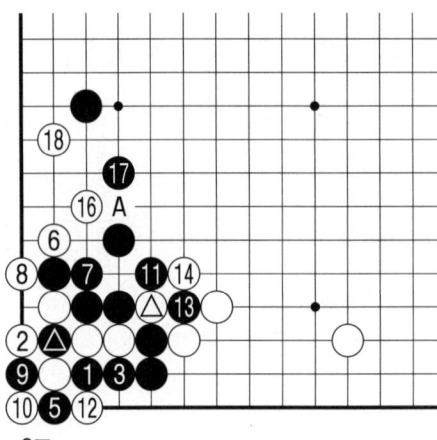

2도

2도(백, 우세)

전도 흑11로 본도 흑1로 단수
치는 변화이다. 계속해서 백2로
따내고 이하 백18까지가 예상되
는 진행인데 흑이 다소 불리한
갈림이다. 흑은 A의 약점도 부담
으로 남는다.

(④ … ▲ ⑮ … △)

3도(흑의 정수)

흑은 이 경우 1로 잇는 것이
침착한 호착이다. 계속해서 백2
로 날일자하고 이하 흑11까지의
진행이면 흑이 두터운 모습이다.
흑11로는 A에 두는 수도 가능하
다.

3도

212

낮은 벌림에서의 젖힘

● 흑차례

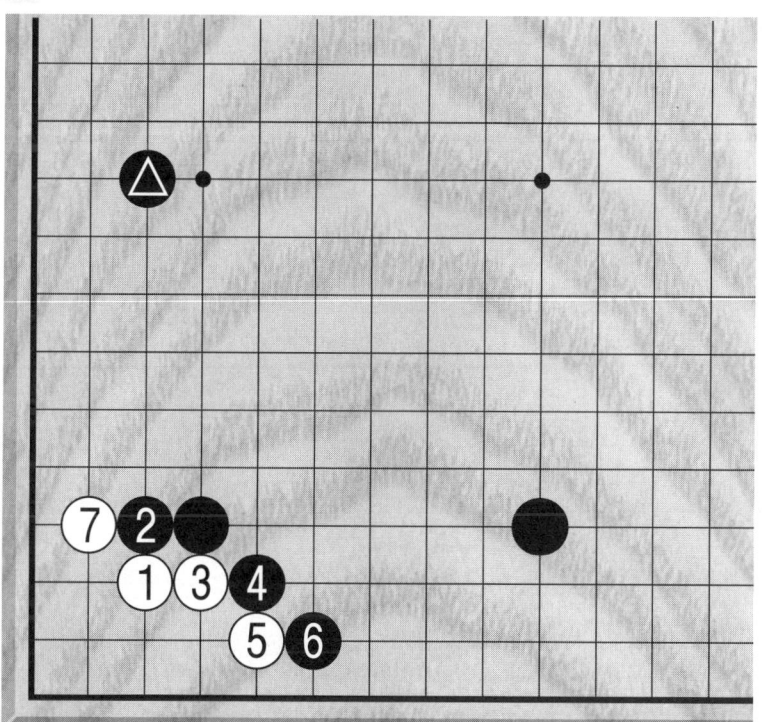

🔵 흑이 양벌림한 진영에서 백1로 3·드 침입하고 이하 흑6
까지는 상용의 정석 진행. 그러나 백7로 젖히는 수는 흑▲
처럼 3선에 흑돌이 있는 경우에는 좋지 않다. 어떤 함정이
숨어 있고 그 대응책은?

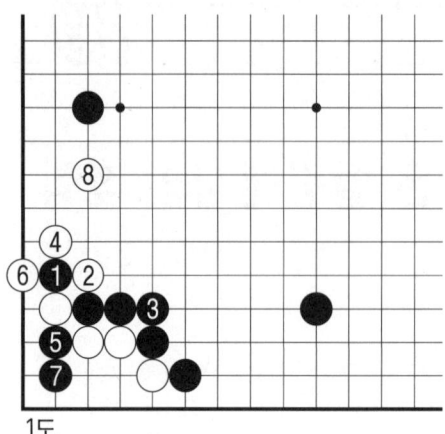

1도

흑1로 막았을 때 백2로 끊은 것은 함정수이다. 이때 양단수를 피해 3으로 잇는 것은 의문수. 이하 백8까지의 결말은 백이 우세하다.

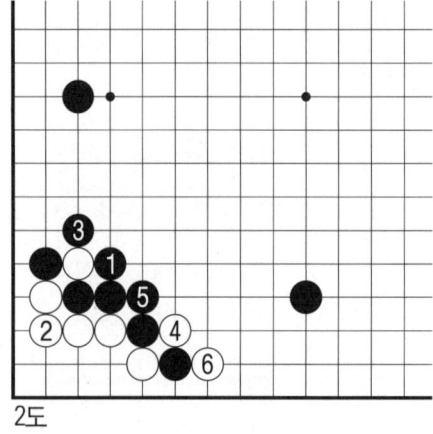

2도

흑은 1로 단수치는 것이 좋은 수이다. 그러나 백2 때 흑3으로 따내는 것은 의문. 백4·6이면 흑은 중복 형태이다.

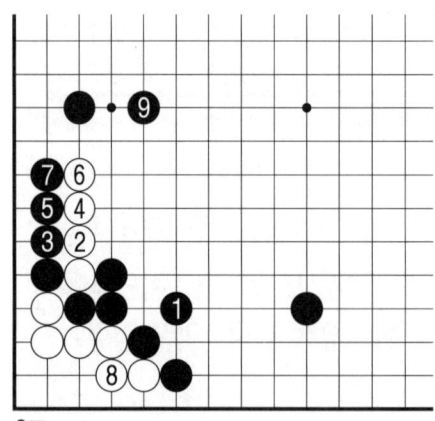

3도

전도 흑3으로는 본도 흑1로 호구치는 것이 정수이다. 백2에는 흑3 이하 9까지 백 넉점을 크게 공격해서 흑이 우세하다.

높은 벌림에서의 젖힘

● 흑차례

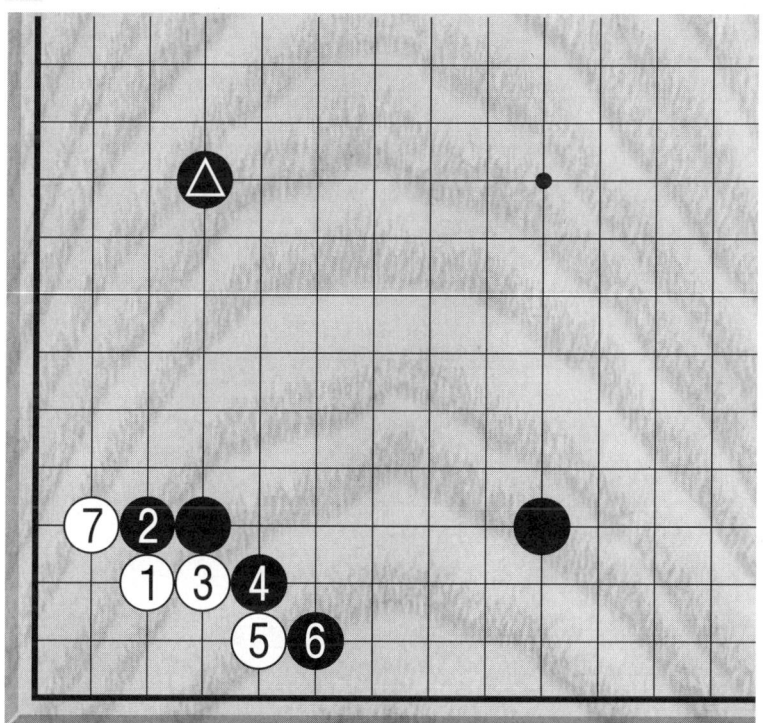

⌐흑⬥처럼 흑돌이 4선에 위치하고 있다면 이하 백7까지 진
행되었을 때 흑은 응수를 달리해야 한다. 그럼 백7 이후 흑
백 최선의 응수를 살펴본다.

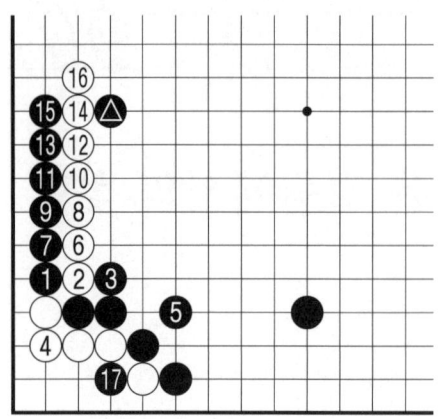

1도

흑1로 젖히면 이번에야말로 백 2로 끊는 것이 호착이 된다. 이하 흑17까지의 진행이라면 흑△ 한점이 악수가 되는 만큼 이 결과는 백이 우세하다.

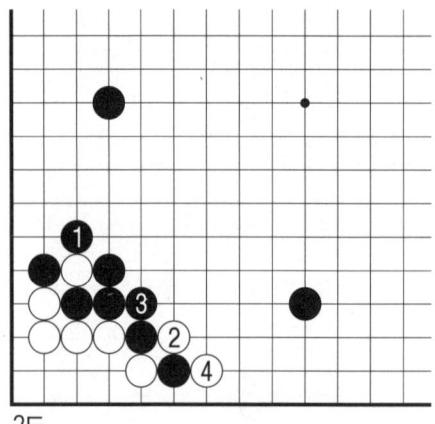

2도

전도 흑5로 본도 흑1로 따내는 변화이다. 백은 2·4로 단수쳐서 흑 한점을 잡게 되는데 백이 유리한 갈림이다.

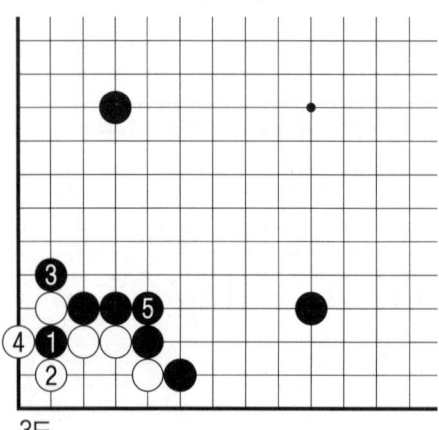

3도

흑은 1로 끊는 것이 정수이다. 백2에는 흑3을 선수한 후 5에 잇는 것이 올바른 수순으로 쌍방 호각의 갈림이다.

상용의 침투수단

● 흑차례

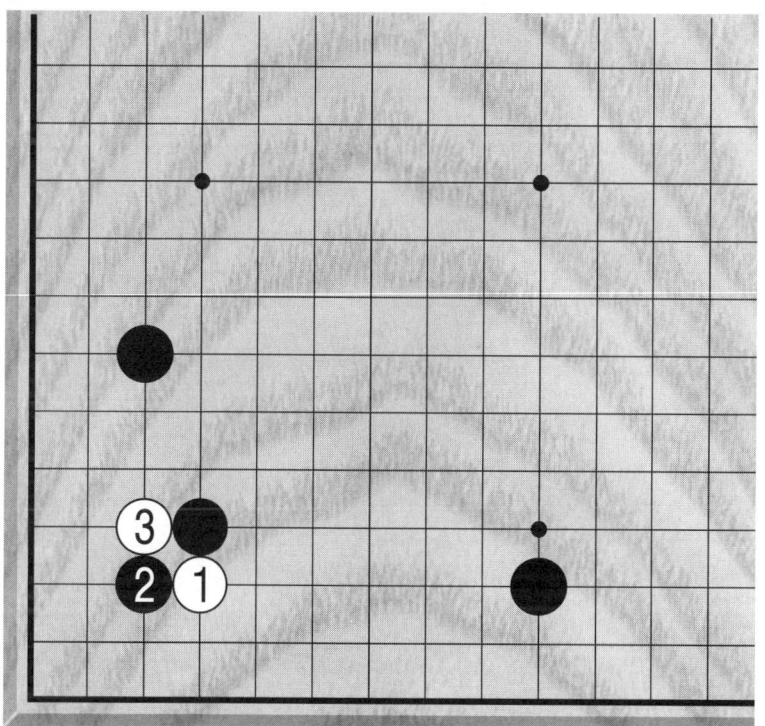

백1의 붙임은 상용의 침투수단. 계속해서 흑2로 젖힌 것은
귀의 실리를 중시한 것인데 백3으로 끊은 것이 함정수이
다. 이 수에 대한 적절한 응수법은?

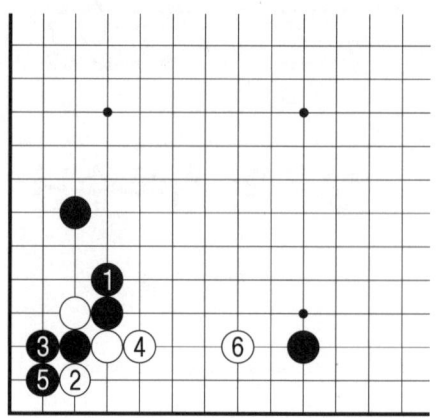

1도

흑1로 뻗는 것은 간명을 기한 것이지만 이하 백6까지 흑이 다소 불만족스런 결말이다.

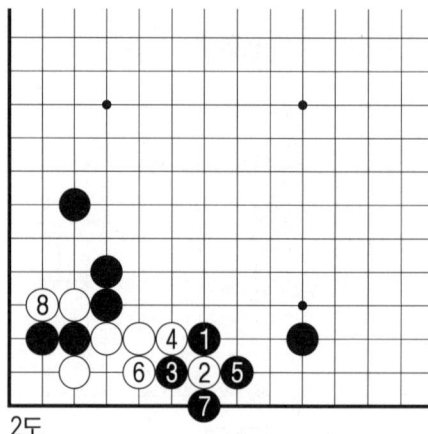

2도

전도 흑5로 본도 흑1로 변화하는 것은 백2의 호착이 준비되어 있다. 계속해서 흑3은 이하 백8까지의 진행에서 보듯 흑이 망한 모습이다.

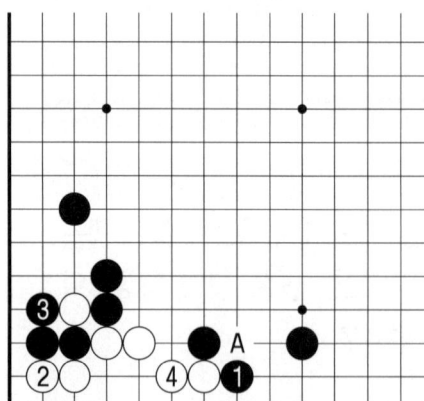

3도

전도 흑3은 본도 흑1로 젖히는 것이 정수이다. 그러나 백2·4면 A의 약점이 부담으로 남는 만큼 이 결과는 흑이 나쁘다.

218

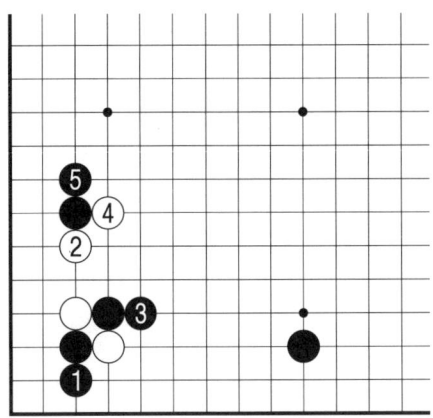

4도

이번엔 흑1로 뻗는 변화이다. 이때 백2로 붙이는 것은 일종의 맥점이지만 이 경우 좋지 않다. 흑은 3으로 뻗은 후 백4 때 흑5로 응수해서 백이 곤란한 모습이다.

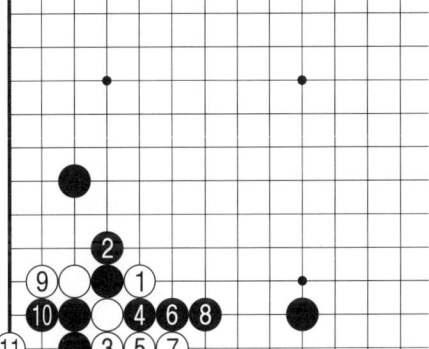

5도

백은 1로 단수친 후 3으로 막는 것이 좋은 수순이다. 계속해서 흑4로 절단한다면 백5 이하 11까지 처리해서 귀를 잡을 수 있다.

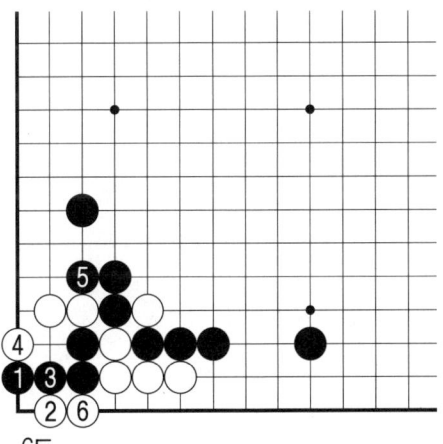

6도

전도 흑10으로 본도 흑1로 한 칸 뛴다면 백2의 치중이 급소이다. 이하 백6까지이면 흑이 잡힌 모습.

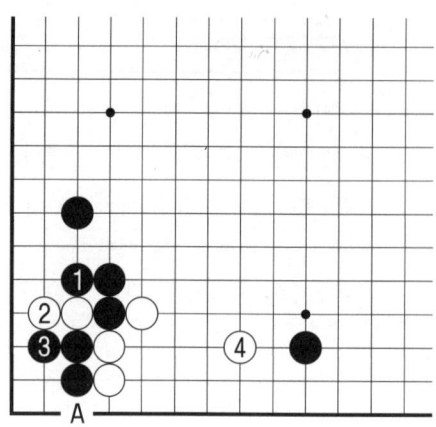
7도

7도(흑의 차선책)

5도의 흑4로는 본도 흑1로 단수치는 것이 그나마 최선이다. 그러나 백4 이후 백A로 젖히는 것이 선수로 듣는 만큼 이 결과는 백이 유리하다.

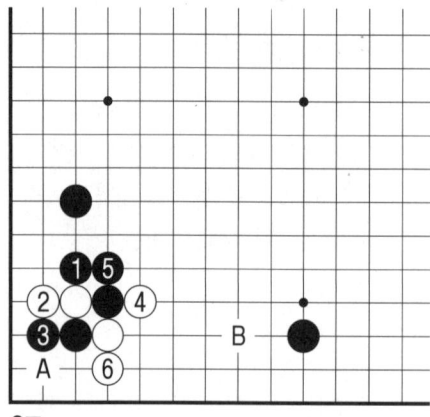
8도

8도(백, 만족)

장면도로 돌아가서 흑1로 단수 친 후 3으로 막는 수 역시 의문이다. 백은 4로 단수친 후 6으로 뻗는 것이 좋은 수순. 이후 A와 B를 맞보기로 노리면 백이 유리한 갈림이다.

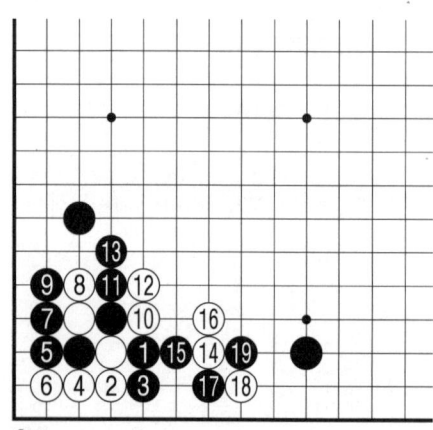
9도

9도(흑의 정수)

흑은 1로 단수친 후 3으로 막는 것이 최강이자 최선의 응수법이다. 이하 흑9까지 진행되었을 때 백10·12로 몬 후 14로 저항해도 흑19까지의 진행이면 백이 잡힌 모습이다.

220

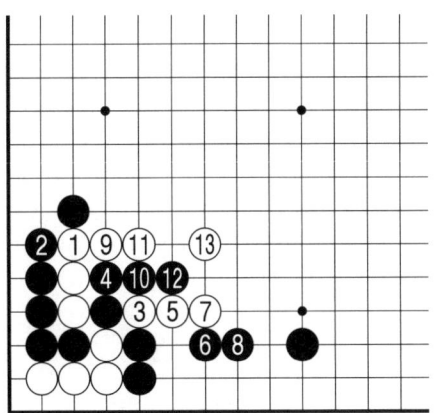

10도

10도(백의 변화)

전도 백10으로 본도 백1로 두는 변화이다. 이때 무심코 흑2로 받는 것은 대악수. 백3으로 단수 친 후 이하 13까지 장문씌우면 도리어 흑이 잡힌다.

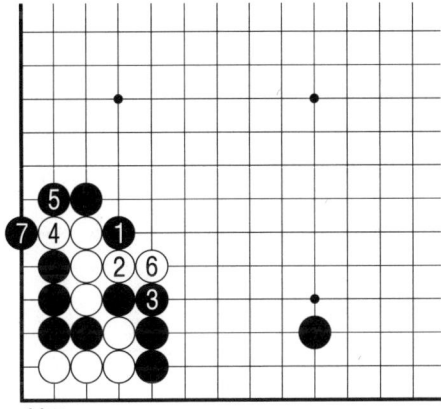

11도

11도(자연사)

전도 흑2로는 본도 흑1로 두는 것이 호착이다. 백2를 기다려 이하 흑7까지 넘고 나면 귀의 백은 자동으로 죽는다.

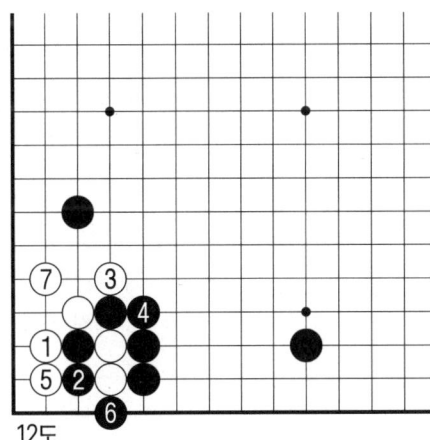

12도

12도(백, 활발)

9도 백4로 본도 백1로 단수치는 변화이다. 계속해서 흑2로 두어 백 두점을 잡은 것은 필연인데 백3 때 흑4가 악수. 백5·7이면 백이 활발한 모습이다.

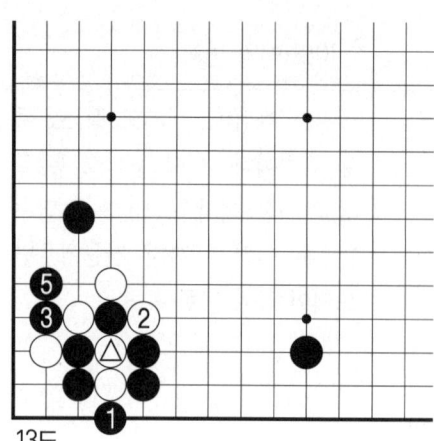

13도

전도 흑4로는 본도 흑1로 따내는 것이 정수이다. 계속해서 백2로 단수친다면 흑3으로 끊은 후 5로 뻗어 흑이 우세하다.

④ … △

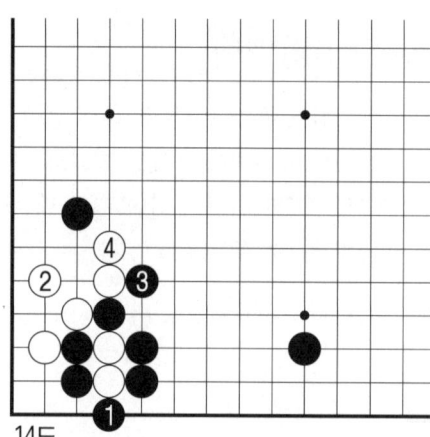

14도

14도(흑, 우세)

흑1로 따내면 백은 2로 호구치는 정도이다. 그러나 흑3, 백4를 선수로 교환하면 흑이 우세하다.

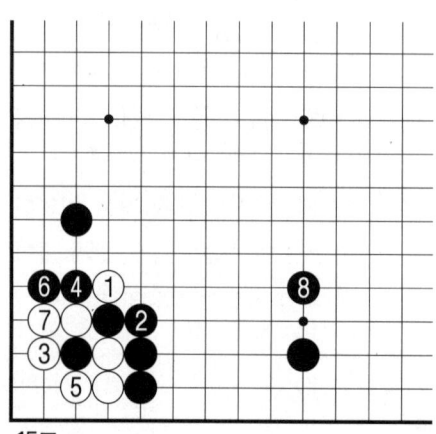

15도

15도(흑, 만족)

12도 백1로 본도 백1로 단수치는 변화이다. 계속해서 흑2로 잇고 백3으로 단수쳤을 때 흑은 4로 반대편에서 단수치는 것이 요령이다. 백5를 기다려 이하 흑8까지 처리하면 흑이 우세한 모습이다.

222

제2장

소목편

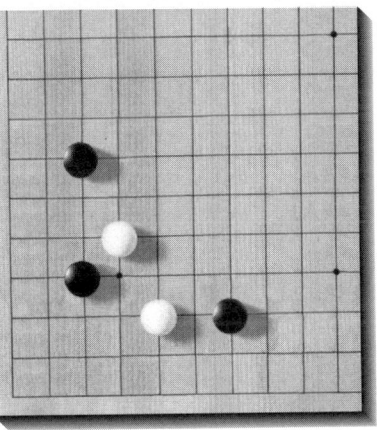

92

어깨짚음에 날일자의 함정

● 흑차례

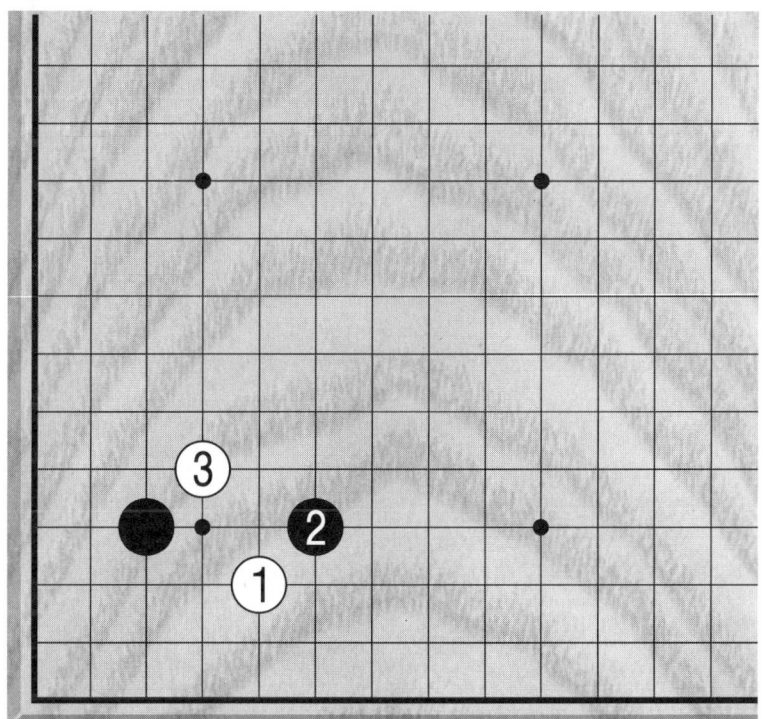

백1로 걸쳤을 때 흑2로 어깨짚은 것은 세력작전을 펼치고
자 할 때 가끔 시도되는 수이다. 이에 대해 백3으로 날일자
한 것은 함정수. 흑은 어떻게 응수하는 것이 최선일까?

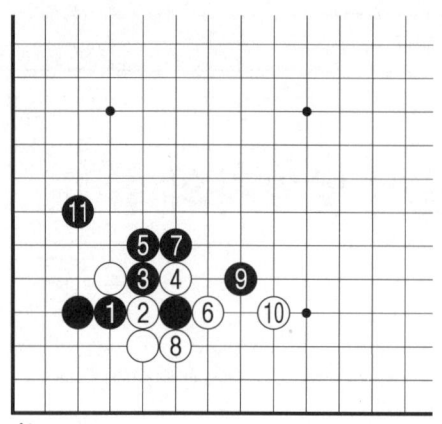

1도

흑은 1·3으로 나가 끊는 것이 좋은 수이다. 이하 흑11까지의 결과는 흑이 우세하다.

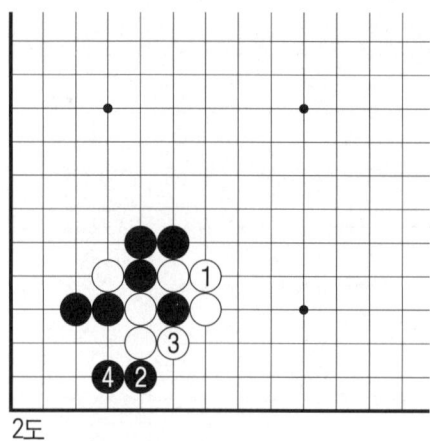

2도

전도 백8로 본도 백1이라면 흑 2가 기분 좋은 선수활용이다. 흑 4까지 흑 만족.

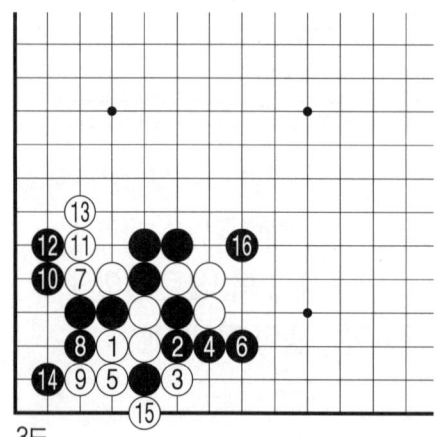

3도

전도 백3으로 본도 백1로 변화 한다면 흑2로 움직이는 수가 성 립한다. 이하 흑16까지 흑이 우 세한 결말.

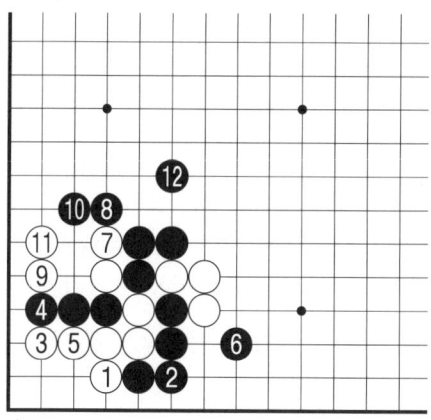

4도

4도(흑, 충분)

전도 백3으로 본도 백1로 두는 변화이다. 이때는 흑2로 잇는 것이 침착한 수. 백3 이하 흑12까지 귀의 실리는 뺏기지만 중앙을 세압하여 흑이 유리한 진행이다.

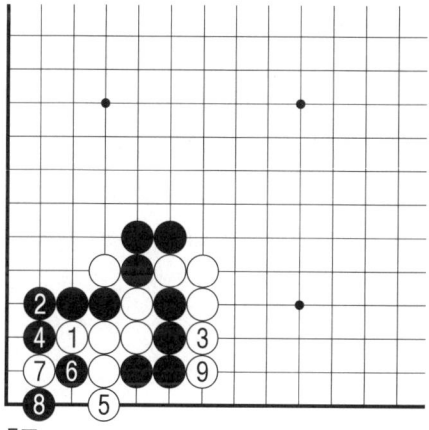

5도

5도(흑, 죽음)

백이 전도처럼 두지 않고 1로 둔다면 흑은 응수에 신중을 기해야 한다. 이때 무심코 흑2로 받는 것은 이하 백9까지 흑이 잡히고 만다.

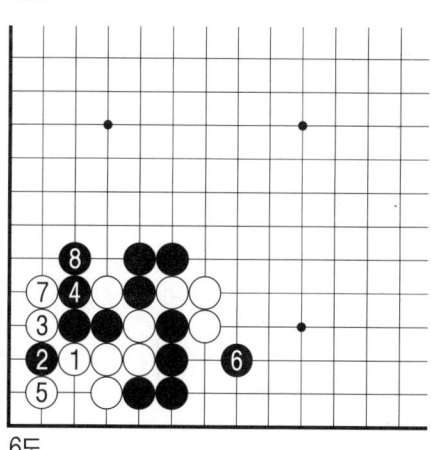

6도

6도(흑의 정수)

백1에는 흑2로 젖히는 것이 정수이다. 계속해서 백3으로 단수치고 이하 흑8까지 일단락인데 흑이 유리한 결말.

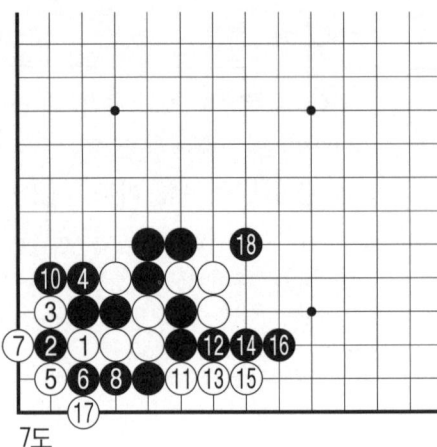

7도

4도 백1로 본도 백1로 두는 변화이다. 이때는 흑2가 호착. 계속해서 백3·5로 단수쳐서 흑 한 점을 잡는다면 이하 흑18까지 세력을 구축해서 흑이 우세하다.

⑨ … ❷

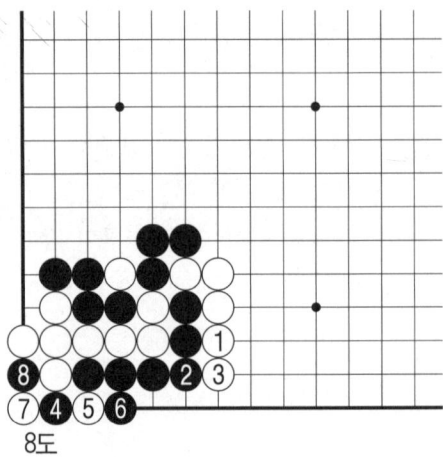

8도

백이 전도의 진행을 피해 전도 백11로 본도 백1·3으로 막는 것은 무리수이다. 이하 흑8까지 늘어진 패가 되어서는 백이 곤란한 모습.

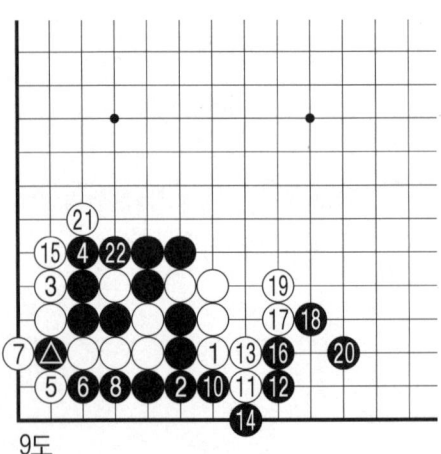

9도

백이 7도의 백5를 두기 전에 본도처럼 1·3을 선수한 후 5로 두는 변화이다. 계속해서 흑은 6·8을 선수한 후 10·12로 넘는 것이 호착. 이하 흑22까지의 결말은 흑이 우세하다.

⑨ … ▲

약점을 추궁하는 방법

● 백차례

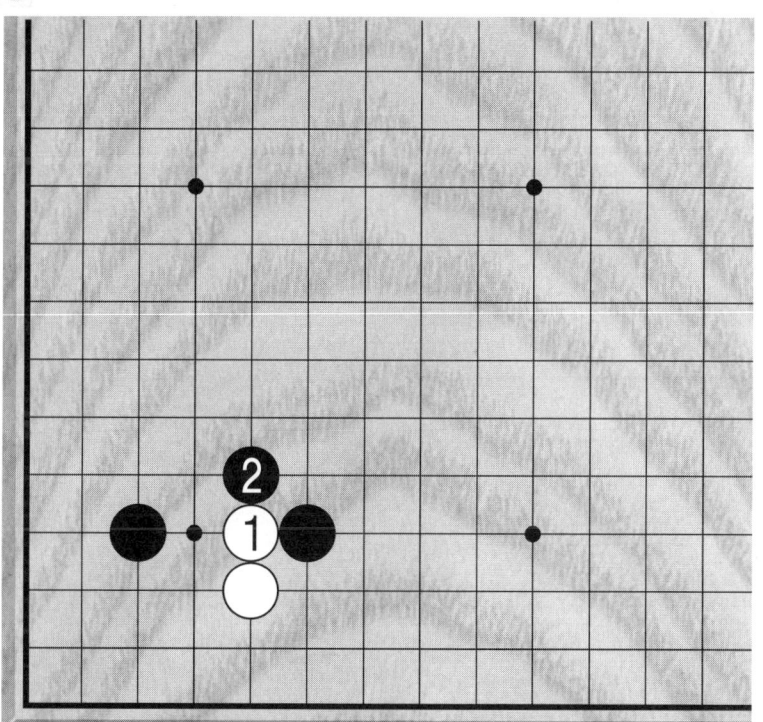

흑의 어깨짚음에는 백1로 밀어서 흑 모양에 약점을 만드는
것이 정수이다. 흑2로 막으면 이후 백은 흑의 약점을 어떤
요령으로 추궁할 것인지가 관건인데 다음의 변화를 검토해
보기로 한다.

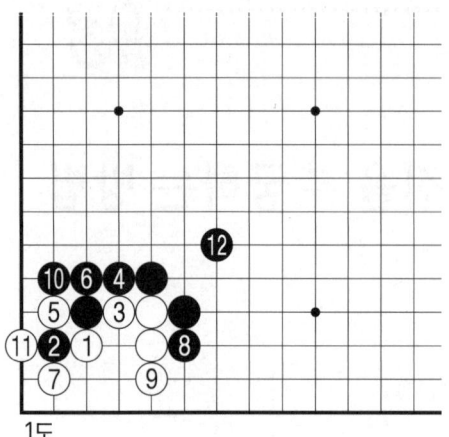

1도

1도(흑, 우세)

백1로 붙여서 수습하는 것은 소극적인 수단이다. 이하 흑12까지 흑의 세력이 월등하다.

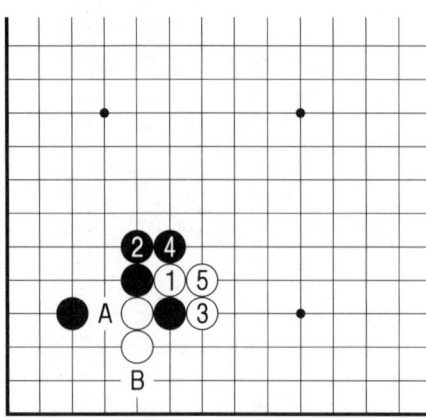

2도

2도(백, 만족)

백은 1로 끊어서 흑의 응수를 묻는 것이 정수이다. 흑2는 생각이 짧은 수. 백3·5면 A의 곳에 흑돌이 없는 만큼 흑이 B에 붙이는 수가 성립하지 않는다.

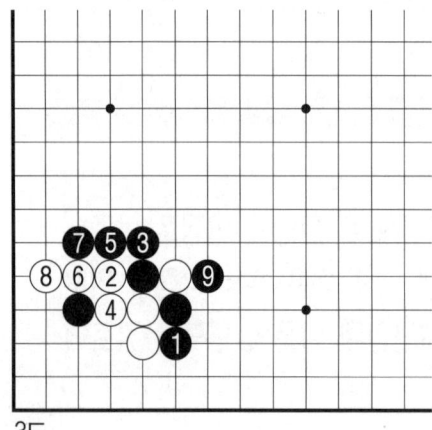

3도

3도(세력대 실리)

흑은 1로 막는 것이 정수이다. 계속해서 백2로 단수치고 이하 흑9까지 일단락인데 쌍방 불만없는 호각의 갈림이다.

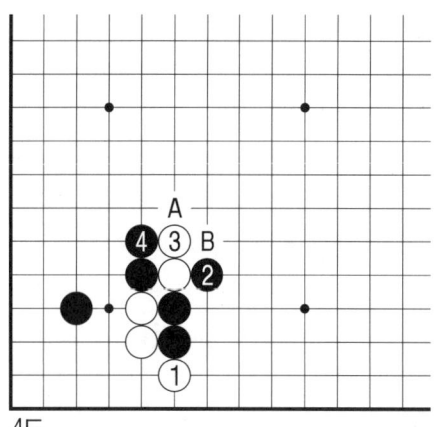

4도

백은 전도처럼 단수치지 않고 1로 젖히는 변화도 가능하다. 이 때는 흑2로 단수친 후 4로 미는 것이 올바른 행마법. 계속해서 백은 A에 뻗을 것인지 B에 둘 것인지 선택의 기로이다.

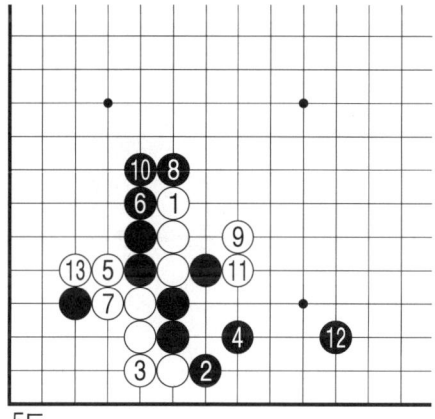

5도

먼저 백1로 뻗는 변화이다. 이 때 흑2로 젖힌 후 4에 호구치는 것은 좋지 않다. 이하 백13까지의 결말은 백이 유리하다.

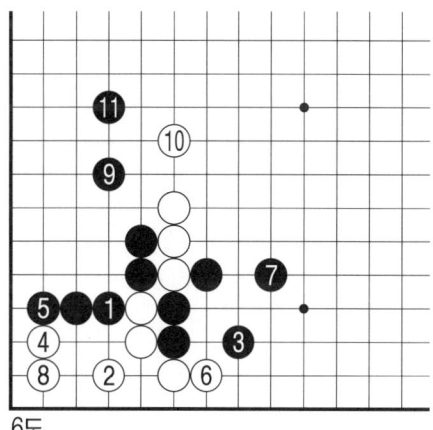

6도

흑은 이 경우 1로 치받는 것이 좋은 수이다. 계속해서 백2로 보강하고 이하 흑11까지 일단락인데 쌍방 호각의 갈림이다.

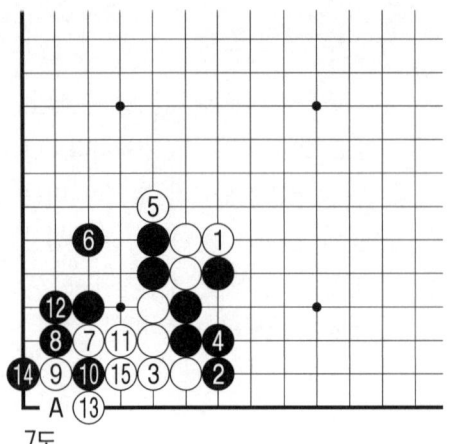

7도

이번엔 백1로 두는 변화이다. 이에 대해 흑은 2로 젖힌 후 4에 잇는 것이 수순. 계속해서 백5로 젖히고 이하 흑8까지는 필연적인 수순인데 백9가 악수. 백15 이후 A의 패맛이 남아서는 백이 불리하다.

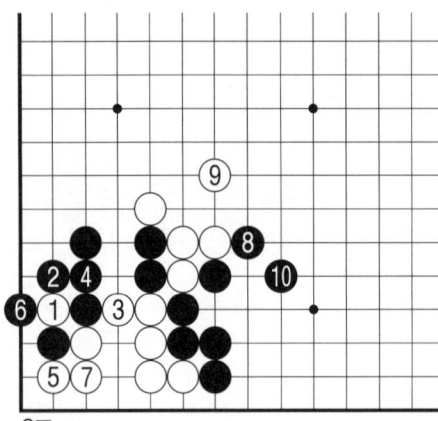

8도

전도 백9로는 본도 백1로 끊는 것이 맥점이다. 흑2에는 백3을 선수한 후 이하 7까지 삶을 확보하는 것이 요령. 흑10까지 쌍방 호각의 갈림이다.

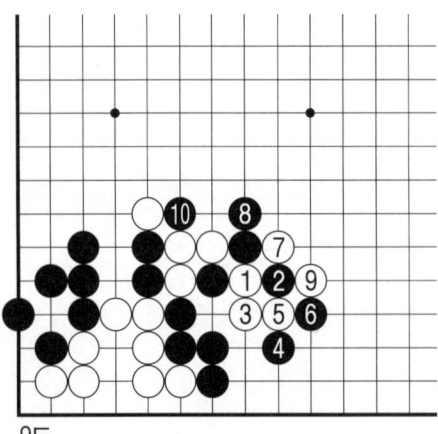

9도

전도 백9로 본도 백1로 단수치는 것은 흑2의 호착이 기다리고 있다. 백3에는 흑4의 포위가 호착으로 이하 흑10까지 백이 곤란한 모습이다.

232

성급한 한칸뜀

● 흑차례

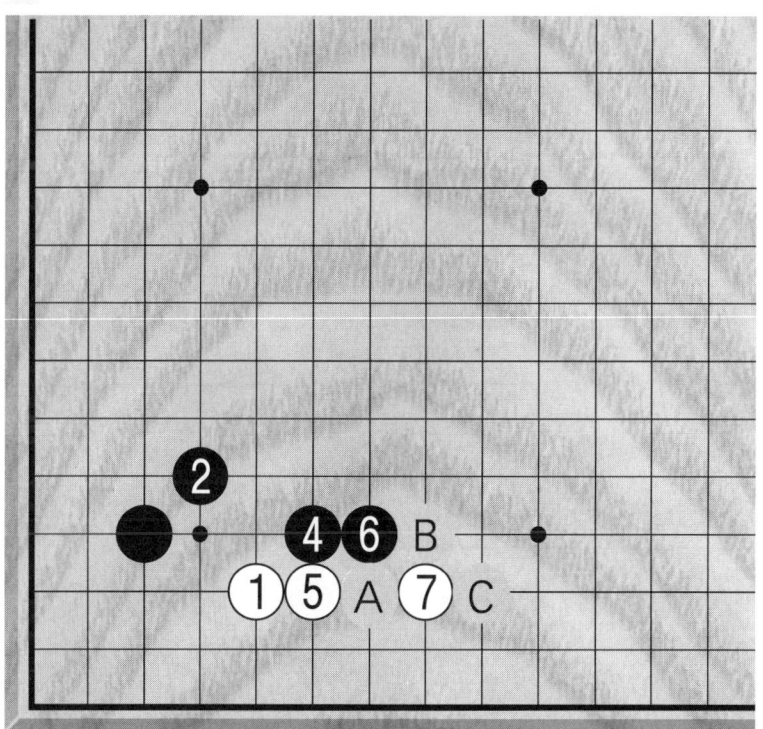

③ … 손뺌

백1 때 흑2는 견실한 응수법. 계속해서 백이 손을 뺀 이후 파생된 모습이다. 흑4로 씌우면 백5, 흑6까지는 필연적인 진행인데 백7로 한칸 뛴 수가 함정수의 일종이다. 백7로는 A로 민 후 흑B 때 백C로 한칸 뛰는 것이 수순이다. 그렇다면 흑의 적절한 응수법은?

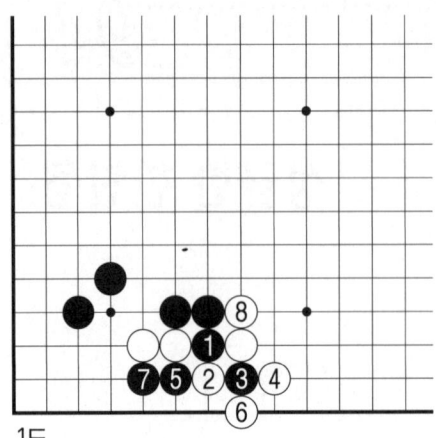

1도

흑은 1로 찔러서 백의 약점을 추궁할 곳이다. 그러나 흑3으로 끊은 것은 잘못된 방법. 이하 백 8까지의 결말은 흑이 얻은 것보다 잃은 것이 많다.

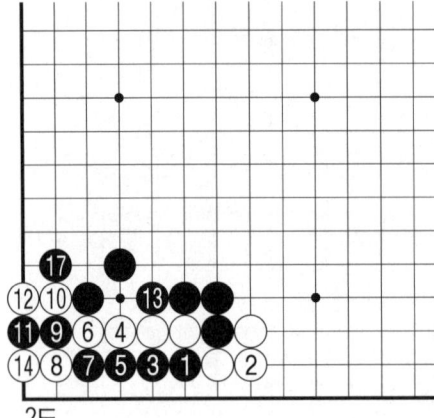

2도

2도(올바른 방향)

흑은 1로 끊는 것이 올바른 방향이다. 계속해서 백2로 잇는다면 흑3 이하 17까지 상용의 수순으로 백을 잡을 수 있다.

⑮ … ⑨   ⑯ … ⑪

3도

3도(흑, 만족)

백은 1로 단수쳐서 흑 한점을 잡는 정도이다. 그러나 이하 흑6까지 흑의 세력이 막강해져서는 백이 불리한 결말이다.

그냥 이어달라는 단수의 함정

● 백차례

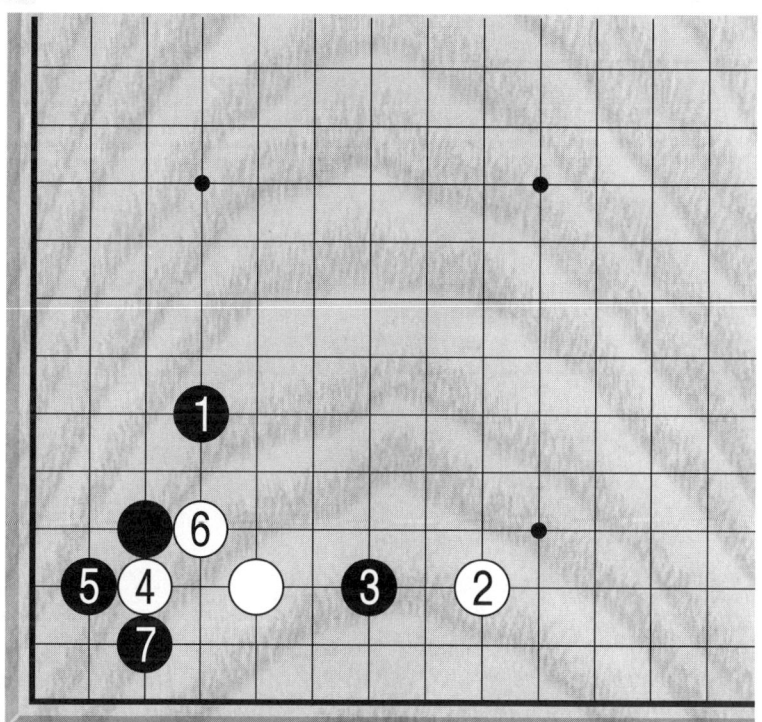

흑1로 날일자하고 이하 백6까지는 실전에 종종 등장하는 수순이다. 그런데 흑7의 단수가 상대로 하여금 그냥 이어 달라는 약간 욕심이 과한 주문. 백은 적절한 응수로 국면을 풀어가고 싶은데 어떻게 두는 것이 최선일까?

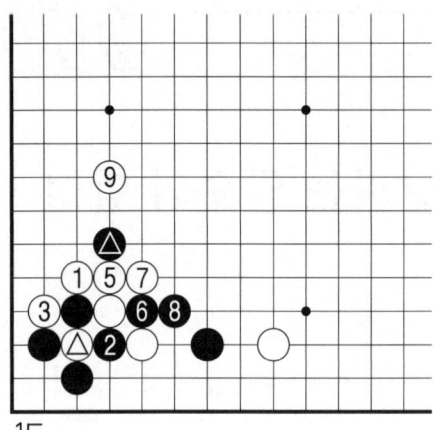

1도

1도(백의 기세)

백은 기세상 당연히 1·3으로 단수칠 곳이다. 그러나 흑6으로 끊었을 때 백7이 악수. 흑8 때 백9로 협공해도 흑❹ 한점은 여전히 활용의 여지가 있는 만큼 이 결과는 흑이 기분 좋다. (❹ … △)

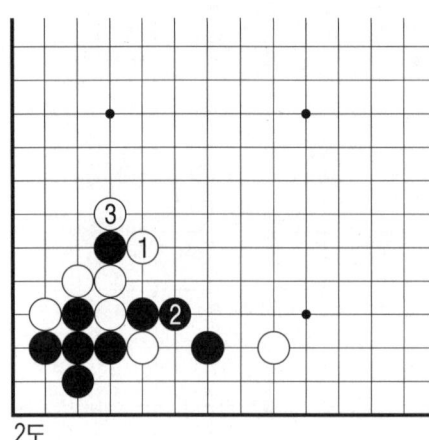

2도

2도(백의 정수)

백은 1로 젖혀서 응수할 곳이다. 흑2로 보강한다면 백3으로 잡아서 백으로선 깔끔한 모습이므로 전혀 불만없다.

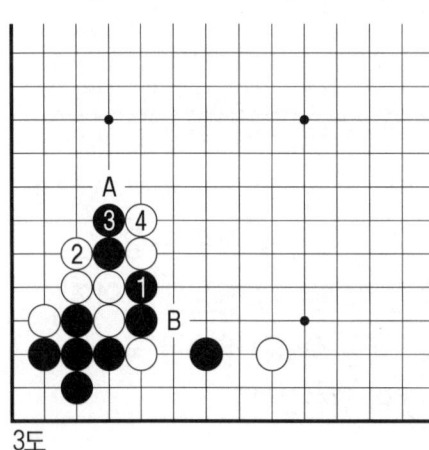

3도

3도(흑의 강수)

흑은 전도 흑2로 두지 않고 본도 흑1로 두는 강수도 가능하다. 계속해서 백은 축 유리를 전제삼아 2·4로 두는 것이 행마의 요령이다. 이후 흑은 A와 B의 약점을 동시에 보강해야 하는데…

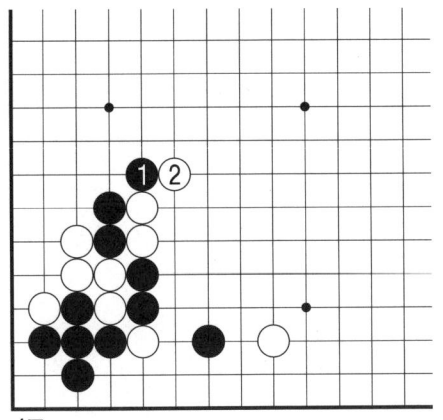

4도

흑은 1로 젖히는 것이 양쪽 축을 동시에 막는 호착이다. 백도 2로 젖혀서 최강으로 맞서게 되는데…

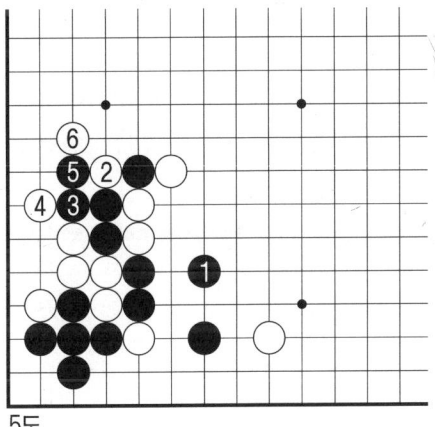

5도

전도에 계속해서 흑1로 한칸 뛰어 보강하는 것은 대악수이다. 백2로 단수친 후 이하 6까지 공격하면 흑은 회돌이 축으로 잡힌 모습.

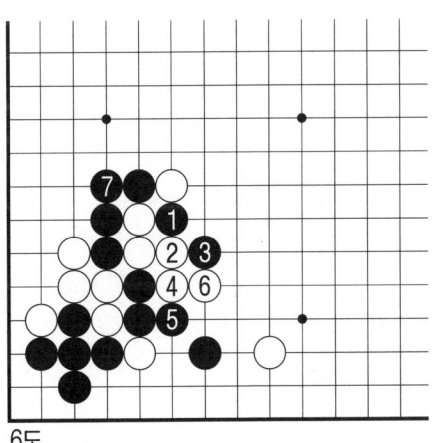

6도

흑의 최강은 1·3으로 단수치는 것이다. 계속해서 백이 4·6으로 응수하는 것은 의문. 흑7로 잇고 나면 백이 곤란한 모습이다.

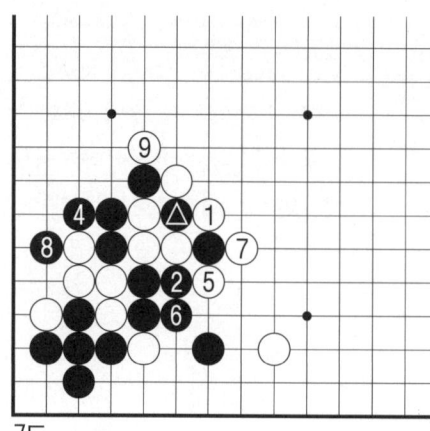

7도

7도(백, 충분)

전도 백4로는 본도 백1로 따내는 것이 정수이다. 이하 백9까지 일단락인데 백으로선 중앙에 막강한 세력을 구축해서 충분히 둘 수 있다.

③ … ▲

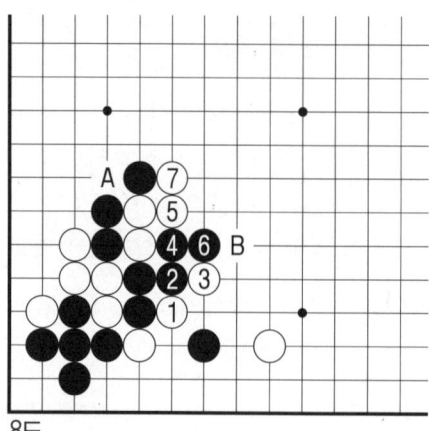

8도

8도(백의 무리)

백이 4도처럼 처리하지 않고 본도처럼 백1·3·5로 단수치는 것은 좋지 않다. 얼핏 백7 이후 A와 B를 맞보기로해서 백이 좋을 것 같지만…

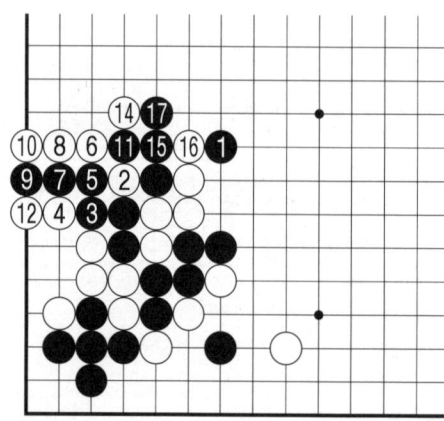

9도

9도(흑의 묘수)

전도에 계속해서 흑에겐 1로 두는 묘수가 준비되어 있다. 계속해서 백2로 단수쳐서 잡으려 해도 이하 흑17까지의 진행이면 흑1의 한점이 절묘하게 작용하고 있는 모습이다.

⓭ … ②

귀의 차단을 방치한 두칸뜀

● 백차례

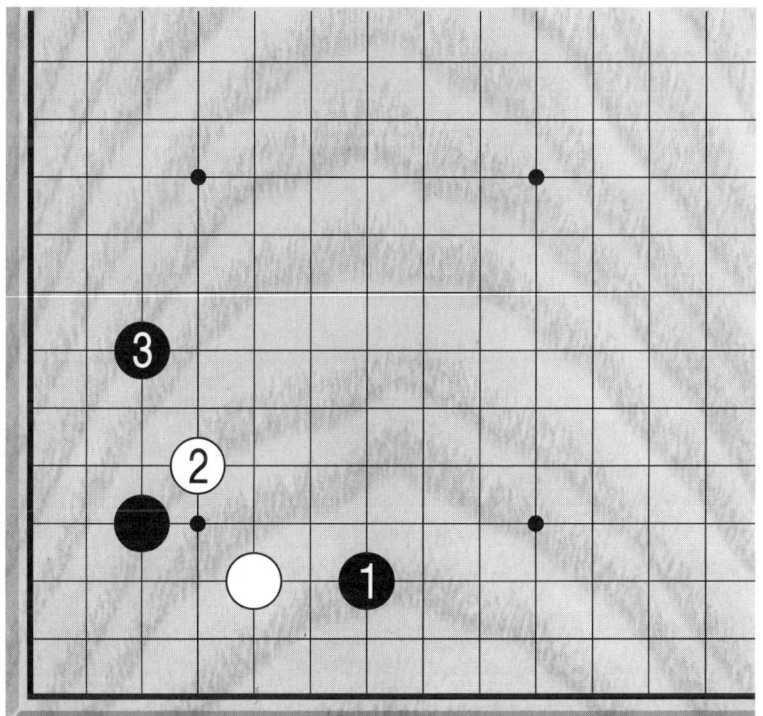

🔴 흑1로 협공하고 백2로 씌우는 것까지는 실전에 흔히 등장
하는 정석 진행. 그런데 흑3으로 두칸 뛰는 수가 정석에 없
는 함정수의 일종이다. 얼핏 귀의 차단을 방치한 모습인데,
백의 적절한 응수법은?

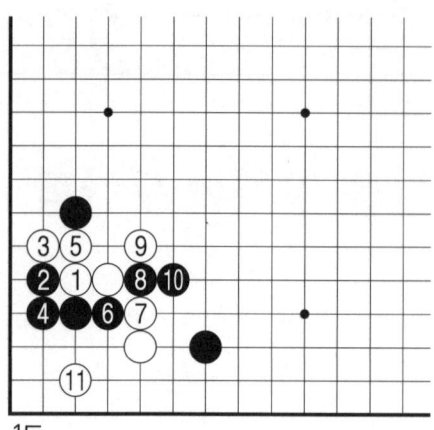

1도

1도(흑의 의도)

백은 기세상 1로 차단하고 싶은 곳이다. 그런데 흑2로 젖혔을 때 백3으로 막는 수는 의문수. 계속해서 흑4로 잇고 이하 백11까지 거의 필연적인 수순인데…

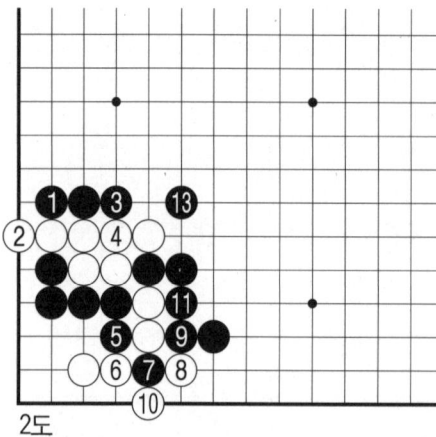

2도

2도(흑, 우세)

전도에 계속해서 흑은 1·3을 선수한 후 5·7로 나가 끊는 수가 준비되어 있다. 백8·10을 기다려 이하 13까지 백을 봉쇄하면 이 결과는 흑이 우세하다.

(⑫ … ❼)

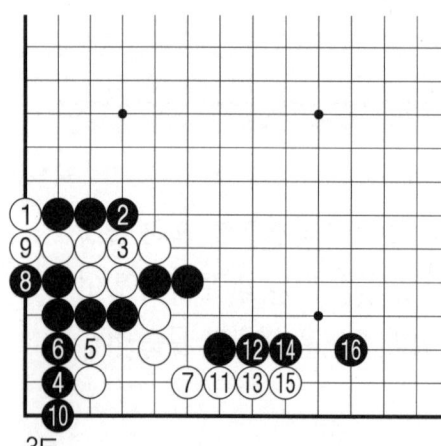

3도

3도(백, 불리)

전도 백2로 본도 백1로 젖히는 변화이다. 이때는 흑2, 백3을 선수한 후 흑4에 붙여 삶을 모색하는 것이 좋은 수순. 백은 5 이하 15까지 2선을 길 수밖에 없다는 것이 쓰라리다.

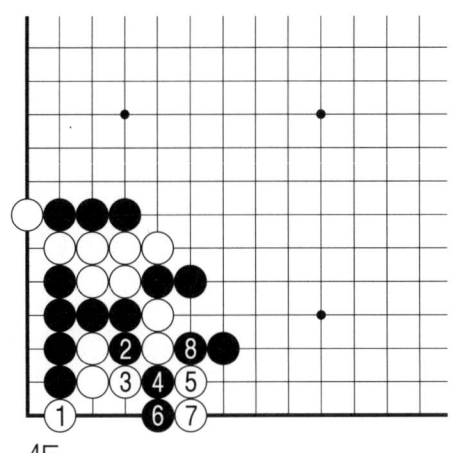

4도

전도 백7로 본도 백1로 젖히는
것은 무리수이다. 흑은 2·4로
끊은 후 이하 8까지 상용의 수순
으로 수를 조여가면 백을 잡을
수 있다.

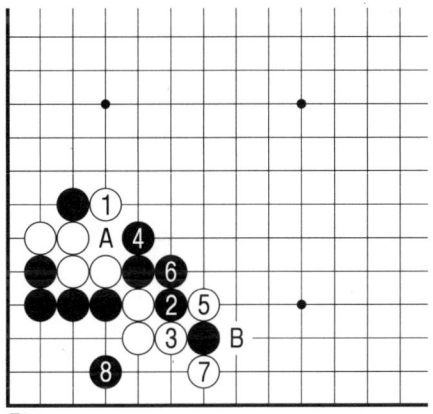

5도

1도의 백9로 본도 백1로 두는
변화이다. 이때는 흑2가 강력한
수. 백3 때 흑4 이하 8까지 처리
하면 이후 A와 B를 맞보기로 노
릴 수 있는 만큼 백이 불리한 모
습이다.

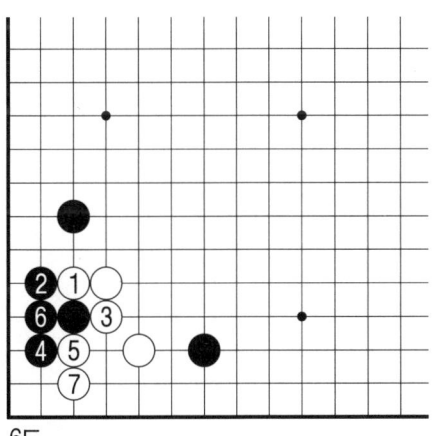

6도

1도의 백3으로는 본도처럼 3으
로 물러서는 것이 좋은 수이다.
흑4로 호구친다면 백5를 선수한
후 7로 내려서 백이 유리한 형
태이다.

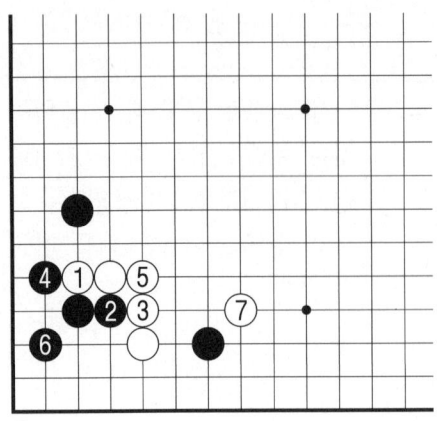

7도

백1 때 흑이 전도의 진행을 피해 2로 민 후 4로 젖히는 변화이다. 이때는 백5로 이은 후 흑6 때 백7로 씌워 백으로선 충분한 결말이다.

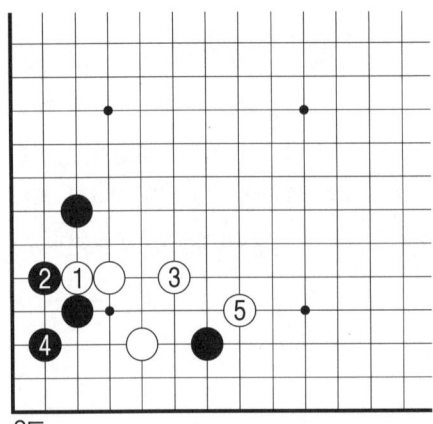

8도

백1, 흑2 때 백은 3으로 한칸 뛰어 형태를 정비하는 수단도 가능하다. 흑4 때 백5로 씌우면 이 역시 백으로선 충분히 둘 수 있다.

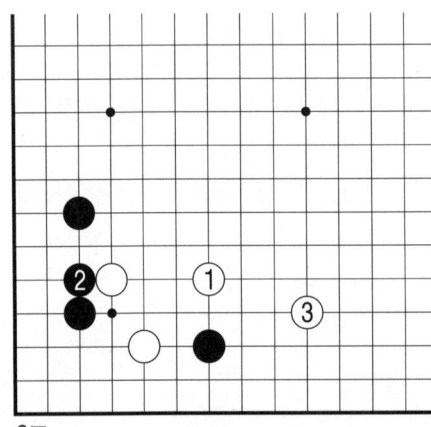

9도

백은 날렵하게 1로 씌운 후 흑2를 기다려 백3으로 두는 수도 가능하다.

빈삼각을 감수한 이유는

● 흑차례

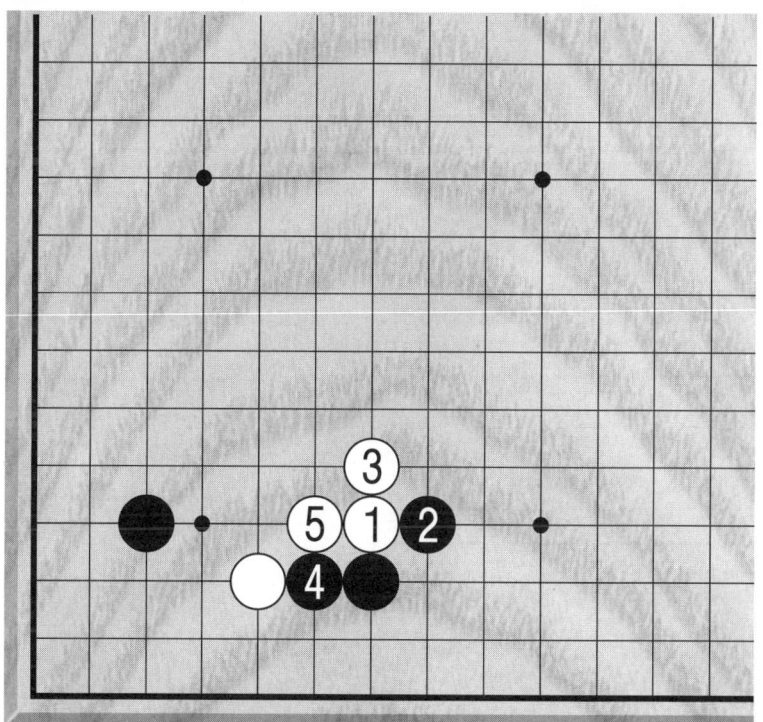

흑이 한칸으로 협공했을 때 백1로 붙인 것은 형태를 정비하기 위한 상용수법. 계속해서 흑2로 젖히고 백3, 흑4까지는 평이한데 백5의 빈삼각이 뭔가 이상하다. 백5는 함정수의 일종인데 흑의 적절한 응수법은?

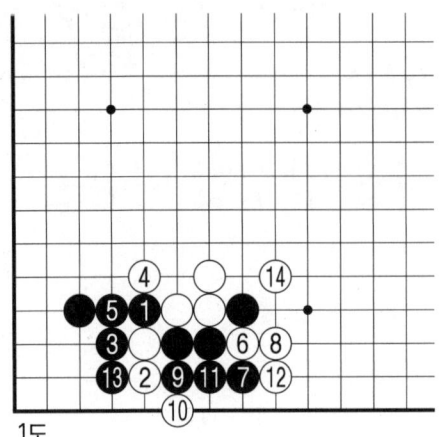

1도

흑은 기세상 당연히 1로 끊을
곳이다. 그러나 백2 때 흑3으로
호구친 수가 의문수. 백4 이하
14까지의 결말은 백의 세력이 훌
륭하다.

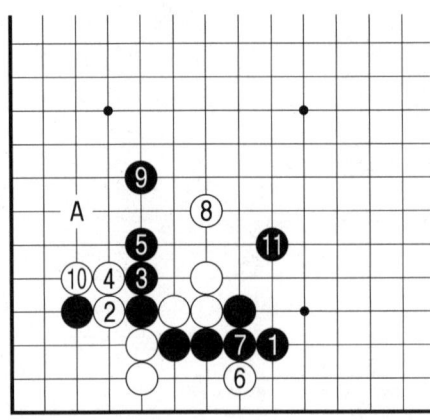

2도

전도 흑3으로는 본도 흑1로 호
구치는 것이 정수이다. 계속해서
백2로 단수치고 이하 흑11까지
일단락인데 흑A가 귀의 뒷맛관
계상 선수로 듣는 만큼 이 결과
는 흑이 우세하다.

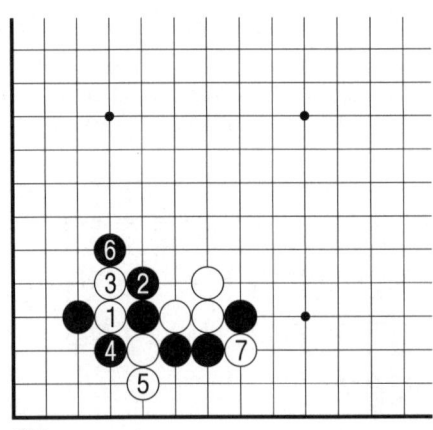

3도

1도 백2로 본도 백1로 단수치
는 변화이다. 계속해서 흑2로 뻗
고 이하 백7까지가 예상되는 진
행인데 이 역시 흑이 우세하다.

244

날일자씌움의 함정

● 흑차례

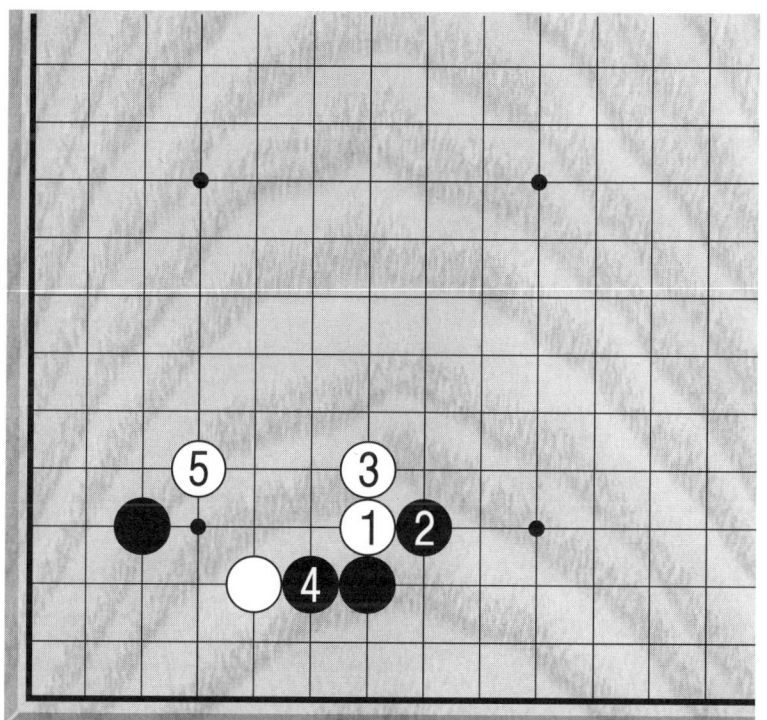

◗ 백1로 붙이고 이하 흑4까지는 앞에서 살펴본 장면도의 진행과정과 동일하다. 그런데 백이 날렵하게 5로 씌워 변화를 모색해온 장면이다. 백5 역시 함정수의 일종인데 흑의 적절한 응수법은?

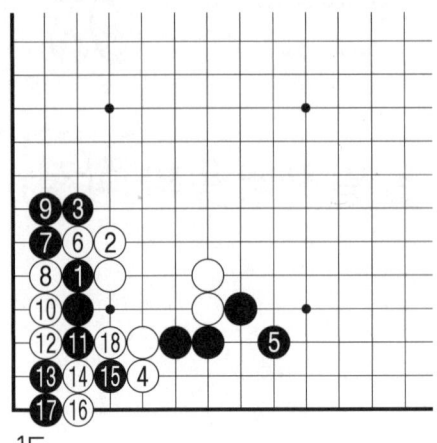

1도

흑은 당연히 1로 밀 곳이다. 그런데 백2 때 흑3은 성급한 수. 백은 4로 내려서는 것이 긴요한 선수활용으로 흑5를 기다려 이하 백18까지 처리하면 귀의 흑을 잡을 수 있다.

2도(흑, 불리한 싸움)

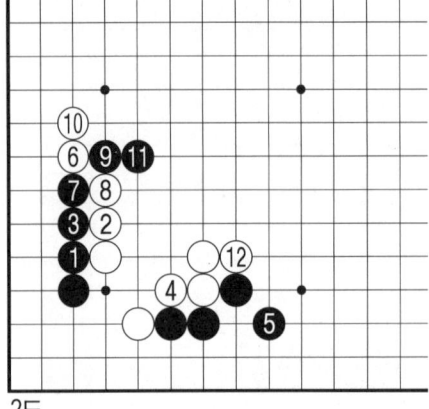

2도

흑은 백2로 뻗었을 때 흑3으로 한번 더 미는 것이 정수이다. 그러나 백4 때 흑5는 생각이 짧은 수. 이하 백12까지의 싸움은 흑이 불리하다.

3도(흑의 정수)

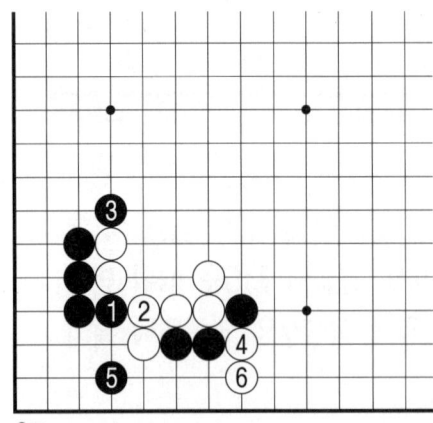

3도

전도 흑5로는 본도 흑1·3으로 처리하는 것이 정수이다. 백4에는 흑5를 선수로 활용해서 충분한 모습이다.

246

능률을 노린 끼움

● 흑차례

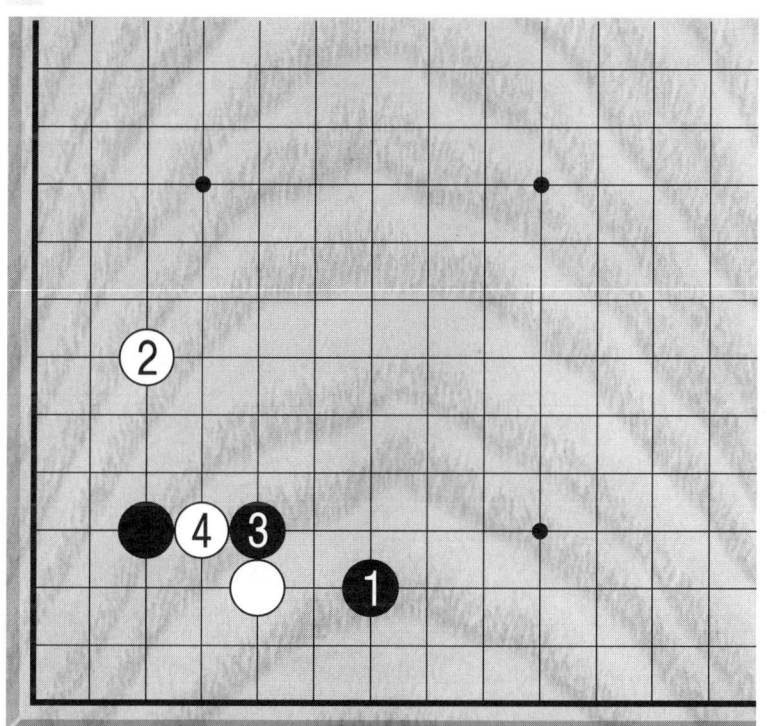

흑1로 협공했을 때 백이 2로 방향전환한 후 흑3을 기다려 백4로 끼운 장면이다. 백은 축이 유리한 것을 전제삼아 능률적으로 형태를 정비하겠다는 뜻인데 흑으로선 어떻게 응수하는 것이 최선일까?

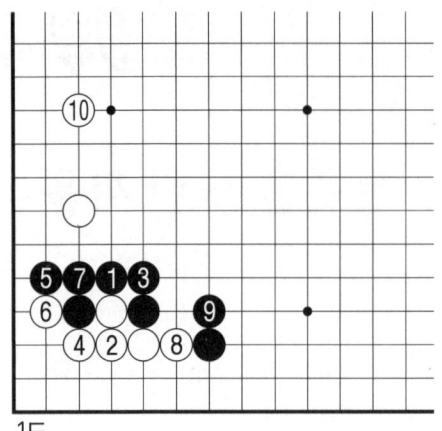

1도

1도(백, 만족)

축이 불리하면 흑은 1로 단수
치는 한수이다. 계속해서 백2로
잇고 이하 백6까지는 거의 필연
적인 진행인데 흑7로 이은 것이
생각이 짧은 수. 백8을 선수한
후 백10으로 전개하면 백이 능률
적이다.

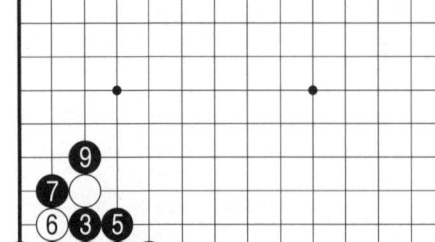

2도

2도(흑의 정수)

전도 흑7로는 본도 흑1로 치받
는 것이 정수이다. 백2로 따낸다
면 흑3으로 단수쳐서 패의 형태
로 유도하는 것이 요령. 이하 흑
9까지의 결말은 흑이 두텁다.

④…△

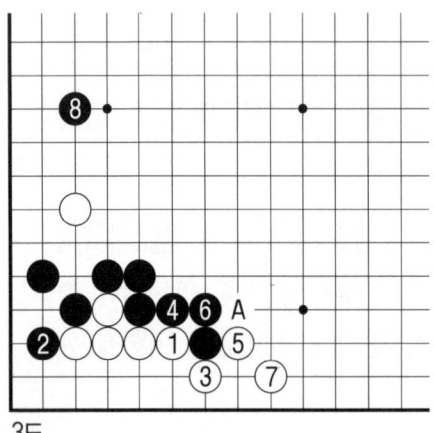

3도

3도(백의 변화)

1도의 백6으로 본도 백1로 치
받는 변화이다. 이때는 직접 응
수하지 않고 흑2로 호구치는 것
이 좋은 수. 이하 흑8까지의 결
말은 흑이 우세하다. 수순 중 백
3으로 4로 빠지면 흑A로 백이
불리하다.

무리한 눈목자씌움

⚪ 백차례

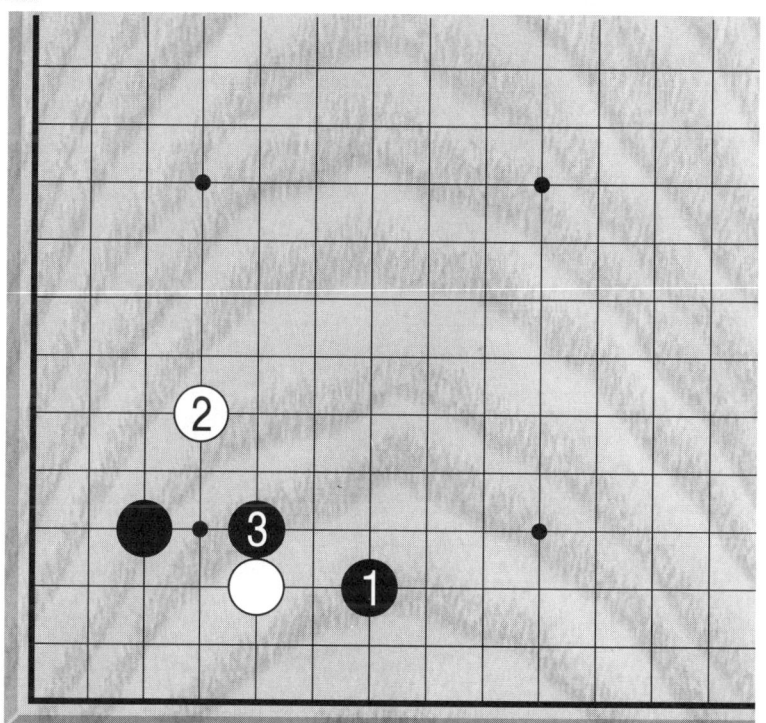

🔴흑1로 협공했을 때 백2로 씌우는 수는 함정수의 일종. 그러나 이 수는 특별한 경우가 아닌 이상 대부분 좋은 결과를 기대할 수 없다. 흑3의 차단은 당연한 대응인데 이후의 변화를 검토해 본다.

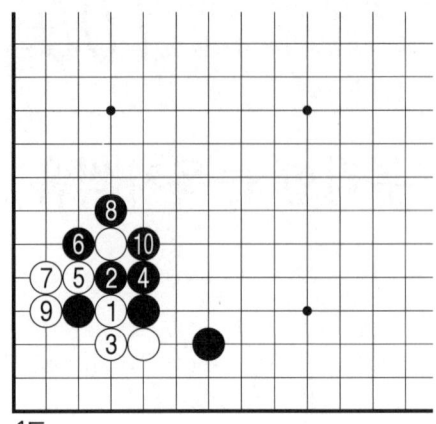

1도

백1로 끼우는 수에는 흑2로 단수친 후 4에 잇는 가장 간명하면서도 좋은 응수법이다. 이하 흑 10까지 일단락인데 흑이 두터운 모습.

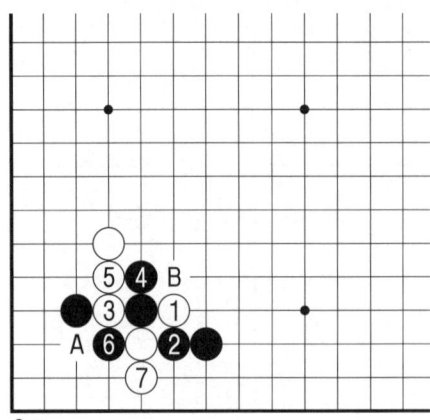

2도

이번엔 백1로 젖히는 변화이다. 이때 무심코 흑2로 끊는 것은 대악수. 백은 3으로 단수친 후 5에 잇는 것이 좋은 수순으로 A와 B를 맞보기로 해서 대만족이다.

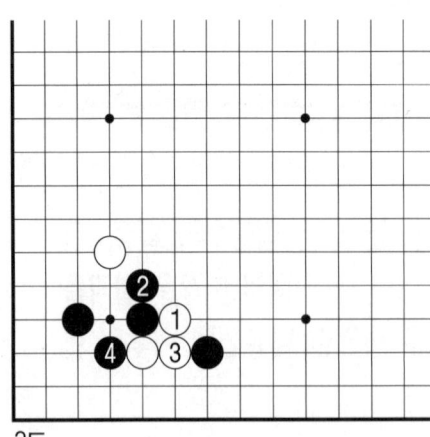

3도

백1에는 흑2로 뻗는 것이 정수이다. 백3에는 흑4로 귀를 차지해서 충분한 모습이다.

250

끊은 이후의 공격법

● 흑차례

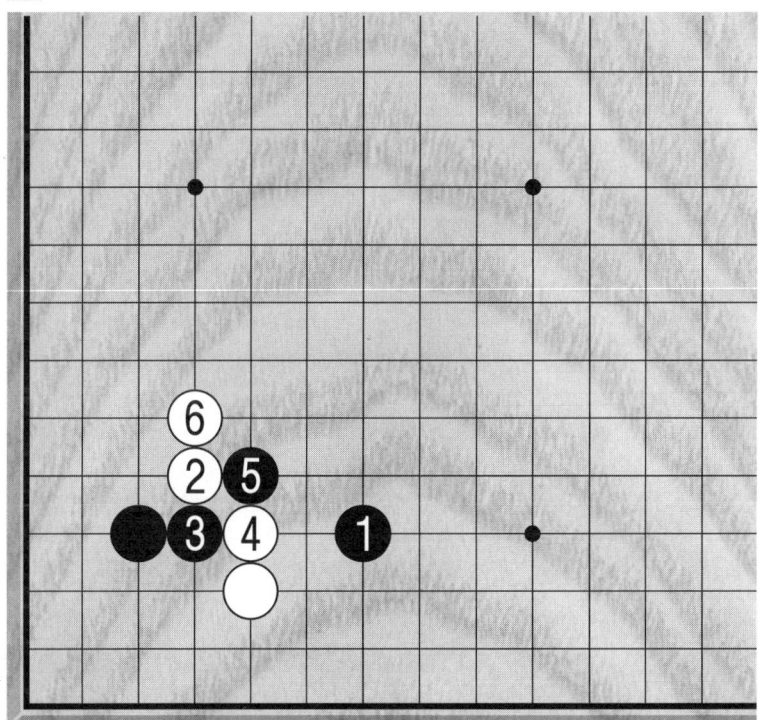

흑1의 한칸높은협공은 가장 급격한 정석선택. 계속해서 백 2의 씌움이라면 흑3·5로 나가 끊은 것은 당연한데 백6 이후의 변화가 어렵다. 흑의 최선의 공격법은?

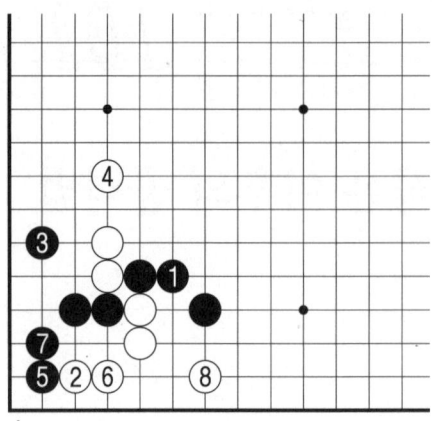

1도

흑1로 뻗는 것은 다소 미흡하다. 이하 백8까지 백이 유리한 갈림이다.

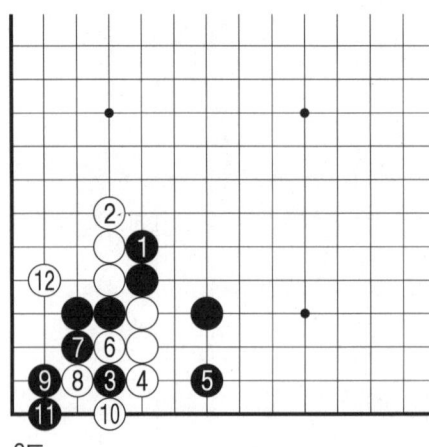

2도

흑은 1로 미는 것이 정수이다. 그러나 백2 때 흑3은 성급한 수. 백4 때 흑5가 강수이지만 백에겐 이하 12까지 반격하는 수가 성립한다.

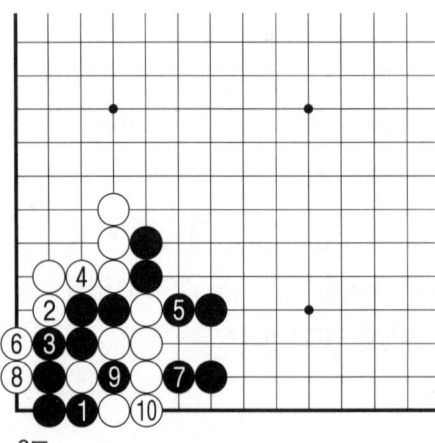

3도

전도에 계속해서 흑1로 단수치고 이하 백10까지의 진행은 필연인데 백이 먼저 따내는 패가 되는 만큼 흑이 불리한 결말이다.

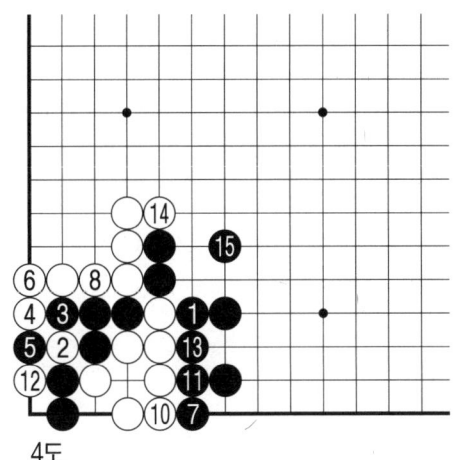

4도

4도(흑, 불만)

전도 흑1로 본도 흑1로 치받는
수 역시 좋은 결과를 기대하기
힘들다. 백은 선수로 빅을 만든
후 큰 곳에 손을 돌려 충분하다.
9…②

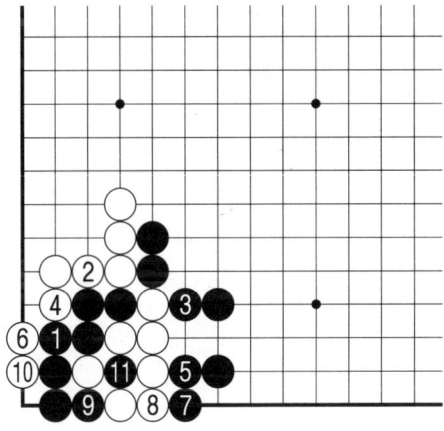

5도

5도(흑, 우세)

흑으로선 1로 잇는 것이 그나
마 최선이다. 계속해서 백2로 수
를 조인다면 이하 흑11까지 선패
를 만들어 흑이 우세하다.

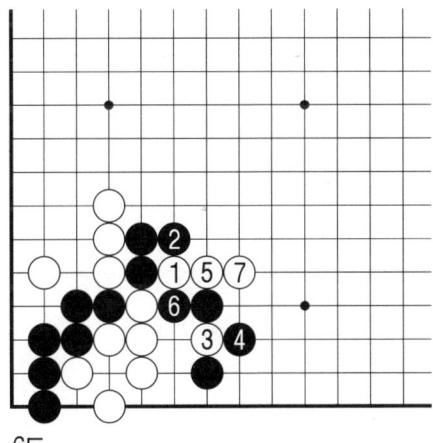

6도

6도(백의 변화)

그러나 전도 백2로는 본도 백1
로 젖힌 후 3으로 끼우는 맥점이
준비되어 있다. 흑4를 기다려 이
하 백7까지 처리하면 흑이 곤란
한 모습이다.

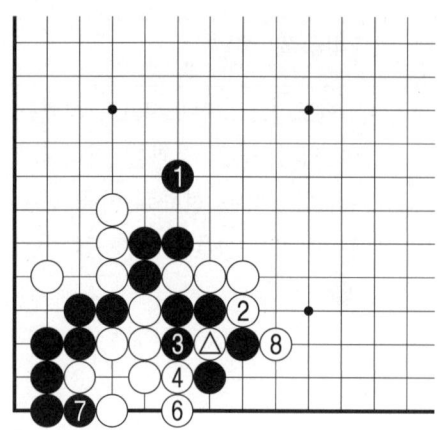

7도

전도에 계속해서 흑이 장문을 피해 1로 달아난다면 백2 이하 8까지 공략하는 수가 성립한다. 이 형태는 흑이 잡힌 모습이다. (❺ … △)

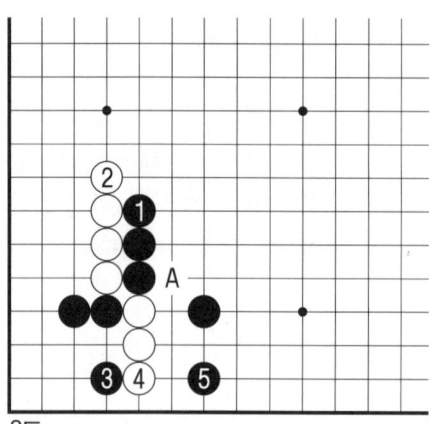

8도

8도(흑의 정수)

2도의 흑3으로는 본도 흑1로 한번 더 미는 것이 정수이다. 백2 이하 흑5까지 진행된다면 6도처럼 백이 A에 젖히는 수가 없어진 만큼 이 결과는 흑이 우세하다.

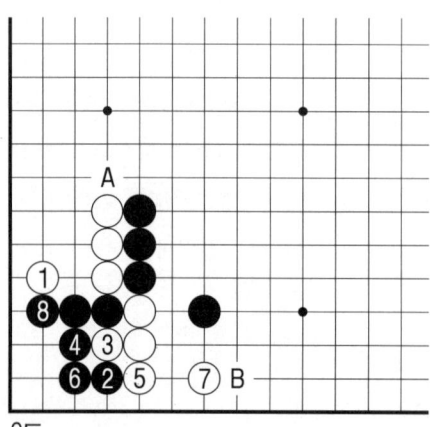

9도

9도(흑, 우세)

전도 백2로 본도 백1로 두는 변화이다. 이때는 흑2가 침착한 호착. 계속해서 백이 3으로 찌른 후 이하 7까지 둔다면 흑8로 막고난 후 A와 B를 맞보기로 노려서 흑이 우세한 모습이다.

사전공작에 의한 옆구리붙임

● 흑차례

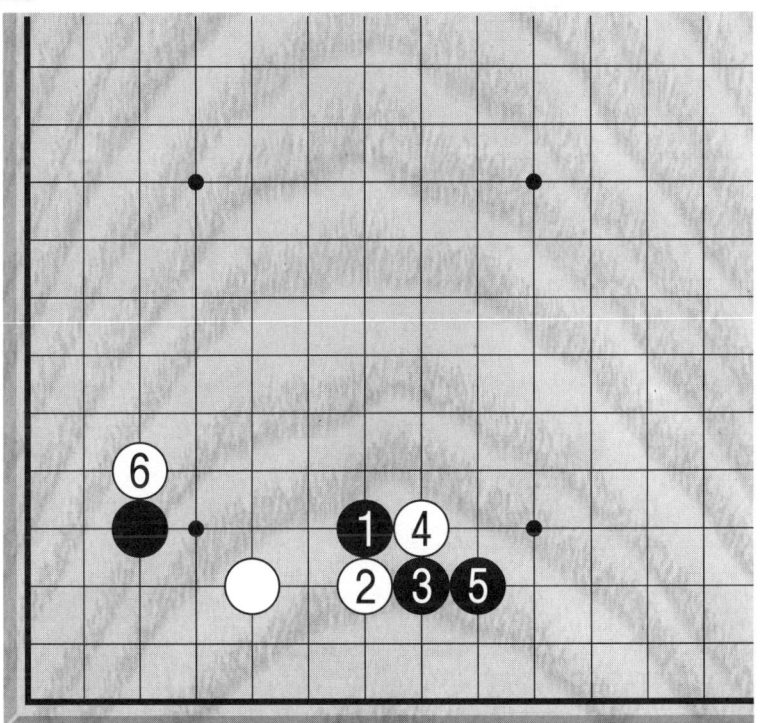

🏴 흑1로 협공하자 이번에는 백이 2·4로 붙여 끊은 후 흑5
를 기다려 백6으로 옆구리에 붙여온 장면이다. 흑은 상대
의 사전공작에 의해 형성된 자신의 약점을 고려해서 신중히
응수를 해야 한다. 이 경우 어떻게 두는 것이 최선일까?

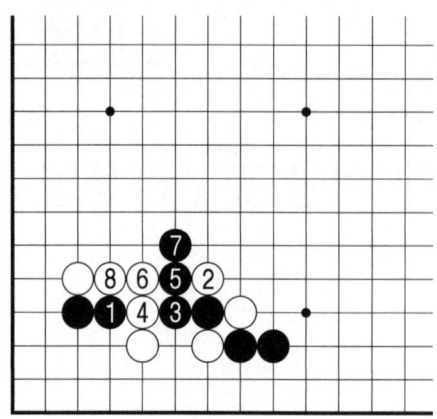

1도

1도(백의 주문)

흑1로 뻗는 것은 백의 주문에 말려드는 수이다. 백은 2로 단수 친 후 이하 8까지 실리를 차지해서 충분하다.

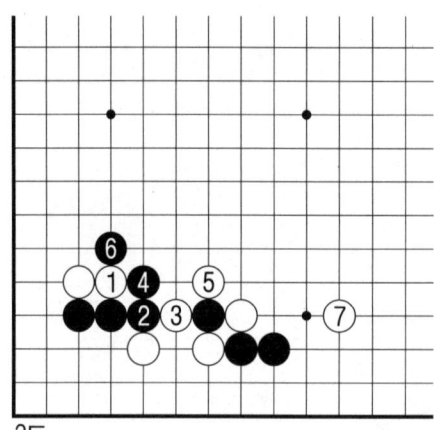

2도

2도(백, 우세)

전도 백2로는 본도 백1로 두는 수도 가능하다. 이하 백7까지 세력대 실리의 갈림이 되는데 이 역시 백이 우세하다.

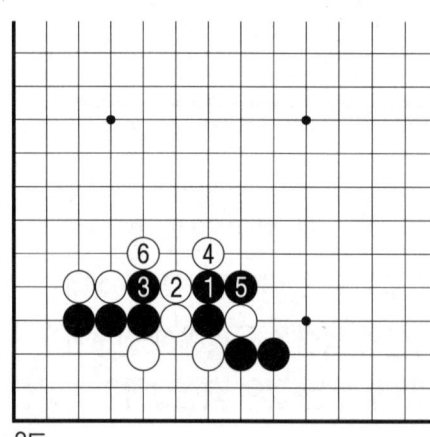

3도

3도(흑, 망함)

전도 흑4로 본도 흑1로 뻗는 것은 대악수이다. 백2로 뚫은 후 이하 6까지 공격하면 흑이 망한 모습.

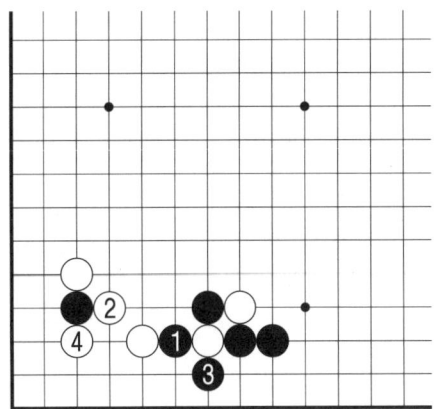

4도

4도(흑, 불만)

흑1은 간명하게 처리하겠다는 뜻이지만 이하 백4까지의 진행에서 보듯 백의 실리가 산뜻하다.

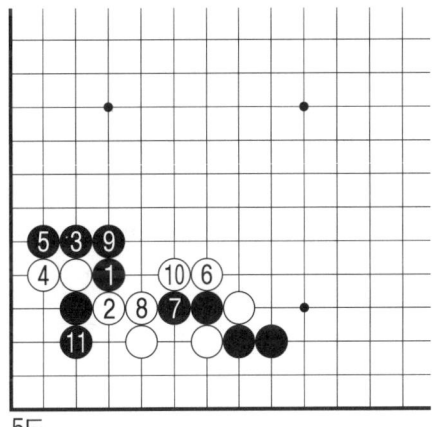

5도

5도(흑의 정수)

흑은 1로 젖히는 것이 최강이자 최선의 한수이다. 계속해서 백2로 끊고 이하 흑11까지의 진행이라면 흑의 실리가 크다.

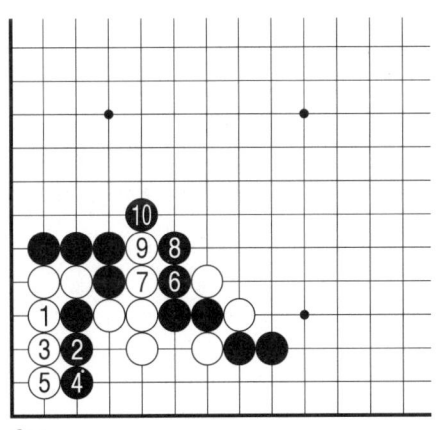

6도

6도(백의 변화)

전도 백10으로 본도 백1로 단수치는 변화이다. 백1이면 흑은 2로 뻗게 되는데 백3 이하 흑10까지 쌍방 기세의 수순들이다. 계속해서…

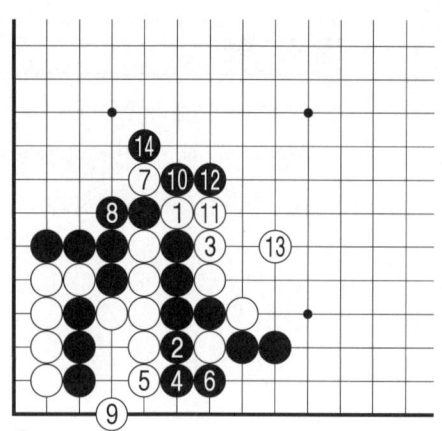

7도

전도에 계속해서 백1로 끊고 이하 흑14까지 일단락된 모습인데 이 역시 흑이 유리한 갈림이다.

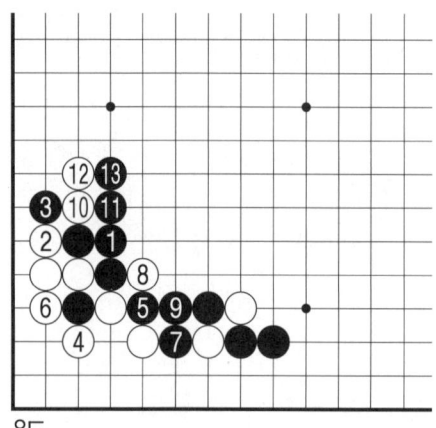

8도

흑은 세력을 중시하고자 한다면 5도 흑5로 본도 1로 잇는 수도 가능하다. 계속해서 백2로 밀고 이하 흑13까지의 진행이 예상되는데 흑의 세력이 막강하다.

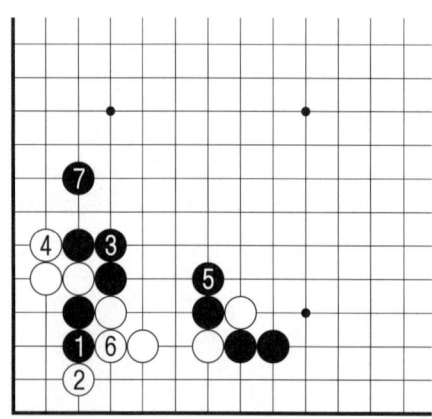

9도

전도 흑1로는 본도 흑1로 둔 후 3으로 잇는 변화도 가능하다. 백2로 붙이고 이하 흑7까지가 예상되는 진행인데 이 역시 흑은 두터워서 충분히 둘 수 있다.

귀의 약점을 둘러싼 공방

● 흑차례

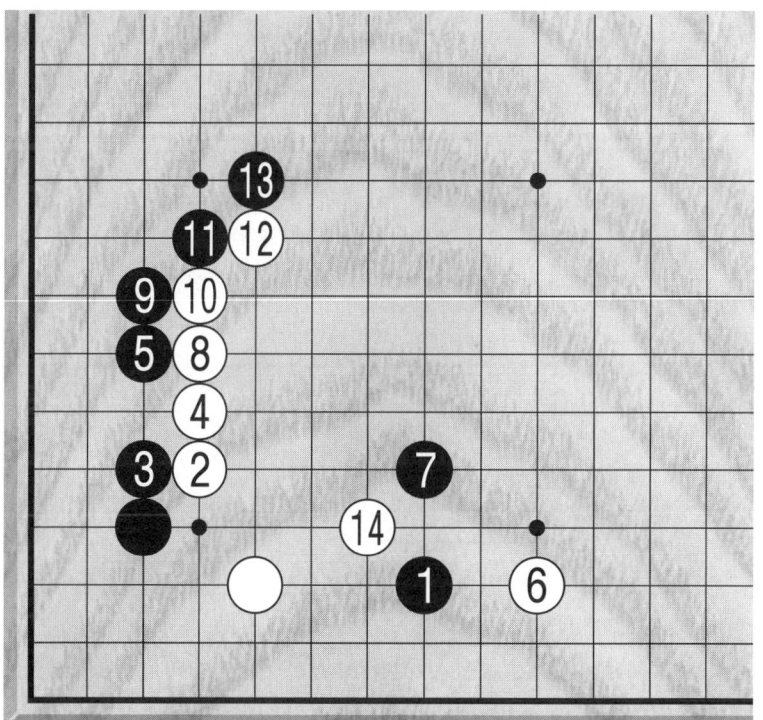

🔵 흑1 때 백2·4로 씌운 것은 흑5까지 선수로 처리한 후 백 6으로 공격하겠다는 뜻이다. 이하 흑13까지 진행되었을 때 백14로 들여다본 수가 함정을 걸기 위한 수순으로 흑의 다음 응수가 주목된다. 이후는 귀의 약점을 둘러싼 공방이 관건인데 최선의 응수법은 무엇일까?

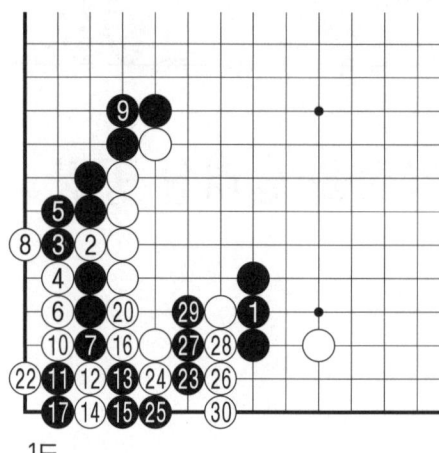

1도

1도(흑, 죽음)

흑은 당연히 1로 잇는 한수이
다. 계속해서 백2·4로 끊고 이
하 백22까지는 필연적인 수순인
데 흑23이 대악수. 백24·26이
호수순으로 작용해서는 이하 백
30까지 흑이 잡힌 모습이다.

(⑱㉑ … ⑫ ⑲ … ⑭)

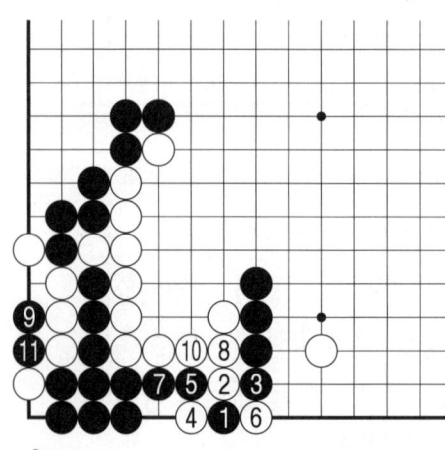

2도

2도(흑, 죽음)

전도 흑23으로 본도 흑1로 민
후 3으로 껴붙이는 변화이다. 그
러나 이 역시 백4로 내려서는 수
가 최강으로 작용해서는 이하 백
12까지 흑이 잡힌 모습이다.

(⑪ … ⑥)

3도(흑의 정수)

흑1의 1선에 두는 것이 교묘한
수로 상황을 반전시키는 유일한
맥점이다. 백2·4·6으로 공격해
온다면 이하 흑11까지 공략해서
흑이 수상전을 승리로 이끌 수
있다.

3도

강력한 막음

● 흑차례

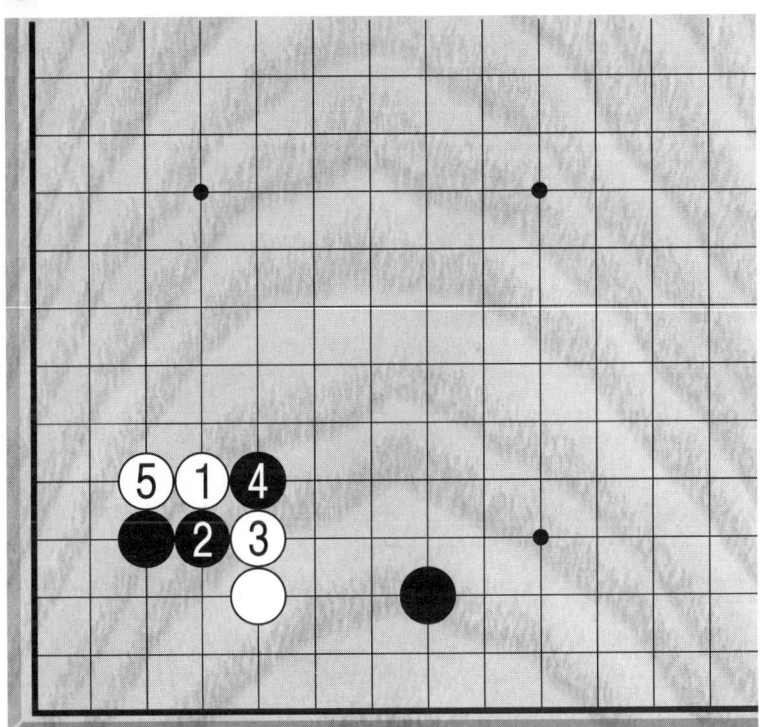

백1로 씌웠을 때 흑2 · 4로 절단한 것은 당연한 기세. 그런데 이번엔 백이 강력하게 5로 막아온 장면이다. 흑은 이 경우 어떻게 처리하는 것이 최선일까?

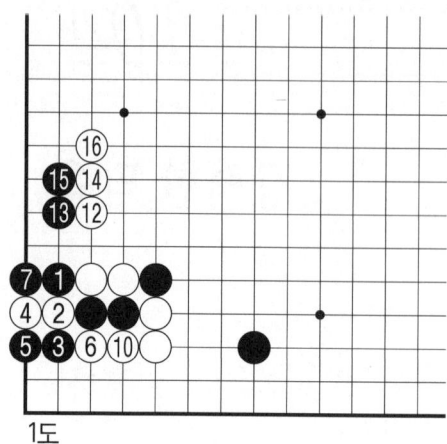

1도

흑은 당연히 1로 젖힐 곳이다. 그러나 백2·4 때 흑5는 무리한 욕심. 백6 이하 백16까지의 결말은 흑이 불리한 모습이다.

⑧⓫ … ② ❾ … ④

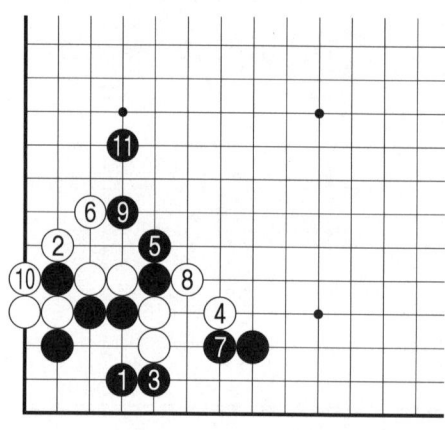

2도

전도 흑5로는 본도 흑1로 한칸 뛰는 것이 최선의 응수법이다. 백2로 단수치고 이하 흑11까지의 결말은 흑이 유리하다.

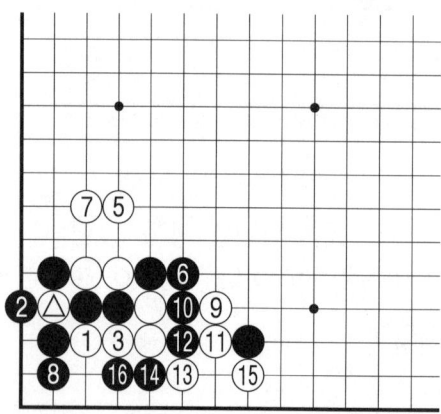

3도

1도 백4로 본도 백1로 단수치는 변화이다. 이때는 흑2로 따낸 후 백3·5 때 흑6이 호착이다. 백7로 형태를 정비하는 정도일 때 이하 흑16까지 공략하면 백을 잡을 수 있는 모습이다.

❹ … △

동일 유형에서의 뻗음

● 흑차례

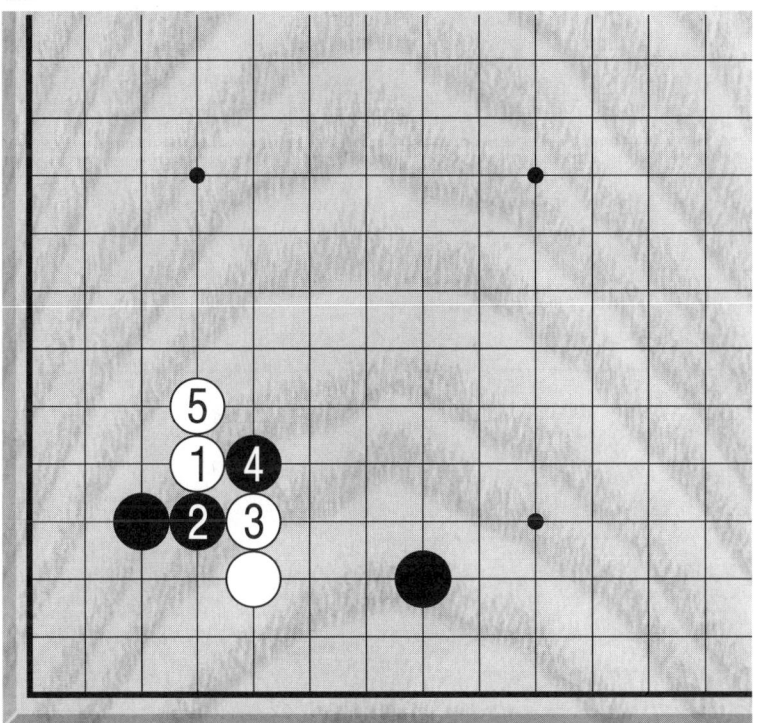

백1로 씌우고 이하 흑4의 끊음까지는 앞의 유형에서 살펴
본 진행과정과 동일하다. 그런데 이번에는 백이 5로 뻗은
장면인데 흑은 어떻게 응수하는 것이 최선일까?

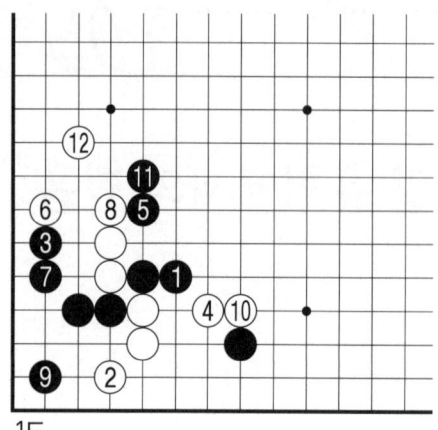

1도

1도(흑, 불만)

흑1로 뻗는 것은 의문이다. 백은 2로 입구자한 후 4에 두는 것이 호수순으로 이하 12까지 유리한 싸움을 전개할 수 있다.

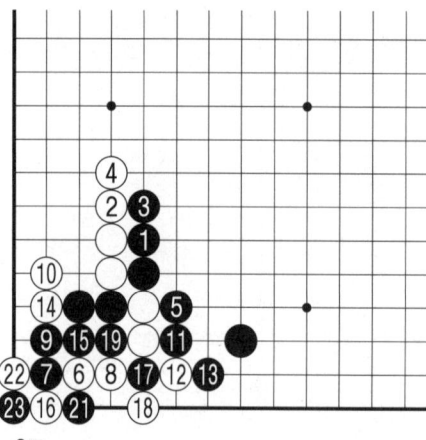

2도

2도(흑의 정수)

흑은 강력하게 1·3으로 밀어가는 것이 좋은 수이다. 백2·4로 뻗는다면 흑5 이하 23까지 유리한 패를 만들 수 있다.

⑳ … ⑰

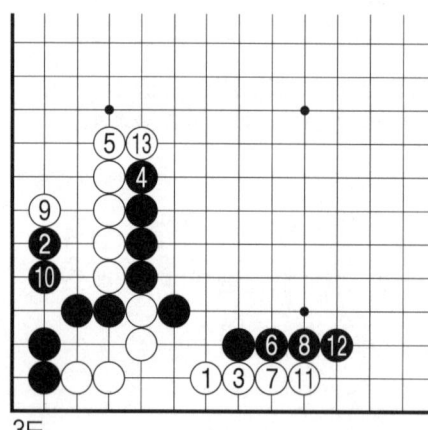

3도

3도(백, 저위)

전도 백10으로 본도 백1로 날일자하는 변화이다. 그러나 이 역시 흑이 2로 날일자한 후 이하 12까지 처리하면 백이 저위에 치우친 만큼 흑이 우세하다.

빈삼각의 급소

● 흑차례

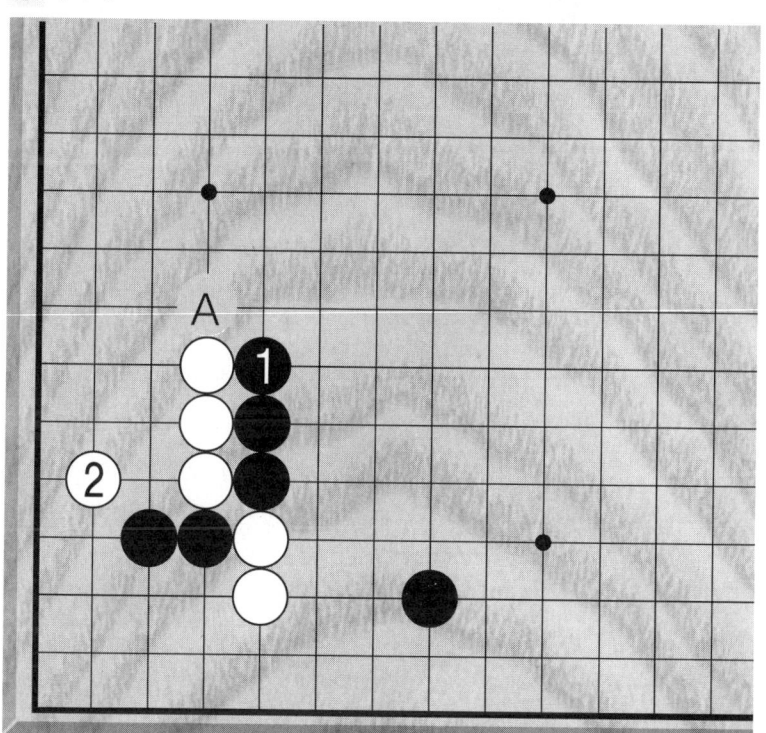

앞의 유형에서 파생된 모습이다. 흑1로 밀었을 때 백A로 받은 수로는 지금처럼 백2로 2선에 한칸 뛰어 흑의 귀를 공략하는 것이 최선이다. 계속해서 흑의 응수법을 살펴 보기로 한다.

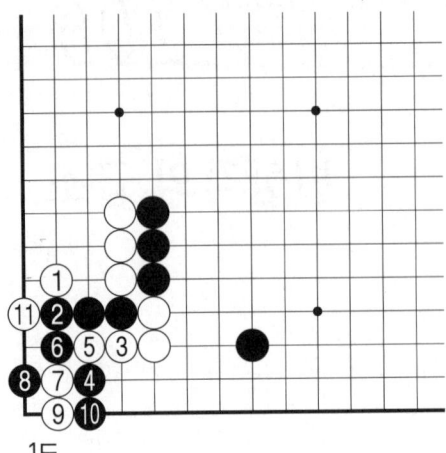

1도

백1 때 흑2로 받는 것은 의문이다. 백은 3으로 들어간 후 이하 11까지 흑을 귀삼수의 형태로 유도해서 잡을 수 있다.

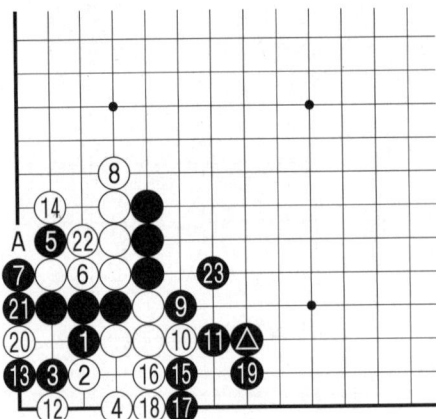

2도

2도(백, 우세)

전도 흑4로 본도 흑1로 막는 변화이다. 이때는 백2로 젖힌 후 4로 호구치는 것이 요령. 흑5·7에는 백8이 급소로 이하 흑23까지 처리해서 백이 우세하다. 이 형태는 백A가 선수인 반면에 흑❶ 한점이 쓸모없게 되었다.

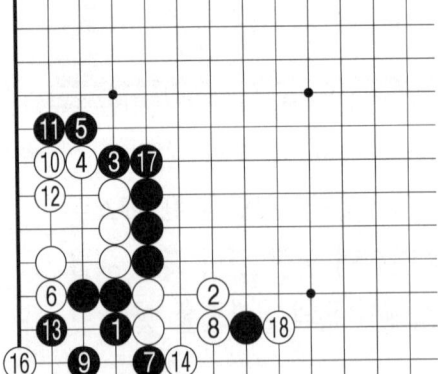

3도

3도(호각)

흑은 이 경우 1의 빈삼각이 정수이다. 이하 백18까지 쌍방 최선을 다한 진행으로 호각의 갈림이다. 수순 중 백16은 눈여겨볼 만한 맥점이다.

266

밭전자 중앙의 함정

● 흑차례

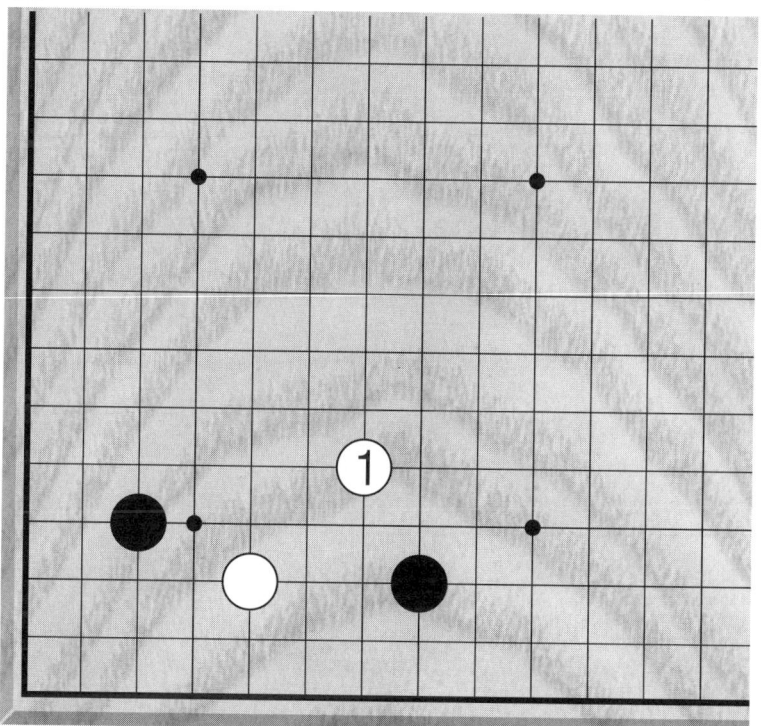

백1의 밭전자는 상당히 고급스런 행마법으로 실전에 종종 두어진다. 상대방이 이처럼 밭전자로 행마하면 하급자 입장에선 당연히 밭전자 중앙의 급소를 찌르고 싶은 충동이 생긴다. 그렇다면 이 경우에는 어떨까?

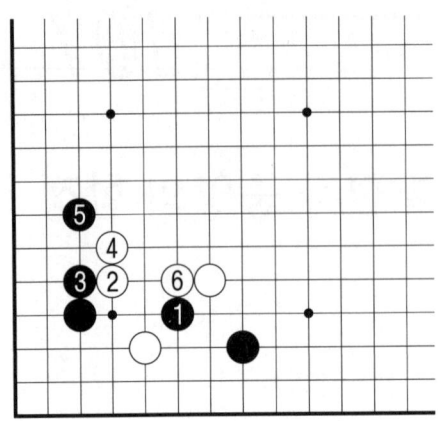

1도

흑1로 밭전자 급소를 찌르는 것은 백의 계략에 말려드는 수이다. 백은 2·4를 선수한 후 6으로 막아서 흑1의 한점을 악수로 만들 수 있다.

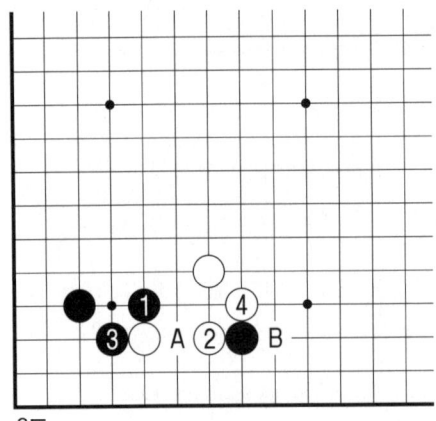

2도

흑은 이 경우 1로 붙이는 것이 정수이다. 계속해서 백2로 붙이고 흑3, 백4까지 쌍방 호각의 갈림이다. 이후 흑은 A와 B 중 한 곳을 선택하게 된다.

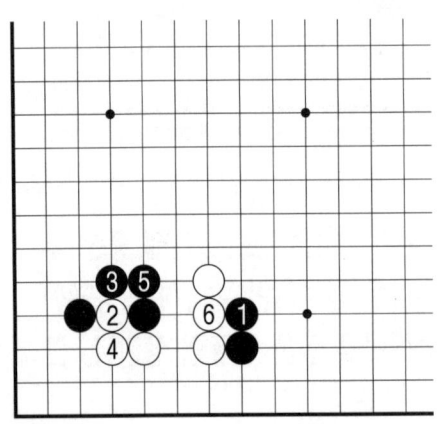

3도

전도 흑3으로 본도 흑1로 두는 것은 좋지 않다. 이하 백6까지의 진행이면 흑이 무거운 모습.

복잡한 정석의 숨은 함정

⚪ 백차례

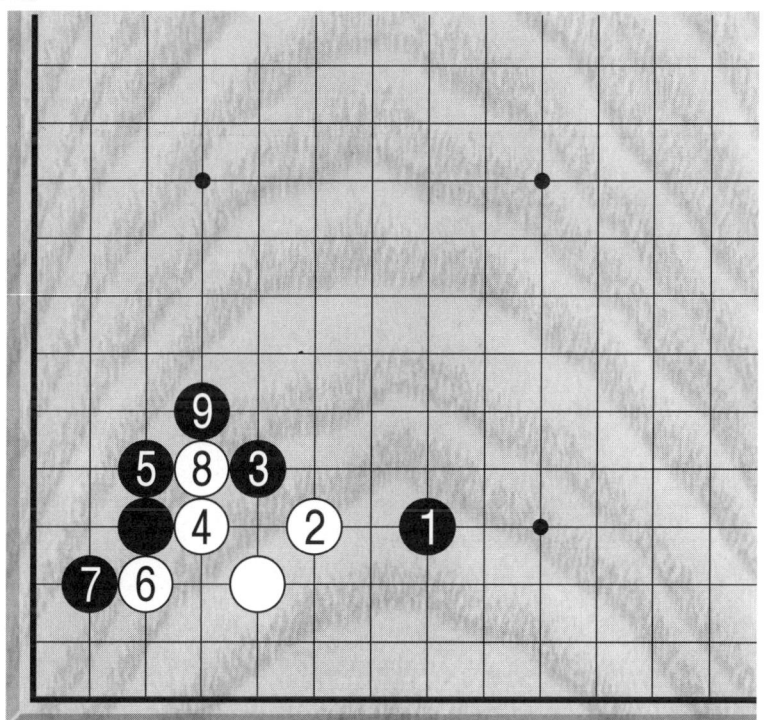

🔵 흑1로 두칸 높은 협공하고 백2로 받았을 때 흑이 3으로 씌우면 복잡한 정석 변화가 이루어진다. 복잡한 정석일수록 함정수가 등장할 가능성도 높다고 할 수 있는데, 흑9 이후의 변화를 검토해 보기로 한다.

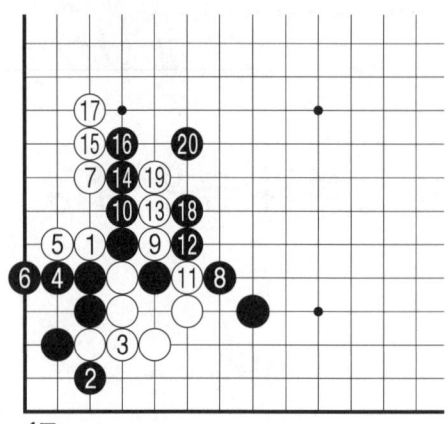

1도

백1로 끊고 이하 7까지는 필연적인 진행이다. 그런데 흑8이 함정수. 이때 무심코 백9로 단수치는 것은 의문수. 이하 흑20까지의 결과는 백이 불리하다.

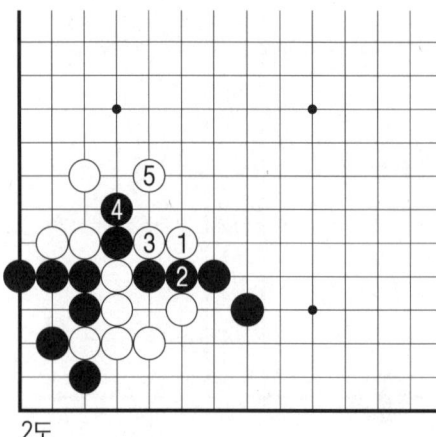

2도

전도 백9로는 본도 백1로 들여다보는 것이 익혀두어야 할 맥점이다. 흑2로 잇는다면 이하 백5까지 흑의 요석을 잡아 백이 우세하다.

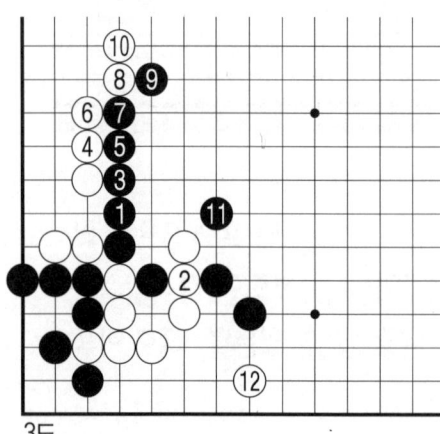

3도

전도 흑2로는 본도 흑1로 뻗는 것이 그나마 최선이다. 그러나 이하 백12까지의 결말은 백이 유리한 형태.

270

허술한 봉쇄의 탈출 방법

○ 백차례

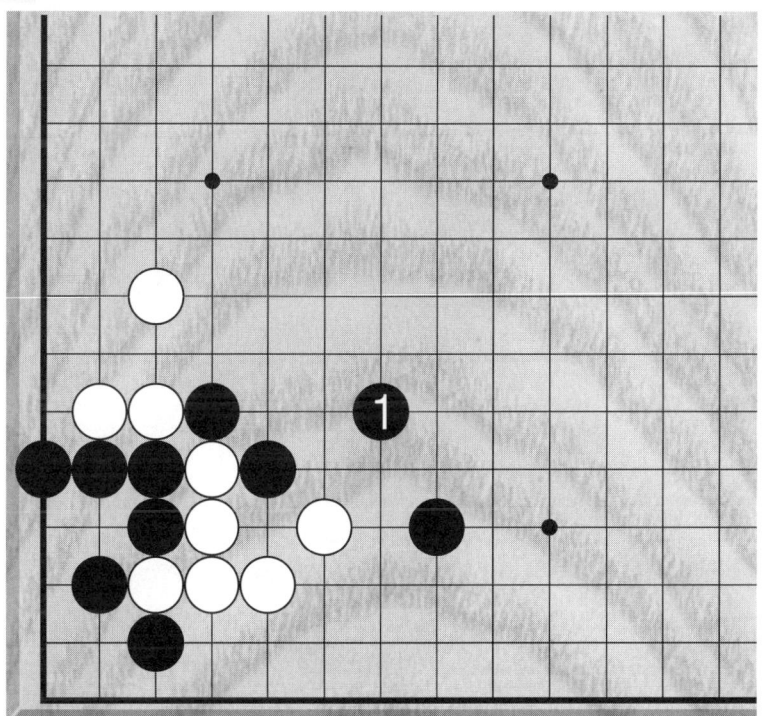

앞의 유형 변화 중 흑은 허술하긴 해도 1로 씌우는 것이 정수이다. 흑1로 씌우면 백의 탈출 방법이 관건으로 떠오르는데 최선의 응수법을 살펴 보기로 한다.

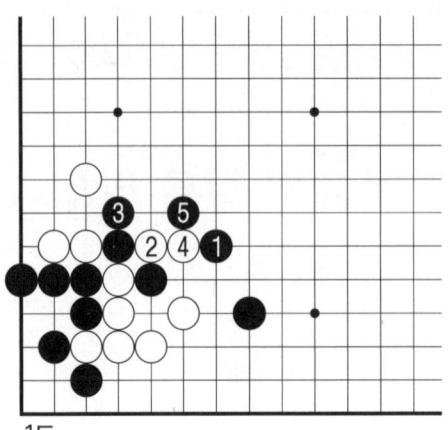

1도

흑1 때 백2로 단수치는 것은 전형적인 속수이다. 이하 흑5까지 봉쇄되어서는 백이 걸린 모습.

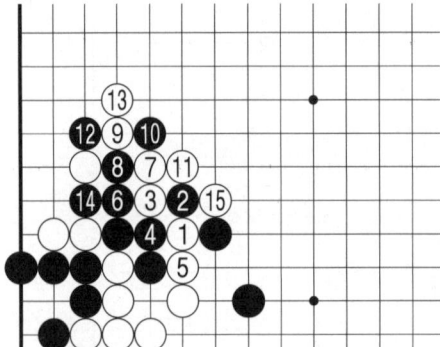

2도

백은 1로 건너붙이는 것이 맥점이다. 이때 흑2·4로 단수치는 것은 대악수. 이하 백15까지의 결말은 흑이 망한 모습이다.

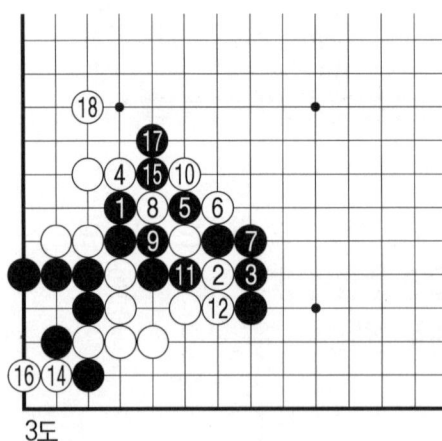

3도

흑은 1로 뻗은 후 백2 때 흑3으로 막는 것이 정수로 되어 있다. 이하 백18까지 쌍방 큰 바꿔치기가 이루어지는데 호각의 갈림이다.

⑬ … ❺

행마의 맥점

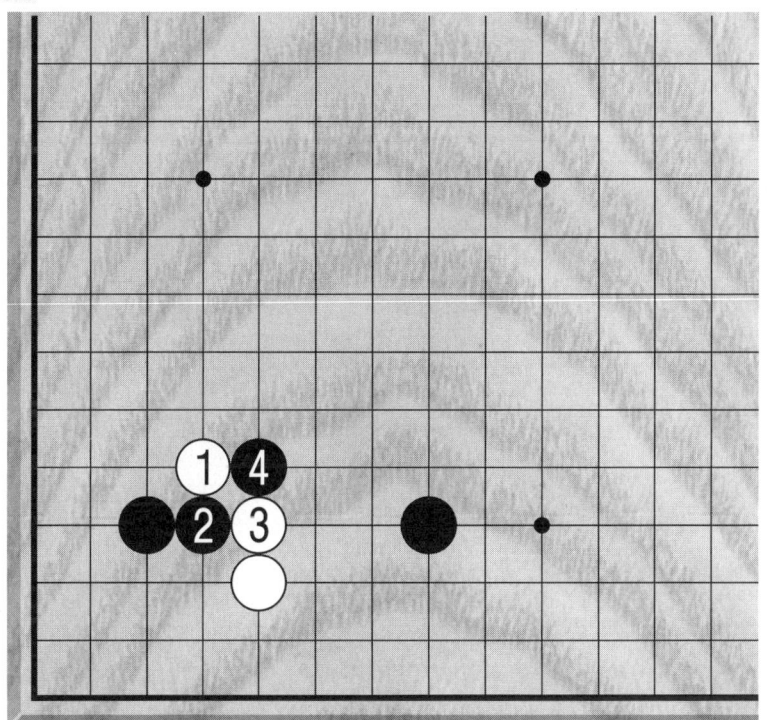

두칸높은협공에서 백1로 씌웠을 때 흑이 힘을 바탕으로 강력하게 2·4로 절단해온 장면이다. 백은 흑의 약점을 이용해서 형태를 정비해야 하는데 이 경우 어떻게 두는 것이 최선일까?

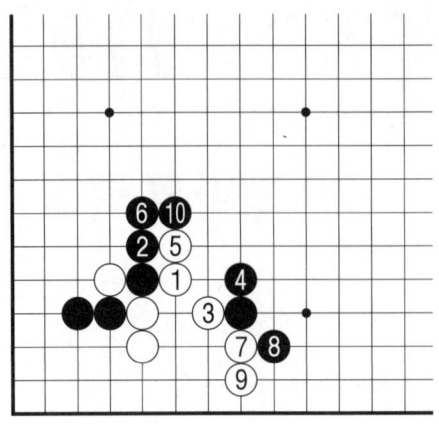

1도

1도(백, 불만)

백1로 단수친 후 3으로 호구치는 것은 하수들이 범하기 쉬운 전형적인 속수이다. 이하 흑10까지 흑의 자세가 두터워 백이 불리한 결말이다.

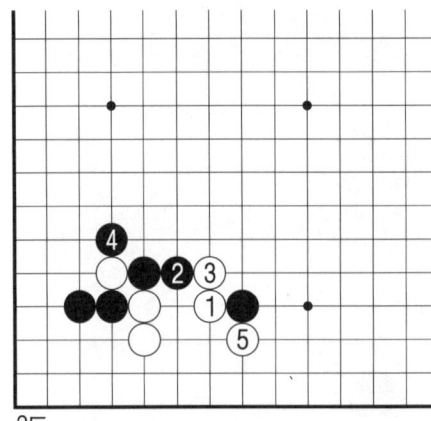

2도

2도(백의 정수)

백은 이 경우 1로 붙이는 것이 기본 행마법이다. 계속해서 흑2로 뻗으면 이하 백5까지 백으로선 충분한 갈림이다.

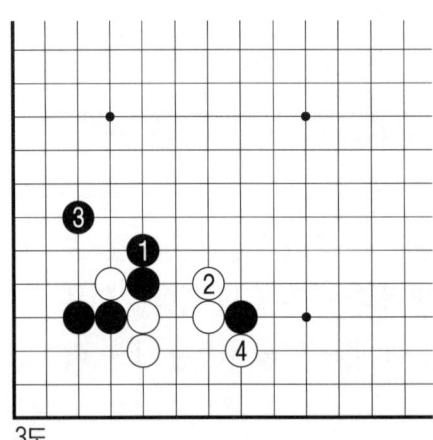

3도

3도(호각)

전도 흑2로는 본도 흑1로 뻗는 것이 보편적이다. 계속해서 백2로 중앙으로 머리를 내민 후 이하 백4까지 일단락인데 쌍방 호각의 갈림이다.

준비해 둔 끊음

● 백차례

백1로 두칸 뛰어 달아났을 때 흑2의 붙임은 정석에 없는 수로 함정수의 일종. 계속해서 백3으로 젖히고 흑4, 백5 때 흑6으로 절단한 것이 흑2로 붙였을 때부터 생각해 둔 함정이다. 그럼 흑6에 대한 적절한 응수법은?

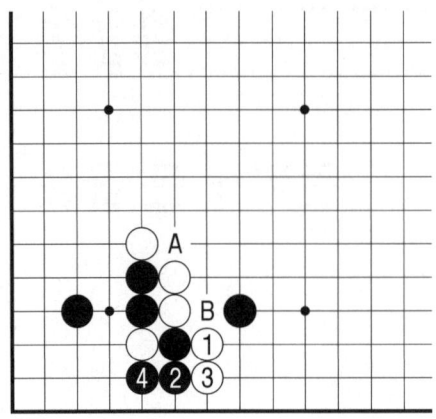

1도

백1로 단수친 후 흑2 때 백3으로 막는 것은 이 경우 좋지 않다. A와 B의 약점이 맞보기로 남아서는 백이 곤란한 모습.

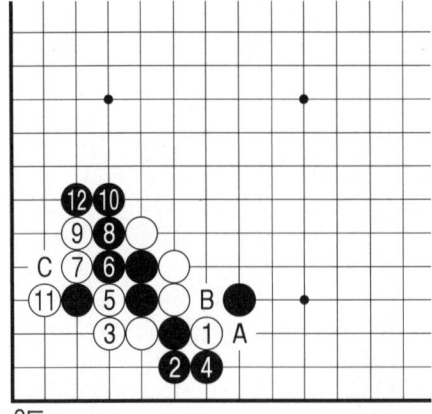

2도

백1로 단수친 후 3으로 뻗는 수 역시 찬성할 수 없다. 흑4 때 백5·7로 절단해서 싸우겠다는 뜻이지만 이하 흑12까지의 결과에서 보듯 백이 불리하다. 이후 백A는 흑B가 기다리고 있다. 뿐만 아니라 흑에겐 C로 단수치는 맥점도 남아 있다.

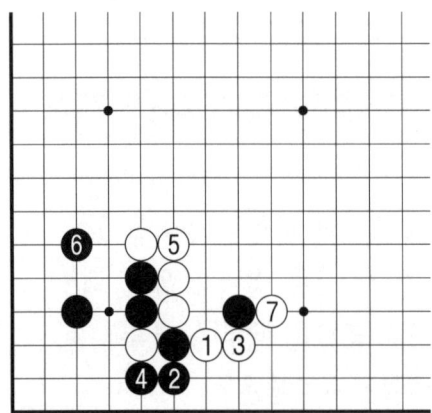

3도

백1로 단수치고 3으로 밀어가는 것이 적절한 행마법이다. 흑4가 불가피할 때 백5로 이어 두는 것이 침착한 호착. 흑6을 기다려 백7로 한점을 제압하면 백으로선 충분한 결말이다.

276

동일형에서 중앙을 절단

⬤ 백차례

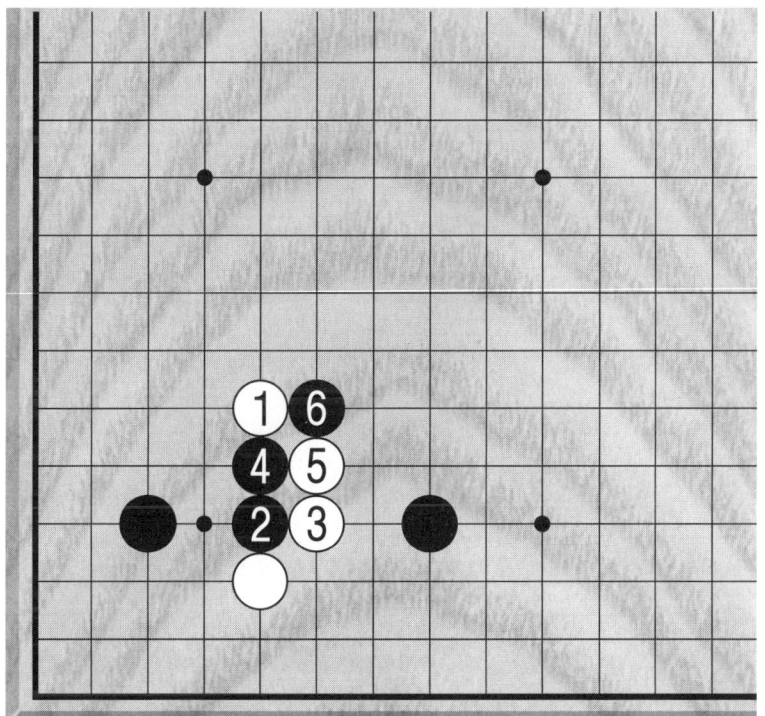

🔴 백1 두칸 뛰고 이하 백5까지는 앞에서 살펴본 유형의 진행 과정과 동일하다. 그런데 흑이 이번에는 6으로 절단한 장면 이다. 백 전체를 크게 공격하겠다는 흑의 작전인데 백의 적 절한 응수법은?

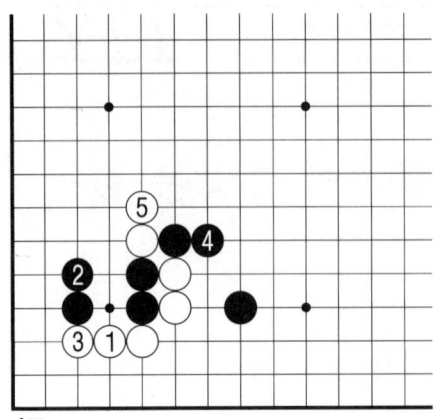

1도

1도(백의 정수)

백은 이 경우 1로 두는 것이 급소이다. 계속해서 흑2로 보강한다면 백3으로 실리를 차지해서 충분한 모습이다. 흑4에는 백5로 뻗어 응전한다.

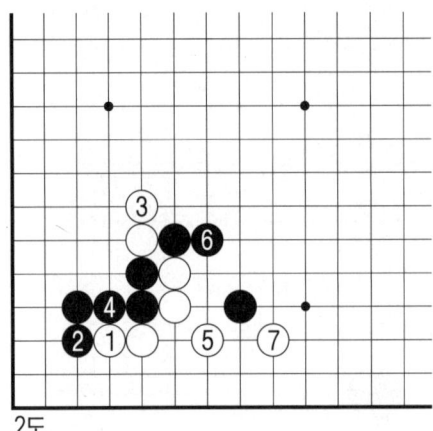

2도

2도(백, 충분)

백1 때 흑2로 받는다면 백3이 기분 좋은 선수활용. 흑4를 기다려 백5·7로 안정하고 나면 백이 기분 좋은 모습이다.

3도(백, 실리가 크다)

백1 때 흑2는 세력을 중시한 수. 그러나 이하 백11까지의 진행에서 보듯 백의 실리가 크다. 수순 중 백9가 침착한 호착.

3도

노림을 차단하는 단수의 방향

⚫ 백차례

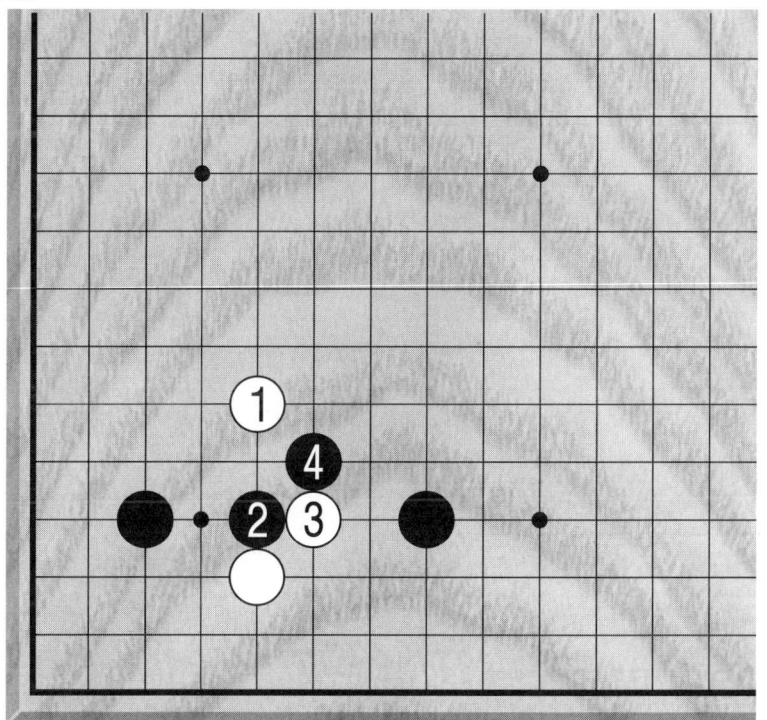

🔵 백1로 두칸 뛰자 흑이 2로 붙인 후 백3 때 흑4로 되젖힌 장면이다. 백으로선 상대의 노림을 차단하기 위한 단수의 방향이 무척 중요한데 최선의 응수법을 살펴 보기로 한다.

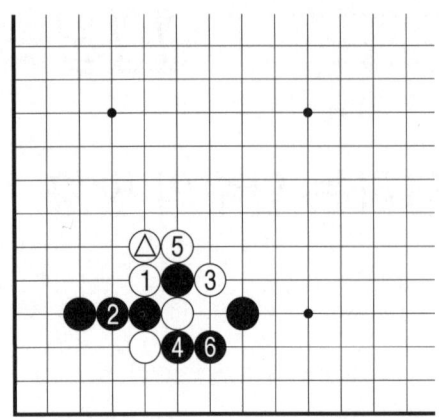

1도

　백1·3으로 단수쳐서 흑 한점을 축으로 잡는 것은 의문이다. 이하 흑6까지의 결과는 흑의 실리가 월등하다. 백△ 한점이 의미없는 돌이 되고 말았다는 것이 백의 아픔이다.

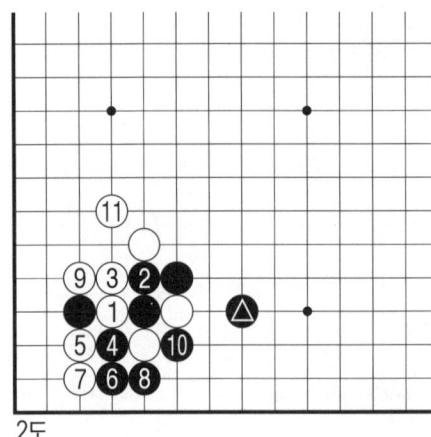

2도

　백1로 단수치는 것이 올바른 단수 방향이다. 이하 백11까지 일단락인데 이번엔 반대로 흑▲ 한점이 중복의 모습이다.

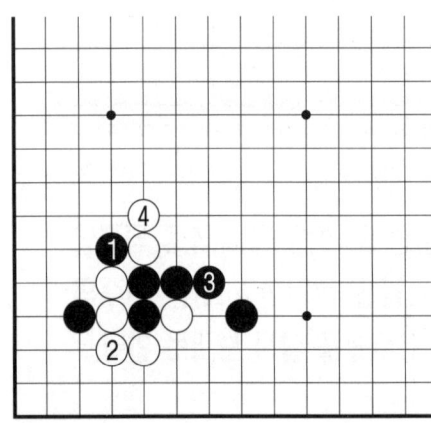

3도

　전도 흑4로 본도 흑1로 끊는 변화이다. 이때는 백2로 잇는 것이 냉정 침착한 수. 흑3을 기다려 백4로 뻗으면 백이 유리한 싸움이다.

모양을 정비하는 방법

● 백차례

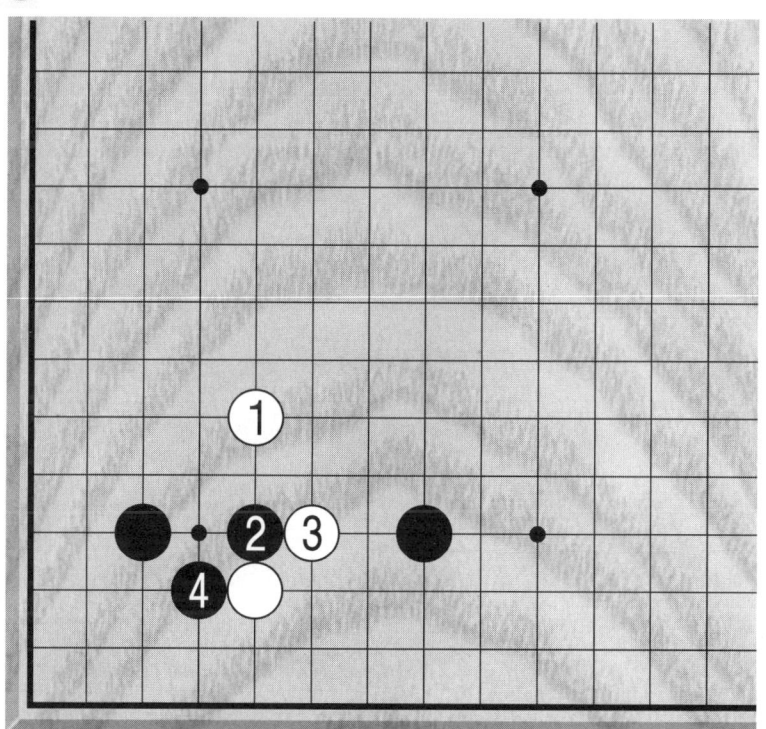

▶ 백1 때 흑이 2로 붙인 후 4로 호구쳐서 자체 안정을 도모
한 모습이다. 이후 백은 어떻게 형태를 정비할 것인지가 관
건인데 최선의 응수법을 살펴 보기로 한다.

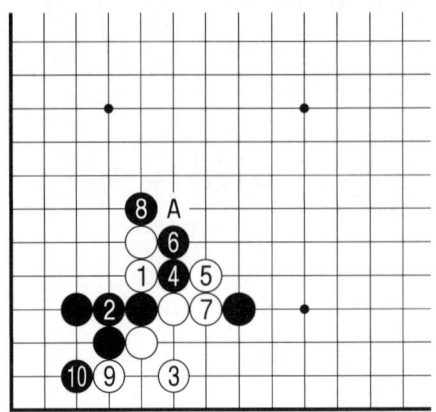

1도

백1로 단수친 후 3으로 호구치는 것은 축이 유리할 때 가능한 수법. 그러나 흑6 때 A의 축이 백에게 불리하다면 이하 흑10까지 백이 불리하다.

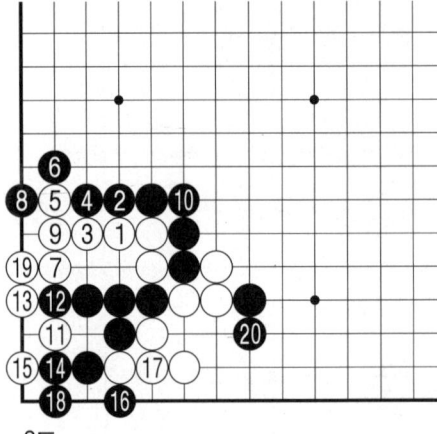

2도

전도에 계속해서 백1로 움직이면 잡히지는 않는다. 그러나 흑은 이하 백19까지 선수빅을 만든 후 20으로 내려서 백 전체를 공격할 수 있는 만큼 충분한 모습이다.

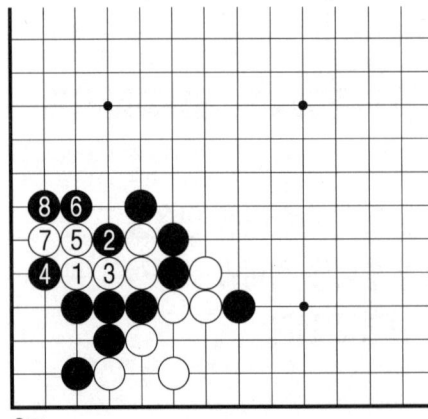

3도

전도 백1로 본도 백1로 움직이는 변화이다. 이때는 흑2·4로 단수치는 수가 준비되어 있다. 이하 흑8까지의 진행이면 회돌이축의 형태로 백이 잡힌 모습이다.

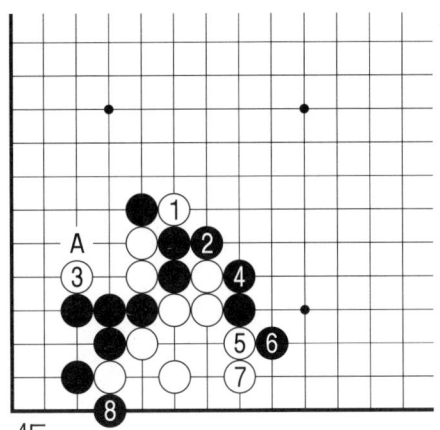

4도

백이 전도의 진행을 피해 1로 단수친 후 3으로 붙이는 변화이다. 그러나 이 역시 흑4·6이라는 강수를 유발해서 좋은 결과를 기대할 수 없다. 흑8의 단수 이후 흑에겐 A로 붙이는 맥점도 남아 있다.

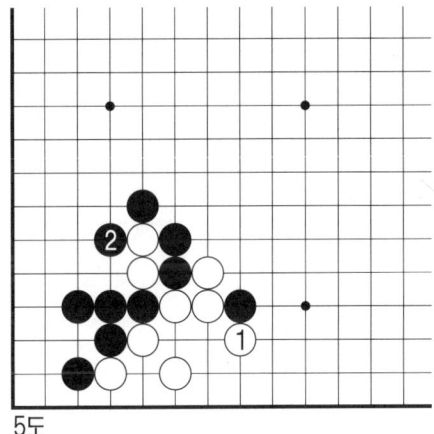

5도

백은 두점을 직접 움직이지 못하고 1로 젖혀서 형태를 정비하는 정도이다. 그러나 흑2로 단수치면 백이 불리한 모습이다.

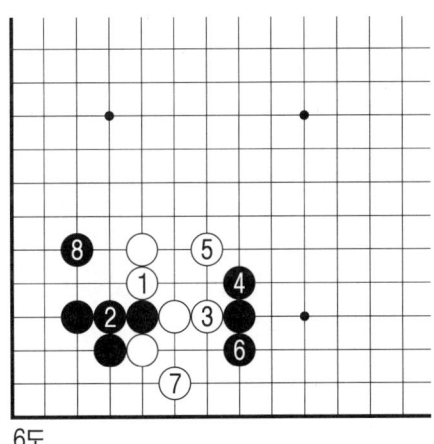

6도

백1로 단수친 후 3으로 치받는 것은 한가지 처리방법. 그러나 이하 흑8까지의 진행에서 보듯 백이 실속없는 모습이다.

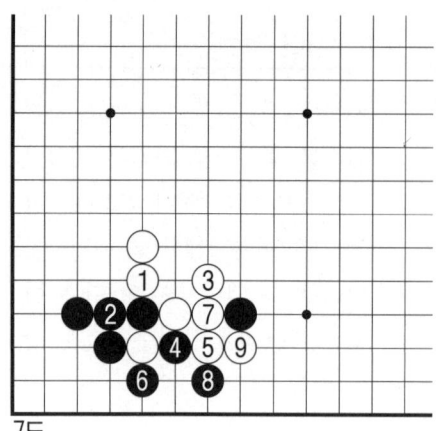

7도

백1로 단수친 후 3으로 호구치는 것이 전도보다는 백이 낫다. 그러나 이하 백9까지 백이 다소 중복된 모습이라 약간 불만이다.

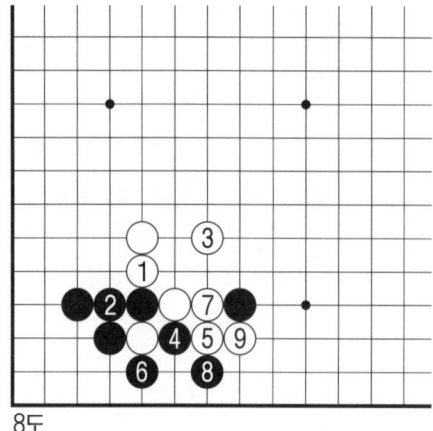

8도

백은 1로 단수친 후 3으로 한 칸 뛰어 형태를 정비하는 것이 최선이다. 이하 백9까지 일단락인데 백의 세력이 돋보인다.

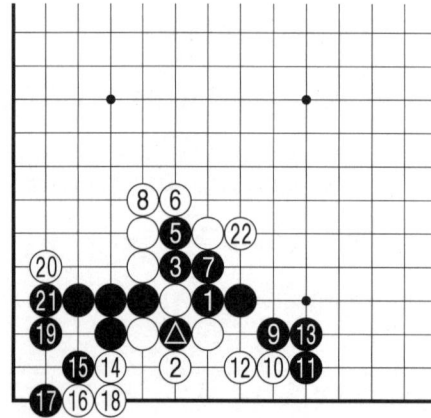

9도

전도 흑6으로 본도 흑1로 단수치는 변화이다. 이때는 백2로 따낸 후 이하 22까지 처리해서 백이 유리한 결말이다. 수순 중 백8은 이렇게 잇고 버틸 곳이다. (④ … ▲)

수순을 생략한 끊음

● 흑차례

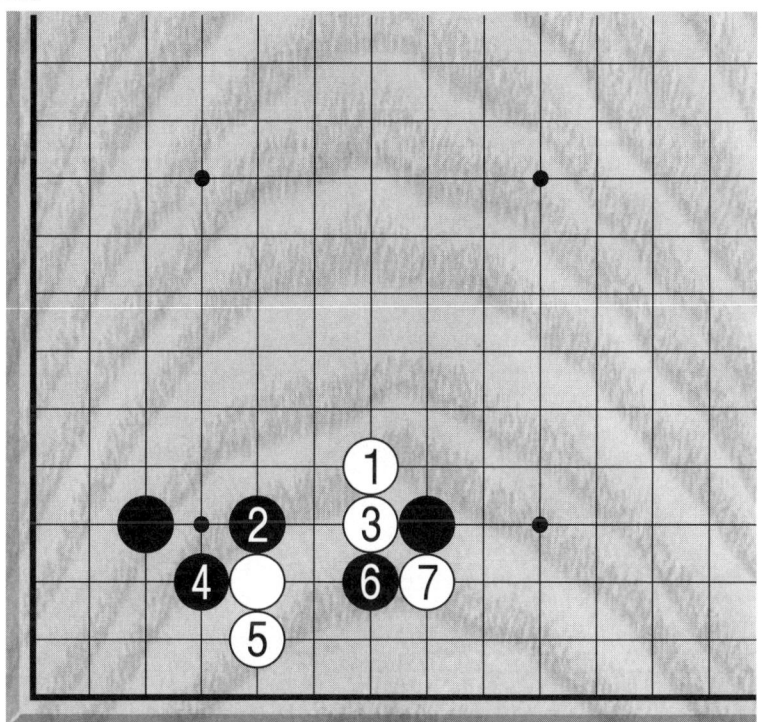

백1의 밭전자행마는 정석에 있는 수. 계속해서 흑2로 붙이고 이하 흑6까지 상용의 진행인데, 곧장 백7로 끊은 것이 정석에 없는 함정수이다. 백7에 대한 적절한 응수법은?

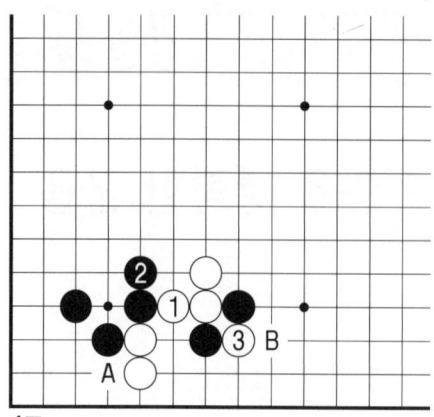

1도

 백은 1로 치받아서 흑2와 교환한 후 3으로 끊는 것이 올바른 수순이다. 이후 흑은 A와 B 중 한곳을 선택하게 된다.

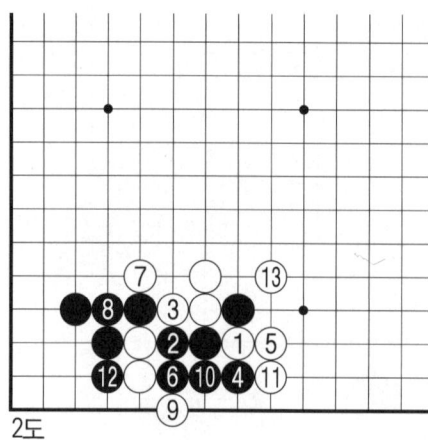

2도

 백1 때 흑2로 치받아서 백 두점을 잡자고 하는 것은 좋지 않다. 이하 흑12까지의 진행이면 소기의 목적은 달성했지만 백13까지 막강한 세력을 허용해서 흑이 나쁜 결말이다.

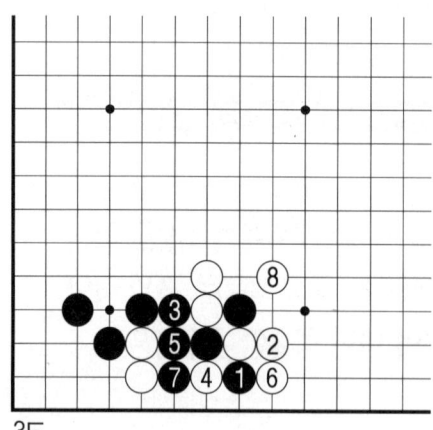

3도

 흑은 이 경우 1로 단수친 후 3으로 두는 것이 좋은 수순이다. 이하 백8까지의 진행과 전도와는 상당한 차이이다. 이 결과는 흑이 우세하다.

세칸협공에 대사씌움 이후

● 흑차례

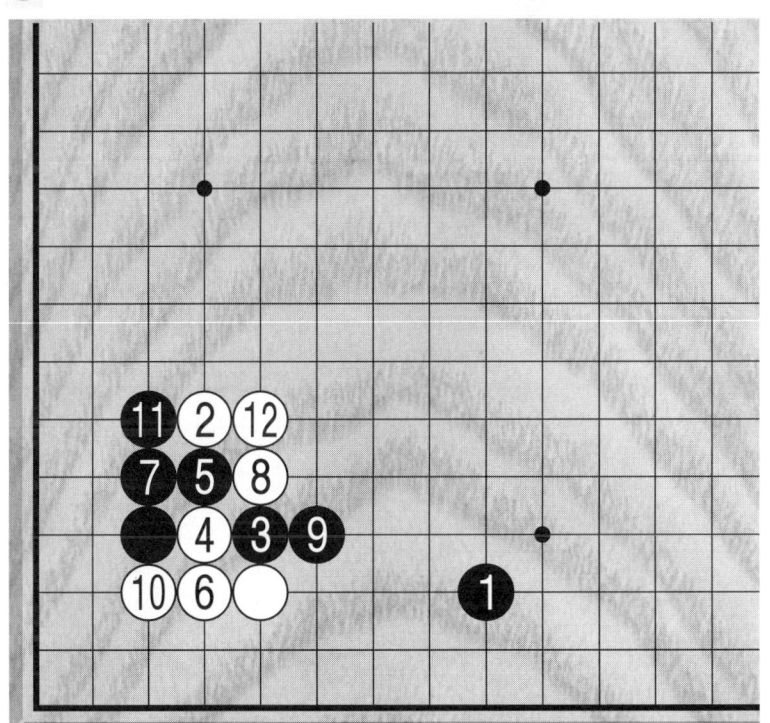

🏴 흑1의 세칸협공 때 백2의 대사씌움은 상용의 정석 선택. 이
  정석은 상당히 변화가 복잡한데 그만큼 곳곳에 함정이 도사
  리고 있다. 백12 이후 흑백 최선의 진행을 살펴본다.

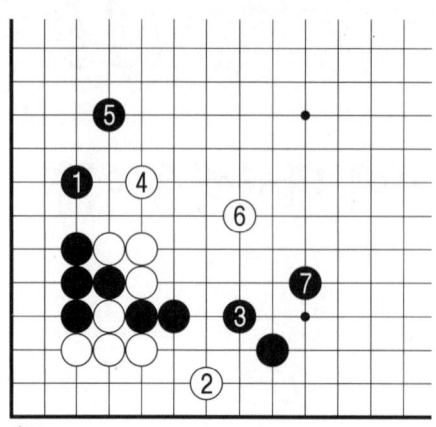

1도

흑1로 한칸 뛴 것은 상식적인
응수. 계속해서 백2로 날일자하
고 이하 흑7까지의 진행이라면
기본 정석에 해당한다.

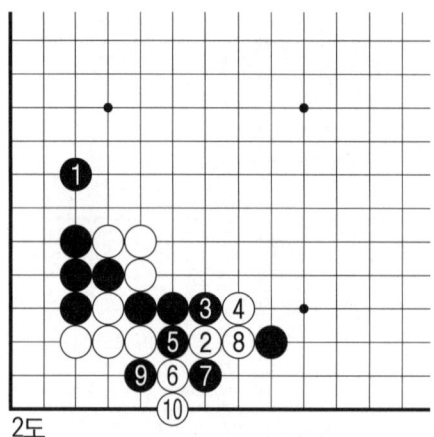

2도

흑1 때 축이 유리하면 백은 2
로 한칸 뛰는 것이 유력한 행마
이다. 계속해서 흑3에는 백4의
젖힘이 좋은 수로 흑5·7 이하
백의 계략에 말려드는 길로 접어
든다. 계속해서…

3도

전도에 계속해서 흑1로 단수치
고 이하 백12까지의 진행이면 흑
이 한수 차이로 잡힌 모습이다.
(④❼…△　❺…◎)

288

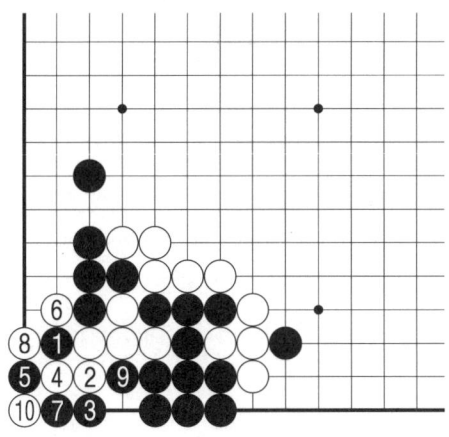

4도

전도 흑11로 본도 흑3으로 붙이는 변화이다. 그러나 이 역시 백4로 받은 후 이하 10까지 처리하면 백이 먼저 따내는 패가 되는 만큼 흑이 불리한 결말이다.

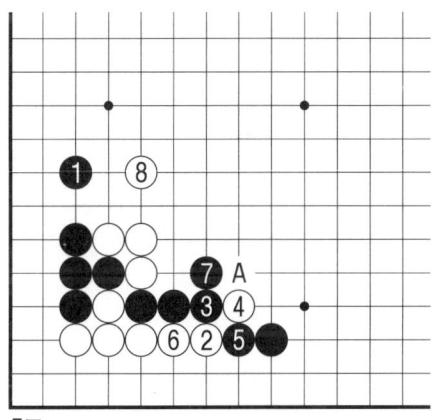

5도

5도(축이 관건)

흑1로 한칸 뛰고 이하 백4까지 진행되었을 때 흑은 5로 끊어서 두는 정도이다. 그러나 백6 때 흑이 A로 단수쳐서 백 한점을 축으로 잡지 못하고 7로 물러서서는 흑이 나쁘다.

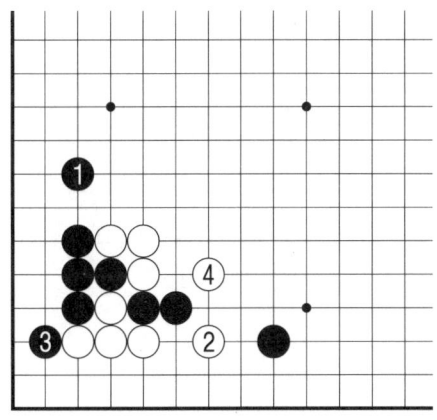

6도

6도(백, 만족)

흑1, 백2 때 흑3으로 젖히는 변화이다. 이때는 곧장 응수하지 않고 4에 두어 흑 두점을 장문으로 잡는 것이 좋은 수이다. 이 결과는 백이 우세하다.

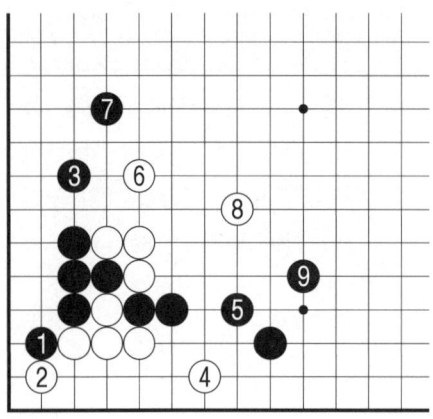

7도

흑은 축이 불리하다면 1도 흑1
로 두기 전에 본도처럼 먼저 1로
젖혀서 둘 곳이다. 계속해서 백2
로 받는 정도일 때 흑3으로 한칸
뛰면 2도와 같은 백의 반격을 피
할 수 있다. 이하 흑9까지 호각
의 갈림.

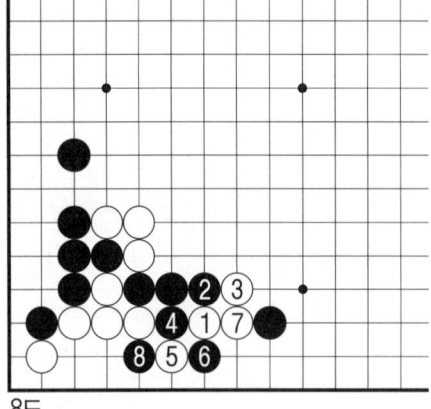

8도

백이 전도처럼 처리하지 않고
1로 한칸 뛰는 것은 이 경우 무
리이다. 흑2로 민 후 이하 8까지
처리하면 백으로선 다음 응수가
없다.

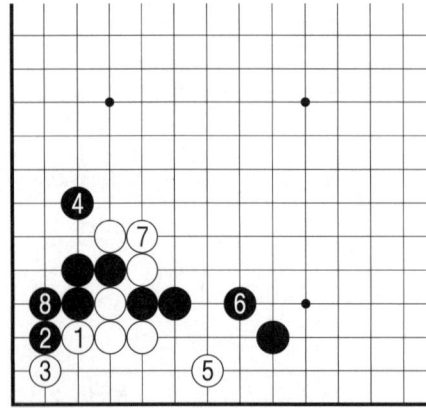

9도

장면도로 돌아가서 백1로 막았
을 때 흑은 2로 젖힌 후 4로 한
칸 뛰어 두는 변화도 가능하다.
이하 흑8까지 일단락인데 쌍방
불만없는 모습이다.

290

날일자붙임의 강력한 노림

● 흑차례

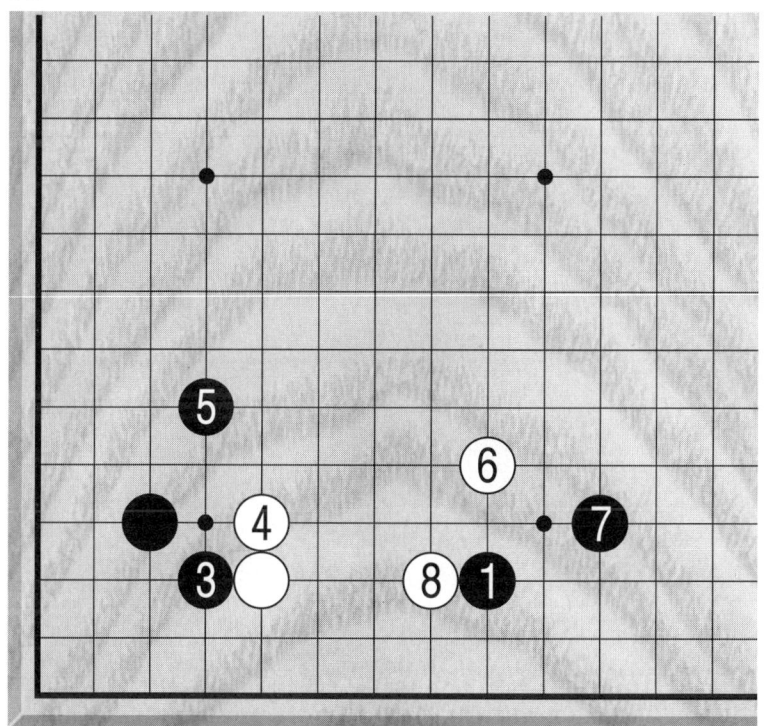

② … 손뺌

흑1로 세칸 협공했을 때 백이 손을 빼서 파생된 모습이다. 백이 손을 빼면 흑3으로 마늘모 붙여 공격하는 것은 당연하며, 이하 백8까지 진행된 장면이다. 백8의 날일자붙임은 자체정비를 겸하여 강력한 노림을 간직하고 있는 수인데, 흑의 정확한 응수는 무엇일까?

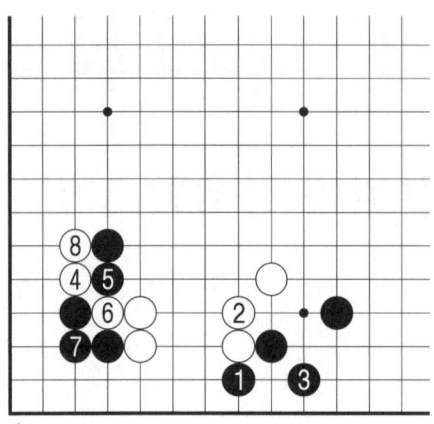

1도

흑1로 젖힌 후 3으로 호구치는 것은 형태에 얽매인 악수이다. 백4·6이 통렬한 수로 이하 백8까지 공격하는 수가 성립해서는 흑이 곤란한 모습이다.

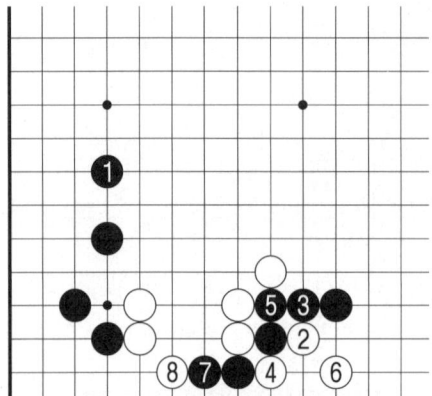

2도

전도 흑3으로 본도 흑1로 보강하는 변화이다. 이때는 백2로 건너붙이는 것이 맥점. 계속해서 흑3으로 둔다면 백4로 단수친 후 6으로 호구치는 것이 좋은 수순이다. 흑7에는 백8로 그만.

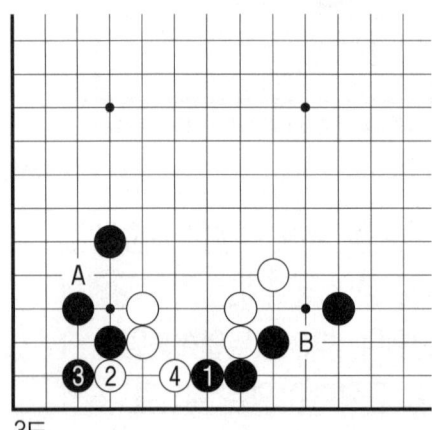

3도

먼저 흑1로 뻗는 변화이다. 이때는 백2로 젖힌 후 4로 호구치는 것이 호수순. 이후 백이 A와 B를 맞보기로 노리면 이 역시 흑이 곤란한 형태이다.

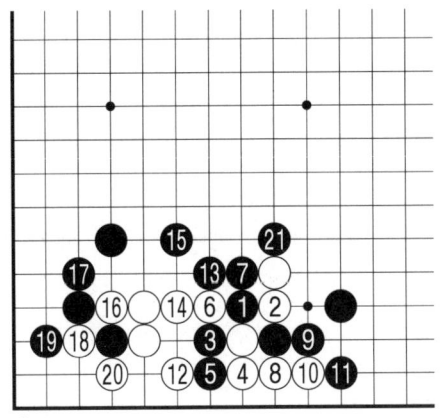

4도

4도(흑의 정수)

흑은 이 경우 1로 젖힌 후 3으로 단수치는 것이 올바른 응수법이다. 계속해서 백2로 끊고 이하 흑21까지가 예상되는 진행인데 흑이 두터운 모습이다.

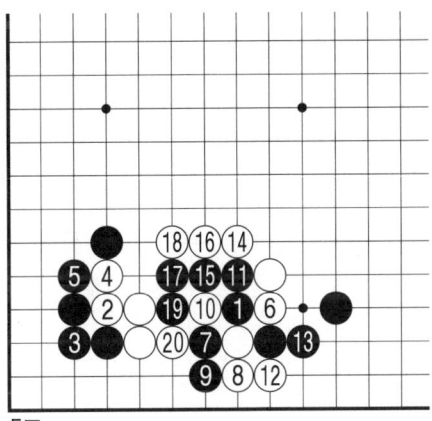

5도

5도(흑, 망함)

흑1로 젖혔을 때 백2가 속임수이다. 이때 흑3·7·13이 각각 백의 속임수에 걸려드는 수들이다. 이하 백20까지 흑이 백의 속임수에 완전히 걸려든 모습이다.

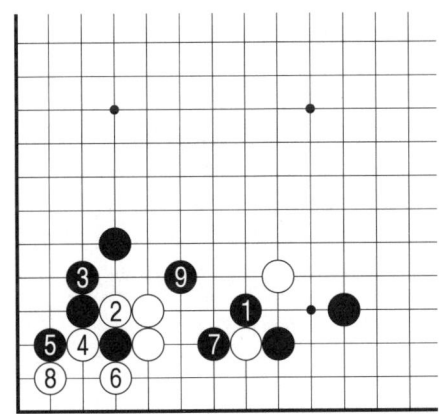

6도

6도(흑, 충분)

흑1, 백2 때 흑은 3으로 뻗는 것이 좋은 응수법이다. 계속해서 백4로 단수친다면 흑5를 선수한 후 이하 9까지 처리해서 흑이 유리한 갈림이다.

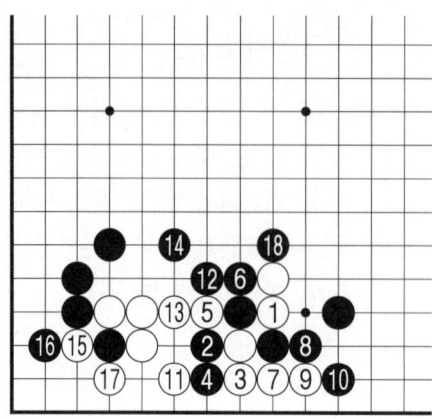

7도

전도 백4로 본도 백1로 끊는 변화이다. 이때는 흑2로 단수친 후 4에 막는 것이 강수. 이하 흑 18까지의 진행이면 4도의 형태로 환원되어 흑이 두텁다.

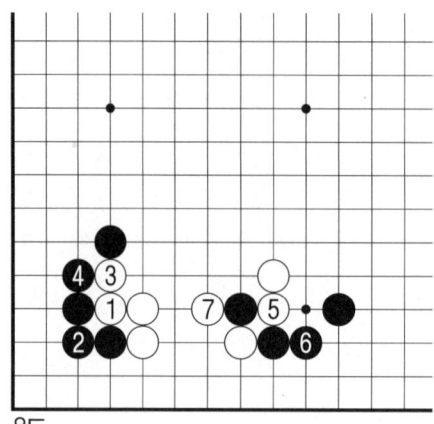

8도

5도의 수순 중 이하 백5까지 진행되었을 때 5도 흑7로는 본도 처럼 단순히 6으로 뻗는 수도 가 능하다. 백은 7로 단수칠 수밖에 없는데 흑은 선수를 취해 충분한 모습이다.

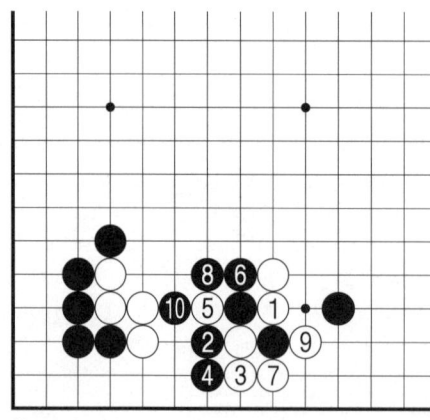

9도

5도의 수순 중 백1로 끊고 이 하 백7까지 진행되었을 때 5도 13으로는 본도 흑8로 단수치는 수도 가능하다. 이하 흑10까지 일단락인데 이 역시 흑은 충분히 둘 수 있다.

강력한 젖힘

○ 백차례

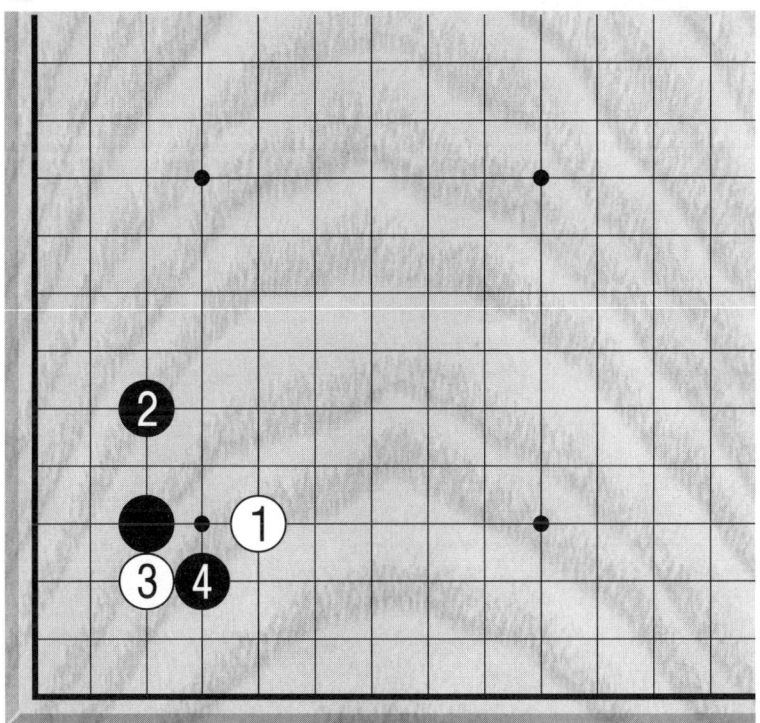

🔲 백1로 걸쳤을 때 흑2는 견실한 대응수단. 계속해서 백3으로 붙인 것은 당연한데 흑이 4로 젖혀서 강력하게 도전해 온 장면이다. 백은 이 경우 어떻게 처리하는 것이 최선일까?

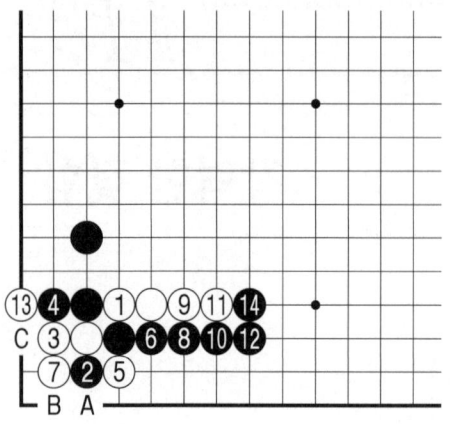

1도

1도(백, 걸림)

백은 당연히 1로 끊을 곳이다. 그러나 이하 흑4까지 진행되었을 때 백5·7의 단수가 흑의 함정에 말려든 수. 이하 흑14까지의 결과는 백이 걸린 모습이다. 수순 중 백13을 생략하면 흑A, 백B, 흑C로 귀가 잡히고 만다.

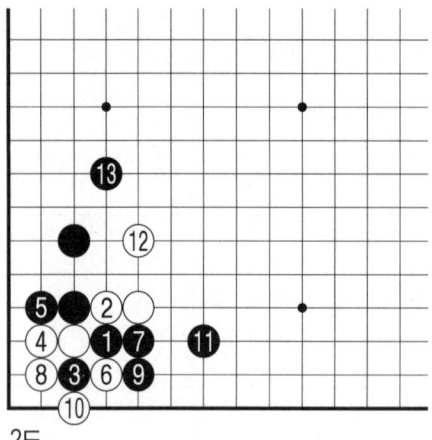

2도

2도(흑, 간명)

전도의 흑8로는 본도의 흑9로 단수치고 11로 한칸 뛰는 간명책도 가능하다. 백12에는 흑13으로 추격해 흑이 충분하다.

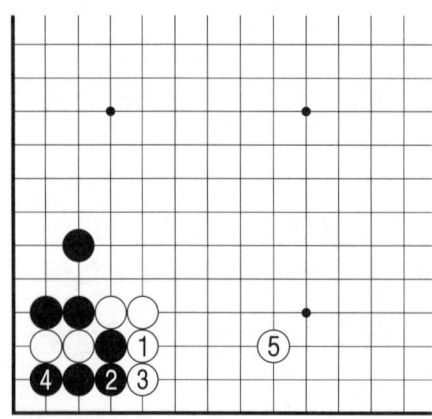

3도

3도(백의 정수)

전도 백6으로는 본도처럼 백1로 단수칠 곳이다. 흑2 때 백3을 선수한 후 5로 전개하여 하변을 개척할 수 있다. 피차 둘 수 있는 호각의 갈림이다.

능률을 추구한 호구

● 백차례

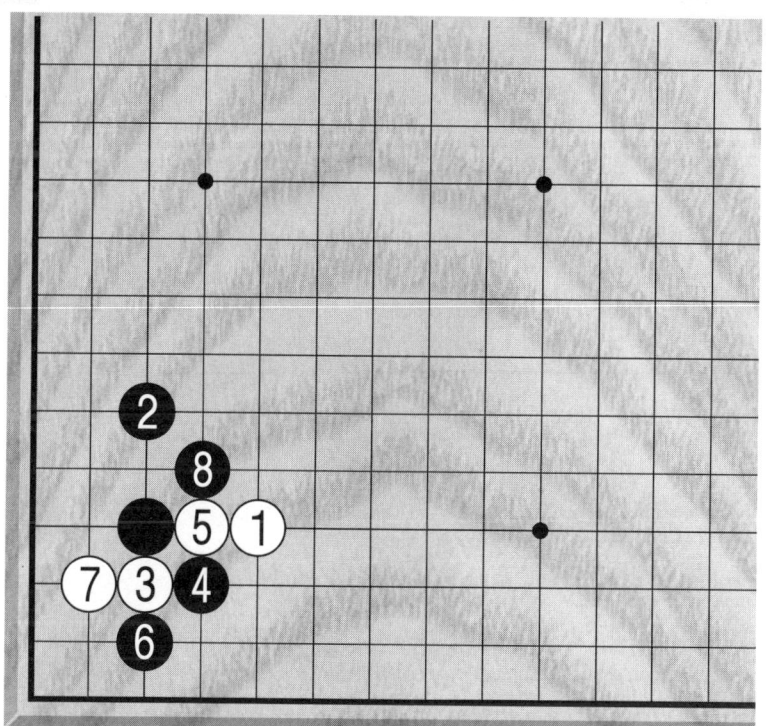

백1로 걸치고 이하 백7까지는 앞에서 살펴본 유형의 장면도
와 동일한 진행이다. 그런데 이번엔 흑이 8로 호구쳐서 변
화를 모색해 온 장면이다. 흑8은 돌의 능률을 구한 것인데
백으로선 어떻게 응수하는 것이 최선일까?

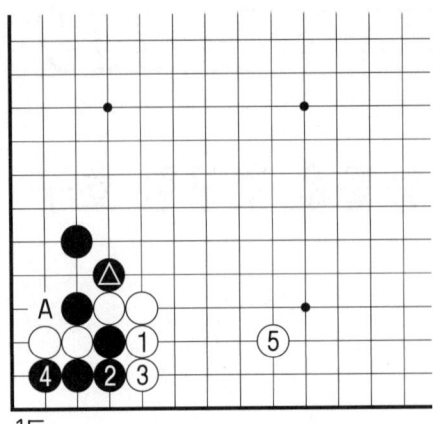

1도

백1로 단수친 후 3으로 막는 것은 이 경우 좋지 않다. 이하 백5까지의 결말은 흑▲가 A에 있는 것보다 능률적인 모습이라 흑이 유리하다.

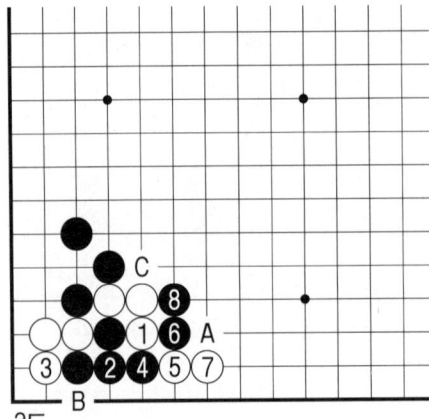

2도

백1로 단수친 후 3으로 막는 것은 축과 깊은 연관이 있는 수. 계속해서 흑6으로 끊고 이하 8까지 백 석점이 축으로 잡힌다면 백이 망한다. 흑8로는 A로 민 후 백B 때 흑C로 단수치는 축도 가능하다.

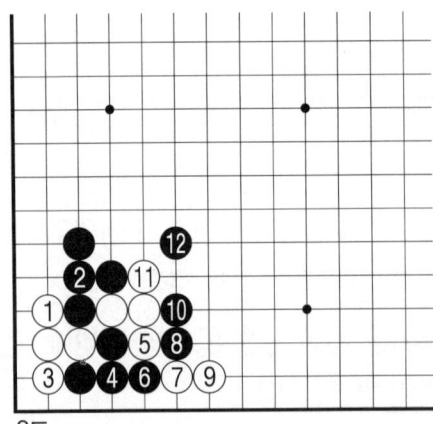

3도

백1로 단수친 후 3으로 막는 것은 대악수. 이하 흑12까지의 결과는 백이 축과 상관없이 장문으로 잡힌 모습이다.

298

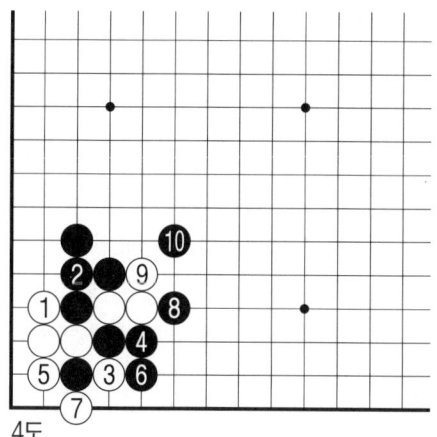

4도

백은 1·3으로 단수칠 곳이다. 그러나 흑4 때 백5의 단수가 성급한 수. 흑6 이하 10까지 요석이 장문으로 잡혀서는 백이 불리하나.

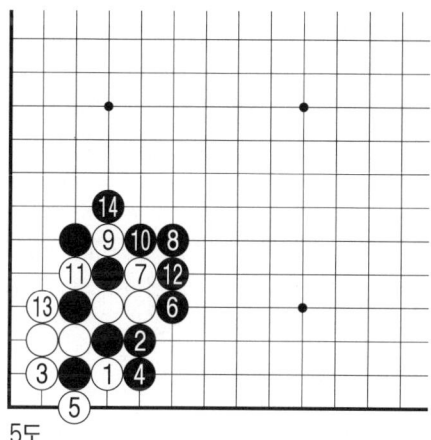

5도

5도(흑, 두터움)

백이 축 유리를 전제삼아 단순히 1·3으로 단수치는 변화이다. 그러나 이 역시 흑이 4를 선수한 후 이하 14까지 백을 조여붙이면 흑이 두텁다.

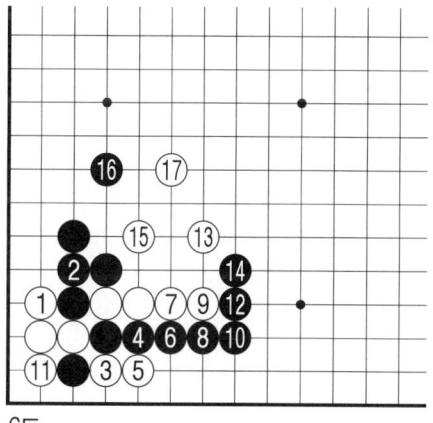

6도

6도(백의 정수)

백은 1·3·5로 단수친 후 7로 미는 것이 올바른 수순이다. 계속해서 흑6으로 뻗고 이하 백17까지가 예상되는 진행인데, 피차 충분히 둘 수 있는 모습이다.

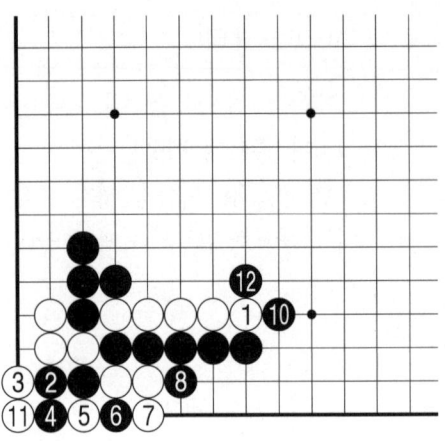

7도

전도 백11로 두지 않고 본도처럼 백1로 한번 더 밀어 욕심을 부리는 것은 좋지 않다. 흑에겐 2·4로 반격하는 절묘한 수단이 준비되어 있다. 이하 흑12까지 패의 대가로 중앙 백돌이 공격받아서는 백이 망한 모습이다.

(⑨ … ⑤)

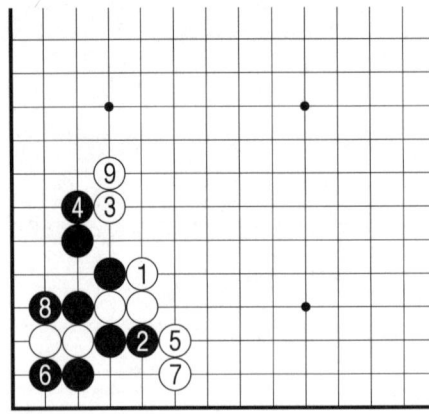

8도

장면도로 돌아가서 백은 1로 누르는 수도 가능하다. 백1은 세력을 중시할 때 가능한 수로 이하 백9까지 세력 대 실리의 갈림이 되는데, 백의 세력이 다소 돋보인다.

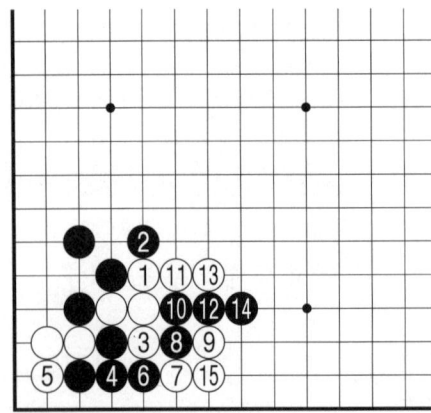

9도

백1 때 흑이 전도처럼 두지 않고 본도처럼 흑2로 호구치는 것은 대악수이다. 백은 3으로 단수친 후 5에 막는 것이 좋은 수로 흑6·8에는 이하 15까지 흑 넉점을 잡을 수 있다.

작은 눈사태 정석에서

○ 백차례

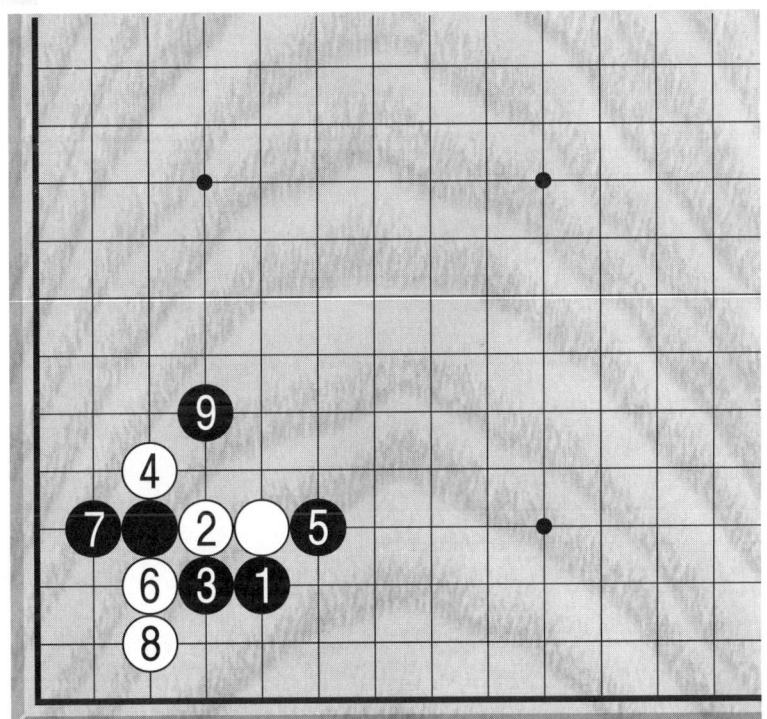

소목 한칸걸침에서 흑1로 붙였을 때 백2로 치받은 후 4에 젖힌 것은 눈사태 정석의 출발점. 이하 백8까지의 수순은 흔히 볼 수 있는 과정인데 흑9로 들여다본 수가 함정수이 다. 이 수에 대한 적절한 응수법은?

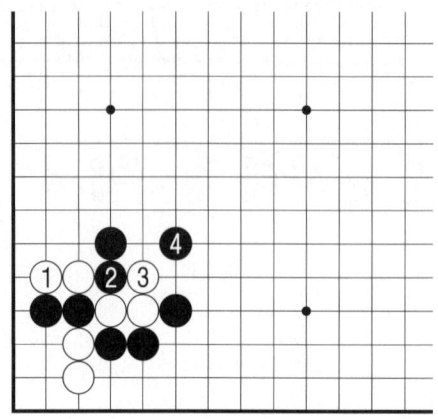

1도

백1로 막는 것은 흑의 함정에 걸려든 수이다. 흑2로 끊은 후 4로 장문 씌우면 이 형태는 흑의 세력이 월등하다.

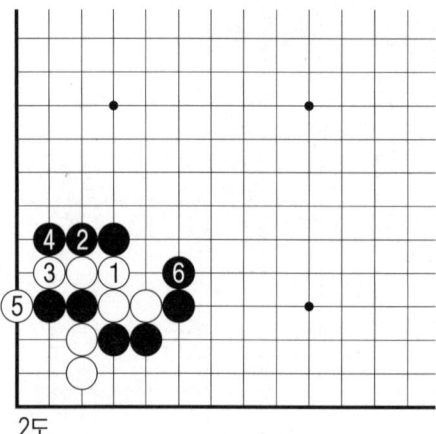

2도

백1로 잇는 수 역시 의문이다. 흑은 2로 막은 후 이하 6까지 세력을 구축해서 충분하다.

3도

3도(백의 정수)

백은 이 경우 1의 빈삼각이 정수이다. 계속해서 흑2에는 백3으로 누르고 흑4 때 백5로 끊어서 충분한 모습이다.

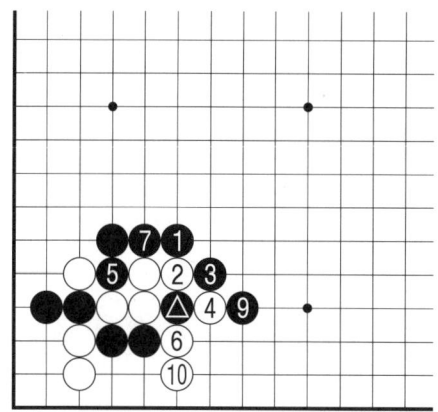

4도

4도(백, 충분)

전도 흑2로 본도 흑1로 씌우면 백2·4로 나가 끊는 것이 좋다. 이하 백10까지 흑이 한껏 기분을 냈지만 곳곳에 약점이 남아 있는 만큼 이 결과는 백이 유리하다. (⑧…●)

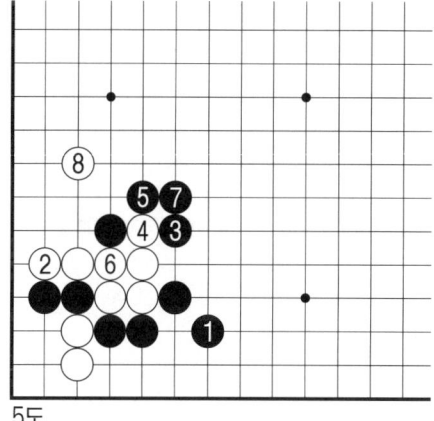

5도

5도(백, 우세)

전도 흑1로 본도처럼 흑1로 호구치는 변화이다. 계속해서 백2로 막아서 흑 두점을 잡은 것은 당연하며 이하 백8까지 일단락된 모습이다. 이 결과는 백의 실리가 크다.

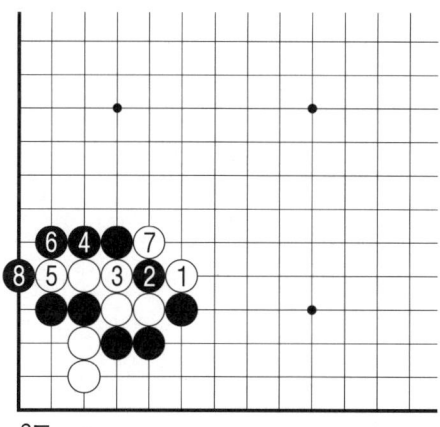

6도

6도(백의 일책)

백은 1로 젖혀서 두는 최강수도 성립한다. 계속해서 흑은 2로 단수친 후 이하 8까지 넘게 되는데…

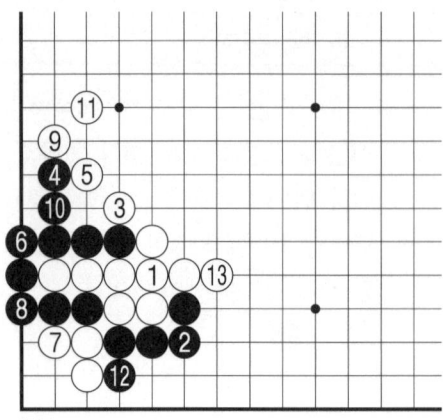

7도

7도(백, 충분)

전도에 계속해서 백1로 잇고 이하 백13까지의 결과는 흑의 실리에 비해 백의 세력이 월등하다.

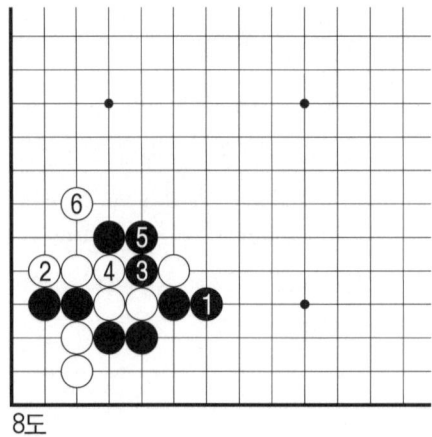

8도

8도(흑, 불리)

백이 젖혔을 때 6도 흑2로 본도 흑1로 뻗는다면 백2가 호착. 계속해서 흑3으로 끊고 이하 백6까지의 진행은 백이 우세하다.

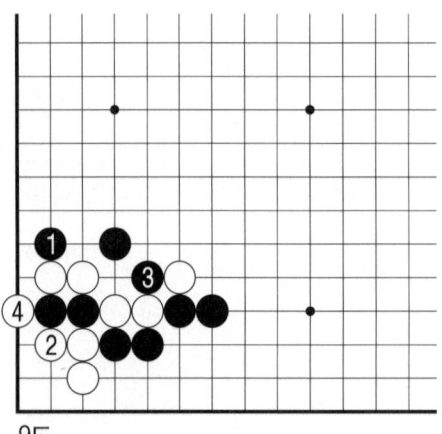

9도

9도(백, 충분)

전도 흑3으로는 본도처럼 1로 붙이는 것이 그나마 최선이다. 그러나 백4로 따내고 나면 흑의 세력은 단점 투성이라서 백이 충분하다.

정석에 없는 빈삼각

● 흑차례

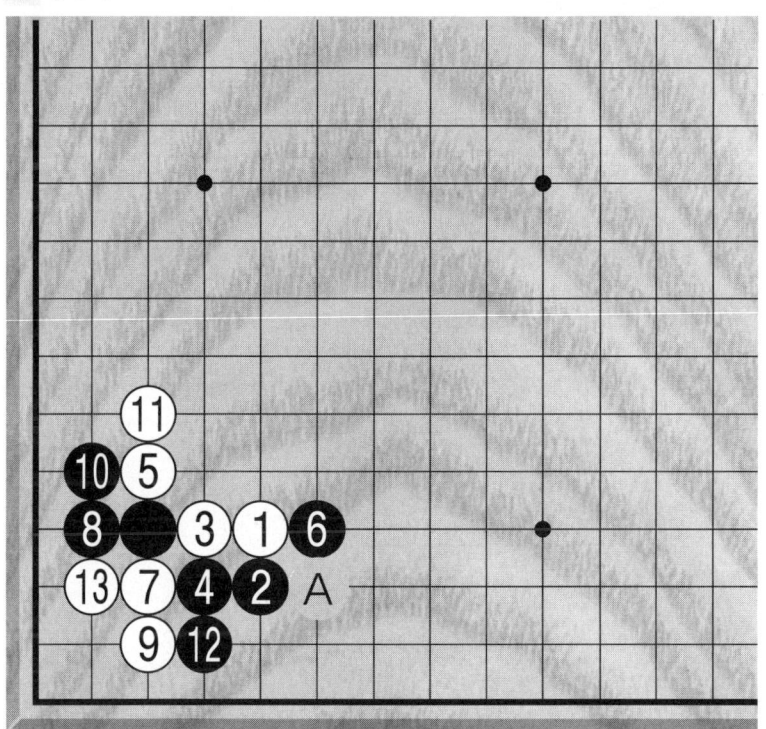

백1로 걸치고 이하 흑12까지는 작은 눈사태 정석에 있는 수
순. 그런데 백13으로 막은 수(빈삼각)가 정석에 없는 무리
수이다. 이 수로는 A로 끊는 것이 정수. 그렇다면 흑은 어
떻게 응수하는 것이 최선일까?

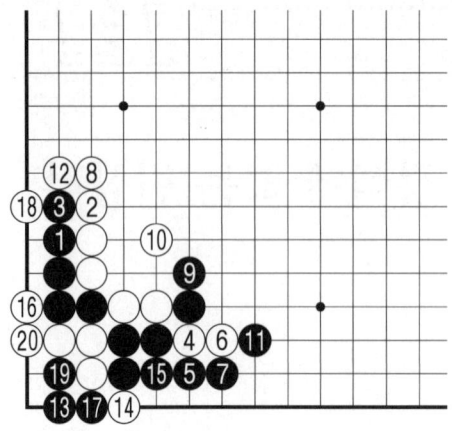

1도

흑은 당연히 1·3으로 밀고 나갈 곳이다. 계속해서 백4로 끊고 이하 백12까지 쌍방 기세의 진행인데 흑13이 대세를 그르친 속수. 이하 백20까지의 수상전은 백의 승리이다.

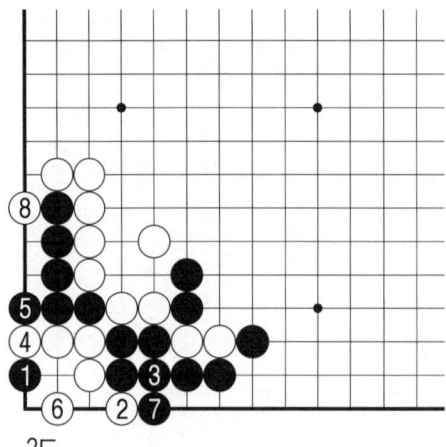

2도

2도(흑, 유리한 패)

전도 흑13으로는 본도 흑1이 수상전의 급소이다. 계속해서 백2로 단수치고 이하 백8까지의 진행은 필연인데 흑의 유리한 패가 된다.

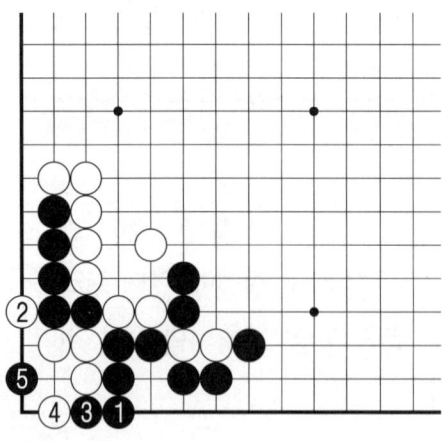

3도

3도(백, 죽음)

전도에서 흑이 패를 만들지 않고 백을 잡는 방법은 1로 내려서는 것이다. 이하 흑5까지의 진행이면 백이 잡힌 모습. 그러므로 1도의 백8로는 백14, 흑15를 먼저 선수하고 2도의 패를 만드는 것이 백으로선 최선이다.

큰 눈사태 정석에서

● 흑차례

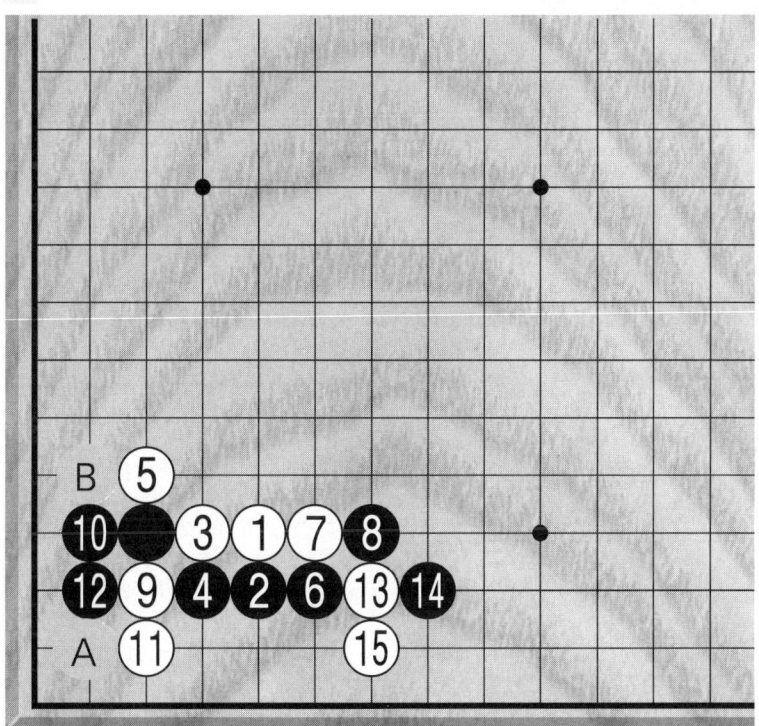

백1로 걸치고 이하 흑14까지 큰 눈사태 정석이 진행중이다.
그런데 흑14의 단수에 백15로 바로 내려선 수가 함정수.
이 수로는 백A, 흑B를 교환하고 두는 것이 올바른 수순.
그렇다면 백의 실수를 추궁하는 정확한 방법은?

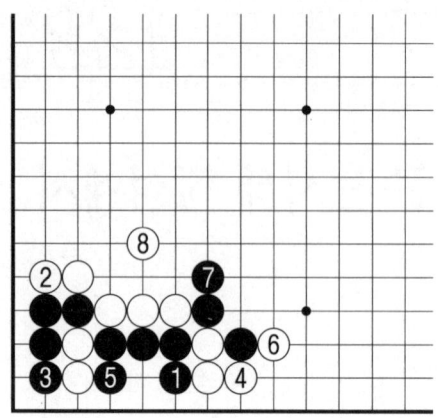

1도

흑1로 막는 것은 의문수이다. 백은 2를 선수한 후 4로 두는 것이 올바른 수순. 흑5를 기다려 이하 백8까지 처리하면 이 형태는 백이 유리한 싸움이다.

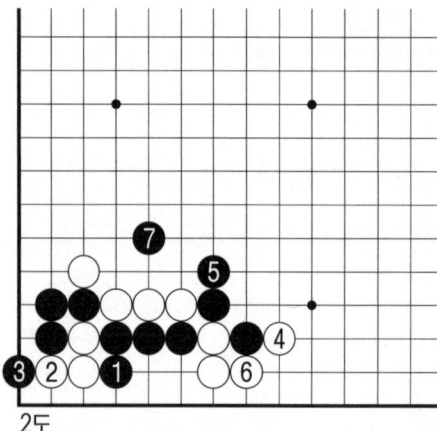

2도

2도(흑의 정수)

흑은 1로 막는 것이 정수이다. 계속해서 백2라면 흑3으로 막아서 그만이다. 이후 백4·6이 맥점이지만 흑7의 공격이 날카로워 백이 곤란한 모습이다.

3도(흑, 충분)

전도 백6으로 본도 백1로 보강하는 변화이다. 이때는 흑2로 차단하는 것이 강수로 이하 12까지 백 두점을 축으로 잡아서 대만족이다. 흑은 축이 불리하더라도 흑12로 A에 씌워 충분한 모습.

3도

얼핏 당연한 듯한 젖힘의 함정

● 흑차례

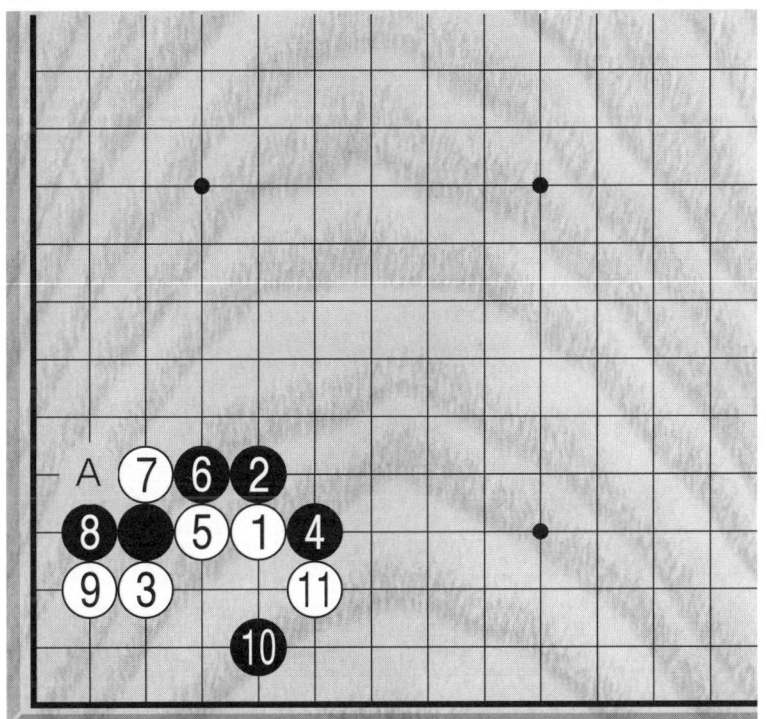

백1로 걸치고 흑2 이하 10까지는 실전에서 흔히 볼 수 있는 소목 정석의 기본 수순. 그런데 흑10의 날일자에 백11로 젖힌 것이 정석에 없는 수로 함정수의 일종이다. 얼핏 그렇게 젖히고 싶은 자리이긴 한데, 백11은 A로 두점을 잡는 것이 정수. 흑의 적절한 응수법은?

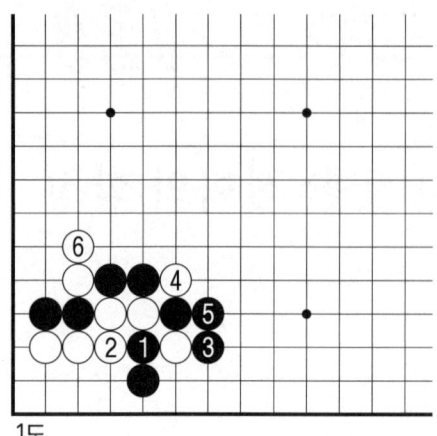

1도

흑1·3으로 단수쳐서 백 한점을 잡는 것은 전형적인 속수이다. 이하 백6까지 진행되어서는 흑이 좋지 않다.

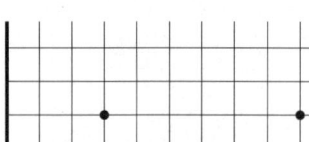

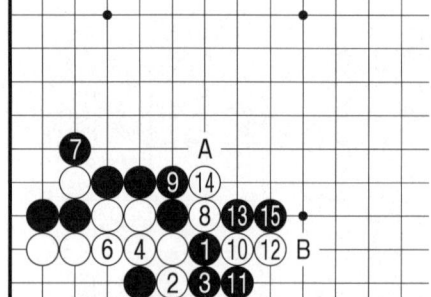

2도

2도(흑의 정수)

흑은 이 경우 1로 이단젖히는 것이 정수이다. 계속해서 백2에는 흑3으로 막는 것이 요령. 백4에는 흑5 이하 15까지 공략해서 A의 축과 B를 맞보기로 노린다.

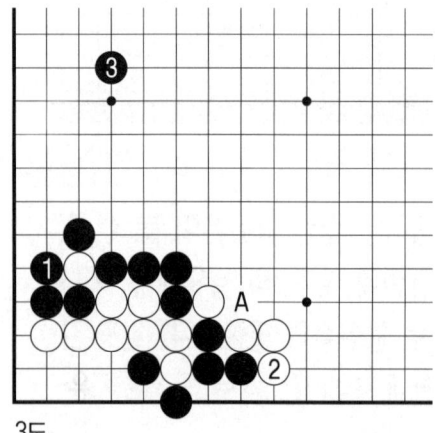

3도

3도(축이 불리해도)

축이 흑에게 불리하다면 전도 흑13으로는 본도 흑1로 따내서 충분하다. 백2에는 흑3으로 전개하는 것이 요령으로 이후 A의 뒷맛을 노리게 된다.

310

허술한 모양에서의 끊음

● 흑차례

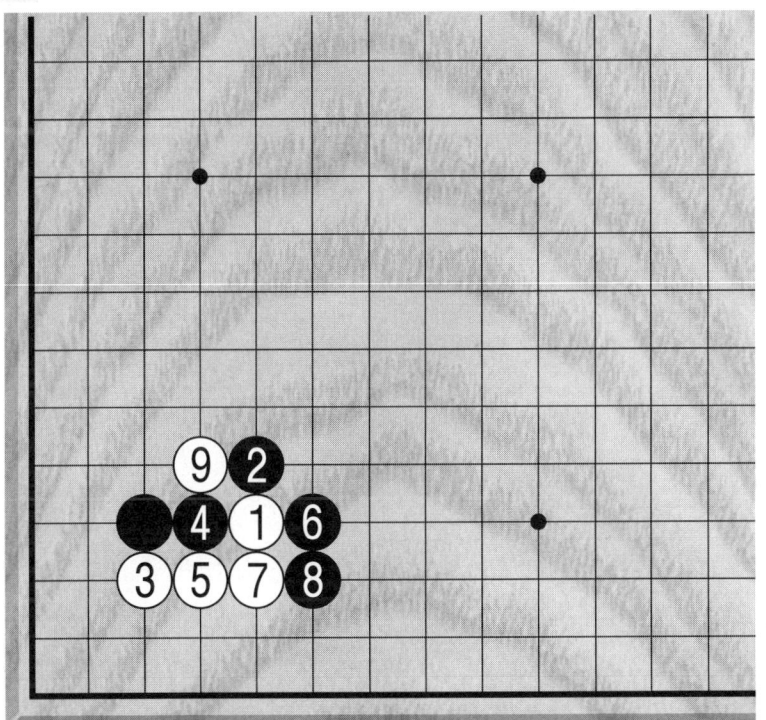

소목 정석의 과정에서 백7까지 진행되었을 때 흑8의 막음
은 변을 중시할 때 쓰는 수법이다. 그런데 어딘지 상대의
모양이 허술하다고 해서 백9로 끊는 것은 무리수이다. 흑
은 백의 무리를 추궁해서 이득을 취하고 싶은데 어떻게 응
수하는 것이 최선일까?

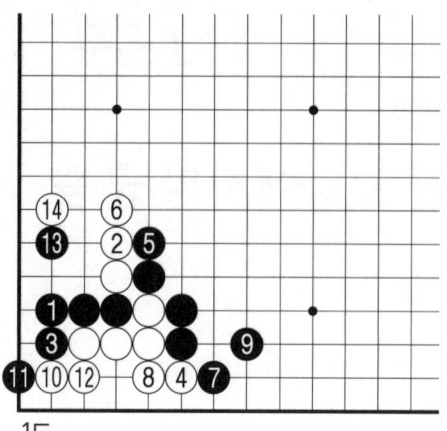

1도

흑1로 빠지는 것은 형태에 얽매인 속수이다. 백은 2로 뻗은 후 이하 14까지 공략해서 흑 전체를 잡을 수 있다.

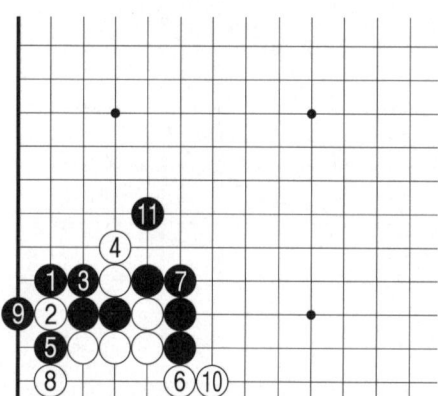

2도

2도(흑의 정수)

흑은 1로 입구자하는 것이 정수이다. 백2로 단수친 후 4에 뻗는다면 흑5를 선수한 후 이하 11까지 공략해서 유리한 싸움을 전개할 수 있다.

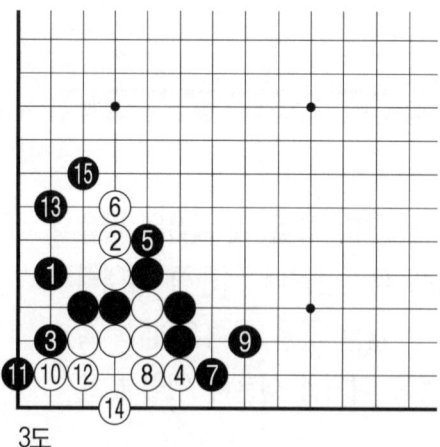

3도

3도(흑, 우세)

흑1 때 백2로 뻗는 변화이다. 이때는 흑3으로 호구친 후 이하 15까지 처리하는 것이 수순. 이 진행 역시 흑이 우세하다.

지나친 활용

● 백차례

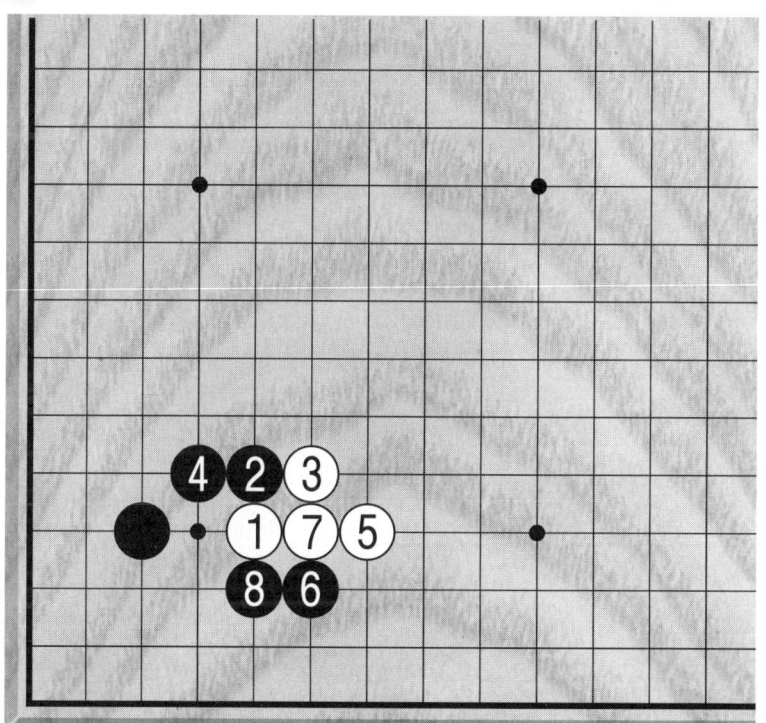

백1로 걸치고 이하 백5의 호구까지는 가장 기본적인 소목 정석에 해당한다. 그런데 흑6으로 들여다본 수가 정석에 없는 함정수의 일종으로 그냥 8로 붙이는 것이 정수. 그렇다면 백은 어떻게 응수하는 것이 최선일까?

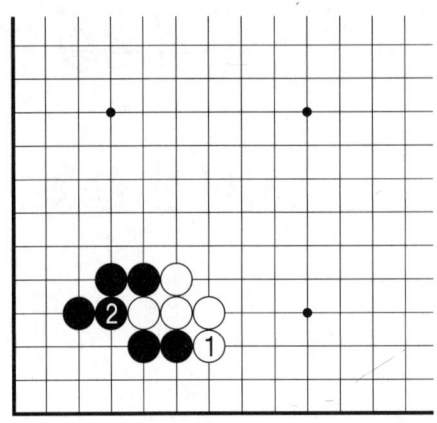

1도

백1로 막는 것은 흑2로 보강해서 백의 실패이다.

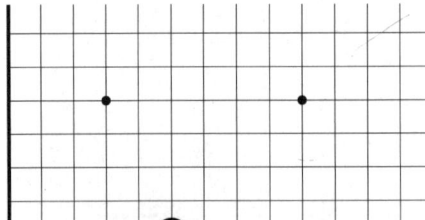

2도

백1로 젖힌 후 3으로 두는 수 역시 좋지 않다. 흑은 2로 끊은 후 이하 14까지 공격해서 백 석 점을 잡을 수 있다.

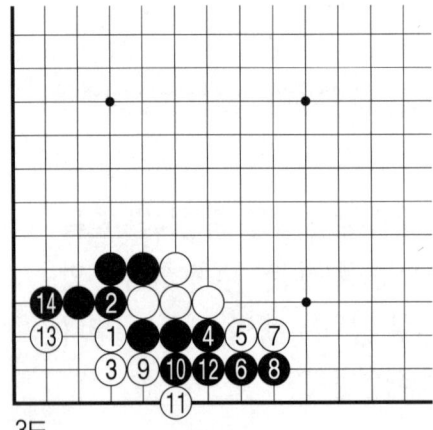

3도

전도 백3으로 본도 백3으로 뻗는 변화이다. 이때는 흑4·6·8로 진출을 도모하는 것이 좋은 수순. 백13에는 흑14로 막아서 백이 곤란한 모습이다.

314

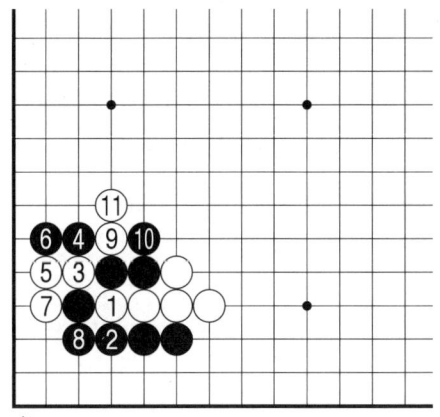

4도

4도(백의 정수)

백은 이 경우 1로 치받은 후 3으로 끊는 것이 올바른 수순이다. 계속해서 흑4·6은 대무리수. 이하 백11까지 진행이면 흑이 곤란한 모습이다.

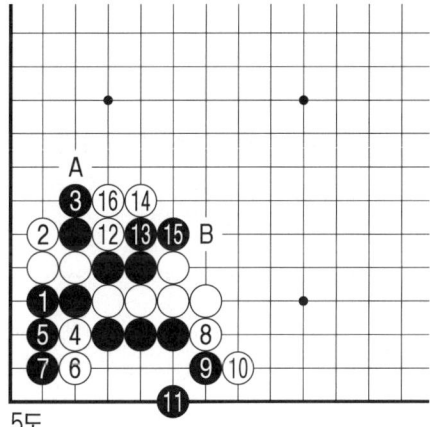

5도

5도(백, 우세)

전도 흑6으로는 본도 흑1로 두는 것이 최선이다. 그러나 이하 백14까지 진행되었을 때 흑15로 나가는 것은 무리수. 백은 16으로 이은 후 A와 B를 맞보기로 노려서 대만족이다.

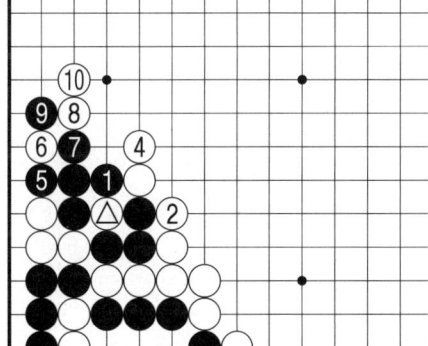

6도

6도(백, 우세)

전도 흑15로는 본도처럼 1로 따내는 것이 정수이다. 그러나 백2로 단수치고 이하 10까지 처리하면 이 역시 백이 우세하다. (❸ … △)

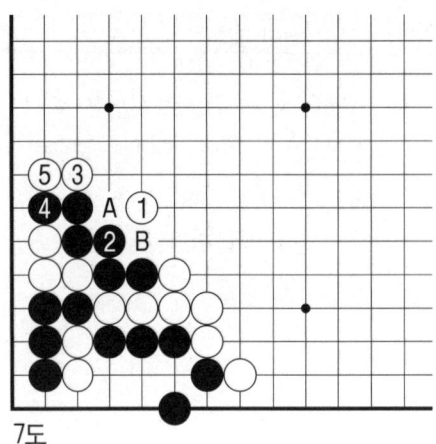

7도

백은 축이 불리할 경우 끊지 않고 1로 들여다보는 수도 가능하다. 이하 백5까지 세력을 쌓는 것이 요령으로 전도보다 다소 미흡하지만 충분히 둘 수 있다. 백은 A와 B가 모두 선수이다.

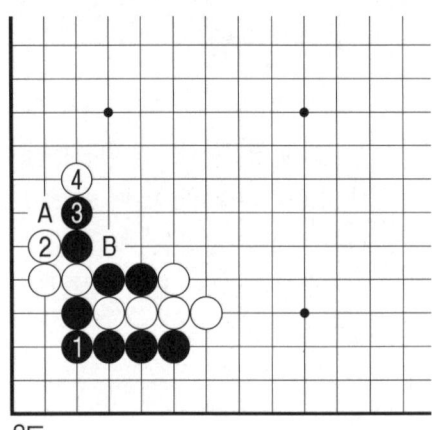

8도

흑이 5도의 흑1로 두지 않고 본도처럼 흑1로 이은 모습이다. 이때는 백2, 흑3을 선수한 후 4에 붙이는 것이 맥점이다. 이후 백은 A와 B를 맞보기로 하여 흑이 곤란하다.

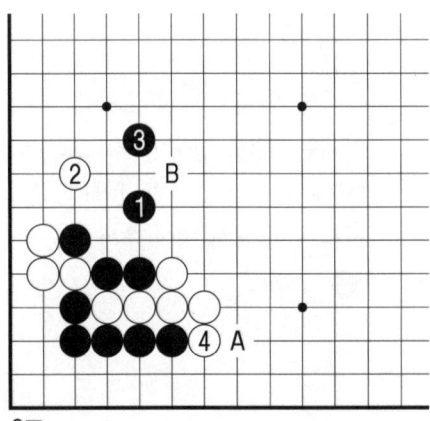

9도

전도 흑3으로 본도 흑1이라면 백2가 행마의 요령이다. 계속해서 흑3이라면 백4로 막는 자세가 두텁다. 수순 중 흑3으로 A라면 백B로 씌우는 수가 통렬하다.

노골적인 씨움

○ 백차례

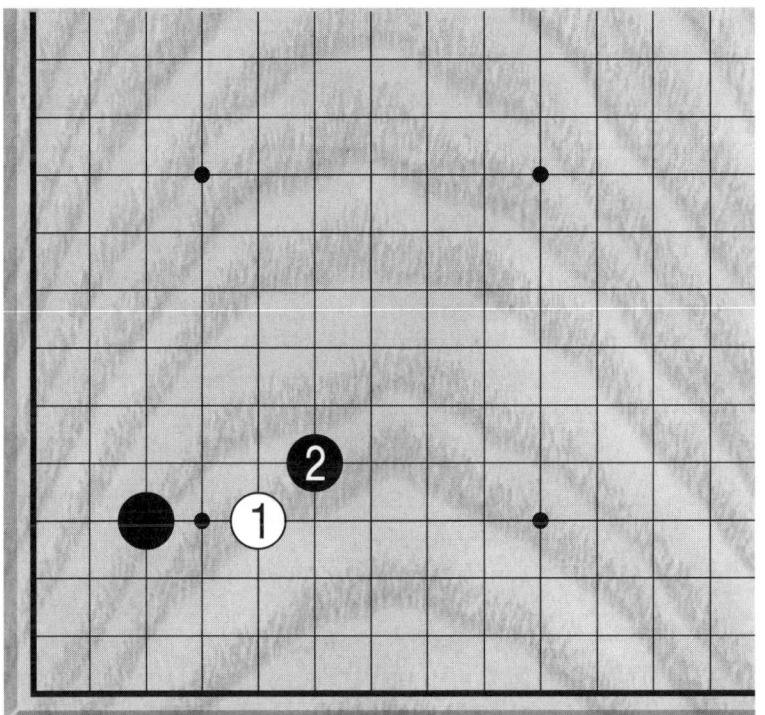

⬛ 백1로 걸쳤을 때 흑2로 씌운 것은 노골적으로 백의 중앙진 출을 차단하겠다는 뜻이다. 백은 흑의 무리한 욕심을 추궁해 서 이득을 취하고 싶은데 이 경우 어떻게 두는 것이 최선일 까?

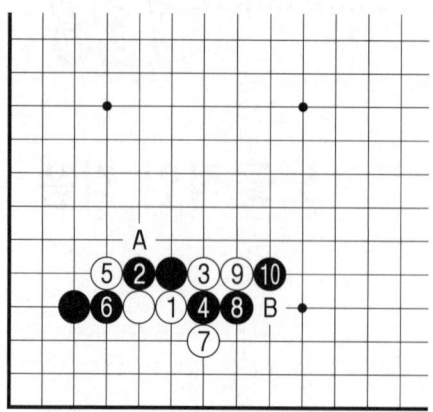

1도

1도(어려운 진행)

백1은 다소 미흡하다. 계속해서 흑2로 막고 이하 흑10까지는 쌍방 최강으로 맞선 모습인데 피차 어려운 진행이다. 수순 중 백7·9는 A와 B의 축을 맞보기로 하겠다는 뜻으로 A의 축이 불리하면 이처럼 둘 수 없다.

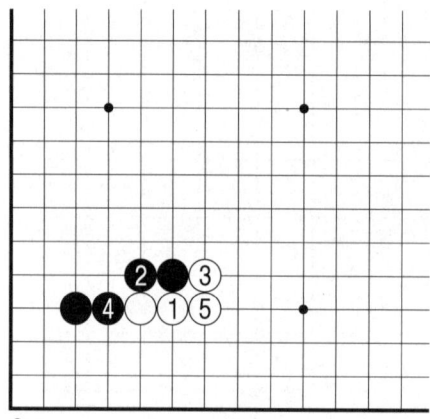

2도

2도(흑의 간명책)

흑은 전도처럼 어렵게 두고 싶지 않다면 백1·3 때 단순히 4로 치받는 수도 가능하다. 백5로 이으면 쌍방 호각의 갈림이다.

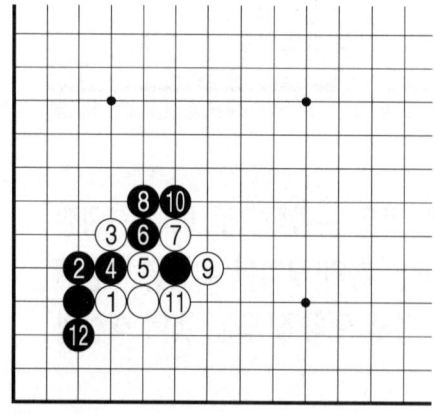

3도

3도(흑, 우세)

백1로 치받은 후 3으로 한칸 뛴 것은 형태에 얽매인 속수. 흑은 2로 뻗은 후 이하 12까지 강력하게 맞대응해서 충분한 모습이다.

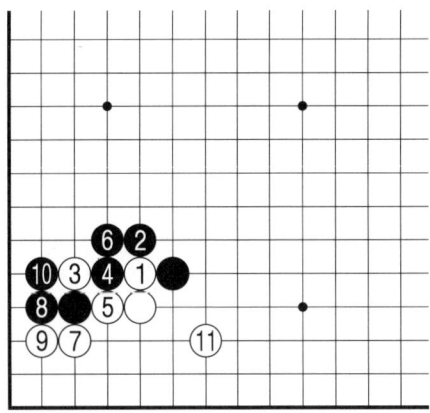

4도

4도(흑, 만족)

백으로선 일단 1로 밀어서 흑 모양에 약점을 만들 곳이다. 그러나 흑2 때 백3으로 붙이는 것은 의문. 흑은 4로 절단한 후 이하 10까지 백 한점을 잡아서 충분한 모습이다.

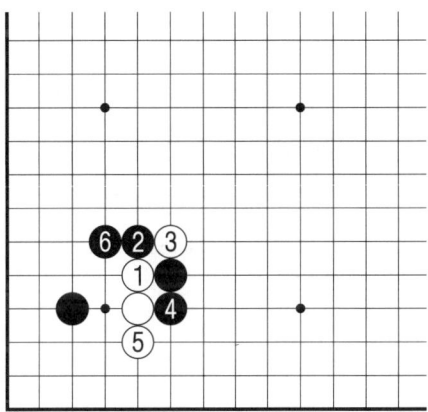

5도

5도(백, 곤란)

백1, 흑2 때 백3으로 끊는 수 역시 찬성할 수 없다. 흑은 4로 막는 것이 강수로 백5 때 흑6으로 뻗어서 백을 궁지에 몰아 넣을 수 있다.

6도(다소 미흡)

백1, 흑2 때 백3으로 물러서면 가장 무난하다. 이하 백9까지의 결말은 쌍방 호각. 그러나 백으로선 좀더 강력한 수단을 연구하고 싶다.

6도

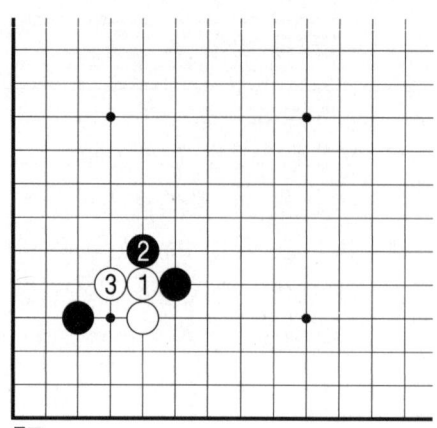

7도

백1, 흑2 때 백3의 빈삼각이 형태는 나쁘지만 흑의 주문을 차단하는 최강수이다.

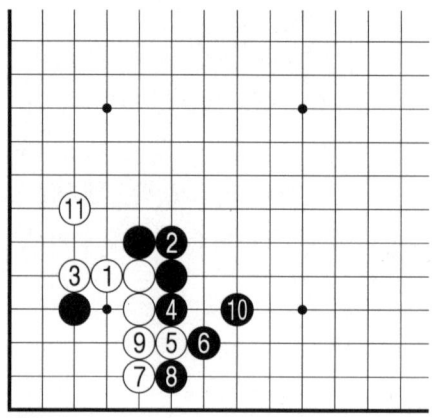

8도

전도에 계속해서 백1에 대해 흑이 2로 잇는다면 백3으로 막는 자세가 훌륭하다. 계속해서 흑4로 막고 이하 백11까지의 결말은 백이 우세한 모습이다.

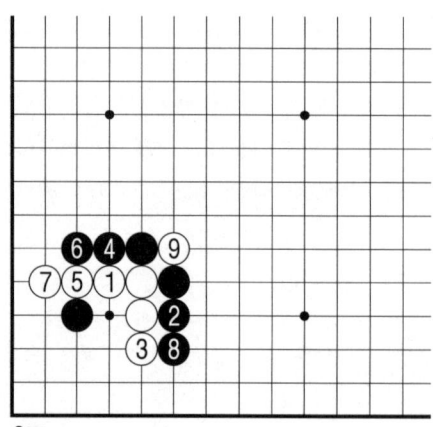

9도

백1 때 흑2로 막는 변화이다. 이때는 백3으로 뻗는 것이 형태상의 급소. 계속해서 흑이 이하 8까지 봉쇄에 역점을 둔다면 백으로선 9로 끊어 충분히 싸울 수 있는 모습이다.

320

약점을 활용한 형태 정비법

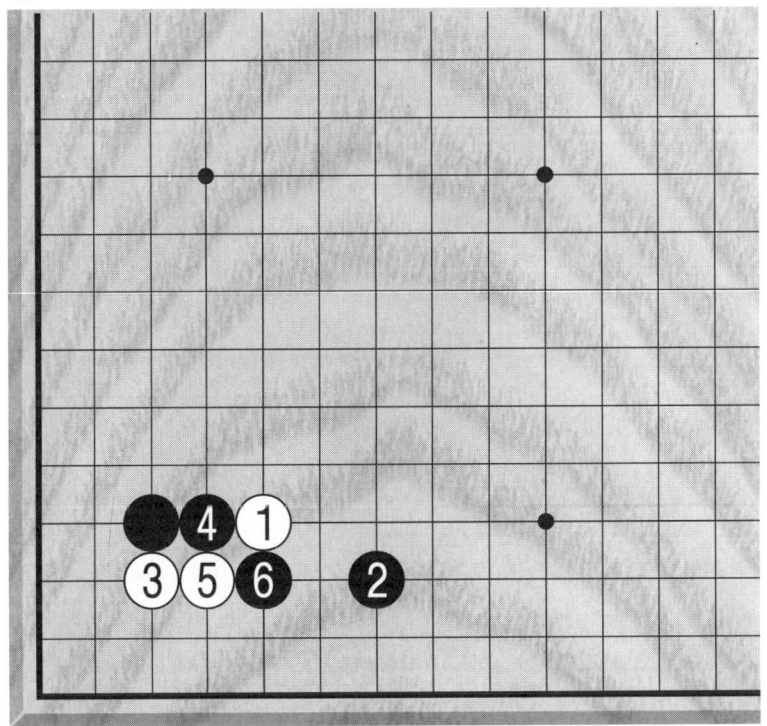

○ 백차례

소목 정석과정에서 백3으로 붙였을 때 흑4·6으로 절단한
수는 정석에 있는 수단이지만 자칫 응수하면 함정에 빠진다.
따라서 백은 흑의 약점을 활용해서 형태를 정비해야 하는데
이 경우 어떻게 두는 것이 최선일까?

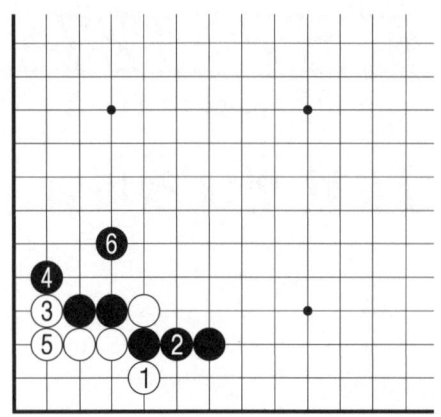

1도

백1로 단수친 후 3으로 젖혀 삶에 연연하는 것은 좋지 않다. 이하 흑6까지의 진행이라면 흑이 두텁다.

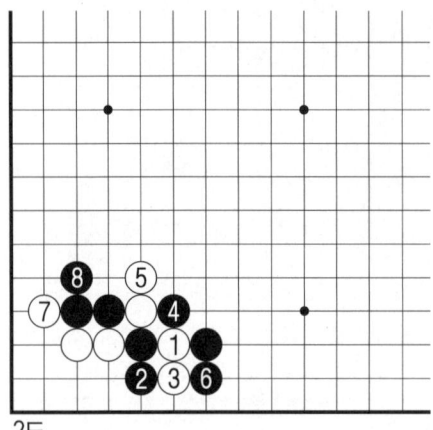

2도

백1로 단수친 후 3으로 차단하는 것은 좋지 않다. 흑은 2로 뻗은 후 이하 6까지 백 두점을 잡아서 대만족이다. 계속해서 백7에는 흑8로 나가는 강수가 성립한다.

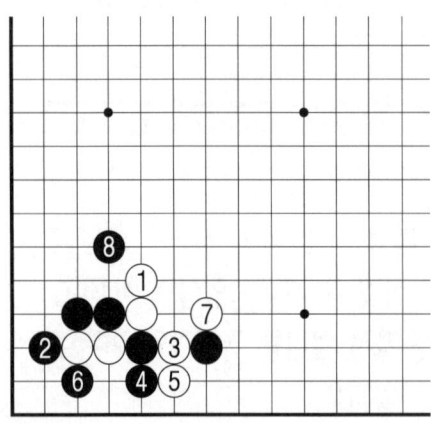

3도

단순히 백1로 뻗는다면 흑2로 젖히는 것이 형태상의 급소가 된다. 이후 백은 7까지 세력을 구축하는 정도인데 흑8까지 흑의 실리가 크다.

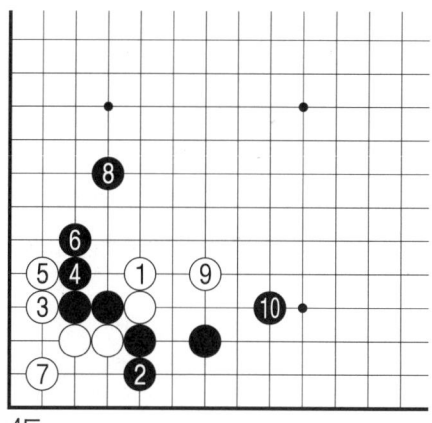

4도

백1 때 흑은 2로 뻗어서 두는 수도 가능하다. 백은 3으로 젖힌 후 이하 7까지 삶을 모색하는 정도. 흑은 선수를 취해 8·10으로 공략해서 충분한 싸움이다.

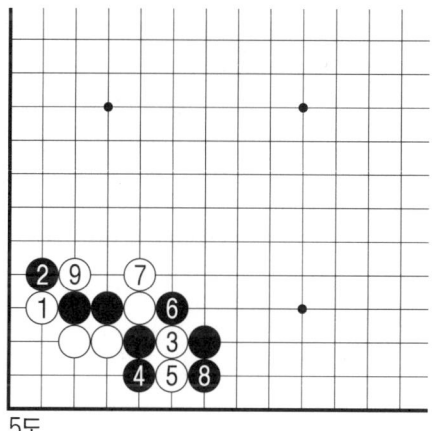

5도

백은 1로 젖혀서 흑의 응수를 묻는 것이 좋은 수이다. 계속해서 흑2로 막는다면 이번에야말로 백3으로 단수친 후 이하 9까지 흑 두점을 잡아 대만족이다.

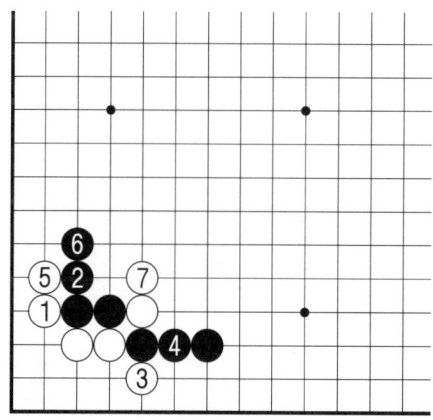

6도

백1 때 흑이 2로 뻗는다면 백 3·5를 선수한 후 7로 뻗는 것이 요령이다. 이 결과는 4도와 비교할 때 백의 귀실리가 크기 때문에 백으로선 충분한 진행이다.

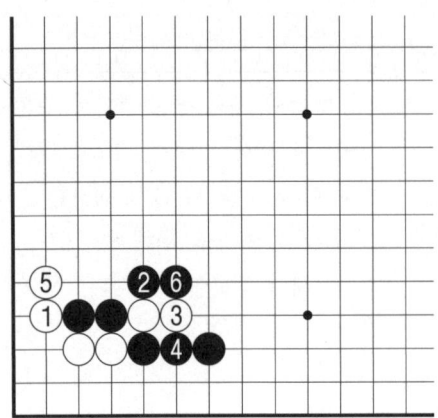

7도

7도(호각)

백1로 젖히면 흑은 2로 단수치
는 것이 정수이다. 계속해서 백3
으로 키운 후 이하 흑6까지의 진
행이라면 쌍방 불만없다.

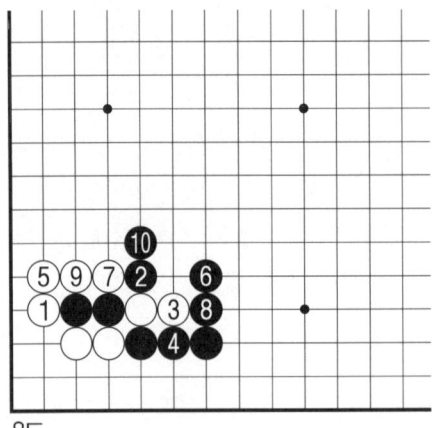

8도

8도(백, 만족)

흑은 전도의 축이 불리하다면
백5 때 흑6으로 씌우는 정도이
다. 그러나 이하 흑10까지의 결
과는 백이 우세한 모습이다.

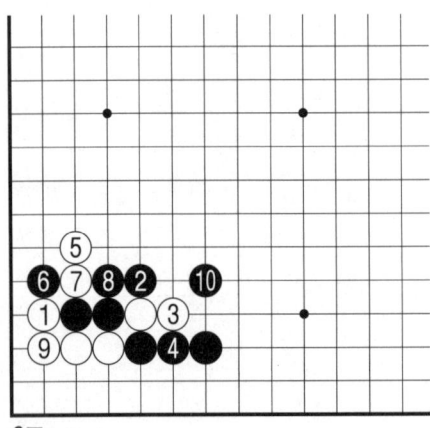

9도

9도(호각)

백으로선 7도가 마음에 들지
않는다면 7도의 백5로는 본도처
럼 백5의 날일자로 두는 것이 좋
다. 계속해서 흑6으로 젖히고 이
하 흑10까지의 진행이라면 쌍방
호각이다.

약점을 활용한 돌파 방법

 백차례

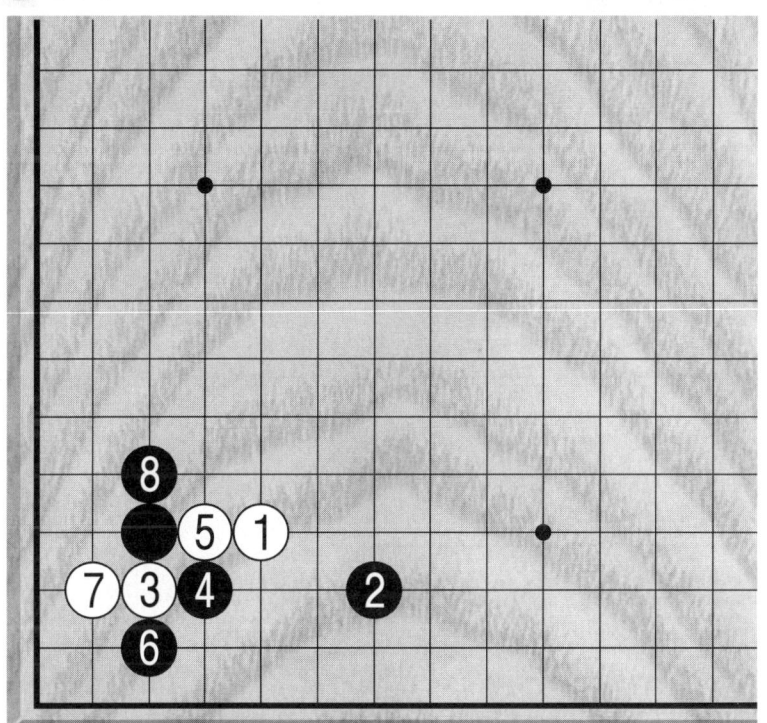

🔵 백1로 걸치고 이하 백5까지는 정석에 있는 수순인데, 흑6
으로 단수친 수가 정석에 없는 함정수의 일종이다. 흑8 이
후 백은 흑의 약점을 최대한 활용하는 수단을 찾아야 하는
데, 최선책은?

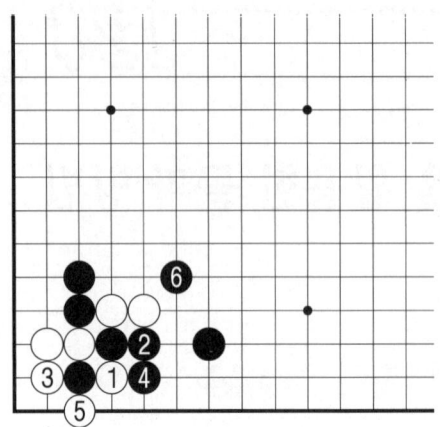

1도

　백1·3으로 단수쳐서 흑 한점을 잡는 것은 전형적인 소탐대실이다. 이하 흑6까지 백 두점이 장문으로 잡혀서는 손해 막심이다.

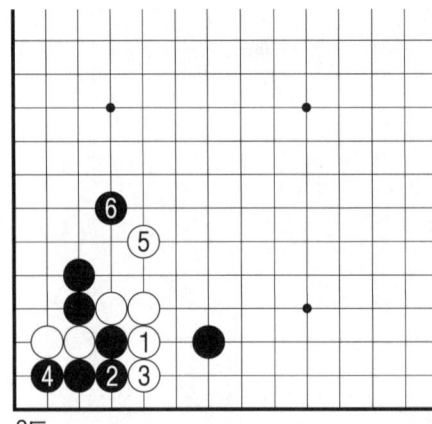

2도

　백1로 단수친 후 3으로 막는 수 역시 좋지 않다. 백은 오른쪽 흑 한점을 뚜렷하게 제압할 수 없다는 것이 불만이다.

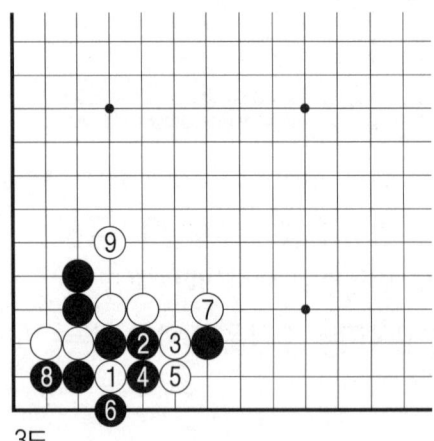

3도

　백은 이 경우 1·3·5로 단수쳐서 돌파하는 것이 좋은 수순이다. 흑6을 기다려 백7로 호구치면 흑은 귀의 패맛 관계상 8로 보강할 수밖에 없는데 백9로 손을 돌려 백이 우세하다.

느슨한 입구자연결의 함정

○ 백차례

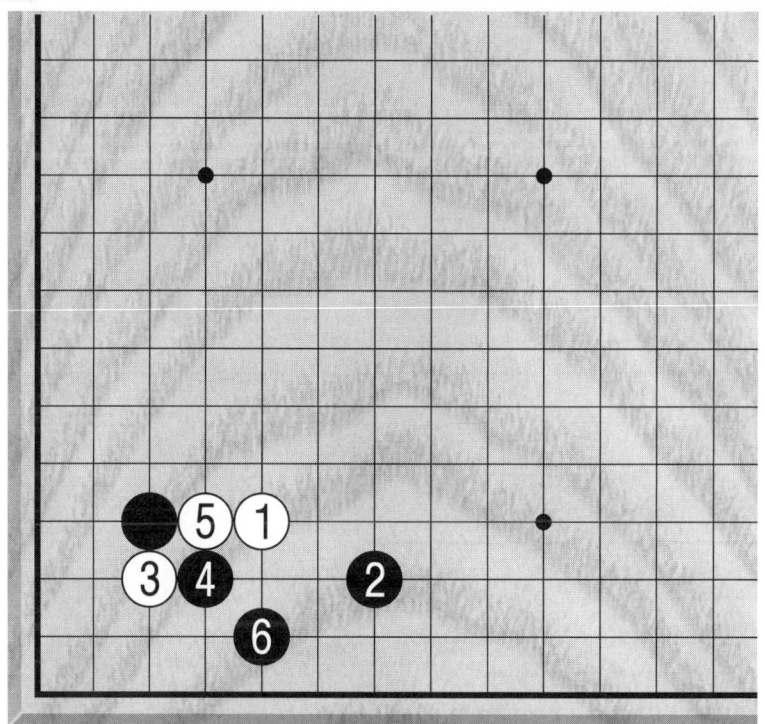

백1로 걸치고 이하 백5까지 진행되었을 때 흑6으로 입구자
한 수는 정석에 없는 함정수의 일종. 흑6은 백에게 타개의
리듬을 허용하지 않겠다는 의도인데, 백으로선 어떻게 두는
것이 최선일까?

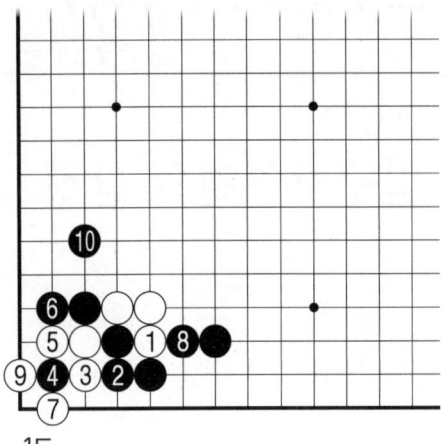

1도

백1로 단수친 후 3으로 두는 것은 흑4의 맥점이 준비되어 있다. 백5로 차단할 수밖에 없을 때 이하 10까지 중앙 백 석점을 공격하면 백이 불리한 모습이다.

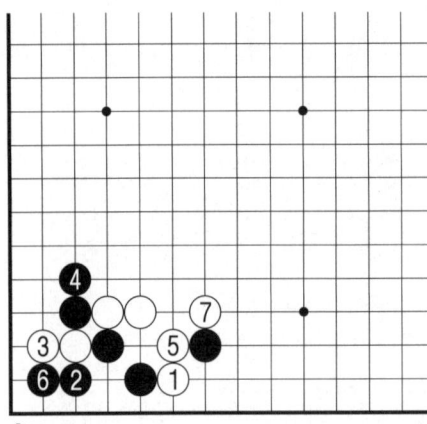

2도

이번엔 백1로 건너붙이는 변화이다. 이때는 직접 응수하지 않고 2로 단수치는 것이 좋은 수이다. 백3으로 뻗는다면 흑4가 호착으로 이하 백7까지 처리해서 흑이 우세하다.

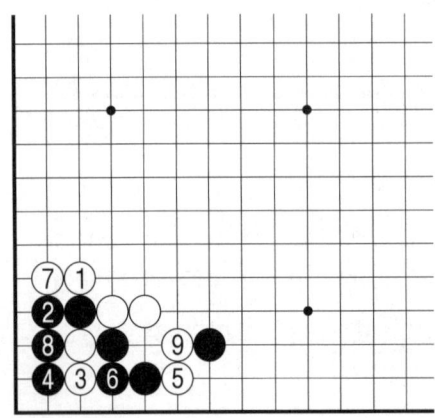

3도

백1로 단수친 후 3으로 내려서는 것이 백으로선 올바른 수순이다. 계속해서 흑4로 붙인다면 백5 이하 9까지 사석처리해서 백이 우세한 모습이다.

사석전법의 묘미

● 흑차례

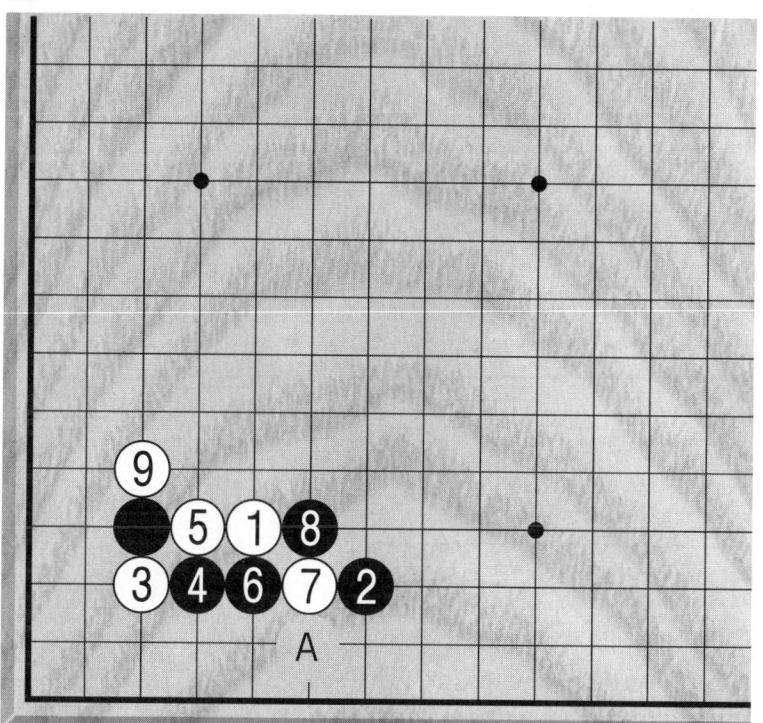

▶ 백1로 걸치고 이하 흑8까지는 정석적인 수순이다. 계속해서 백9로 단수친 수가 잘 두어지지 않는 함정수의 일종. 백9로 는 A에 뻗는 것이 보통. 그렇다면 흑은 어떻게 응수하는 것 이 최선일까?

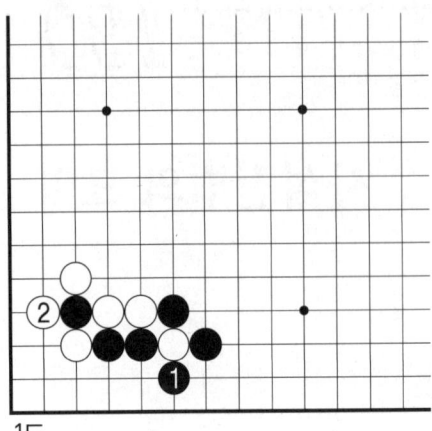

1도

흑1로 따내는 것은 백도 2로 따내게 된다. 이 결과는 호각의 갈림이지만, 흑으로선 더 좋은 방법이 있으므로 다소 미흡하다.

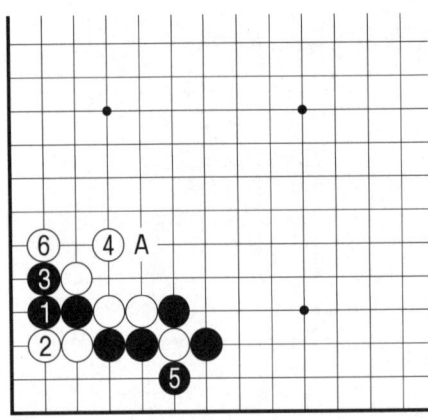

2도

흑은 1·3으로 키워 버리는 것이 정수이다. 이하 백6까지 진행되고 난 후 A의 붙임을 노릴 수 있다는 것이 흑의 자랑이다. 사석전법의 묘미를 느낄 수 있는 흑의 작전이다.

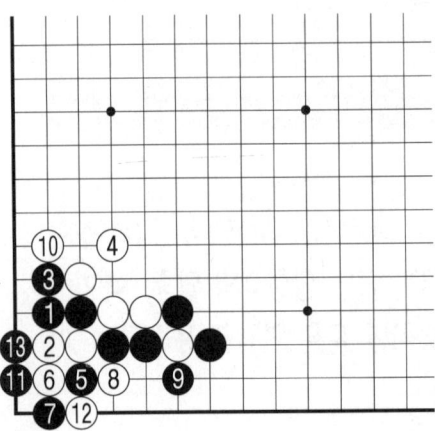

3도

흑은 팻감이 많다면 1·3을 선수한 후 5·7로 젖히는 강수도 가능하다. 이하 흑13까지 패를 피할 수 없는 모습이다.

중앙으로 뻗은 의도는

● 백차례

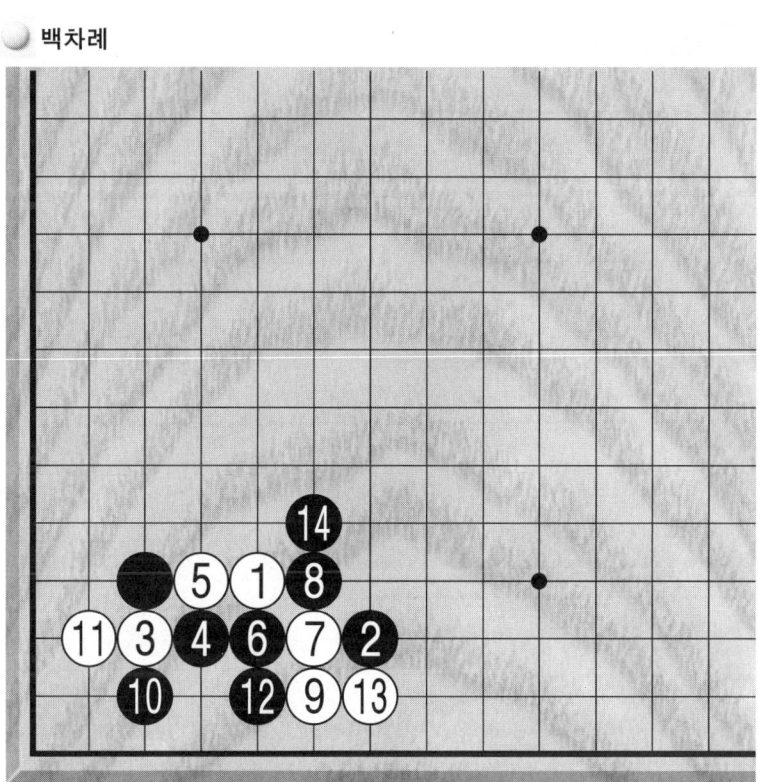

백1 때 흑2로 협공하고 이하 백13까지는 실전에 흔히 등장하는 기본 정석 수순들이다. 그런데 흑14로 중앙으로 뻗은 수는 정석에 없는 수단으로 백에게 주문을 건 함정수의 일종이다. 백의 적절한 응수법은?

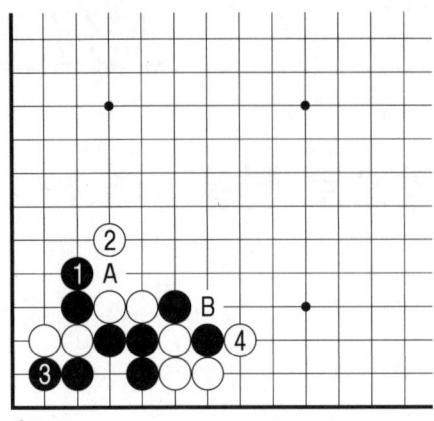

1도

장면도의 흑14로는 본도 흑1로 뻗는 것이 정수이다. 계속해서 백2로 한칸 뛰고 흑3, 백4까지 진행된 후 흑은 A와 B 중 한 곳을 선택하게 된다.

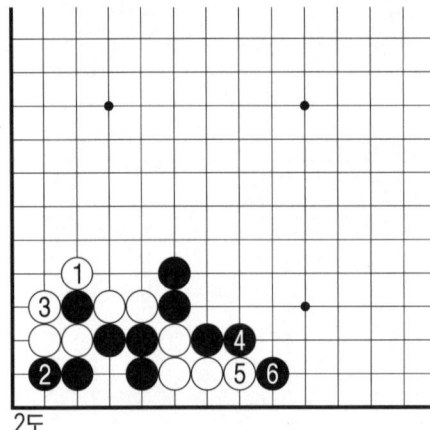

2도

2도(흑, 만족)

백은 당연히 1로 단수칠 곳이다. 그러나 흑2 때 백3이 생각이 짧은 수. 흑이 4·6으로 공략하면 백이 곤란한 모습이다.

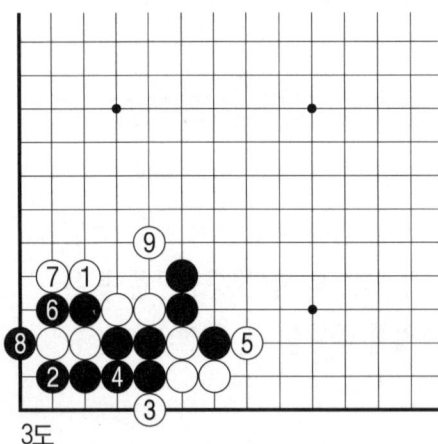

3도

3도(백의 정수)

백1, 흑2 때 백은 3으로 단수 친 후 5로 보강하는 것이 정수이다. 흑6에는 백7를 선수한 후 9에 한칸 뛰어 충분한 모습이다.

132

무리한 날일자 공격

● 백차례

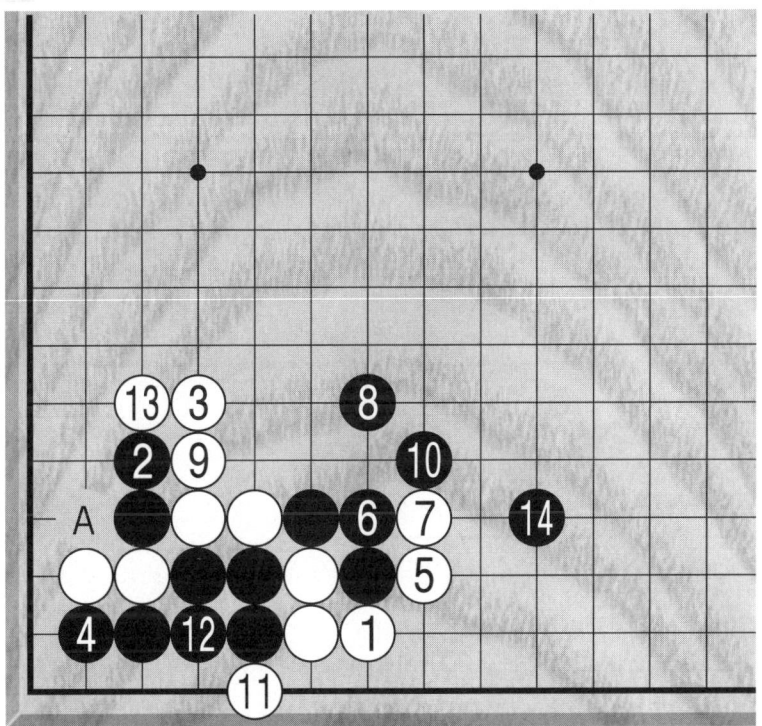

소목 정석과정에서 백1은 축이 유리할 때 유력한 정석 선택.
계속해서 흑2로 뻗고 이하 백13까지는 필연적인 수순이다.
그런데 흑14의 날일자공격이 정석에 없는 함정수. 이 수는
A에 단수쳐 귀를 돌보는 것이 정수이다. 그렇다면 백은 어
떻게 응수하는 것이 최선일까?

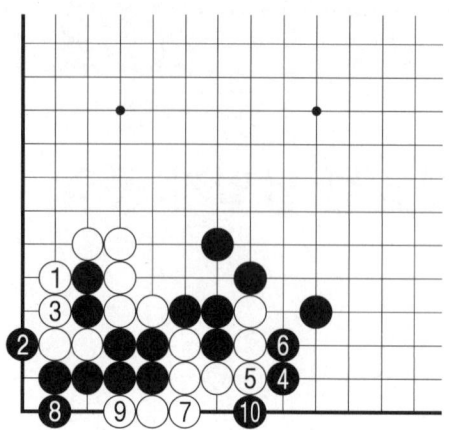

1도

　백1로 단수쳐서 흑 두점을 잡는 것은 의문이다. 흑은 2로 단수친 후 4로 들여다보는 것이 좋은 수순으로 이하 흑10까지 백 대마를 잡을 수 있다. 수순중 흑8은 수상전의 맥점.

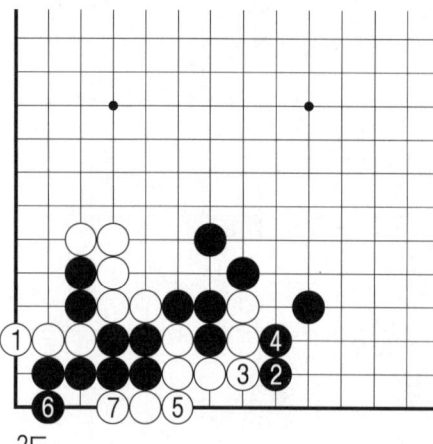

2도

　백은 이 경우 1로 내려서는 것이 정수이다. 계속해서 흑2·4로 공격해도 이하 백7까지 수를 조이면 이 수상전은 백의 승리이다.

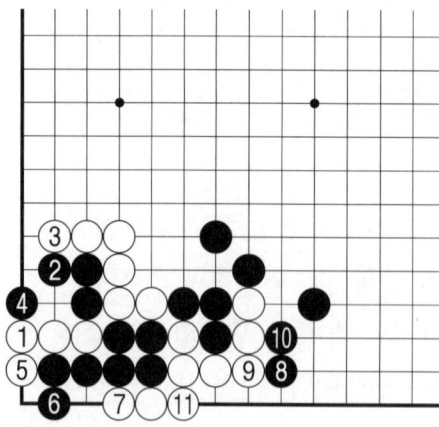

3도

　백1 때 전도의 흑2로 본도 흑2로 두는 변화이다. 이때는 백3으로 막은 후 흑4 때 백5가 호착이다. 흑6으로 저항해도 이하 백11까지 공략하면 역시 흑이 잡힌 형태이다.

334

133

축을 배경으로 강력한 도전

○ 백차례

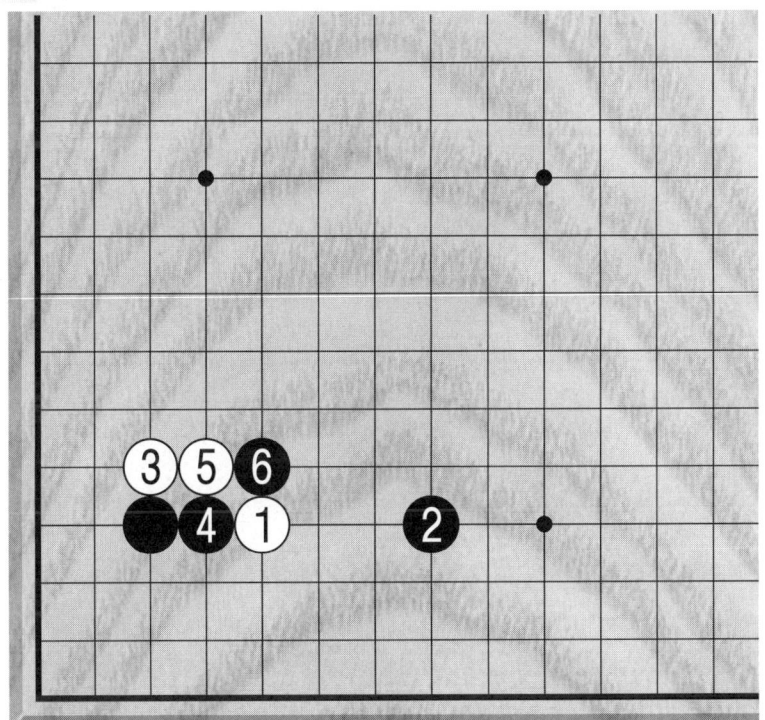

 백1, 흑2 때 백3으로 붙인 것은 재빨리 형태를 갖추겠다는
뜻이다. 그러나 백3으로 붙이는 수는 축이 백에게 불리하다
면 흑4·6이라는 강력한 도전을 받게 된다. 그럼 흑6 이후
의 변화를 검토해 보기로 한다.

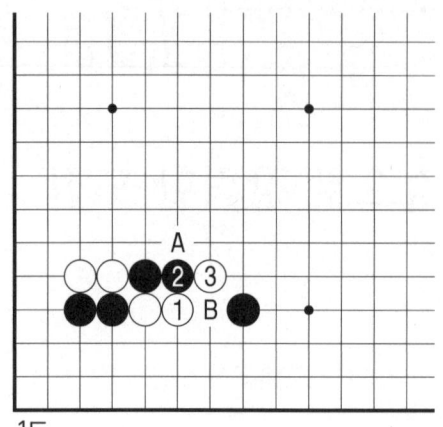

1도

　백1, 흑2 때 백은 3으로 젖히는 것이 강수이다. 이후 백은 A와 B를 맞보기로 한다.

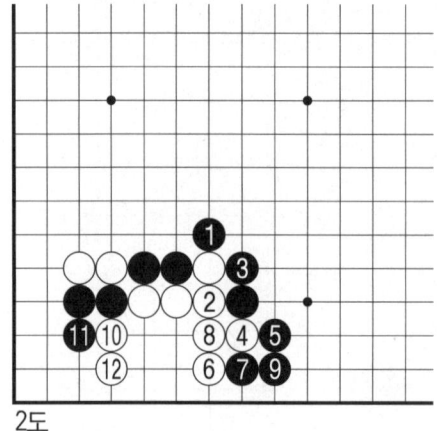

2도

　축이 흑에게 불리할 경우 흑1로 젖힐 수 밖에 없는 모습이다. 흑1이라면 백2로 잇고 이하 백12까지는 쌍방 최선의 수순이다.

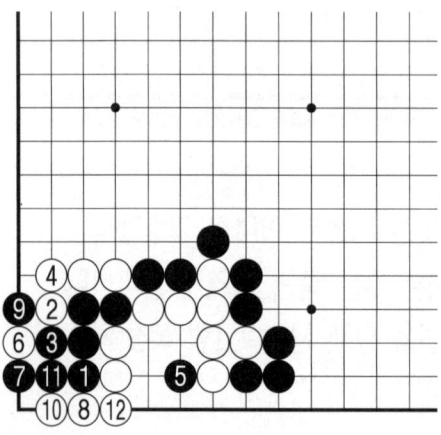

3도

　전도에 계속해서 흑이 1로 막아 수상전을 시도하는 것은 의문이다. 백은 2·4로 젖혀 이은 후 12까지 처리해서 흑을 잡을 수 있다.

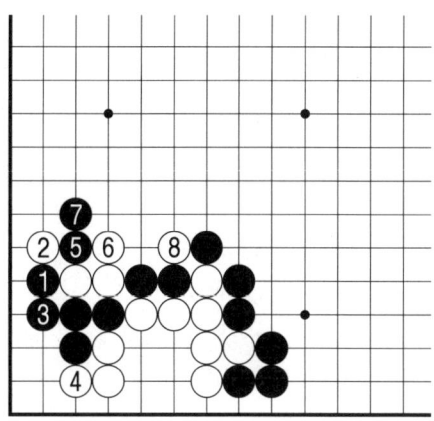

4도

흑은 1·3으로 젖혀 잇는 정도이다. 백2·4는 최선의 응수인데 흑5·7이 악수. 백8로 흑 두점을 잡아서는 백이 우세하다.

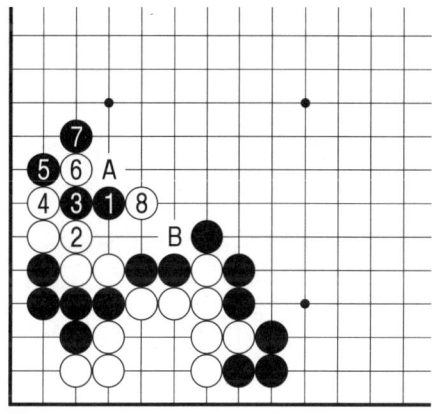

5도

흑은 1로 날일자해서 둘 곳이다. 그러나 백2로 이었을 때 흑3·5가 욕심을 부린 무리수. 백6·8이 절묘한 맥점으로 A와 B를 맞보기로 노려서는 흑이 망한 모습이다.

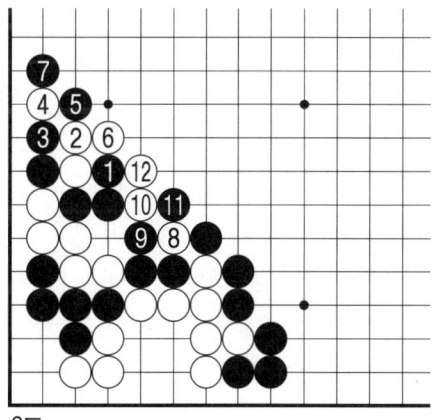

6도

전도 흑7로 본도 흑1로 단수치는 변화이다. 이때는 백2로 뻗은 후 흑3 때 백4로 젖히는 것이 좋은 수순이다. 이하 백12까지 흑은 자충이 되어 꼼짝없이 잡힌 모습이다.

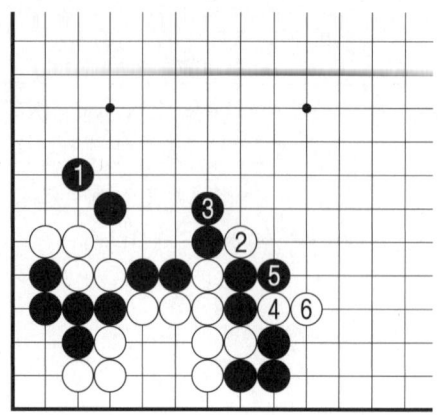

7도

7도(흑, 불만)

5도의 흑3으로는 본도 흑1로 늦추는 정도이다. 그러나 백이 2로 끊은 후 이하 6까지 흑을 공격하면 흑이 불리한 싸움이 되는 것은 어쩔 수 없다. 결국 2도의 흑1로 두어서는 어떻게 두어도 좋지 않다는 결론이다.

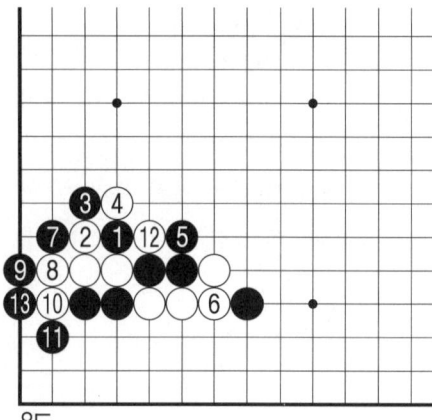

8도

8도(흑의 최선)

흑은 축이 유리하다면 1·3으로 이단젖힌 후 백4로 끊을 때 5의 빈삼각이 최선이자 최강의 응수법이다. 계속해서 백6으로 잇는다면 흑7로 단수친 후 이하 13까지 백을 회돌이축으로 유도할 수 있다.

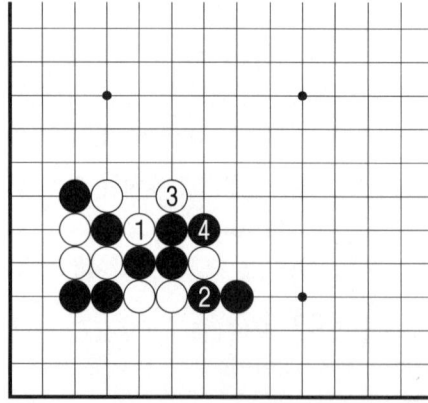

9도

9도(흑, 만족)

전도 백6으로는 본도처럼 백1로 따내는 정도이다. 결국 흑2로 끊는 수순이 흑에게 돌아오게 되어서는 흑이 유리한 갈림이다.

결국 장면도의 흑4·6은 8도의 축이 관건으로 피차간의 유불리가 결정된다.

338

흔치 않은 안쪽젖힘

● 흑차례

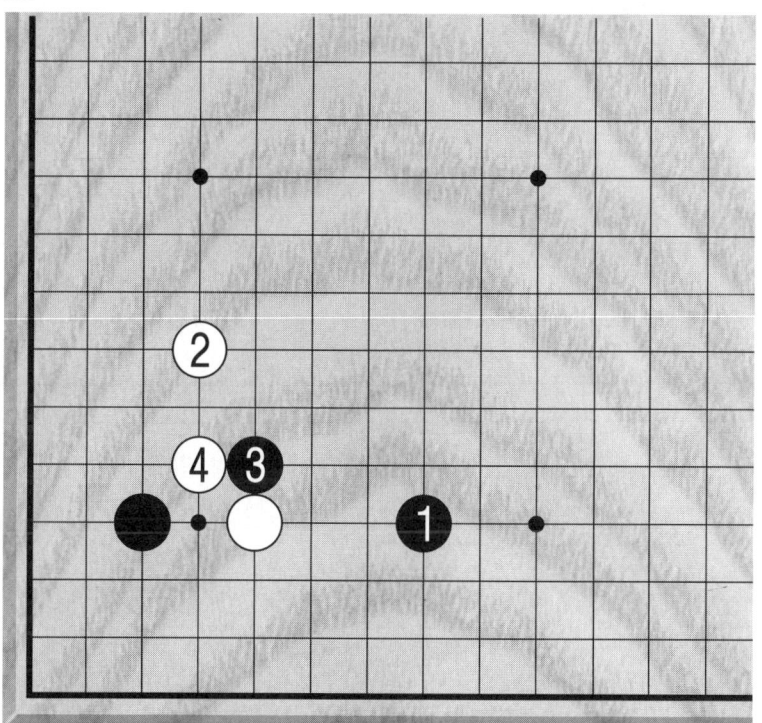

흑1로 두칸 협공하고 백2의 눈목자, 흑3의 붙임까지는 실전에서 흔히 볼 수 있는 기본 정석 수순이다. 그런데 백4로 안쪽으로 젖힌 수가 잘 쓰이지 않는 특이한 수단. 이 수로는 바깥으로 젖히는 것이 보통이다. 흑으로선 어떻게 처리하는 것이 최선일까?

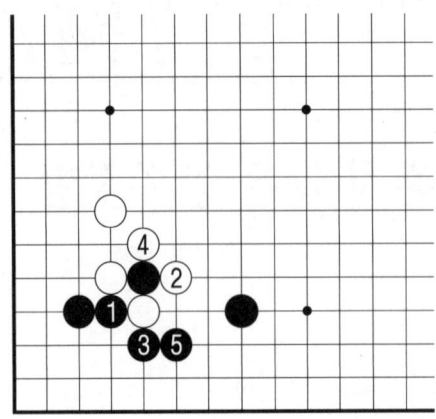

1도

흑은 당연히 1로 끊을 곳이다. 계속해서 백2로 단수쳤을 때 흑 3·5로 좌우를 연결하는 것이 한 가지 방법으로 세력 대 실리의 갈림이다.

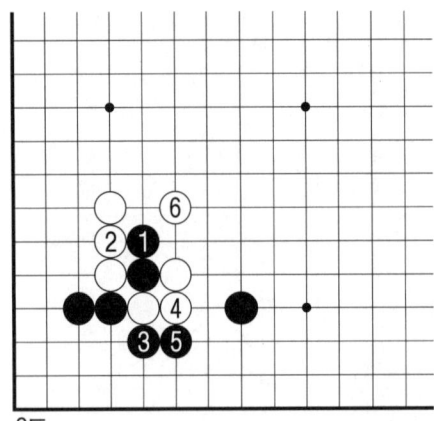

2도

전도는 흑이 후수이므로 흑이 선수를 잡으려면 전도 흑3으로는 본도처럼 흑1로 뻗을 곳이다. 계속해서 백2로 잇는다면 흑3으로 단수친 후 5에 넘는 것이 수순. 이 형태는 전도와 달리 백6까지 흑이 선수이다.

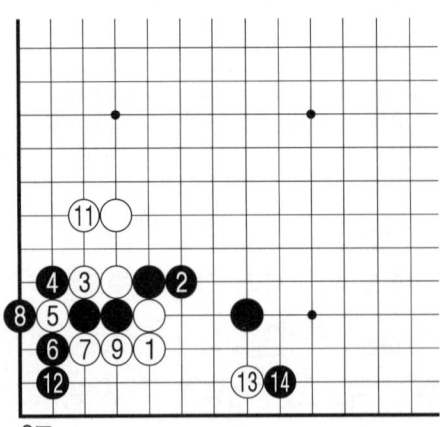

3도

백이 1도의 백2로 두지 않고 본도 백1로 뻗는 것은 의문이다. 흑은 2로 뻗는 것이 강수. 계속해서 백3·5로 작전을 구사해 보지만, 흑4 이하 14까지 강력하게 맞대응해서 백이 곤란한 모습이다.

⑩ … ⑤

135

한칸 뛰어 붙인 수의 속셈

● 흑차례

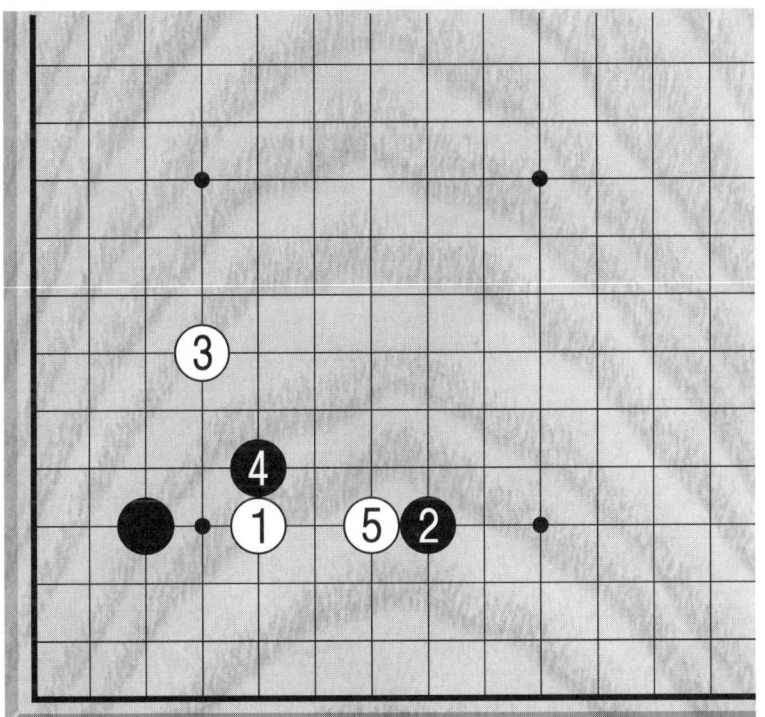

🔵 백1로 걸치고 이하 흑4까지 진행되었을 때 백5로 한칸 뛰어 붙인 것은 주문을 내포한 함정수의 일종이다. 흑은 비교적 간명하게 형태를 정비하고 싶은데 이 경우 어떻게 두는 것이 최선일까?

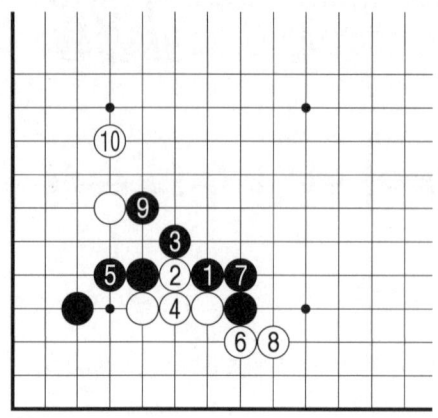

1도

흑1로 젖히는 것은 백의 계략에 말려들게 된다. 이하 백10까지 백이 능률적으로 양쪽을 둔 모습이다.

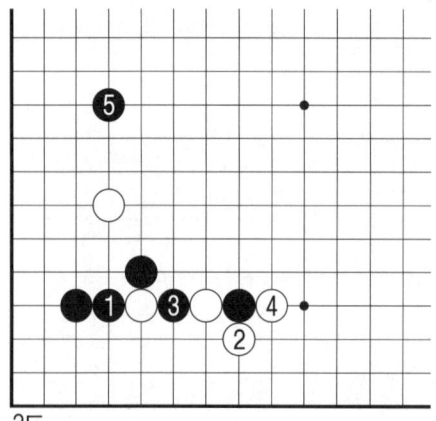

2도

2도(흑의 정수)

흑은 이 경우 1로 치받는 것이 정수이다. 계속해서 백2로 젖히고 이하 흑5까지 쌍방 기세의 진행인데 흑이 우세한 결말이다.

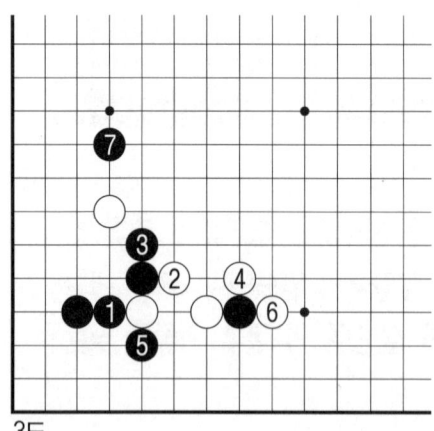

3도

3도(흑, 충분)

흑1 때 백2로 호구치는 변화이다. 이때는 흑3으로 뻗는 것이 침착한 호착. 이하 흑7까지의 진행이면 전도와 대동소이한 결말이다.

악수교환으로 유도

● 백차례

소목 걸침에서 백3으로 눈목자했을 때 흑4를 선수한 후 6
으로 붙인 장면이다. 흑4·6은 주문을 내포한 함정수의 일
종. 흑의 함정수에 대해 백이 적절히 응수하면 흑4, 백5의
교환을 악수로 만들 수 있다. 백의 최선책은?

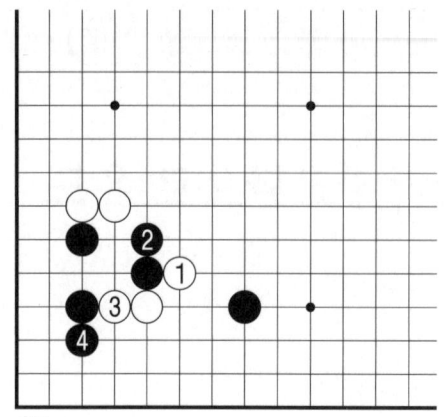

1도

백1로 젖히는 것은 흑2·4로 받는 자세가 이상적이라 백이 좋지 않다.

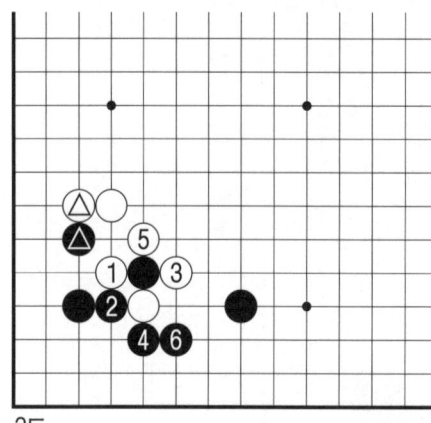

2도

백은 1로 안쪽에서 젖히는 한 수이다. 계속해서 흑2로 끊고 이하 흑6까지의 진행이라면 흑▲와 백△가 악수교환이 된 만큼 백이 유리하다.

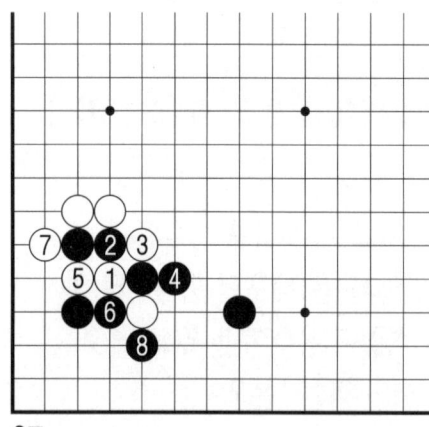

3도

백1 때 흑2로 두는 변화이다. 이때는 백3·5로 단수치는 것이 요령. 이하 흑8까지의 결말은 백이 우세하다.

과격한 치받음

● 백차례

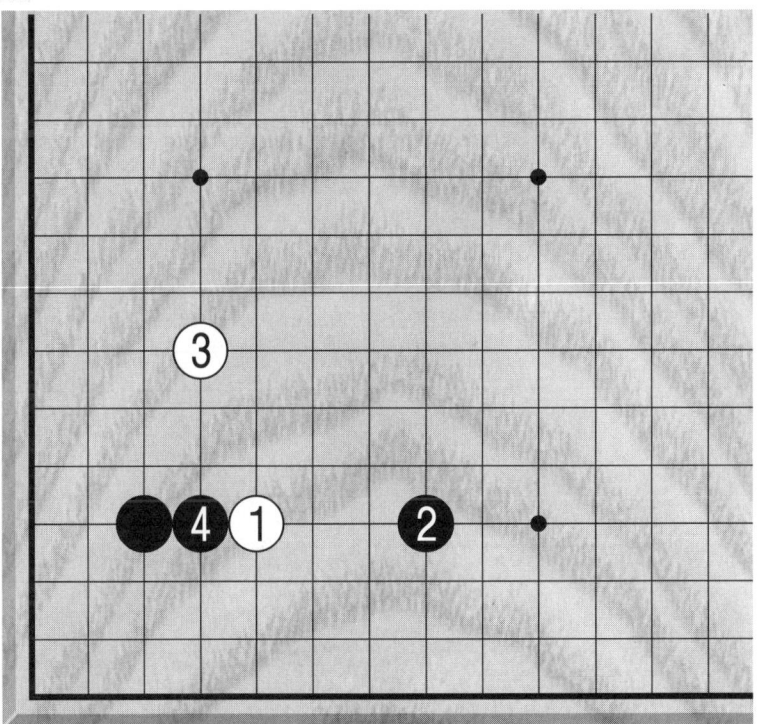

백1로 걸치고 백3으로 눈목자했을 때 흑이 4로 치받아 온 장면이다. 흑4는 다소 과격한 의미가 있지만 정석에 있는 수단이다. 그러나 백이 적절하게 응수한다면 흑으로선 큰 실효를 거두기 힘들다. 백의 적절한 응수법은?

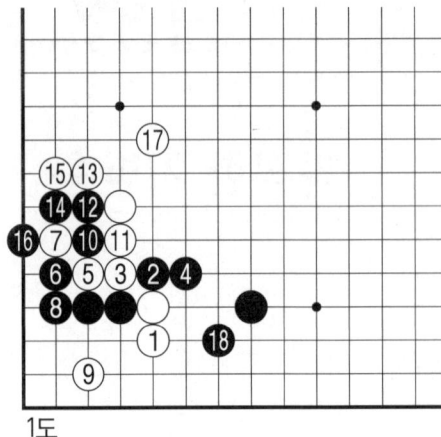

1도

1도(백, 불리)

백1로 뻗는 것은 흑2로 젖히는 수가 호착으로 작용해서 백이 좋지 않다. 계속해서 백3으로 절단한다면 흑4로 뻗은 후 이하 흑18까지 공략해서 백이 불리하다.

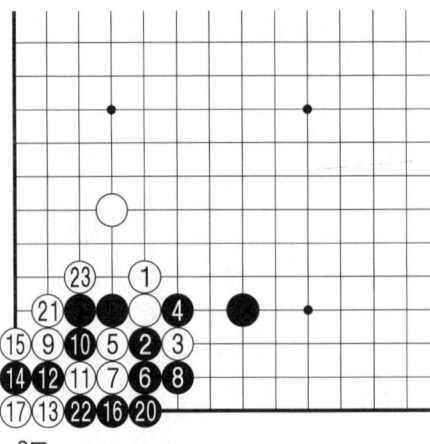

2도

2도(백의 정수)

백은 1로 뻗는 한수이다. 계속해서 흑이 2·4로 젖히고 끊은 것은 예정된 작전이다. 이에 대해 백은 5 이하 25까지 처리하는 것이 최선으로 정석화된 진행이지만 백이 다소 유리하다는 것이 정설이다.

⑱㉔…⑫ ⑲…⑭ ㉕…⑪

3도

3도(백, 충분)

전도 흑10으로 본도 흑1로 두는 변화이다. 이때는 백2가 침착한 호착으로 흑3 때 백4로 두는 수가 성립한다. 이하 백12까지는 필연적인 진행이며 흑13·15는 최강의 응수법. 그러나 이하 백22까지 처리해서 백도 충분히 둘 수 있다.

세력형 정석을 거부한 의도는

⚪ 백차례

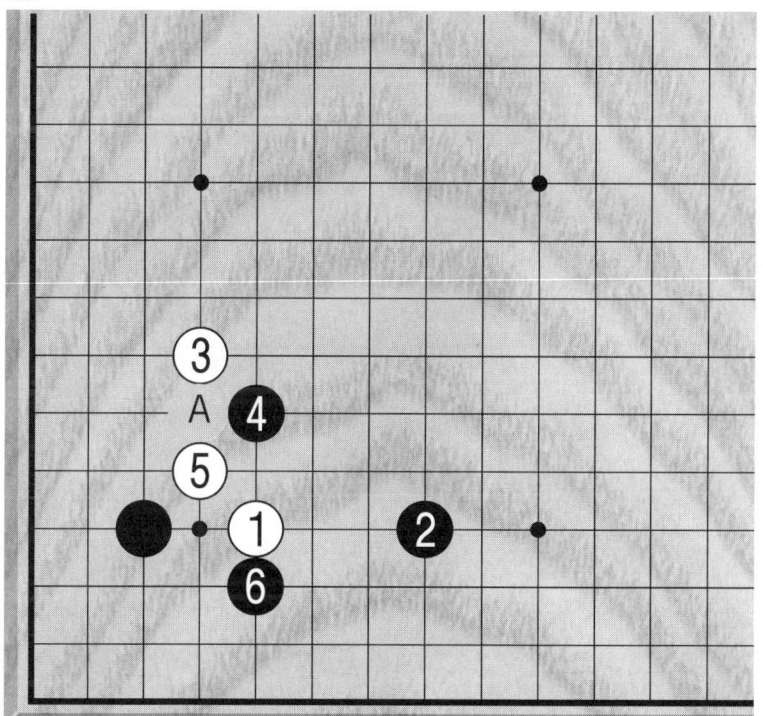

🔴 백1·3의 정석 선택에 대해 흑4는 세력작전을 펼치고자 할 때 사용하는 수단. 백5의 급소는 당연한데 흑6으로 붙인 수가 정석에 없는 함정수의 일종이다. 보통은 흑4를 둔 이상 계속해서 흑A에 돌파하는 것이 수순이다. 그렇다면 백은 어떻게 응수하는 것이 최선일까?

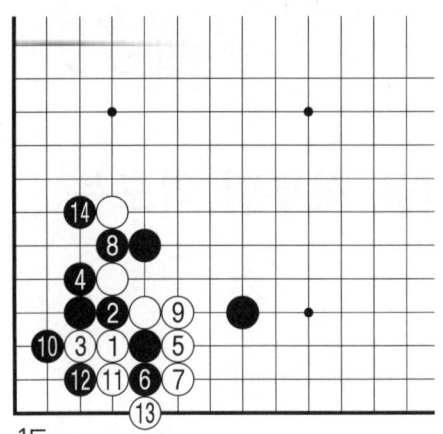

1도

백1로 안쪽에서 젖히는 것은 의문수이다. 흑은 2로 절단한 후 이하 14까지 처리해서 만족이다.

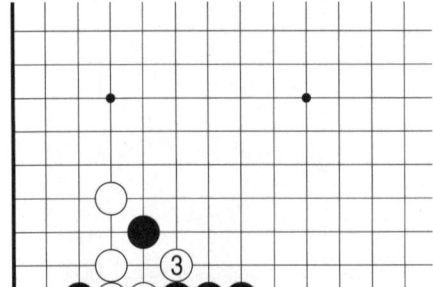

2도

백은 1로 바깥쪽에서 젖히는 것이 올바른 방향이다. 계속해서 흑2로 절단한다면 백3·5를 선수한 후 이하 9까지 형태를 정비해서 충분한 모습이다.

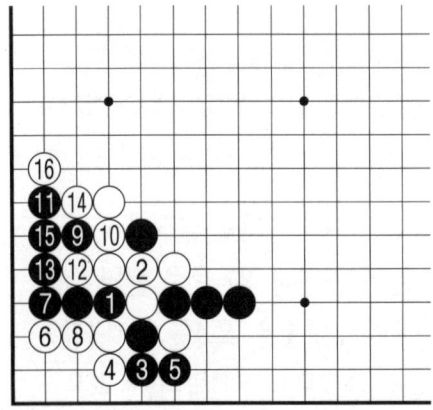

3도

전도의 흑6으로 본도 흑1로 단수치는 것은 무리수이다. 백은 2로 이은 후 흑3 때 백4·6으로 공격하는 것이 좋은 수순. 이하 백16까지의 수상전은 흑이 잡힌 모습이다.

강력한 이단젖힘

● 백차례

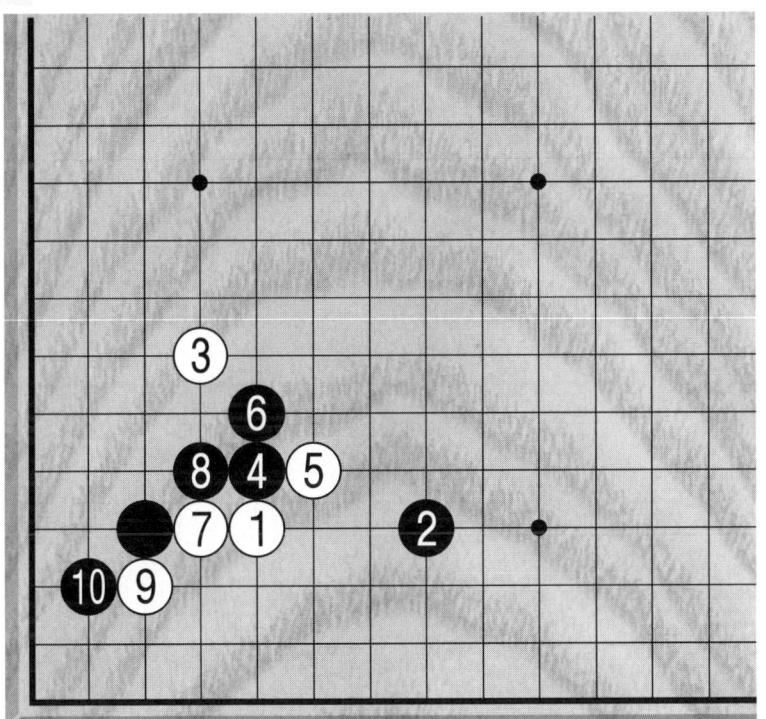

백1·3의 선택에 대해 이하 백7까지는 평범한 정석 수순
이다. 이때 흑8로 꽉 막은 것은 백9 때 흑10으로 강력하
게 이단젖히기 위한 준비 작업이다. 이후 백은 간명하게
안정을 할 것인지 아니면 강하게 맞설 것인지 선택의 기로
인데, 최선의 응수법을 살펴 보기로 한다.

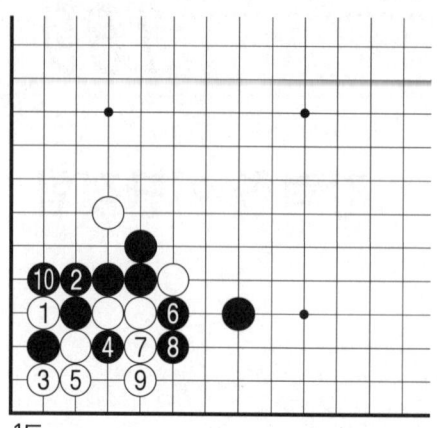

1도

백1·3으로 단수쳐서 흑 한점을 잡는 것은 좋지 않다. 흑은 4·6을 선수한 후 이하 10까지 세력을 구축해서 충분한 모습이다.

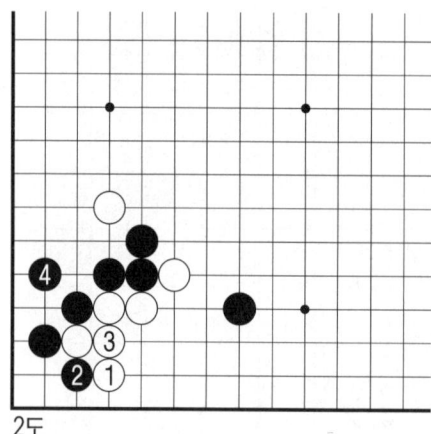

2도

백1로 호구치는 수 역시 소극적이다. 흑은 2로 단수친 후 4로 호구쳐서 대만족이다.

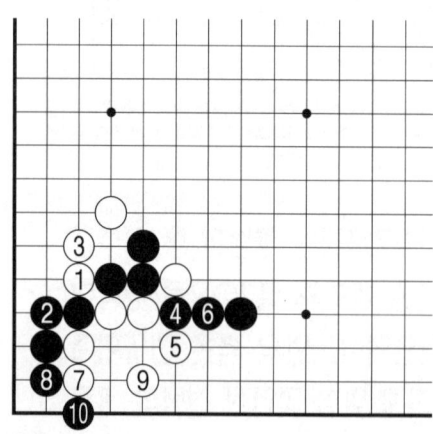

3도

백은 이 경우 1로 단수친 후 3으로 뻗는 것이 강수이다. 계속해서 흑4로 끊고 이하 흑10까지는 필연적인 진행인데…

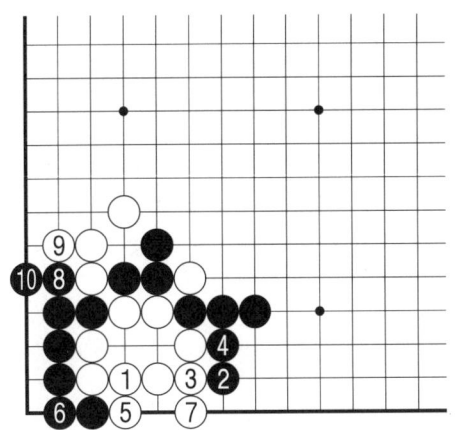

4도

전도에 계속해서 백1로 잇는 것은 좋지 않다. 흑은 2·4가 기분 좋은 선수활용으로 이하 10까지 삶의 형태를 갖추어서는 충분한 모습이다.

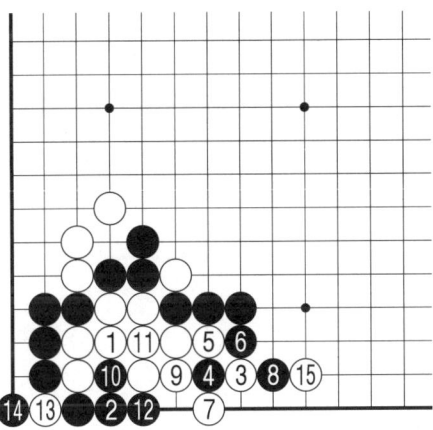

5도

백은 이 경우 1로 잇는 것이 정수이다. 흑2에는 백3의 날일자가 또한 호착. 이후 흑이 4로 건너붙인 후 이하 12까지 공격을 강행하는 것은 무리. 백은 13이 호착으로 15로 넘게 되어서는 흑이 모두 잡힌 모습이다.

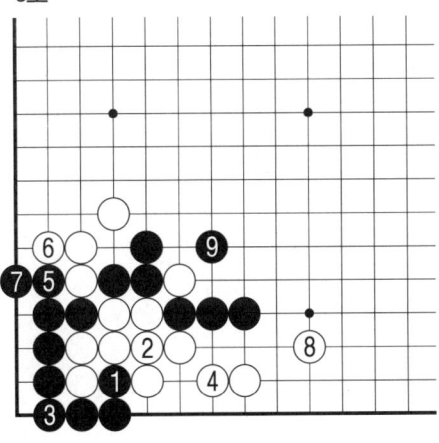

6도

전도 흑4로는 본도 흑1로 단수친 후 3으로 잇는 것이 정수이다. 계속해서 백4로 약점을 보강하고 이하 흑9까지 일단락인데 백으로선 충분한 모습이다.

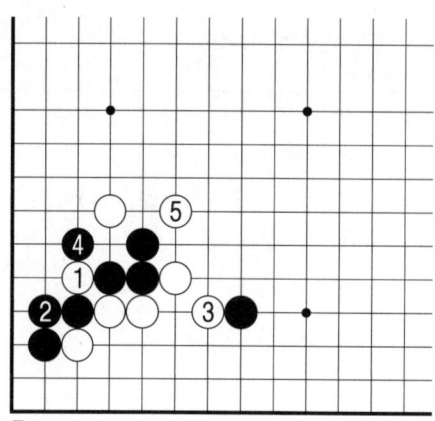

7도

백1로 단수친 후 3으로 호구치는 수도 성립한다. 흑4로 잡는다면 백5의 씌움이 호착이 된다. 이 결과는 백이 유리하다.

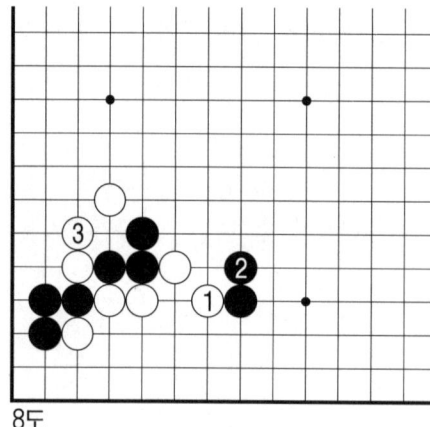

8도

8도(흑, 곤란)

백1로 호구쳤을 때 흑2로 서는 수는 무리이다. 백3이 강력한 대응으로 흑이 곤란한 모습이다.

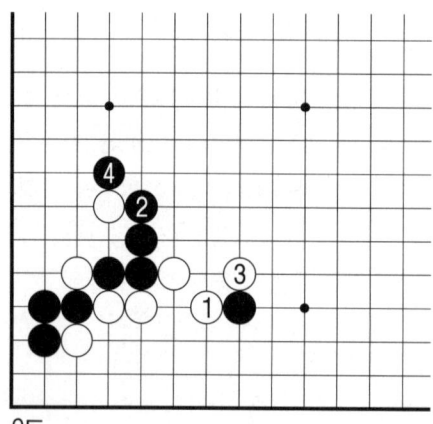

9도

9도(흑의 정수)

백1의 호구에는 흑2로 누르는 수가 정수이다. 백3으로 호구쳐 흑 한점을 제압하고 흑도 4로 백 한점을 제압해 서로간에 충분한 갈림이다.

축유리를 전제로 한 뻗음

⚪ 백차례

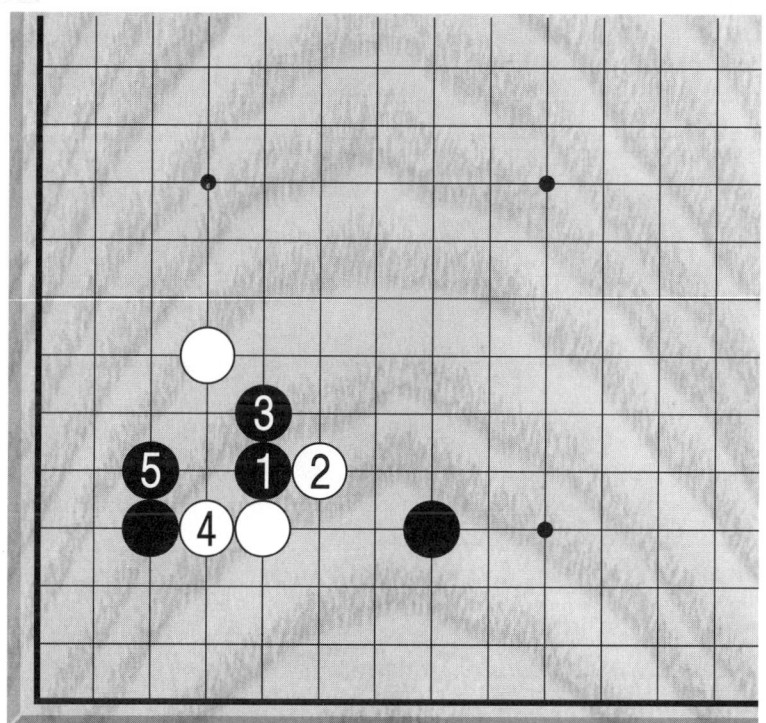

🏴 흑1로 붙이고 이하 백4까지는 실전에 흔히 등장하는 기본
정석 과정이다. 이때 흑5로 뻗은 수는 축유리를 전제로 한
것으로서 상대가 끊어 오기를 은근히 바라고 있다. 따라서
백은 신중한 응수가 요구되는데, 이 경우 어떻게 처리하는
것이 최선일까?

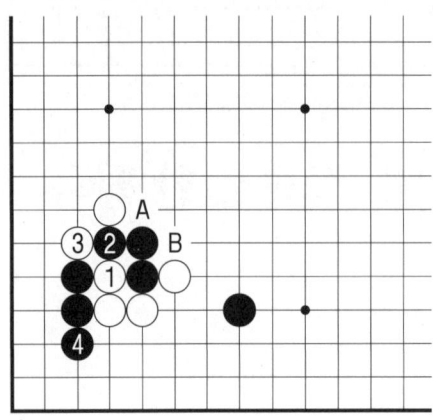

1도

백1·3으로 나가 끊는 수는 축이 유리할 때 가능한 수단이다. 그러나 A와 B의 축이 백에게 불리하다면 흑4로 뻗는 강수에 의해 백이 좋지 않다.

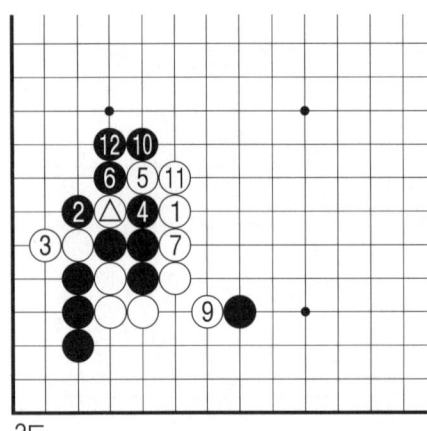

2도

2도 (흑, 우세)

전도에 계속해서 백은 축이 불리하다면 1로 씌우는 정도이다. 계속해서 흑2로 단수치고 이하 12까지 일단락인데 흑이 우세한 결말이다.

⑧ … △

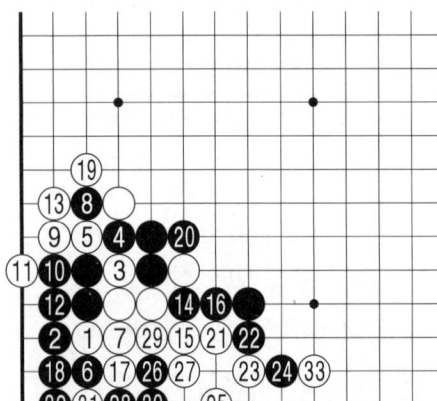

3도

3도 (흑귀 자동사)

축이 불리할 경우 백은 1로 젖힌 후 흑2로 같이 젖히면 백3·5로 절단하는 것이 올바른 수순이다. 흑8·10이면 이하 흑32까지 되었을 때 백33의 묘착으로 흑귀는 자동사한다.

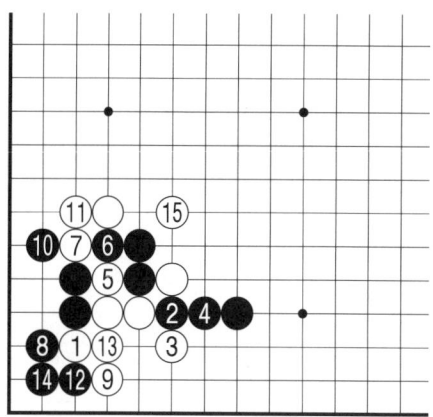

4도

4도(흑의 변화)

백1로 젖혔을 때 흑이 전도처럼 두지 않고 흑2로 끊는 변화이다. 이때는 백3으로 단수친 후 5·7로 절단하는 것이 좋은 수순이다. 이하 백15까지는 필연적인 수순인데…

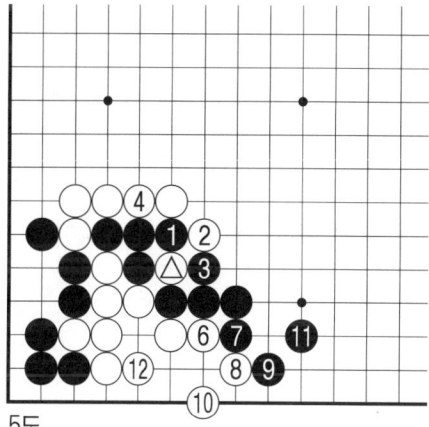

5도

5도(백, 충분)

전도에 계속해서 흑은 1로 단수쳐서 탈출할 수밖에 없다. 백은 2·4를 기분 좋게 선수한 후 이하 12까지 삶을 모색하게 되는데 아무래도 백이 우세한 결말이다.

❺ … △

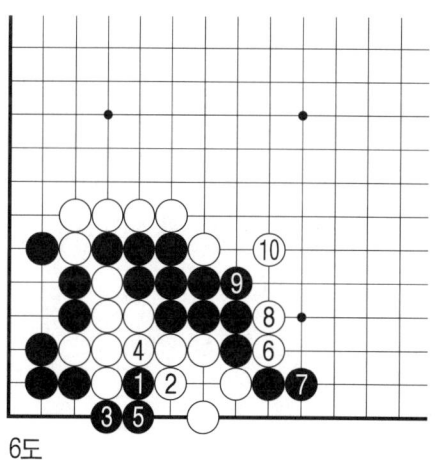

6도

6도(흑, 무리)

흑이 전도 11로 두지 않고 본도 흑1·3으로 두어 백을 잡자고 하는 것은 대무리이다. 백6으로 절단한 후 이하 10까지 공략하면 중앙의 흑 전체가 장문으로 잡힌 모습이다.

소목편 355

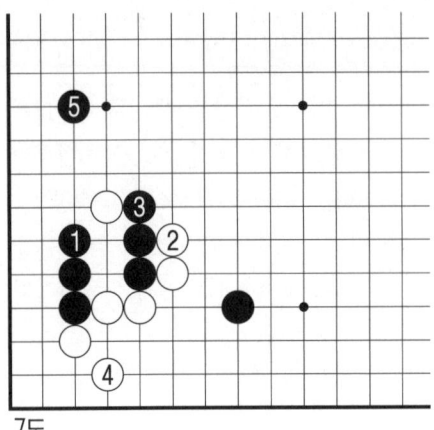

7도

3도의 수순중 흑은 1로 쌍립서서 보강하는 것이 정수이다. 이하 흑5까지 쌍방 불만없는 기본 정석이다.

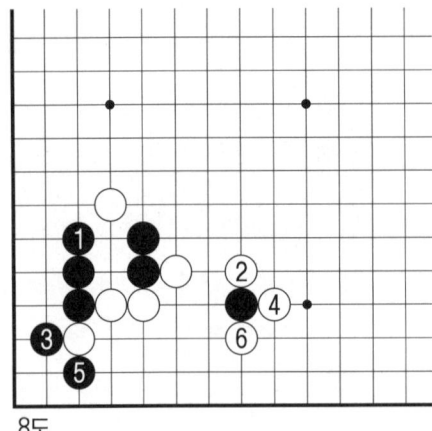

8도

흑1 때 백은 세력을 중시하고 싶다면 2로 붙여서 두는 수도 가능하다. 이하 백6까지 일단락인데 충분히 둘 수 있는 모습이다.

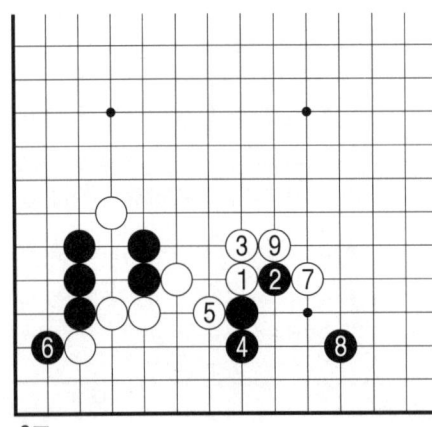

9도

전도의 흑3으로는 본도처럼 2·4를 선수한 후 6으로 젖히는 것이 좀더 능률적인 처리법이다. 이하 백9까지의 결말은 쌍방 충분히 둘 수 있다.

두칸 걸친 정석에서

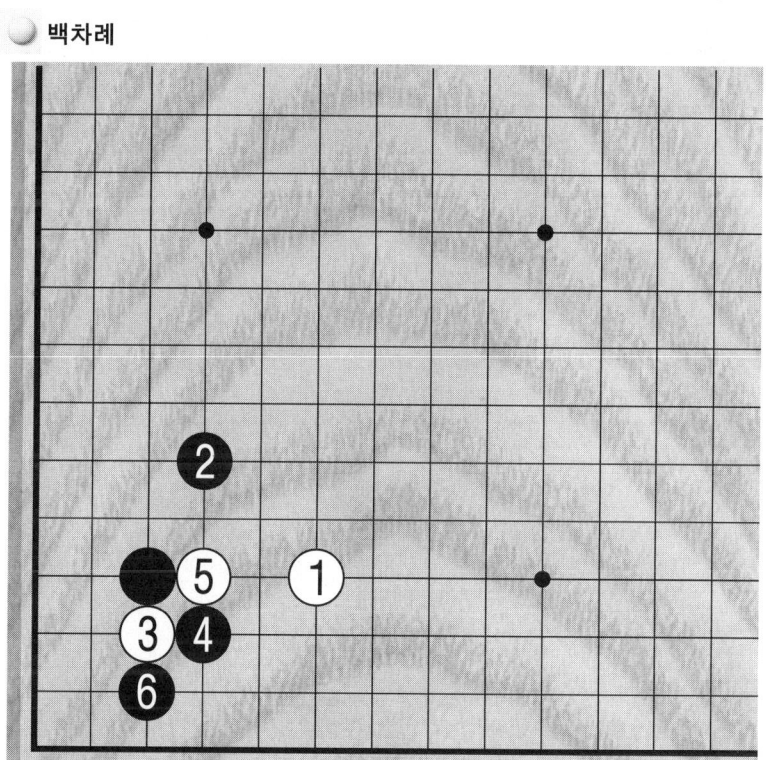

백1로 두칸 걸쳤을 때 흑2의 날일자는 가장 알기 쉬운 응수법. 계속해서 백3으로 붙인 것은 상용의 타개수단이며 흑4, 백5로 맞끊어 쌍방 기세의 진행이다. 그런데 백5 다음 등장한 흑6의 단수가 함정수의 일종. 이 수에 대한 적절한 응수법은?

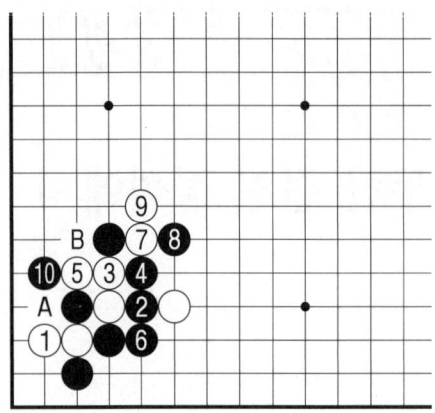

1도

백1로 뻗는 것은 이 경우 의문이다. 흑은 2·4로 단수친 후 6으로 잇는 것이 좋은 수순. 계속해서 백7로 절단한다면 흑8을 선수한 후 10으로 공격해서 백이 곤란한 모습. 이후 흑은 A와 B가 맞보기이다.

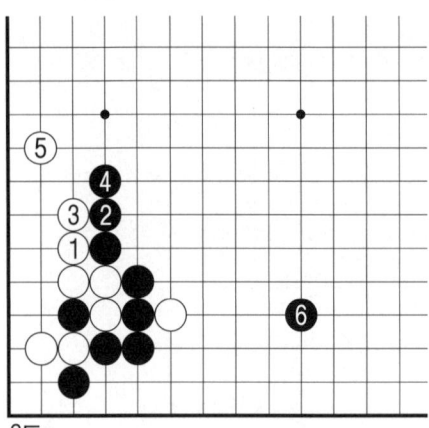

2도

전도 백7로 본도 백1·3·5로 두는 변화이다. 이때는 흑2·4를 선수한 후 6으로 협공하는 것이 요령이다. 이 결과는 흑이 우세하다.

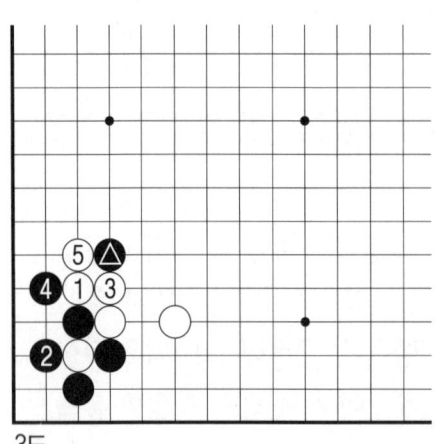

3도

백은 이 경우 아낌없이 1로 단수치는 것이 요령이다. 흑2로 따낼 수밖에 없을 때 백3으로 이으면 이하 백5까지 흑▲ 한점을 악수로 만들 수 있는 만큼 백도 충분히 둘 수 있는 모습이다.

358

축을 무시한 강력한 끊음

⚪ 백차례

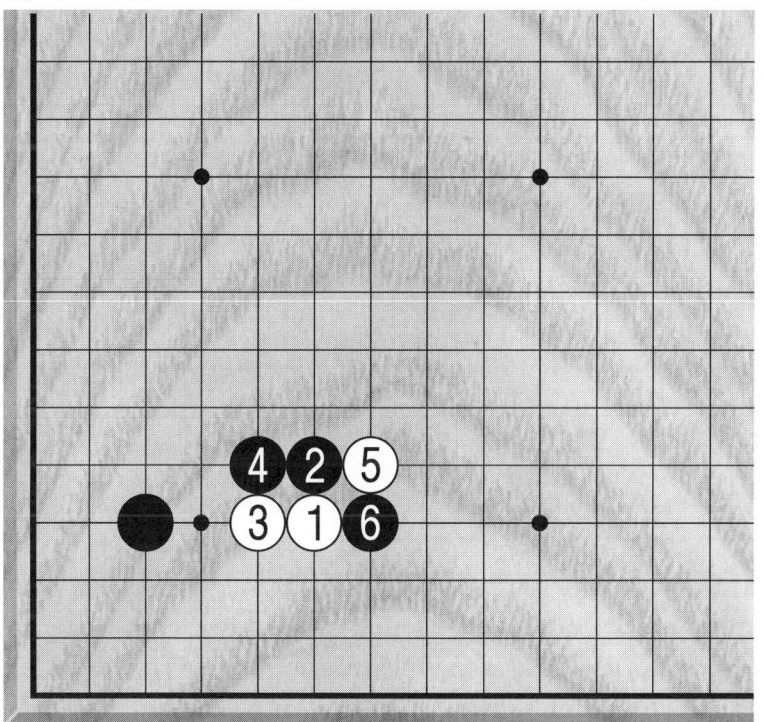

백1의 두칸 걸침에서 흑2로 붙이는 수는 잘 쓰이지 않는 수단. 계속해서 백3으로 들어간 후 5에 젖힌 것은 축유리를 전제로 한 수이다. 이때 흑6의 끊음은 함정수의 일종이지만 축이 불리한 상황에서는 좋지 않다. 그렇다면 백은 어떻게 대응하는 것이 최선일까?

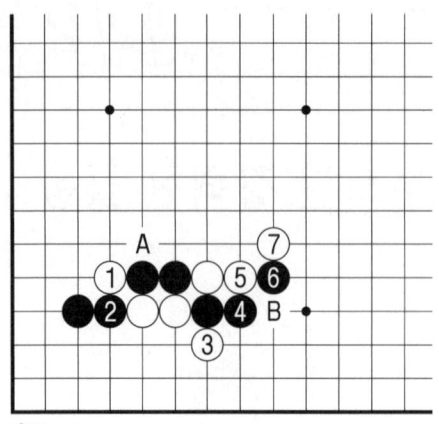

1도

1도 (축이 관건)

백은 1로 젖히는 한수이다. 계속해서 흑2에는 백3으로 단수친 후 5에 미는 것이 A와 B의 축을 맞보는 좋은 수순이다. 흑6은 양쪽축을 방비한 것이며 백7로 젖힌 이후가 관건이다. 계속해서…

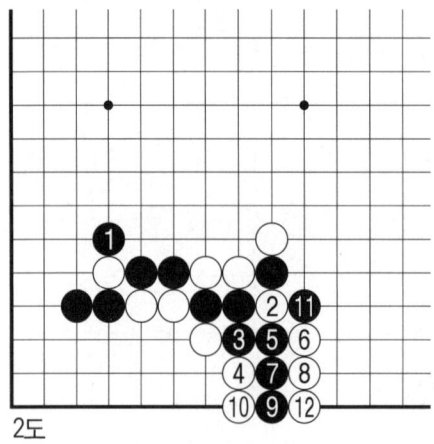

2도

2도 (회돌이축)

흑1로 단수치면 백2·4로 단수치는 수순이 준비되어 있다. 이하 백12까지 흑은 회돌이축으로 잡히고 만다.

3도

3도 (흑의 주문)

흑1로 단수친 것이 양쪽축을 방지한 수이다. 계속해서 백2, 흑3 때 백4는 흑의 주문에 걸려드는 대악수이다. 흑이 5를 선수한 후 7로 막으면 이 형태는 백이 망한 모습이다.

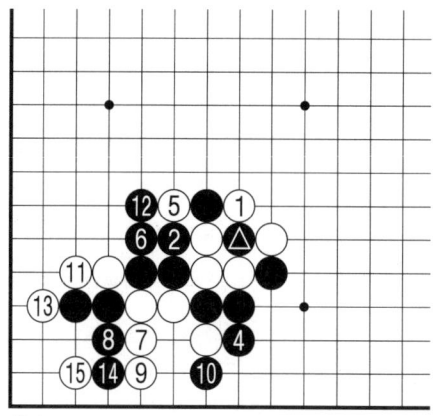

4도

전도 백4로는 본도 백1로 따내는 것이 정수이다. 계속해서 흑2로 단수치고 이하 흑6까지 진행되었을 때 백7의 빈삼각이 호착. 이후 흑이 8·10으로 강하게 맞서는 것은 무리수로 이하 백15까지 백이 우세한 결말이다.

(③) … (△)

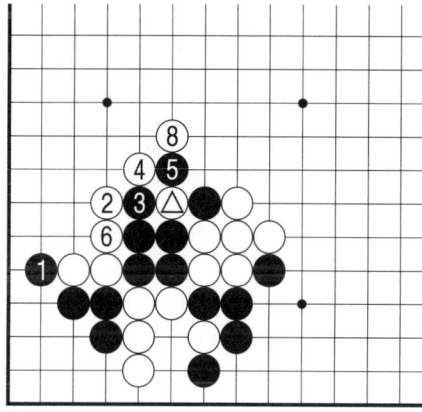

5도

전도 흑12로 본도처럼 흑1로 젖혀서 축을 방비한다면 좀더 능률적이다. 그러나 백에게 2로 씌우는 호착이 준비되어 있다. 이하 백8까지 회돌이축이 성립한다면 흑이 망한 모습이다.

(❼) … (△)

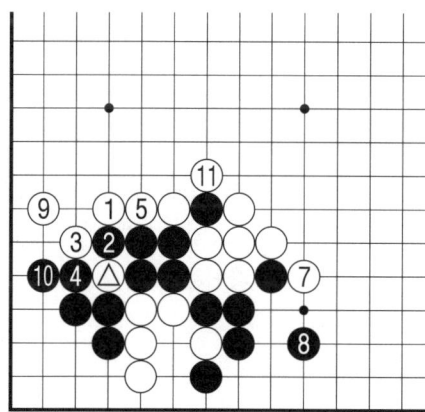

6도

축이 불리할 경우라면 4도 백11로는 본도처럼 백1로 씌우는 것이 좋다. 계속해서 흑2로 단수치고 이하 백11까지 일단락인데 백은 두터운 세력을 구축해서 호각을 유지할 수 있다.

(❻) … (△)

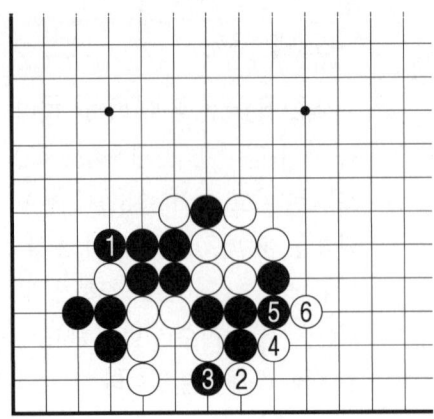

7도

4도의 흑10으로는 본도 흑1로 단수치는 것이 정수이다. 계속해서 백은 2로 젖혀서 수습하게 되는데 흑3이 대악수. 백4·6으로 단수치면 흑은 회돌이축으로 모두 잡히고 만다.

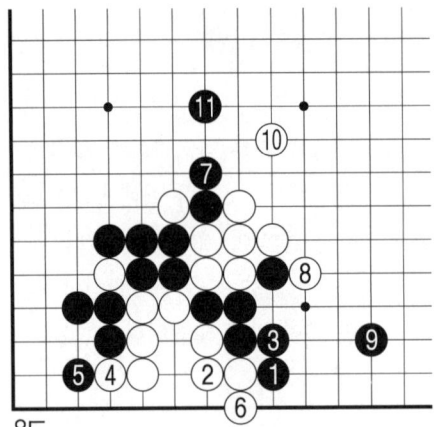

8도

흑은 1로 젖힐 곳이다. 계속해서 백2로 잇는 것은 의문이다. 이하 흑11까지의 결과는 흑이 우세하다.

9도

9도(백의 최선)

전도 백2로는 본도 백1로 호구쳐서 버틸 곳이다. 흑도 당장 패를 결행하기는 부담스러우므로 2로 잇는 정도인데, 백3·5까지 두터움을 확립해서 충분한 모습이다.

362

귀의 수습이 관건

● 흑차례

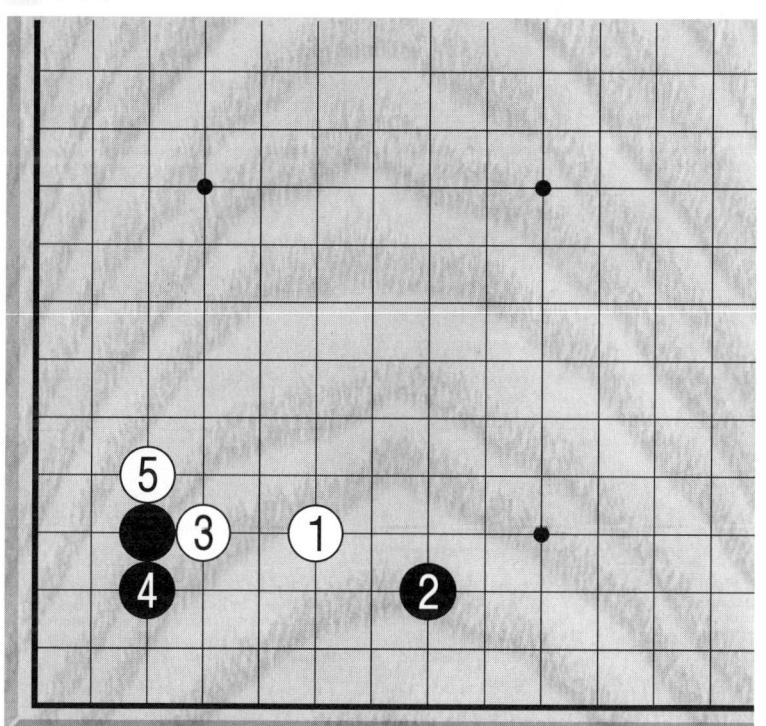

백1 때 흑2의 협공은 하변을 중시한 정석 선택이다. 계속 해서 백3으로 붙인 수는 상용의 타개수단인데, 흑4 때 백 5로 젖힌 수가 함정수의 일종. 이후는 흑 두점의 수습이 관건인데 흑의 적절한 대응수는?

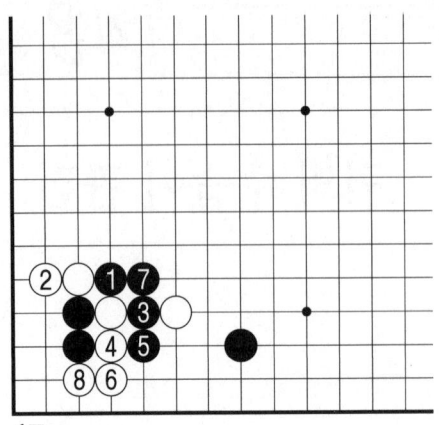

1도

흑은 1로 끊는 한수이다. 그러
나 백2 때 흑3·5로 단수친 수는
의문수. 이하 백8까지의 결과는
백이 우세하다.

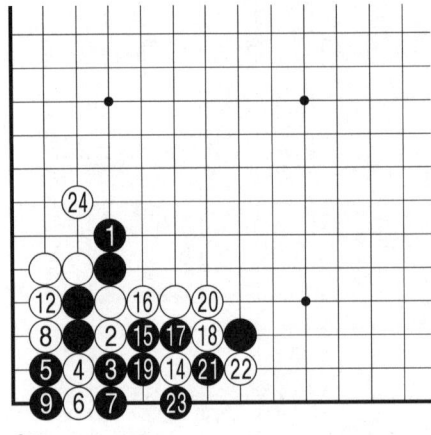

2도

2도(백, 충분한 싸움)

흑은 1로 뻗는 것이 정수이다.
계속해서 백은 2로 막은 후 흑3
때 백4로 끊어서 대응하게 되는
데 흑7이 악수. 백8로 끊은 후
이하 24까지의 결과는 백이 유리
한 싸움이다.

⑩⑬ … ④   ⑪ … ⑥

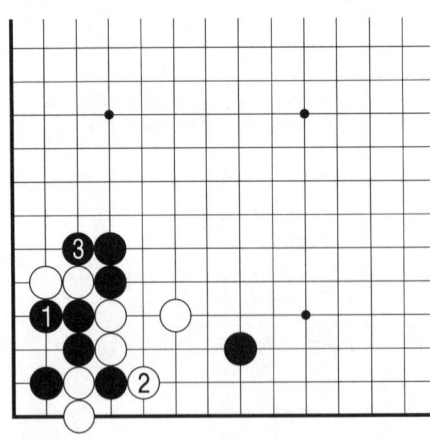

3도

3도(흑의 정수)

전도 흑7로는 본도 흑1로 막는
것이 정수이다. 백2로 잡을 수밖
에 없을 때 흑3으로 두어 백 두
점을 제압하면 이 결과는 흑이
유리하다.

364

타개를 방해하는 2선 내려섬

백차례

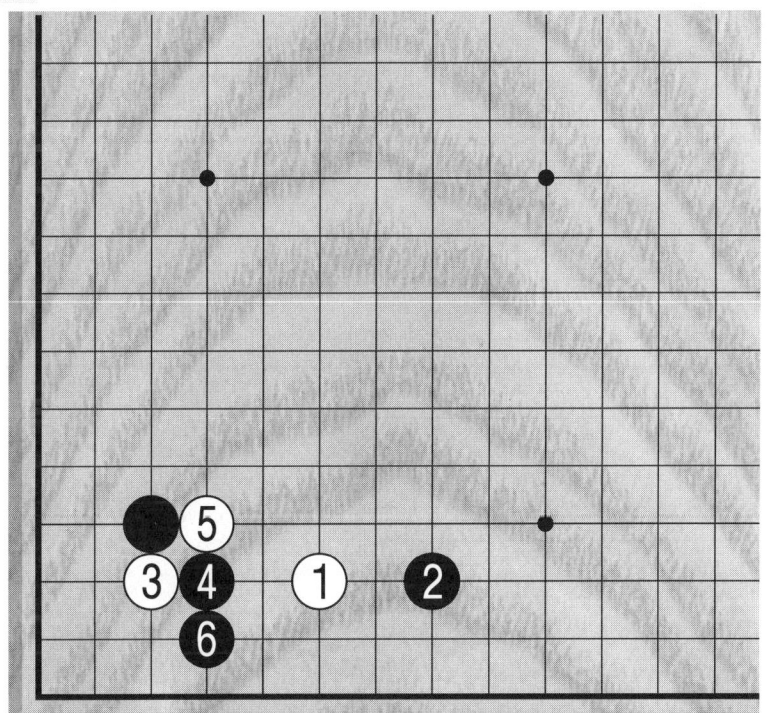

🔵 눈목자걸침 정석에서 백3·5는 상용의 타개수단이다. 백
은 1의 한점을 사석으로 삼아 귀에서 실리를 갖고 안정하
겠다는 뜻인데, 흑이 6으로 내려서 백의 의도를 거부했다.
백은 이 경우 어떻게 처리하는 것이 최선일까?

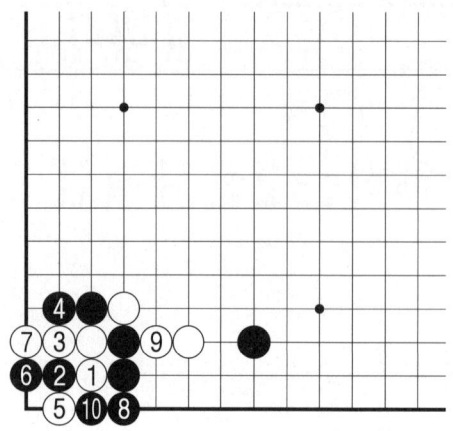

1도

백1로 막는 것은 흑2의 묘수가 기다리고 있다. 계속해서 백3·5 이하로 저항해도 흑10까지의 진행이면 백이 잡힌 모습이다.

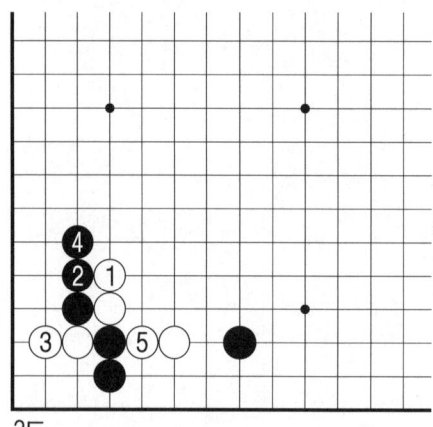

2도

백은 1로 뻗는 것이 정수이다. 흑2에는 백3이 연이은 호착으로 흑4, 백5까지 백이 우세한 결말이다.

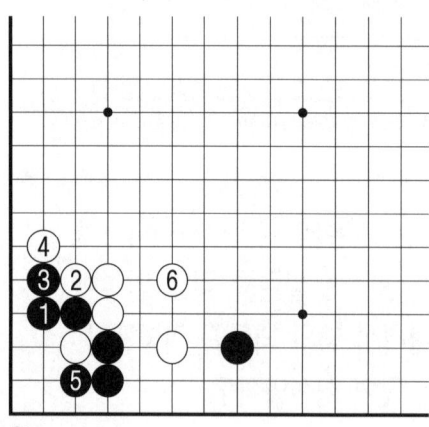

3도

전도 흑2로는 본도처럼 흑1로 두는 정도이다. 계속해서 백은 2·4를 선수한 후 6으로 한칸 뛰어 형태를 정비하게 되는데 흑의 실리와 백의 세력이 잘 어울린 모습이다.

제3장

외목 外편

엷은 씌움의 함정

⬜ 백차례

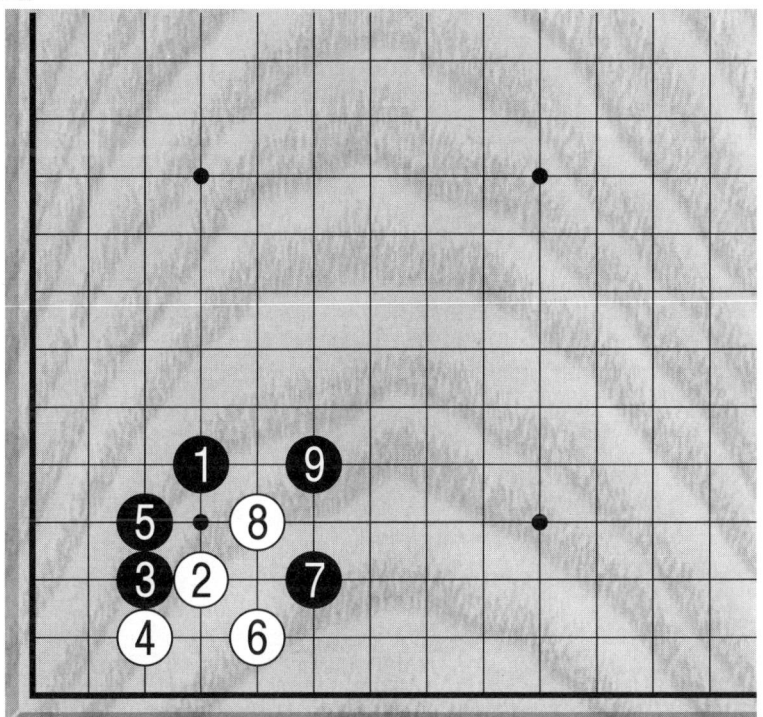

🔵 흑1의 고목에서 백2로 걸치고 흑3 이하 백6까지는 실전에 흔히 등장하는 모양이다. 계속해서 흑7로 다가서고 백8 때 흑9의 씌움이 노림수. 어쩐지 엷어 보이지만 함정이 도사리고 있다. 백은 어떻게 응수하는 것이 최선일까?

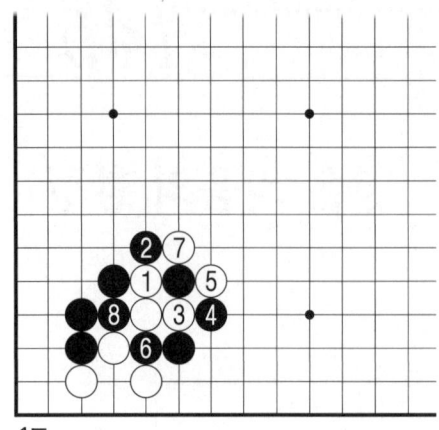

1도

백1·3으로 약점을 찌르는 것은 좋은 수. 그러나 백5로 단수친 수가 대악수이다. 흑6·8이면 백은 양단수가 되어 곤란한 모습.

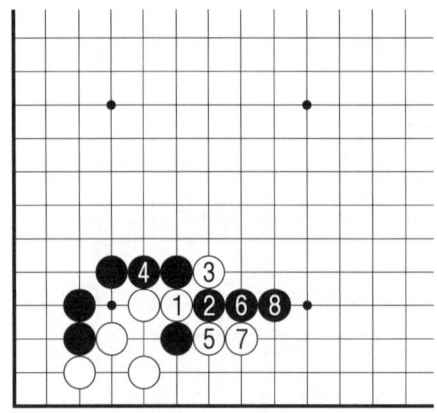

2도

백1, 흑2 때 백3으로 끊는 수역시 의문이다. 이하 흑8까지의 진행이면 흑이 두텁다.

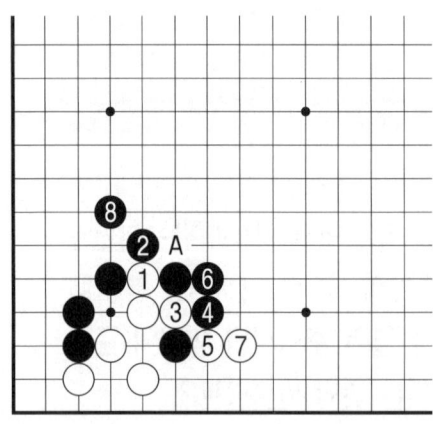

3도

백은 1·3으로 찌른 후 5로 끊는 것이 올바른 수순이다. 이하 흑8까지의 결말은 백의 실리가 튼튼하다. 이후 백은 A의 약점을 노리게 된다.

욕심많은 단수

● 백차례

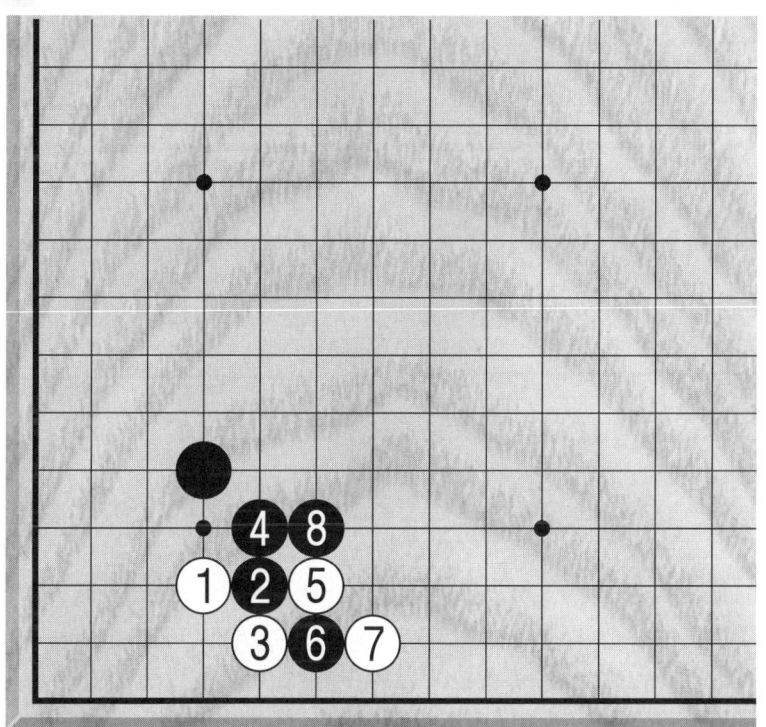

백1 때 흑2의 붙임은 정석에 있는 수. 계속해서 백3으로
젖히고 이하 백7까지 흑이 귀를 차지하기 위한 작전으로 보
였는데, 흑8로 단수친 수가 정석에 없는 함정수의 일종이
다. 백의 적절한 응수법은?

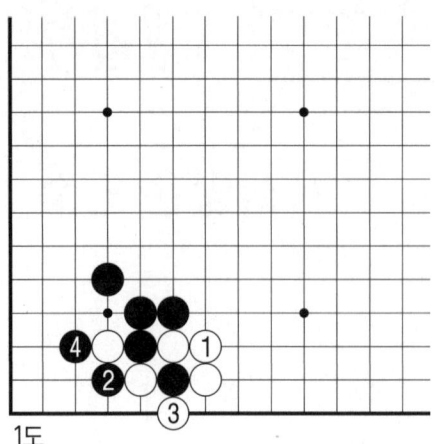

1도

백1로 잇는 것은 흑이 바라는 바이다. 흑2·4면 기본 정석에 비해 흑이 유리하다.

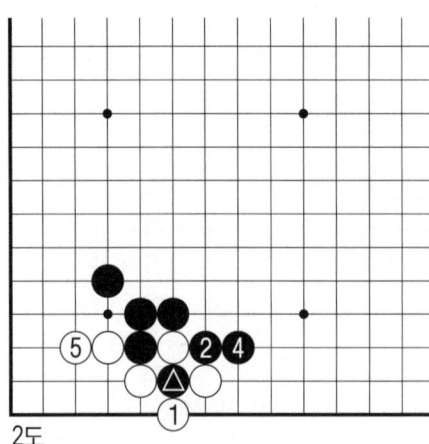

2도

백은 당연히 1로 따낼 곳이다. 흑2에는 백3으로 이어서 충분하다. 흑4, 백5까지 흑의 의도와는 달리 호각의 갈림이다.

③ ··· ▲

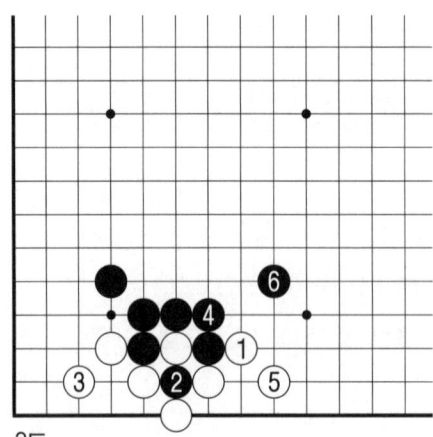

3도

백은 1로 단수쳐서 변화하는 수도 일책이다. 이하 흑6까지 백이 다소 탄력적이다. 수순 중 흑4는 이런 경우의 모양이다.

능률적인 활용을 기대

● 백차례

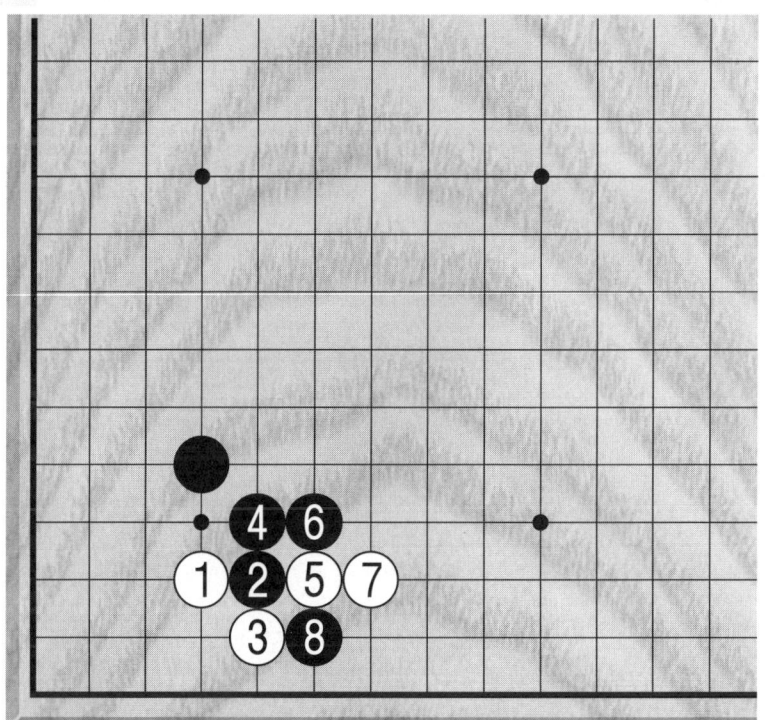

📙 백1로 걸치고 이하 백5까지는 상용의 정석 진행. 이때 흑
6으로 밀어간 수가 다소 특이한 수단인데, 이 수는 백7을
기다려 흑8로 끊어 뭔가 활용을 기대한 뜻이 숨어 있다.
흑의 노림에 대한 백의 적절한 응수법은 무엇일까?

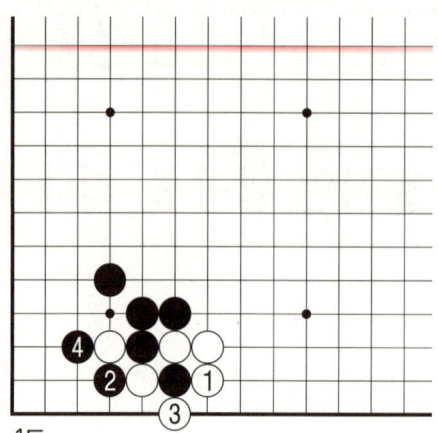

1도

백1로 단수치는 것은 흑의 의
도에 말려들게 된다. 흑2·4면
흑이 능률적인 모습이다.

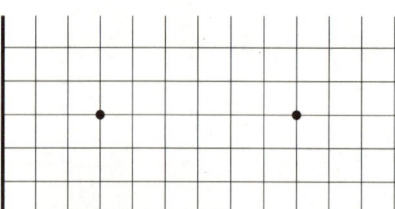

2도

백은 기세상 1로 잇는 한수이
다. 계속해서 흑2는 맥점인데 백
3이 악수. 이하 흑10까지의 싸움
은 백이 불리하다.

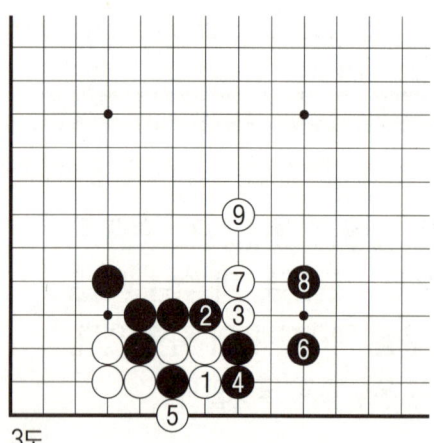

3도

전도 백3으로는 본도 백1로 단
수치는 것이 정수이다. 흑2에는
백3으로 끊는 것이 수순. 이하
백9까지 백으로선 충분한 싸움이
다.

세력을 중시한 씌움

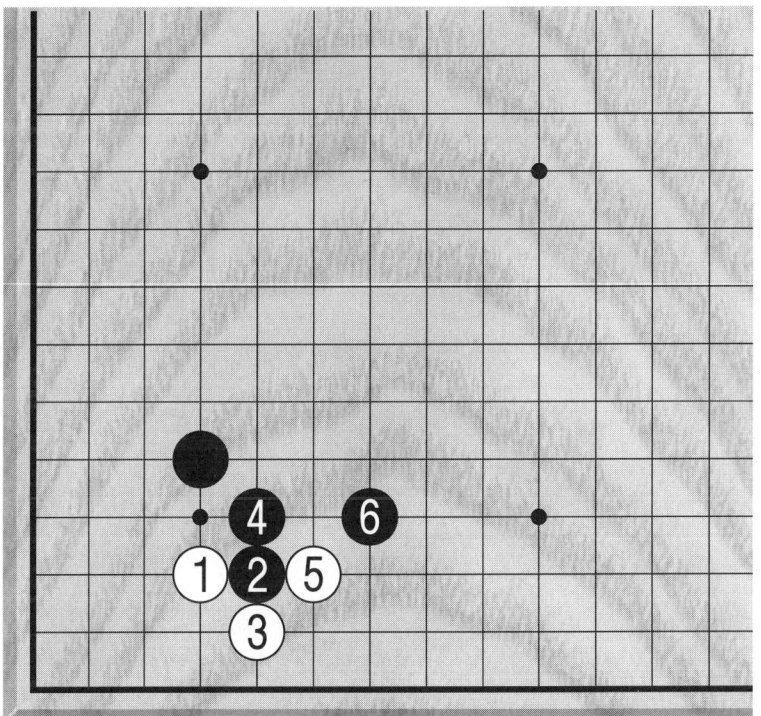

⚫ 백차례

백1로 걸치고 이하 백5까지 진행되었을 때 흑6으로 씌운 것은 중앙 세력을 중시하겠다는 뜻이다. 그러나 흑6은 특별한 경우가 아니면 대부분 손해를 볼 가능성이 높다. 흑6에 대한 적절한 응수법은?

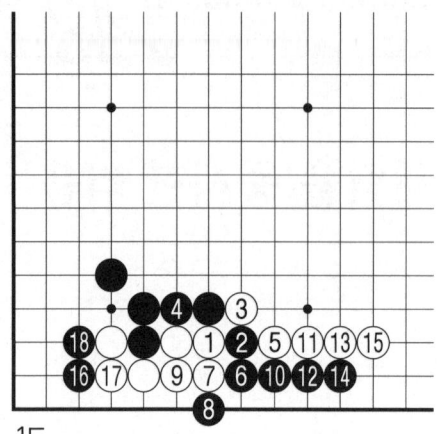

1도

백1은 흑2로 젖히는 강수를 유발한다. 계속해서 백3으로 절단해서 싸움을 강행하는 것은 이하 흑18까지의 진행에서 보듯 백이 모두 잡히고 만다.

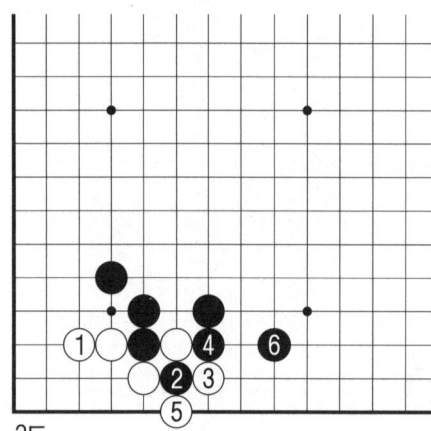

2도

백은 이 경우 단순하게 1로 뻗는 것이 한 가지 방법이다. 흑도 2·4로 활용하는 것이 좋은 수순이다. 이하 흑6까지 서로 둘 만하다.

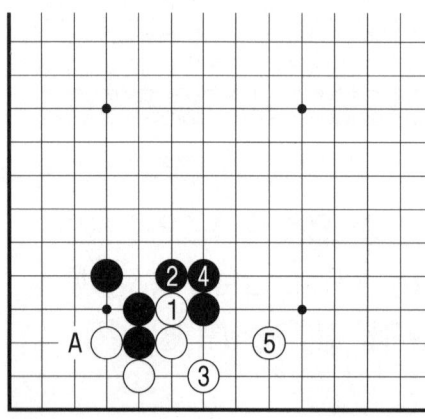

3도

백은 1로 찌른 후 3으로 호구치는 수가 가장 능률적이다. 흑4로 잇는다면 백5로 진출해서 충분한 모습. 백1로 찔러둔 덕택에 흑A로 붙이는 수를 없앴다는 것이 백의 자랑이다.

2선으로부터의 공격

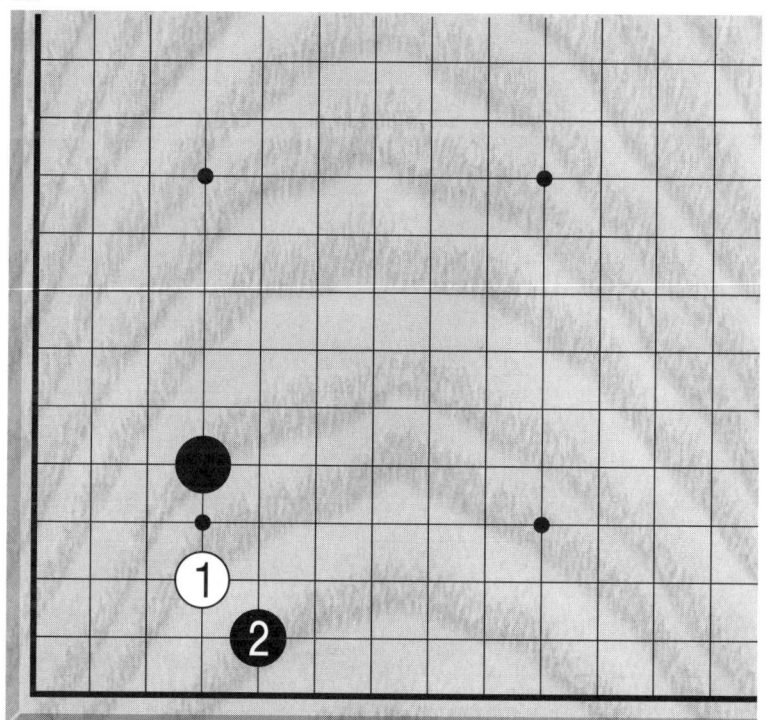

백1로 걸쳤을 때 흑2로 2선으로부터 공격해 온 장면이다. 수가 얕아 보인다고 방심하다가는 곤경에 처할지도 모른다. 특히 모양에 연연하면 당하기 십상이다. 백의 적절한 응수 법은?

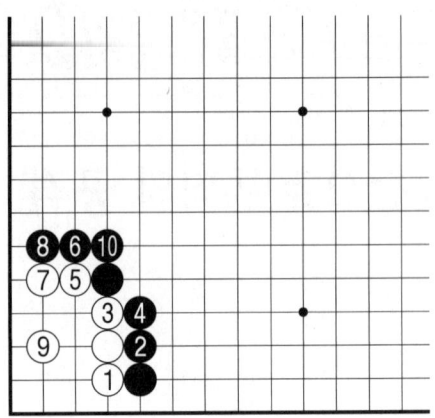

1도

1도(백, 걸림)

백1은 소극적인 방법이다. 흑2 이하 6의 이단젖힘이 통렬해 백은 완전히 봉쇄되었다. 흑모양도 거의 완벽한 모습이다.

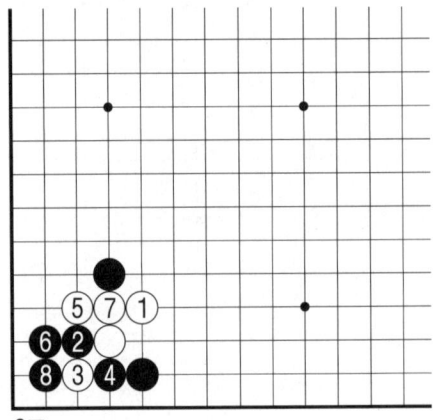

2도

2도(백, 불리)

백1의 입구자는 보기에도 허약하다. 흑2가 맥으로 백3 때 4의 끊음이 강인하다. 귀가 흑차지가 되었고 백모양도 우형이라 백이 불리하다.

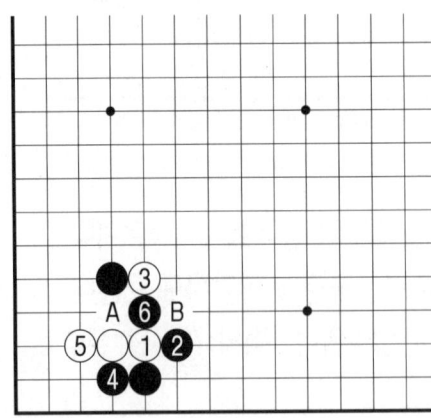

3도

3도(백, 곤란)

백1·3은 진출의 행마법이지만 흑4가 급소로 기민한 활용이고 백5를 기다려 흑6의 절단이 강렬해 백이 곤란한 장면이다. 백A면 흑B, 백B면 흑A이다.

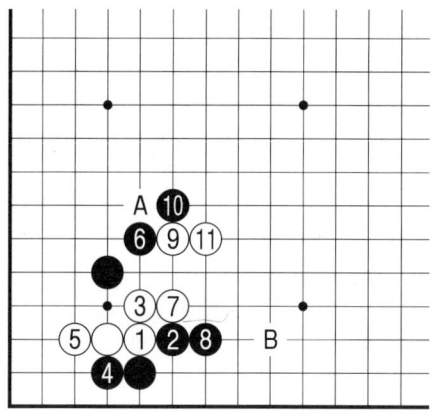

4도

4도(난전)

백3의 빈삼각은 흑을 갈라놓고 보자는 강력한 수단이다. 흑도 4를 선수하고 6이 적절한 행마이다. 이하 백11까지 일례인데 백도 A와 B를 마주보아 서로 어려운 싸움이 예상된다.

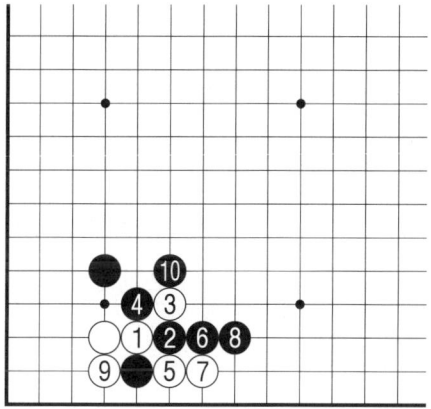

5도

5도(정해1)

백1·3으로 젖혀 흑4의 절단을 유인하고 흑10의 잡기까지 간명한 방법이다. 흑의 외세가 좋아 보이지만 흑이 한수 많고 백이 선수인 점을 감안하면 백에게 불만은 없다.

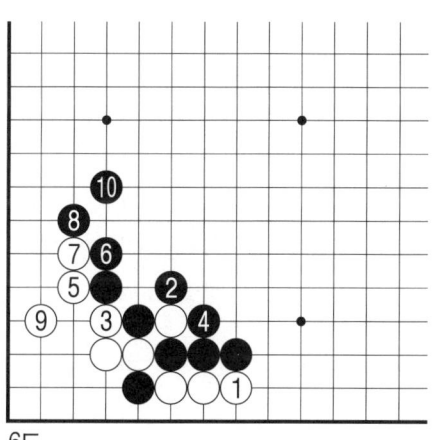

6도

6도(정해2)

전도 백9로는 본도처럼 백1로 한번 더 밀고 3으로 단수쳐 결정하는 방법도 가능하다. 백의 실리가 커진 만큼 흑의 세력도 좋아졌으므로 전도와 대등한 결과라 하겠다.

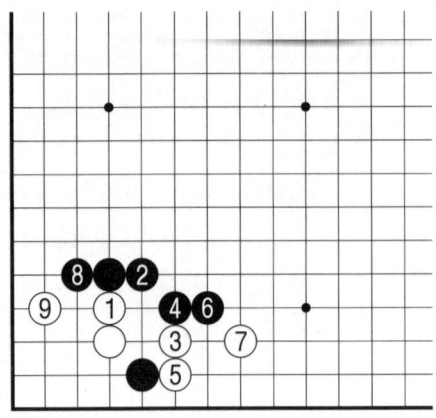

7도

7도 (정해3)

백1의 치받음은 다소 속수의 의미는 있지만 3의 진출 자세를 얻을 수 있다. 계속해서 흑4는 급소이고 백9까지 결과를 보면 서로간에 충분한 갈림이다.

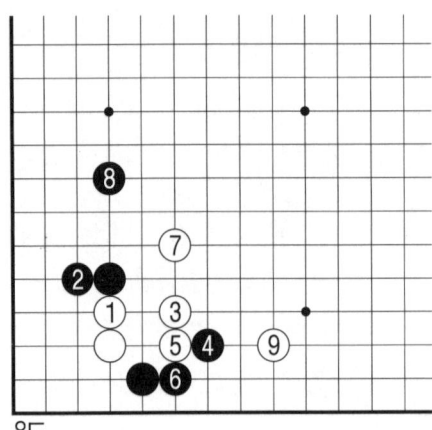

8도

8도 (흑의 변화)

백1 때 흑2로 아래로 뻗을 수도 있다. 백3으로 한칸 뛰고 흑4로 한점을 살리면 백7이 8과 9를 맞보는 유연한 호착이다. 흑8이면 백9로 백이 충분히 둘 수 있다.

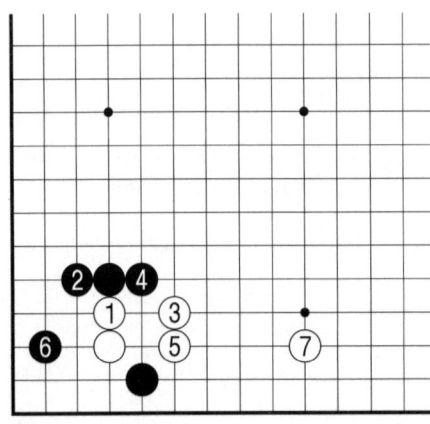

9도

9도 (백, 다소 우세)

백3 때 흑4의 급소에 올라서면 백5의 쌍립이 모양이고 흑6은 실리와 근거의 요처로 거의 절대이다. 백7로 형태를 갖추면 백이 다소 우세한 결말이다.

한칸협공의 덫에 걸린 붙임

● 백차례

혹2의 한칸협공은 상대를 골탕먹일 때 자주 쓰는 수법이
다. 이때 백3의 붙임은 빨리 안정하겠다는 의도인데 혹4의
강한 젖힘에 의해 이미 혹의 덫에 걸린 모습이 되었다. 그
럼 그 과정을 추적해 보기로 한다.

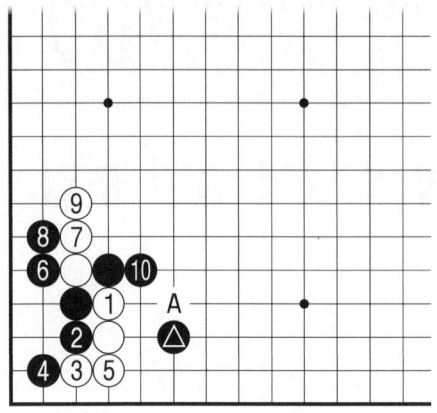

1도

백1로 끊어 7까지는 필연으로 보여지는데 흑8로 밀었을 때 백9로 늘면 흑10까지 백이 걸린 모습이다. 흑▲가 A에 있으면 정석의 진행인데 한칸 낮아 백의 급소에 있는 만큼 백이 곤란하다.

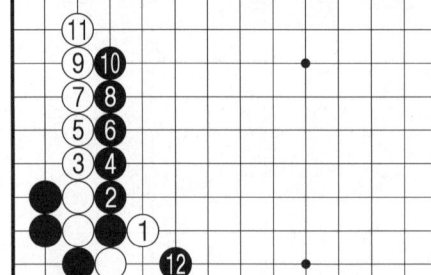

2도

전도 9로는 백1로 단수쳐 3으로 느는 것이 이 경우에 올바른 행마이다. 흑도 10까지 밀고 12의 쌍점이 봉쇄의 급소이다.

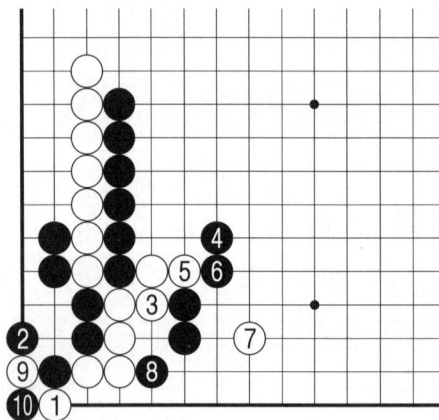

3도

백1에는 흑2로 버티고 백3에는 흑4가 봉쇄의 모양이다. 백7은 적절한 응수타진이고 이하 9로 집어넣어 패는 필연이다. 계속해서…

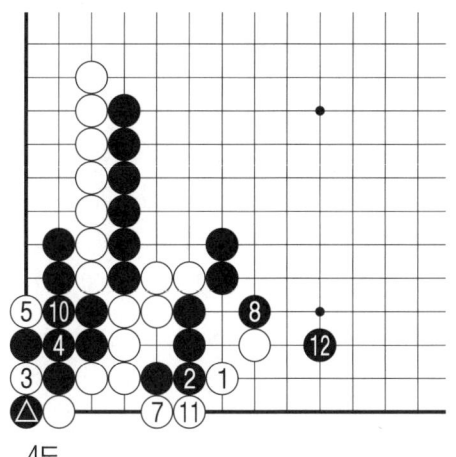

4도

4도(백, 불리)

백1은 좋은 팻감이고 7의 팻감도 집요하다. 흑8은 어쩔 수 없고 백11로 연결은 됐지만 흑12가 호착이다. 흑의 외세는 두터워졌고 귀는 아직 패로 남아있어 백이 불리한 결과이다.

(❻ … ▲　　⑨ … ③)

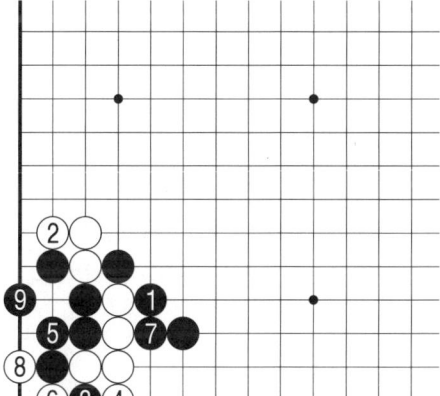

5도

5도(흑의 변화)

1도의 흑8로는 본도 흑1로 막는 강수도 성립한다. 백2로 막아 수상전의 양상인데 흑5가 호착으로 이하 9까지 유가무가로 흑승이다. 이것은 백이 완전히 걸린 결과이다.

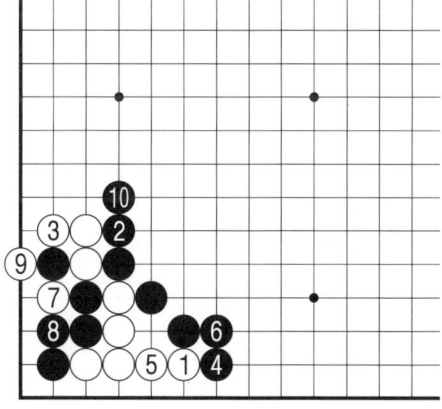

6도

6도(흑, 유리)

전도 백2로 본도 백1로 붙이면 흑2가 침착한 호착이다. 백3 때 4로 막아 귀는 버리지만 흑10이 전국을 호령하는 요처로 흑이 유리하다.

외목 처편　383

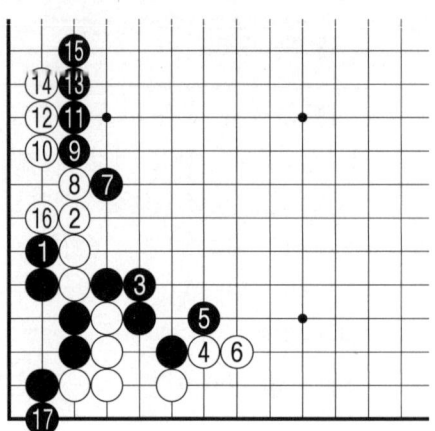

7도

귀를 살리자면 전도 흑2로는 본도 흑1로 밀어 3으로 잇는 것이 좋다. 백4·6이 불가피할 때 흑7이 통렬한 급소로 이하 흑17로 살기까지 흑이 충분한 진행이다.

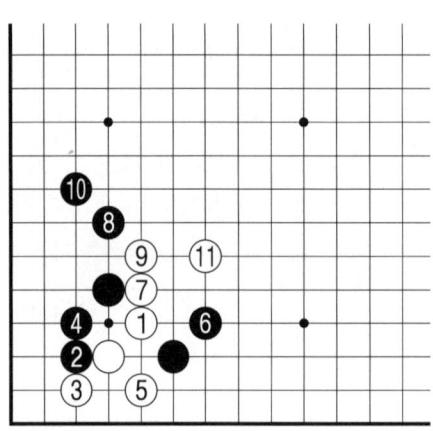

8도

장면도 백3은 흑4로 이미 걸려 있었다. 장면도 백3은 본도 백1이 정수이다. 흑2·4로 붙여 끌고 백5로 지키면 흑6이 행마의 요령으로 이하 백11까지 쌍방 호각의 정석이다.

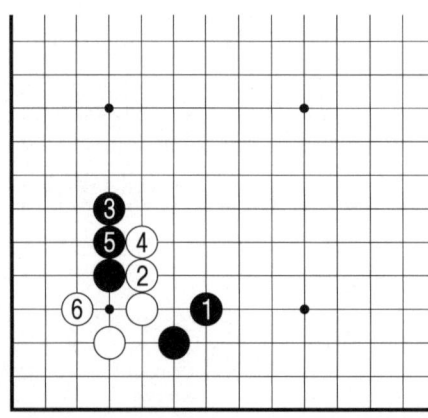

9도

흑1로 입구자하여 하변을 중시하면 백2·4로 밀고 6으로 귀를 차지하여 백이 충분한 결과이다.

활용을 거부한 문제수

● 흑차례

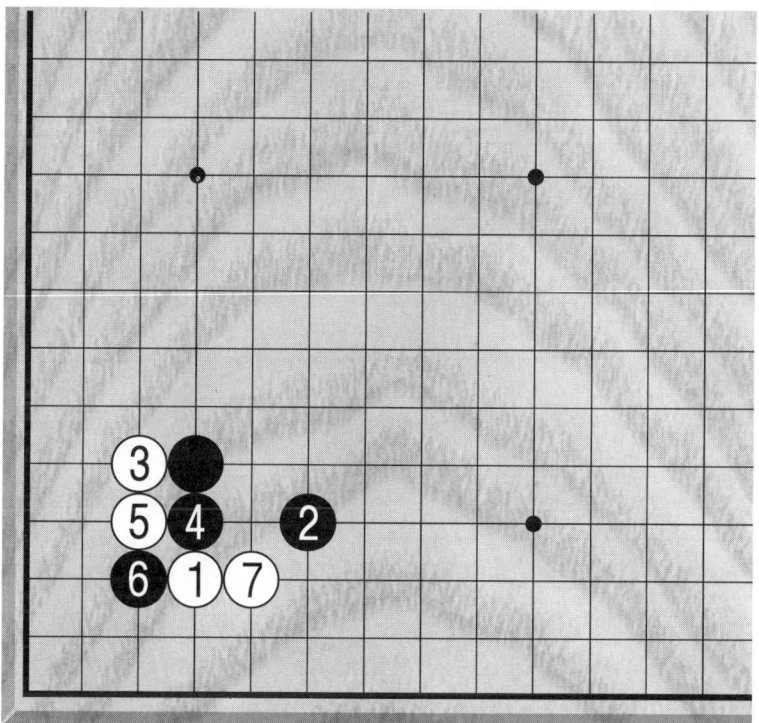

백1의 한칸걸침 때 흑2로 날일자 씌우면 백3의 붙임이 가
장 보편적인 수단이다. 계속해서 흑4로 치받아 6으로 끊
어 형태를 결정지으려 했을 때 백7이 상대의 활용을 거부
한 문제수이다. 이를 응징하는 흑의 대응수단을 검토해 보
기로 한다.

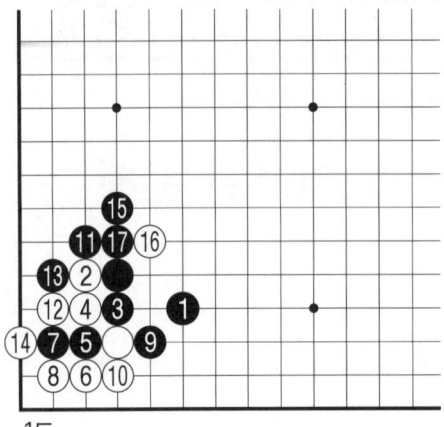

1도

흑5로 끊었을 때 백6·8로 잡는 것이 보통이다. 흑은 9·11·13을 활용하고 15로 호구쳐 모양을 갖추면 백도 16을 활용하기까지 고목 기본정석의 하나이다.

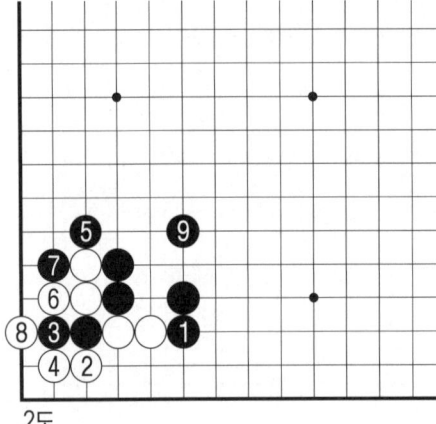

2도

흑1로 막는 것은 백의 주문이다. 계속해서 백2·4로 잡게 되는데 흑은 5·7을 선수하고 9로 모양을 갖춘다. 1도와 결과를 비교해 보면 백의 실리는 불어난 반면에 흑의 외세는 다소 허술해져 흑이 당한 모습이다.

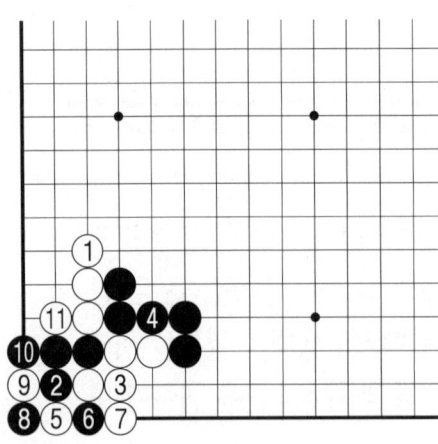

3도

전도 백4로는 본도 백1로 뻗는 강수도 성립한다. 이하 흑은 8로 집어 넣어 불리한 패를 할 수밖에 없다. 수순중 흑4는 6으로 젖혀 5도의 진행을 따르는 편이 조금 낫다.

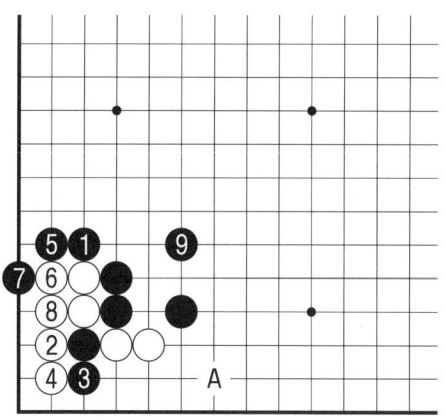

4도

2도의 흑1로 본도 흑1로 막으면 백2·4로 잡게 되는데 이하 흑9로 모양을 갖추어 일단락된다. 흑의 외세도 다소 허술하고 백A의 달림도 남아 흑이 당한 결과이다.

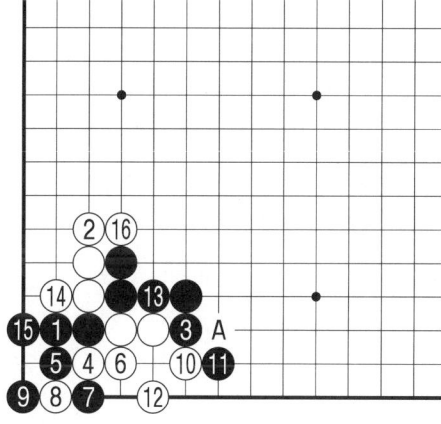

5도

흑1로 뻗으면 백2는 기세이고 흑3으로 막을 때 백4로 젖히면 3도로 환원된 모습이다. 계속해서 흑7이 최선이지만 백12가 호착으로 이하 흑15까지 흑은 후수 빅을 피할 수가 없다. 다음 백16으로 밀어올리면 A의 단점이 남아 흑이 불리하다.

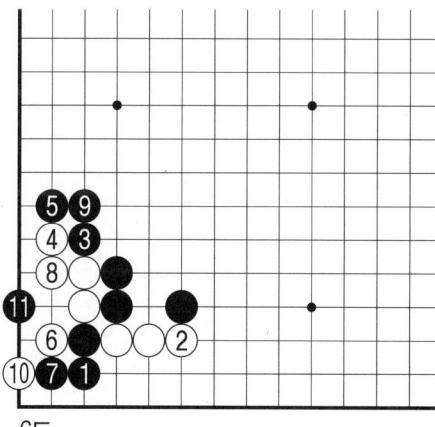

6도

흑1의 뻗음이 정수이다. 백2로 늘 때 흑3·5가 통렬하다. 백8로 잇고 수상전을 시도하면 흑11의 치중이 급소이다. 계속해서…

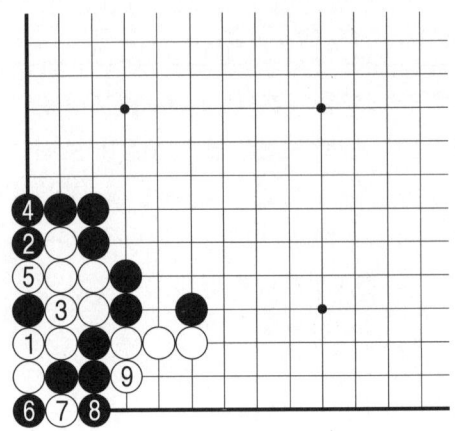

7도

백1로 이으면 흑2·4를 선수한 후 6으로 패가 되는데, 흑의 선패인데다가 흑은 부담이 작아 흑이 크게 유리하다.

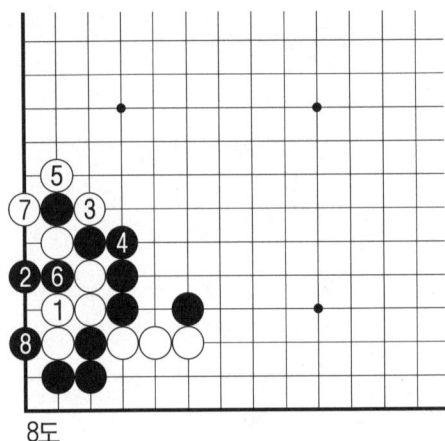

8도

6도 백8로 본도 백1로 이으면 흑2의 치중이 급소이다. 백3·5로 한점을 잡고 흑6·8로 넉점을 잡는 바꿔치기가 이루어지는데 흑이 크게 유리하다.

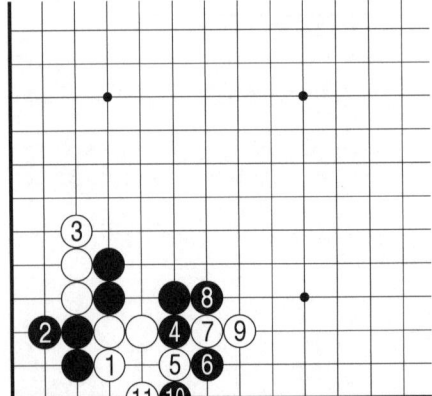

9도

6도 백2로 본도 백1로 막으면 흑2의 빈삼각이 급소로 백3이 불가피할 때 4·6의 젖힘이 성립한다. 계속해서 백7로 끊고 이하 백11까지 패로 버티는 것은 아무래도 무리한 발상이다.

귀의 공방을 둘러싼 함정

 ● 백차례

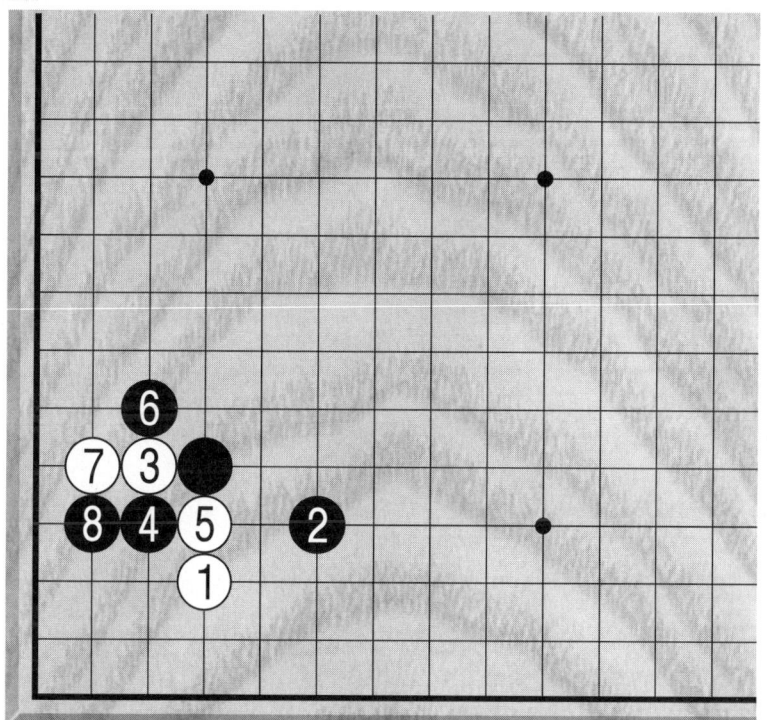

백3의 날일자붙임에 대해 흑4로 젖혀 백5로 끊을 때 6으로 단수치고 8로 막은 장면이다. 귀의 공방을 둘러싼 변화가 생각처럼 단순하지 않기 때문에 하급자들이 걸려들기 쉬운 함정수이다. 백의 적절한 응수법은? 특히 첫수에 주의를 요한다.

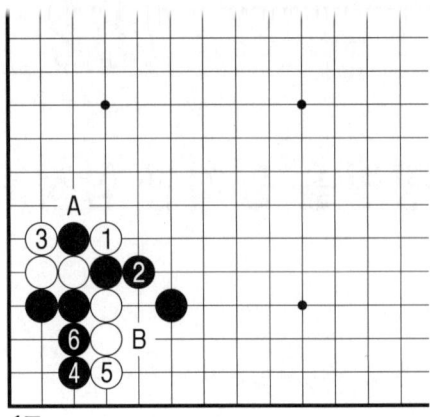

1도

백1로 단수치기 쉬운 모양이지만, 1로 단수치는 순간 이미 백은 걸려들어 좋은 결과를 기대하기 힘들다. 흑4 때 백5는 최악의 선택으로 흑6으로 되면 A와 B가 맞보기로 되어 큰 일이다.

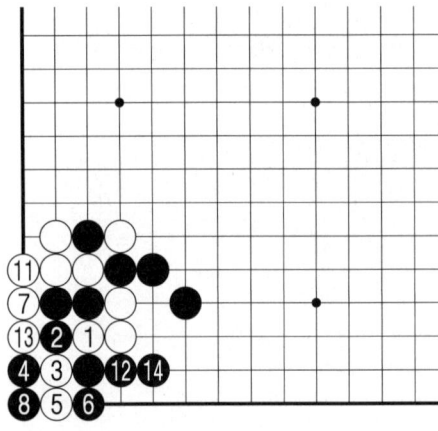

2도

전도 백5로는 본도 백1이 그나마 최선이다. 3 이하 상용의 수 줄임으로 흑 석점은 잡게 되지만…

⑨⑮ … ③ ❿ … ⑤

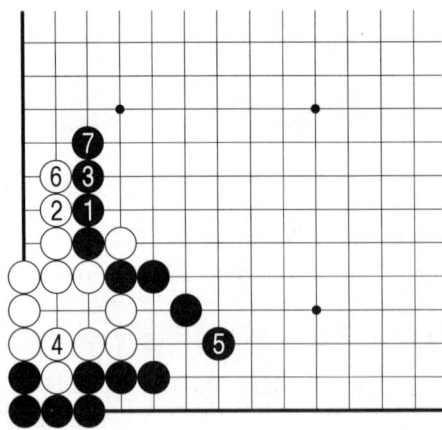

3도

계속해서 흑1로 뻗게 되면 백2·4로 살아야 한다. 이때 흑5가 바깥쪽의 약점을 지키는 모양이고 백6을 생략하면 선수로 막히니 흑7과 교환되어 그야말로 생불여사이다.

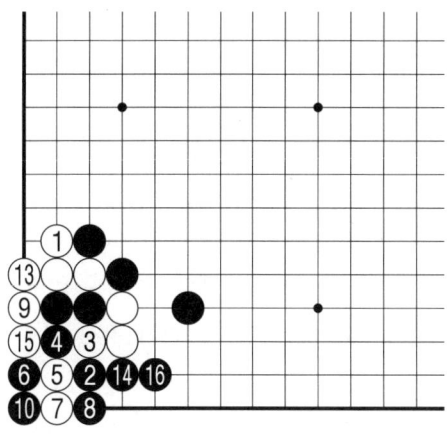

4도

4도(백의 정수)

1도 백1로는 단순히 백1이 올바르다. 흑2에는 백3·5 이하로 2도와 같이 흑 석점을 잡게 되는데…

⑪⑰ … ⑤ ❶❷ … ⑦

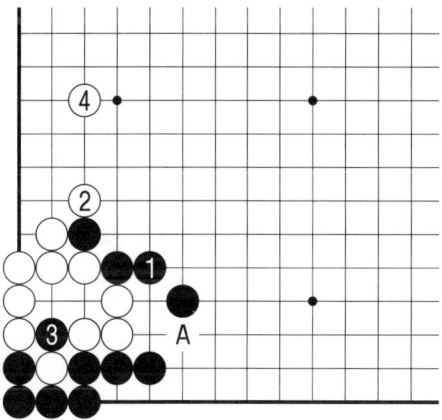

5도

5도(백, 유리)

계속해서 흑1이 불가피한 점이 3도와 큰 차이다. 백2로 젖히고 백A의 방비를 위해 흑3이 어쩔 수 없을 때 4로 전개해 백이 유리하다는 것이 정설이다.

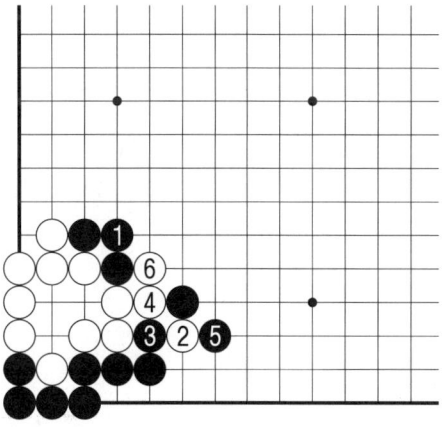

6도

6도(흑, 양분)

전도 흑1로 본도 흑1로 잇는 것은 무겁다. 백2의 건너붙임이 급소로 이하 백6까지 흑이 양분되어 좋지 않다.

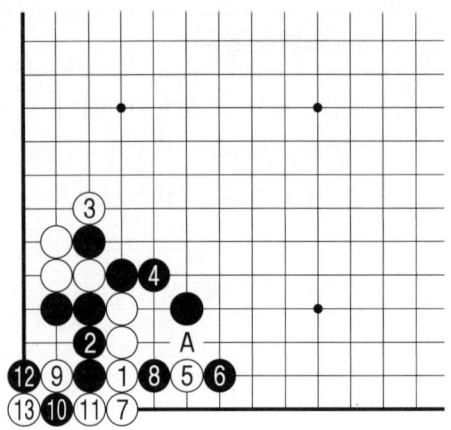

7도

4도의 백3으로는 본도 백1로 막는 강수도 성립한다. 백3에 흑 4면 백5, 흑6에는 백7이 맥이고 흑도 8이 최강이지만 백9로 붙여 이하 13까지 백의 선패가 된다. 백은 유사시에는 A의 자체 패감 도 남아 크게 우세하다.

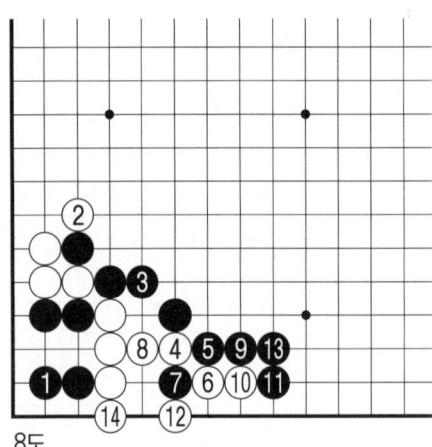

8도

전도 흑2로 본도 흑1의 쌍립이 라면 백4·6의 이단젖힘이 적절 한 응수다. 이하 백14로 살고 나 면 귀의 흑은 저절로 죽어 있어 백의 유리는 말할 것도 없다.

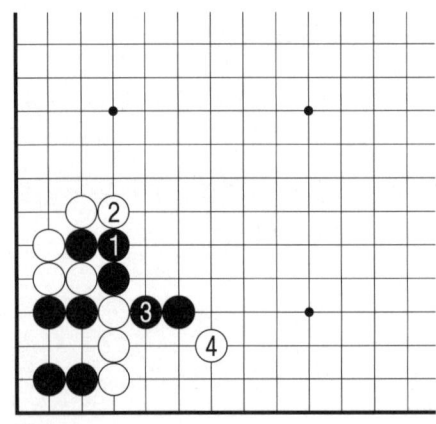

9도

전도 흑3으로 본도 흑1로 이으 면 백2로 밀어 가는 것이 급소가 된다. 흑3에는 백4가 요령으로 백의 불리는 있을 수 없다.

들여다봄을 생략한 내막

○ 백차례

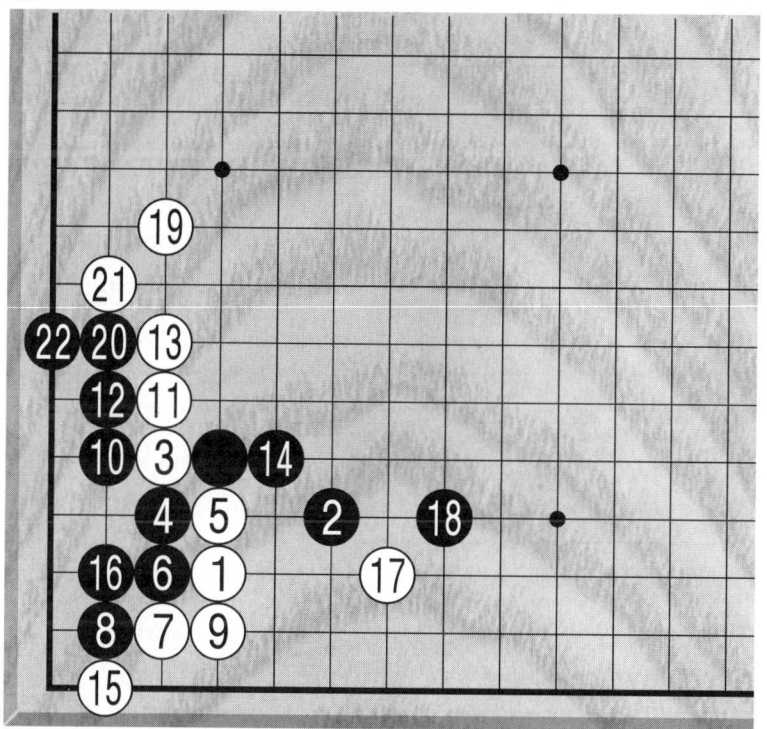

백3의 붙임 때 흑4·6으로 젖히고 밀면 피차 어려운 길로 접어든다. 수순중 백17, 흑18은 알아두어야 할 행마이고 백19도 선수로 자체정비를 꾀하는 호착인데, 흑22가 속이기 위한 일종의 준비작업이다. 흑은 일부러 수순 하나를 생략했는데, 과연 백은 어떻게 응수하는 것이 최선일까?

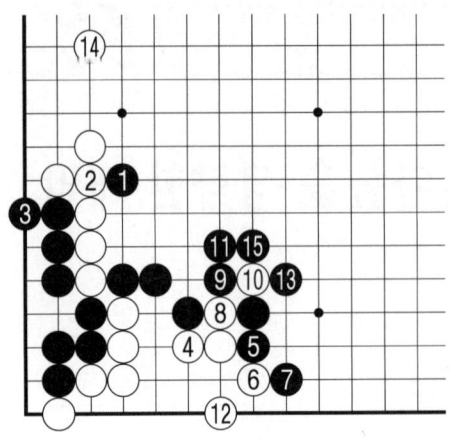

1도

장면도 흑22로는 본도 흑1을 활용한 다음 3으로 사는 것이 정수이다. 백도 4 이하 14까지 양쪽을 정비하고 흑15로 빵때려내기까지 고목 날일자씌움의 대표 정석이다.

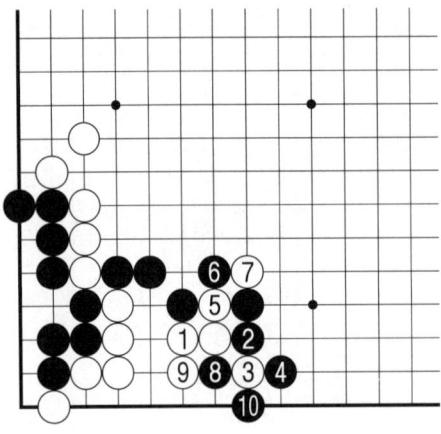

2도

백7 때 전도 흑11로 받지 않고 흑8로 한점을 잡아 흑의 내막이 드러났다. 이렇게 되면 하변 백은 자체로는 살길이 없어 좋든 싫든 간에 위의 흑 넉점을 잡을 수밖에 없는데, 과연 잡을 수 있을런지…

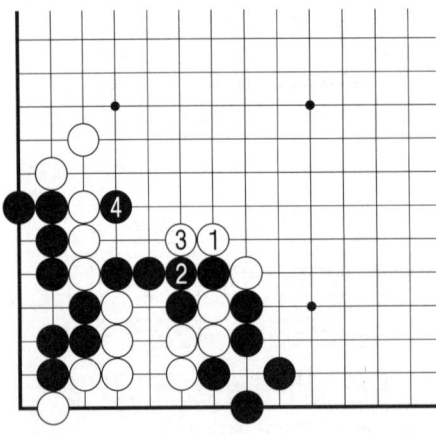

3도

백1·3은 제일감으로 떠오르지만 1도 백1, 흑2의 교환이 없기 때문에 흑4가 탈출의 맥이 된다. 계속해서 백은…

394

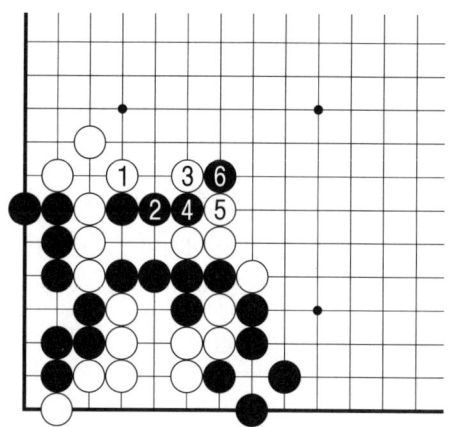

4도

백1로 젖히고 흑2로 나가면 3
으로 씌우게 되는데, 흑4·6으로
끊기고 나면 백은 더 이상 손써
볼 수 없게 되어 흑의 주문에 완
전히 걸려든 꼴이다.

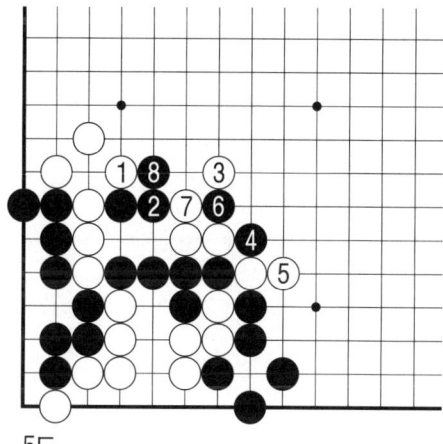

5도

5도(끼우는 맥)

백1, 흑2 때 3으로 씌우면 흑
4·6의 끼움이 좋은 수순으로 백
7로 막으면 흑8로 솔솔 빠져 나
오게 된다.

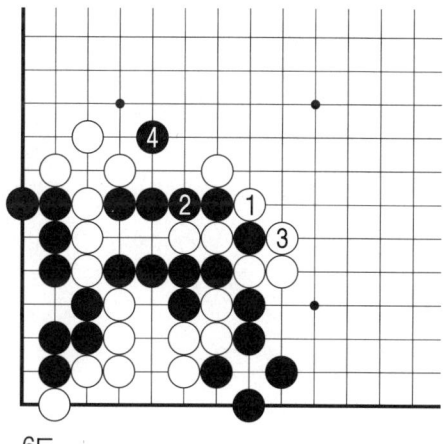

6도

6도(한칸 뛰는 맥)

전도 백7로 두지 않고 본도 백
1로 단수쳐 3으로 따내면 흑4가
쉬운 맥으로 탈출하게 된다.

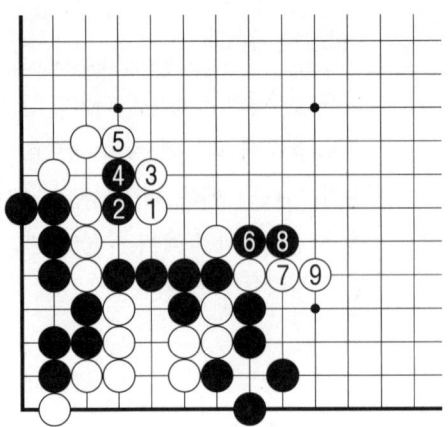

7도

3도의 백3으로 본도 백1의 날일자도 그럴 듯 해 보이는데 흑2의 끼움이 교묘하다. 백3이 필연일 때 흑4가 이어지는 묘수로 백5 때 흑6·8로 밀어놓고…

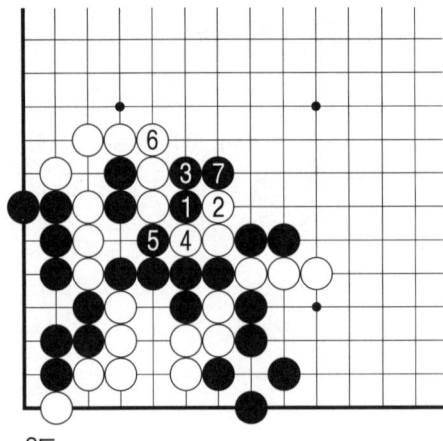

8도

전도에 계속해서 흑1의 건너붙임이 호착으로 백2로 늦춰도 흑3이면 백4로 막을 수밖에 없는데 흑5 이하 7의 축으로 백 석점이 잡히게 된다.

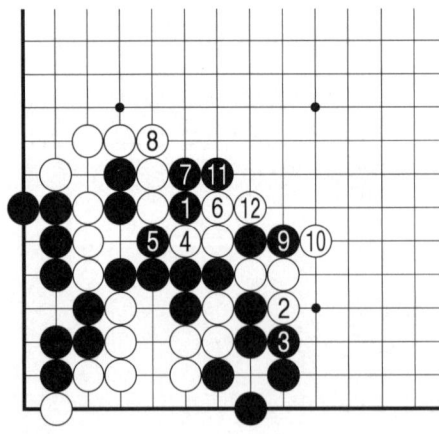

9도

7도 8·9를 생략하고 흑1로 건너붙이면 백2가 호수로 이하 흑9 때 백10으로 반발하게 된다. 흑11에 백12로 나가, 축이 안되니 흑이 망한 꼴이다.

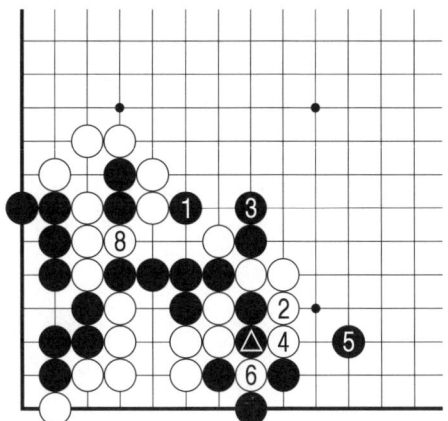

10도

10도(백, 대만족)

백2 때 흑3이면 흑을 살릴 순 있지만 백4·6으로 요석 두점이 선수로 잡히고 백8로 이쪽 마저 돌보면 흑이 크게 불리하다. (❼ … △)

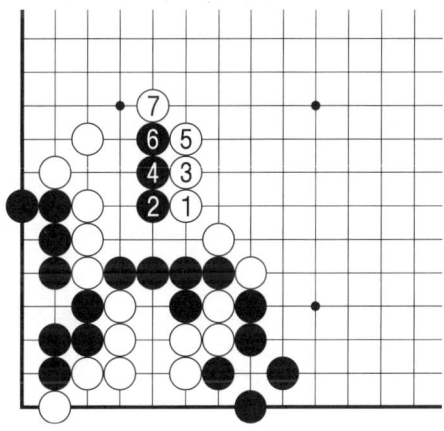

11도

11도(백의 정수)

3도의 백3으로는 본도 백1의 마늘모가 정수이다. 계속해서 흑2에 백3으로 늦추고 흑4에는 백5로 한번 더 늦추는 것이 중요하다. 흑6 때 백7로 막는 것이 최선이다.

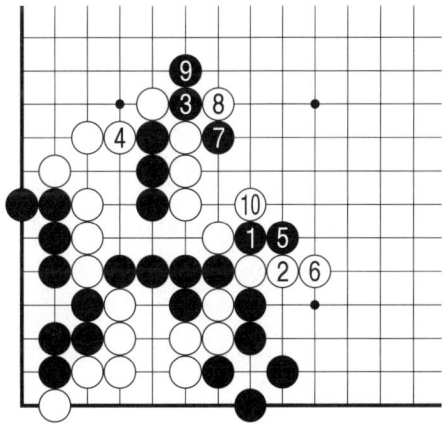

12도

12도(흑, 탈출 불가능)

계속해서 흑1·3으로 끊어 백4로 막을 때, 이번에는 흑이 5·7로 백을 가두려 할 수밖에 없지만 백8로 단수쳐 10으로 탈출하면 흑은 더 이상 해볼 수가 없는 결과이다.

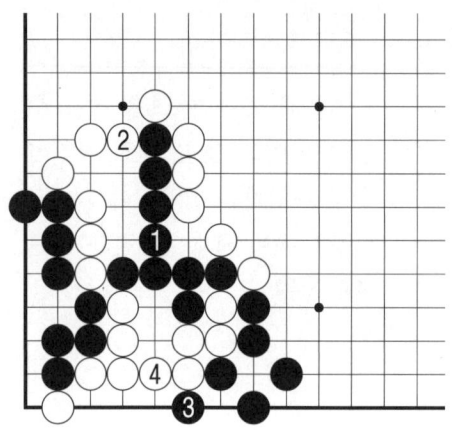

13도

탈출이 안되므로 전도 흑1로 본도처럼 흑1로 수상전을 시도하면 백2로 막고 흑3에 백4가 호착으로 백승이다.

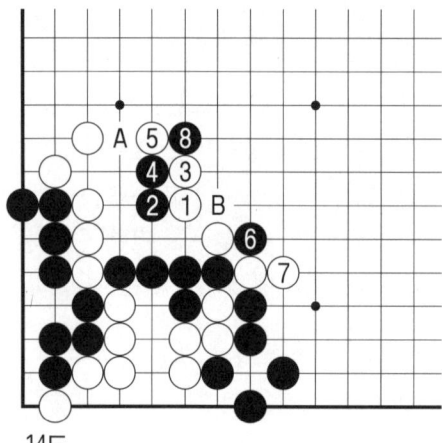

14도

흑4까지 됐을 때 백5는 성급한 막음으로 흑6·8로 끊기면 A와 B가 맞보기로 되어 흑을 잡을 수가 없는 모습이다.

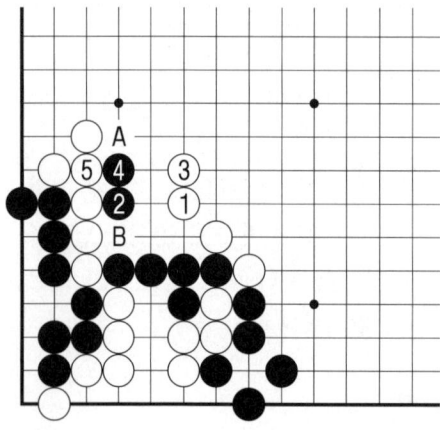

15도

백1 때 흑2로 붙여 탈출하려 하면 백3의 쌍점이 침착한 호착이다. 흑4에는 백5로 가만히 이어놓고 A와 B를 맞보기로 하면 흑은 도망갈 수 없다.

2선 들여다보는 함정

○ 백차례

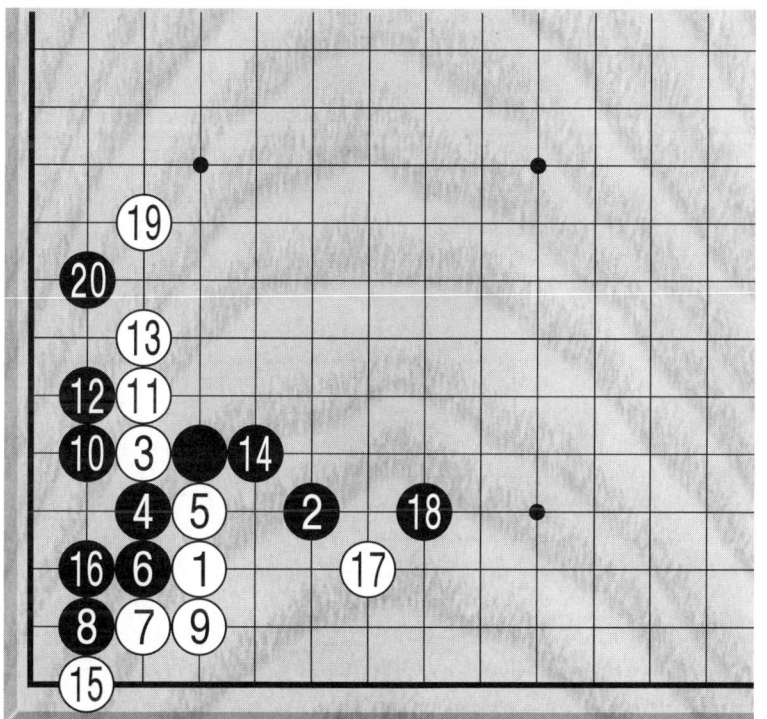

🔴 앞의 유형과 마찬가지로 백19까지 되었을 때 흑20으로 2
선으로 한칸 뛰어 백을 들여다 본 장면이다. 흑이 들여다
본 이유는 무엇이며, 들여다보는데 안 잇는 바보 없다고 했
는데, 백은 과연 이어야 하는 것일까?

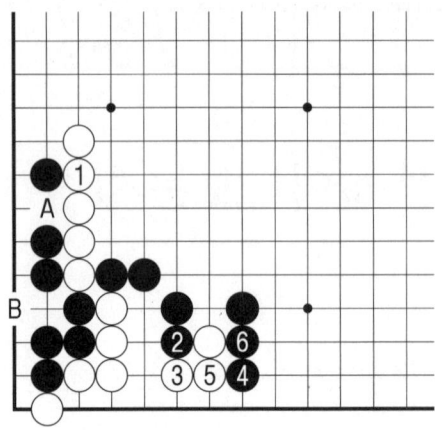

1도

1도(흑의 주문)

백1로 이어달라는 것이 흑의 주문이다. 이렇게 되면 흑은 A와 B를 맞보기로 살아 있어 흑2 이하 백을 괴롭히겠다는 뜻이다. 흑4가 맥으로 6까지 백이 곤란한 모습이다.

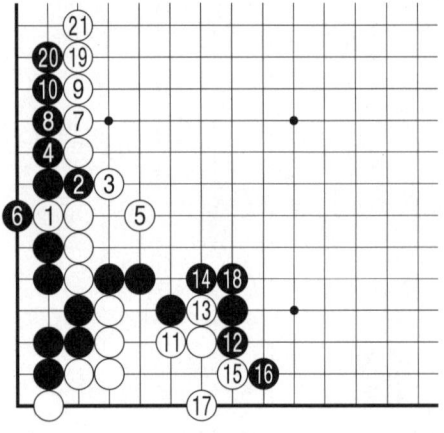

2도

2도(백의 정수)

백1은 기세이자 정수이다. 흑2로 반발해오겠지만 백5가 침착해 9까지 선수해 놓고 11로 하변을 돌본다. 이하 흑18까지 일단락짓고 백19·21로 좌변을 확장하면 호각의 갈림이다.

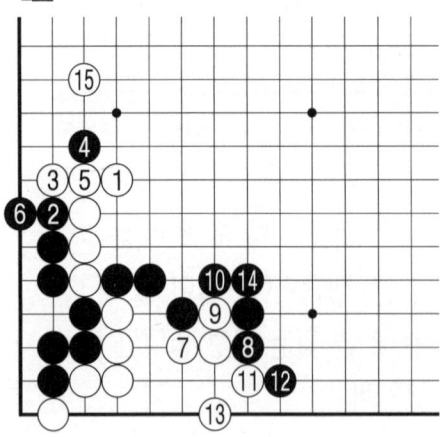

3도

3도(현대형 정석)

중앙을 중시하는 현대 감각이라면 장면도 백19로는 본도 백1의 마늘모가 유력하다. 계속해서 전도와 비슷한 수순을 거쳐 백15까지 호각의 갈림이다.

수늘임의 요령

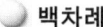
● 백차례

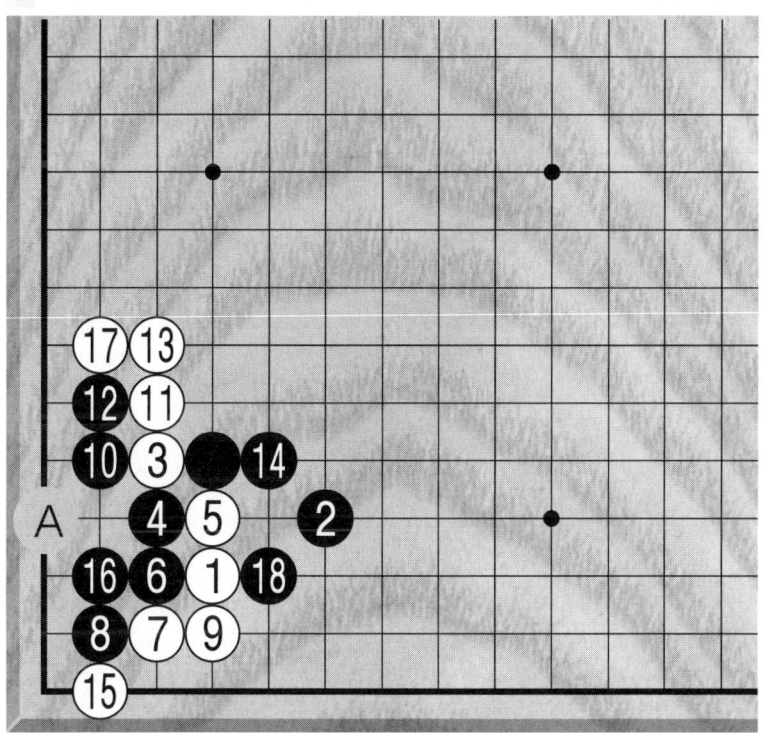

고목 날일자씌움 정석과정에서 백17은 흑이 A로 살아버리
면 제자리걸음에 불과해지므로 정수가 아니다. 그런데 흑은
A로 살지 않고 흑18로 백을 잡으려 한 장면이다. 함정의
함정이 도사리고 있는데, 과연 수상전은 어떻게 될까? 백
이 너무 조급해하면 걸려들기 쉽다.

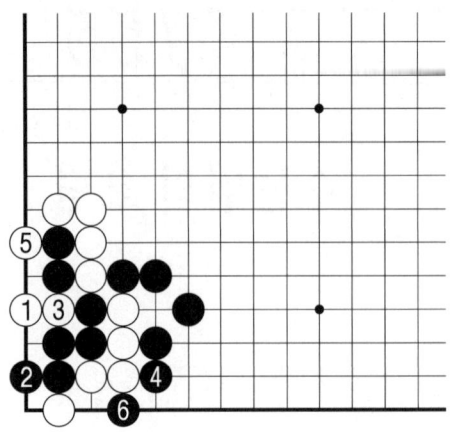

1도

1도(백, 걸림)

백1은 수상전의 급소이지만 흑2가 호착으로 백은 걸려들었다. 백3 이하 수줄임을 해보면 흑6까지 흑이 한 수 빠른 것을 알 수 있다.

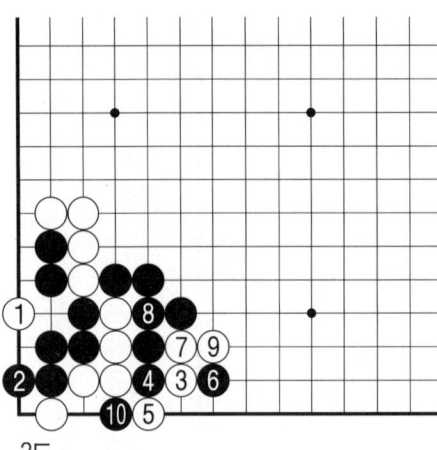

2도

2도(백의 변화)

흑2때 뒤늦게 백3으로 수를 늘리려 하면 흑4·6이 호수로 백7·9로 달아날 것 같지만 흑10으로 요석 넉점이 잡히고 만다.

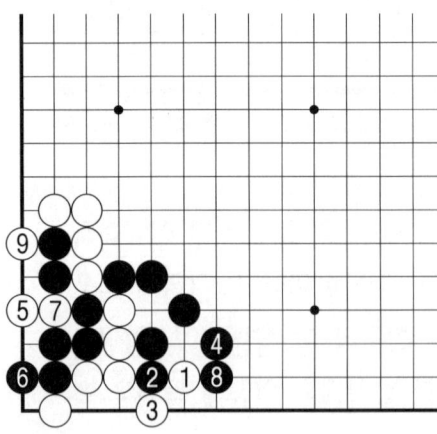

3도

3도(백의 정수)

백1로 먼저 뛰는 것이 최선으로 흑2에 백3으로 넘으면 이번에는 흑4로 늦출 수밖에 없을 때 백5 이하 수상전은 백승이다. 백1·3이 백의 수를 늘린 것이다.

강력한 맥점을 노린 호구

 백차례

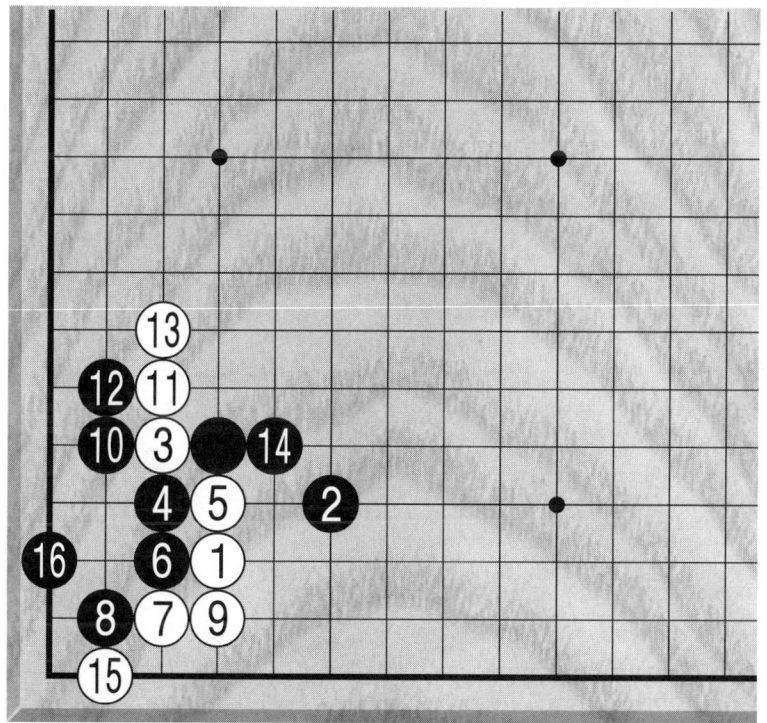

백15 때 흑은 꽉 잇는 것이 정수인데 16으로 호구쳐 비틀
어 온 장면이다. 백이 무심코 같은 수순으로 대응했다간 흑
의 강력한 맥점 한방에 걸리게 된다. 백은 어떻게 대처해야
하는지 살펴보기로 한다.

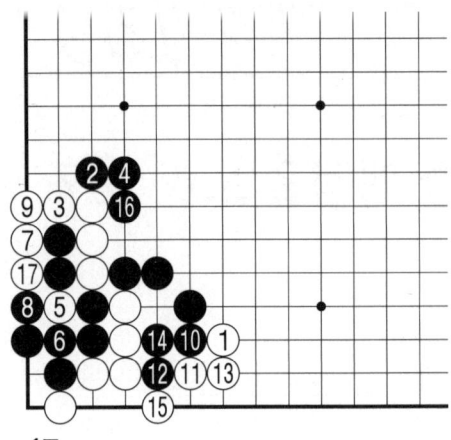

1도

백1에는 흑2가 준비된 맥점으로 백3에는 흑4이다. 백5 이하로 수상전을 할 수밖에 없는데 흑에게 막대한 외세를 주었을 뿐더러 귀는 패를 다투어야 하므로 백이 걸린 모습이다.

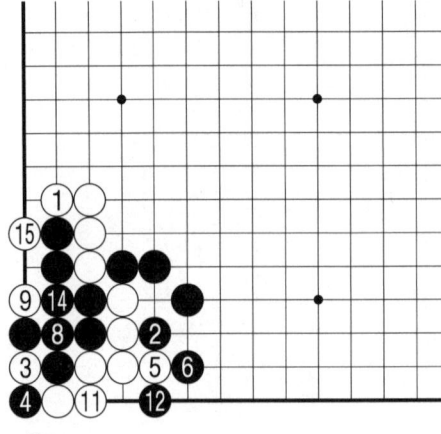

2도

2도(백의 정수)

백1로 막아 흑2면 백3으로 패하는 것이 정확한 대응이다. 이하 서로 패를 다투어 흑16까지 될 곳인데, 한수 늘어져 백이 절대 유리한 진행이다.

⑦⑬ … ③ ❿⓰ … ❹

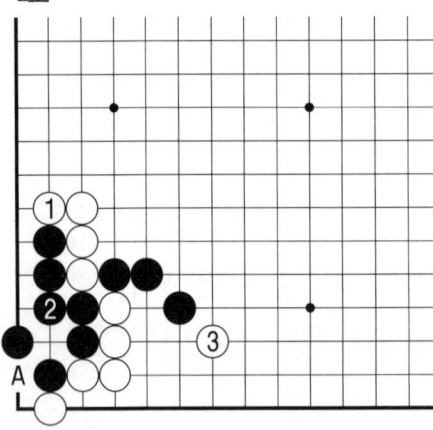

3도

3도(패맛)

백1 때 흑2라면 백3으로 진출한다. 흑은 완생의 모습이 아니고 A의 패맛이 남아 있어 앞으로 마음놓고 둘 수가 없을 것이다.

404

1선에 함정 있다!

● 백차례

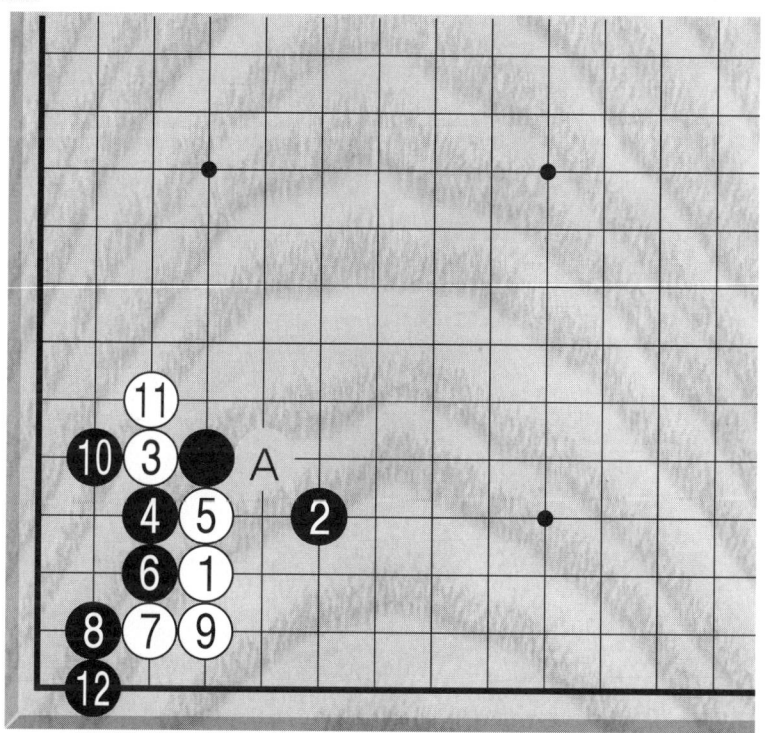

흑10으로 단수쳐 백11 때 흑12로 1선에 내려 빠진 장면
이다. 「1선에 묘수 있다」란 격언이 있지만 바로 그 1선에
함정이 있다. A의 축은 물론 흑이 유리한 경우이다. 흑의
의도는 무엇이며 백은 어떻게 대응하는 것이 올바른 것일
까?

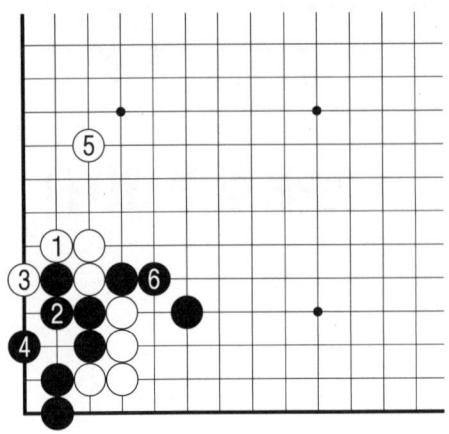

1도

　백1 · 3은 당연한데 계속해서 백5가 흑의 의도대로 두어준 수이다. 흑6으로 뻗으면 백은 아래 넉점을 수습해야 할 차례인데 어려움이 있어 보인다.

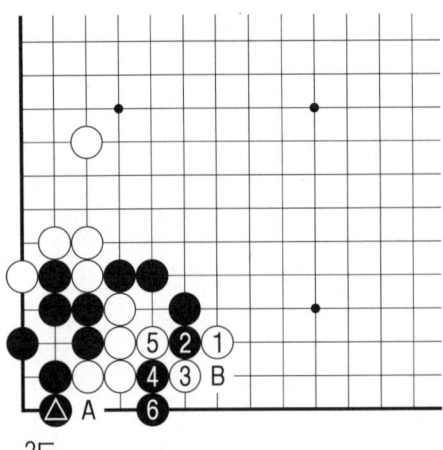

2도

　백1로 두고 싶지만 흑2 · 4가 흑▲와 컴비네이션의 맥점으로 흑6까지 A와 B가 맞보기로 백은 꼼짝못하게 되었다. 이제야 흑▲로 내려빠진 의도를 알 수 있다.

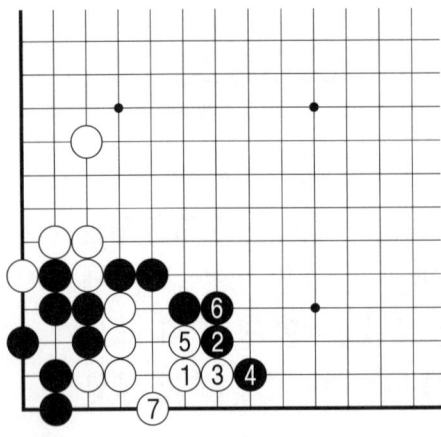

3도

　전도 백1로 본도 백1이면 흑은 전도와 같이 백을 잡으려 들지 않고 흑2 이하 백을 깨끗이 살려주고(백7로 가일수해야 한다는 점이 백에겐 쓰라리다) 다른 곳으로 손을 돌려 크게 유리한 결과이다.

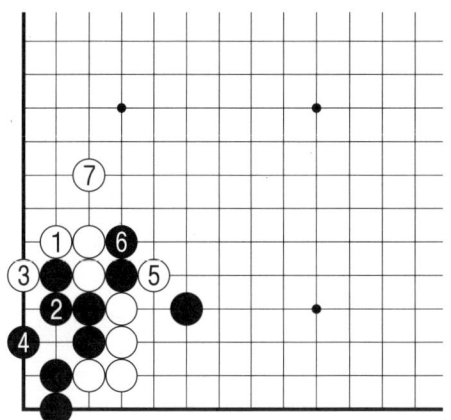

4도

4도(백의 정수)

흑4 때 백5로 단수쳐 7로 뛰는 것이 리듬감 있는 행마법으로 이 경우에 올바른 대응이다. 계속해서…

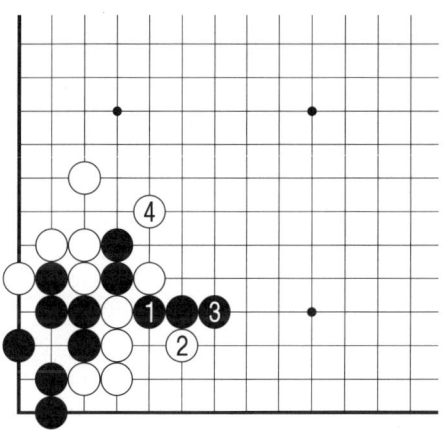

5도

5도(통렬한 씌움)

흑1로 끊는다면 백2가 맥점이고 흑3이 불가피할 때 백4의 씌움이 통렬하다. 계속해서…

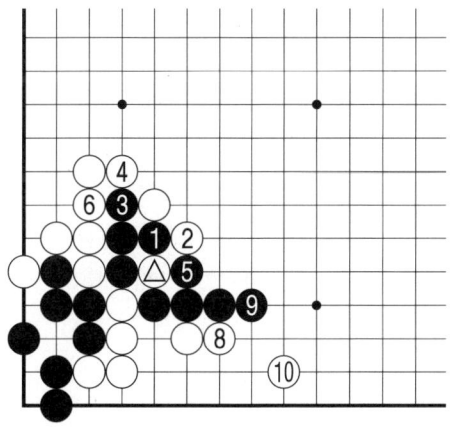

6도

6도(백, 대우세)

흑1·3·5는 울고 싶은 기분이 겠지만 요석이므로 버릴 수도 없는 노릇이다. 백8·10으로 안정을 취하면 백이 크게 우세하다. (❼… △)

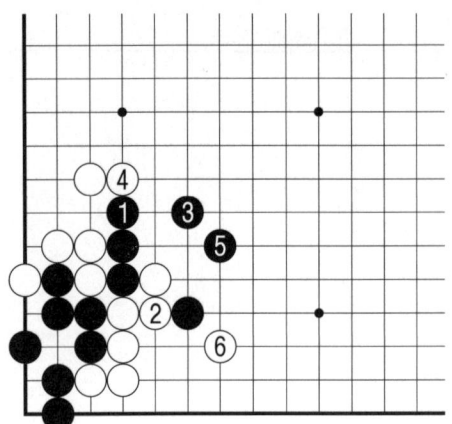

7도

5도의 흑1로 본도 흑1로 뻗는 다면 백2로 연결해 충분하다. 흑 3 정도일 때 백4로 밀어 흑5를 유도한 다음 6으로 뛰는 백의 손 길이 가볍다.

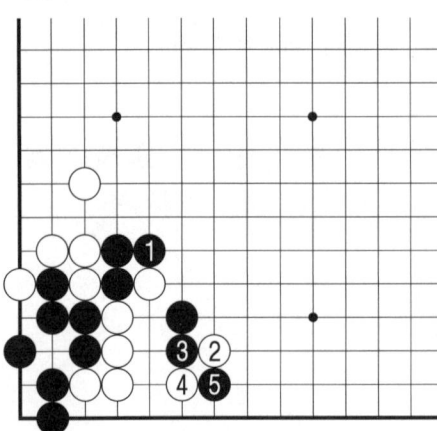

8도

8도(백, 곤란)

전도의 흑1로는 본도 흑1도 고 려해봄직한데 백2는 다소 무리한 감이 있다. 흑3·5가 강렬해 백 이 난처한 모습이다.

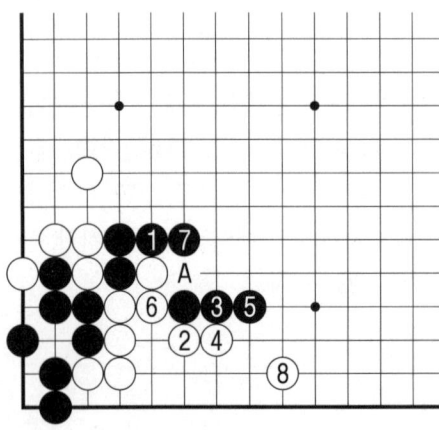

9도

9도(올바른 대응)

흑1때 백2의 붙임이 적절하다. 흑3으로 뻗으면 백4로 한번 더 밀고 이하 8로 달린다. 6도만큼 백이 유리하지는 않지만 A의 단 점을 노릴 수 있는 만큼 백이 충 분하다.

1선에 묘수 있다!

백차례

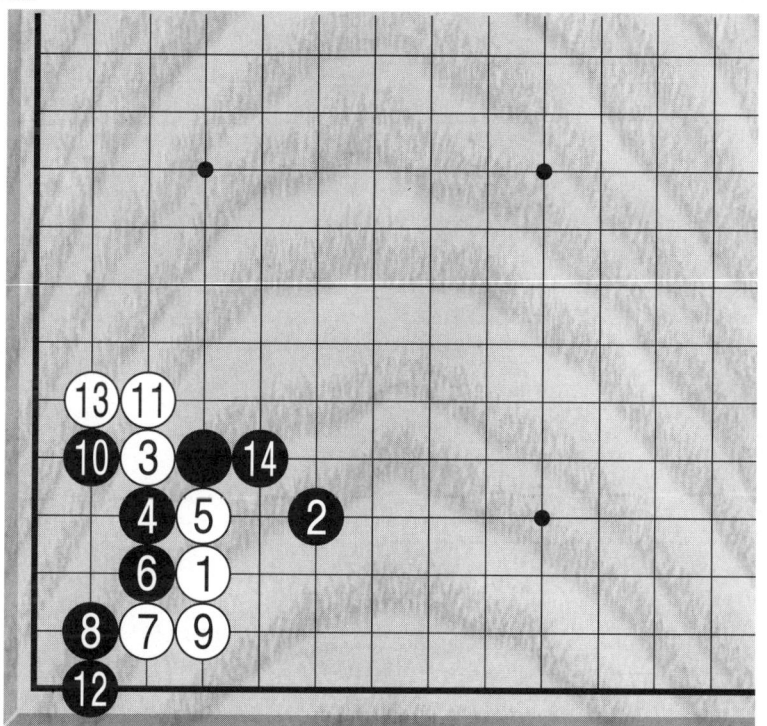

흑12로 내려서고 백13으로 막기까지는 함정수 157과 같은 진행인데 이번에는 흑14로 늘은 경우이다. 백으로선 흑과 수상전을 시도하거나 탈출하는 것 중에서 선택해야 하는 장면이다. 여기서도 1선에 키워드가 있는데, 백의 최선의 응수는 무엇일까?

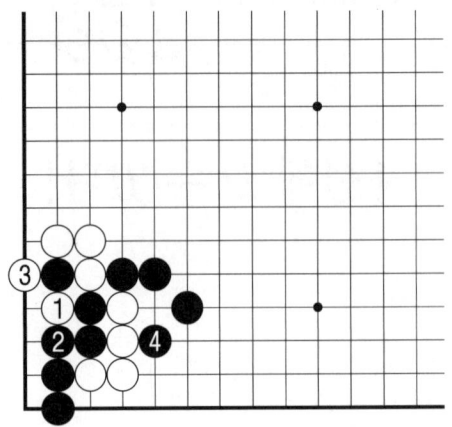

1도

1도(백, 걸림)

백1·3으로 한점을 잡아 귀의 흑과 수상전을 시도하면 흑4로 백이 잡히게 된다.

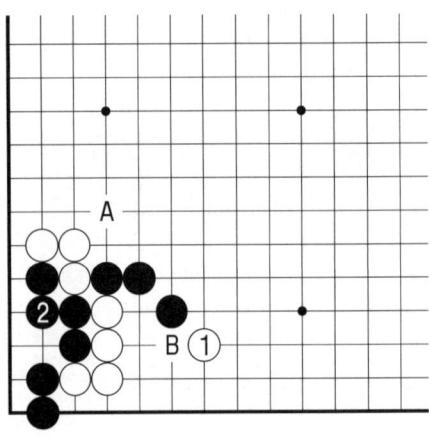

2도

2도(맞보기)

그렇다고 백1로 진출을 모색하면 흑2로 잇는 것이 침착하다. 이후 흑은 A와 B의 공격을 맞보기로 하여 흑이 우세하다.

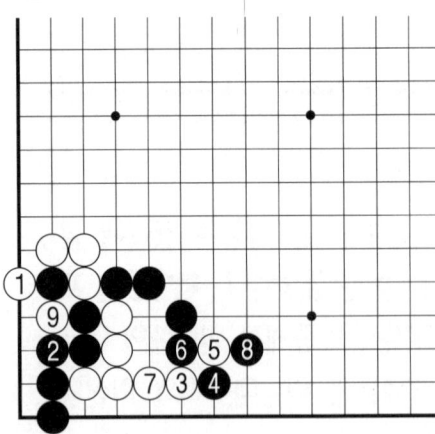

3도

3도(백의 정수)

백1의 1선으로 모는 것이 정수이다. 흑2가 불가피할 때 백3·5로 수를 늘리는 것이 요령으로 이하 백9까지 백승이다.

숨어 있는 축이 승부의 열쇠

● 흑차례

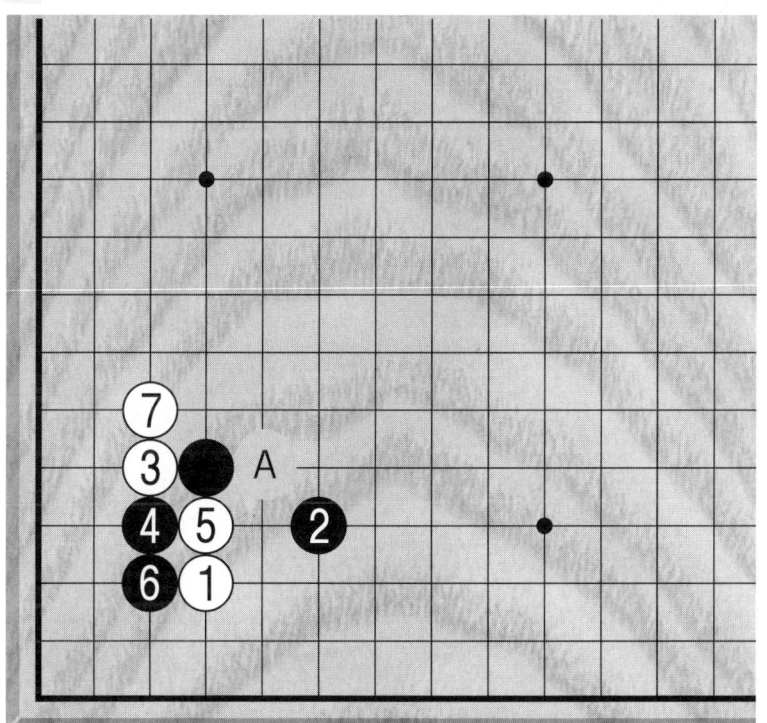

┏A의 축이 백에게 유리한 경우에 백이 7로 뻗어 온 장면이
다. 백은 간명한 갈림을 원하지만, 앞으로의 수순에서도 밝
혀지듯이 또 하나의 축이 승부와 연관된다. 그 과정을 추적
해 보기로 한다.

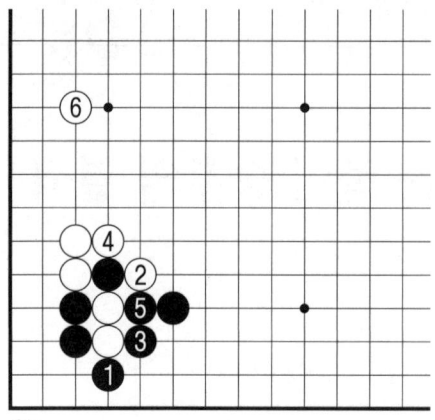

1도

흑1로 젖혀 백2로 잡고 흑3 이하 백6까지는 간명한 갈림으로 서로 불만은 없어 보인다. 이것이 백의 바램이기도 하다. 하지만 장면도 흑4로 젖혀 난전을 유도한 흑의 입장에선 다소 싱거운 감이 없지 않다.

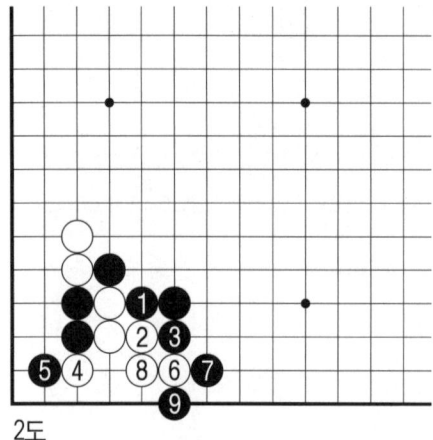

2도

2도(흑의 강수)

흑은 1처럼 강수로 대응하고 싶다. 백2에는 물론 흑3. 계속해서 백4로 젖히고 이하 흑7까지 진행되었을 때 백8의 이음은 무책임한 수로 흑은 9로 두어 그만이다.

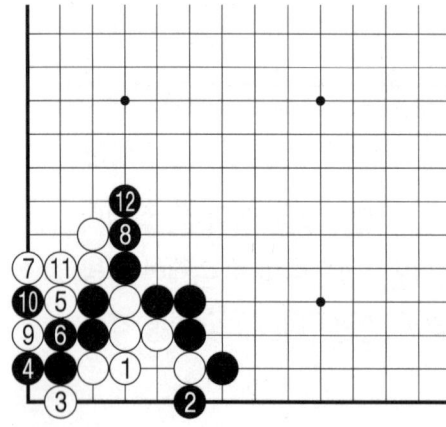

3도

3도(흑, 우세)

전도 백8로는 본도 백1로 잇고 버틸 곳이다. 흑2가 정착으로 이하 백은 7이 호착으로 최선을 다해 버티지만, 흑12가 세력의 접점으로 흑의 외세는 당당하고 귀는 패가 남아 있어 흑이 절대 우세하다.

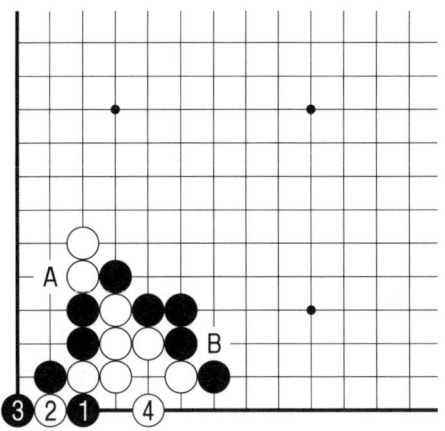

4도

전도 흑2로 본도 흑1로 젖히면 백2·4가 호수순으로 A와 B를 맞보게 되어 이번에는 흑의 파탄이다.

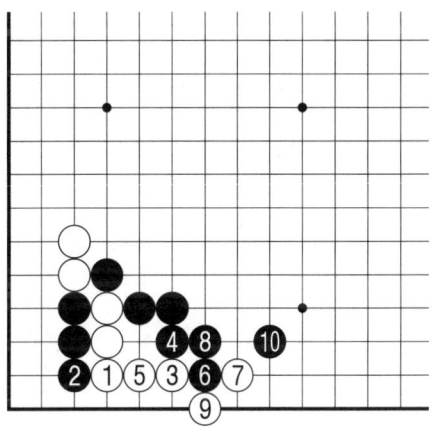

5도

2도의 백2로는 본도 백1·3이 최선이고 흑4·6은 긴요한 수순이다. 백7·9는 이 백돌만 살면 귀는 자동적으로 잡을 수 있다는 계산인데…

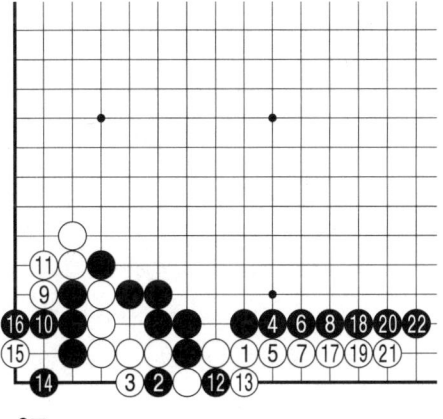

6도

전도에 계속해서 백7까지 밀어 놓고 9·11로 잡으려 하면 흑14가 끈질긴 호착이다. 백은 패로 잡을 수는 없는 노릇이니 21까지 기어야 자체 삶이 가능하니 비로소 흑을 잡을 수 있다. 그러나 이것은 잡고도 망한 결과이다.

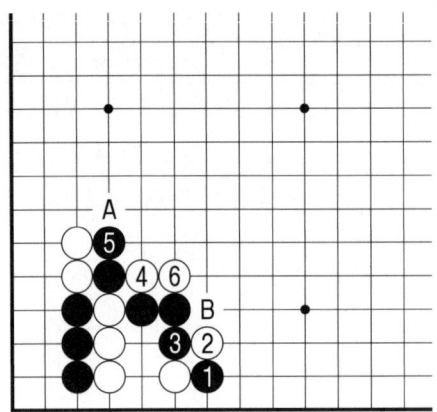

7도

7도(흑, 곤란)

5도 흑4로 본도 흑1로 차단하면 백2로 반발하게 되는데 흑3때 백4·6으로 A와 B가 맞보기로 되어 흑이 큰일이다. A의 축은 장면도의 전제에서 백이 유리하다.

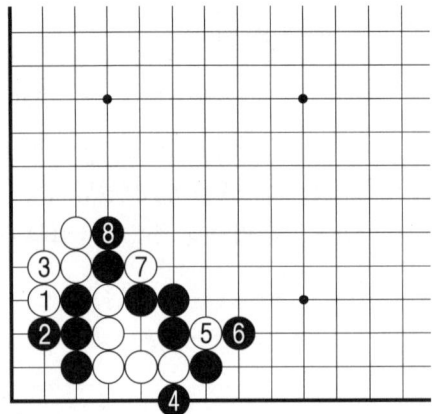

8도

8도(백의 최선)

5도의 백7로는 본도 백1·3이 최선의 응수다. 백5로 끊어 흑6의 축으로 잡고 흑8까지 필연인데… 주의! 만일 흑6의 축이 불리하면 2도 흑1의 강수는 성립하지 않는다. 계속해서…

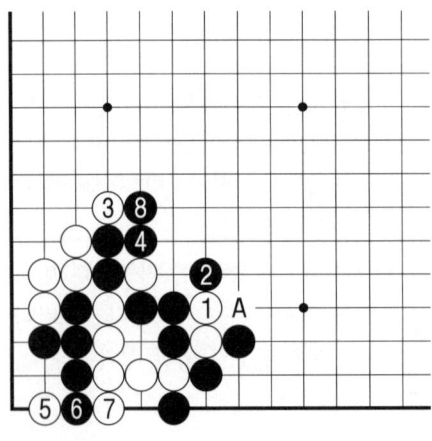

9도

9도(흑, 유리)

귀를 잡기 위해선 백1, 흑2의 악수 교환이 필요하다. 백3은 기분 좋고 5·7로 귀는 잡았지만 흑8까지 되고 나면 흑의 두터움이 백의 실리를 압도한다. 흑A로 따내면 백은 귀를 잡아야 하는 것도 흑의 자랑이다.

414

젖혀놓고 뻗음

● 흑차례

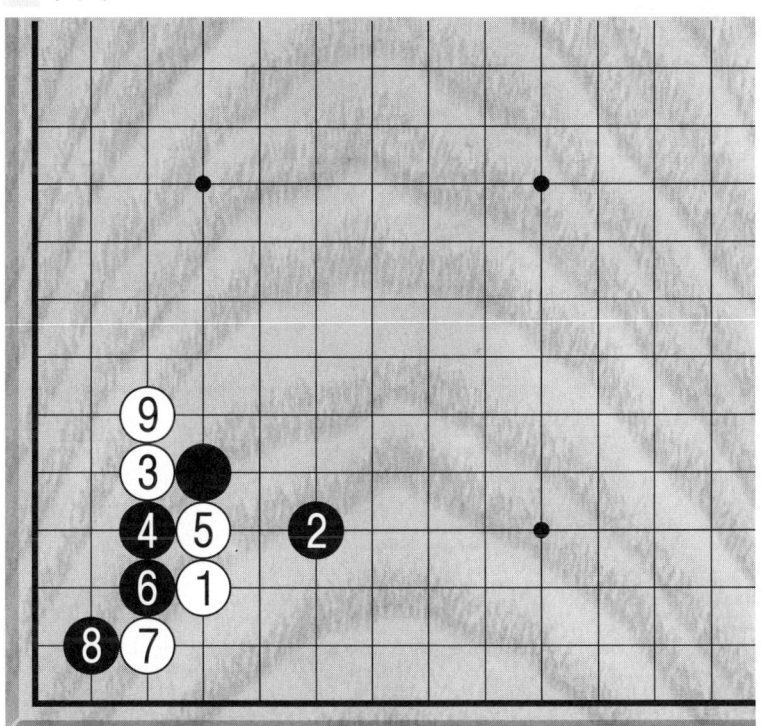

함정수159의 장면도 수순 중 백7로는 본 장면도 백7, 흑
8을 교환한 뒤 백9로 뻗는 것이 좀더 고급스런 수단이다.
흑도 이때는 응수에 신중을 기해야 하는데, 강수만이 능사
가 아니다. 흑의 최선책은?

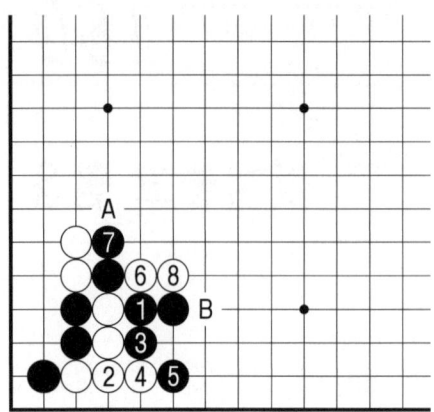

1도

1도(흑, 무리)

흑1의 강수에는 백2로 잇는다. 흑3·5로 백을 잡으려 덤비면 백 6·8이 상용의 수단으로 A와 B가 맞보기로 되어 흑의 무리가 증명된다.

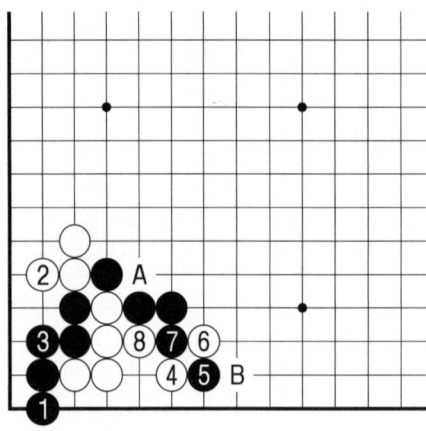

2도

2도(흑, 곤란)

전도 흑3으로 본도처럼 흑1로 수를 늘려 수상전을 시도하는 변화이다. 백4 때 흑은 5로 막아야 하는데 백6·8이 적절한 수단으로 A와 B가 맞보기로 되어 흑이 무너진다.

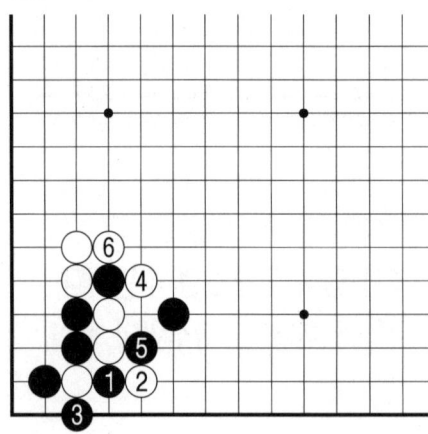

3도

3도(흑의 최선)

흑1·3으로 한점을 잡고 백도 4·6으로 한점을 따내는 것이 서로간에 최선의 진행으로 보여진다. 이 진행이라면 흑으로선 함정수 159의 1도에 비해 다소 낫다고 할 수 있다.

416

고압전술을 타파하는 비맥(秘脈)

● 백차례

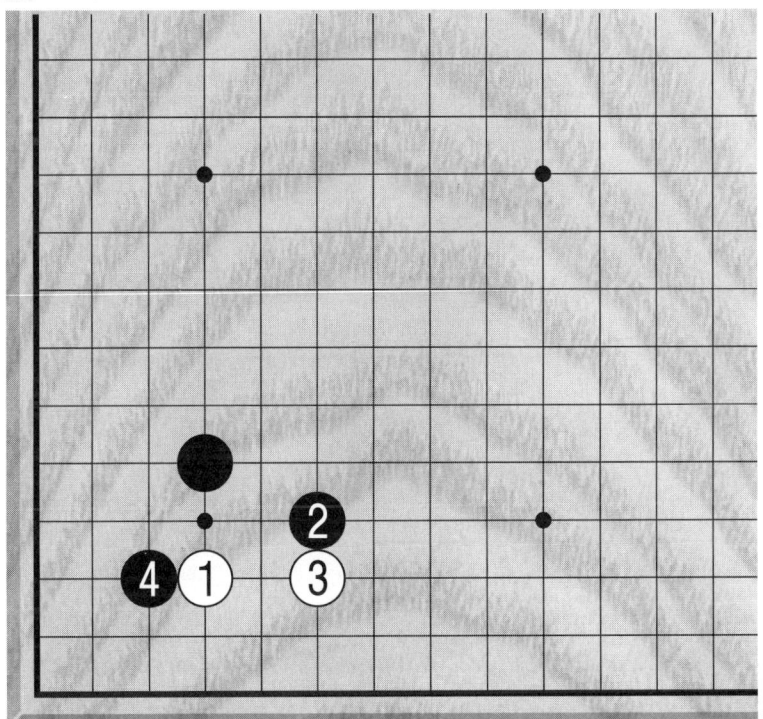

흑2의 씌움에 백3에 붙여 수습하는 수도 많이 두어지는데 흑4로 붙여온 장면이다. 변화는 복잡하지 않지만 자칫하면 상대의 고압전술에 백이 거들기 쉬우므로 신중이 요구된다. 백의 적절한 응수법은? 첫수가 이 경우에 쓰이는 비맥이다.

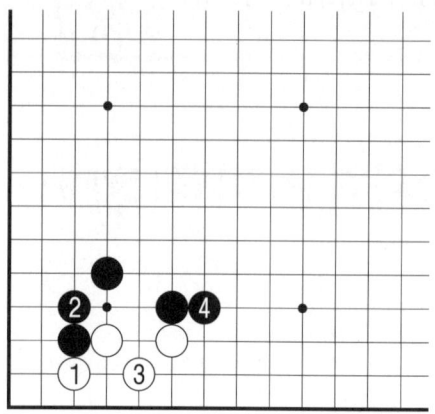

1도

백1은 누구나 이렇게 두기 십상이다. 흑2에 백3은 정수지만 흑4로 뻗게되면 흑의 외세가 제법 당당하다. 백은 저위로 안정에 급급한 모습이어서 흑이 이렇게 의도했을 가능성이 높다. 자체로는 호각이지만…

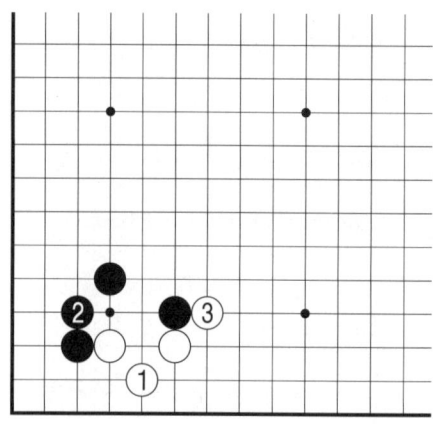

2도

흑의 의도를 거스르자면 백1이 생각하기는 쉽지 않지만 두어 놓고 보면 알기 쉬운 묘착이다. 흑2라면 백3으로 충분한 모습이다.

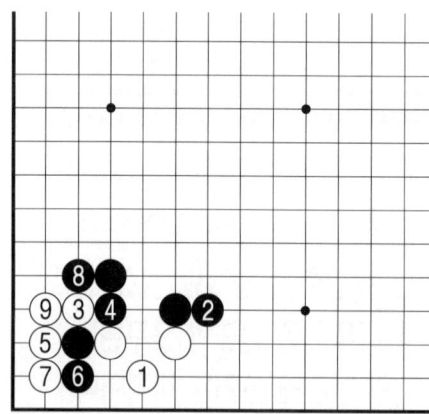

3도

전도 흑2로는 본도처럼 흑2로 뻗고 싶은 곳인데 백은 3 이하 9까지 두점을 잡아 흑의 세력보다는 백의 실리가 앞서는 느낌이다.

단수를 생략한 뻗음

○ 백차례

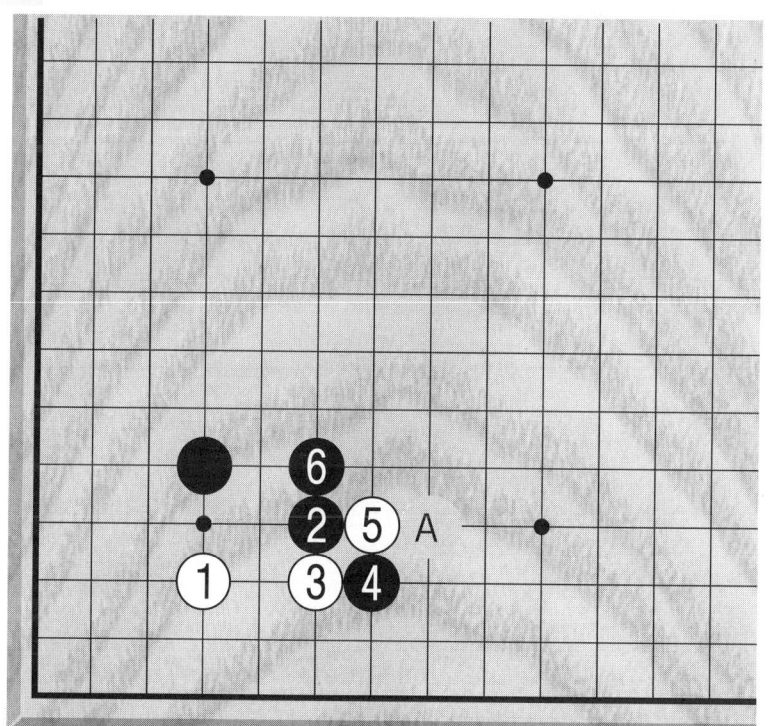

🔵 백3은 A의 축이 유리한 경우에 유력한 수단이다. 이때 흑
4로 젖히면 백5의 끊음은 당연하다. 계속해서 흑6의 뻗음
이 초점이다. 축의 유불리가 어떻게 작용하는지 살펴본다.

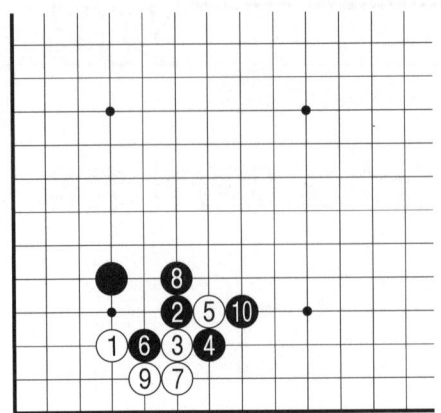

1도

백5 때 흑6으로 단수 하나를 해두고 8로 뻗는 것이 일반적이다. 백9로 넘어야 할 때 흑10의 축으로 잡기까지가 정석이다. 그런데, 장면도는 흑6의 단수를 생략하고 단순히 8로 뻗은 것이다.

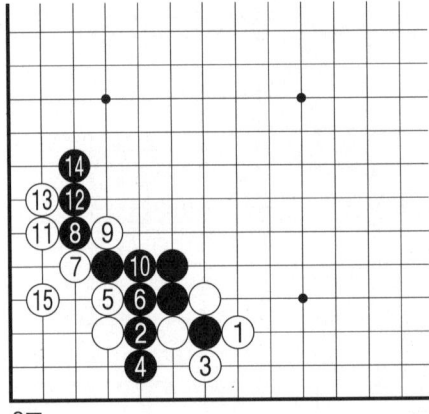

2도

2도 (흑의 착오)

백1은 필연인데 흑2가 판단 착오. 백3의 빵따냄을 허용해도 흑4로 귀를 잡으면 충분하다는 판단이겠지만, 백5 이하 15까지가 유력한 수단으로 흑의 불만이 뚜렷하다. 수순중 흑14로 15의 우측에 단수하면 두점을 잡을 수는 있겠지만 백14로 걸어 올려지면 더욱 나쁘다.

3도 (혼자만의 수읽기)

전도 흑4로 두지 않고 본도 흑1로 단수해 백2로 이어만 준다면 이하 흑7까지 흑이 만족하겠지만 이것은 혼자만의 수읽다.

3도

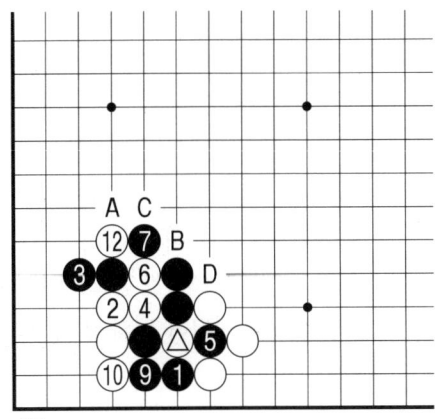

4도

4도(백의 반발)

전도 흑1에는 백2 이하가 강력한 반발로 백10에 흑11로 패를 따낼 수밖에 없고 백12로 끊게 되는데… 이후 흑A는 백B, 흑C, 백D로 몰아떨구기가 성립하므로 주의!

⑧…△　⓫…❺

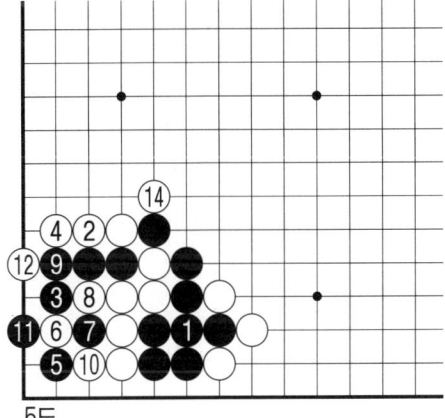

5도

5도(흑, 곤란)

계속해서 흑1이 불가피할 때 백2·4로 강력히 막아, 다시 한 번 패가 나는 곳인데 백14의 절대패가 있어 흑이 곤란하다.

⓭…❼

6도

6도(백의 실수)

2도의 흑2로는 본도 흑1이 정수인데 백2는 잘못이다. 흑3 이하 7까지 선수하고 9로 지키면 모양이 두터울 뿐 아니라 실리도 좋아 흑이 크게 유리하다.

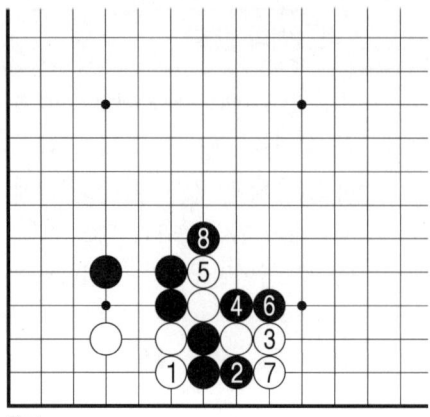

7도

전도 백2로는 본도 백1이 최선이지만 흑4·6의 수순을 거쳐 흑8의 축이 성립한다면 백은 끝장이다. 거슬러 올라가 축이 불리하면 장면도의 백3은 본도 흑4·6의 강수가 성립해 백의 좋은 그림은 없다.

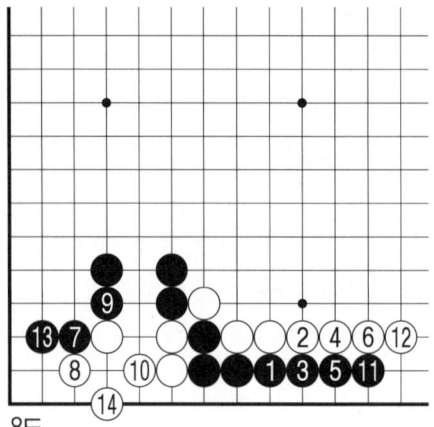

8도

만약 흑이 전도의 축이 불리하다면 흑11까지 2선으로 기어야 하는데, 백12까지 백의 세력이 좋아진다. 흑13까지 귀를 위협해도 백14로 작게나마 살 수 있기 때문이다.

전도 흑7·9를 보류한 채 본도 흑1로 밀면, 이때는 백2로 귀를 돌보는 것이 정수이다. 이하 백8까지 백의 우세에는 변함이 없다.

9도

역전형 취향의 함정

◯ 백차례

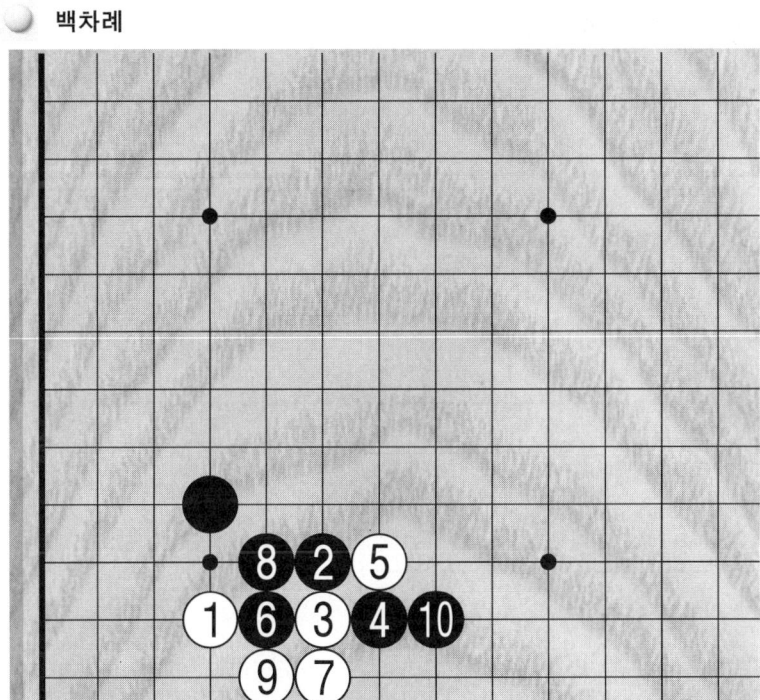

▶백5 때 함정수 162-7도의 축이 불리하다면 흑은 6·8을 선수하고 10으로 뻗는 수단도 두어진다. 어디까지나 중앙 전으로 이끌려는 역전형의 취향이라 하겠다. 백의 적절한 응수법은?

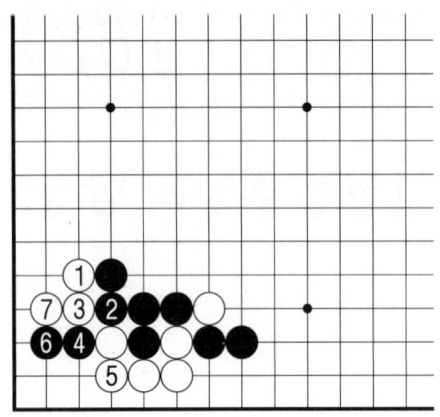

1도

　백1의 붙임이 정수인데 이때 흑2·4로 끊어 6으로 내려 빠지는 함정수가 준비돼 있다. 백7로 귀의 흑 두점을 잡으려고 하는 것은 흑의 함정에 빠져들게 된다. 계속해서…

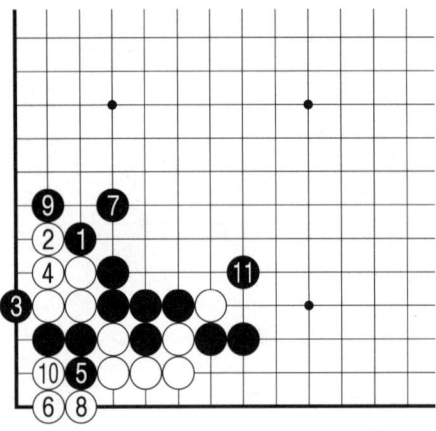

2도

　흑1·3으로 백의 우형을 강요하고 5로 막아 양쪽 백과의 수상전을 동시에 겨냥한다. 백6의 치중이 급소로 이하 백10까지 소기의 목적은 달성했지만 그 동안 흑은 철옹성을 구축해 쾌재를 부를 것이다.

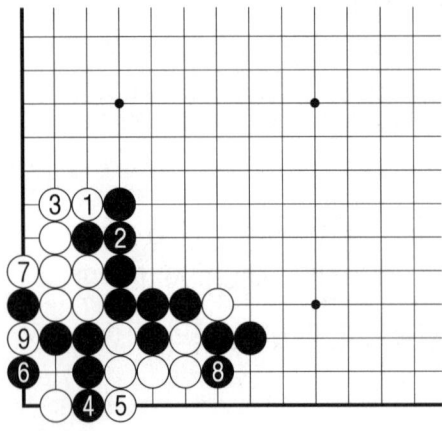

3도

　전도 백8로 본도 백1·3으로 좌변을 나가면 흑4·6이 집요해 이하 백9까지 패가 되니 이것도 백으로선 달갑지 않은 결과다.

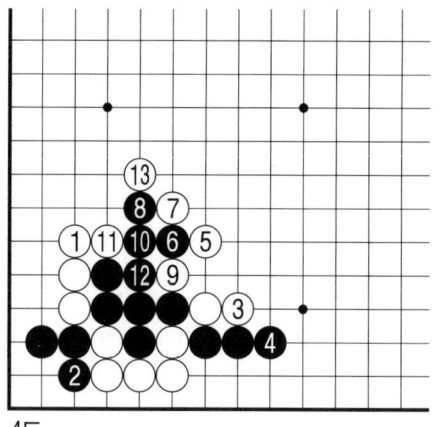

4도

1도의 백7로는 본도 백1로 힘차게 뻗을 곳. 흑2에는 백3으로 흑의 응수를 물어보는 것이 좋다. 흑4라면 백5가 훌륭한 맥으로 흑 다섯점은 꼼짝없이 잡혔다. 흑6·8은 일례인데 백9·11이 호수순이다. 나머지 변화는 직접 확인해 보시길…

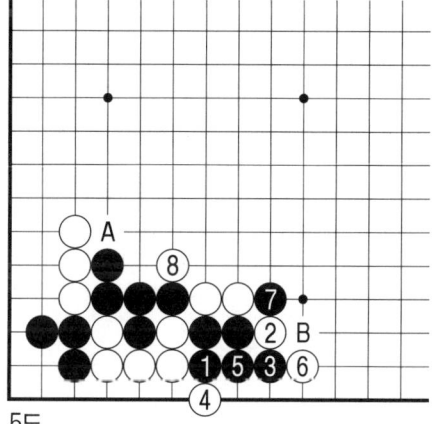

5도

전도 흑4로 본도 흑1로 백 다섯점을 공격해 오면 백2·4·6이 준비된 호착. 흑7에는 백8이 결정타로 A와 B를 마주보아 흑의 파탄이다.

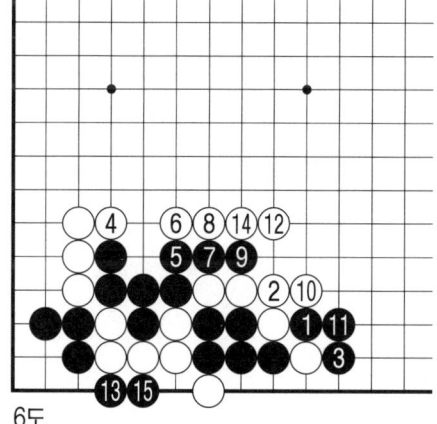

6도

전도 흑7로는 본도 흑1·3이 최선이지만 백4 이하 8까지 쭉쭉 밀고 10·12로 봉쇄하는 것이 좋은 수순이다. 이하 흑15까지 백 다섯점은 잡았지만 백이 얻은 세력에 비하면 보잘것 없다.

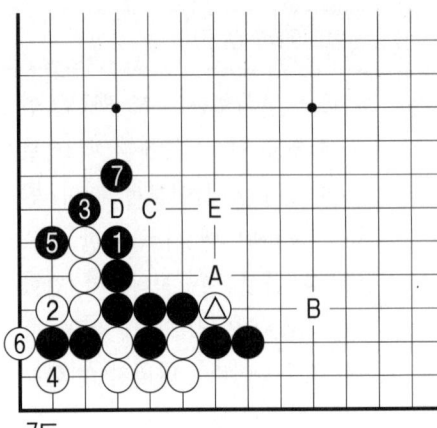

7도

4도 흑2로는 본도 흑1이 최선이다. 백은 2·4·6으로 귀를 잡고 흑은 3·5·7로 세를 쌓게 되는데 정석의 일종이다. 이후 백은 A, 흑B, 백C, 흑D, 백E로 정형하는 것을 노리게 된다.

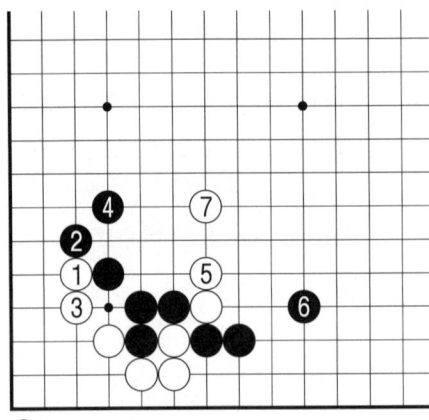

8도

백1 때 흑2·4로 호구하고 백5 이하 7까지 중앙전을 기약하는 것이 피차 최선으로 고목 정석의 하나이다.

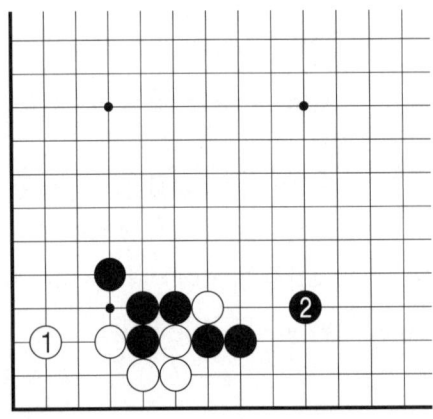

9도

백1로 단순히 귀를 지키는 경우도 있다. 전도에 비해 좌변으로의 흑의 영향을 꺼린 수단이라 볼 수 있다. 하지만 흑도 2로 대비해 불만은 없다.

강력한 차단

● 백차례

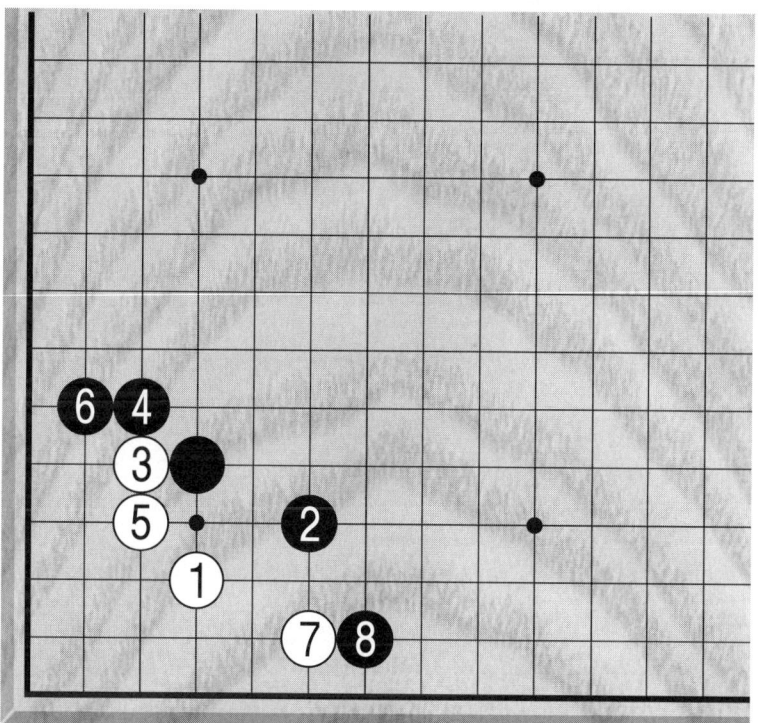

백3·5로 붙여 끌 때 흑6에 내려 빠지는 수도 두어진다.
백7로 보강할 때 흑8로 강력히 막아온 장면이다. 무리수라
는 느낌이 들지만 백의 대응이 의외로 만만치 않다.

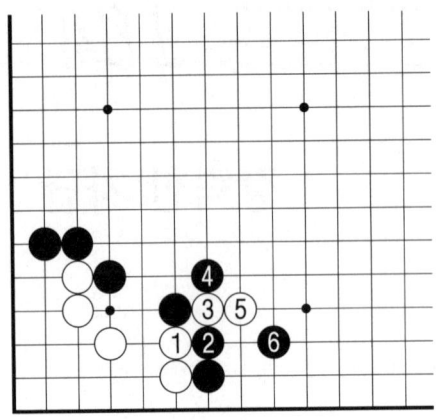

1도

백1로 치받아 귀를 지켜 달라는 것이 흑의 주문이다. 흑2로 막을 때 뒤늦게 백3으로 끊어 봐도 흑4·6이 호수순으로 백의 고전이 눈앞에 선하다.

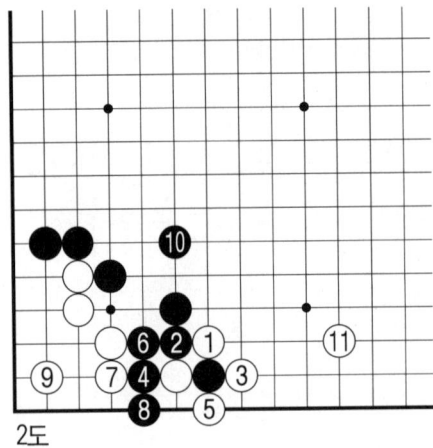

2도

백1·3으로 한점을 잡는 것이 기세이자 정수이다. 흑6으로 잇는다면 백7을 선수해 9로 살고 흑10으로 지킬 때 백11까지 백이 충분한 모습이다.

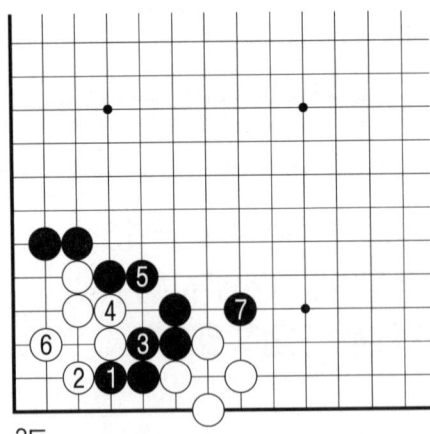

3도

전도 흑6으로는 본도 흑1로 미는 것이 좀 더 어려운 길인데 백2로 막는 것은 경솔하다. 흑3·5로 정비하면 백6으로 살 수 밖에 없는데 흑7의 씌움이 유력해 백이 답답하다.

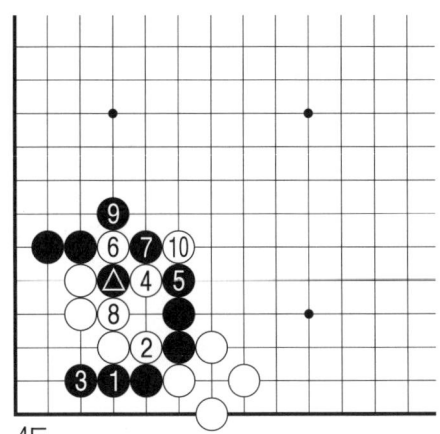

4도

4도(흑, 선패)

백2는 기세지만 흑3으로 뻗게 되면 걸려든다. 백4의 맥에는 흑5가 좋은 대응으로 이하 흑11까지 흑의 선패가 되어서는 큰일이다.

⑪ … ●

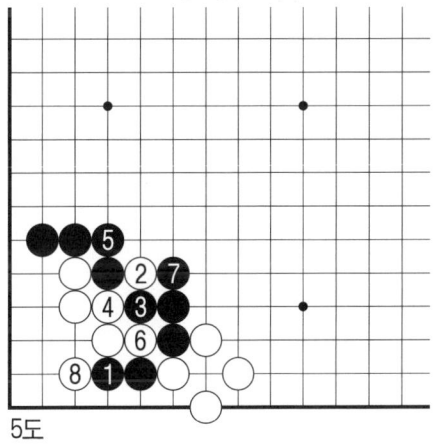

5도

5도(건너붙이는 맥)

흑1 때 백2로 먼저 건너붙이는 것이 올바르다. 흑3이라면 이하 백8까지 백의 실리가 흑의 세력을 웃돈다.

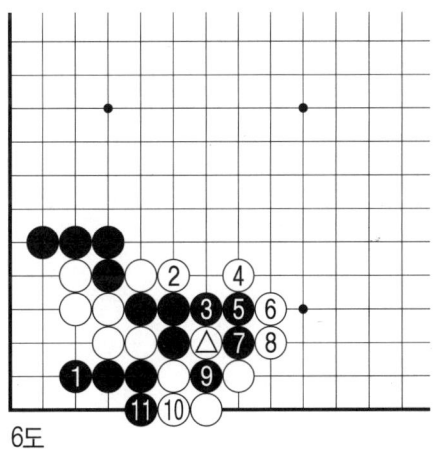

6도

6도(만패불청)

전도 흑7로 본도 흑1로 뻗으면 백2의 축이 불리해도 4가 호착으로 흑5에는 백6·8로 강력히 막아 이하 백12까지 패가 난다. 이만한 팻감은 어디에도 없어 백으로선 만패불청이니 흑이 걸린 꼴이다.

⑫ … △

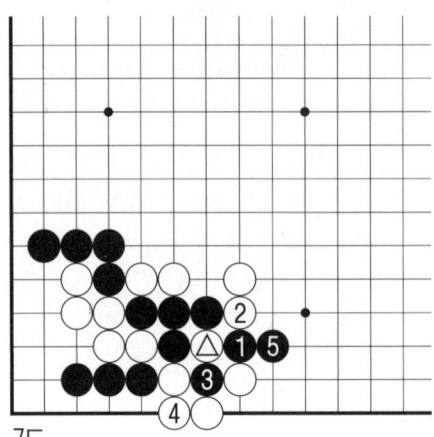

7도

7도(흑의 변화)

전도 흑5로 본도 흑1로 단수쳐도 백2로 끊어 이하 백6으로 먼저 따내게 되므로 전도와 대동소이한 결과다.

⑥ … △

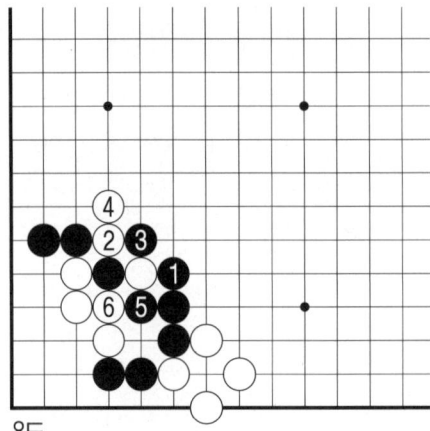

8도

8도(흑의 최선)

5도 흑3으로는 본도 흑1이 최선으로 백2에는 흑3으로 끊고 백4가 긴요하다. 백4로 6은 흑4로 막혀 나쁘다. 흑5로 잡을 때 백6으로 단수하게 되고…

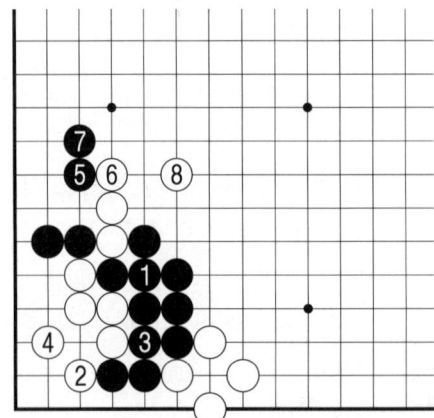

9도

9도(백, 충분한 싸움)

전도에 계속해서 흑1로 이으면 백2·4로 산다. 이하 백8까지 중앙전이 불가피한데 흑의 모양도 우형이고 백이 충분한 싸움으로 보인다.

고목대사의 함정

○ 백차례

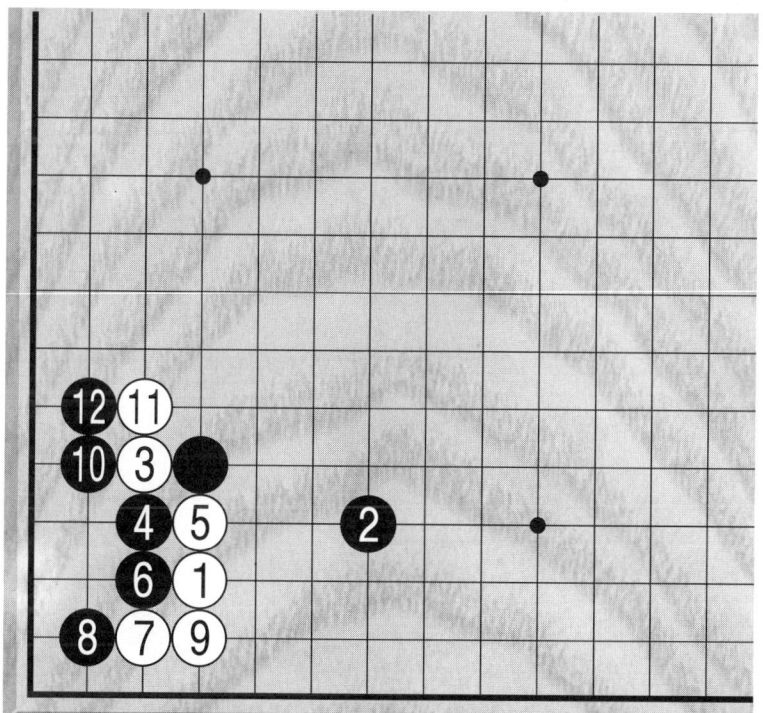

흑2의 눈목자씌움은 고목대사라 불리는 난해한 정석의 하나이다. 백3의 붙임에는 눈목자로 씌운 의도를 살려 강력히 흑4로 젖혀 이하 흑12까지는 필연에 가깝다. 백은 흑2가 날일자가 아닌 눈목자임에 각별히 유의해야 한다. 백의 적절한 응수법은?

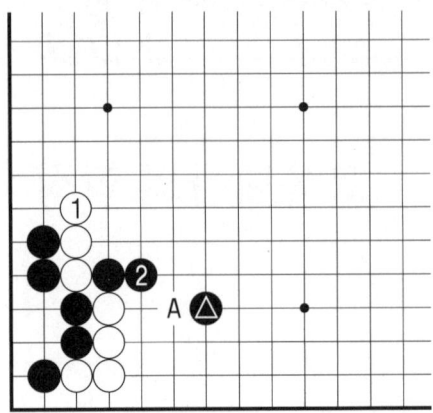

1도

1도(백, 걸림)

백1로 뻗으면 흑2로 늘게 되는데 흑▲가 A에 있는 경우보다 백의 운신이 거북한 만큼 백이 좋은 결과를 기대하기 어렵다.

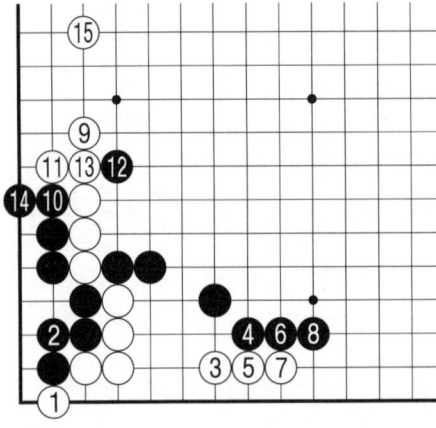

2도

2도(계속)

백1을 선수하고 3 정도인데 흑4로 압박하면 백5·7로 두 번을 기고 이하 15까지 좌변을 정비할 수는 있지만 흑6·8을 두게한 죄가 크다.

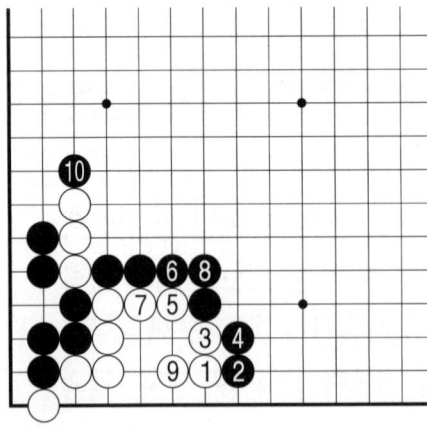

3도

3도(흑의 강수)

백1 때 흑2로 막는 강수도 성립한다. 백3 이하 9까지 제자리걸음으로 살 수는 있지만 쌈지 뜬 모습이라 불리할 뿐 아니라 흑10의 강타가 기다리고 있어, 여기서 바둑은 끝이나 다름없다.

432

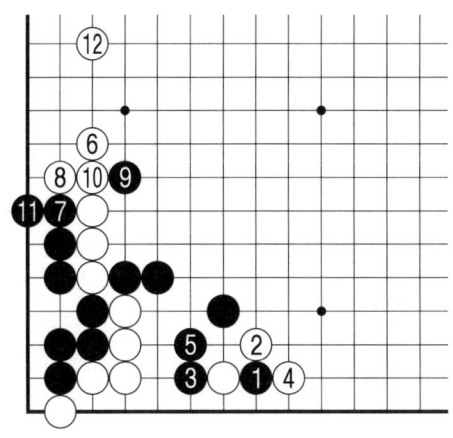

4도

흑1 때 백2·4로 반발해야 할
곳인데 이하 12까지 백이 양쪽을
다 두기는 했지만 흑이 백 요석
다섯점을 잡은 것이 실리로 클뿐
아니라 두터워서 상대적으로 백
돌들이 엷어 보인다.

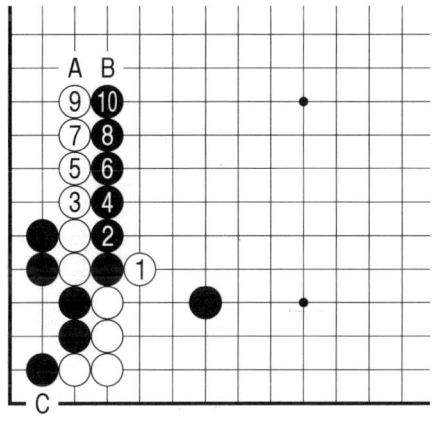

5도

백1로 몰고 3으로 느는 것이
올바른 행마법이다. 이하 흑은
10까지 밀어 올텐데 다음 백은
선택의 기로에 서게 된다. A, B,
C 등이 눈에 들어오는데…

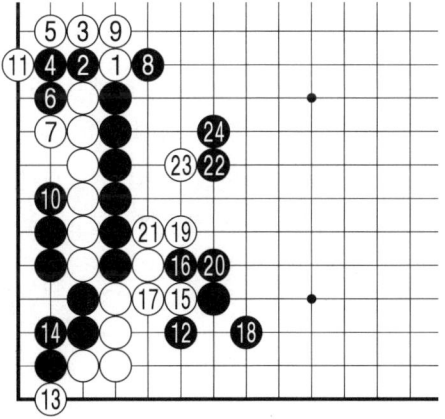

6도

백1은 흑2·4·6이 좋은 사석
작전으로 흑10을 선수하는 순간
귀의 흑은 살아 있어 흑12의 선
공을 가할 수 있다. 백15의 맥으
로 저항해도 이하 흑24까지 백은
절망적이다.

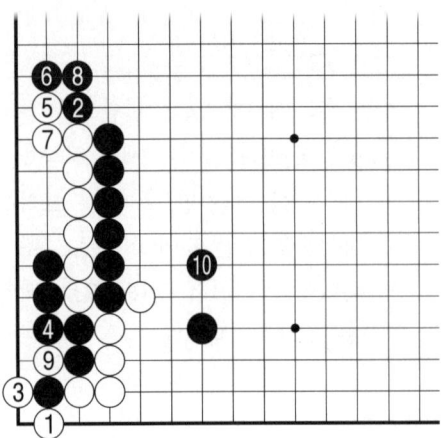

7도

7도(흑, 두터움)

백1로 젖히면 귀의 흑을 잡을 수는 있지만 흑2·6의 이단젖힘이 아프고 흑10으로 뛰게 되면 흑의 세력이 전국을 좌우하는 모습이다.

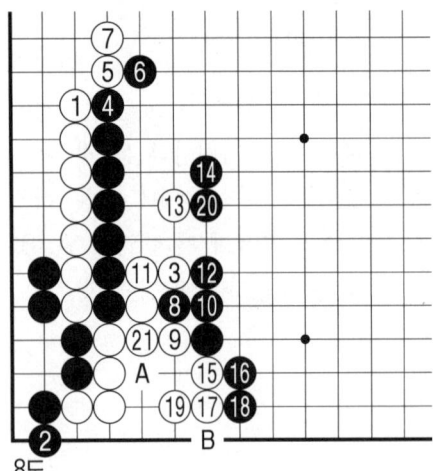

8도

8도(백, 불만)

백1이 최선이다. 그러나 흑2로 살 때 백3으로 탈출하려 하는 것은 흑4·6을 선수하고 8이 맥점으로 이하 백21까지 선수로 봉쇄 당해 크게 불리하다. 21을 생략하면 흑A, 백21, 흑B의 젖힘으로 잡힌다. 수순중 흑14는 눈여겨볼 만하다.

9도(백의 최선)

전도 백3으로는 본도 백1이 최선이다. 흑2 때 백3을 선수하고 5·7로 두 번 기어야 하는 것이 싫지만 백9의 꼬부림이 요소로 백도 둘 수 있는 모습이다.

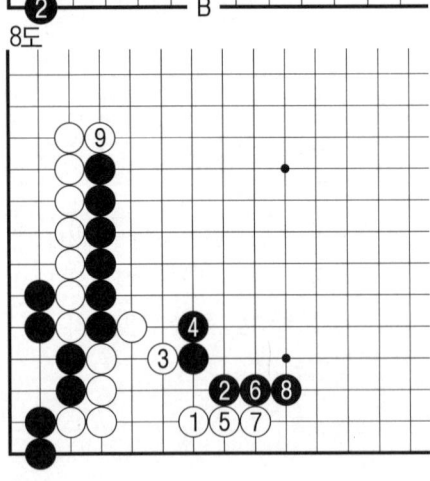

9도

434

고목대사의 축문제

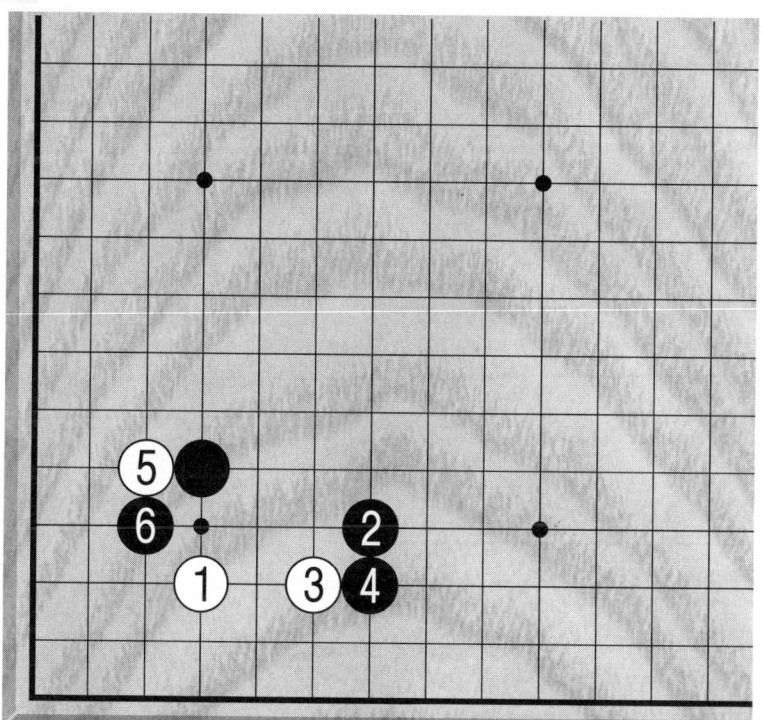

고목대사의 난해한 진행을 피한다면 흑2의 눈목자씌움에는
손을 빼거나, 둔다면 백3이 무난하다. 백5에 흑6으로 젖혀
다시 어려운 길로 접어드는 것 같은데… 백3, 흑4의 교환이
함정수 165와 비교해 어떤 역할을 할까?

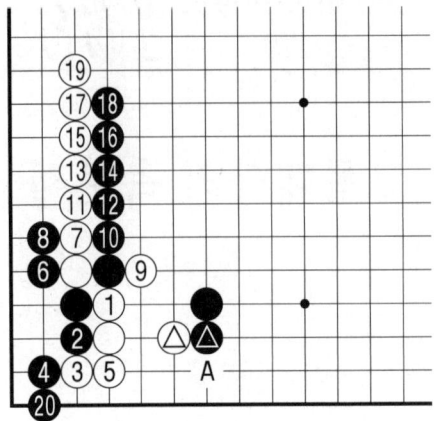

1도

1도(백, 걸림)

백1, 흑2는 당연한데 백3·5의 젖혀 이음은 걸려드는 수. 계속해서 흑6·8 때 백9·11은 호수 순이지만 이하 흑20까지 되고 보면 백△는 A의 곳이 정수인데(함정수165-9도), 백△로 두어 흑▲와 교환된 결과이니 백의 불리는 당연하다.

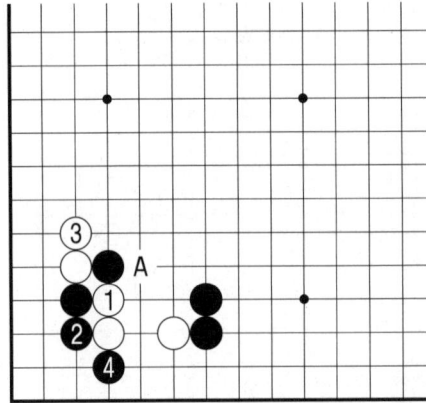

2도

2도(백의 정수)

흑2 때 백3의 뻗음이 정수이다. 물론 A의 축이 유리해야 한다. 만일 이 축이 백에게 불리하다면 장면도의 백5는 성립하지 않는다. 계속해서…

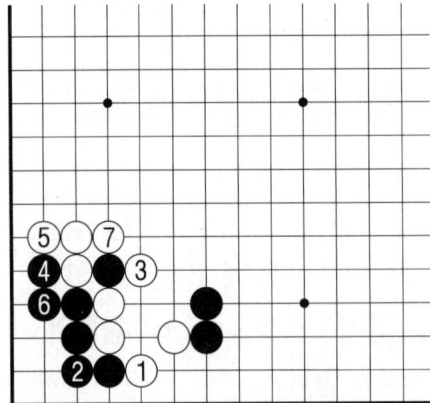

3도

3도(백, 유리)

백1이 강력한데 흑2의 이음은 무책이다. 백3으로 몰면 흑4·6으로 귀를 살 수 밖에 없는데 백7로 빵때리게 되어서는 흑이 크게 불리하다.

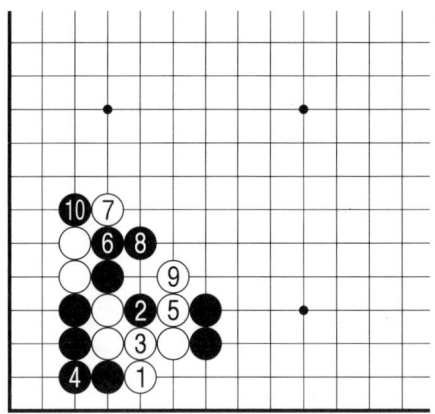

4도

4도(올바른 수순)

백1 때 흑2를 선수해 축을 방비하고 4로 잇는 것이 올바르다. 백5, 흑6 때 백7·9가 호수순이고 흑도 10으로 끊어 어려운 싸움이 예상되는데…

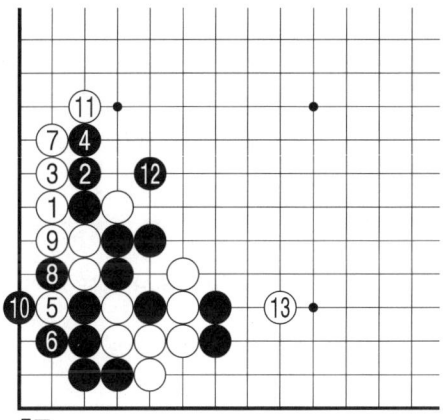

5도

5도(백, 만족)

백1로 단수해 7까지 밀고 흑8·10으로 한점을 잡아 귀를 살리는데까지 필연이다. 계속해서 백11의 선수활용이 기분 좋고 흑12를 기다려 백13으로 협공하면 백 호조의 진행이다.

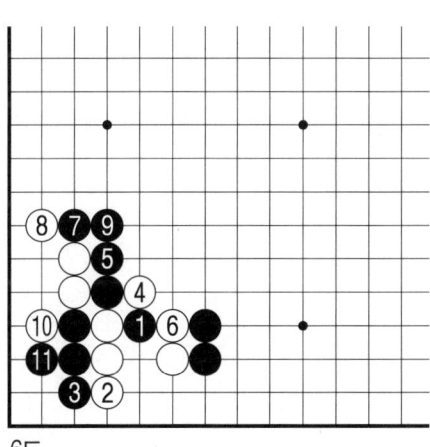

6도

6도(흑의 변화)

2도의 흑4로는 본도처럼 단순히 흑1로 두는 변화도 고려해 볼 수 있다. 이때는 백2가 정수로 흑3때 백4·6으로 한점을 잡는다. 계속해서 흑5·7로 두드려 백8·10으로 젖히면 흑11로 막기까지 필연의 진행으로 보이고…

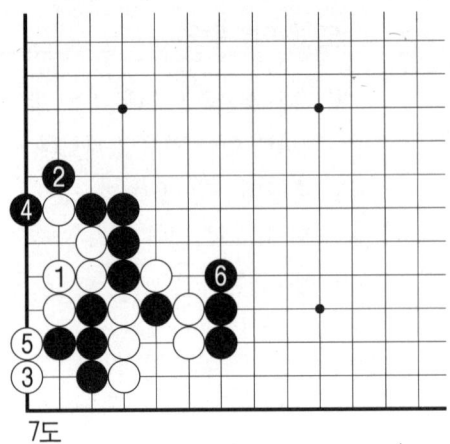

7도

전도에 계속해서 백1로 잇는다
면 흑2·4를 활용하고 귀를 버려
도 흑6으로 뻗어 백의 실리와 흑
의 세력이 잘 어울린 모습이다.

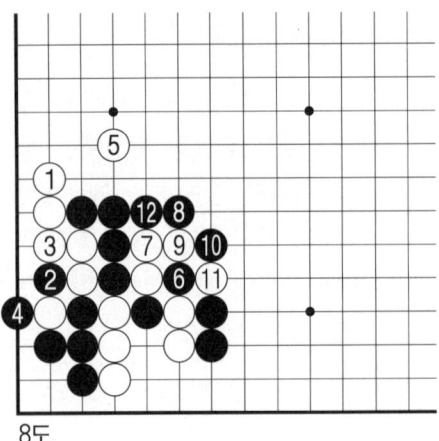

8도

전도 백1로는 본도 백1의 강수
가 있다. 흑2·4로 귀를 살릴 때
백5가 호처이다. 흑으로서는 6으
로 몰아 8로 씌우는 것이 요령으
로 이하 12까지 회돌이치는 것이
기분 좋지만…

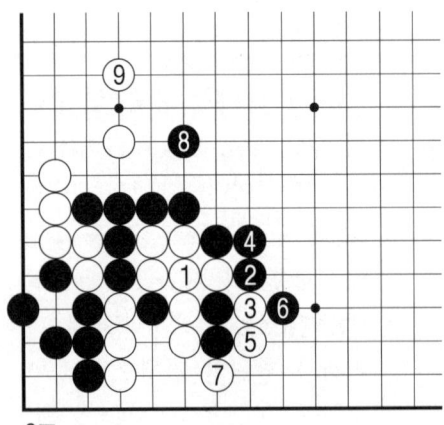

9도

백1에 흑2로 막으면 백3 이하
7로 두점을 잡는다. 계속해서 흑
8, 백9까지 되는 정도인데 흑의
세력에 비해 백의 실리가 월등한
결과이다. 따라서 2도의 축이 불
리하다면 장면도 흑6은 좋은 결
과를 기대할 수 없다.

붙임의 방향이 틀리다

● 흑차례

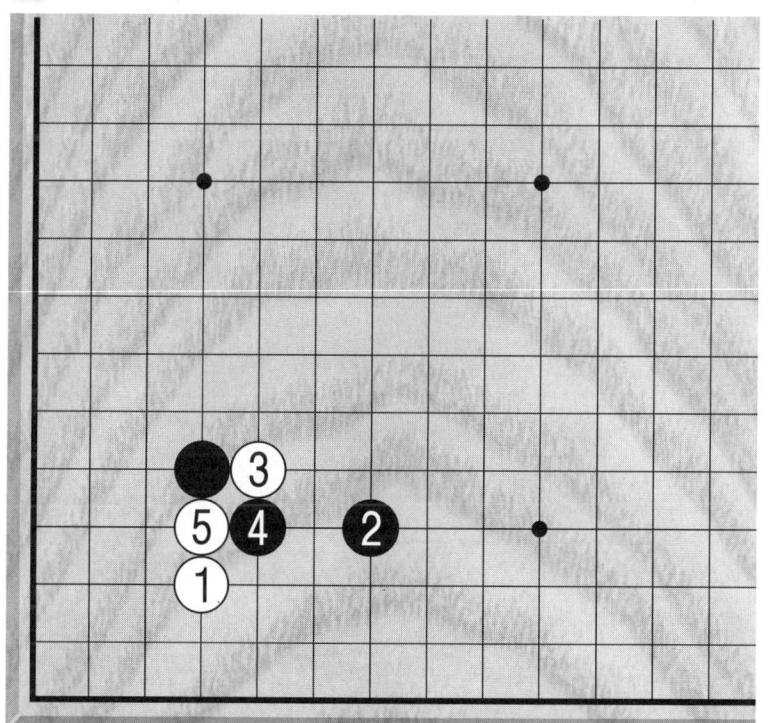

흑2 때 단순히 백3으로 붙여 5로 끊어온 장면이다. 아무 런 사전준비없이 백3의 붙임이라면 백의 실수라고 여겨지 는데, 흑이 무심코 응하다가는 손해볼 수도 있다. 흑은 이 경우 어떻게 응수해야 할까?

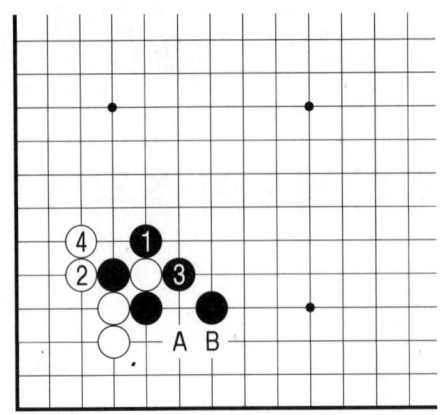

1도

흑1로 단수하면 백2로 몰아 흑3으로 때릴 때 백4로 뻗게되어 실리와 세력으로 나뉜다. 하지만 기본정석과 비교해 백A와 흑B의 교환이 없는 만큼 흑이 손해본 결과이다.

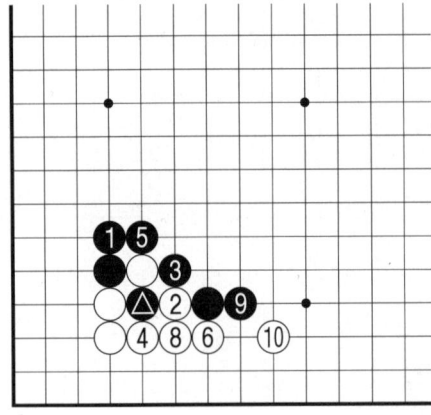

2도

흑1로 뻗어 백2에 흑3·5는 봉쇄의 요령이지만 이하 백10까지 되면 흑의 세력보다 백의 실리가 다소 앞서는 느낌이다.

(❼ … ▲)

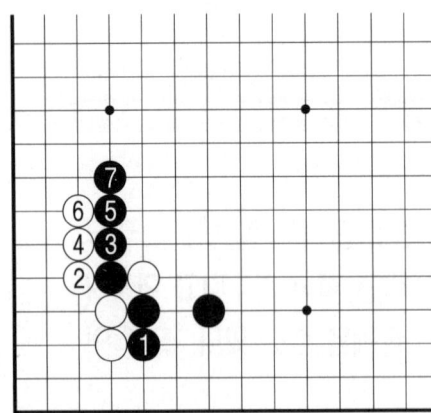

3도

흑1의 막음이 간명하면서 강력하다. 백2로 몰아 4·6으로 사는 정도인데 이번에는 백의 실리보다 흑의 외세가 월등하다.

440

두칸 낮게 있으면 …

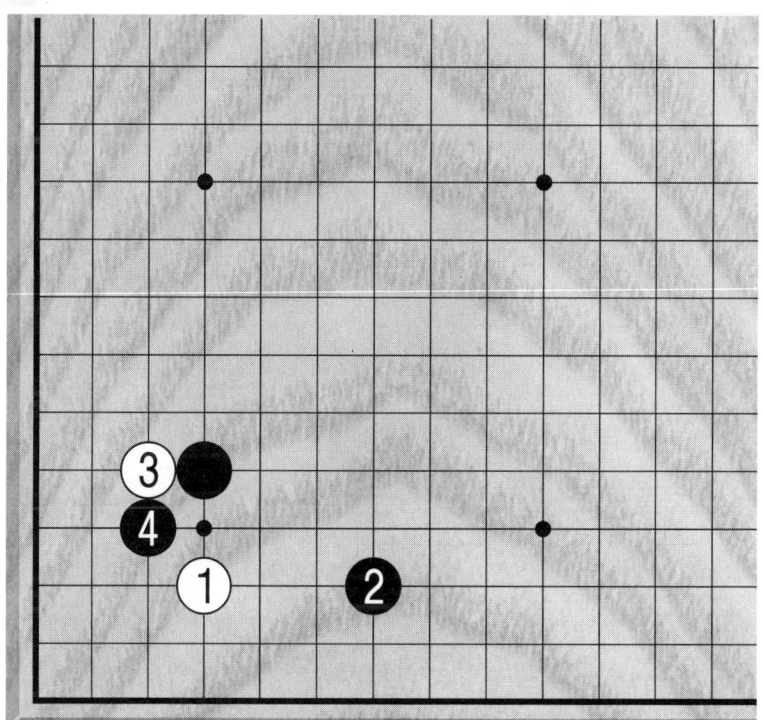

○ 백차례

흑2로 두칸 낮은 협공하고 백3으로 붙일 때 흑이 4로 젖히면 여기에도 물론 함정은 숨어 있다. 날일자씌움이나 눈목자씌움과는 또 다른 변화가 예상되는데 과연 흑의 의도는 무엇일까?

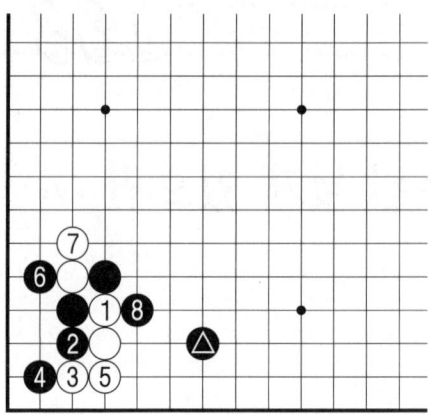

1도

백1로 끊으면 백7까지는 상용
의 진행인데, 흑8로 막아 수상전
을 하자는 것이 흑△를 둘 때부
터의 흑의 노림이다. 흑△가 알
맞은 위치에 있는 만큼 백이 어
려워 보인다.

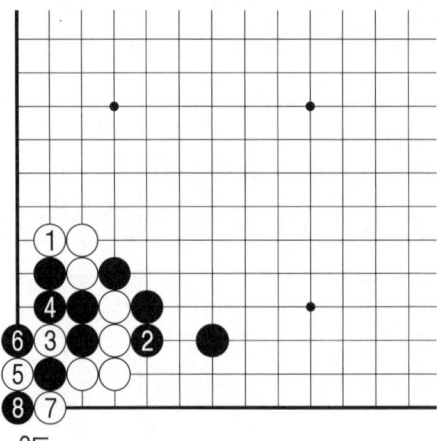

2도

계속해서 백1로 막으면 흑도 2
로 조이는데 백3·5가 맥점으로
최선이다. 이하 흑8까지 패를 피
할 수 없게 되는데…

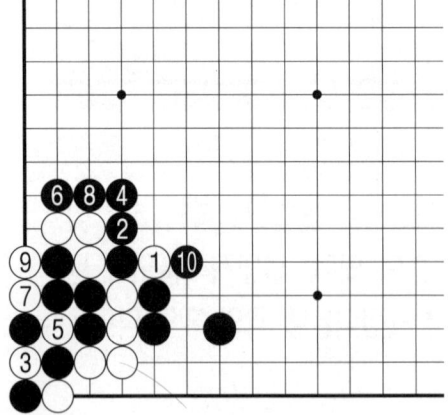

3도

계속해서 백1의 패감을 써 3으
로 따면 흑4가 호착이다. 백5 이
하 9까지 귀를 잡는 동안 흑은
6·8로 조이고 10으로 가일수하
면 백의 실리에 비해 흑의 세력
이 절대 우세하다.

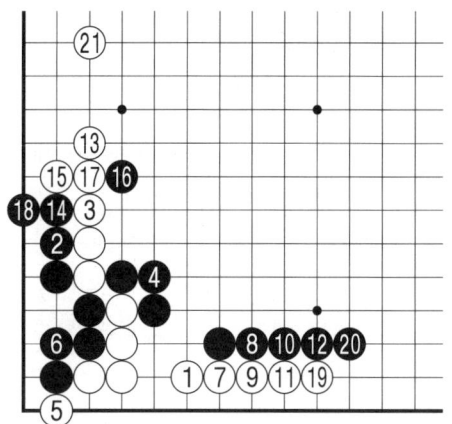

4도

4도(백, 불리)

2도 백1로 본도 백1로 탈출하면 흑2·4가 좋은 대응으로 이하 백11까지 기어야 하는 것이 쓰라리다. 계속해서 흑18로 살고 난 후, 흑19가 선수가 되므로 백19로 또 기어야 되니 크게 불리하다.

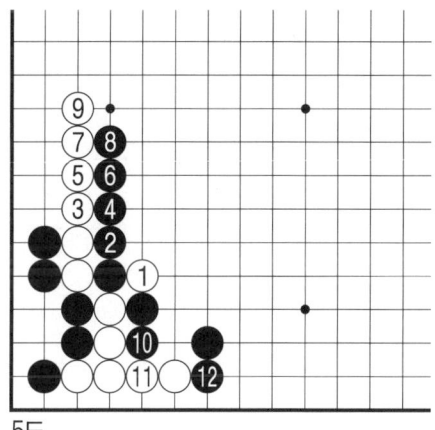

5도

5도(백의 변화)

전도 백3으로 본도 백1로 끊어 3으로 뻗으면 흑4 이하 8까지 밀고 10·12로 강력히 막게 되는데…

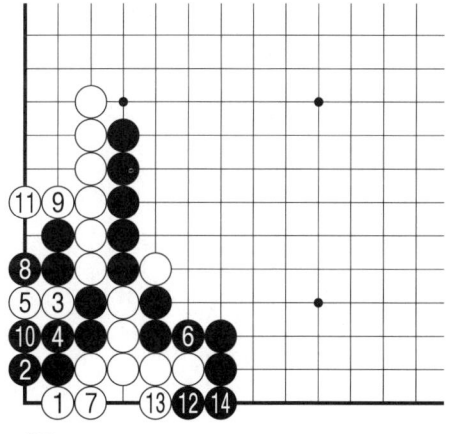

6도

6도(흑, 철벽)

계속해서 백1에는 흑2가 호착. 백3·5가 수상전의 요령이지만 이때 흑은 개의치 않고 6 이하로 수를 줄이는 것이 좋은 대응으로 백15까지 부분적으로는 빅이 난다. 이 결과는 흑의 외세가 철벽이어서 백이 망한 모습이다.

⑮…③

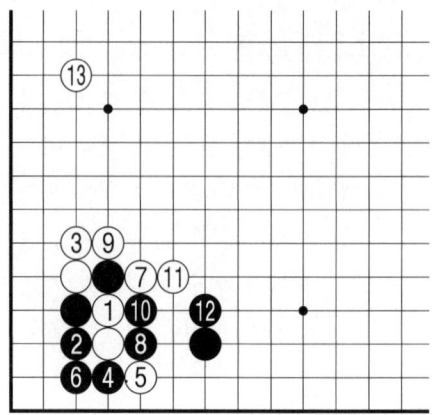

7도

7도(백의 최선)

백1, 흑2 때 백3으로 뻗는 것이 최선이다. 백7의 축이 유리해야함은 물론이다. 이하 흑10에 백11이 호착으로 13까지 불만없다. 만약 7의 축이 불리하면 장면도의 백3은 다른 수단을 강구해야 한다.

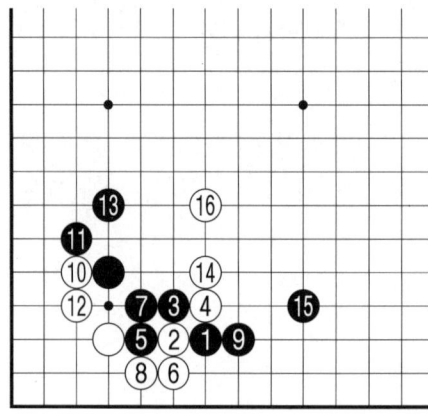

8도

8도(정석 환원1)

예를 들어 흑1때 백2의 부딪힘이 가장 알기쉽다. 흑3이라면 백4로 끊어, 이하 16까지 일례인데, 함정수163-8도로 환원된 모습이다.

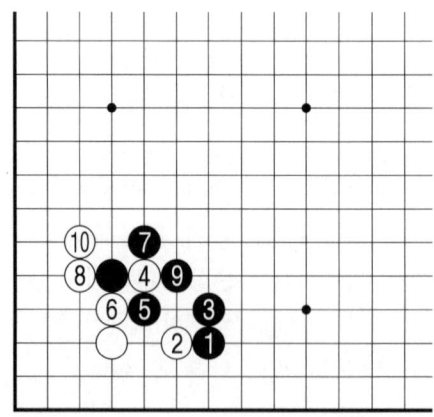

9도

9도(정석 환원2)

백2에 흑3이라면 백4로 붙여, 이하 백10까지 예상되는데, 이것도 정석의 일종이다.

붙이면 젖혀라에 함정 있다

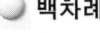백차례

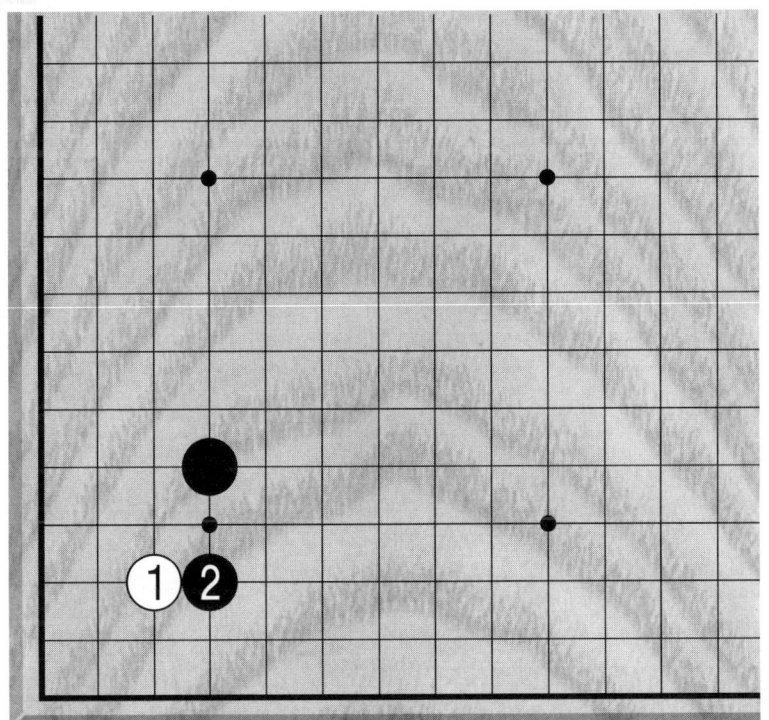

⚫ 백1의 3·三에 들어오는 수도 종종 두어지는데 흑2의 붙임이 주문을 내포한 속임수의 일종이다. 흑의 의도는 무엇이고 백의 올바른 대응은 무엇인지에 대해 검토해보자.

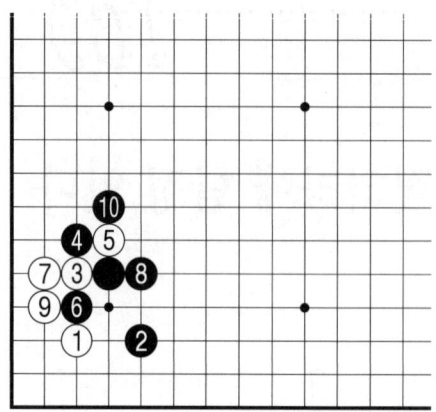

1도

흑2의 날일자가 정수로 백3으로 붙이면 흑4 이하 흑10까지가 상용의 행마법으로 피차 불만없는 정석 진행이다.

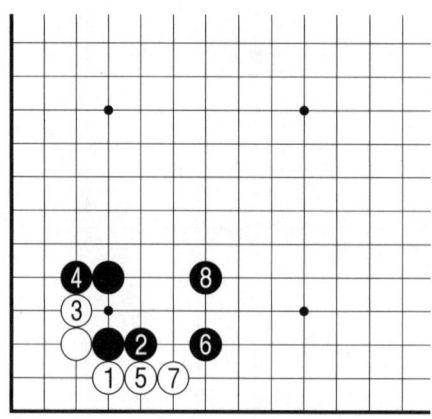

2도

'붙이면 젖혀라'라는 기리에 따라 백1로 젖혀 달라는 것이 흑의 주문이다. 백3 이하 흑8까지 필연에 가까운 진행인데 백이 당한 결과이다.

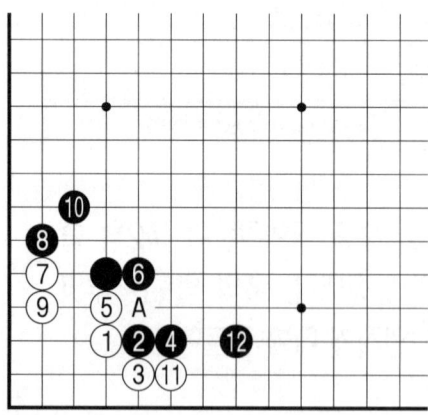

3도

백1에 흑2로 붙이고 백3에 흑4로 두는 수도 두어진다. 이하 백7이 요령으로 흑12까지 정석의 진행이다. 백은 A의 단점을 노려 충분한 모습이다. 전도는 본도에 비해 백의 실리도 작고 흑의 모양에 단점도 없으니 백의 불리는 자명하다.

446

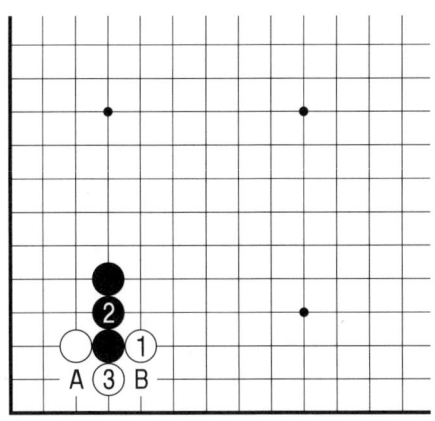

4도

백1의 껴붙임이 맥점으로 이 경우에 적절한 대응이다. 흑2라 면 백3으로 건너고 백의 응수를 기다린다. 흑은 A나 B중 선택을 하게 될텐데…

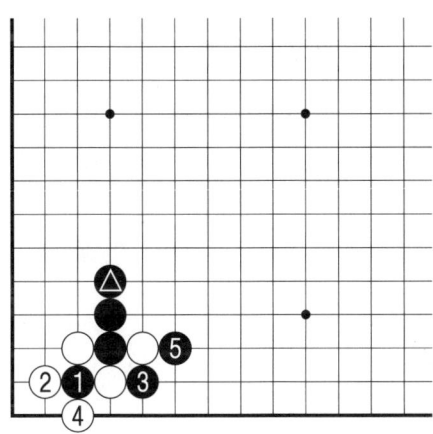

5도

흑1의 끊음이라면 백2로 잡는 다. 흑도 3·5로 한점을 취하게 되는데, 귀를 차지한 백이 선수 인데다가 흑▲ 한점이 어정쩡한 곳에 있어 백이 충분하다.

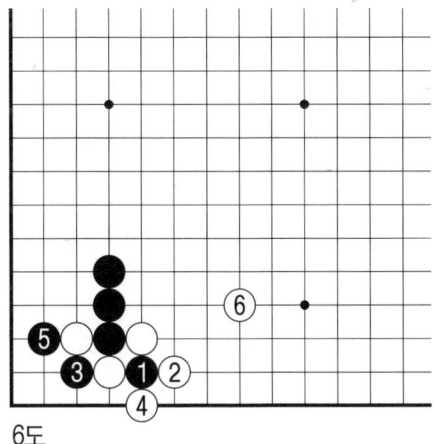

6도

흑1의 바깥쪽 끊음에도 백은 끊은 쪽을 잡는 것이 좋다. 이하 백6까지 모양을 갖춰 백에게 불 만은 없다.

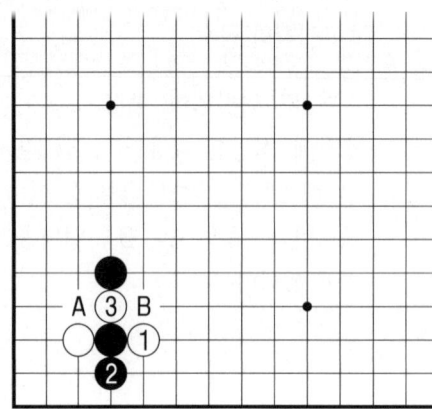

7도

7도(끼우는 맥)

백1 때 흑2로 빠지는 수가 강력해 보이지만 백3으로 끼워 넣으면 백에게 불리한 결과는 없다. 흑은 A와 B를 선택할 수 있는데…

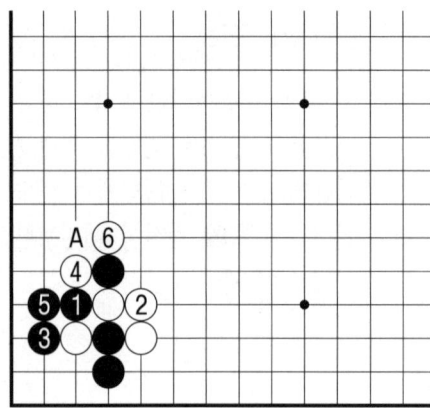

8도

8도(백, 충분)

흑1·3으로 한점을 잡아 실리를 차지하면 백은 이하 6까지 세를 취해 충분한 모습이다. 6의 축이 불리해도 A로 늘어 괜찮다.

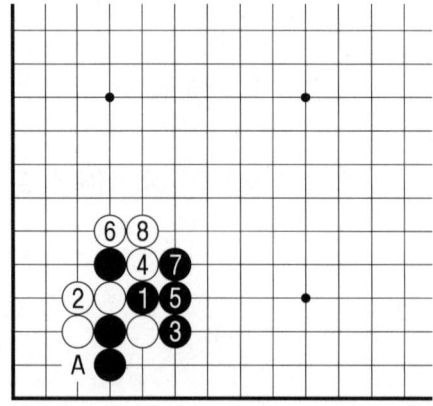

9도

9도(백, 실리가 좋다)

흑1·3으로 하변을 중시하면 백4를 활용하고 6으로 한점을 잡는다. 흑7의 활용이 다소 언짢지만 A의 막음이 백의 권리라 백의 실리가 돋보인다.

170

대사백변에서…

● 흑차례

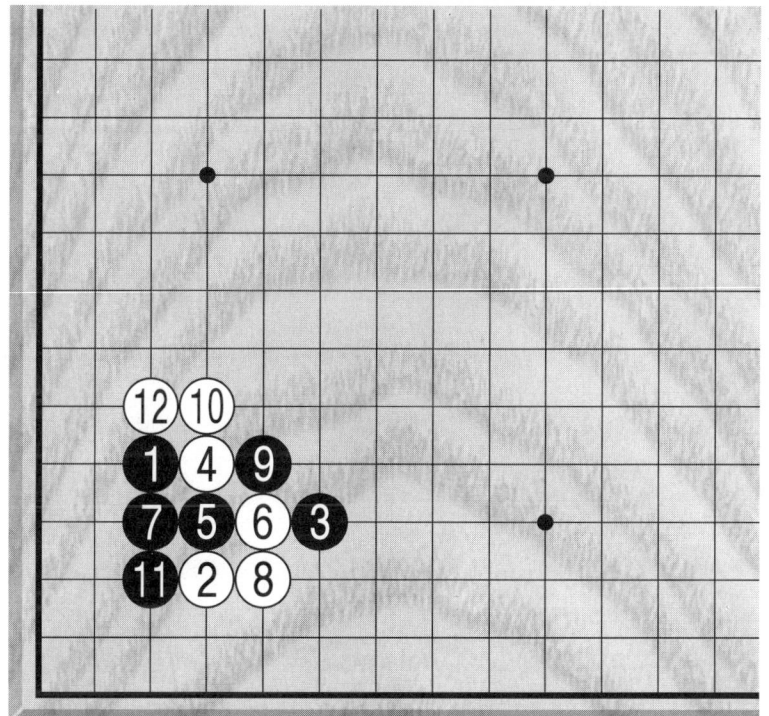

 흑1의 외목에 백2로 걸쳐 흑3으로 씌우면 대사백변이라 불리는 난해한 정석으로 접어든다. 백4에 흑5·7로 끼워 잇고 백8의 아래이음이라면 난전을 피할 수 없다. 흑9로 끊어 11때 하변의 백을 돌보지 않은 백12의 막음이 백의 주문이다. 흑의 적절한 응수법은?

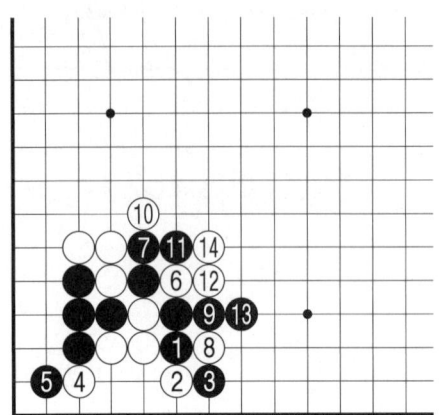

1도

흑1·3으로 막아 백을 금방 잡을 것 같지만 백6·8로 끊었을 때 흑9·11로 나간다면 이미 백의 뜻대로 되었다. 백12를 살려 14의 축으로 흑 석점이 잡히면 흑은 더 이상 해볼 수가 없다.

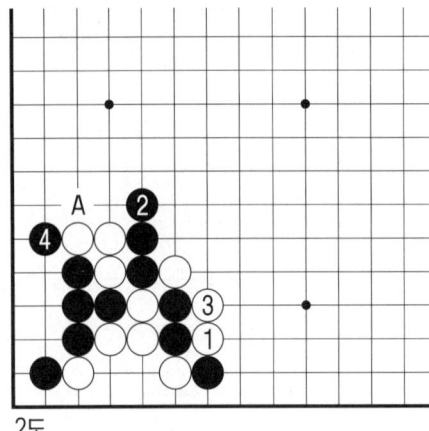

2도

백1(전도 백8)때 흑2로 뻗고 백3으로 때릴 때 흑4로 두면 전도와 같은 결과는 피할 수 있지만 백A의 뒷맛이 남아 흑이 다소 불만이다.

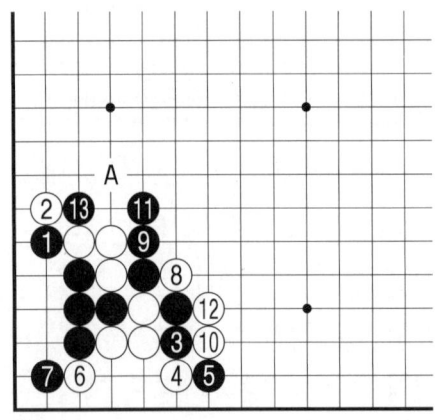

3도

1도 흑1로는 본도 흑1, 백2를 교환하고 흑3·5로 막는 것이 올바른 수순이다. 계속해서 백10 때 흑11·13으로 바꿔치면 전도보다는 흑이 유리한 결과지만 백A의 활용이 남아 있어 다소 미흡하다.

450

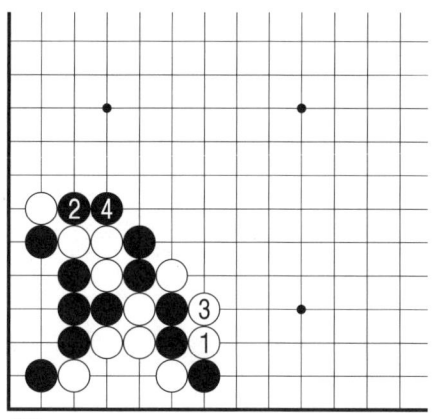

4도

4도(흑의 최선)

백1(전도 백10)의 단수에 흑2가 최선이다. 백3으로 때리면 흑4로 같이 때린다. 2도, 3도에 비해 흑모양에 아무 맛도 없고 백은 두점을, 흑은 석점을 때려냈으니 흑이 월등히 우세하다.

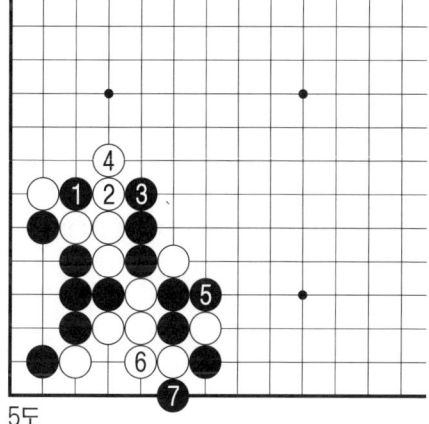

5도

5도(백, 죽음)

흑1(전도 흑2)에 백2로 나가면 흑3을 선수하고 5·7로 백을 간단히 잡을 수 있다.

6도(백의 저항)

백1(3도 백8), 흑2 때 백3·5의 저항이 다소 까다롭지만 흑6·8이 정확한 대응으로 A, B의 축을 동시에 막고 있다. 계속해서…

6도

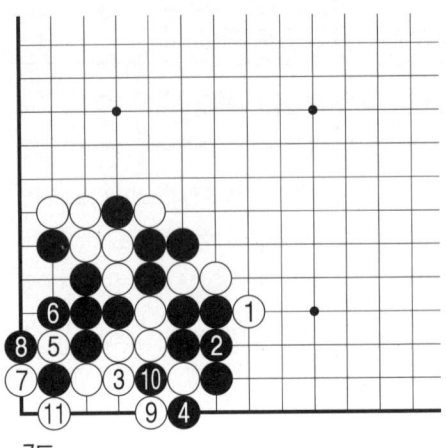

7도

백은 1을 선수하고 3으로 수상전을 시도할 수밖에 없는데 흑4가 최선이다. 백5·7로 준비하고 9·11로 양쪽에 패를 걸어 혼란을 일으키면…

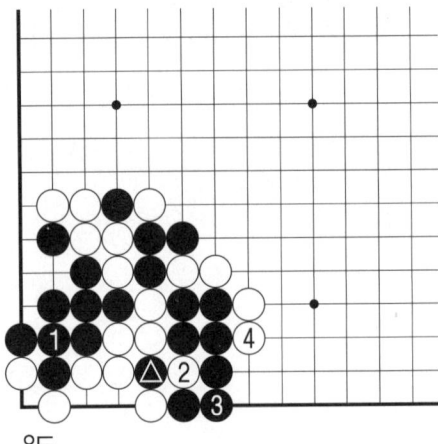

8도

흑1로 이쪽 패를 해소하는 것이 알기쉽다. 백2에는 흑3으로 순순히 양보해도 백4에 흑5로 때리면 한수 늘어진 패로 바둑은 끝이나 다름없다.

❺ … ▲

1도 흑1로는 본도 흑1로 밀어갈 수도 있다. 백2라면 흑3으로 늦추는 것이 맥으로 백이 간단히 잡힌 모습이다.

9도

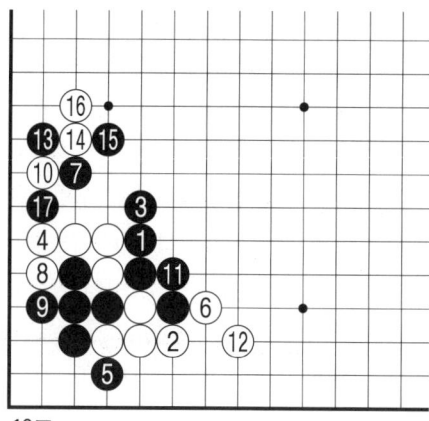

10도

10도 (백의 변화)

흑1에 백2라면 흑3이 급소로 백4가 불가피할 때 흑5를 선수하고 7로 덮어간다. 백10에 흑11을 선수하고 13이 강타. 백14면 흑 15·17이 호수순으로 백을 잡을 수 있다.

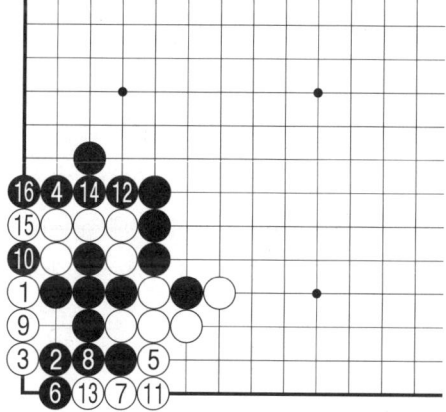

11도

11도 (흑의 선수빅)

전도 백10으로 본도 백1로 젖히면 흑2가 급소로 백3에는 흑4로 조이고 백5 때 흑6이 좋은 수이다. 이하 서로 수를 줄여가면 백17의 이음까지 흑의 선수빅으로 흑이 크게 유리하다.

(⑰…❿)

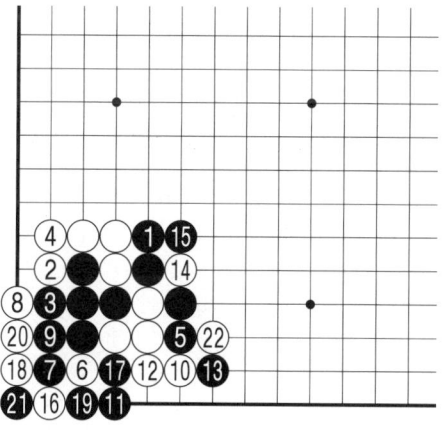

12도

12도 (흑, 파탄)

흑1에 백2·4로 젖혀 잇는 변화. 이때 흑5로 막는 것은 잘못이다. 이하 백10으로 젖힐 때 흑 11이 맥이지만 백14의 끊음이 절묘하게 작용하여, 흑21의 선패에도 백22의 패감이 있으므로 흑의 파탄이다.

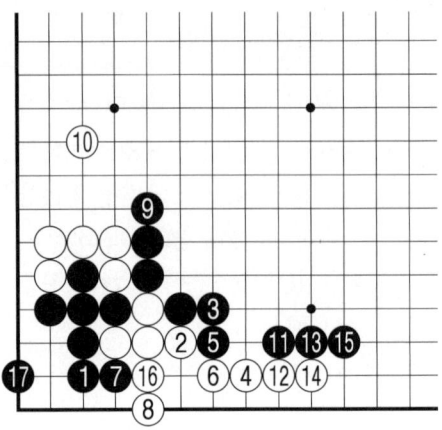

13도

전도 흑5로는 본도 흑1이 좋은 수이다. 백2·4로 살려고 할 때 흑5·7을 선수하고 9로 등을 두텁게 한 다음 이하 15까지 세력을 확장하는 것이 요령이다. 백16으로 살 때 흑17로 살아두면 흑이 절대 우세한 결과이다.

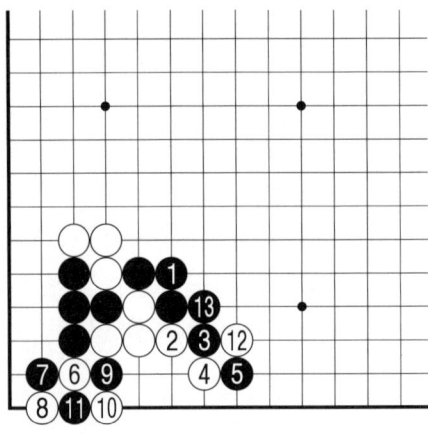

14도

14도(걸리는 수순)

1도 흑1로는 본도 흑1로 이을 수도 있다. 백2에는 흑3·5로 이 단젖힐 곳인데 백6·8의 저항에 흑9는 안된다. 백10의 패에 흑11로 따보아도 백은 12의 패감이 있는 반면에 흑은 적당한 패감이 없어 흑이 걸린 결과이다.

⑭ … ⑥

15도(긴요한 수순)

백1(전도 백8) 때 흑2, 백3의 교환이 패감 준비 작업으로 긴요한 수순이다. 흑4로 끊어 패를 하면 백7의 패감을 써 9로 따게 되는데…

⑨ … △

15도

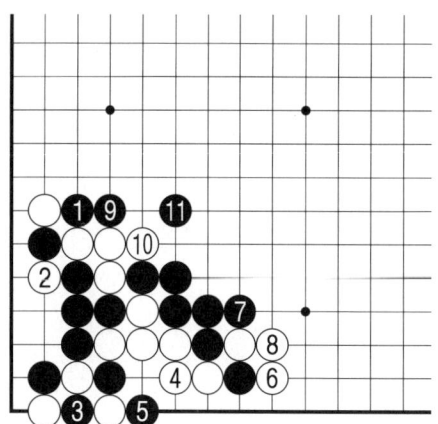

16도

16도(백, 곤경)

흑1의 패감이 준비되어 있다. 백2라면 흑3·5로 패를 해소하고 백6으로 살 때 흑7을 선수한 다음 9·11의 교타로 백이 곤경에 처하게 된다.

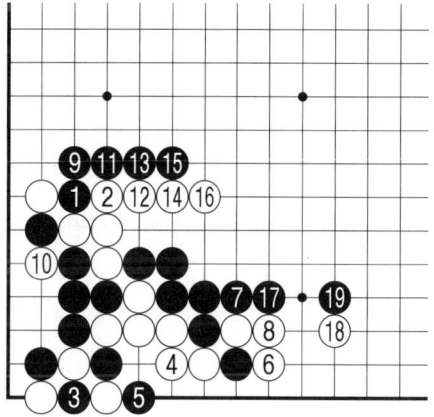

17도

17도(흑, 만족)

흑1의 패감에 백2로 응수해도 흑7까지 된 다음 9의 뻗음이 통렬하다. 백10으로 잡으면 흑11 이하 15까지 쭉쭉 밀고 17·19 의 기대기 전법이 적절해 흑 호조의 진행이다.

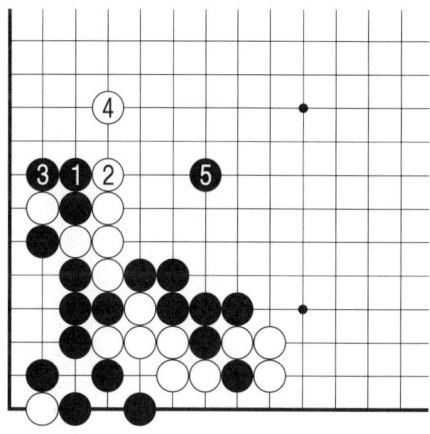

18도

18도(흑, 유리)

흑1(전도 흑9)에 백2로 밀면 흑3으로 잡는 것이 실리로도 크고 백의 근거를 없애는 일석이조의 수이다. 백4에는 흑5가 세력의 접점으로 흑이 크게 유리한 형세이다.

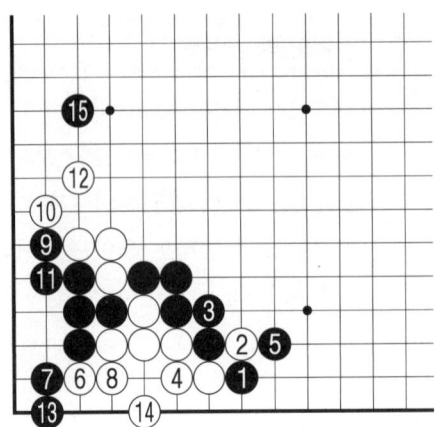

19도

19도(백, 불리)

흑1(14도 흑5)에 백2·4를 선수한 다음 6·8이면 흑9·11을 두어 13으로 살 때 백도 14로 살 수는 있지만, 흑은 5로 이미 두터워졌을 뿐 아니라 15의 협공이 통렬해 백이 크게 불리하다.

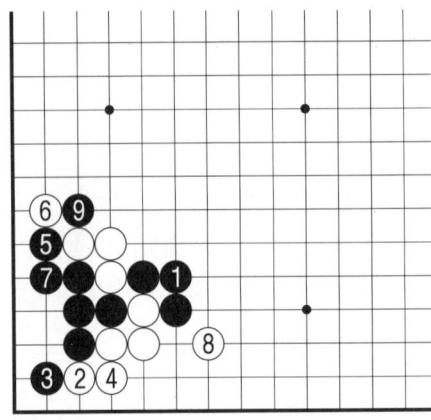

20도

20도(백, 곤란)

흑1에 백2·4로 젖혀 잇는 수도 생각해 볼 수 있지만, 흑5·7에 백8로 달아나야 하는 모습이어서 흑9의 끊김을 당하면 견디기 어렵다.

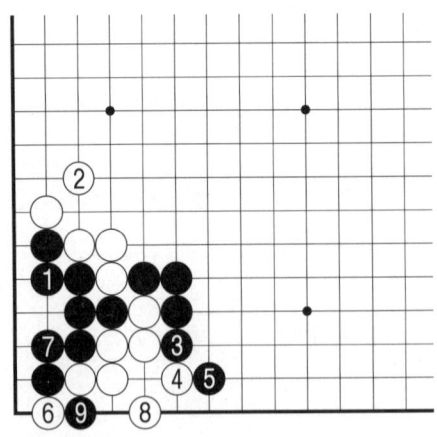

21도

21도(백, 죽음)

흑1(전도 흑7)에 백2로 이쪽을 지키면 흑3·5로 막히게 된다. 백6·8로 저항해 봐도 흑9까지 되면 백이 잡히게 된다.

456

한칸뜀의 함정

◯ 백차례

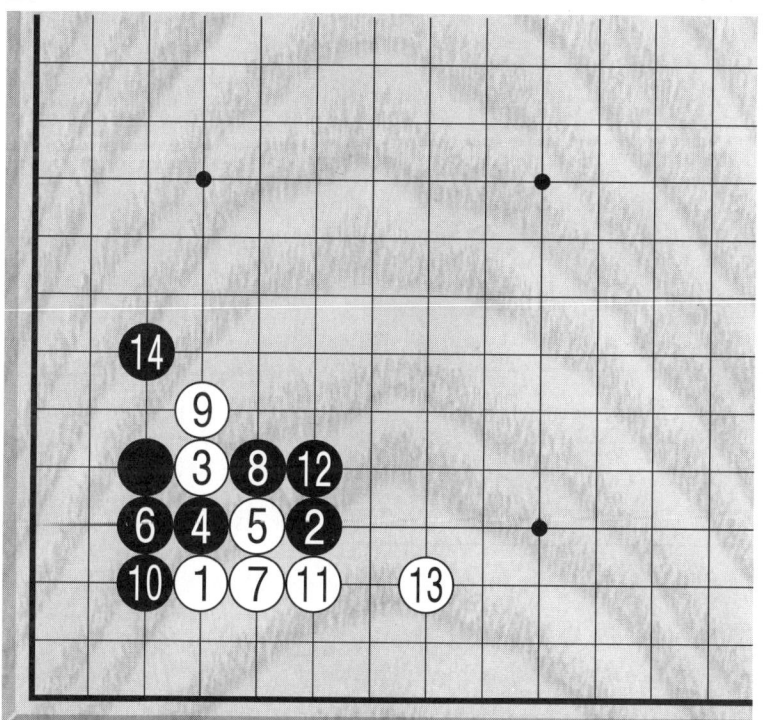

🔴 흑10에는 백11이 정수이다. 흑12로 잇고 백13으로 뛰었을 때 흑14의 한칸뜀이 흑의 주문을 내포한 함정수이다. 욕심이 지나치면 화를 부르므로 백도 적당한 선에서 타협을 해야 할 것이다. 백의 적절한 응수법은?

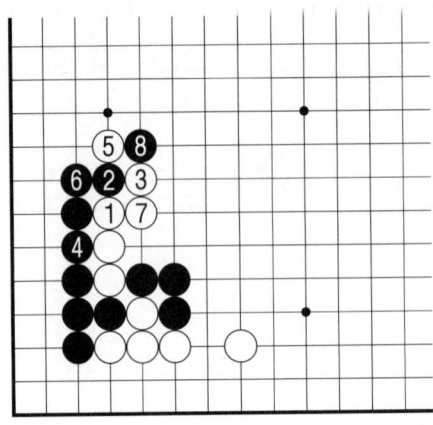

1도

백1에는 흑2로 젖힌다. 이때 백3은 나약한 수로 흑4의 이음이 호착이다. 뒤늦게 백5로 두드려도 7로 손이 돌아와야 하니 흑8로 끊기면 백이 난처해진다.

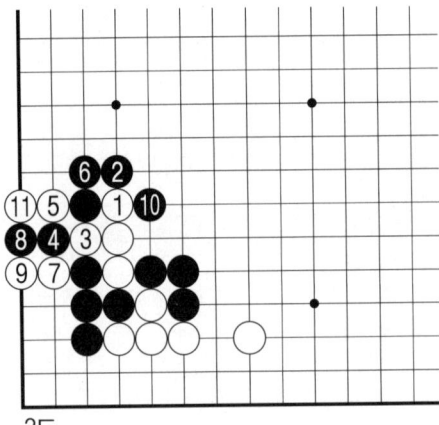

2도

흑2에는 백3으로 흑모양에 흠집을 낼 곳이다. 흑4로 막고 백5·7의 끊음에 흑8이 본격적인 함정이다. 백9로 잡는 순간 흑10으로 돌려쳐 백은 돌이킬 수 없게 되는데…

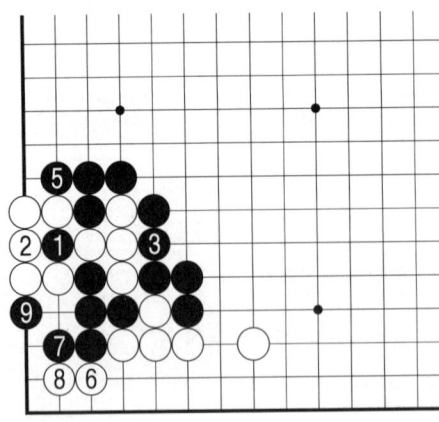

3도

계속해서 흑은 1·3으로 수를 조이고 5로 막게 된다. 백6·8로 수상전을 해 보아도 흑9가 맥으로 백의 패배다.

④…❶

458

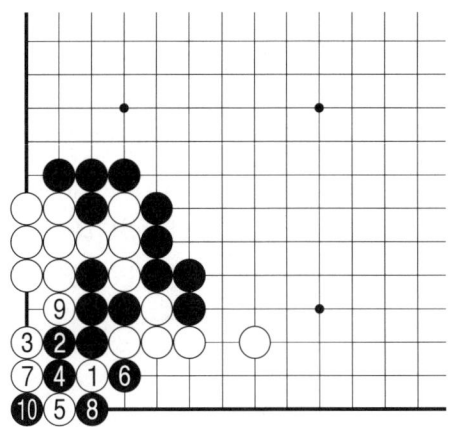

4도

4도(억지패)

백1, 흑2 때 백3이 맥으로 5·7로 억지패는 만들 수 있지만 흑의 선패인데다가 흑은 유사시에 자체 패감도 있어 백은 망한 것이나 다름없다.

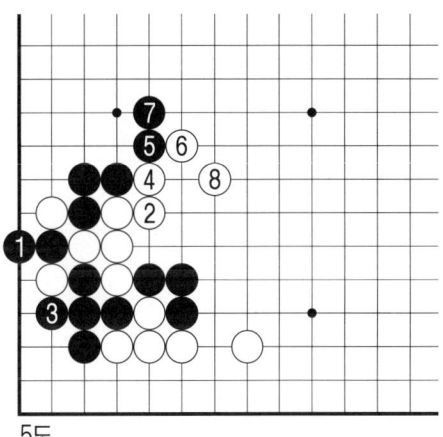

5도

5도(백의 정수)

흑1(2도 흑8)에 백2로 돌아가는 것이 정수이다. 흑3에 백4가 급소로 흑5·7의 보강이 불가피할 때 백8로 자세를 잡아놓고 중앙 흑 석점의 공격을 노려 충분하다.

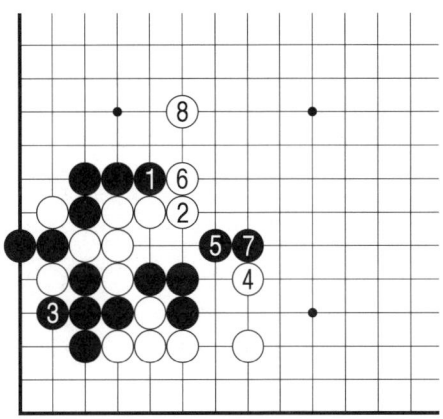

6도

6도(백, 충분)

전도 흑3으로 본도 흑1로 한번 더 밀어 놓고 3으로 잡으면 일단 흑이 기분은 좋지만 중앙이 약해져 일장일단이 있다. 백4가 급소로 이하 8까지 백 호조의 진행이다.

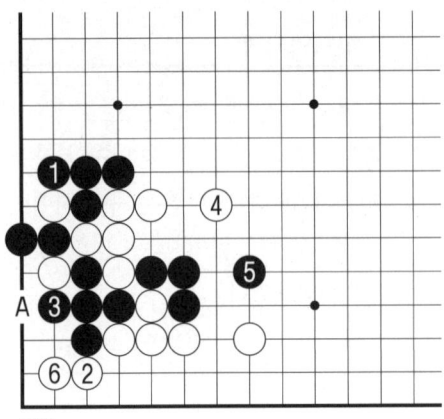

7도

7도(백, 실리가 큼)

5도 흑3으로 본도 흑1로 이쪽을 잡으면 백2의 젖힘이 아프다. 백4, 흑5를 교환하고나서 백6의 곳이 실리로도 클 뿐 아니라 흑의 근거도 위협하는 호처이다. 즉 백A의 보너스가 남아 있다.

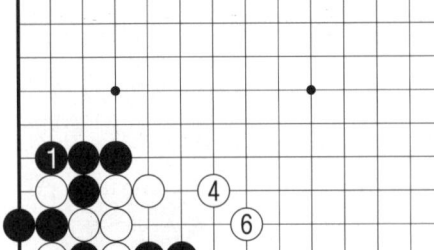

8도

8도(백, 두터움)

백4까지 되었을 때 흑5로 귀를 차지하면, 백6으로 흑 석점을 제압해 백이 두터운 모습이다.

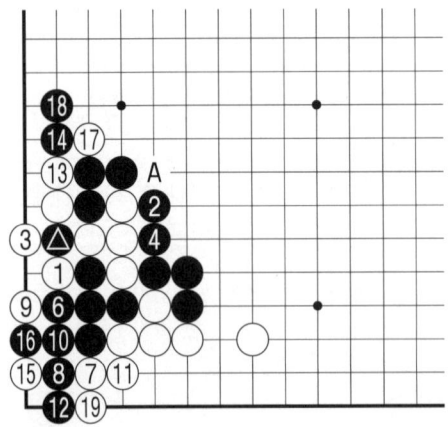

9도

9도(흑의 욕심)

백1(2도 백7)에 흑2로 돌려쳐 6으로 잡으려 하면 이하 백19까지 패가 된다. 이 결과는 백17의 끊음이 기민한 활용으로 A 부근의 패감이 많아 흑이 안되는 그림이다.

⑤ … ●

코붙임의 함정

● 백차례

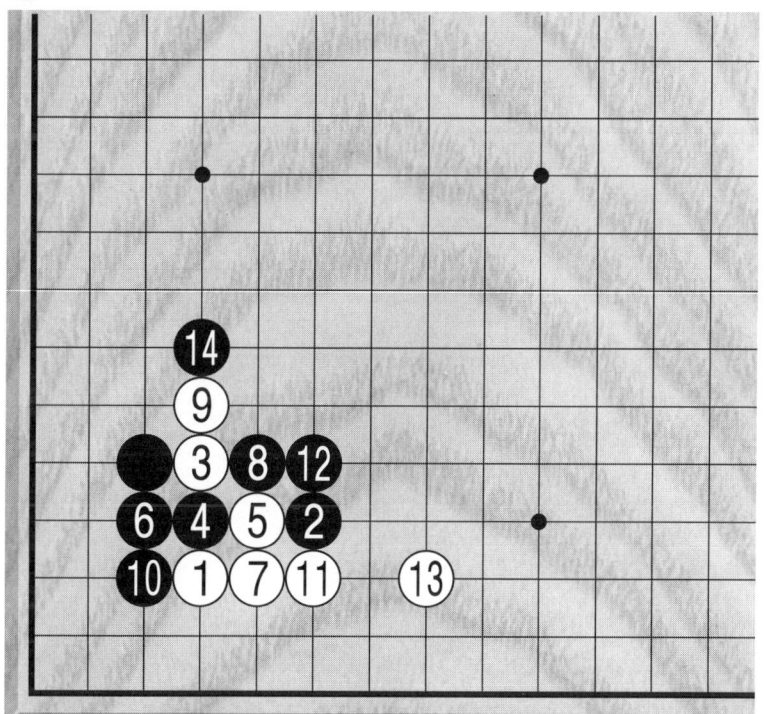

백13까지 진행된 다음 흑14의 코붙임으로 변화를 구해 온 장면이다. 다소 속맥의 느낌도 들지만 주위가 온통 흑돌이므로 위력적인 수단이다. 자칫 손따라 두면 단번에 대세를 그르치기 쉬우므로 차분히 살펴야 하겠다. 백의 최선의 응수법은?

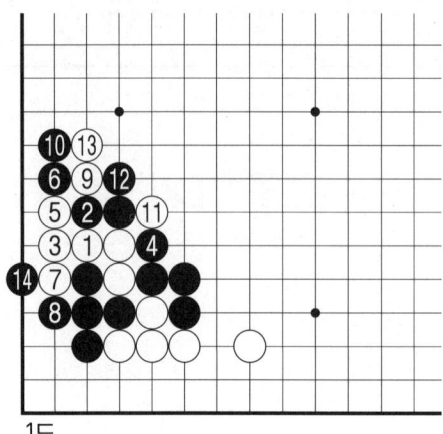

1도

백1·3은 당연해 보이지만 흑4의 강타가 기다리고 있다. 백5·7을 선수하고 9 이하 13이면 흑도 위태로운 모습이지만 흑14로 만사휴의다.

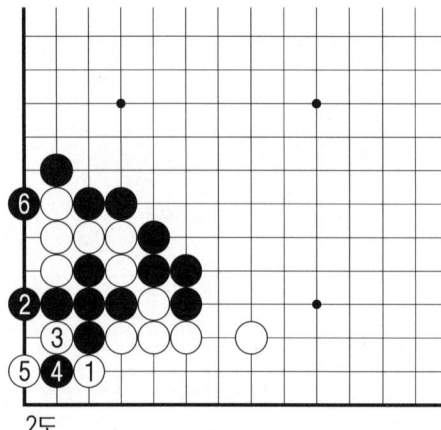

2도

전도 백9로 본도 백1로 젖혀 귀를 공격하면 흑2의 내려섬이 급소이다. 백3·5가 끈질긴 저항이지만 흑은 개의치 않고 6으로 수를 줄여가는 것이 냉정한 수로 흑승이다.

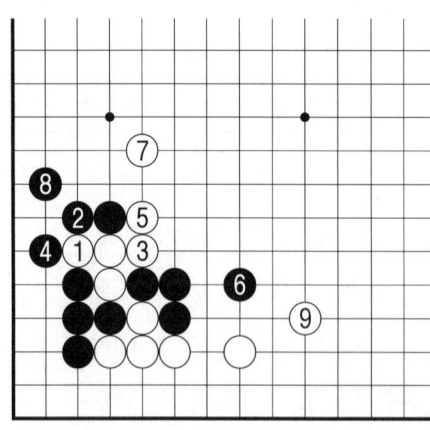

3도

백1에 흑2라면 백3이 정수로 5의 꼬부림을 둘 수 있어 충분하다. 흑6에 백7로 뛰고 흑8을 기다려 백9로 흑을 추격하면 국면의 주도권은 백에게 쥐어져 있다.

462

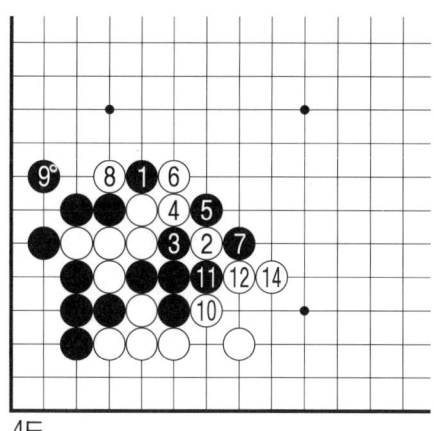

4도

4도(백, 유리)

전도 흑6으로 본도 흑1로 젖히면 백2로 씌워 6으로 나가는 것이 요령이다. 흑7에는 백8을 선수한 다음 10으로 돌려쳐 이하 14까지 호형으로 백이 유리한 진행이다.

(⓭ … ②)

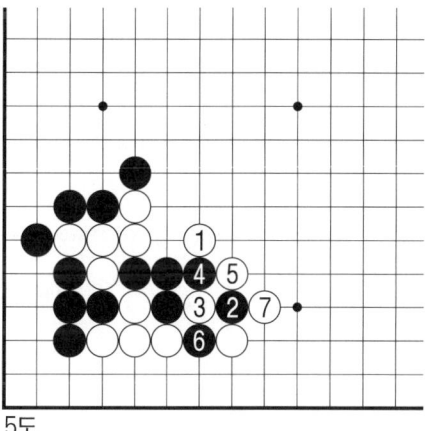

5도

5도(흑, 망함)

백1(전도 백2)에 흑2는 백3 이하 7까지가 좋은 수순으로 패가 되어서는 흑이 망한 꼴이다.

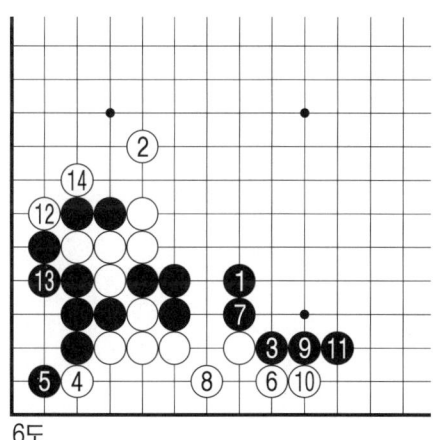

6도

6도(백, 충분)

백2(3도 백7)에 흑3은 백4가 기민한 활용이다. 이하 백10까지 참아도 12·14로 두점을 잡으면 백이 충분한 모습이다.

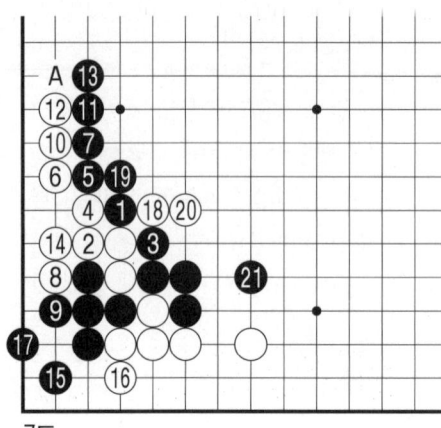

7도

7도(흑, 유력)

백2에 흑3으로 막아 5로 이단 젖히는 강타도 생각해 볼 수 있다. 백은 10·12로 기어야 하는 것이 괴롭고 이하 흑17까지 각생한 다음 백18·20으로 싸우겠지만 흑A도 선수라 흑이 충분하다.

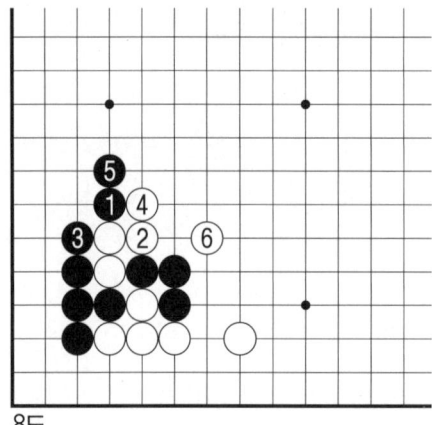

8도

8도(백의 온건책)

전도의 진행이 싫다면 흑1에 백2가 온건하며 간명하다. 흑3에 백4를 선수해 흑5라면 백6까지. 좌변 흑의 자세도 좋지만 중앙 흑 석점이 달아나기 힘든 모양이라 백에게 불만은 없다.

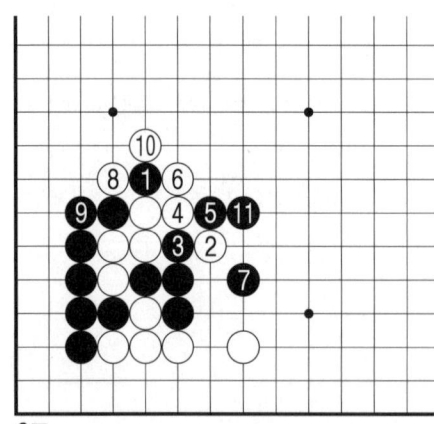

9도

9도(흑의 변화)

전도 흑5로 본도 흑1이라면 백2가 정수로 이하 흑11까지 바꿔치기가 이루어지는데 백이 조금이나마 두터워 보인다.

464

진로를 차단

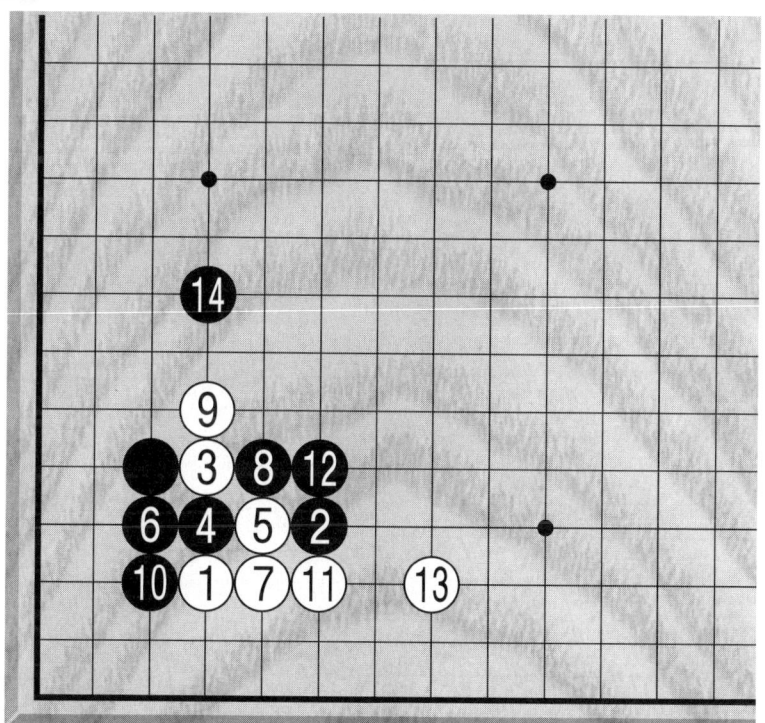

⬤ 백차례

▶흑14로 백의 진로를 가로막은 장면이다. 외목대사의 변화
중에 비교적 간단한 편이고 대응법도 함정수 171과 유사하
다. 백의 적절한 응수법은?

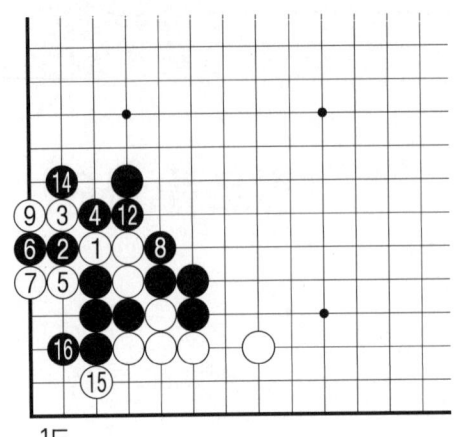

1도

백1·3에는 흑4로 끊을텐데 흑 6에 백7은 욕심으로 흑의 함정에 빠진다. 흑8 이하로 조이고 14로 막으면 백15해도 흑16으로 백이 잡힌다. (함정수171-3, 4도 참고)

⑩⑬ … ❷　⑪ … ❻

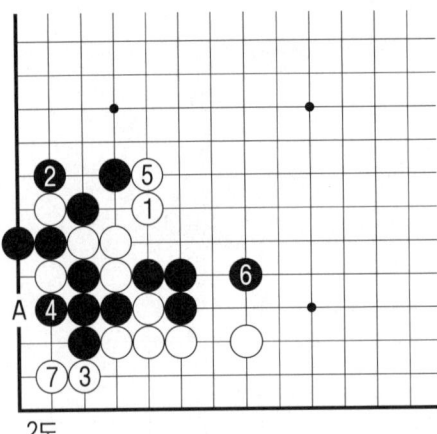

2도

전도 백7로는 본도 백1로 후퇴할 곳이다. 흑의 모양에 단점을 만든 것으로 충분하다는 생각이 훌륭한 균형감각인 것이다. 흑2라면 백3이 기분좋고 이하 백7이 실리와 근거의 요처로 백의 만족이다. A의 후속수단도 남아있다.

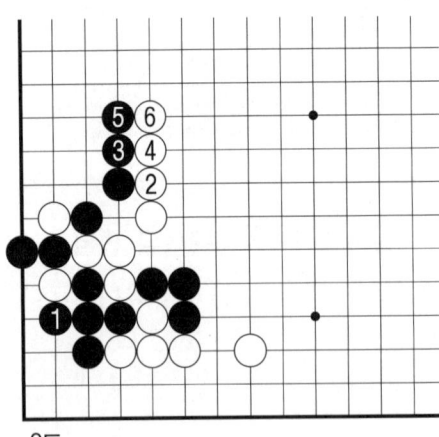

3도

전도 흑2로 본도 흑1은 귀의 실리를 중시한 수단이지만 백2이하 6으로 시원하게 밀어가면 흑의 응수가 궁해진다.

한칸 씌움의 함정

○ 백차례

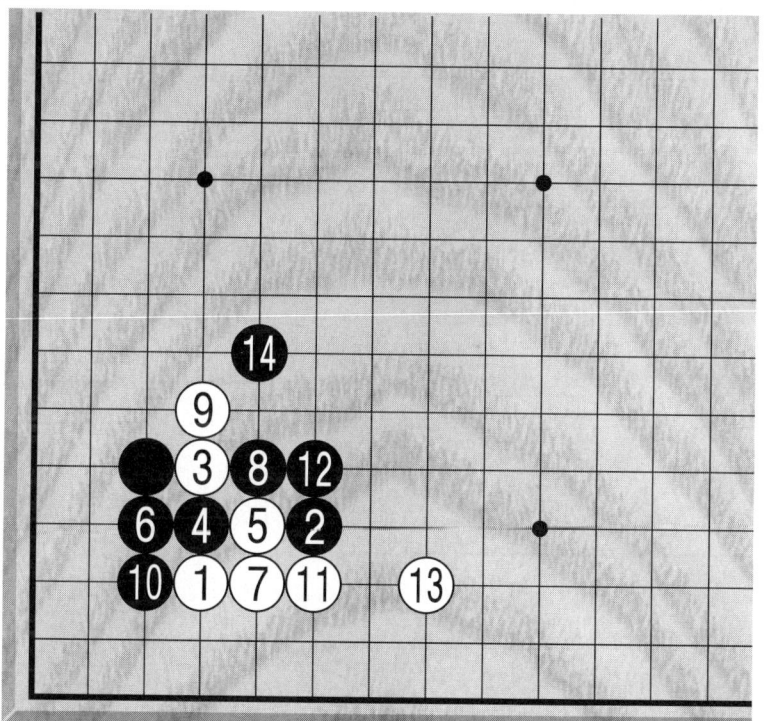

🔴 흑14로 씌워온 장면이다. 속이려는 의도보다는 고압전술로 상대를 위축시키려는 뜻으로 여겨진다. 물론 이후에 흑의 함정도 숨어있다. 백으로선 어떻게 처리하는 것이 최선일까?

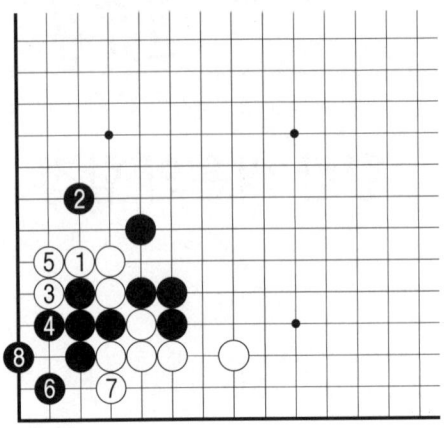

1도

백1은 올바른 방향이고 흑2가 장면도의 흑14와 호응하는 그럴 듯한 행마법이다. 백3·5를 선수하면 흑6이 삶의 급소로 백7에는 흑8까지가 기본틀이다.

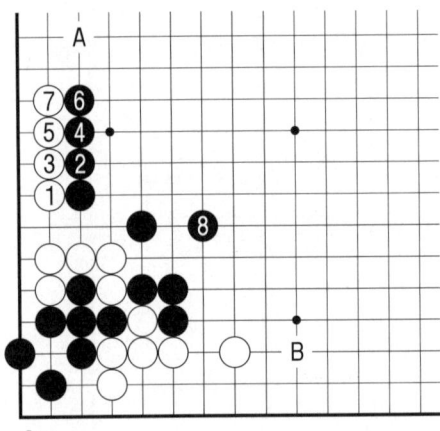

2도

2도(정석)

백1의 붙임이 제일감으로 흑2에는 백7까지 밀어 삶을 확인한다. 계속해서 흑8로 지키는 것이 정수이자 모양이다. 계속해서 흑은 A와 B를 마주보게 된다. 정석이지만 흑이 다소 두터운 감이 없지 않다.

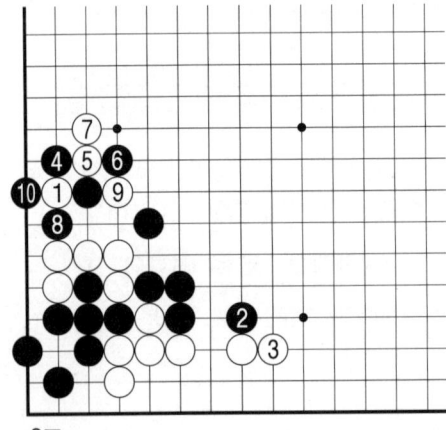

3도

3도(흑의 함정)

백1에 흑2로 백의 응수를 묻는 것이 본격적인 흑의 함정이다. 백3은 당연해 보이지만 함정에 빠진다. 흑4로 막아 백5에는 흑6·8이 호수순으로 백9에 흑10으로 따게 되는데…

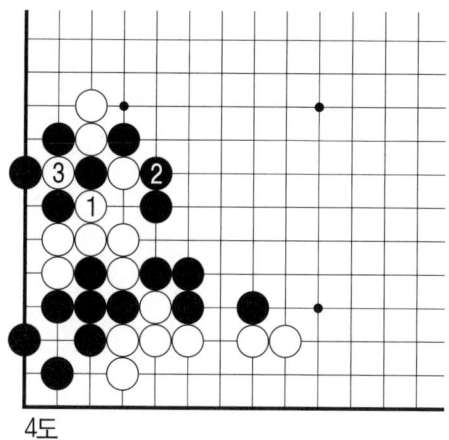
4도

계속해서 백1에는 흑2로 막는
다. 백3으로 패를 다투게 되지만
흑은 어느 정도의 모양을 갖춘
상태라 부담이 적은 반면에 백의
입장에선 사활이 걸린 패라서 백
의 낭패다.

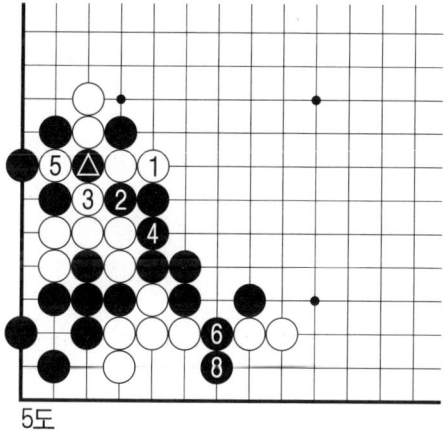
5도

전도 백1로 본도 백1로 나가면
흑2·4로 패가 되는데 흑6에 백
은 7로 패를 해소하고 흑8까지
바꿔치면 흑의 우세는 당연하다.
(⑦ ··· ▲)

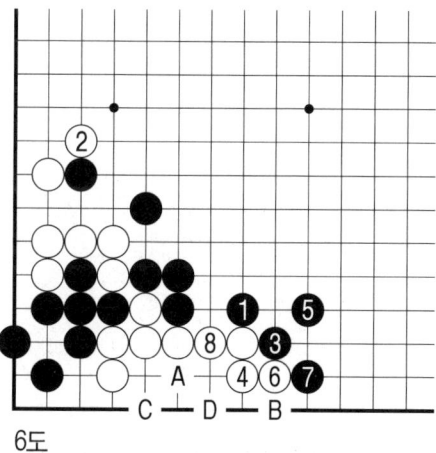
6도

흑1에는 백2가 현명하다. 흑3
에는 이하 백8까지 될 곳이다.
이후 흑A에는 백B가 침착해 흑
D, 백C로 빅은 보장되어 있다.
피차간에 불만은 없어 보인다.

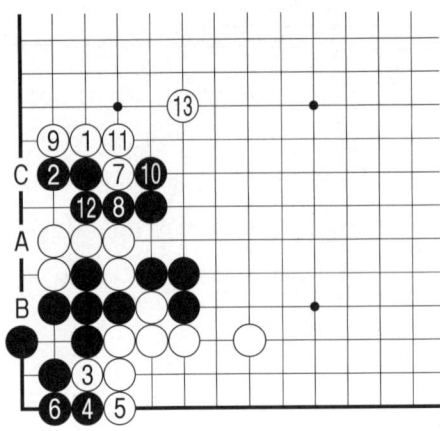

7도

7도(백의 일책)

2도의 결과가 탐탁치 않으면 백1(2도 백1)로 붙이는 수도 가능하다. 흑2에 백3·5를 활용하고 7 이하 13으로 신천지를 개척한다. B의 패를 보고 A가 선수이므로 C의 건넘이 남아 있는 모습이다.

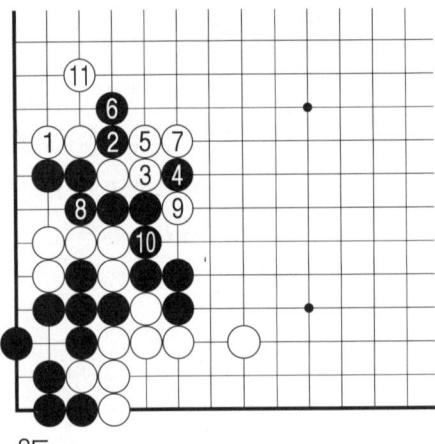

8도

8도(백, 유리한 싸움)

백1(전도 백9)에 흑2로 끊어 4·6으로 움직이는 변화. 그러면 백7에 흑8이 불가피할 때 백9, 흑10을 선수하고 백11로 대비하면 백이 유리한 싸움이다.

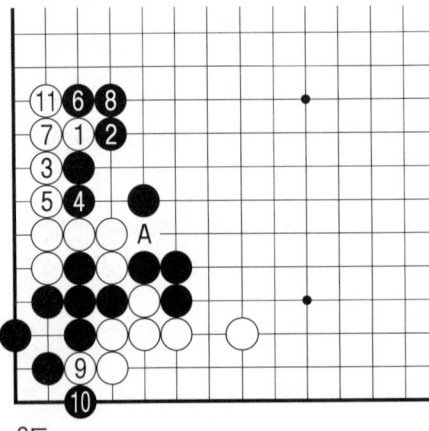

9도

9도(흑의 변화)

백1에 흑2면 백3·5로 건넌다. 흑6·8이 다소 아프지만 백9를 선수한 후 11로 나가면 흑모양에 A의 단점이 남아 백도 둘만한 결과다.

두칸 씌움의 함정

○ 백차례

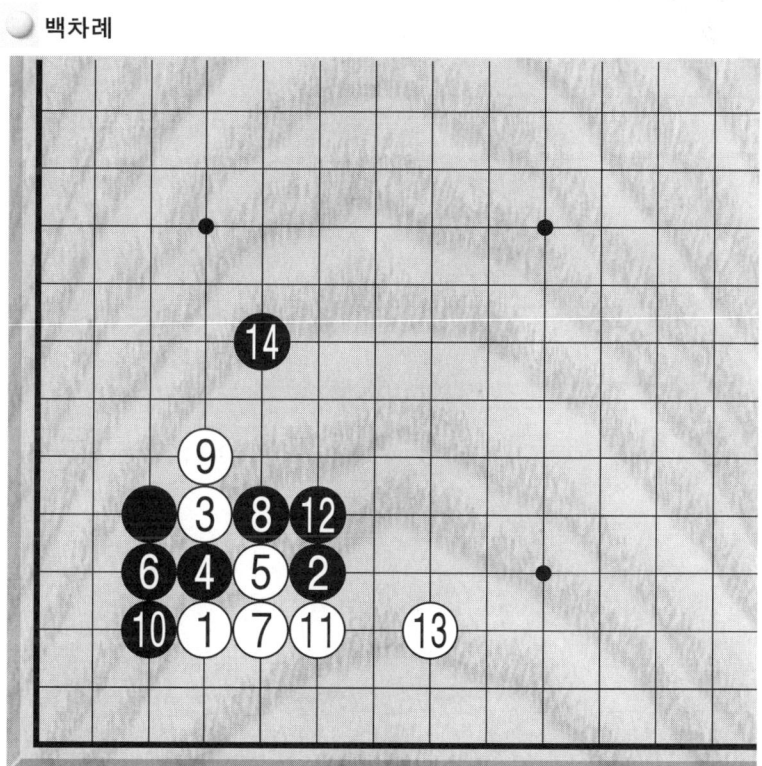

🔴 흑14로 두칸 높게 씌워온 장면이다. 이 부근의 변화중에서
가장 난해하고 대응 수단도 많은 수법이다. 백으로선 흑의
포위망을 빠져 나가는 방법이 관건이다.

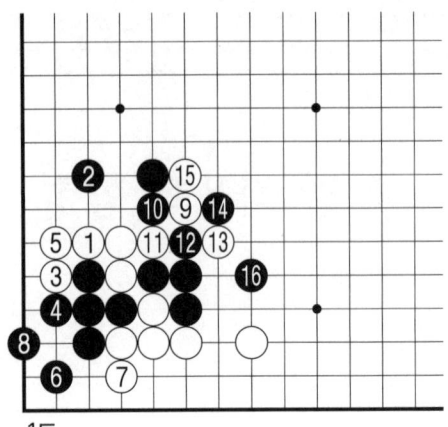

1도

1도(백, 걸림)

백1에 흑2로 포위한다. 이하 흑8까지는 정해진 수순인데, 백9는 얼핏 급소 같지만 속맥이다. 흑10·12의 절단에 이하 16까지 속수무책이다.

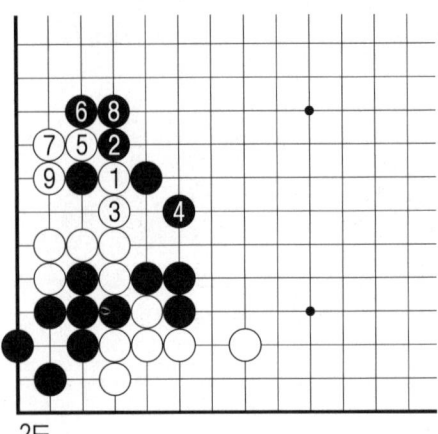

2도

2도(백의 묘수)

백1의 끼움이 교묘한 수로 흑2로 바깥에서 단수칠 수밖에 없을 때 백3으로 흑의 응수를 본다. 흑4면 백5 이하 한점을 끊어 잡아 안정해 호각의 갈림이다. 단 3도의 축 유리를 전제로 한다.

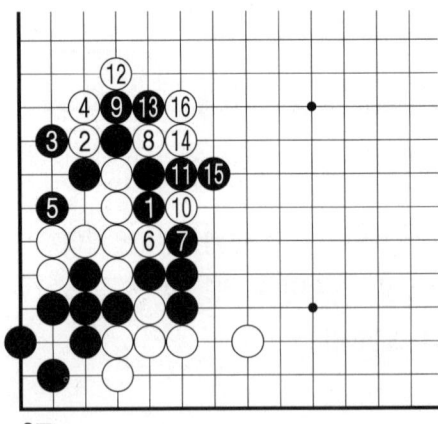

3도

3도 (축이 유리해야)

전도 흑4로는 본도 흑1로 막는 강수가 있다. 백2에는 흑3·5로 강인하게 버티려는 의도인데 백의 유일한 타개책은 6 이하 16의 축이다. 이 축이 백에게 불리하면 2도 백1의 묘수도 불발이다.

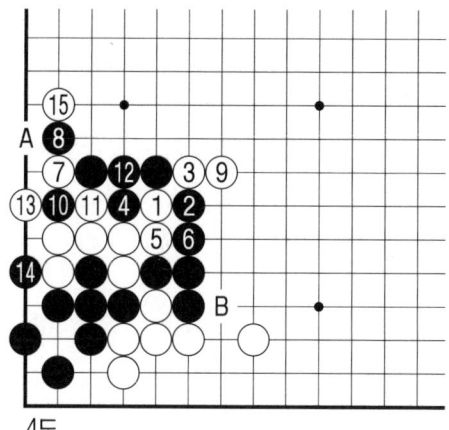

4도

4도(백의 정수)

축에 관계없이 백1의 마늘모가 둔탁해 보이지만 호착이다. 흑2에는 3으로 끊고 4·6에는 7로 하나 붙여두고 9의 뻗음이 냉정하다. 흑10에는 13까지 한점을 잡고 15로 탈출하면 흑의 실패다. 수순중 흑14를 A라면 백B로 흑 다섯점이 잡힌다.

5도

5도(백, 유리)

백1(전도 백9)에 흑2면 백3으로 끊어 이하 7까지 한점을 잡고 9·11로 백 일곱점을 깨끗이 버린다. 계속해서 백13으로 전향해 멋진 사석작전이다. 물론 백이 유리하다.

6도

6도(흑의 함정)

백1(4도 백1)의 마늘모에 흑2가 함정으로 백3에 받으면 걸려든다. 흑4로 막아 이하 백11까지는 4도와 동일한데 2, 3의 교환으로 인해 흑12의 맥이 성립되어 백이 잡힌다.

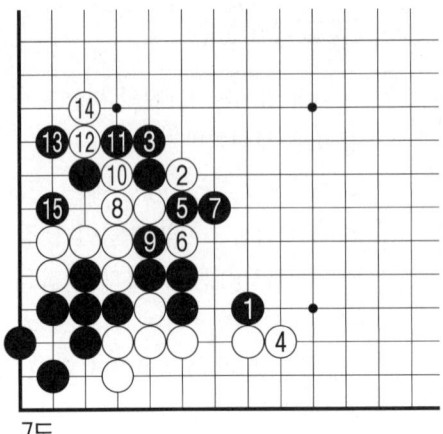

7도

흑1에는 백2의 젖힘이 정수이다. 그러나 흑3에 백4는 흑5로 끊겨 백6 이하 12로 저항해도 흑13·15로 백의 패배다.

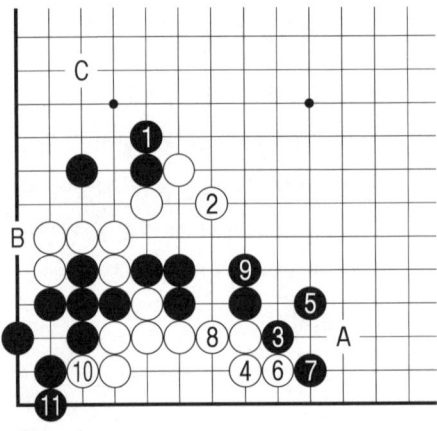

8도

8도(백의 최선)

흑1(전도 흑3)에는 백2가 정수이다. 흑3에는 이하 백10까지 삶을 확인한다. 하변에서는 A를, 좌변에서는 B를 보며 C의 공격을 노려 백이 충분한 결과다.

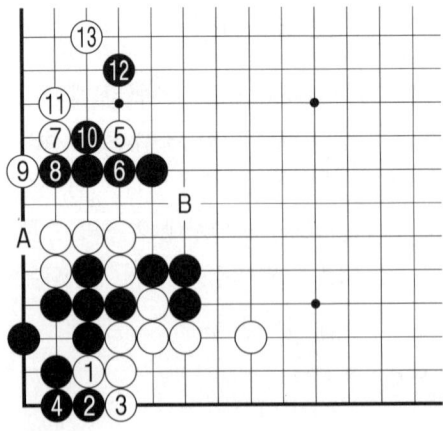

9도

9도(백의 일책)

4도 백1로는 본도 백1·3을 결정해 A의 선수를 확인하고 5·7로 두는 수도 성립한다. 흑8에는 백9로 연결하고 이하 13까지 탈출한 후 B의 곳을 노리게 된다. 피차 호각의 갈림이다.

선수를 둘러싼 공방

● 흑차례

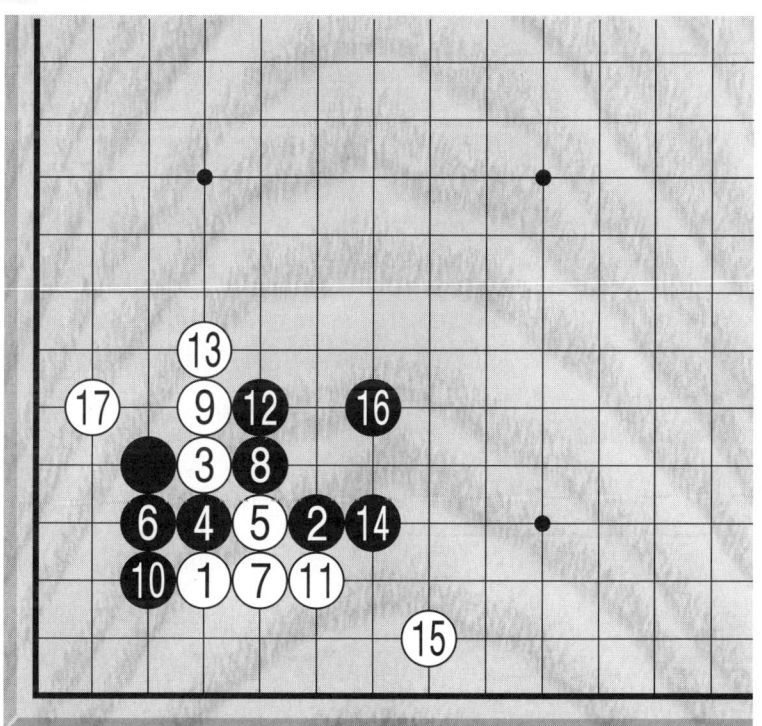

백11 때 흑12로 밀면 더욱 난해한 길로 접어든다. 백13 때 흑14면 백15는 정수인데, 흑16의 보강과 백17의 활용은 정상 수순과는 달라 보인다. 그러나 흑16과 백17은 각각 깊은 뜻을 담고있는 수들이다. 그럼 흑백간의 속셈을 알아 보도록 하자.

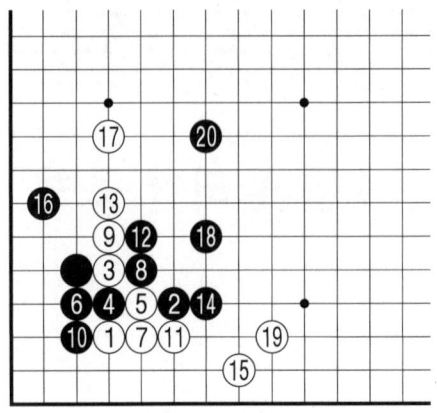

1도

1도(흑의 의도)

흑16, 백17을 교환해 놓고 흑 18이 일반적인 진행이다. 이 진행이면 백도 17·19로 양쪽을 다 수습하게 된다. 장면도 흑16은 백이 양쪽 모두 안정되는 것을 꺼려한 수로, 자신을 먼저 돌본 후에 양쪽 백에 대한 공격을 맞보기로 하자는 고도의 임기응변이다.

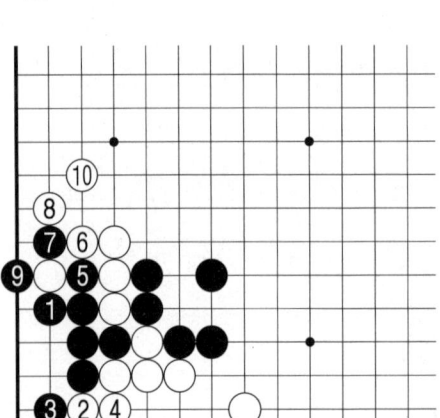

2도

2도(백의 의도)

장면도 백17은 흑1로 받으면 백2·4로 젖혀 이어 하변을 안정하고 흑5·7이 불가피할 때 이하 백10까지 좌변도 모양을 갖추자는 의도가 담겨진 수이다.

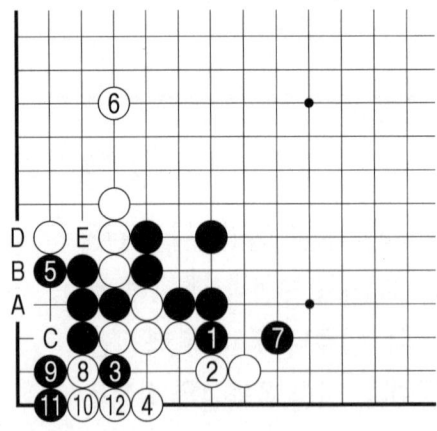

3도

3도(백, 만족)

전도 흑1로 본도 흑1·3하면 백4가 호착이다. 흑5가 불가피할 때 백6으로 전개한다. 흑7로 압박해도 백8 이하 12로 한점을 잡아 백의 만족이다. 이후 백A, 흑B, 백C하면 D나 E가 선수라 좌변 백은 튼튼한 모습이다.

476

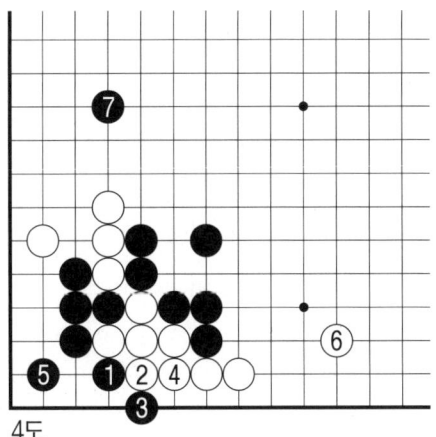

4도

흑1(전도 흑3)의 젖힘에 백2는 실수이다. 흑3·5로 살면 백6으로 수습해야 하는데 흑7의 협공이 흑의 차지가 되어 백의 불만이 역력하다.

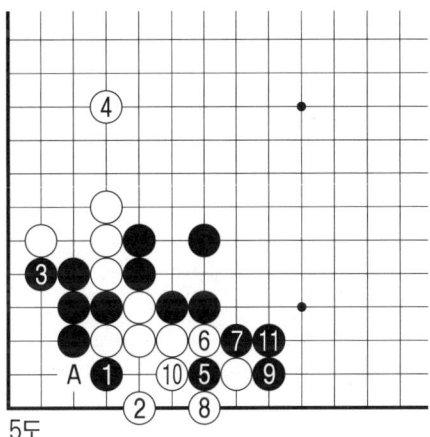

5도

3도 흑1로는 단순히 흑1의 젖힘이 정수다. 백2에는 흑3으로 살고 백4로 지키면 흑5의 건너붙임이 맥으로 이하 흑11까지 흑이 두터운 결과다. 흑A도 흑의 권리로 보너스인 셈이다.

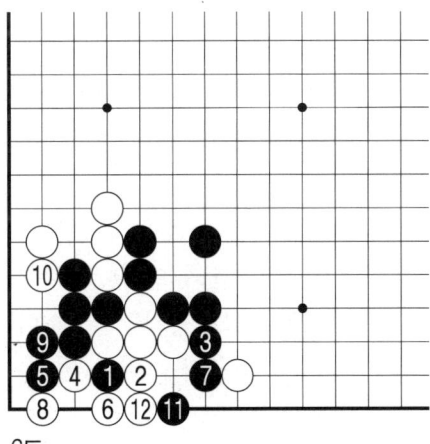

6도

흑1에는 백2가 최선이고 흑3도 기세다. 백4·6으로 끊어 잡고 흑7로 뚫으면 백8, 흑9까지는 필연의 진행인데, 백10으로 흑을 잡으려 하는 것은 지나치다. 흑도 11로 백을 파호하고…

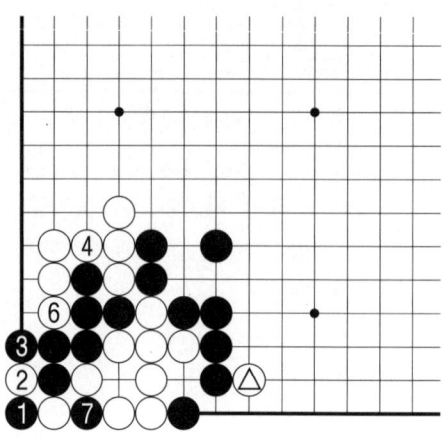

7도

계속해서 흑1·3으로 패하는 수단이 있어 이하 흑7까지 흑이 유리한 이단패로 일단락된다. 백△도 폐석이 되어서 백이 크게 불리하다.

⑤ ··· ❶

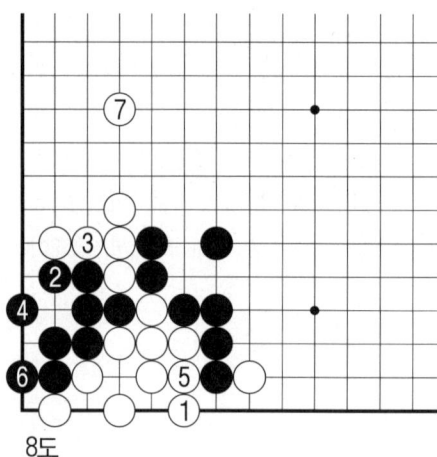

8도

6도 백10으로는 본도 백1이 정수이다. 흑2·4에는 백5로 살고 흑도 6으로 살면 백7로 전개하는 것이 쌍방 최선의 수순으로 피차 불만없는 갈림이다.

흑1로 젖혔을 때 백2로 밀어 흑3을 유도한 뒤 백4로 진출하는 작전도 백으로선 가능하다. 좌변 백쪽이 걱정이겠지만 백A의 약점을 보며 백B가 언제든 선수이기 때문에 크게 공격당할 모양이 아니다. 이 결과는 피차 둘 수 있는 갈림이다.

9도

478

축과 연관된 마늘모붙임

 백차례

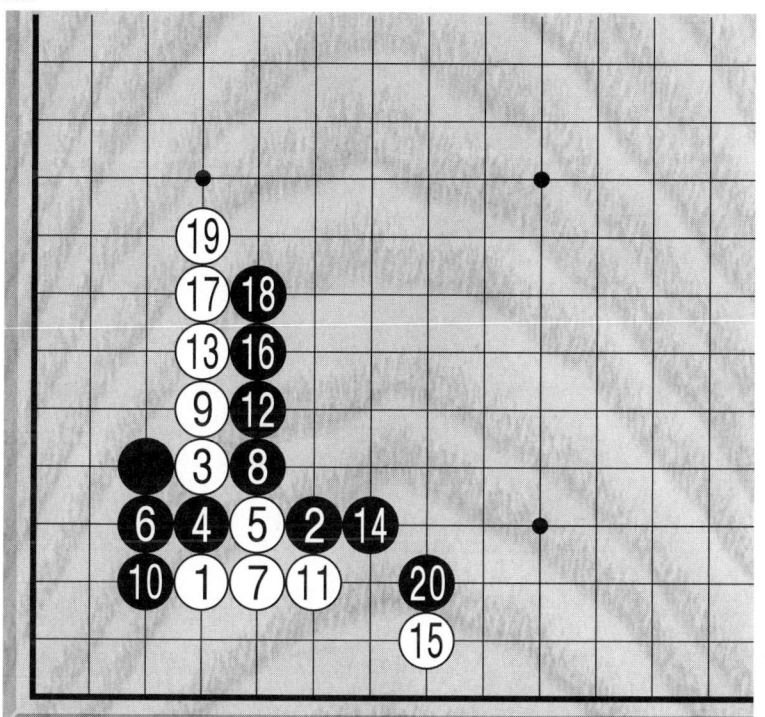

흑12 이하 18까지 밀고 20에 붙여 백의 응수를 물어온
장면이다. 축관계를 잘 살펴 신중히 대처해야 할 것이다.
백의 최선의 응수법은?

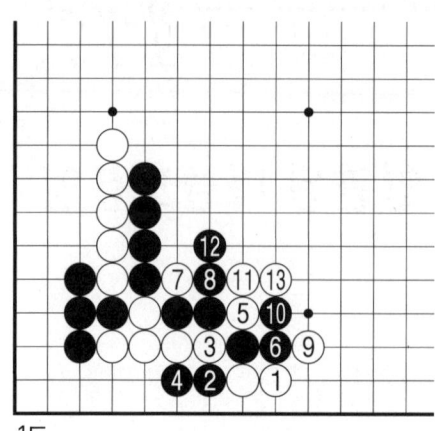

1도

1도(죽 관계)

백1로 늘고 싶어지는 장면인데 흑2·4의 강력한 반발도 염두해 두어야 한다. 백5·7로 끊어 이하 13으로 모는 축이 유일한 타개책이다.

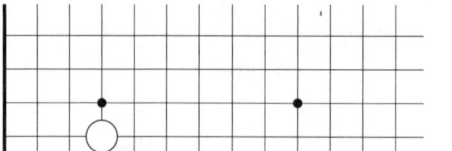

2도

2도(백, 축불리하면)

전도의 축이 불리하면 전도 백1로는 본도 백1로 치받는 것이 정수이긴 한데 흑2의 이단젖힘이 통렬해진다. 이후의 변화는 함정수178를 참고하시길…

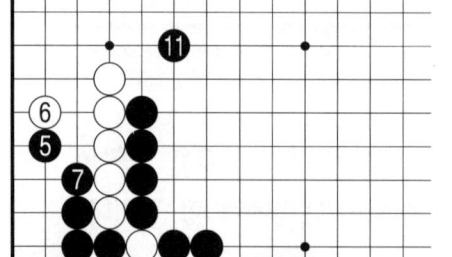

3도

3도(흑, 축불리의 경우)

축이 흑에게 불리하면 장면도 흑20은 본도 흑1이 최선이다. 백2·4에는 흑5·7로 살고 백10으로 살 때 흑11을 선수하고 13으로 뻗어 쌍방 호각의 결과다.

고압적인 이단젖힘

● 백차례

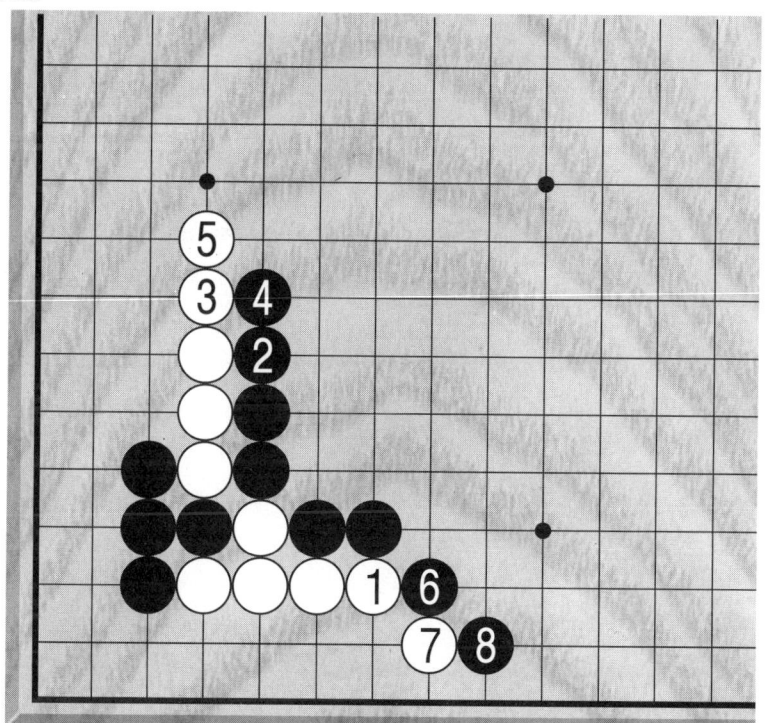

함정수 177의 축이 불리하면 백1이 정수인데, 흑이 2·4
로 민 다음 6·8로 강렬하게 이단 젖혀온 장면이다. 백으로
선 상대가 고압적으로 나온다고 해서 사는데 급급하면 불리
를 면치 못한다. 어떤 형태로 사느냐에 중점을 두어야 할 것
이다.

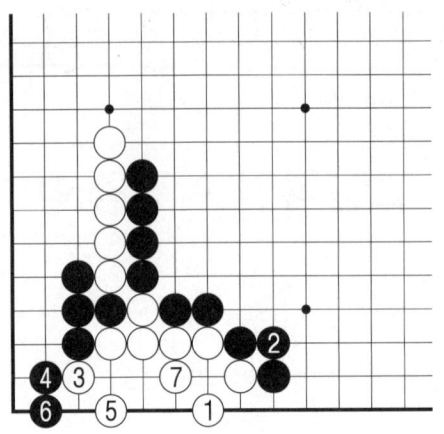

1도

백1은 소극적인 수이다. 흑2로 이으면 흑이 두터워질 뿐아니라 이하 백7까지 후수로 살아야 하는 모습이라 크게 당한 결과다.

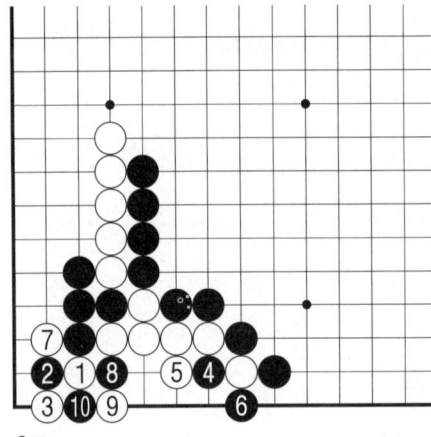

2도

흑도 완생이 아니라 해서 백1·3으로 패를 하면 흑4·6으로 때려 내는 것이 좋은 대응이다. 백7로 두어도 흑8·10으로 흑이 먼저 따게 되면 백은 마땅한 패감이 없어 곤란하다.

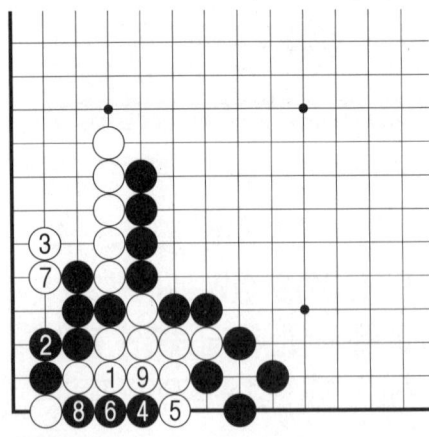

3도

전도 백7로 본도 백1·3으로 수상전을 하면 흑4의 치중이 급소이다. 계속해서 흑6이 수줄임의 호착으로 백7로 수를 줄이는 수 밖에 없고 흑8에 백9로 따게 되는데…

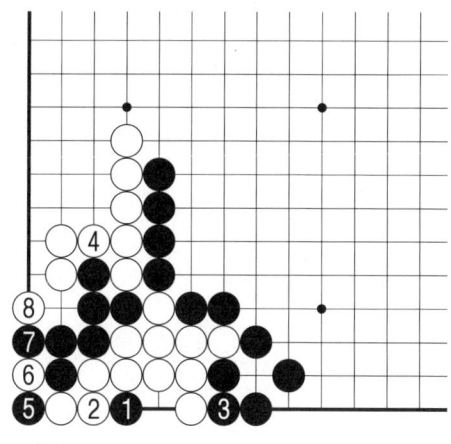

4도

4도(흑의 선패)

계속해서 흑1로 치중해 3으로 메우고 5로 패하는 것이 적절한 요령이다. 이하 흑9로 흑이 먼저 따내는 차례가 되는데 백은 패감이 없는 모습이다.

(9 … 5)

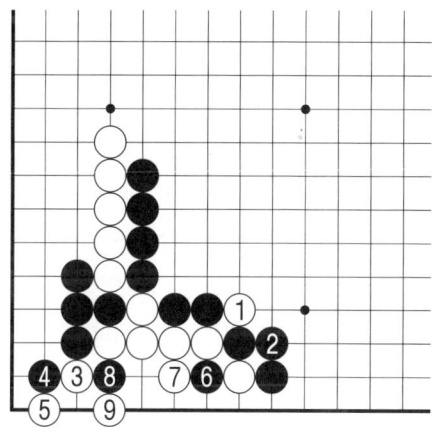

5도

5도(백의 최선)

백1, 흑2를 교환해 패감을 만든 다음 백3·5로 패를 하는 것이 최선의 대응이다. 흑6은 기민한 선수활용이고 흑8로 끊어 백9까지 패가 되는데…

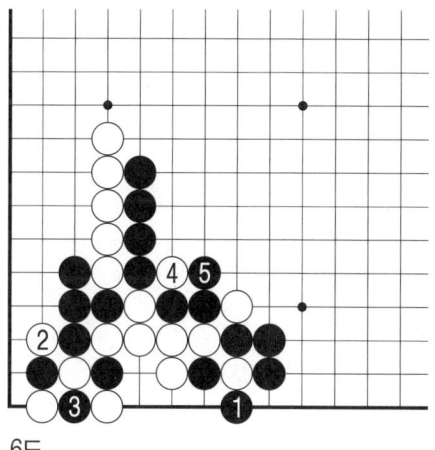

6도

6도(절대 패감)

계속해서 흑1로 따면 백2로 끊어 흑3으로 패가 된다. 이번에는 백은 4의 절대 패감이 준비되어 있는 반면에 흑은 패감이 없어 난처해진다.

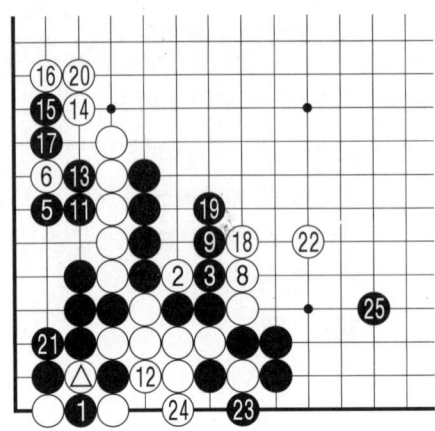

7도

7도(흑의 최선)

전도 흑1로는 본도 흑1로 패를 하는 것이 최선이다. 이하 흑11의 패감에 불청하고 백12로 때려낸다. 흑13에는 백14로 늦추는 것이 호착이다. 이하 흑25까지 이후 중앙전이 관건이다.

④⑩ … △　❼ … ❶

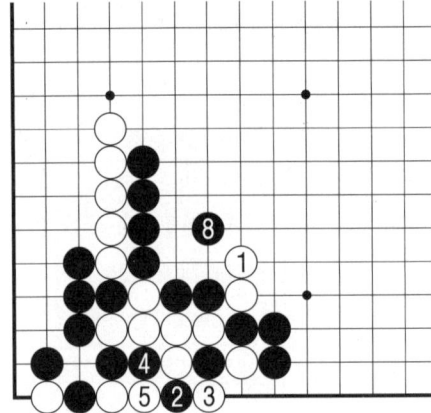

8도

8도(백의 욕심)

7도 백2로는 본도 백1로 패감을 쓰고 싶지만 흑2의 귀수가 있다. 백3에는 흑4가 연이은 묘착으로 백5에 흑6으로 따고 백7로 되딸 수밖에 없을 때 흑8로 지키면 백은 저절로 죽게 된다.

❻ … ❷　　⑦ … ⑤

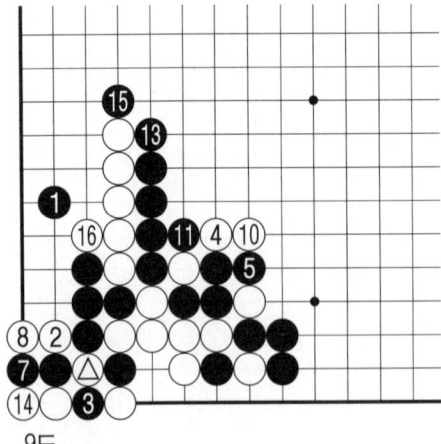

9도

9도(백의 별책)

흑1때 백은 2로 패를 확산시킬 수 있다. 이하 흑13·15로 연타하여 세력을 강화해도 백16까지 백의 실리가 크다. 이 결과는 흑세력이 좋아 보이나 약점이 남아 있으므로 주변상황에 따라서는 백이 충분히 둘 수 있다.

⑥⑫ … △　❾ … ❸

날일자 포위의 함정

○ 백차례

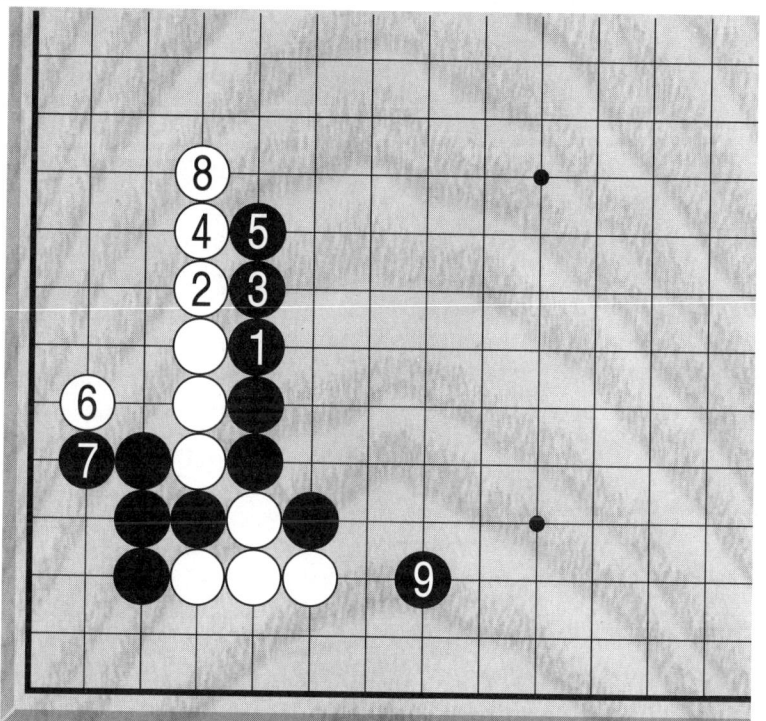

흑1·3에 이어 5로 한번 더 밀면 백6을 활용하고 8로 뻗는 것이 수순이다. 이때 흑9의 날일자 공격은 흑5로 밀 때부터 예정된 작전이다. 백이 사는데는 별 어려움이 없어 보이지만 살기만 하면 충분한 것일까?

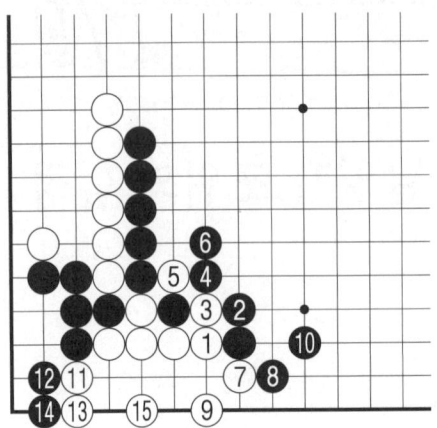

1도

1도(백, 불리)

백1·3·5를 선수한 다음 7·9로 젖혀 이으면 흑10의 보강이 불가피할 때 백11 이하 15로 사는 것으로만 만족할 수 있을까? 흑의 외세는 막강해졌고 귀중한 선수마저 흑에게 돌아갔으니 백은 망한 것이나 진배없다.

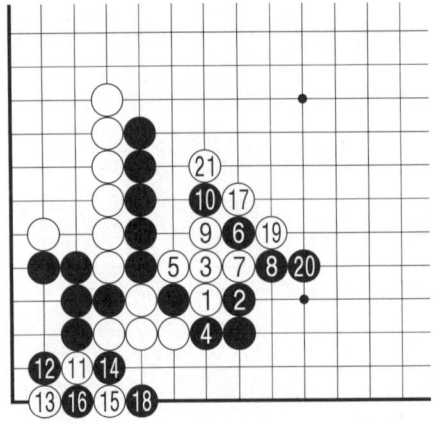

2도

2도(백의 탈출시도)

백1·3·5로 탈출하려 해도 흑6이 안성맞춤이다. 이하 흑10까지 봉쇄되므로 백11·13·15로 패를 거는 수밖에 없다. 백17의 패감에 흑18로 따준다면 이하 백21까지 백이 충분하지만…

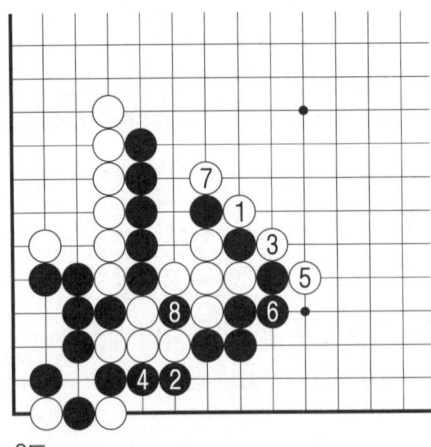

3도

3도(흑의 묘수)

백1(전도 백17)의 패감에 흑2로 붙이는 묘수가 있다. 백3으로 따내면 흑4로 단수한다. 백5·7이면 흑8로 때리게 되어 흑은 실리도 좋을뿐더러 사통오달된 모습이라 크게 우세하다.

486

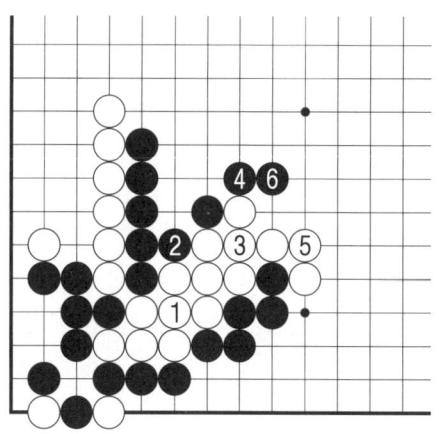

4도

전도 백7로 본도 백1로 넉점을 살리면 흑2로 단수한 다음 4의 급소를 두드리는 것이 기분좋다. 백5는 정수지만 흑6이 힘차고 백의 모양도 비참하다.

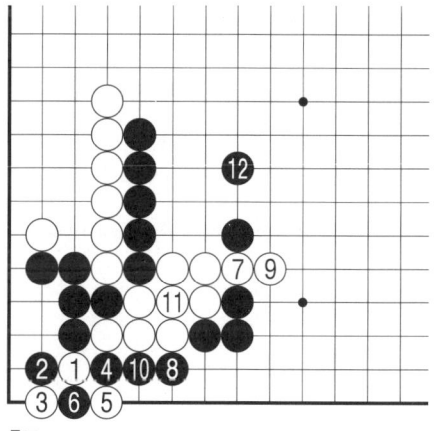

5도

2도 백7·9를 보류하고 본도 백1·3·5로 직접 패를 하여 흑6에 백7을 패감으로 쓰면 흑8이 역시 호착이 된다. 이하 흑12까지 흑이 절대 우세한 모습이다.

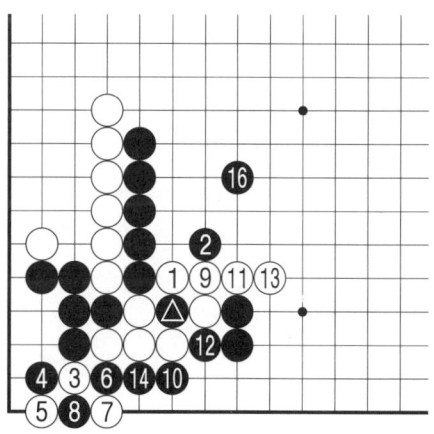

6도

2도 백3으로 본도 백1로 때리면 흑2가 모양이다. 백3 이하 패를 걸어 9를 패감으로 할 때 흑10의 붙임은 잘못된 수. 그러나 백11도 실수로 이하 흑16까지 되면 전도와 대동소이한 결말이다. (⑮ … ▲)

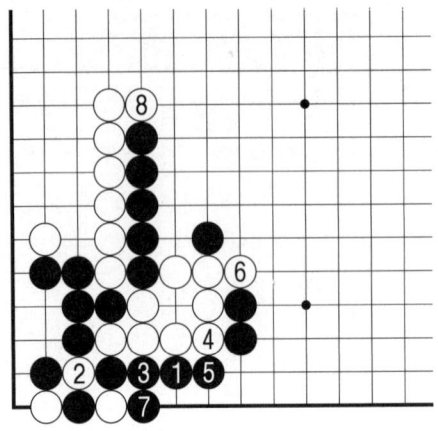

7도

흑1(전도 흑10)에는 백2의 패 때림이 좋은 대응이다. 흑3에 백 4를 선수하고 6으로 탈출하면 흑 7이 불가피할 때 백8의 요처를 꼬부려 백이 충분한 형세다. 앞으로의 중앙전을 생각하면 백4로 한눈이 마련되어 있는 것이 의미가 크다.

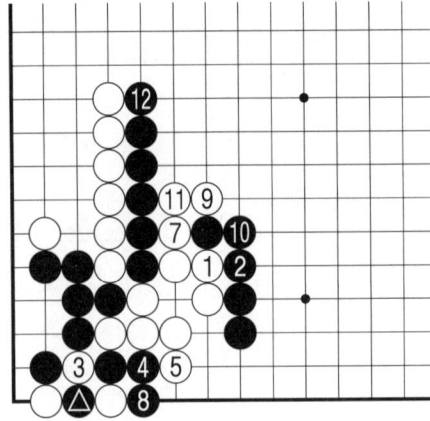

8도

백1(6도 백9)의 패감에는 흑2로 받는 것이 좋다. 백3에 흑4의 자체패감이 있기 때문이다. 이하 백7의 패감에 흑8로 해소하고 흑 12로 밀어 가면 백의 응수가 난처해진다.

(⑥ … ▲)

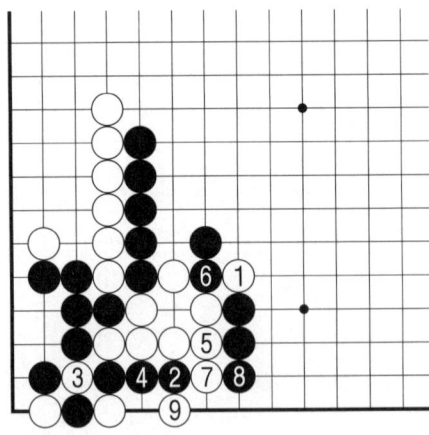

9도

전도 백1로 본도 백1로 패감을 쓰면 흑2가 이번에는 호착으로 백3, 흑4, 백5에 흑6이 강타. 백 5로 6이면 흑5로 6도와 비슷해진 다. 계속해서 백7에 흑8로 막아 백9로 다시 패가 되는데…

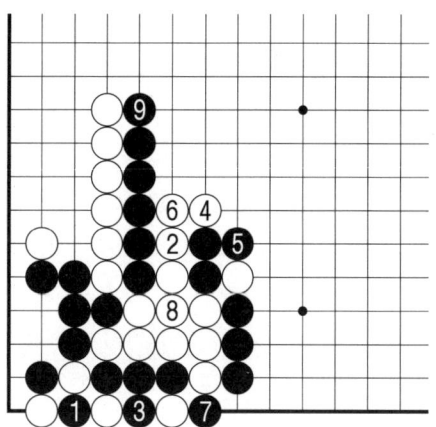

10도

10도(계속)

흑1로 따고 백2의 패감에 흑3으로 해소하면 백4·6으로 나가게 된다. 계속해서 흑7의 단수가 기분좋고 흑9로 밀어가면 8도와 비슷한 결과이다.

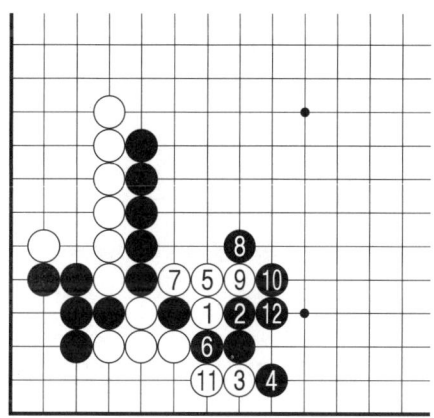

11도

11도(백의 최선)

백1, 흑2 때 백3의 붙임이 최선이자 유일한 타개책이다. 백을 봉쇄하려면 흑4로 막을 수밖에 없는데 백5 이하 9로 하나 찔러 놓고 백11로 잇는 것이 수순의 묘다. 흑12가 불가피하고…

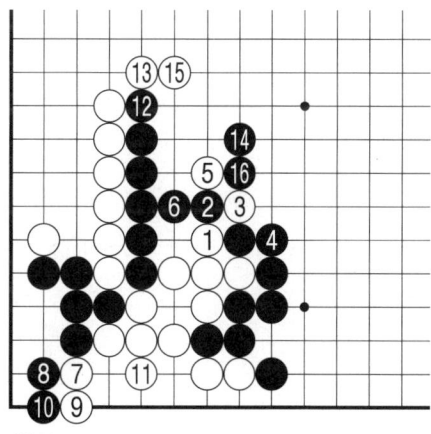

12도

12도(호각)

계속해서 백1로 나가 3·5를 활용한 다음 7 이하 11로 사는 것이 올바른 대응이다. 흑12에 백13으로 젖히면 이하 흑16까지 일단락되는 정도이다. 이 결과는 흑이 두터운 모양이지만 한수 많은 점을 감안하면 호각으로 여겨진다.

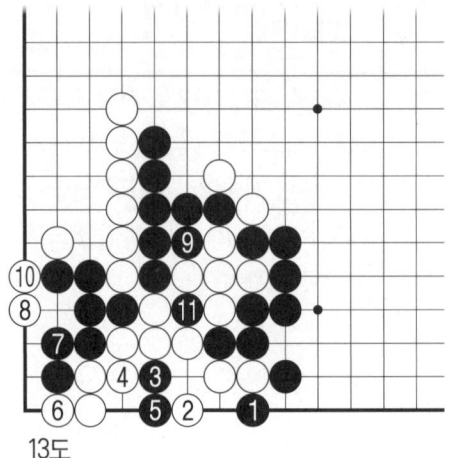

13도

전도 흑10으로 본도 흑1로 백을 잡으려 하면 백2, 흑3에 백4가 호착이다. 이하 백8로 치중하고 흑9의 단수에 백10이 냉정한 대응으로 백승이다. 흑11로 때릴 때 손을 빼도 흑이 잡혀 있는 것이 백의 자랑이다.

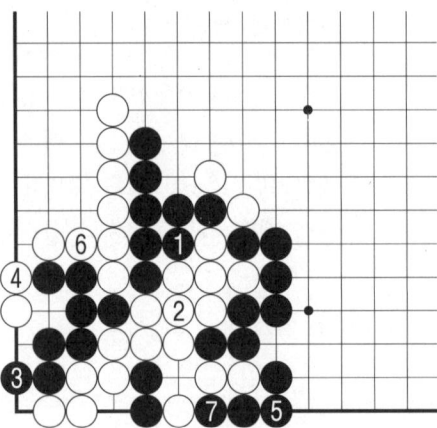

14도

흑1(전도 흑9)의 단수에 백2로 이어 다섯점을 살리면 흑3이 맥점이다. 이하 흑7까지 이번에는 흑승이 되므로 주의를 요한다.

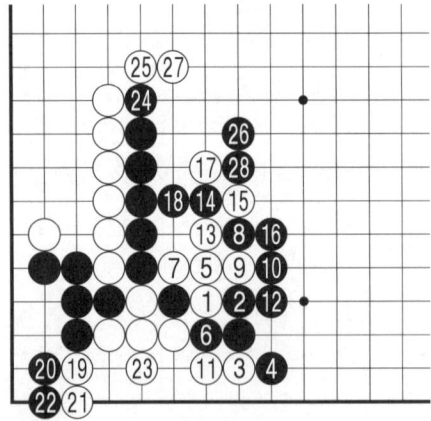

15도

내용이 복잡하고 수순이 길기 때문에 쌍방 최선을 다시 한번 살펴본다. 백1·3의 수순이 긴요하고 9·11의 수순도 음미할만하며 15·17로 흑모양에 흑집을 만드는게 요령이고 흑26은 정수로 보여진다.

큰 눈목자씌움

● 백차례

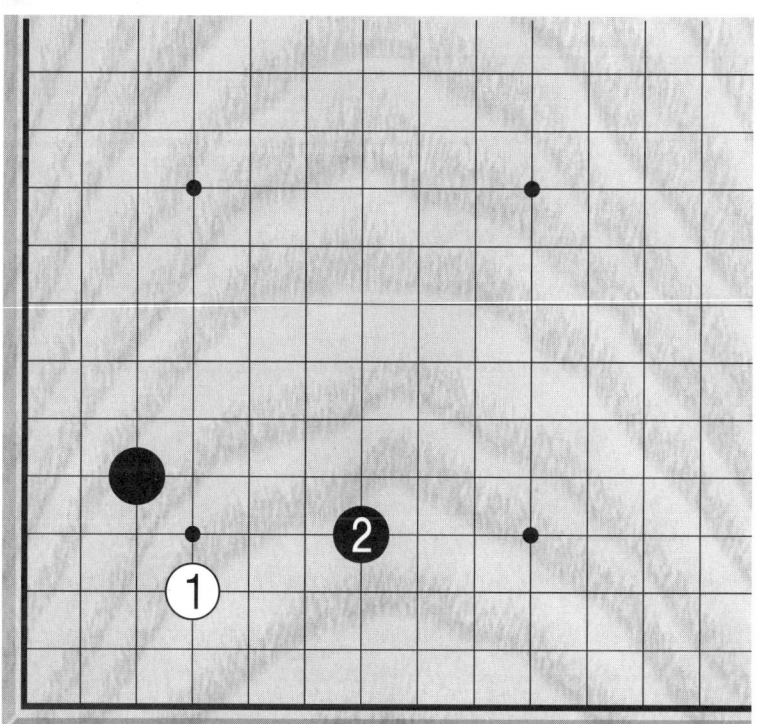

외목에 백1로 걸칠 때 흑2로 큰눈목자 씌워온 장면이다. 대사정석과 혼돈하면 크게 불리해질 수도 있지만 변화가 적은 편이라 두 번 실수는 하지 않을 것이다. 백의 적절한 응수법은?

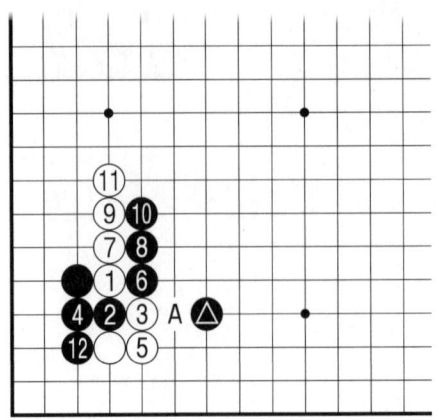

1도

백1로 붙이면 흑2·4로 끼워 잇게 된다. 대사정석처럼 백5로 아래를 이으면 흑6 이하 10으로 밀고 12까지 되는데, 흑▲가 A 의 곳보다 급소에 있어 흑의 주문에 걸린 결과이다.

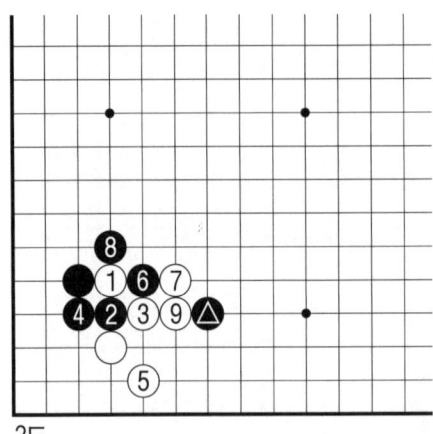

2도

흑4 때 백5의 호구가 모양이다. 흑6에 백7·9로 한점을 내주어도 흑▲ 한점을 약화시켰으므로 백에게 불만은 없다.

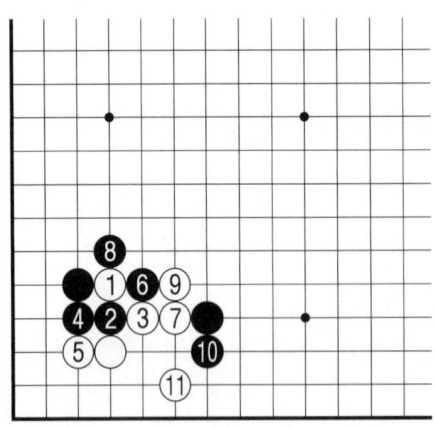

3도

흑4 때 백5로 실리를 중시할 수도 있다. 흑6에는 백7이 요령으로 이하 백11까지 백이 충분한 모습이다. 수순중 흑8로 흑9면 백8로 나가 싸우게 되는데 흑이 다소 무리한 진행이다.

외목에서는 …

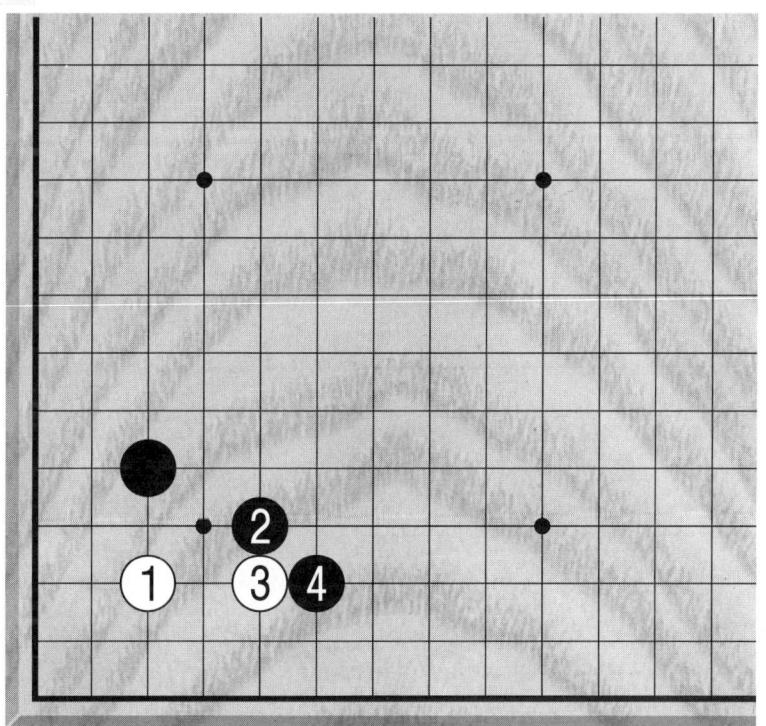

주변 상황에 따라 백1로 3·三에 걸치는 수도 두어진다. 흑2의 날일자씌움에 백3으로 붙였을 때 흑4로 막은 장면이다. 고목에서 비슷한 유형은 이미 보았는데, 외목에서는 과연 어떤 함정이 숨어 있을까? 물론 축관계가 내포돼 있다. 백의 적절한 응수법은?

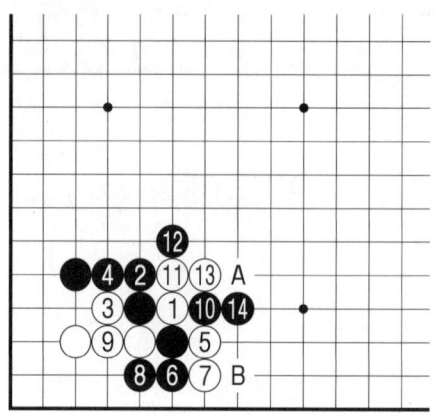

1도

 백1·3은 속수이다. 백5·7로 흑을 잡기만 하면 된다는 생각이지만 흑8을 선수하고 10으로 끊어 14까지 되고 나면 A와 B가 맞보기로 백이 걸린 결과이다.

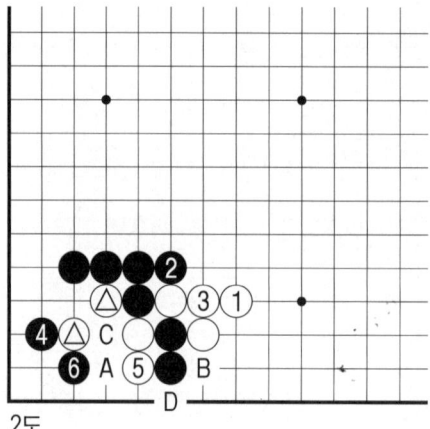

2도

 전도 백7로 본도 백1로 호구치면 두점을 잡을 수는 있지만 흑2가 쓰라리고 4·6이 호수순으로 흑이 유리하다. 이후 흑A, 백B, 흑C, 백D로 백△ 두점을 잡는 것이 흑의 권리로 남는다.

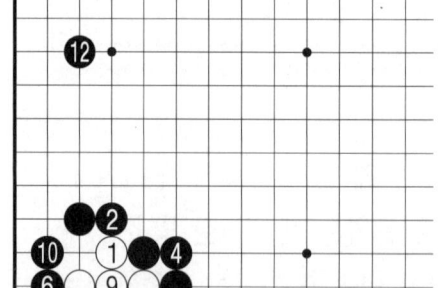

3도

 백1·3으로 두는 것이 올바른 수순이다. 흑4로 이을 때 백5로 뻗는다. 이하 흑12로 전개하기까지 기본 정석이다.

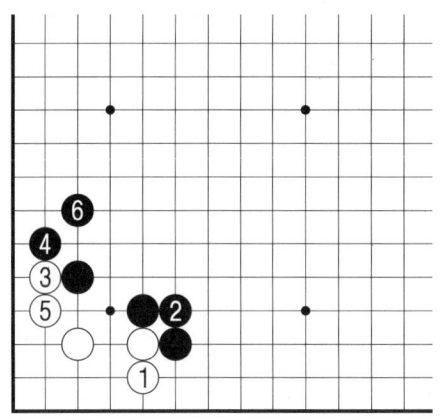

4도

4도(백, 나약)

백1은 나약한 수로 흑2로 잇게 되면 백3·5로 붙여 끌어 사는 정도이다. 흑6까지 이 결과 흑세는 당당하고 백의 실리는 보잘 것 없는 모습이다.

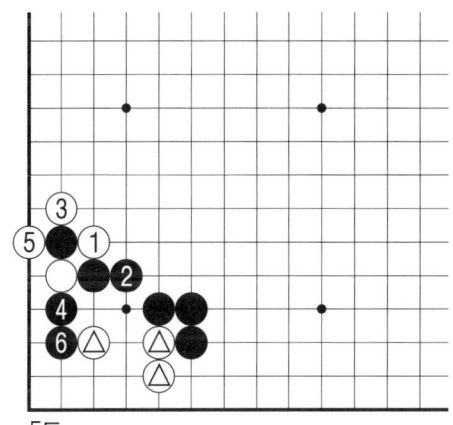

5도

5도(백, 불리)

전도 백5로 본도 백1로 끊으면 흑2의 뻗음이 냉정한 호착이다. 계속해서 백3·5로 한점을 잡으면 흑4·6으로 귀의 백△ 석점이 잡혀있는 모습이라 백이 크게 불리하다.

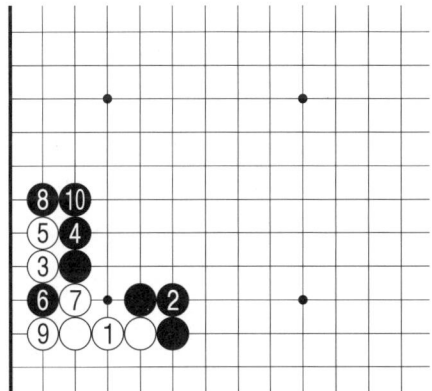

6도

6도(흑, 세력이 좋다)

백1로 이으면 흑도 2로 잇게 된다. 백3이 맥이지만 흑4로 하나 늦추는 것이 호착으로 백5에는 흑6을 사석으로 삼아 이하 흑10까지의 결과는 백의 실리에 비해 흑의 세력이 돋보인다.

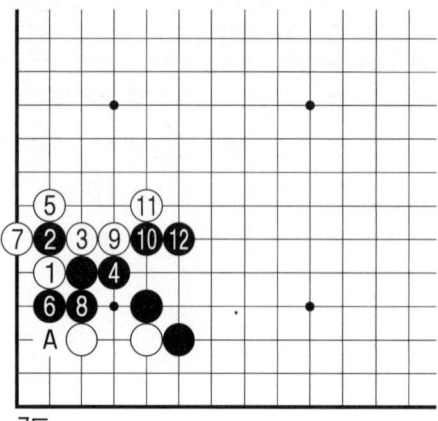

7도

백1로 붙이는 수단도 경우에
따라 쓰인다. 흑2에는 백3이 요
령으로 흑4에는 5·7로 한점을
잡고 백9·11을 선수하면 백이
충분히 둘 수 있는 모습이다. 귀
는 백A로 움직이면 패가 나는 뒷
맛이 남아 있다.

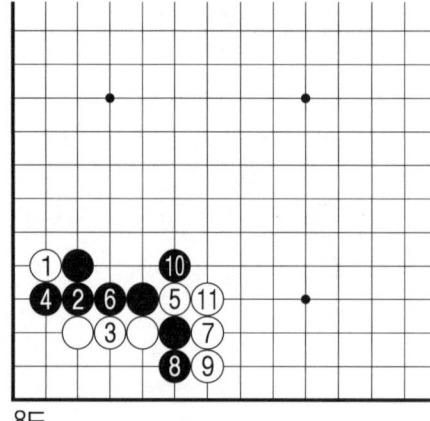

8도

8도(백, 만족)

백1에 흑2로 치받으면 흑3으로
가만히 잇는 것이 적절한 대응이
다. 흑4에는 백5의 끊음이 호착
으로 이하 백11까지 두점을 잡아
백에게 불만은 없다.

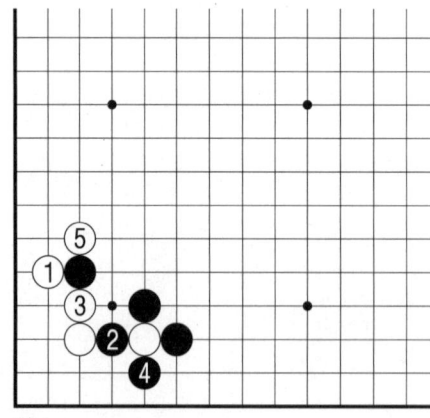

9도

9도(백, 충분)

백1에 흑2라면 백3으로 치받고
흑4로 때리면 백5로 한점을 제압
하는 바꿔치기가 예상되는데, 이
그림도 백이 충분한 모습이다.

둔탁한 마늘모의 속셈

백차례

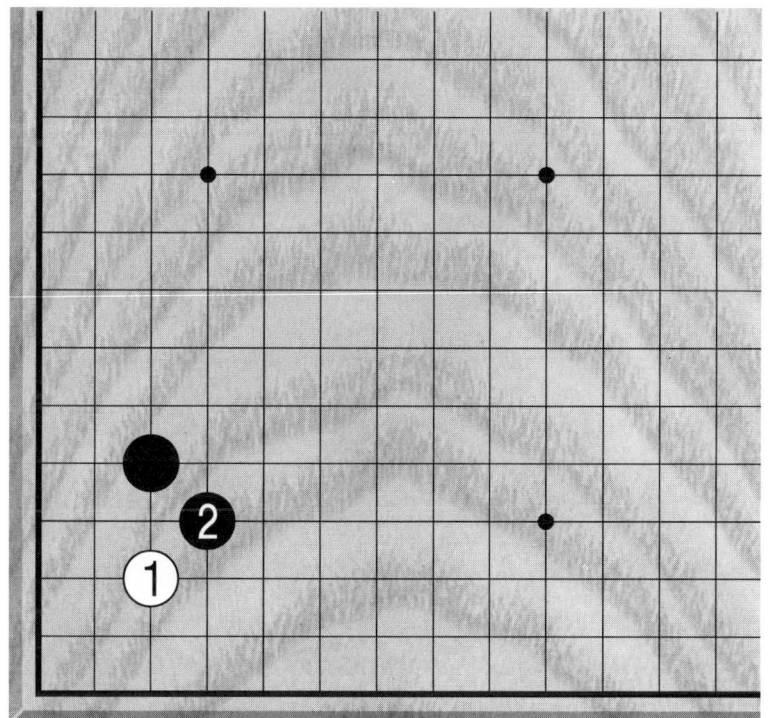

백1로 3·三에 걸쳤을 때 흑2로 입구자로 두어온 장면이
다. 다소 둔탁한 느낌이 들지만 막상 당한 백의 입장에서
는 응수가 고민되는 모습이다. 백은 이 경우 어떻게 처리
해야 할까?

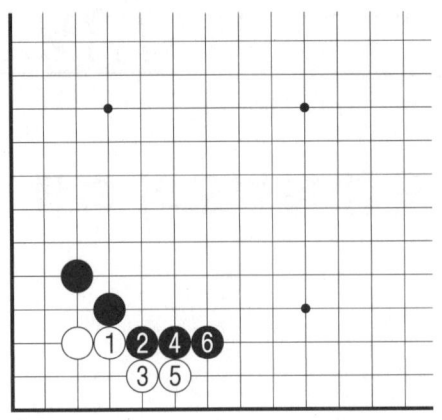

1도

　백1은 상식적인 대응이지만 흑2로 젖혔을 때 3·5로 2선을 기어 살아야 한다면 백은 너무 저위이고 흑의 세력은 두터워서 흑의 의도대로 된 결과이다.

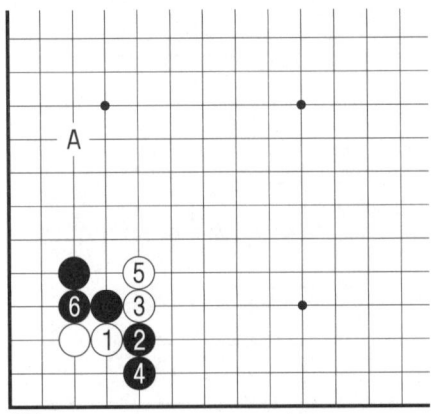

2도

　전도는 백이 불만이므로 흑2에 백3으로 끊어 보지만 흑4가 강력한 대응으로 백5로 뻗을 때 흑6의 빈삼각이 호착이어서 백은 더 이상 손 써볼 수가 없게 된다. A에 백돌이 있는 경우라면 백도 둘 수 있지만, 즉…

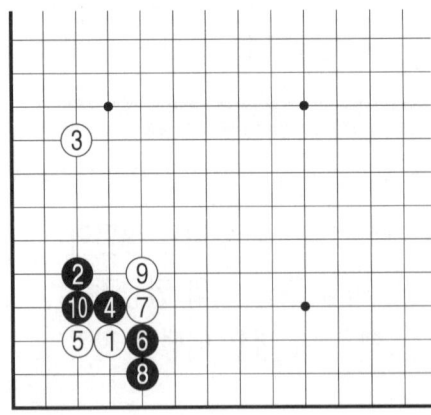

3도

　백1의 소목에 흑2로 걸쳐 백3의 세칸 낮은 협공한 경우에 흑4는 재빨리 안정을 취하려는 수단이다. 백5로 반발하면 이하 흑10까지 될 곳이다. 수순은 다르지만 전도에서 백돌이 A에 있다면 같은 모양으로 환원된 꼴임을 알 수 있다. 좀더 수순을 전개하면…

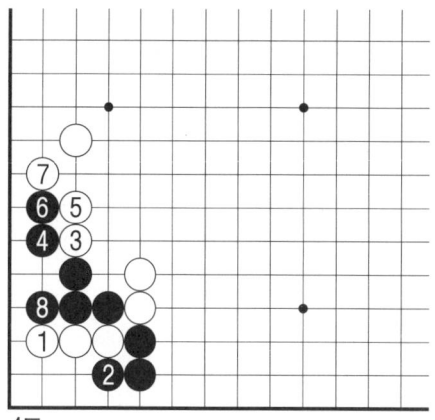

4도

4도(계속)

백1로 석점으로 키워 흑2로 잡을 때 백3의 코붙임이 호착이다. 이하 흑8까지 귀는 흑에게 내 주었지만 백의 외세도 두터워 피차 호각의 정석이다. 2도에서는 A의 곳에 백돌이 없으므로 손해만 보게 된다.

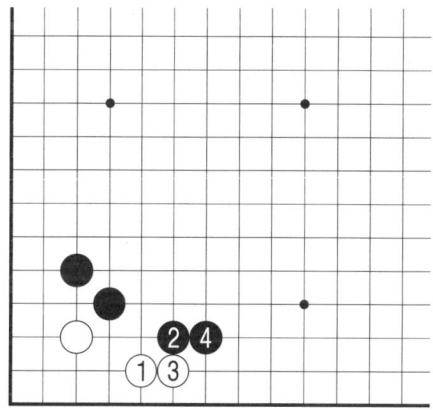

5도

5도(백의 변화)

장면도로 돌아와서 백1의 날일자로 달리면 흑은 2·4 정도로 씌워도 1도와 대동소이한 결과이다. 흑2는 백1의 위에 붙이는 강수도 생각해 볼 수 있다.

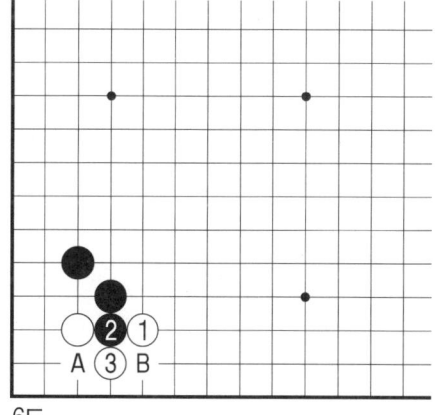

6도

6도(백의 정수)

백1의 한칸뜀이 경쾌한 행마로 이 경우에 적절한 대응이다. 흑2로 나오는 것은 백3으로 막을 때 A나 B 어느 한 쪽을 끊겠다는 뜻인데…

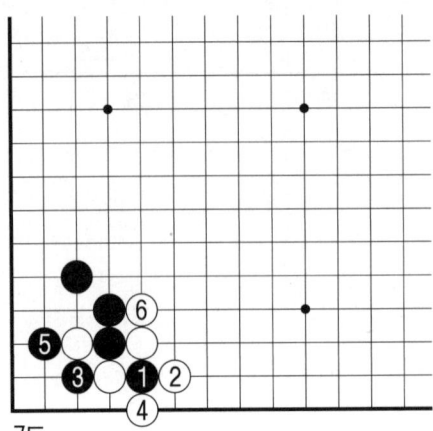

7도

7도(백, 다소 두터움)

계속해서 흑1로 바깥쪽을 끊으면 백2·4로 끊은 쪽을 잡은 다음 백6이 요처가 된다. 전체적으로 정석의 진행이지만 백이 다소 두터운 모습이다.

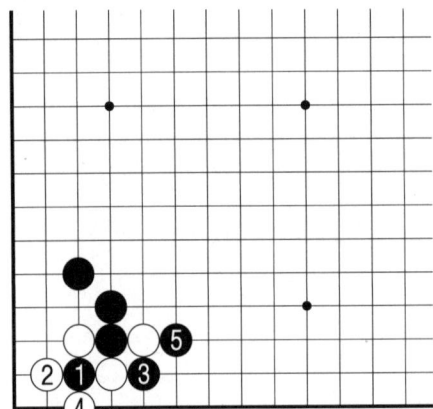

8도

8도(백, 충분)

흑1로 안쪽을 끊는 변화는 흑5까지 흑도 두터운 모습이지만 흑이 한수 많고 백은 선수를 잡았으니 만족이다. 또 축머리 활용도 남았다. 경우에 따라 백2로는 3의 곳을 잇고 둘 수도 있지만 대체로 본도에 따라 충분하다.

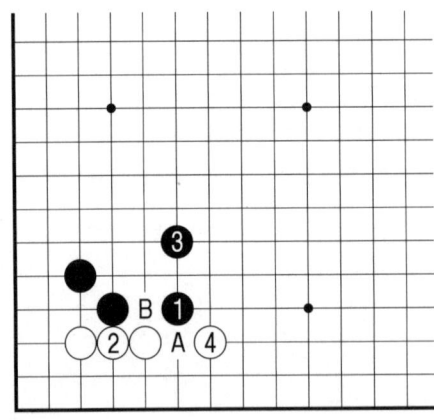

9도

9도(흑, 허술한 세력)

6도 흑2로 본도 흑1로 씌우면 백2로 잇고 흑3에 백4로 뛰어 나가 흑의 세력은 허술한데 반해 백의 실리가 돋보인다. 수순중 흑3으로 A에 막는 것은 백B로 나와 싸우게 되는데 흑의 무리로 보여진다.

높은 걸침에서 난해한 붙여끊음

⚪ 백차례

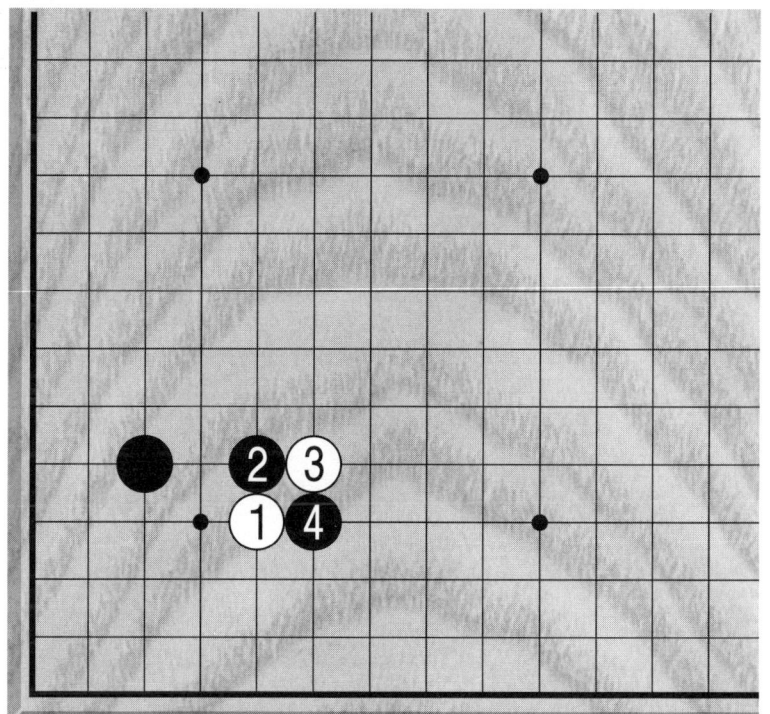

🔴 변을 중시하는 경우에 백1의 높은 걸침도 두어지는데 흑2
로 붙여 백3에 흑4로 끊어온 장면이다. 흑의 함정이 한
번으로 끝나지 않고 변화도 많아 백으로선 끝까지 최선을
다해야 할 것이다.

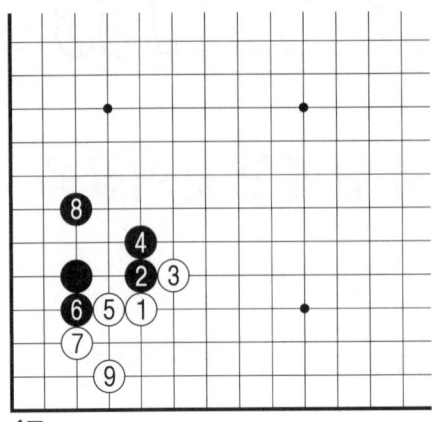

1도

백3으로 젖혔을 때 흑4로 뻗으면 보통으로 이하 백9까지 될 곳이다. 이 결과는 백이 다소 유리해 보이지만 흑이 선수라서 피차 불만없는 정석이다.

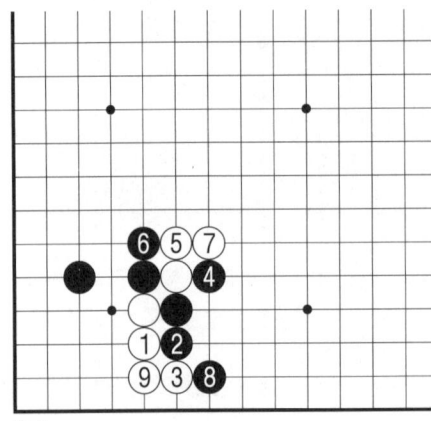

2도

백1로 늘고 흑2에 백3으로 젖히면 흑4·6이 올바른 행마법이다. 계속해서 백7로 꼬부리고 흑8로 막아 백9의 이음까지가 기본형으로 된다.

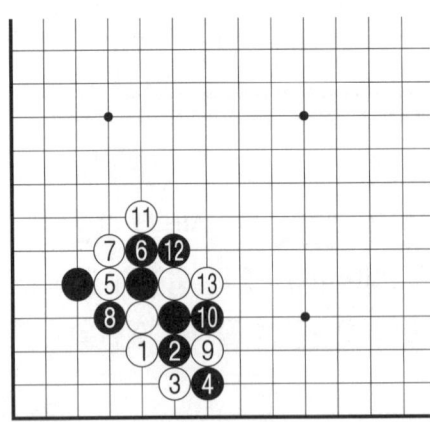

3도

백3의 젖힘에 흑4로 막는 것은 손따라 둔 실수이다. 계속해서 백5·7로 나오면 흑8로 끊을 수밖에 없는데 이하 백13까지 흑이 걸리게 된다.

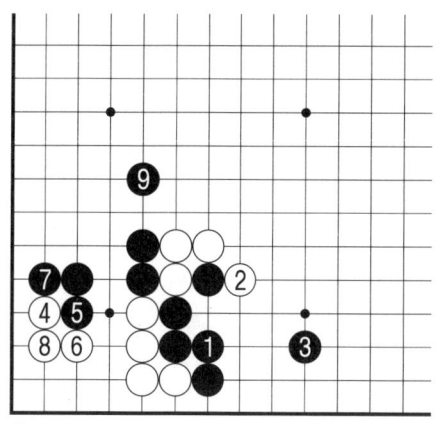

4도

4도(피차 최선)

2도의 기본형에 이어 흑1에 이으면 백2로 몰고 흑3으로 전개하여 백4 이하 8로 살 때 흑9로 한 칸 뛰는데까지가 피차 최선을 다한 수순으로 호각이다.

5도

5도(백, 유리)

백1에 흑2로 수상전을 시도하는 것이 함정의 시작이다. 백3에 흑4로 잡는데 연연하면 흑6의 맥점으로 이하 흑12까지 잡을 수는 있지만 백13의 두드림이 요처로 백이 유리하다.

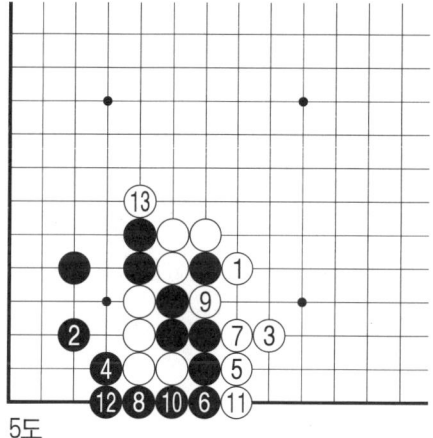

6도

6도(흑의 주문)

전도 흑4로 본도 흑1로 붙여 백2로 막을 때 흑3의 끊음이 흑의 주문을 내포한 함정수다. 백4·6이 침착해 보이지만 흑7·9로 맞끊어 양단수하는 맥이 기다리고 있다. 백10으로 따봐도 흑11로 축이다.

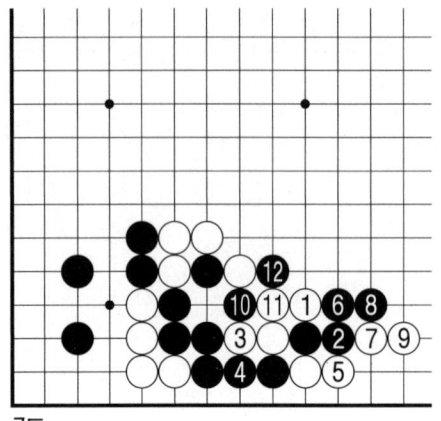

7도

7도(백의 변화)

전도 백4로 본도 백1로 몰고 3·5하면 어떨까? 흑6에 백7이 불가피하고 흑8, 백9를 선수한 다음 흑10·12로 맞끊으면 전도와 같은 결과이다.

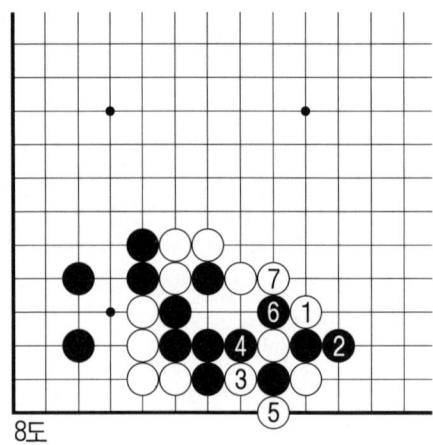

8도

8도(백, 곤란)

백1, 흑2 다음 백3으로 몰면 흑4·6이 좋은 수순으로 백7로 막을 때 흑이 먼저 따는 패가 되어 백이 곤란하다. 수순중 흑4로 6이면 백4로 잇게 되어 이번에는 백의 선패가 된다.

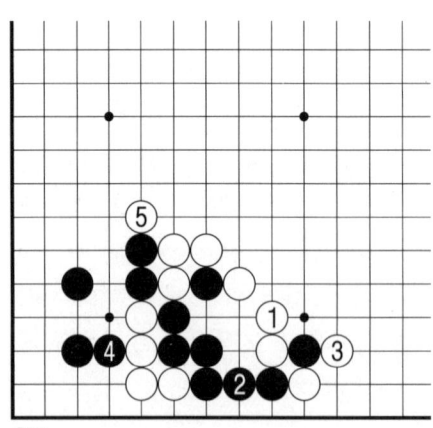

9도

9도(함정 탈출)

전도 백1로는 본도 백1이 침착한 호착으로 흑2가 어쩔 수 없을 때 백3으로 잡고 흑4 백5로 두드리는 것이 올바른 대응이다. 5도와 대동소이한 결말이다.

속수의 함정

○ 백차례

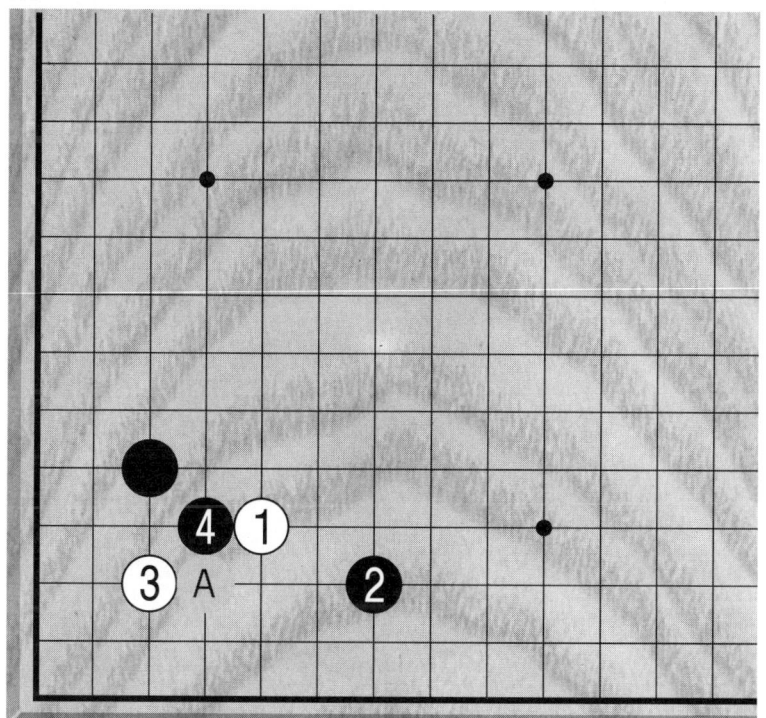

🔴 변을 중시한 백1의 걸침에 흑2의 협공은 그것을 방해하려는 의도이다. 그렇다면 귀는 백이 차지하는 것은 당연해 보이지만, 백A의 평범한 마늘모가 아닌 백3으로 두면 흑4의 함정이 기다리고 있다. 백의 침착한 대응방법은?

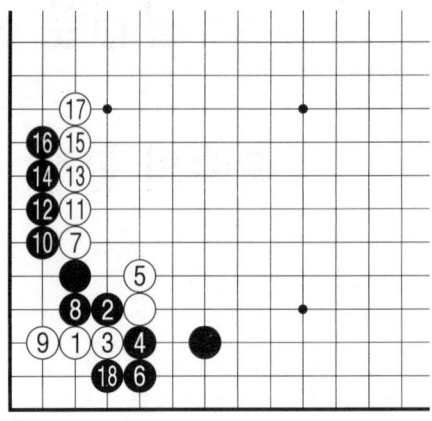

1도

백1에 흑2가 속수지만 함정으로 백3으로 막으면 걸리게 된다. 계속해서 흑4로 끊어 백5, 흑6으로 되면 백7이 맥같지만 흑8이 호착으로 백9 이하 흑18까지 흑의 실리가 빛난다.

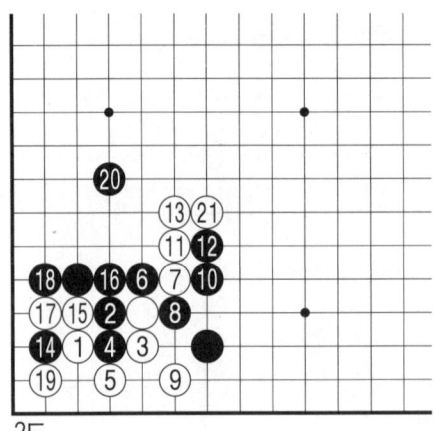

2도

흑2에 백3으로 늦추는 것이 정수로 흑6에 백7로 하나 젖혀 놓고 흑8로 끊으면 9의 호구가 행마의 요령이다. 흑14의 붙임이 수습의 맥이지만 이하 백21이 두터워 백에게 불만은 없다.

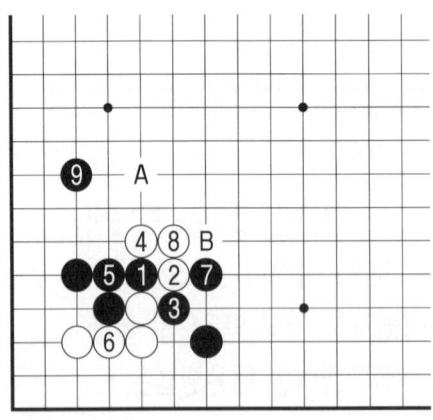

3도

흑3(전도 흑8)의 끊음에 백4를 결정하고 6으로 꽉 잇는 변화도 가능하다. 흑7·9 다음 백은 A나 B로 움직여 백의 충분한 진행이 예상된다.

좌우 대칭형의 함정

○ 백차례

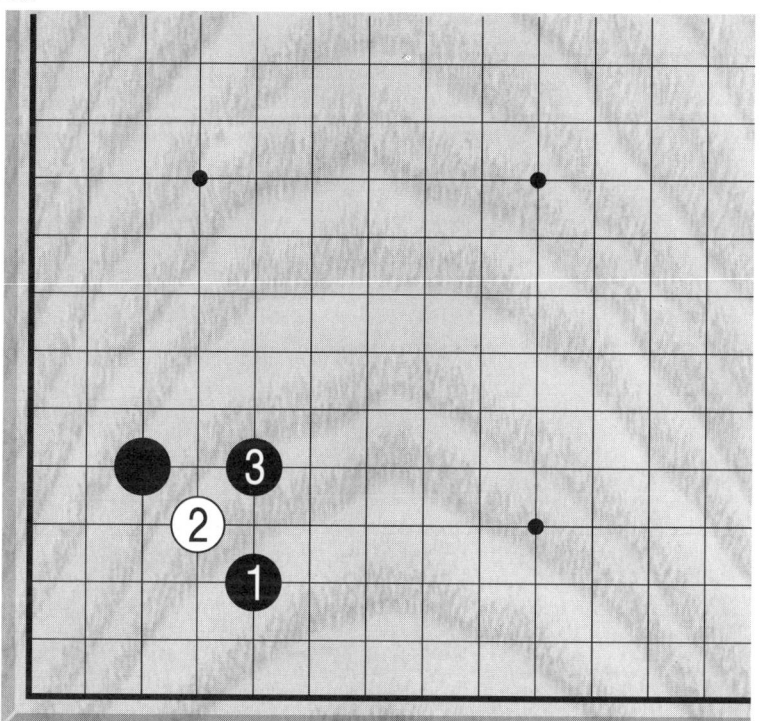

흑1은 백이 방치하면 흑3의 좌우 대칭형으로 두어 이상적
인 토치카를 기대한 수이다. 따라서 백2는 시급해 보이는
데 흑3으로 씌워 백을 포위한 모양이 되었다. 흑의 포위망
이 허술하지만 백의 뜻대로 되지만은 않는다. 백의 최선의
대응책은?

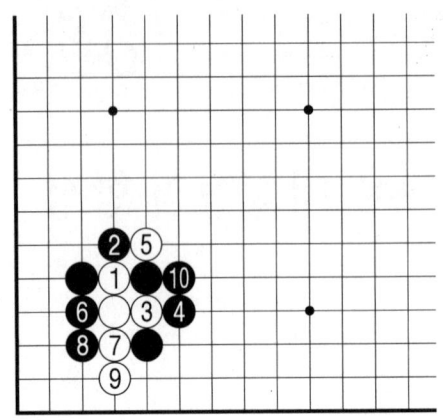

1도

1도(백, 불리)

백1·3으로 찌르고 5로 끊어 흑의 약점을 추궁하는 것이 제일 먼저 떠오르는 착상이다. 계속해서 흑6·8이 시기적절한 선수활용으로 흑10으로 잇게 되면 백이 궁색해진다.

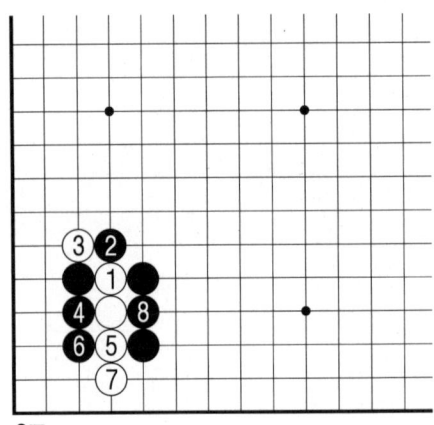

2도

2도(백의 변화)

백1로 하나만 찔러두고 3으로 끊어도 흑4·6이 선수로 되는 것은 어쩔 수 없다. 흑8로 잇게 되면 전도와 대동소이한 결과다.

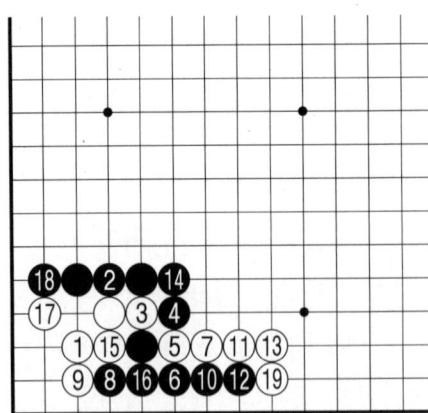

3도

3도(좌우동형의 급소)

백1은 좌우동형의 급소로 흑2면 백3·5로 끊겠다는 뜻인데 흑6·8의 강력한 저항이 있다. 흑12까지 밀고 14로 이으면 백15·17을 선수하고 19로 수상전이 불가피해지는데…

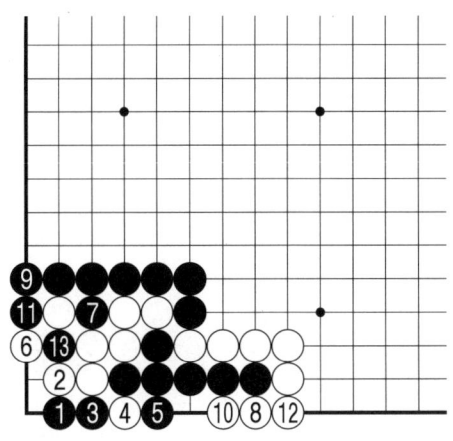

4도

계속해서 흑1이 수상전의 급소로 백2는 최선이다. 백6은 호착이고 이하 서로 수를 줄여 나가면 흑13까지 흑의 선패가 되므로 백은 큰일이다.

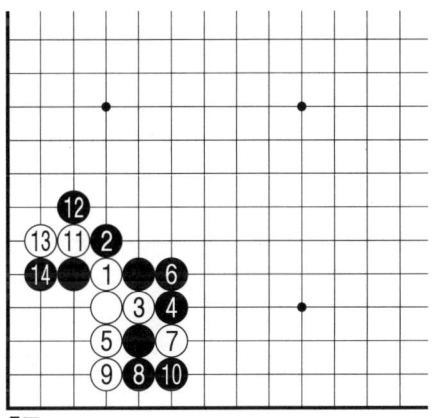

5도

5도(백의 또 다른 변화)

백1·3으로 찔러놓고 5로 돌아가는 것은 어떨까? 흑6으로 잇고 백7에는 흑8·10으로 살리고 백11에는 흑12·14로 최강으로 버틴다. 계속해서…

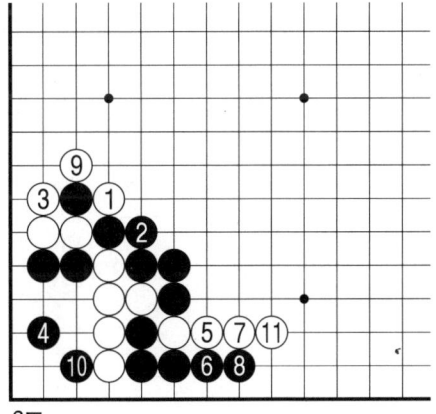

6도

6도(흑, 우세)

계속해서 백1·3으로 움직이면 흑4로 귀를 공격한다. 백5에는 흑6·8로 밀어 백9가 불가피할 때 흑10으로 귀를 잡아 흑이 우세하다.

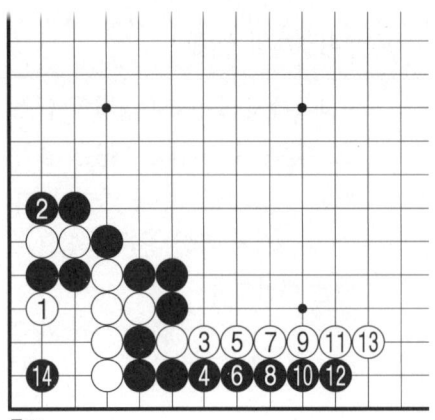

7도

전도 백1로 본도 백1로 귀쪽을
두면 흑2로 일단 두점을 잡는다.
계속해서 백3으로 움직이면 이하
흑12까지 밀어 놓고 14의 치중이
통렬해 백이 곤란한 모습이다.

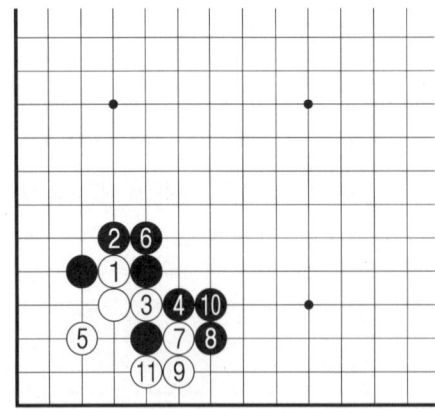

8도

8도(흑세력 월등)

6도 백1로 본도 백1로 끊어 놓
고 3으로 막으면 흑4로 잡아두는
것이 좋은 대응이다. 계속해서
백5·7로 두점을 잡을 수밖에 없
을 때 흑8까지 모양이 완성된다.
흑의 세력이 백의 실리를 상회하
는 결과다.

9도

9도(백의 최선)

백으로선 백1·3으로 나가놓고
5의 마늘모로 귀를 지키는 것이
최선의 대응이다. 흑6에 백7 이
하 11까지 한점을 잡고 안정하면
흑의 세력과 백의 실리가 잘 어
울려 보인다.

Foreign Copyright:
Joonwon Lee
Address: 127, Yanghwa-ro, Mapo-gu, Chomdan Building 6ᵗʰ floor,
          Seoul, Korea
Telephone: 82-70-4345-9818
E-mail: jwlee@cyber.co.kr

바둑 新 사전 시리즈 ❽
함정수 新 사전

2000. 1. 17. 초   판 1쇄 발행
2009. 9. 18. 초   판 6쇄 발행
2011. 6. 24. 초   판 7쇄 발행
2014. 10. 27. 장정개정 1판 1쇄 발행
2016. 10. 20. 장정개정 1판 2쇄 발행

저자와의
협의하에
인지생략

지은이 | 서능욱 九단
펴낸이 | 이종춘
펴낸곳 | **BM** 주식회사 성안당
주소 | 04032 서울시 마포구 양화로 127 첨단빌딩 5층(출판기획 R&D 센터)
       | 10881 경기도 파주시 문발로 112 출판문화정보산업단지(제작 및 물류)
전화 | 02) 3142-0036
       | 031) 950-6300
팩스 | 031) 955-0510
등록 | 1973. 2. 1. 제406-2005-000046호
출판사 홈페이지 | **www.cyber.co.kr**
ISBN | 978-89-315-7773-0 (13690)
       | 978-89-315-7765-5 (세트)
정가 | 15,000원

이 책을 만든 사람들
책임 | 최옥현
진행 | 정지현
표지 | 상:想 company
홍보 | 박연주
국제부 | 이선민, 조혜란, 고운채, 김해영, 김필호
마케팅 | 구본철, 차정욱, 나진호, 이동후, 강호묵
제작 | 김유석